빠르게 활용하는
파이썬 3.6 프로그래밍

**기초 예제부터
라즈베리 파이, 알렉사, 텔레그램 봇까지
만들면서 배우는**

빠르게 활용하는
파이썬 3.6 프로그래밍

**기초 예제부터
라즈베리 파이, 알렉사, 텔레그램 봇까지
만들면서 배우는**

지은이 **신호철, 최동진, 우상정**

펴낸이 **박찬규**   엮은이 **이대엽**   디자인 **북누리**   표지디자인 **Arowa & Arowana**

펴낸곳 **위키북스**   전화 031-955-3658, 3659   팩스 031-955-3660

주소 경기도 파주시 문발로 115, 311호(파주출판도시, 세종출판벤처타운)

가격 30,000   페이지 660   책규격 188 x 240mm

1쇄 발행 2017년 07월 18일
2쇄 발행 2018년 03월 30일
3쇄 발행 2020년 10월 30일
ISBN 979-11-5839-071-6 (93000)

등록번호 제406-2006-000036호   등록일자 2006년 05월 19일

홈페이지 wikibook.co.kr   전자우편 wikibook@wikibook.co.kr

이 도서의 국립중앙도서관 출판시도서목록 CIP는

서지정보유통지원시스템 홈페이지(http://seoji.nl.go.kr)와

국가자료공동목록시스템(http://www.nl.go.kr/kolisnet)에서 이용하실 수 있습니다.

CIP제어번호 CIP2017015871

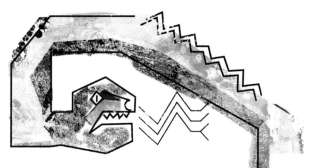

빠르게 활용하는
파이썬
3.6
프로그래밍

기초 예제부터
라즈베리 파이,
알렉사, 텔레그램 봇까지
만들면서 배우는

신호철, 최동진, 우상정 지음

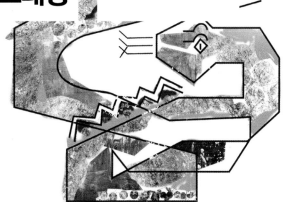

위키북스

목차

제가 파이썬을 처음 접했을 때는 주위에 파이썬에 대해 관심이 있는, 아니 알고 있는 사람들이 거의 없었습니다. 그러나 지금은 파이썬의 위상이 크게 격상되어 파이썬을 모르는 개발자는 거의 없으며, 미국에서는 파이썬 개발자를 점점 많이 뽑는 추세입니다. 물론 우리나라에서는 아직 파이썬 개발자를 뽑는 경우는 매우 드물지만, 파이썬을 이용해 업무 효율을 높일 수 있는 분야가 점점 많아지고 있습니다. 조만간 파이썬만으로 업무를 할 수 있고 모두가 칼퇴근을 할 수 있는 세상이 올 것이라 생각합니다.

처음 프로그래밍을 시작하는 분들에게 파이썬은 매우 적합한 언어입니다. 사실 처음부터 C나 어셈블리, 자바 등의 언어를 배우기에는 진입장벽이 높습니다. 그에 비해 파이썬은 매우 배우기 쉽고, 윈도우나 유닉스 등 여러 운영체제에서도 큰 수정 없이 잘 동작합니다.

또한 C로는 며칠 걸려서 작업해야 하는 일을 단 몇 시간 만에 완료할 수 있을 정도로 효율성이 높습니다. 이 책의 2부를 보시면 파이썬이 지원하는 수많은 모듈을 확인할 수 있고, 21장에서 다루는 pypy를 살펴보고 나면 파이썬으로 만든 프로그램의 성능을 더욱더 높일 수 있습니다.

이 책은 다음과 같이 구성돼 있습니다.

1부에서는 파이썬 3의 문법에 대해 알아봅니다. 자세한 설명과 간단한 예제를 통해 기본 문법을 이해하게 됩니다.

2부에서는 파이썬 3의 필수 모듈에 대해서 공부합니다. 모든 모듈을 다루지는 않지만 일반적으로 가장 자주 쓰이고 유용한 모듈에 대해 실생활에서 자주 쓰이는 예제와 함께 살펴봅니다.

3부에서는 1부, 2부에서 배운 내용을 활용해 머신러닝, 음성 서비스, 텔레그램 봇, 미세먼지 측정기 등 다양한 프로젝트를 수행합니다. 그러나 1, 2부를 충실히 하신 분들은 3부도 그리 어렵지 않게 따라오실 수 있을 것이며, 파이썬이 얼마나 편하고 강력한 언어인지 알게 될 것입니다.

사실 원고는 진작에 끝났지만 책의 완성도를 높이기 위해서 오랫동안 검증과 리뷰를 진행했습니다. 최선을 다해서 책을 만들었기에 파이썬을 처음 배우거나, 더 깊게 알고 싶으신 분들에게 감히 이 책을 추천합니다.

파이썬 3 프로그래밍 구글 그룹스 – http://groups.google.co.kr/group/python3
예제 소스 – https://github.com/wikibook/python36/archive/master.zip

참고

이 책은 〈빠르게 활용하는 파이썬 3.2 프로그래밍〉의 개정 증보판입니다.

Special
Thanks
To

밤늦게 까지 교정을 직접하시며 챙겨주신 위키북스 박찬규 대표님

박찬규님과 함께 저희를 도와주신 위키북스 김윤래 팀장님

릴리즈 일정으로 바쁜 와중에서도 새벽까지 리뷰 의견을 보내 주신 김용현님

본인의 번역 일정이 진행 중임에도 최종 원고를 꼼꼼히 검토해 주신 손영수님

존경하는 부모님과 사랑하는 예쁜 아내 슬기

그리고 미래의 발명가, 아들 한별

– 최동진

항상 제 삶의 롤모델이신 부모님,

매일 컴퓨터 앞에 앉아 있느라 자주 놀아주지 못한 아빠를

제일 좋다고 말해주는 보연이,

항상 든든하게 내조해 주는 지영이와 둘째 보민이

– 신호철

존경하는 부모님과 사랑하는 아내 민영, 딸 서율

– 우상정

학교에서 C를 먼저 배우면서 반강제적으로 문법의 구석구석을 익히게 되었고, 몇 개의 프로젝트를 통해서 언어에 대한 감을 익힌 상태일 때, 파이썬을 알게 되었습니다. 두 언어의 활용과 비교를 통해 프로그래밍 언어라는 특징을 알 수 있었는데, 특히 프로그래밍 학습이라는 부분에서 사뭇 차이점을 알 수 있었습니다.

만일, 내 아이에게 첫 프로그래밍 언어를 가르친다면 주저 없이 파이썬을 선택할 예정입니다. 이렇듯 파이썬은 쉬운 언어이면서 구글, 다음, 네이버등 전 세계와 우리나라의 인터넷을 리드하고 있는 서비스에서 비중 있게 사용되는 강력한 언어 입니다. 파이썬 3 프로그래밍 책을 처음부터 리뷰 하면서 대학시절 처음 파이썬을 봤을 때 느낌, 내 아이에게 파이썬을 통해 프로그래밍을 알려주려고 마음 먹었던 때의 생각 등을 다시 느낄 수 있었습니다. 책을 따라가다 보면 아이가 언어를 배우는 것처럼 재미있게 언어를 접하는 것은 물론, 장고 등의 외부 모듈을 이용한 프로젝트 스킬을 쉽게 접할 수 있습니다.

– 김용현 (Devpia Architecture 시삽, MS MVP, www.YHKim.com)

파이썬의 기초부터 다양한 활용 방면을 두루 다룬 서적으로, 파이썬을 처음 접한 분뿐만 아니라, 파이썬 3의 변화를 알고 싶은 분에게도 추천하고 싶은 서적입니다. 특히 후반에 다루는 루씬과의 결합으로 만들어진 검색 엔진 만들기는 파이썬의 높은 생산성을 보여 주는 이 책의 백미라고 할 수 있습니다. 다른 언어에 비해 높은 생산성을 가진 파이썬을 알고 싶은 개발자라면, 어서 읽어 보길 바랍니다.

– 손영수 (Devpia Architecture 시삽, EvaCast 리더, http://www.arloa.net)

1부

문법

파이썬을 자유자재로 다루려면 기본 문법을 잘 알아야 합니다. 1부에서는 다음과 같은 파이썬의 기본 문법에
대해 알아보겠습니다.

- 파이썬 개요 및 설치
- 자료형 및 연산자
- 함수
- 제어
- 클래스
- 모듈
- 예외 처리
- 입출력
- C/C++와의 연동

01

파이썬 개요
및 설치

01 파이썬이란?

 python™

파이썬이란 1991년 귀도 반 로썸 Guido van Rossum 이 발표한 인터프리터 언어입니다. 파이썬이라는 이름은 귀도가 좋아하는 코미디 프로그램인 "Monty Python's Flying Circus"에서 따왔으며, 파이썬의 사전적인 의미를 나타내는 뱀을 아이콘으로 사용하고 있습니다.

현재 파이썬의 사용자층은 점점 늘어가는 추세이며, 특히 귀도가 구글에 입사하고 구글의 3대 개발 언어 중 하나로 채택됨에 따라 더욱 유명세를 타게 되었습니다.

우리나라에서는 프로토타이핑 용도 외에는 그리 널리 사용되지 않았습니다만, 최근에는 대기업은 물론 이고 스타트업들에서도 굉장히 많이 사용 중입니다. 임베디드 업계에서도 파이썬을 지원하려는 움직임 은 지속적으로 증가하는 상태입니다.

02 파이썬의 특징

이번에는 파이썬의 특징에 대해서 알아보겠습니다.

가독성

파이썬의 문법은 간결하고 가독성이 좋습니다. 특히 코드블럭을 들여쓰기 ^{indentation} 로 구분합니다. 그러 므로 자연히 가독성이 높아질 수밖에 없는 구조입니다. 들여쓰기에 대해서는 이후에 좀 더 사례를 들어 자세히 살펴보겠습니다.

풍부한 라이브러리

파이썬에는 매우 광범위한 라이브러리가 기본으로 포함되어 있으며, 확장성도 무궁무진합니다. 파이썬 을 설치하면 2부에서 살펴볼 모든 라이브러리를 기본적으로 사용할 수 있습니다.

접착성

기본적으로 제공되는 라이브러리 말고도 쉽게 라이브러리를 추가할 수 있는데, C로 구현되어 있는 모 듈을 쉽게 만들어 붙일 수 있습니다.

특히 파이썬은 C보다는 느리므로 속도 문제가 생기는 부분을 C로 구현해 붙일 때 유용합니다. 또한 파 이썬에는 없고 C에는 이미 있는 기능을 붙이는 데도 쓰일 수 있습니다. 반대로 파이썬의 기능을 C에서 사용할 수도 있습니다.

이에 대해서는 9장에서 자세히 살펴보겠습니다.

무료

파이썬은 파이썬 소프트웨어 재단 $^{Python\ Software\ Foundation}$ 에서 관리하고 있으며, 라이선스는 거의 무료와 다름없는 Python Software Foundation License를 따르고 있습니다.

유니코드

파이썬에서는 문자열이 모두 유니코드를 나타냅니다. 즉, 우리가 한글, 한자 등을 표현하기 위해 별도의 노력을 기울이지 않아도 된다는 것을 의미합니다. 이에 대해서는 2장의 문자열에서 좀 더 자세히 살펴보겠습니다.

동적 타이핑

그 외에도 파이썬은 런타임 시에 타입 체크를 하는 동적 타이핑과 자동으로 메모리 관리를 해주는 특징이 있습니다.

03 파이썬의 종류

파이썬은 구현을 어떻게 했느냐에 따라 다음과 같이 구분됩니다.

- **CPython:** C로 작성된 파이썬을 가리키며, 기본적으로 파이썬이라 하면 CPython을 의미합니다.
- **Jython:** 이름에서 유추할 수 있듯이 자바로 구현된 파이썬을 의미하며, 자바로 작성돼 있어서 자바 가상 머신상에서 작동할 수 있습니다. 자바 기반으로 작성돼 있어 자바 클래스를 그대로 가져오는 일이 가능하며, 그래픽 라이브러리도 Swing, AWT 등을 지원합니다.
- **IronPython:** .Net과 Mono용으로 개발된 파이썬으로, C#으로 구현되어 있습니다.
- **PyPy:** 파이썬으로 구현된 파이썬을 의미합니다. CPython보다 빠르게 수행되는 것을 목표로 하고 있습니다.

그 외에 임베디드 분야에서는 노키아의 s60 시리즈를 위한 python for s60과 winCE를 위한 pythonCE 등이 있습니다.

04 파이썬이 쓰이는 프로젝트들

파이썬이 사용되는 프로젝트들은 너무 많아서 모두 나열할 수 없지만 익히 들어봤을 법한 유명한 것들만 몇 가지 들어 보면 다음과 같습니다. 우선 파이썬으로 되어 있는 프로그램으로는 BitTorrent, MoinMoin, SCons, Trac, Yum 등이 있습니다.

또한 웹 프레임워크로는 CherryPy, Django 등이 있으며, GIMP, Maya, Paint Shop Pro처럼 파이썬을 임베딩해서 사용하는 프로그램도 늘어나는 추세입니다.

그 외에도 유명한 서비스 가운데 Youtube.com, Google Groups, Google Maps, Gmail 등의 서비스 백엔드^{backend} 에서 파이썬이 사용되고 있으며, 구글, 나사, 야후, 네이버 등의 회사에서도 많이 사용되고 있습니다.

우리나라 스타트업 중에는 요기요와 스마트스터디에서 적극적으로 사용 중입니다.

05 2.x와 3의 차이

이 책이 쓰여진 시점에서 파이썬 3이 발표되었습니다. 파이썬 2.x에서 3으로의 변경 사항 중에 특히 주목해야 할 것은 파이썬 3이 2.x 버전들과 하위 호환성을 전혀 유지하고 있지 않다는 점입니다.

파이썬을 실무에 사용하던 분들은 아직 3을 적용할 필요성을 못 느끼시는 분들이 많을 것이나, 향후 업그레이드를 위해 차이점을 알아보겠습니다. 자료형이나 내부 구성 등도 많이 바뀌었지만 아무래도 사용자 입장에서는 다음 사항들이 가장 크게 느껴질 것입니다.

print가 함수 형태로 변경되었습니다

2.x style :

```
>>> print "welcome to", "python3k"
welcome to python3k
```

3 style :

```
>>> print( "welcome to","python3k" )
welcome to python3k
```

또한 인자로 다음과 같이 구분자^{sep} , 끝라인^{end} , 출력^{file} 을 지정할 수 있습니다.

```
>>> print("welcome to","python", sep="~", end="!", file=sys.stderr)
welcome to~python!
```

이와 유사하게 입출력 관련해서 변경된 점들이 많습니다. raw_input이 input으로 변경되고, as, with 예약어가 추가되었습니다. 또한 새로운 문자열 포맷팅을 제공합니다. 이와 관련된 내용은 8장 '입출력'에서 자세히 알아보겠습니다.

long 형이 없어지고 int 형으로 통일되었습니다

2.x style :

```
>>> type(2**31)
<type 'long'>
```

3 style :

```
>>> type(2**31)
<class 'int'>

>>> type(2**40)
<class 'int'>
```

위와 같이 2.x에서는 2의 31제곱이 long 형이었는데, 3에서는 2의 31제곱은 물론 2의 40제곱도 int 형인 것을 확인할 수 있습니다.

즉, 2.x에서는 sys.maxint 이하의 값은 int로 처리되고 그 이상의 값은 long으로 처리되었는데 3에서부터는 모두 int로 처리됩니다.

2.x style :

```
>>> sys.maxint
2147483647
>>> type(sys.maxint)
<type 'int'>
>>> type(sys.maxint+1)
<type 'long'>
```

"int /(나누기) int"의 결과는 float으로 처리됩니다

2.x style :

```
>>> 1/2
0
```

```
>>> 3/2
1
```

3 style :

```
>>> 3/2
1.5
```

```
>>> type(2/2)
<class 'float'>
```

사실 2.x에서는 int / int의 결과가 int로만 나와서 파이썬에 익숙지 않은 사용자에게 예상 밖의 결과가 나온 적이 많았지만 이제는 그럴 일이 적어질 것 같습니다.

String, Unicode 체계가 바뀌었습니다

파이썬 2.x에서는 아래 예제와 같이 string과 unicode로 구분이 되었습니다.

```
>>> type('가')      ◀──  일반 string의 경우
<type 'str'>
>>> type('가'.decode('utf8'))   ◀──  인코딩을 가지고 있는 문자열을 디코딩한 경우
<type 'unicode'>
>>> type(u'가')
<type 'unicode'>   ◀──  유니코드의 경우
```

그러나 3에서는 아래 예제와 같이 string과 bytes로 구분됩니다.

```
>>> type(u'가')
SyntaxError: invalid syntax (<pyshell#13>, line 1)
>>> type('가')
<class 'str'>
>>> type('가'.encode('cp949'))
<class 'bytes'>
```

즉, 파이썬 2.x에서는 일반 문자열이 인코딩이 있는 문자열이었고 유니코드가 따로 있었는데, 파이썬 3에서는 유니코드를 따로 지정하지 않고 일반 문자열이 기존의 유니코드와 동일하며, 인코딩이 있는 문자열은 bytes로 표현됩니다.

스트링에 대해서는 2장 '자료형 및 연산자'에서 자세히 살펴보겠습니다. 이 밖에도 자잘한 변경사항이 많습니다만 2.x에서 3으로의 간편한 변환을 위해 2to3 스크립트가 제공됩니다. 물론 만능은 아니지만 웬만한 코드는 자동으로 변환할 수 있습니다.

> **참고**
>
> 이 책에서 2.x라 하면 2.5, 2.6 혹은 2.7을 가리키는 것으로 생각하면 됩니다.

06 설치 및 개발환경

이번에는 파이썬을 설치하는 법을 알아보겠습니다.

파이썬은 일반적으로 리눅스 운영체제에서는 기본으로 포함돼 있으므로 건너뛰고, 윈도우에서 설치하는 법을 살펴보겠습니다. https://python.org/download에 가면 Download 페이지에 Windows Installer가 있습니다.

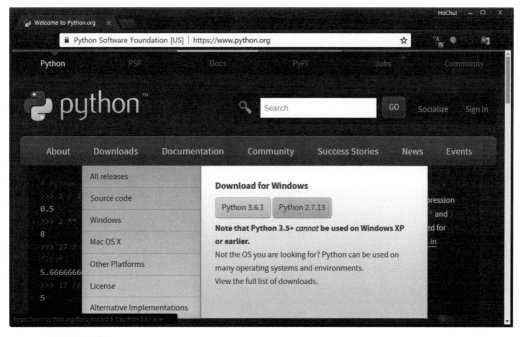

그림 1-1 파이썬 설치 1/4

해당 파일을 내려받아 실행하면 다음과 같은 화면이 나타납니다.

일반적으로 이 컴퓨터를 쓰는 모든 사람이 쓴다면, 'Install for all users'를 선택하고 'Install Now'를 누릅니다.

그림 1-2 파이썬 설치 2/4

이제 실제 파이썬 설치 작업이 진행되며, 일반적으로 설치 과정은 몇 분 안에 끝납니다.

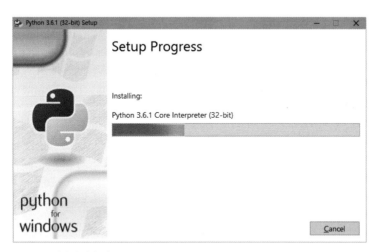

그림 1-3 파이썬 설치 3/4

파이썬 설치가 성공적으로 완료되었습니다.

'Finish' 버튼을 누르면 설치가 끝납니다.

그림 1-4 파이썬 설치 4/4

설치가 끝나면 윈도우의 프로그램 메뉴에 'Python 3.6'이 만들어진 것을 확인할 수 있습니다.

Python 3.6 안에 보면 파이썬 커맨드라인과 IDLE을 볼 수 있습니다. 우선 파이썬 커맨드라인을 눌러 보면 다음과 같은 화면을 볼 수 있습니다.

그림 1-5 파이썬 커맨드라인

파이썬 커맨드라인에서는 간단한 파이썬 명령을 수행해 볼 수 있습니다.

이번에는 IDLE을 실행해 볼까요?

그림 1-6 IDLE

IDLE 역시 파이썬 커맨드라인과 비슷한 기능을 제공하는 듯하지만 추가적으로 자동 완성 기능과 디버깅 기능 등의 편리한 기능을 제공하므로 파이썬 커맨드라인보다 IDLE을 사용하는 것을 권장합니다. 아래 화면은 자동 완성 기능을 이용해 함수를 찾아보는 화면입니다.

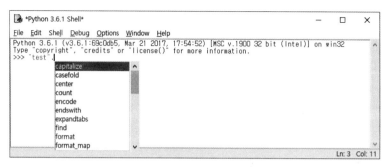

그림 1-7 IDLE을 이용한 자동 완성 기능 활용

간단한 명령은 IDLE 등을 이용하면 되지만 좀 더 복잡한 코드는 파일로 저장해서 수행하는 것이 좋습니다.

에디터를 이용해 test.py라는 파일을 작성한 후 도스창에서 실행하려면 다음과 같이 하면 됩니다.

```
C:\> python test.py
```

만약 path 에러가 난다면 현재 파이썬이 설치돼 있는 경로를 path에 추가해야 합니다.

혹시 마땅히 사용하는 에디터가 없다면 탐색기에서 파이썬 파일을 대상으로 마우스 오른쪽 버튼을 클릭해 보세요. 그럼 "Edit with IDLE"이라는 메뉴를 볼 수 있을 것입니다. 이 메뉴를 이용하면 IDLE과 에디터가 각각 하나씩 뜨는데, 에디터에서 코드를 작성한 후 Run을 실행하면 IDLE에서 곧바로 실행되는 것을 볼 수 있습니다.

07 Hello world

파이썬에서 "hello world"를 출력하는 것은 매우 간단합니다. 다음과 같이 한 줄만 입력하면 됩니다. IDLE을 실행한 후 다음과 같이 입력해 보세요.

```
>>> print("hello world")
hello world
```

간단하죠? 자, 이것으로 hello world를 출력하는 코드는 끝입니다.

파이썬 코드를 보면 다음과 같은 조건을 본 적이 있을 겁니다.

```
if __name__=="__main__":
    print("Hello world")
```

위 소스코드를 실행해도 결과로 hello world가 동일하게 출력됩니다. 즉, 결과상으로는 하나도 차이점이 없습니다. 다만 이 프로그램이 추후 모듈로 사용될 경우에 실행할 것이냐 말 것이냐를 고려한 점이 다릅니다.

if __name__=="__main__": 블록 안에 들어 있는 코드는 이 코드가 메인으로 실행됐을 때만 실행됩니다. 다른 프로그램에서 이 모듈을 불러들였을 때는 실행되지 않는다는 의미입니다.

이에 대해서는 6장 '모듈'에서 자세하게 살펴보겠습니다.

08 들여쓰기에 대해서

이전에서 말씀 드린 바와 같이 들여쓰기 indentation 는 파이썬의 가장 큰 특징 중 하나입니다. 그러나 이 특징은 양날의 검이 될 수 있습니다.

즉, 가독성을 높이는 유용한 수단이 될 수도 있지만 치명적이고 발견하기 힘든 버그를 만들어 낼 수도 있죠. 특히, 다른 사람의 코드를 수정할 때 다른 에디터를 사용할 경우 이러한 들여쓰기로 인한 오류가 자주 일어납니다.

파이썬에서 들여쓰기 오류를 낼 때는 별로 문제가 되지 않지만 문법 오류가 나지 않고 논리적인 오류로 빠지게 된다면 매우 잡기가 힘들어집니다.

그러므로 여러 명이 함께 작업을 할 때는 들여쓰기를 어떻게 할지 명확히 정하는 것이 필수이며, 코드를 수정할 때 수정으로 인해 코드 블록이 바뀌는지를 세밀하게 살펴야 합니다.

다음과 같은 코드블록이 있다고 생각해 봅시다.

```
코드블럭1
    코드블럭2
코드블럭3
    코드블럭4
```

코드블록1보다 코드블록2가 하위 레벨이며, 파이썬에서는 하위 레벨의 코드블록이 나오려면 바로 전에 콜론(:)을 사용했어야 합니다.

또한 동일한 코드블록 내에서는 정확히 같은 스페이스, 탭을 이용한 들여쓰기를 사용해야만 합니다.

물론 같은 파일 내에서 아래 예제와 같이 스페이스와 탭을 혼용해도 되긴 합니다만 가급적 피하는 것을 권장합니다.

```
if a == 1:
    print(1)    ←──── 1 tab
else:
 print(0)    ←──── 1 space
```

그러나 다음 예제처럼 동일한 코드블록에서 다른 들여쓰기를 사용하면 에러가 발생합니다.

```
if a == 1:
    print(1)    ←──── 1 tab
 print(0)    ←──── 1 space
```

```
SyntaxError: unindent does not match any outer indentation level (<pyshell#11>, line 3)
```

즉, 이 예제의 경우 같은 레벨의 코드블록이나 상위레벨의 코드블록의 들여쓰기가 같지 않아서 나는 에러입니다.

```
if a = 1:
    print(1)    ◄———— 1 tab
     print(0)   ◄———— 1 tab + 1 space
```

```
SyntaxError: unexpected indent (<pyshell#15>, line 3)
```

이 예제에서는 하위 레벨의 코드블록이 나올 것을 예상하지 못해서 에러가 발생했습니다. 하위 레벨의 코드블록이 나오기 전에는 반드시 콜론(:)을 사용하는 구문이 나와야 합니다. 예외적으로 1줄짜리 간단한 하위 레벨은 다음과 같이 사용할 수 있습니다.

```
>>> if a = 1: print(1)
```

물론 여러 구문도 다음과 같이 한 줄로 표현할 수 있습니다.

```
>>> if a = 1: print(1); print(0)
```

09 소스코드 인코딩

파이썬 프로그램에서는 주석을 달 때 #을 사용합니다. 즉, # 이후로는 코드를 실행하지 않습니다. 이 밖에도 #의 용도는 여러 가지가 있는데, 아래와 같이 실행 파일과 소스코드 인코딩을 명시하는 데 사용할 수 있습니다.

아래는 리눅스 환경에서 실행 파일 경로와 인코딩을 명시한 예입니다.

```
#!/usr/bin/python
# coding: latin-1
```

소스 인코딩의 경우 위의 두 번째 줄처럼 coding 지시자를 이용해 지정할 수 있고, 지정돼 있지 않은 경우 아스키 ASCII 가 기본 소스코드 인코딩으로 설정됩니다. 다음과 같이 소스코드 인코딩은 −*−를 이용해서도 지정할 수 있습니다.

```
# -*- coding: utf-8 -*-
```

10 기타 파이썬 문법

파이썬에서는 다음과 같이 라인의 끝에 아무것도 붙이지 않아도 됩니다. C/C++를 사용하던 분들은 세미콜론(;)을 붙이는 습관이 있는데, 파이썬에서는 세미콜론을 붙이거나 붙이지 않아도 동일하게 동작합니다.

```
>>> a = 1
>>> b = 2;
```

다만 세미콜론을 사용해야 하는 경우가 있는데(1.8 '들여쓰기'에서 잠시 등장했습니다) 바로 한 라인에 여러 구문이 올 때는 각 구문을 세미콜론으로 구분합니다.

```
>>> a = 1; b = 2
```

파이썬에서는 들여쓰기가 중요하다고 강조했습니다. 다음과 같이 문장이 아직 끝나지 않은 경우에는 들여쓰기를 하지 않아도 문법 에러가 나지 않지만 가독성을 위해서라도 들여쓰기는 지키는 것이 좋습니다.

```
>>> a = (1 +
        2 +
    3 +
        4)
>>> a
10
```

다음과 같이 '\'로 문장이 아직 끝나지 않았다는 사실을 명시할 수도 있습니다.

```
>>> a = [ 1 +\
        2 +\
    4 +\
        3]
>>> a
[10]
>>> b =\
    3.14
```

11 2.x를 3으로 변경하기

파이썬 2.x에서 3으로 변환이 잘 되는지 테스트해보고자 다음과 같이 raw_input, print가 포함돼 있는 test.py 파일을 작성해 보겠습니다.

```
def div(a):
    print u"Result :", a/2
num = raw_input("input any number :")
div(int(num))
```

그럼 test.py 파일을 2to3.py를 이용해 변환해 보겠습니다.

```
C:\Users\유저명\AppData\Local\Programs\Python\Python36-32\Tools\scripts>python 2to3.py -w test.py
RefactoringTool: Skipping implicit fixer: buffer
RefactoringTool: Skipping implicit fixer: idioms
RefactoringTool: Skipping implicit fixer: set_literal
RefactoringTool: Skipping implicit fixer: ws_comma
--- test.py (original)_
+++ test.py (refactored)
@@ -1,4 +1,4 @@
 def div(a):
-    print u"Result :", a/2
-num = raw_input("input any number :")
+    print("Result :", a/2)
+num = input("input any number :")
 div(int(num))
RefactoringTool: Files that were modified:
RefactoringTool: test.py
```

화면에 어떤 코드가 삭제되고 어떻게 수정됐는지에 대한 로그가 가득 출력되는 것을 확인할 수 있습니다. 또한, 2to3에 -w 옵션을 주지 않으면 어떻게 변경해야 하는지만 화면에 출력되고, 파일에 직접 수정을 가하진 않습니다.

이제 아래와 같이 파일이 수정된 것을 확인할 수 있습니다.

```
C:\Users\유저명\AppData\Local\Programs\Python\Python36-32\Tools\scripts> type test.py
def div(a):
    print("Result :", a/2)
num = input("input any number :")
div(int(num))
```

다음과 같이 실행도 잘 되는 것을 확인할 수 있습니다.

```
>test.py
input any number :3
Result : 1.5
```

간단한 프로그램은 이렇게 쉽게 변환이 되지만 큰 모듈은 테스트 케이스를 견고하게 만들어 오동작 여부를 검사하는 과정이 반드시 필요할 것입니다.

또한 2.5 이하 버전의 코드를 3으로 포팅하려면 우선 2.7로 코드를 포팅하고, 2.7에서 −3 옵션을 붙여 실행한 후 경고를 처리하면 됩니다.

파이썬 공식 문서에서는 위 작업을 완료한 후에 2to3을 사용할 것을 권장합니다.

02

자료형 및 연산자

일반적으로 프로그램은 연산을 수행하며, 이러한 연산을 하기 위해서는 값들을 임시로 혹은 영구적으로 어딘가에 저장해 둬야 하는데, 이러한 값들을 저장하는 저장소를 변수라고 하며, 변수의 유형을 자료형이라고 합니다. 이번 장에서는 파이썬에서 어떤 자료형을 제공하는지 알아보겠습니다.

파이썬에서는 수치, 문자, 리스트, 튜플, 사전, 부울 등 다양한 자료형을 제공하고, 각 자료형을 다루는 도구, 즉 연산자를 제공합니다. 그러므로 자료형에 대해 알아보면서 동시에 연산자에 대해서도 함께 알아보겠습니다.

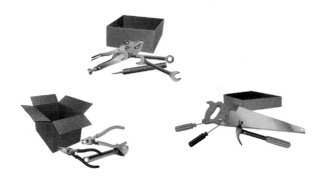

그림 2-1 자료형과 연산자

01 변수명

우선 파이썬에서 어떤 변수명을 사용할 수 있는지 알아보겠습니다. 변수명은 문자, 숫자, 밑줄(_)을 포함할 수 있습니다. 다만 숫자는 가장 처음에 나올 수 없습니다. 예를 들면, a, b, friends, grunt, var3, _attr, is4later 같은 변수명은 사용할 수 있지만 2_Variable, hello~, hi! 같은 변수명은 사용할 수 없습니다. 또한 파이썬에서는 대소문자를 구분하므로 각별히 조심해야 합니다.

```
>>> friend = 1
>>> Friend = 10
>>> friend
1
>>> Friend
10
```

마지막으로 아래 예약어는 변수명으로 사용할 수 없다는 점을 기억하시기 바랍니다.

```
and, as, assert, break, class, continue, def, del, elif, else, except, is,
finally, for, from, global, if, import, in, is, lambda, nonlocal, not, or,
pass, raise, return, try, while, with, yield
```

예약어를 변수로 사용하면 다음과 같이 구문 에러가 발생합니다.

```
>>> for = 1
SyntaxError: invalid syntax (<pyshell#44>, line 1)
```

지금까지 당연하게 사용된 연산자가 하나 있는데, 바로 치환연산자(=)입니다. 일반적으로는 '변수명 = 값'의 형태로 사용되는데, 다음과 같이 약간 다른 형태로도 사용합니다.

```
>>> (a, b) = (1, 2)      ◀── 튜플 사용
>>> [c, d] = [3, 4]      ◀── 리스트 사용
>>> e = f = g = 1
```

첫 번째는 튜플을 이용한 치환으로, a = 1; b = 2와 동일한 결과를 얻을 수 있습니다. 두 번째는 리스트를 이용한 치환으로, c = 3; d = 4와 동일한 결과가 나옵니다. 마지막의 다중 치환은 g = 1; f = g; e = f와 동일하게 작동합니다(튜플과 리스트에 대해서는 2.7절, 2.8절을 참고하세요).

02 수치

첫 번째로 알아볼 자료형은 수치형입니다. 수치형은 숫자를 나타내는 자료형이며, 파이썬에서 표현할 수 있는 수치형으로는 int, long, float, complex 등이 있습니다.

int는 정수^{integer}를 의미합니다. 다음과 같이 정수를 쓰면 10진수 정수로 인식됩니다.

```
>>> year = 2008
>>> month = 12
>>> print(year, month)
2008 12
```

정수 앞에 '0o'을 붙이면 8진수로, '0b'를 붙이면 2진수로 인식하며, '0x'를 붙이면 16진수로 인식합니다.

```
>>> 0o10
8
>>> 0x10
16
>>> 0b10
2
```

이와 반대로 10진수를 입력으로 받아서 원하는 진수로 변환하는 함수는 다음과 같습니다. 다만 출력 결과가 문자열이라는 점에 유의하세요.

```
>>> oct(38)
'0o46'
>>> hex(38)
'0x26'
>>> bin(38)
'0b100110'
```

파이썬 2.x에서는 정수의 범위를 넘어서는 큰 숫자를 표현하기 위해 long 형이 제공됐었지만 3에서는 long 형이 삭제되고 모두 int 형으로 처리됩니다. 1장에서도 잠시 살펴봤듯이 2.x에서 2의 31제곱 같은 경우에는 long 형으로 처리됐지만 3에서는 아래 예제와 같이 int 형으로 표시되는 것을 볼 수 있습니다.

```
>>> type(1)
<class 'int'>
>>> type(2**31)    ◀──── 2**31은 2의 31제곱을 의미합니다.
<class 'int'>
```

이번에는 실수를 표현하기 위한 float에 대해 알아보겠습니다. 실수는 3.14와 같이 표현할 수도 있으며 314e-2와 같이 지수형으로 표현할 수도 있습니다.

```
>>> type(3.14)
<class 'float'>
>>> type(314e-2)
<class 'float'>
```

이번에는 실수보다 좀 더 큰 범위의 수인 복소수를 나타내고 사용하는 방법을 알아보겠습니다.

```
>>> x = 3 - 4j
>>> type(x)
<class 'complex'>
>>> x.imag
-4.0
>>> x.real
3.0
>>> x.conjugate()
(3+4j)
```

학교에서 배웠던 복소수와 거의 같죠? real은 복소수의 실수부를, imag는 허수부를 나타내며, conjugate() 메서드는 켤레복소수를 반환합니다.

앞에서 배운 수치를 가공하려면 연산자가 어떤 종류가 있는지 알아야 합니다. 우선 치환연산자(=)는 따로 설명할 필요도 없겠죠? 수치에 대한 연산자로는 더하기(+), 빼기(-), 곱하기(*), 나누기(/), 나머지(%), 거듭제곱(**) 등이 있습니다. 이번에는 간단하게 원과 삼각형의 넓이를 구하는 예제를 살펴보겠습니다.

```
>>> r = 2
>>> circle_area = 3.14 * (r ** 2)
>>> x = 3
>>> y = 4
>>> triangle_area = x * y / 2
>>> print(circle_area, triangle_area)
12.56 6.0
```

이 예제에서 circle_area의 3.14 * (r ** 2)의 값은 3.14 * r ** 2 와 동일합니다. 그 이유는 거듭제곱 (**)의 우선순위가 곱하기(*)보다 높기 때문입니다. 하지만 가급적 가독성을 높이기 위해 괄호를 사용해 우선순위를 명시하는 것을 권장합니다. 물론 x * y / 2처럼 우선순위가 바뀌어도 결과에 지장을 미치지 않는 경우라면 이야기가 다르겠죠.

그 외에 정수나누기(//)라는 연산자도 있습니다. 아래 예제와 같이 나누기 연산 후에 정수 부분만을 결과로 취합니다.

```
>>> 2 // 3
0
>>> 5 // 2
2
```

03 문자

다음으로 알아볼 자료형은 문자열입니다. 파이썬에서는 문자를 단일인용부호(')나 다중인용부호(")로 묶어서 표현합니다. 즉, '로 시작했으면 '로 끝나야 하며, "로 시작했으면 "로 끝나야 합니다.

다음의 예제를 보시죠.

```
>>> 'string'
'string'
>>> "string"
'string'
>>> "This is 'string'"
"This is 'string'"
>>> type('string')
<class 'str'>
```

간혹 프로그래밍을 하다 보면 도움말이나 설명을 문자열로 넣어야 할 때가 있습니다. 그런 경우 좀 더 쉽게 다량의 문자열을 넣기 위해 파이썬에서는 """ 혹은 '''이 제공됩니다. 다음의 예제 코드를 보면, 줄바꿈이나 탭도 그대로 적용된다는 사실을 알 수 있습니다.

```
>>> print("""
영원에 살고 순간에 살아라. 영원히 살 것처럼 일하고
금방 죽을 것처럼 사람들을 대하라.
```

　　　　- 리히텐베르크
"""）

영원에 살고 순간에 살아라. 영원히 살 것처럼 일하고
금방 죽을 것처럼 사람들을 대하라.
　　　- 리히텐베르크

"""혹은 '''를 사용하지 않고서 일반적으로 문자열 내에서 줄바꿈이나 탭 등의 특수문자를 어떻게 표현할 수 있을까요? 파이썬에서는 다음과 같이 이스케이프 문자를 이용해 표현할 수 있습니다.

사용예	의미
\n	개행(줄바꿈)
\t	탭
\r	캐리지 반환
\0	널(Null)
\\	문자 '\'
\'	단일 인용부호(')
\"	이중 인용부호(")

다음 예제와 같이 특수문자를 사용할 수 있습니다.

```
>>> print("\t탭\n다음줄")
    탭
다음줄
```

파이썬에서는 문자열 앞에 r을 붙여서 로^{raw} 문자열로 선언할 수 있습니다(242쪽 10장의 [뱀잡이] '로 문자열 표기법'을 참조하세요). 그렇게 되면 다음 예제와 같이 이스케이프 문자가 적용되지 않는 것을 확인할 수 있습니다.

```
>>> print(r"\t탭\n다음줄")
\t탭\n다음줄
```

수치와 마찬가지로 문자열도 연산자를 몇 가지 지원합니다. 더하기(+)는 문자열을 병합하는 기능을 수행하며, 곱하기(*)는 문자열을 반복시킵니다. 다만, 첫 줄에서 볼 수 있듯 더하기(+)는 문자열 상수끼리는 생략할 수 있습니다.

```
>>> 'py' 'thon'
'python'
>>> 'py' + 'thon'
'python'
>>> 'py' * 3
'pypypy'
```

또한, 파이썬에서 문자열은 다음과 같이 인덱싱 indexing 이 됩니다. 즉, 변수 뒤에 [위치]를 붙여서 원하는 문자를 꺼낼 수 있습니다. 제일 첫 문자의 위치는 0부터 시작합니다.

```
>>> a = "python"
>>> a
'python'
>>> a[0]
'p'
>>> a[5]
'n'
>>> a[0] = "a"
Traceback (most recent call last):
  File "<pyshell#24>", line 1, in <module>
    a[0] = "a"

TypeError: 'str' object does not support item assignment
```

마지막 결과에서 볼 수 있듯 인덱싱을 이용한 문자열의 변경은 허용되지 않습니다. 다만 문자열 전체를 다시 할당할 때는 가능합니다.

한 문자뿐 아니라 문자열을 꺼낼 수도 있습니다. 이를 슬라이싱 slicing 이라고 하며, 한 문자를 꺼내는 방법과 비슷합니다. 변수 뒤에 [시작위치:끝위치]를 붙여서 원하는 문자열을 꺼내면 됩니다. 0은 다음 페이지에 있는 그림과 같이 첫 문자의 바깥 부분을 가리키며, 증가하면 오른쪽으로 한 칸씩 이동합니다. 또한, 음수를 지정하면 동일한 방법으로 문자열 끝에서부터 세어 나갑니다.

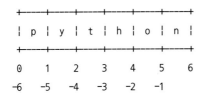

자, 다음 예제를 보며 확실히 익혀봅시다.

```
>>> a[0:1]
'p'
>>> a[1:4]
'yth'
>>> a[:2]
'py'
>>> a[-2:]
'on'
```

a[:2]나 a[−2:]에서처럼 위치를 생략한 경우에는 문자열의 처음이나 끝 위치로 간주합니다. 시작 위치나 끝 위치를 나타내는 인자 말고도 증가 여부를 나타내는 인자로 얼마만큼 증가시킬지 지정할 수 있습니다. 증가 여부를 나타내는 인자를 생략하면 1로 간주되어 하나씩 증가시키게 됩니다(문자열을 좀 더 잘 다루는 법에 대해서는 8장 '입출력'과 10장 '문자열 이야기'에서 자세히 알아보겠습니다).

```
>>> a[:]
'python'
>>> a[::2]
'pto'
```

지금까지 배운 문자열이나 수치 간의 변환은 다음과 같이 각 타입 클래스의 생성자를 이용하면 가능합니다(생성자에 대해서는 5장 '클래스'에서 자세히 배울 수 있습니다).

```
>>> str(3.14)
'3.14'
>>> int("49")
49
>>> float(23)
23.0
```

04 유니코드

지금까지 문자열 ^{string} 을 다루면서 영문뿐 아니라 한글도 사용했었고 문제없이 화면에 출력되는 것을 보았습니다. 그러나 자신의 컴퓨터에서뿐만 아니라 다른 사람의 컴퓨터, 즉 다른 언어권이나 다른 운영체제에서도 동일하게 출력된다고는 보장할 수 없습니다. 그 까닭은 각 문자열을 표현하는 방식이 다양하기 때문인데, 이처럼 다양한 문자열 표현 방식을 인코딩 ^{Encoding} 이라고 합니다.

각 나라마다 서로 다른 인코딩을 사용하니 얼마나 복잡하겠습니까? 그래서 세계의 모든 문자 코드를 일관된 방식으로 표현할 수 있는 체계를 만들자는 취지에서 시작된 게 바로 유니코드 ^{Unicode} 입니다.

> **뱀잡기** 🐍
>
> 유니코드에 대해 좀 더 자세히 알고 싶다면 유니코드 홈페이지(http://www.unicode.org/)를 방문해 보세요.

인코딩을 모르면 어떤 일이 생기는지 간단하게 실험해 볼까요? 일반적으로 브라우저에서 보는 화면은 다음과 같습니다. 글자가 잘 나오죠.

그림 2-2 정상적인 화면

그런데 인코딩을 몰랐다면? '메뉴〉보기〉인코딩'에서 다른 언어를 고르면 다음과 같이 화면도 깨지고 알아볼 수 없는 글자가 튀어나올 것입니다.

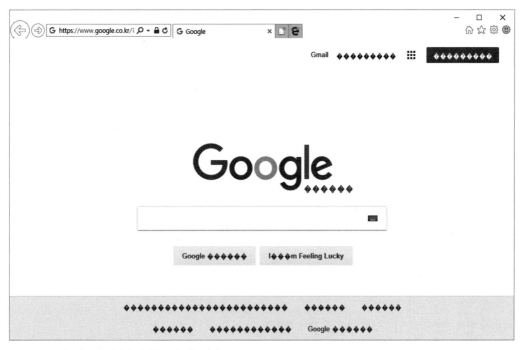

그림 2-3 글자들이 모두 깨져서 알아볼 수가 없는 화면

유니코드와 관련된 부분에서 파이썬 2.x와 3의 차이가 약간 큽니다. 이 부분을 2.x과 3으로 나눠서 살펴보겠습니다.

파이썬 2.x에서의 유니코드

파이썬 2.x에서는 일반적인 문자열 ^{string} 이외에도 유니코드를 따로 지원해 줍니다. 유니코드를 표현하려면 문자열 앞에 u를 붙이거나 unicode() 함수를 이용하면 됩니다.

```
>>> unicode('가', 'cp949')
u'\uac00'
>>> unicode('가', 'utf8')
Traceback (most recent call last):
File "<pyshell#117>", line 1, in <module>
unicode('가', 'utf8')
```

```
File "C:\Python36\lib\encodings\utf_8.py", line 16, in decode
return codecs.utf_8_decode(input, errors, True)
UnicodeDecodeError: 'utf8' codec can't decode byte 0xb0 in position 0: unexpected code byte
```

unicode() 함수의 두 번째 인자에는 문자열의 인코딩을 명시하는데, 잘못 입력되면 위와 같이 decode 에러가 발생합니다. 이것은 마이크로소프트 한글 윈도우에서는 코드 페이지 949(CP949) 기반 인코딩을 사용하는데 'utf8'로 잘못 디코딩해서 에러가 발생한 경우입니다.

문자열과 유니코드와의 변환은 다음과 같이 할 수 있습니다. encode(), decode() 메서드를 이용하면 다음과 같이 문자열과 유니코드로의 변환을 자유롭게 할 수 있습니다.

```
>>> '가'.decode('cp949')
u'\uac00'
>>> u'\uac00'.encode('cp949')
'\xb0\xa1'
>>> print u'\uac00'.encode('cp949')
가
```

아울러 현재 시스템의 인코딩은 다음과 같이 확인할 수 있습니다.

```
>>> import sys
>>> sys.stdin.encoding
'cp949'
>>> sys.stdout.encoding
'cp949'
```

파이썬 3에서의 유니코드

파이썬 3에서는 일반 문자열이 기본적으로 모두 유니코드입니다. 따라서 프로그래머는 글씨가 깨질 것을 걱정하지 않아도 되며, 2.x에서처럼 문자열 앞에 u를 붙일 필요가 없습니다. 유니코드 이외에 인코딩이 있는 문자열은 bytes로 표현됩니다. 아래의 예제코드를 보면 이 차이를 쉽게 알 수 있습니다.

```
>>> type('가')
<class 'str'>
>>> '가'.encode('utf-8')
```

```
b'\xea\xb0\x80'
>>> type('가'.encode('utf-8'))
<class 'bytes'>
```

또한, 어떤 문자의 유니코드 값을 알고 싶거나 혹은 반대로 유니코드 값을 문자로 변환할 때는 다음과 같이 chr()과 ord()를 사용하면 됩니다.

```
>>> ord('s')
115
>>> chr(115)
's'
```

리스트는 값의 나열입니다. 순서가 존재하며, 여러 종류의 값을 담을 수 있습니다. 또한 문자열과 마찬가지로 0부터 시작하는 인덱스가 있으며, 슬라이싱도 가능합니다. 리스트를 만드는 방법은 다음과 같습니다. 우선 'red', 'green', 'gold'라는 문자열이 담긴 colors라는 리스트를 만들어보겠습니다.

```
>>> colors = ['red', 'green', 'gold']
>>> colors
['red', 'green', 'gold']
>>> type(colors)
<class 'list'>
```

기존의 리스트에 값을 추가할 때는 다음과 같이 append() 메서드를 사용하면 됩니다. 삽입된 값은 리스트의 뒤에 추가되는 것을 볼 수 있습니다.

```
>>> colors.append('blue')
>>> colors
['red', 'green', 'gold', 'blue']
```

append() 메서드를 이용해 넣으면 리스트의 맨 뒤에 추가되는 반면, insert() 메서드를 이용하면 원하는 위치에 값을 집어넣을 수 있습니다. insert() 메서드의 첫 번째 인자에 원하는 위치를 지정한 후, 두 번째 인자에 원하는 값을 넣으면 됩니다.

```
>>> colors.insert(1, 'black')
>>> colors
['red', 'black', 'green', 'gold', 'blue']
```

또한 한 번에 여러 값을 넣을 수도 있습니다. extend() 메서드를 이용하면 튜플이나 리스트 등의 여러 값을 한 번에 삽입할 수 있습니다.

```
>>> colors.extend(['white', 'gray'])
>>> colors
['red', 'black', 'green', 'gold', 'blue', 'white', 'gray']
```

리스트에서는 더하기(+) 연산자를 지원하기도 합니다. 다음 예제를 보시면 'red' 값이 뒤에 추가적으로 들어간 것을 볼 수 있습니다. 그러나 더하기 연산자를 사용하는 경우에는 extend() 메서드와 마찬가지로 튜플이나 리스트 같은 순회 가능한 iterative 값을 넣어야 합니다. 문자열을 넣으면 마지막 부분처럼 같이 문자열을 쪼개서 각 문자가 하나씩 들어갑니다.

```
>>> colors += ['red']
>>> colors
['red', 'black', 'green', 'gold', 'blue', 'white', 'gray', 'red']
>>> colors += 'red'
>>> colors
['red', 'black', 'green', 'gold', 'blue', 'white', 'gray', 'red', 'r', 'e', 'd']
```

또한 어떤 값이 어디에 있는지 확인할 수 있는 index() 메서드도 제공됩니다. colors 안에는 현재 'red'가 0번째와 7번째에 존재합니다. index() 메서드의 결과는 처음 찾은 결과만 반환하므로 colors.index('red')를 하면 0이 나옵니다. index()의 두 번째 인자로 시작점을 명시하면 이제 7이 결과로 나옵니다. 시작점과 마찬가지로 세 번째 인자로 종결점을 지정할 수도 있습니다. 조심해야 할 점은 원하는 값이 없을 때는 아래와 같이 에러가 발생한다는 점입니다.

```
>>> colors.index('red')
0
>>> colors.index('red', 1)
7
>>> colors.index('red', 1, 5)
Traceback (most recent call last):
File "<pyshell#167>", line 1, in <module>
colors.index('red', 1, 5)
ValueError: list.index(x): x not in list
```

또한 현재 해당 값의 개수를 반환하는 count() 메서드와 값을 뽑아내는 pop() 메서드도 제공됩니다. pop() 메서드의 인자를 생략하면 뒤에서 값을 뽑아내며, 원하는 위치를 인자로 줄 수도 있습니다. 물론 pop되면 해당 값은 리스트상에서 사라집니다.

```
>>> colors
['red', 'black', 'green', 'gold', 'blue', 'white', 'gray', 'red']
>>> colors.count('red')
2
>>> colors.pop()
'red'
>>> colors.pop()
'gray'
>>> colors.pop(1)
'black'
>>> colors
['red', 'green', 'gold', 'blue', 'white']
```

remove() 메서드는 pop()과는 다르게 단순히 해당 값을 삭제합니다. 만약 동일한 값이 2개 있다면 앞쪽에 있는 값을 먼저 삭제합니다.

```
>>> colors.remove('gold')
>>> colors
['red', 'green', 'blue', 'white']
```

정렬을 쉽게 하기 위해 순방향 정렬을 위한 sort()와 역방향 정렬을 위한 reverse() 메서드가 제공됩니다.

```
>>> colors.sort()
>>> colors
['blue', 'green', 'red', 'white']
>>> colors.reverse()
>>> colors
['white', 'red', 'green', 'blue']
```

sort() 메서드에서는 자신이 원하는 방식으로 정렬할 수 있습니다. 바로 아래 예제와 같이 key 값을 지정해 정렬 방식을 조정할 수 있으며, reverse 여부를 지정할 수도 있습니다 아래의 mysort() 함수는 마지막 문자를 기준으로 비교를 수행합니다.

```
>>> def mysort(x):
        return x[-1]
>>> colors.sort(key=mysort)
>>> colors
['red', 'white', 'blue', 'green']
>>> colors.sort(key=mysort, reverse=True)
>>> colors
['green', 'white', 'blue', 'red']
```

06 세트

세트^{set} 는 수학시간에 배운 집합과 동일합니다. 세트는 리스트와 마찬가지로 값의 모임이며, 순서는 없습니다. 다음 예제와 같이 {}로 묶어서 정의합니다.

```
>>> a = {1, 2, 3}
>>> b = {3, 4, 5}
>>> a
{1, 2, 3}
>>> b
{3, 4, 5}
>>> type(a)
<class 'set'>
```

제공되는 메서드는 리스트와 거의 유사하며, 추가적으로 교집합과 합집합을 구할 수 있습니다.

```
>>> a.union(b)          ←── 합집합
{1, 2, 3, 4, 5}
>>> a.intersection(b)   ←── 교집합
{3}
```

또한 아래 예제와 같이 -(차집합), |(합집합), &(교집합) 연산자를 제공합니다.

```
>>> a - b           ←── 차집합
{1, 2}
>>> a | b           ←── 합집합
{1, 2, 3, 4, 5}
>>> a & b           ←── 교집합
{3}
```

07 튜플

튜플^{tuple}은 리스트와 유사하지만 리스트와는 달리 [] 대신 ()로 묶어서 표현하며, 읽기 전용입니다. 읽기 전용인 만큼 제공되는 함수도 리스트에 비해 적지만, 속도는 그만큼 빠릅니다.

```
>>> t = (1, 2, 3)
>>> type(t)
<class 'tuple'>
```

튜플이 제공하는 함수는 count(), index() 정도뿐입니다. 그러나 파이썬 내부에서는 튜플이 알게 모르게 사용되는 부분이 많습니다. 다음 예제에서 보는 바와 같이 여러 값을 다중 할당하는 것에도 튜플이 생략돼 있다고 보면 됩니다.

```
>>> a, b = 1, 2
>>> print(a, b)
1 2
>>> (a, b) = (1, 2)
```

```
>>> print(a, b)
1 2
```

튜플을 이용하면 C와 같은 언어에서는 변수가 하나 더 필요한 swap 예제를 다음과 같이 간단하게 해결할 수도 있습니다.

```
>>> a, b = 1, 2
>>> print(a, b)
1 2
>>> a, b = b, a
>>> print(a, b)
2 1
```

지금까지 위에서 배운 리스트, 세트, 튜플은 다음과 같이 생성자 list(), set(), tuple()을 이용해 서로서로 언제든지 변환이 가능합니다.

```
>>> a = set((1, 2, 3))
>>> a
{1, 2, 3}
>>> type(a)
<class 'set'>
>>> b = list(a)
>>> b
[1, 2, 3]
>>> type(b)
<class 'list'>
>>> c = tuple(b)
>>> c
(1, 2, 3)
>>> type(c)
<class 'tuple'>
>>> d = set(c)
>>> d
{1, 2, 3}
>>> type(d)
<class 'set'>
```

또한 이 자료형들은 in 연산자가 모두 동일하게 적용됩니다. 다음 예제와 같이 모든 자료형에 대해 1 in a와 같이 내부에 어떤 값이 존재하는지 확인할 수 있습니다.

```
>>> a = set((1, 2, 3))
>>> 1 in a
True
>>> b = list(a)
>>> 2 in b
True
>>> c = tuple(b)
>>> 3 in c
True
>>> 4 in a
False
```

08 사전

사전 Dictionary 은 강력하면서, 알아두면 정말 편리한 자료구조입니다. 사전은 키와 값의 쌍으로 구성돼 있으며, 다음과 같이 정의할 수 있습니다.

```
>>> d = dict(a=1, b=3, c=5)
>>> d
{'a': 1, 'c': 5, 'b': 3}
>>> type(d)
<class 'dict'>
```

또한 dict() 생성자를 사용하지 않고 다음과 같이 직접 사전을 생성할 수도 있습니다. 키를 이용해 값을 가져올 수 있으며, 인덱스는 지원하지 않으며, 없는 키를 사용하면 에러가 발생합니다.

```
>>> color = {"apple":"red", "banana":"yellow"}
>>> color
{'apple': 'red', 'banana': 'yellow'}
>>> color["apple"]
'red'
```

```
>>> color[0]        ←──── 인덱스는 지원하지 않습니다
Traceback (most recent call last):
File "<pyshell#7>", line 1, in <module>
color[0]
KeyError: 0
```

사전에 새로운 값을 추가하려면 다음과 같이 새로운 키와 값을 할당하면 되고, 마찬가지로 변경하는 방법도 변경하려는 항목의 키에 변경할 값을 할당하기만 하면 됩니다.

```
>>> color
{'apple': 'red', 'banana': 'yellow'}
>>> color["cherry"] = "red"
>>> color
{'cherry': 'red', 'apple': 'red', 'banana': 'yellow'}
>>> color["apple"] = "green"
>>> color
{'cherry': 'red', 'apple': 'green', 'banana': 'yellow'}
```

사전의 내용을 얻으려면 다음과 같이 items(), keys(), values() 메서드를 사용하면 됩니다. items()는 사전의 모든 키와 값을 튜플로 묶어서 반환하며, keys()는 키만, values()는 값만 반환합니다(for 구문은 4.5절을 참조하세요).

```
>>> for c in color.items():
        print(c)
('cherry', 'red')
('apple', 'green')
('banana', 'yellow')

>>> for k, v in color.items():
        print(k, v)
cherry red
apple green
banana yellow

>>> for k in color.keys():
        print(k)
cherry
```

```
apple
banana
```

```
>>> for v in color.values():
        print(v)
red
green
yellow
```

사전의 삭제는 다음과 같이 'del' 문을 이용해 하나씩 삭제할 수도 있으며, clear() 메서드를 이용해 한 번에 모두 삭제할 수도 있습니다.

```
>>> color
{'cherry': 'red', 'apple': 'green', 'banana': 'yellow'}
>>> del color['cherry']
>>> color
{'apple': 'green', 'banana': 'yellow'}
>>> color.clear()
>>> color
{}
```

지금까지 살펴본 예제에서는 튜플, 리스트, 집합, 사전 등에 같은 종류의 자료형만 넣었지만 이해하기 쉽게 만들려고 그랬을 뿐 다음처럼 자료형을 섞어서 사용할 수도 있습니다.

```
>>> {'age':40.5, 'job':[1, 2, 3], 'name':{'Kim':2, 'Cho':1}}
>>> [1, 2, 3, ('green'), {'apple':1}]
```

09 부울

부울^{bool} 은 참과 거짓을 나타내는 자료형으로, 사용 가능한 값은 True와 False입니다.

```
>>> isRight = False
>>> type(isRight)
<class 'bool'>
```

주로 부울은 부울 값들 간의 논리연산이나, 수치 간의 비교연산의 결과로 사용합니다. 비교연산자의 종류는 '크다(>)', '작다(<)', '같다(==)', '다르다(!=)', '같거나 크다(>=)', '같거나 작다(<=)' 가 있으며, 다음과 같이 사용합니다.

```
>>> 1 < 2
True
>>> 1 != 2
True
>>> 1 == 2
False
```

논리연산자로는 'and(&)', 'or(|)', 'not'이 있습니다. 'and'는 두 값이 모두 참이어야만 참을 반환하고, 'or'는 둘 중 하나의 값만 참이어도 참을 반환합니다. 또한 'not'은 반대되는 값을 반환합니다. 논리연산자 역시 비교연산자와 함께 제어문의 조건에서 주로 사용합니다.

```
>>> True and False
False
>>> True & True
True
>>> True or False
True
>>> False | False
False
>>> not True
False
```

논리연산자에서 주의해야 할 점이 하나 있는데, 'and'의 경우에는 두 값이 모두 참이어야 하기 때문에 첫 번째 값이 거짓이면 두 번째 값을 보지 않으며, 'or'의 경우에는 하나의 값만 참이어도 참이라서 첫 번째 값이 참이면 두 번째 값을 볼 필요가 없다는 것입니다('&'과 '|'에 대한 자세한 사항은 4.3 '단축 평가'를 참고하세요).

수치를 논리연산자에 사용하는 경우, 0은 False로 간주하고 음수를 포함한 다른 값은 모두 True로 간주합니다. 문자열을 논리연산자에 사용하는 경우에도 ' '(빈문자열)만 False로 봅니다. 마찬가지로 값이 없는 상태를 나타내는 None의 경우에는 False로 간주합니다(4.2 '조건식의 참/거짓 판단'을 참고하세요).

```
>>> bool(0)
False
>>> bool(-1)
True
>>> bool('test')
True
>>> bool(None)
False
```

10 얕은 복사와 깊은 복사

파이썬에서 모든 변수는 해당 객체의 주소를 가지고 있습니다. a=1이라고 하면 그냥 a 값에 1을 넣으면 되는 거지 무슨 객체의 주소가 어떻다고? 라고 생각할 수 있습니다. 그러나 사실은 1이란 객체를 생성한 후, a라는 변수에는 1이란 객체의 주소가 저장되는 것입니다(물론 실제로 1의 경우에는 일반적으로 객체가 생성돼 있으며, 이 시점에 객체가 생성되진 않습니다).

다음의 예제를 한 번 보시죠.

```
>>> a = [1, 2, 3]
>>> b = a
>>> a[0] = 38
>>> a
[38, 2, 3]
>>> b
[38, 2, 3]
```

첫 번째 라인에서 a에는 간단한 리스트 객체가 생성되고, 두 번째 라인에서 b에 a의 객체가 복사되는 것으로 생각할 수 있지만, 아닙니다. a에는 [1,2,3]의 주소가 저장돼 있으므로 b에도 a와 동일한 주소가 복사됩니다. 그러므로 a와 b는 아래 그림과 같이 동일한 리스트 객체를 공유합니다.

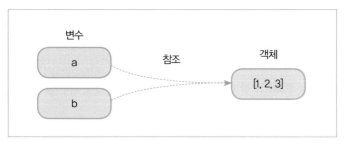

그림 2-4 같은 객체를 공유하는 경우

그래서 a의 첫 번째 값을 38로 바꾸면 b도 동일하게 바뀐 값으로 표시됩니다. 다음과 같이 객체의 고유한 값인 아이디를 반환하는 함수인 id()를 써서 확인해 보면 더욱 확실해집니다.

```
>>> id(a), id(b)          ← id 값들은 실행될 때마다 달라질 수 있습니다
(18091784, 18091784)
```

리스트의 경우 a와 b가 같은 객체를 공유하지 않게 하려면 다음과 같이 강제로 복사하면 됩니다.

```
>>> a = [1, 2, 3]
>>> b = a[:]
>>> id(a), id(b)
(18122032, 18121912)
>>> a[0] = 38
>>> a
[38, 2, 3]
>>> b
[1, 2, 3]
```

리스트의 경우에는 위와 같이 했지만 리스트 이외의 일반적인 경우에는 다음과 같이 copy 모듈을 사용합니다. copy() 함수는 주소가 복사되어 객체를 공유하는 얕은 복사 shallow copy 를 하는 함수이며, deepcopy() 함수는 객체를 공유하지 않는 깊은 복사 deep copy 를 합니다.

```
>>> import copy
>>> a = [1, 2, 3]
>>> b = copy.deepcopy(a)
>>> a[0] = 38
>>> a
[38, 2, 3]
>>> b
[1, 2, 3]
```

뱀잡기 🐍

좀 더 부연 설명을 하면 copy.copy()는 객체를 생성할 때 객체를 그대로 사용(치환)하는 것이며, copy.deepcopy()는 생성 시 객체를 복사합니다. 아래 예제를 보면 a라는 리스트가 있고 copy한 cp_a와 deepcopy한 dcp_a가 있습니다.

```
>>> a=[1,[2,3]]                              >>> a[1].append(4)
>>> cp_a = copy.copy(a)                      >>> a
>>> dcp_a = copy.deepcopy(a)                 [1, [2, 3, 4]]
>>> a,cp_a,dcp_a                             >>> cp_a
([1, [2, 3]], [1, [2, 3]], [1, [2, 3]])     [1, [2, 3, 4]]
>>> id(a), id(cp_a), id(dcp_a)               >>> dcp_a
(18208088, 18247552, 18247032)              [1, [2, 3]]
                                             >>> id(a[1]), id(cp_a[1]), id(dcp_a[1])
                                             (18208008, 18208008, 18206808)
```

a와 cp_a를 생성할 때는 치환을 사용해 동일한 객체를 나타내고 있으며, dcp_a는 새로 객체를 복사해서 id가 다른 것을 알 수 있습니다. 이번 장에서 sys, copy 등의 모듈이라는 것이 갑자기 나와서 당황하셨나요? 모듈에 대해서는 '6장 모듈'에서 자세히 다루겠습니다.

함수

대부분의 프로그래밍 언어들이 그러하듯 파이썬에서도 함수를 사용할 수 있습니다. 함수는 여러 개의 문장 statement 을 하나로 묶어 주는 역할을 하며, 사용자는 프로그램에서 필요한 일을 하는 함수를 정의하거나 이미 정의돼 있는 함수를 사용할 수 있습니다.

함수는 프로그램 실행 중 한 번 혹은 여러 번 호출될 수 있으며 매개변수 parameter 를 이용해 다른 값으로 호출할 수 있고, 함수 내부에서 다른 함수를 호출할 수도 있습니다. 함수가 종료되면 함수를 호출한 곳으로 결과값(결과값이 없을 수도 있습니다)을 전달하고, 함수를 호출한 다음 문장을 수행합니다.

이와 같은 함수의 특징은 프로그램을 구조적, 논리적으로 만들어 주고 규모가 큰 프로그램을 개발하는 데 필요한 비용을 줄일 수 있습니다. 함수보다 더 확장된 개념이 뒤에서 배우게 될 모듈과 클래스입니다.

- 함수의 정의
- 반환값
- 인자 전달

- 스코핑 룰
- 함수 인자
- Lambda 함수
- 재귀적 함수 호출
- pass
- __doc__ 속성과 help 함수
- 이터레이터 ^{iterator}
- 제너레이터 ^{generator}

01 함수의 정의

함수는 우리가 직접 만들 수도 있고, 이미 파이썬에 내장돼 있는 것도 있습니다. 파이썬에 내장돼 있는 함수로는 이미 앞에서 사용한 type() 등이 있습니다. 파이썬 내장 함수로만 프로그램을 만들 수도 있지만 파이썬 내장 함수는 프로그램 작성에 필요한 기본적인 함수만 제공하기 때문에 대부분 사용자가 필요한 함수를 직접 정의해서 프로그램을 만듭니다. 파이썬에서 함수를 선언하는 방법은 다른 프로그램 언어와 약간 다릅니다.

- 함수 선언은 def로 시작해 콜론(:)으로 끝내고, 함수의 시작과 끝은 코드의 들여쓰기 ^{indentation} 로 구분합니다.
- 시작과 끝을 명시해 주지 않습니다(비주얼베이직처럼 Begin, End로 함수의 시작과 끝을 정의할 필요가 없습니다).
- 함수 선언을 헤더 ^{header} 파일에 미리 선언하거나 인터페이스 ^{interface}/구현 ^{implementation} 같은 부분으로 나누지 않고 함수가 필요할 때 바로 선언하고 사용할 수 있습니다.

함수를 선언하는 문법은 아래와 같습니다.

```
def 〈함수명〉(인자1, 인자2, ...인자N):
    〈구문〉
    return 〈반환값〉
```

def는 함수 객체를 만들겠다는 키워드입니다(파이썬에서는 변수, 클래스는 물론 함수도 객체 ^{object} 로 취급됩니다). 이어서 함수의 이름과 인자들을 적고 ':(콜론)'을 사용해 함수 선언을 마칩니다. 〈구문〉은 함수가 하는 일에 대한 구문을 적는 부분입니다. 파이썬에서는 블록의 개념을 들여쓰기로 사용하기 때문에 구문을 적을 때 반드시 들여쓰기를 해야 합니다.

return은 함수를 종료하고 값을 전달하는 데 사용합니다. return 문이 없어도 함수 구문의 마지막에 다다르면 함수가 종료되고 함수를 호출한 곳으로 되돌아가게 되는데, 이때 함수는 None을 반환합니다.

아래에 간단한 함수를 만들어 보았습니다.

```
>>> def Times(a, b):
        return a*b
>>> Times
<function Times at 0x021098A0>
>>> Times(10, 10)
100
```

def 문은 앞에서 이야기했듯이 함수 객체를 만드는 구문입니다. 생성된 함수는 두 개의 인자를 받으며 입력받은 인자를 곱해서 결과를 반환합니다. Times라는 이름은 생성된 함수 객체의 레퍼런스^{Reference} 가 됩니다. 그럼 함수를 선언하면 파이썬 내부에는 어떤 일이 일어날까요?

우선 메모리 공간 어딘가에 함수 객체 ^{Function Object}가 생성됩니다. 생성된 객체의 메모리 주소는 0x021098A0인 것을 확인할 수 있습니다. 그리고 Times라는 이름의 레퍼런스가 생성되는데, 이는 방금 생성된 함수를 가리킵니다.

> **뱀잡기** 🐍
>
> 함수가 생성될 때마다 객체의 메모리 주소는 매번 다릅니다. 방금 생성한 함수 객체의 메모리 주소는 0x021098A0이지만 다음 번에 생성할 때는 다른 주소값을 갖게 됩니다.

우리가 함수의 이름이라고 알고 있는 Times는 사실 함수가 생성될 때 기본적으로 함수 객체를 참조하는 레퍼런스입니다.

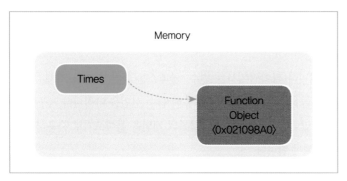

그림 3-1 함수 객체와 레퍼런스와의 관계

위는 함수 객체와 레퍼런스와의 관계를 그림으로 표현한 것입니다.

뒤에 모듈 부분에서 나오겠지만 globals()라는 내장 함수를 실행하면 생성된 함수 객체들을 볼 수 있습니다.

```
>>> globals()
{'__builtins__': <module 'builtins' (built-in)>, '__name__': '__main__', 'Times': <function Times
at 0x01824588>, '__doc__': None, __package__': None}
```

이 함수 레퍼런스는 다른 변수에 할당할 수 있습니다.

```
>>> myTimes = Times
```

그런데 여기서 혼동해서는 안 되는 점이 위 구문을 실행하면 함수 객체가 복사되는 것이 아니라 단순히 레퍼런스만 복사(15장 '약한 참조'를 참조하세요)된다는 것입니다. 이와 같이 하면 myTimes도 Times와 같은 함수 객체를 가리키기 때문에 동일한 함수를 호출한 것 같은 효과가 납니다.

```
>>> r = myTimes(10, 10)     ◀━━━ 함수에서 반환되는 값은 변수에 저장할 수 있습니다
>>> r
100
```

globals()를 이용해 확인하면

```
>>> globals()
{'__builtins__': <module 'builtins' (built-in)>, 'Times': <function Times at 0x01824588>, '__
package__': None, '__name__': '__main__', 'myTimes': <function Times at 0x01824588>, '__doc__':
None}
```

myTimes라는 이름으로 똑같은 함수의 객체를 가리키는 변수가 하나 더 있는 것을 확인할 수 있습니다.

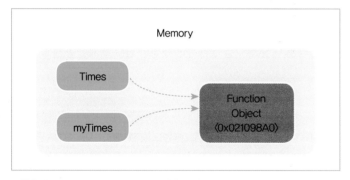

그림 3-2 myTimes = Times 구문 실행 후 레퍼런스의 상태

내장함수 목록 확인하기

__builtins__는 내장 영역의 이름이 저장돼 있는 리스트입니다. __builtins__의 내용은 dir() 함수를 이용해 볼 수 있습니다.

```
>>> dir(__builtins__)
['ArithmeticError', 'AssertionError', 'AttributeError', 'BaseException', 'Buffer
Error', 'BytesWarning', 'DeprecationWarning', 'EOFError', 'Ellipsis', 'Environme
ntError', 'Exception', 'False', 'FloatingPointError', 'FutureWarning', 'Generato
rExit', 'IOError', 'ImportError', 'ImportWarning', 'IndentationError', 'IndexErr
or', 'KeyError', 'KeyboardInterrupt', 'LookupError', 'MemoryError', 'NameError',
 'None', 'NotImplemented', 'NotImplementedError', 'OSError', 'OverflowError', 'P
endingDeprecationWarning', 'ReferenceError', 'RuntimeError', 'RuntimeWarning','

StopIteration', 'SyntaxError', 'SyntaxWarning', 'SystemError', 'SystemExit', 'Ta
bError', 'True', 'TypeError', 'UnboundLocalError', 'UnicodeDecodeError', 'Unicod
eEncodeError', 'UnicodeError', 'UnicodeTranslateError', 'UnicodeWarning', 'UserW
arning', 'ValueError', 'Warning', 'WindowsError', 'ZeroDivisionError', '_',
'__build_class__', '__debug__', '__doc__', '__import__', '__name__', '__package__',
'abs', 'all', 'any', 'ascii', 'bin', 'bool', 'bytearray', 'bytes', 'chr', 'class
method', 'cmp', 'compile', 'complex', 'copyright', 'credits', 'delattr', 'dict',
 'dir', 'divmod', 'enumerate', 'eval', 'exec', 'exit', 'filter', 'float', 'forma
t', 'frozenset', 'getattr', 'globals', 'hasattr', 'hash', 'help', 'hex', 'id', '
input', 'int', 'isinstance', 'issubclass', 'iter', 'len', 'license', 'list', 'lo
cals', 'map', 'max', 'memoryview', 'min', 'next', 'object', 'oct', 'open', 'ord'
, 'pow', 'print', 'property', 'quit', 'range', 'repr', 'reversed', 'round', 'set
```

```
', 'setattr', 'slice', 'sorted', 'staticmethod', 'str', 'sum', 'super', 'tuple',
'type', 'vars', 'zip']
```

아래는 내장 함수 sum()을 사용하는 예제입니다.

```
>>> x = [1, 2, 3]
>>> sum(x)      ←—— 내장 영역의 sum 함수를 실행
6
```

예제에서 sum() 함수를 구현하지 않았는데도 리스트의 각 원소의 값을 더한 값을 얻을 수 있었던 까닭은 sum() 함수가 이미 내장 영역에 포함돼 있기 때문입니다.

02 return

함수에서 return은 함수를 종료하고 해당 함수를 호출한 곳으로 되돌아가게 합니다. return은 어떤 종류의 객체도 돌려줄 수 있으며, 여러 값을 튜플로 묶어서 처리할 수도 있습니다. return을 사용하지 않거나 return만 적었을 때도 함수가 종료되며, 이때 반환값으로 None 객체를 돌려줍니다.

```
>>> def setValue(newValue):
        x = newValue      ←—— 반환값이 없는 경우
>>> retval = setValue(10)
>>> print(retval)
None
```

return은 오직 한 개의 객체만 반환할 수 있습니다. 하지만 다음 예제처럼 한 번의 함수 호출로 두 변수에 값을 각각 할당할 수도 있습니다. 이런 경우 정확히 말하면 여러 개의 값을 반환하는 것이 아니라, 여러 개의 값을 하나의 튜플 객체로 만들어 반환하는 것이기 때문에 구문상 여러 개의 값을 반환하는 것처럼 보입니다.

swap() 함수의 실행 후 return 값으로 튜플 객체가 반환되는 예입니다.

```
>>> def swap(x, y):
        return y, x
```

```
>>> swap(1, 2)
(2,1)
>>> a, b = swap(1, 2)          ←—— 두 변수에 함수의 결과값을 각각 할당합니다
>>> a
2
>>> b
1
>>> x = swap(1, 2)
>>> type(x)
<class 'tuple'>
```

조금 더 복잡한 예를 들어 보겠습니다. 다음 함수는 입력받은 두 개의 리스트에서 교집합을 구해 리스트 형태로 결과를 반환합니다.

```
>>> def intersect(prelist, postlist):
        retList = []          ←—— 교집합을 저장할 빈 리스트를 생성합니다
        for x in prelist:
            if x in postlist and x not in retList:
                retList.append(x)
        return retList
>>> list1 = "SPAM"
>>> list2 = "EGG"
>>> intersect(list1, list2)
[]          ←—— 빈 리스트가 출력됩니다
>>> intersect(list1, ['H', 'A', 'M'])
['A', 'M']
>>> tup1 = ('B', 'E', 'E', 'F')
>>> intersect(list2, tup1)          ←—— 혼합 자료형
['E']
```

03 인자 전달

파이썬에서 인자는 레퍼런스를 이용해 전달합니다(함수의 인자는 호출자 내부 객체의 레퍼런스입니다). 하지만 C/C++에서의 참조에 의한 호출^{Call-by-reference} 과는 다른데, 호출자가 전달하는 변수가 변경

가능한 변수 ^{Mutable} 일 때와 변경이 불가능한 변수 ^{Immutable} 일 때 내부에서 처리하는 방식이 다르기 때문입니다. 아래 예제를 보겠습니다.

```
>>> a = 10
>>> b = 20
>>> def sum1(x, y):
        return x + y
>>> sum1(a, b)
30
>>> x = 10
>>> def sum2(x, y):
        x = 1         ◀──── 이 부분에서 값이 1인 객체가 생성되고 x에 레퍼런스를 할당합니다
        return x + y
>>> sum2(x, b)  ◀──── x를 인자로 넣어 줍니다
21
>>> x             ◀──── 함수 내부에서 변경한 사항이 외부에 영향을 미치지 않습니다
10
```

sum1()을 호출하면 a, b의 레퍼런스가 전달됩니다. sum2() 함수를 호출하면 똑같이 a와 b가 전달되는데, sum2() 내부에서 전달받은 변수에 값을 할당하려고 합니다. 이 경우 파이썬에서는 a 변수에 값을 할당하는 것이 아니라, 값이 1인 객체를 생성하고 이를 가리키는 레퍼런스를 x에 저장합니다.

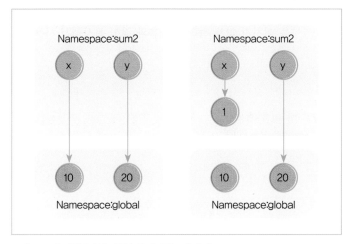

그림 3-3 각 이름공간 안의 변수와 레퍼런스의 관계

좌측은 sum2() 함수가 호출됐을 때의 상태, 우측은 sum2() 함수의 x=1 구문이 실행됐을 때의 상태입니다. 변수 x는 전역 영역의 10을 가리키고 있지만 x=1이 실행되면 1이라는 인스턴스가 만들어지고 x가 이를 가리킵니다. 결국 x=1이라는 구문이 실행되면 x 값이 호출자 내부의 객체를 가리키는 것이 아니라 함수 내부에 새로 생성된 객체를 가리킵니다.

위 예제의 sum2() 함수는 정수형 변수를 인자로 받는데, 이는 함수에서 변경할 수 없습니다. 이를 변경 불가능한 변수라고 합니다. 변경 가능한 변수일 때는 내부 동작 방식이 약간 다릅니다.

우선 예제를 먼저 보겠습니다.

```
>>> def change(x):
        x[0] = 'H'          ◀──── list x의 첫 번째 아이템을 H로 바꿉니다
>>> wordlist = ['J', 'A', 'M']
>>> change(wordlist)
>>> wordlist
['H', 'A', 'M']             ◀──── change가 호출자의 객체에게 영향을 미칩니다
```

이번에는 인자로 넣었던 리스트가 변경됐습니다. 리스트는 변경 가능한 변수 타입이고, 그래서 wordlist 값을 변경할 수 있었습니다. change() 함수 내에서 x[0] = 'H'가 실행되면 값이 변경되는데, x[0]은 레퍼런스가 아니라 실제 데이터가 있는 주소를 의미합니다.

변경 가능한 객체의 값을 바꾸면 그 객체를 참조하는 다른 레퍼런스도 영향을 받게 됩니다. 만약 함수 내부에서 변경해도 호출자의 객체에 영향을 미치지 않게 하려면 다음과 같이 복사해서 사용해야 합니다.

```
>>> def change(x):
        x = x[:]            ◀──── 입력받은 인자를 모두 x에 복사합니다
        x[0] = 'H'          ◀──── list x의 첫 번째 아이템을 H로 바꿉니다
        return None
>>> wordlist = ['J', 'A', 'M']
>>> change(wordlist)
>>> wordlist
['J', 'A', 'M']             ◀──── change가 호출자의 객체에 영향을 미치지 않습니다
```

04 스코핑 룰

변수를 사용하려면 한 가지 꼭 알아야 할 법칙이 있습니다. 바로 스코핑 룰 scoping rule 인데, 스코핑 룰을 잘 모르고 변수를 쓰다가는 에러가 발생하거나 엉뚱한 값이 출력될 수도 있습니다.

```
>>> a = [1, 2, 3]
>>> def scoping():
        a = [4, 5, 6]
```

위와 같이 변수를 선언하면 어떻게 될까요? 기존 a의 값 [1, 2, 3]이 함수 안에서 선언한 값 [4, 5, 6]으로 바뀔까요? 변수를 선언하거나 사용할 때의 숨겨진 비밀을 이제 풀어 보겠습니다.

우선 이름공간 namespace 에 대해 이야기하겠습니다. 이름공간은 프로그램에서 쓰이는 이름이 저장되는 공간입니다. 위에서 변수를 선언하면 [1,2,3]이라는 값을 가지는 리스트 타입의 객체가 메모리 공간에 생기고 이를 a라는 이름을 가지는 레퍼런스가 가리킵니다. 이 a라는 이름은 이름공간에 저장되고 이후 a라는 이름을 가지고 [1,2,3] 값을 가진 리스트 타입의 객체에 접근할 수 있게 되는 것입니다. 이름은 미리 생성되지 않고 위의 경우처럼 값이 치환될 때 만들어지기 때문에 생성된 이름은 이름공간에 저장되어 변경, 삭제, 검색할 수 있게 됩니다.

함수는 별도의 이름공간을 가집니다. 함수 내부에서 사용되는 변수는 일단 함수 내부의 이름공간을 참조합니다. 만약 함수 내부의 이름공간에서 이름을 찾지 못하면 상위 이름공간에서 이름을 찾습니다. 이때 함수 내부의 이름공간을 지역 영역 Local scope , 함수 밖의 영역을 전역 영역 Global scope 이라고 하며, 파이썬 자체에서 정의한 내용에 대한 영역을 내장 영역 Built-in Scope 라고 합니다.

지역 영역의 변수와 전역 영역의 변수를 간편하게 지역 변수와 전역 변수라고 부릅니다. 지역 변수와 전역 변수를 사용하는 예제를 보겠습니다.

```
>>> x = 1
>>> def func(a):
        return a + x    ◀──── 함수 내 지역 영역에 해당 이름이 없기 때문에 전역 영역에서
>>> func(1)                    같은 이름을 찾아서 사용합니다
2
>>> def func2(a):
        x = 2    ◀──── 함수 내 지역 영역에 x라는 이름이 등록됩니다
```

```
        return a + x
>>> func2(1)
3
```

이처럼 이름을 검색하는 규칙이 있는데, 이름을 사용하면 지역^{Local}, 전역^{Global}, 내장^{Built-in} 인 순서로 이름을 검색합니다. 이 규칙을 첫 글자를 따서 'LGB 규칙'이라고 합니다.

만약 지역 영역에서 전역 영역의 변수를 사용하고 싶을 땐 어떻게 해야 할까요? 실제로 이런 일이 빈번하게 발생합니다. 이럴 땐 global 선언문을 사용하면 됩니다.

```
>>> g = 1
>>> def testScope(a):
        global g
        g = 2          ◀──── 변수에 global 키워드를 지정해 전역 영역에 존재하는 변수의
        return g + a          값을 변경했습니다.
>>> testScope(1)
3
>>> g
2
```

global로 변수를 선언하면 전역 영역에 포함된 이름이라도 지역 영역에서 값을 변경할 수 있습니다. global이 하는 일이 정확히 무엇인지 다음 예제를 통해 살펴보겠습니다.

```
>>> del g
>>> def testGlobal(a):
        global g
        return g + a
>>> testGlobal(1)
Traceback (most recent call last):
  File "<stdin>", line 1, in <module>
  File "<stdin>", line 3, in testGlobal
NameError: global name 'g' is not defined   ◀──── 위와 같은 에러가 발생하는데, 이것은 g라는 이름을 찾지 못해
>>> g = 2                                          서 발생하는 에러입니다
>>> testGlobal(1)
3
```

전역 영역에 변수 g가 없을 경우 global g라는 구문에서 에러가 발생합니다. 하지만 'g'라는 변수를 선언하면 문제가 해결됩니다. global이 하는 일은 새로운 지역 변수를 만들거나 복사하는 것이 아니라 단지 전역 영역의 값을 지역 영역에서 참조할 수 있게 전역변수 g의 레퍼런스를 지역 변수 영역 이름공간에 생성하는 것입니다.

뱀잡기 🐍➻➛

함수가 끝나면 함수 내부에서 생성하고 사용한 변수들이 메모리 공간에서 모두 반환되는 반면, g = 2 구문에서 생성된 객체(정수 2)는 함수가 종료해도 메모리 공간에 남아 있게 됩니다. 이는 서로 다른 이름공간이기 때문입니다.

---

05 함수 인자

파이썬에서는 몇 가지 특별한 인자 모드를 제공하는데 기본 인자 값, 키워드 인자, 가변 인자 리스트, 정의되지 않은 키워드 인자 처리가 있습니다.

기본 인자 값

함수를 호출할 때 인자를 지정해 주지 않아도 기본 값이 할당되게 하는 방법입니다.

```
>>> def Times(a=10, b=20):
        return a * b
>>> Times()
200
>>> Times(5)         ◄───── a에만 5가 할당됩니다
100
```

함수를 호출할 때 인자를 넣지 않으면 기본값으로 설정된 값을 사용하지만 인자를 전달하면 전달한 값을 사용합니다.

키워드 인자

인자 이름으로 값을 전달하는 방식입니다. C와 C++와는 다르게 변수의 이름으로 특정 인자를 전달할 수 있습니다. C와 C++에서는 반드시 변수의 전달 순서를 맞춰줘야 하지만 키워드 인자를 지원하는 파이썬에서는 아래와 같은 방법으로도 인자를 전달할 수 있습니다.

```
>>> def connectURI(server, port):
        str = "http://" + server + ":" + port
        return str
>>> connectURI("test.com", "8080")
'http://test.com:8080'
>>> connectURI(port="8080", server="test.com")    ◀── 명시적으로 인자 이름을 사용합니다
'http://test.com:8080'
```

기본 인자 값과 마찬가지로 일반적으로 키워드 인자는 일반 인자 뒤에 위치합니다. 키워드 인자 이후에는 순서에 의한 인자 매칭을 할 수 없습니다.

```
>>> connectURI("test.com", port="8080")    ◀── 키워드 인자 이후에는 순서에 의한 인자 매칭을 시도
'http://test.com:8080'
>>> connectURI(server="test.com", "8080")
  File "<stdin>", line 1
SyntaxError: non-keyword arg after keyword arg
```

가변 인자 리스트

지금까지 함수들은 처음 선언할 때 정해진 숫자의 인자만 받을 수 있었습니다. 하지만 함수 를 호출할 때 인자의 개수가 정해지지 않은 가변 인자를 전달받는 방법이 있습니다. *를 함수 인자 앞에 붙이면 정해지지 않은 수의 인자를 받겠다는 의미입니다. 가변 인자 리스트는 입력받은 인자를 튜플에 저장합니다. 함수 내에서 입력받은 인자는 아래 예제처럼 사용할 수 있습니다.

```
>>> def test(*args):          ◀──── 가변인자 리스트 args는 튜플 형태로 처리됩니다
        print(type(args))
>>> test(1, 2)
<class 'tuple'>
```

가변 인자 리스트를 가지고 합집합을 만드는 함수를 구현했습니다. 인자 'ar'이 가변 인자 리스트입니다.

```
>>> def union2(*ar):
        res = []
        for item in ar:        ◀──── 튜플 ar에 들어 있는 인자를 하나씩 얻어 옵니다
            for x in item:
                if not x in res:
                    res.append(x)
        return res
>>> union2("HAM", "EGG", "SPAM")
['H', 'A', 'M', 'E', 'G', 'S', 'P']
>>> union2("girl", "generation", "gee")
['g', 'i', 'r', 'l', 'e', 'n', 'a', 't', 'o']
```

정의되지 않은 인자 처리하기

**를 붙이면 정의되지 않은 인자를 사전 형식으로 전달받을 수 있습니다. 이 또한 파이썬의 특별한 인자 전달 방법으로, 인자를 사전 형식으로 만들어 전달할 수 있다는 것은 정말 큰 매력입니다.

아래 userURIBuilder()는 URL을 생성하는 함수입니다. 이 함수를 사용하면 사용자가 입력하는 인자의 이름과 값이 바로 URL로 변환됩니다. 물론 위의 기본 인자전달 방식이나 가변 리스트 방식으로 처리할 수도 있지만 정의되지 않은 인자를 처리하는 방법은 독특한 장점을 제공합니다.

userURIBuilder() 함수에서 정의되지 않은 인자 처리하기를 사용했기 때문에 사용자는 함수 인자의 제약 없이 URL을 만들 수 있습니다

```
>>> def userURIBuilder(server, port, **user):
        str = "http://" + server + ":" + port + "/?"
        for key in user.keys():
            str += key + "=" + user[key] + "&"
        return str
>>> userURIBuilder("test.com", "8080", id='userid', passwd='1234')
'http://test.com:8080/?passwd=1234&id=userid&'
>>> userURIBuilder("test.com", "8080", id='userid', passwd='1234', name='mike', age='20')
'http://test.com:8080/?passwd=1234&age=20&id=userid&name=mike&'
```

역시 정의되지 않은 인자를 받는 부분은 인자들 중 가장 마지막에 와야 합니다.

06 람다 함수

3장 1절에서 설명한 것처럼 함수는 사실 이름이 없이 객체만 있을 뿐입니다. 기본 레퍼런스를 이름이라고 말하고 있죠. C나 C++에서 함수는 반드시 이름이 있어야 합니다. 하지만 파이썬에서는 이름이 없고, 함수 객체만 존재하는 익명 함수를 만들 수 있습니다. 필요할 곳 어디에서나 쓰일 수 있는 함수이고 return 구문을 적을 수가 없습니다. 일반 함수와 마찬가지로 여러 개의 인자를 전달받을 수 있고 return 구문을 적지 않아도 하나의 반환값을 돌려 줍니다. 바로 람다 ^{lambda} 함수에 대한 설명입니다. 람다 함수는 한 줄을 실행한 결과 값이 바로 반환값이 됩니다.

이름도 없는 함수를 어디에다 쓸 수 있을까요? 그런데 의외로 람다 함수를 적용할 수 있는 곳이 많습니다. 한 줄의 간단한 함수가 필요한 경우나 프로그램의 가독성을 위해 혹은 함수를 인자로 넘겨줄 때 람다 함수를 쓸 수 있습니다. 일단 함수 원형을 보겠습니다.

```
lambda 인자 : <구문>
```

다음 예제를 보겠습니다.

```
>>> g = lambda x, y : x * y
>>> g(2, 3)
```

```
6
>>> (lambda x: x * x)(3)
9
>>> globals()
{'g': <function <lambda> at 0x018899C0>, '__builtins__': <module 'builtins' (built-in)>, '__pack-
age__': None, '__name__': '__main__', '__doc__': None}
```

(lambda x: x*x)(3)의 함수 객체는 사용한 뒤에 바로 사라집니다.

함수를 다른 함수의 인자로 전달하거나 함수가 크고 복잡할 경우 기존의 방법처럼 함수를 선언하고 사용하는 것이 맞지만, 간단한 함수라면 람다를 사용하는 것이 편리할 때가 있습니다.

람다 함수의 다른 사용 예제를 보겠습니다.

이번 예제에서는 map이라는 내장 함수를 쓸건데 map의 원형을 보면 다음과 같습니다.

순회 가능한 객체의 원소를 입력받은 함수에 하나씩 적용한 결과를 넘겨줍니다.

map(함수, 리스트)

```
>>> def sqrt(x):
        x = x*x
        return x

>>> list(map(sqrt,[1,2,3,4,5]))

    [1, 4, 9, 16, 25]

>>> list(lambda x:x**2, [1,2,3,4,5])

    [1, 4, 9, 16, 25]
```

입력값의 제곱을 구하는 간단한 함수 sqrt를 만들고 이를 map 함수에 적용했습니다. 이를 람다 함수를 이용하면 단 한 줄로 표현할 수 있습니다.

람다 함수는 한 줄 이상 구문을 적을 수 없지만 '\'을 이용해 여러 줄을 입력할 수 있습니다. 하지만 이와 같은 방법은 나중에 가면 코드의 가독성을 떨어뜨리고 오류를 유발할 수 있기 때문에 가급적 피해야 합니다. 아래는 간단한 예제로 아래처럼 람다 함수를 사용할 수 있지만 보기에 너무 복잡합니다.

```
>>> def testLambda(g):
        g(1, 2, 3)
>>> testLambda(lambda a, b, c : print("sum is ", \
        a+b+c, ": type of a ", type(a) ,\
        ":list object is ", zip([a, b, c])))
sum is  6 : type of a  <class 'int'> :list object is  <zip object at 0x01F32DC8>
```

07 재귀적 함수 호출

재귀적 ^{recursive} 함수 호출은 함수 내부에서 자기 자신을 호출하는 것을 말합니다. 다음 예제처럼 변수를 조금씩 변경하면서 연속적으로 반복된 연산이 필요할 때 사용합니다.

```
>>> def factorial(x):
        if x == 1:
            return 1
        return x * factorial(x - 1)
>> factorial(10)
3628800
```

factorial이라는 함수는 내부에서 자기 자신을 호출합니다. 하지만 그냥 호출하는 것이 아니라 인자 값을 '-1'씩 감소시키면서 호출합니다. 결국 if x == 1이라는 조건을 만족할 것이고, 1이 반환되면서 연산의 결과가 누적되는 것을 볼 수 있습니다. 이를 식으로 표현하면

1 * 2 * 3 ... * 10처럼 표현됩니다.

재귀 호출은 알고리즘과 관계가 많습니다. 어떠한 문제를 자기 자신을 호출하여 해결하는 과정을 재귀 알고리즘이라고 합니다. 재귀 알고리즘에서 자기 자신을 호출 할 때 함수의 재귀적 호출을 사용하게 됩니다. 재귀적 함수 호출에 대한 아주 좋은 예가 있습니다. 바로 하노이 탑이라는 문제입니다.

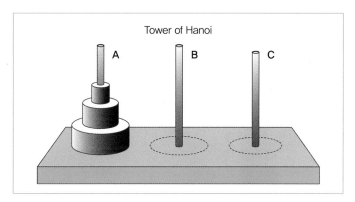

그림 3-4 하노이 탑

위키피디아에 있는 하노이 탑의 정의를 보면 세 개의 기둥과 이 기둥에 꽂을 수 있는 크기가 다양한 원판이 있고, 퍼즐을 시작하기 전에는 한 기둥에 원판들이 작은 것이 위에 있도록 순서대로 쌓여 있습니다. 게임의 목적은 다음 두 가지 조건을 만족시키면서, 한 기둥에 꽂힌 원판을 그 순서 그대로 다른 기둥으로 옮겨서 다시 쌓는 것입니다.

1. 한 번에 하나의 원판만 옮길 수 있다.

2. 큰 원판이 작은 원판에 위에 있어서는 안 된다.

하노이 탑의 유래는 다음과 같습니다. 인도 베나레스에 있는 한 사원에는 세상의 중심을 나타내는 큰 돔이 있고 그 안에 세 개의 다이아몬드 바늘이 동판 위에 세워져 있습니다. 바늘의 높이는 1 큐빗(팔꿈치에서 가운뎃손가락 끝까지의 길이)이고 굵기는 벌의 몸통만 합니다. 바늘 중 하나에는 신이 64개의 순금 원판을 끼워 놓았습니다. 가장 큰 원판이 바닥에 놓여 있고, 나머지 원판이 점점 작아지며 꼭대기까지 쌓여 있습니다. 이를 신성한 브라흐마의 탑이라고 합니다.

브라흐마의 지시에 따라 승려들은 모든 원판을 다른 바늘로 옮기기 위해 밤낮 없이 차례로 제단에 올라 규칙에 따라 원판을 하나씩 옮깁니다. 이 일이 끝날 때, 탑은 무너지고 세상은 종말을 맞이합니다.

하노이 탑은 비교적 세상에 일찍 알려졌기 때문에 풀잇법 또한 널리 알려져 있습니다.

1. 기둥1에서 N-1개의 원반을 기둥3을 이용해 기둥2로 옮긴다.

2. 기둥1에서 1개의 원반을 기둥3으로 옮긴다.

3. 기둥2에서 N-1개의 원반을 기둥1을 이용해 기둥3으로 옮긴다.

언뜻 보기엔 어려워 보이는 위 문제도 재귀적 호출을 이용하면 쉽게 풀 수 있습니다.

```
>>> def hanoi(ndisks, startPeg=1, endPeg=3):
    if ndisks:
        hanoi(ndisks - 1, startPeg, 6 - startPeg - endPeg)
        print(startPeg, "번 기둥의", ndisks, "번 원반을", endPeg, "번 기둥에 옮깁니다.")
        hanoi(ndisks - 1, 6 - startPeg - endPeg, endPeg)
>>> hanoi(ndisks=3)
```

뱀잡기 🐍

위 코드는 Rosetta code(http://www.rosettacode.org/w/index.php?title=Towers_of_Hanoi)라는 곳의 하노이 탑에 대한 <u>소스코드</u>입니다. 파이썬 이외에 다른 프로그래밍 언어로도 하노이 탑을 풀어 놓았습니다. 파이썬을 다른 언어랑 비교하는 좋은 자료가 될 수 있습니다.

출력 결과

```
1번 기둥의 1번 원반을 3번 기둥에 옮깁니다.
1번 기둥의 2번 원반을 2번 기둥에 옮깁니다.
3번 기둥의 1번 원반을 2번 기둥에 옮깁니다.
1번 기둥의 3번 원반을 3번 기둥에 옮깁니다.
2번 기둥의 1번 원반을 1번 기둥에 옮깁니다.
2번 기둥의 2번 원반을 3번 기둥에 옮깁니다.
1번 기둥의 1번 원반을 3번 기둥에 옮깁니다.
```

일반적으로 원판이 n개 일 때, 2^n-1번의 이동으로 원판을 모두 옮길 수 있습니다. 원판을 하나 옮길 때 걸리는 시간이 1초라고 했을 때 전설에서처럼 64개의 원판을 모두 옮기려면 $2^{64}-1$초가 걸립니다. 대략 5833억 년의 기간입니다. 당분간 종말에 대해서는 걱정할 필요가 없을 것 같습니다.

08 pass

pass 구문은 함수 및 클래스의 메서드(5장 '클래스' 참조)에서 아무런 동작도 수행하지 않습니다. 예를 들어 다음 코드를 봅시다. 아래 코드는 아무것도 하지 않고 while 문을 계속 반복 합니다.

```
>>> while True:          ◄──── Ctrl+C를 누르기 전까지 종료되지 않습니다
       pass
                ◄──── Ctrl+C를 눌렀습니다
Traceback (most recent call last):
  File "<stdin>", line 2, in <module>
KeyboardInterrupt        ◄──── 키보드 관련 예외가 발생했습니다
```

pass는 방금 말했던 것처럼 아무 일도 하지 않습니다. 만약 pass를 사용하지 않고 while 문을 계속 동작하게 하려면 무의미한 코드가 계속 실행되어야 합니다. 하지만 pass 구문을 적어주면 정말 아무것도 안하고 다음 while 문을 실행합니다.

왜 쓸데없는 구문을 만들어 놓았는지 의문이 생길 수도 있겠지만 pass는 자주 쓰이는 구문입니다. 프로젝트를 하다 보면 아무것도 하지 않는 함수, 모듈, 클래스를 만들어야 할 때가 있는데, 이때 pass를 사용할 수 있습니다. 즉 while True:만 있는 경우나 class temp:만 있는 경우 구문 에러가 발생하기 때문에 pass를 사용하는 것입니다.

빈 클래스를 만들 수 있는 방법은 아래와 같습니다.

```
>>> class temp:
       pass
```

이렇게 일단 클래스를 생성하고 뒤쪽에서 class에 변수를 추가하거나 필요한 메서드를 추가하면서 사용할 수 있습니다(자세한 내용은 5장 '클래스'를 참조해 주세요).

09 __doc__ 속성과 help 함수

C와 C++에서 특정 함수를 어떻게 사용해야 할지 모를 때 보통은 API 문서에서 함수를 찾습니다. 하지만 파이썬에서는 API 문서를 찾아볼 필요도 없이 help 함수로 어떤 값을 매개변수로 받는지, 어떤 값을 반환하는지 알 수 있습니다.

```
>>> help(print)          ◄──── print 함수의 document를 요청합니다
Help on built-in function print in module builtins:
print(...)
    print(value, ..., sep=' ', end='\n', file=sys.stdout)
```

Prints the values to a stream, or to sys.stdout by default.

Optional keyword arguments:

file: a file-like object (stream); defaults to the current sys.stdout.

sep: string inserted between values, default a space.

end: string appended after the last value, default a newline.

위에서 print 함수에 대한 설명을 볼 수 있습니다. 대부분의 내장 함수는 모두 help를 통해 사용법을 알 수 있습니다. 리눅스나 유닉스에 익숙한 분들은 man 명령어가 떠오를 것입니다.

뱀잡기 🐍

모듈도 역시 help를 통해서 모듈의 이름, 위치, 하는 일, 가지고 있는 함수 등을 알 수 있습니다.

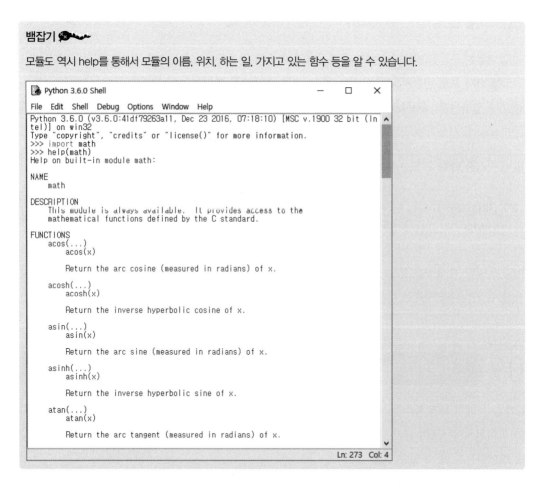

내장 함수뿐 아니라 프로그래머가 직접 만든 함수에도 help를 사용할 수 있습니다.

```
>>> def plus(a, b):          ◀──── 간단한 함수를 생성합니다
        return a + b
```

```
>>> help(plus)          ◄——— plus 함수의 document를 봅니다
Help on function plus in module __main__:
plus(a, b)
...
```

직접 생성한 plus() 함수도 help를 통해 함수의 설명을 볼 수 있습니다. 하지만 뭔가 부족해 보입니다. 생성한 함수에 자세한 설명을 더 추가하고 싶을 땐 __doc__ 속성을 이용합니다.

앞에서 이야기했듯이 파이썬은 모든 것이 객체입니다. __doc__ 속성은 모든 객체의 부모인 object에 포함된 기본적인 속성으로 주로 객체에 대한 설명^{document}을 적는 데 사용합니다.

```
>>>plus.__doc__ = "return the sum of parameter a, b "   ◄——— __doc__ 값을 변경합니다
>>> help(plus)
Help on function plus in module __main__:
plus(a, b)
    return the sum of parameter a, b
```

__doc__ 속성에 직접 설명을 적을 수 있지만 함수를 생성할 때부터 __doc__ 에 설정할 수도 있습니다. 함수가 시작하는 부분에 "(쌍따옴표), """(쌍따옴표 3개)를 이용해 설명을 적으면 함수 객체가 생성될 때 자동으로 __doc__ 에 앞에서 적은 내용이 저장됩니다.

```
>>> def factorial(x):    ◄——— """를 사용하면 다음 """ 사이의 모든 것을 문자열로 인식
        """Return the factorial of n, an exact integer >= 0.
        >>> factorial(6)
        """
        if x == 1:
            return 1
        return x * factorial(x - 1)
>>> help(factorial)
Help on function factorial in module __main__:
factorial(x)
    Return the factorial of x, an exact integer >= 0.
    >>> factorial(6)
```

리스트, 튜플, 문자열처럼 순회 가능한 객체에는 이터레이터(iterator)라는 특별한 객체가 포함돼 있습니다. 이터레이터는 순회 가능한 객체의 요소에 순서대로 접근할 수 있는 객체입니다.

for 문을 사용해 이터레이터를 설명해보겠습니다. for 문은 다음처럼 사용할 수 있습니다(4장에서 자세히 설명하겠습니다).

```
for element in [1, 2, 3]:          ◀── 리스트를 순회합니다
    print(element)
for element in (1, 2, 3):          ◀── 튜플을 순회합니다
    print(element)
for key in {'one':1, 'two':2}:     ◀── 사전을 순회합니다
    print(key)
for char in "123":                 ◀── 문자열의 한 문자씩 순회합니다
    print(char)
for line in open("myfile.txt"):    ◀── 파일의 내용을 순회합니다
    print(line)
```

예제에서 for 구문이 동작하면서 뒤의 순회 가능한 객체의 요소가 모두 출력됩니다. for 문이 동작하는 원리는 다음과 같습니다. 우선 for 문에서 지정한 순회 가능한 객체에서 이터레이터 객체를 가져옵니다(4장 '제어' 참조). 이때 이터레이터는 객체의 첫 번째 요소를 가리킵니다. 그런 다음 이터레이터 안의 __next__() 메서드를 실행합니다. __next__()는 현재 이터레이터가 가리키는 객체의 요소를 반환하고 객체의 다음 요소로 이터레이터를 옮깁니다. for 구문은 StopIteration 예외를 만날 때까지 반복적으로 __next__()를 수행합니다. 결국 for 문은 이터레이터를 이용해 객체의 첫 번째 요소부터 마지막 요소까지 순회하게 됩니다.

__next__()는 내장 함수 next()를 사용해 실행할 수도 있으며, 사용 예는 아래와 같습니다.

```
>>> s = 'abc'
>>> it = iter(s)        ◀── iter 함수는 순회 가능한 객체에서 이터레이터를 가져옵니다
>>> it                  ◀── 이터레이터 객체입니다
<iterator object at 0x00A1DB50>
>>> next(it)            ◀── next 함수는 이터레이터가 가리키는 값을 반환하고
'a'                          다음 요소를 가리키게 합니다.
```

```
>>> next(it)
'b'
>>> it.__next__()    ←——— 이런 식으로 직접 __next__() 메서드를 실행할 수 있습니다
'c'
>>> next(it)         ←——┐ 요소의 끝 부분에서 __next__()를 실행하면 StopIteration
Traceback (most recent call last):    예외가 발생합니다.
  File "<stdin>", line 1, in ?
    next(it)
StopIteration
```

11 제너레이터

제너레이터(generators)는 이터레이터(iterator)를 만드는 간단하고도 강력한 도구 입니다. 함수와 비슷하게 생겼지만 값을 넘겨주는 부분에서 return대신 yield를 사용합니다.

제너레이터를 이해하려면 우선 함수의 동작 원리를 알아야 합니다. 함수가 호출되면 지역 변수와 코드가 스택에 적재되고 코드를 실행합니다. 그리고 함수가 끝나면 결과값을 호출한 곳에 넘겨주고 함수 객체는 스택에서 사라집니다.

하지만 제너레이터에서는 yield라고 적은 곳에서 잠시 멈추고 호출한 곳에 값을 전달 합니다. 그리고 이를 호출한 곳에서 next() 함수를 실행 하면 제너레이터는 중단된 위치로 부터 다시 시작합니다. 이때 제너레이터는 모든 데이터와 마지막 실행된 명령문을 유지하고 있습니다. 간단한 예제를 보겠습니다.

```
>>> def reverse(data):
        for index in range(len(data) - 1, -1, -1):
            yield data[index]
>>> for char in reverse('golf'):
        print(char)
f
l
o
g
```

reverse() 함수는 반복문에 의해서 4번 호출됩니다. yield는 호출 한 곳에 값을 돌려주지만 함수는 메모리에 그대로 있습니다. 그래서 다음 번에 reverse() 함수가 호출되면 가장 최근에 호출된 상태로 실행됩니다. 만약 yield 대신 return을 사용했다면 f만 4개가 출력될 것입니다.

위 예제에서는 next()가 안 보이는데 제네레이터가 동작할 수 있나?라고 생각 할 수 있습니다. 이는 for 구문 내부에서 제네레이터일 경우 next()를 호출해 주기 때문에 제네레이터가 동작하는 것입니다.

다른 예제를 들어 보겠습니다.

```
>>> def abc():          ←——— abc 함수선언
        data = "abc"
        for char in data:
            return char
```

```
>>> it = iter(abc())    ←——— iter 함수를 사용해 함수 abc의 이터레이터 객체를 가지고 온다
>>> next(it)
'a'
>>> next(it)
Traceback (most recent call last):
  File "<pyshell#96>", line 1, in <module>
    next(it)
StopIteration
```

처음 next(it)를 호출하면 'a'가 출력되지만 두 번째 호출에선 예외가 발생합니다. abc 함수가 끝나 버렸기 때문입니다. 이제는 제너레이터를 이용해보겠습니다.

```
>>> def abc():
        data = "abc"
        for char in data:
            yield char
>>> abc
<function abc at 0x0205EB70>
>>> abc()               ←——— 제너레이터가 반환됨
<generator object abc at 0x02061A30>
>>> it = iter(abc())
>>> next(it)            ←——— 'a', 'b', 'c'가 차례대로 출력됩니다.
```

```
 'a'
>>> next(it)
 'b'
>>> next(it)
 'c'
```

abc()가 실행되면 제너레이터 객체가 반환됩니다. 함수의 상태가 그대로 보존되기 때문에 for 문의 순회 인덱스가 초기화되지 않아 a,b,c를 순서대로 반환할 수 있습니다. 함수의 상태를 그대로 보존하고 다시 호출될 수 있다는 것 때문에 이터레이터 객체를 만들 때 매우 강력한 도구가 될 수 있습니다. 또한 제너레이터는 메모리가 절약된다는 장점이 있습니다. 아래 예제처럼 데이터를 미리 만들어 놓는 것이 아니라 필요할 때마다 데이터를 생성할 수 있어서 메모리 사용을 줄일 수 있습니다.

```
>>> a = [1, 2, 3, 4, 5, 6, 7, 8, 9, 10]      ◀──── 10개의 객체를 저장할 메모리 공간이 필요합니다
>>> sum(a)
55
>>> b = (i for i in range(11))
>>> b
<generator object <genexpr> at 0x02024490>
>>> sum(b)   ◀──── 아이템이 바로 생성되기 때문에 저장할 메모리 공간이 필요하지 않습니다
55
```

이처럼 제너레이터는 뒤에서 알아볼 리스트 내장에 비해 메모리 절약 측면에서 유리합니다.

뱀잡기 🐍

피보나치 수가 처음 언급된 문헌은 기원전 5세기 인도의 수학자 핑갈라가 쓴 책이다. 한편 유럽에서 피보나치 수를 처음 연구한 것은 레오나르도 피보나치로 토끼 수의 증가에 대해 이야기하면서 이 수에 대해 언급했다. n번째 달의 토끼 수는

- 첫 달에는 새로 태어난 토끼 한 쌍만이 존재한다.
- 두 달 이상이 된 토끼는 번식 가능하다.
- 번식 가능한 토끼 한 쌍은 매달 새끼 한 쌍을 낳는다.
- 토끼는 절대 죽지 않는다.

이때 n번째 달에 a 쌍의 토끼가 있었고, 다음 n+1 번째 달에는 새로 태어난 토끼를 포함해 b 쌍이 있었다고 하자. 그러면 그다음 n+2 번째 달에는 a+b 쌍의 토끼가 있다. [출처 : 위키피디아]

제너레이터를 이용해 피보나치 수열을 구현한다면 아래와 같이 만들면 됩니다.

```
>>> def Fibonacci():
        a, b = 0, 1
        while 1:
            yield a
            a, b = b, a + b
>>> for i, ret in enumerate(Fibonacci()):
        if i < 20: print(i, ret)
        else: break
0 1
1 1
2 1
3 2
4 3
5 5
6 8
…(중략)
19 4181
```

뱀잡기 🐍

enumerate()는 파이썬만의 독특한 내장 함수입니다. enumerate()는 순회 가능한 객체에서 인덱스 값과 요소의 값을 둘 다 반환합니다. 다음 예제를 보겠습니다.

```
>>> for i, season in enumerate(['Spring', 'Summer', 'Fall', 'Winter']):
        print(i, season)
0 Spring
1 Summer
2 Fall
3 Winter
```

인덱스 값은 i에, 요소의 값은 season에 저장됩니다. 위의 피보나치 수열 예제에서는 순회 가능한 객체가 아니라 일반 함수에 enumerate()를 사용했는데, 이렇게 하면 Fibonacci() 함수가 계속 호출됩니다(4장 '제어'를 참조).

피보나치 수열은 앞에서 배운 재귀 함수로 구현할 수도 있습니다.

```
>>> def Fibonacci(n):
        if n < 2: return n
        else: return Fibonacci(n - 1) + Fibonacci(n - 2)
```

04

제어

기본적으로 파이썬의 구문은 위에서 아래로 순차적으로 수행됩니다. 이러한 순차적인 흐름에 영향을 주는 것이 제어문으로, 크게 반복문과 조건문으로 나눌 수 있습니다. 비슷한 형태의 작업을 반복적으로 수행하는 데는 반복문을, 주어진 조건에 따라 작업의 수행 여부를 선택적으로 결정하는 데는 조건문을 사용합니다. 이러한 반복문과 조건문을 적절히 조합해서 작업을 수행하면 더욱 효율적으로 컴퓨터에게 작업을 시킬 수 있습니다.

이번 장에서는 반복문과 조건문, 그리고 연관된 유용한 함수에 대해 알아보겠습니다.

- if 문
- 조건식의 참/거짓 판단
- 단축 평가
- while 문
- for 문
- break, continue 그리고 else 문
- 제어문과 연관된 유용한 내장 함수

if 문은 기본적으로 조건을 평가해 그 결과에 따라 수행 여부를 결정합니다. if 문의 구조는 다음과 같습니다.

'if ⟨조건식⟩' 이후에 콜론(:)을 지정해 조건식이 종료됨을 나타냅니다. 조건식이 참인 경우 콜론(:) 이후의 구문이 수행되며, 그렇지 않은 경우 구문은 수행되지 않습니다. 2개 이상의 구문을 수행하기 위해서는 함수와 동일하게 들여쓰기로 블록을 나타내면 됩니다.

따라서 동일한 블록의 들여쓰기 정도(탭, 스페이스바)는 파일 전체를 통틀어 항상 일치해야 합니다. 들여쓰기의 정도가 일치하지 않을 경우 구문 에러가 발생합니다(7장 '예외 처리'를 참조).

아래의 예제는 value의 값이 5보다 큰 경우, 블록의 구문이 수행되는 예제입니다.

```
>>> value = 10
>>> if value > 5:
        print("value is bigger than 5")
value is bigger than 5
```

2개 이상의 조건을 처리하려면 'elif'를, 어떠한 조건에도 해당하지 않는 경우에 대해서는 'else' 문을 이용해 처리합니다. 기본 구조는 다음과 같습니다.

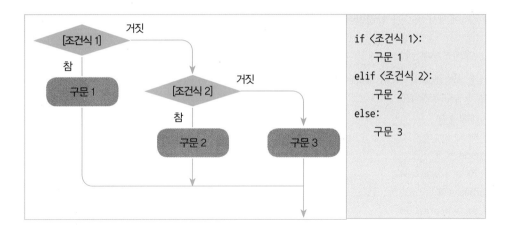

개별 조건은 'elif' 이후에 오며 콜론 이후에 수행할 블록을 'if' 문 형식과 동일하게 작성하면 됩니다. 위와 같은 구조에서 'if'문은 가장 앞에 단 한 번만 오는 반면, 'elif' 문은 필요한 만큼 올 수 있습니다.

'else'문은 'if', 'elif' 문에서 해당되는 조건이 없는 경우 가장 마지막에 수행되며, 앞에서 조건이 하나라도 일치하는 경우에는 'else' 문의 블록은 수행되지 않습니다.

뱀잡기 🐍

아래는 if 문을 이용해 조건에 따라 변수를 입력하는 경우입니다.

```
>>> money = 10
>>> if money > 100:
        item = "apple"
    else:
        item = "banana"
```

또한 어떤 조건에 따라 변수의 값만 바뀐다면 아래와 같이 if 문을 작성할 수도 있습니다.

```
>>> item = "apple" if money > 100 else "banana"
>>> item
'banana'
```

사용자로부터 입력받은 점수에 따라 학점이 A, B, C, D, F로 배분되는 문제와 같은 경우, 입력된 점수가 해당 학점에 포함되는지 연속적으로 비교해야 합니다. 이러한 경우 elif 문을 다음과 같이 적용할 수 있습니다.

다음은 사용자에게서 점수를 입력받아 그에 맞는 학점을 반환하는 예제입니다.

```
02  score = int(input(('Input Score: ')))          ←——— 사용자로부터 정수값을 입력받습니다
03  if 90 <= score <= 100:
04      grade = "A"
05  elif 80 <= score < 90:
06      grade = "B"
07  elif 70 <= score < 80:
08      grade = "C"
09  elif 60 <= score < 70:
10      grade = "D"
11  else:
12      grade = "F"
13
14  print("Grade is " + grade)
```

실행 결과

```
Input Score: 77          ←——— 사용자에게서 정수값을 입력받습니다
Grade is C
```

뱀잡기 🐍

C나 자바 계열의 언어를 경험해본 분들은 '70점 이상 80점 미만'을 표현하기 위해

  'grade >= 70 && grade < 80'

으로 표현하셨을 겁니다. 즉 동일한 변수 grade를 연속해서 비교하는 경우 &&이나 ||와 같은 연산자로 각 비교문을 연결해야만 했습니다. 그러나 파이썬에서는 더욱 직관적으로

  '70 <= score < 80'

과 같은 구문을 지원합니다. 위와 같은 표현 방식이 코드로 작성하기도 쉽고, 이해하기도 매우 쉽습니다.

조건식의 참/거짓 판단

조건식의 참/거짓 판단은 기본적으로 자료형의 bool 판단 값과 같습니다(2장 '자료형' 참조) True이면 참을, False는 거짓을 나타냅니다.

또한 정수 계열의 0, 실수 계열의 0.0, 시퀀스 계열의 (), [], {}, 빈 문자열("), 아무것도 없음을 의미하는 None은 언제나 거짓으로 판단됩니다. 반면에 그 이외의 값이 할당된 변수의 경우는 항상 참으로 판별됩니다.

```
>>> bool(True)          ←——— bool 타입
True
>>> bool(False)
False
>>> bool(13)            ←——— 숫자 계열
True
>>> bool(0.0)
False
>>> bool('apple')       ←——— 문자열
True
>>> bool('')
False
>>> bool(())            ←——— 시퀀스 계열
False
>>> bool([10, 20, "Apple"])
True
>>> bool({})
False
>>> bool(None)          ←——— None 타입
False
```

03 단축 평가

2개 이상의 논리식을 판별하기 위해 and, &, or, | 연산자를 사용합니다. 기본적으로 위의 연산자는 식의 왼쪽부터 오른쪽으로 진행(→)하며 판단을 수행합니다.

하지만 모든 경우에 and와 &, or와 |가 동일하게 수행되는 것은 아닙니다. 예제를 통해 이 내용을 좀 더 자세히 알아보겠습니다.

예제 4-2-1.py 예외 발생 코드

```
02  a = 0
03  if a & 10 / a:
04      print("a가 0입니다.")
05  else:
06      print("에러 없이 통과!")
```

실행 결과

```
Traceback (most recent call last):
  File "C:/Users/again/Documents/python_3_6_book/ch4_control/4-2-1.py", line 2, in <module>
    if a & 10 / a:
ZeroDivisionError: division by zero
```

위의 코드에서 if 문의 조건식인 'a & 10/a' 중 '10/a'는 a가 '0'인 경우 ZeroDivisionError를 발생시키는 코드입니다(7장 '예외 처리' 참조). 위 코드를 실제로 수행하면 위와 같은 예외가 발생합니다.

하지만 a가 '0'인 경우, 조건식 'a & 10/a' 중 '&' 앞부분인 'a'가 거짓(False)이기 때문에 뒷부분을 판단하지 않아도 조건식 전체가 거짓임이 분명합니다. 이처럼 조건식 전체를 판단하지 않고 순차적으로 진행하다 수식의 평가가 자명한 경우에 뒤의 수식을 평가하지 않는 것을 단축 평가 Short-circuit evaluation 라고 합니다.

다음 예제는 논리적인 구조는 같지만 & 대신 and를 사용해 단축 평가가 이뤄져 예외가 발생하지 않는 경우입니다.

예제 4-2-2.py 예외가 발생하지 않는 코드

```
02  a = 0
03  if a and 10 / a:
04      print("a가 0입니다.")
05  else:
06      print("에러 없이 통과!")
```

에러 없이 통과!

파이썬에서는 and, or의 경우 반드시 좌변 피연산자가 우변 피연산자보다 먼저 단축 평가되도록 파이썬 인터프리터에서 보장하고 있습니다.

이러한 단축 평가로 얻을 수 있는 장점은 다음과 같습니다.

- 조건문의 결과가 결정되는 시점 이후로 추가적인 판별 연산을 수행하지 않기 때문에 속도가 향상됩니다.
- 예제와 같은 런타임 에러 발생을 try~except 구문이 아닌 논리식으로 사전에 차단할 수 있습니다(7장 '예외 처리' 참조).

04 while 문

while 문은 조건식이 참(True)인 동안 반복해 내부 블록의 구문을 수행합니다. if 문과 동일하게 while 문 다음에 조건이 오며, 콜론(:)으로 조건이 종료됐음을 나타냅니다. 조건식은 내부 블록의 구문을 수행하기 전에 최초로 평가되고, 그 이후에는 매번 구문을 수행한 이후에 재평가가 이뤄집니다. 조건식이 거짓(False)으로 평가되면 while 문을 벗어납니다.

기본적인 while 문의 구조는 다음과 같습니다.

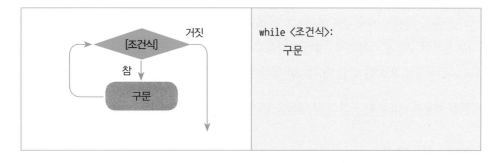

다음 예제는 while 문을 이용해 5부터 1까지 출력하는 예제입니다. value가 '0'보다 큰 동안 값을 계속 출력하며, value가 0이 되어 조건식이 거짓이 될 때 while 문을 벗어납니다.

```
>>> value = 5
>>> while value > 0:
        print(value)
```

```
        value -= 1
5
4
3
2
1
```

05 for 문

for 문은 인자로 받은 시퀀스형 객체와 이터레이션이 가능한 객체를 순차적으로 순회합니다. 기본적인 for 문의 구조는 다음과 같습니다.

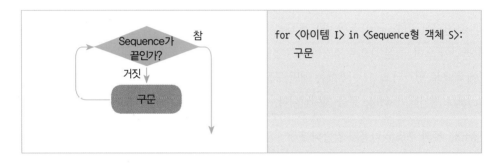

for 문은 인자로 받은 '시퀀스 객체 S'의 아이템을 순차적으로 '아이템 I'에 할당합니다. 할당 받은 '아이템 I'을 가지고 블록의 구문을 수행하며, '시퀀스 객체 S'의 모든 아이템을 순회하거나, 반복문의 종결을 수행하는 break(4장 6절 참조)를 만날 때 이러한 동작이 끝나게 됩니다.

다음은 for 문을 이용해 리스트와 사전의 각 항목을 출력하는 예제입니다.

```
>>> l = ['Apple', 100, 15.23]
>>> for i in l:          ←——— 리스트를 출력합니다
        print(i, type(i))
Apple <class 'str'>
100 <class 'int'>
15.23 <class 'float'>

>>> d = {"Apple":100, "Orange":200, "Banana":300}
```

```
>>> for k, v in d.items():        ←——— 사전을 출력합니다
        print(k, v)
Apple 100
Orange 200
Banana 300
```

for 문에 사용될 수 있는 시퀀스형 자료로는 문자열, 리스트, 튜플, 사전과 같은 내장 클래스와 내장 함수 iter()로 생성되는 '이터레이터 ^{iterator}' 객체, 또는 이러한 동작이 가능하도록 관련 연산자를 재정의한 (__iter__(), __next__()) 객체입니다(3.10절 '이터레이터' 참조).

다음은 이터레이터 객체를 이용해 for 문을 수행하는 예제입니다.

```
>>> l = [10, 20, 30]
>>> iterator = iter(l)      ←——— 이터레이터 객체를 할당합니다
>>> for i in iterator:
        print(i)
10
20
30
```

반복문은 2개 이상 중첩해서 사용할 수 있습니다. 아래는 for 문을 2번 사용해 구구단을 출력하는 예제입니다.

예제 4-3-1.py 구구단 출력 예제

```
02  for n in [1, 2]:
03      print("— {0} 단 —".format(n))
04      for i in [1, 2, 3, 4, 5, 6, 7, 8, 9]:
05          print("{0} * {1} = {2}".format(n, i, n * i))
```

실행 결과

```
— 1 단 —
1 * 1 = 1
1 * 2 = 2
1 * 3 = 3
...(중략)
2 * 8 = 16
2 * 9 = 18
```

06 break, continue 그리고 else

특정 코드를 반복하고자 for, while 문을 사용해 반복문^{loop} 을 만들었다면 break 문과 continue 문을
이용해 이러한 반복문을 제어할 수 있습니다.

반복문 순회 도중 break 문을 만나면 반복문의 내부 블록을 벗어나게 됩니다. 아래 예제는 리스트 L의
아이템을 출력할 때 아이템이 5보다 크면 반복문을 종료하는 예제입니다.

```
>>> L = [1, 2, 3, 4, 5, 6, 7, 8, 9, 10]
>>> for i in L:
        if i > 5:          ◀─── i가 5보다 큰 경우 순회 중인 반복문을 종료합니다
            break
        print("Item: {0}".format(i))
Item: 1
Item: 2
Item: 3
Item: 4
Item: 5
```

반복문 순회 도중 continue 문을 만나면 continue문 이후의 반복문 내부 블록을 수행하지 않고 다음
아이템을 선택해 반복문 내부 블록의 시작 지점으로 이동합니다.

다음 예제는 리스트 L의 아이템을 순회하며 출력할 때 i가 짝수인 경우 continue 문을 이용해 출력문
을 수행하지 않고 홀수만 출력하는 예제입니다.

```
>>> L = [1, 2, 3, 4, 5, 6, 7, 8, 9, 10]
>>> for i in L:
        if i % 2 == 0:     ◀─── i가 짝수인 경우, 건너뛰고 반복문의 시작 지점으로 이동합니다
            continue
        print("Item: {0}".format(i))
Item: 1
Item: 3
Item: 5
Item: 7
Item: 9
```

for, while과 같은 반복문이 수행 도중 break로 인해 중간에 종료되지 않고 끝까지 수행됐을 때 else 블록이 수행됩니다.

아래 예제는 for 반복문이 정상적으로 종료되어 else 블록이 수행되는 예제입니다.

예제 4-4-1.py else 블록이 수행되는 예제

```
02  L = [1, 2, 3, 4, 5, 6, 7, 8, 9, 10]
03  for i in L:
04      if i % 2 == 0:
05          continue
06      print("Item: {0}".format(i))
07  else:
08      print("Exit without break.")    ◀——— break으로 루프가 종료되지 않은 경우 출력됩니다
09  print("Always this is printed")    ◀——— 외부 루프 문장
```

실행 결과

```
Item: 1
Item: 3
Item: 5
Item: 7
Item: 9
Exit without break.
Always this is printed
```

그러나 아래의 예제와 같이 반복문이 break으로 종료되면 else 블록은 수행되지 않습니다.

예제 4-4-2.py else 블록이 수행되지 않는 예제

```
02  L = [1, 2, 3, 4, 5, 6, 7, 8, 9, 10]
03  for i in L:
04      if i > 5:    ◀——— i가 5보다 큰 경우 순회 중인  루프가 break로 종료됩니다
05          break
06      print("Item: {0}".format(i))
07  else:
08      print("Exit without break.")    ◀——— break로 루프가 종료되기 때문에 출력되지 않습니다
09  print("Always this is printed")
```

```
Item: 1
Item: 2
Item: 3
Item: 4
Item: 5
Always this is printed
```

07 제어문과 연관된 유용한 함수

range() – 수열의 생성

일반적으로 C나 자바의 for 문은 일정한 수열의 범위만큼 반복합니다. 파이썬에서도 미리 만들어 놓은 수열을 이용해 동일한 동작을 수행할 수 있습니다.

```
>>> L = [10, 12, 14, 16, 18]    ◀─── 수열 리스트
>>> for i in L:
        print(i)
```

그러나 이 정수 수열 'L'을 얻기 위해 파이썬에서는 내장함수 range()를 이용할 수 있습니다. range 함수의 원형은 다음과 같습니다.

```
range(['시작값'], '종료값'[, '증가값'])
```

'종료값'은 수열의 종료조건으로 필수 항목이며, 생성되는 수열에 포함되지 않습니다. '시작값'과 '증가값'은 선택적으로 입력할 수 있으며, 입력하지 않는 경우 기본적으로 '시작값'은 0, '증가값'은 1입니다. range() 함수를 수행하면 이터레이션이 가능한 객체가 반환됩니다(이전 2.x 버전에서는 리스트 객체를 반환).

아래는 range() 함수의 예제입니다.

```
>>> list(range(10))    ◀─── 종료값만 있는 경우 – 10은 포함되지 않습니다
[0, 1, 2, 3, 4, 5, 6, 7, 8, 9]
```

```
>>> list(range(5, 10))          ◄──── 시작값, 종료값이 있는 경우
[5, 6, 7, 8, 9]
>>> list(range(10, 0, -1))      ◄──── 시작값, 종료값, 증가값이 있는 경우
[10, 9, 8, 7, 6, 5, 4, 3, 2, 1]
>>> list(range(10, 20, 2))      ◄──── 10부터 20까지 짝수만 출력
[10, 12, 14, 16, 18]
```

range() 함수를 이용해 10에서 20까지 짝수를 출력하는 예제는 아래와 같습니다.

```
>>> for i in range(10, 20, 2):   ◄──── 10, 12, 14, 16, 18이 출력
        print(i)
```

리스트 항목과 인덱스 값을 동시에 얻는 법

for 문을 통해 시퀀스 객체를 순회하는 경우 항목 값과 인덱스 값을 동시에 필요할 때가 있습니다. 종종 C나 비주얼베이직을 경험하신 분들은 다음과 같이 코드를 작성하곤 합니다.

```
>>> L = ['Apple', 'Orange', 'Banana']
>>> for i in range(len(L)):
        print("Index: {0}, Value: {1}".format(i, L[i]))
Index: 0, Value: Apple
Index: 1, Value: Orange
Index: 2, Value: Banana
```

'각 아이템을 순회하는 for 문을 이용해 내장 함수 len()으로 현재 아이템의 인덱스를 구한 후, 다시 그 인덱스로 리스트의 아이템을 구한다.' 인자를 다시 구하는 것이 조금 어색하죠? 이런 경우 내장 함수인 enumerate()를 사용할 수 있습니다. 함수 원형은 아래와 같습니다.

```
enumerate('시퀀스 타입 객체'[, '시작값' = 0 ])
```

첫 인자인 '시퀀스 타입 객체'에는 시퀀스형 객체, 즉 이터레이션이 가능한 객체가 입력되며, 두 번째 인자인 '시작값'은 인덱스 순번의 시작값으로 생략할 수 있습니다. 생략되는 경우 기본적으로 인덱스는 '0'부터 순번을 셈하게 됩니다. 함수를 실행하고 나면 튜플 형태로 (인덱스, 시퀀스 객체의 아이템)이 반환됩니다.

첫 예제는 인덱스의 시작값을 지정하지 않은 경우입니다.

```
>>> L = [100, 15.5, "Apple"]
>>> for i in enumerate(L):
        print(i)
(0, 100)
(1, 15.5)
(2, 'Apple')
```

다음 예제는 인덱스의 시작값을 지정한 경우로, enumerate() 함수에서 반환 시 인덱스의 시작값을 지정된 값부터 시작합니다.

```
>>> L = [100, 15.5, "Apple"]
>>> for i, v in enumerate(L, 101):
        print(i, v)
101 100
102 15.5
103 Apple
```

리스트 내장

기존의 리스트 객체를 이용해 조합, 필터링 등의 추가적인 연산을 통해 새로운 리스트 객체를 생성하는 경우, '리스트 내장 List Comprehensions'은 매우 효율적입니다. 리스트 내장의 구조는 다음과 같습니다.

〈표현식〉 for 〈아이템〉 in 〈시퀀스 타입 객체〉 (if 〈조건식〉)

〈시퀀스 타입 객체〉에는 시퀀스형 객체(리스트, 튜플, 셋)나 이터레이션이 가능한 객체가 들어갈 수 있으며, 〈아이템〉은 리스트 객체의 개별 아이템입니다. 〈표현식〉은 개별 〈아이템〉을 사용해 사상 함수 mapping 형태로 새로운 리스트 객체를 생성하는 데 사용합니다.

"if 〈조건식〉"은 조건식에 맞는 원본 리스트의 아이템을 선별하는 데 사용되며 생략할 수 있습니다.

그럼 간단한 예제를 통해 쓰임새를 살펴보겠습니다. 각 예제는 리스트, 튜플, 사전, range() 함수에 대해 리스트 내장을 이용해 새로운 리스트 객체를 만드는 예제입니다.

```
>>> l = [1, 2, 3, 4, 5]          ←——  리스트 객체
>>> [i ** 2 for i in l]
[1, 4, 9, 16, 25]
>>> t = ("apple", "banana", "orange")     ←——  튜플 객체
>>> [len(i) for i in t]          ←——  각 문자열의 길이를 리스트로 반환
[5, 6, 6]
>>> d = {100:"apple", 200:"banana", 300:"orange"}     ←——  사전 객체
>>> [v.upper() for v in d.values()]     ←——  사전의 문자열을 대문자로 변환
['BANANA', 'ORANGE', 'APPLE']
>>> [i ** 3 for i in range(5)]   ←——  range()
[0, 1, 8, 27, 64]
```

'if 〈조건식〉'을 이용하면 다양한 조건을 만족하는 아이템만을 원본 리스트 객체에서 뽑아낼 수도 있습니다.

아래는 길이가 5를 초과하는 문자열만 출력하는 예제입니다.

```
>>> l = ["apple", "banana", "orange", "kiwi"]
>>> [i for i in l if len(i) > 5]   ←——  원본 리스트에서 문자열 길이가 5를 초과하는 아이템만 출력
['banana', 'orange']
```

원본 리스트가 2개 이상의 다수인 경우에도 리스트 내장을 이용해 각 리스트의 조합을 만들어 낼 수 있습니다.

```
>>> L_1 = [3, 4, 5]
>>> L_2 = [1.5, -0.5, 4]
>>> [x * y for x in L_1 for y in L_2]
[4.5, -1.5, 12, 6.0, -2.0, 16, 7.5, -2.5, 20]
```

위와 같은 경우, 다음의 그림과 같이 생성되는 리스트는 첫 원본 리스트의 모든 인자가 두 번째 원본 리스트와 조합되는 것을 알 수 있습니다.

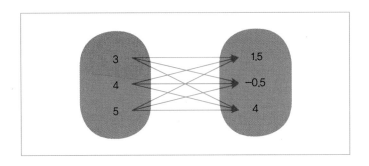

반복문 작성 시 도움이 되는 함수

리스트 내장의 if 문으로 필터링하는 방법과 동일한 기능을 하는 함수가 내장 함수인 filter()입니다. 이 함수는 입력받은 시퀀스형 객체, 즉 이터레이션이 가능한 객체를 순회하며, 함수의 결과가 True인 경우만을 묶어 해당 이터레이터 객체를 반환합니다. 함수의 원형은 다음과 같습니다.

```
filter(<function> | None, <이터레이션이 가능한 자료형>)
```

첫 번째 인자인 <function>은 함수의 이름으로 필터링할 방법을 제공합니다. 함수의 이름에 None을 지정하면 아무런 필터링도 수행하지 않습니다. 즉 시퀀스 객체의 모든 아이템을 선택하고 싶을 때는 'None'을 사용합니다.

두 번째 인자는 필터링할 대상으로, 리스트, 튜플, 문자열 형태의 시퀀스형 자료, 이터레이터를 지원하는 사용자정의 클래스, 이터레이터 객체가 올 수 있습니다.

filter() 내장 함수는 반환값으로 이터레이터를 반환하므로 리스트나 튜플에 담으려면 내장 함수인 list()나 tuple()을 사용해야 합니다.

첫 번째 예제는 리스트 객체를 필터링하는 예제입니다. 여기서는 필터링할 함수 대신 None을 지정해 아무런 필터링도 하지 않습니다. 따라서 함수를 수행하고 나면 원본 리스트와 동일한 내용이 출력됩니다.

```
>>> L = [10, 25, 30]
>>> IterL = filter(None, L)      ◀── 아무런 필터링을 수행하지 않습니다
>>> for i in IterL:
        print("Item: {0}".format(i))
```

```
Item: 10
Item: 25
Item: 30
```

다음은 필터링 함수를 지정해 필터링하는 예제입니다. 필터링 함수인 GetBiggerThan20()은 인자의 값이 20보다 큰 경우에 True를, 그렇지 않은 경우에 False를 반환합니다.

```
>>> def GetBiggerThan20(i):          ←——— 필터링 함수
        return i > 20
>>> L = [10, 25, 30]
>>> IterL = filter(GetBiggerThan20, L)     ←——— filter 함수의 인자로 함수의 이름을 사용합니다.
>>> for i in IterL:
        print("Item: {0}".format(i))
Item: 25
Item: 30
```

필터링한 결과로 이터레이터 객체를 사용하지 않고 원본 객체와 동일한 리스트, 튜플, 사전 형식으로 사용하는 경우에는 아래와 같이 내장 함수인 list(), tuple(), dict() 함수를 이용해 그에 맞는 객체를 생성할 수 있습니다. 아래 예제는 필터링한 결과를 새로운 리스트 객체인 NewL에 저장합니다. 이때 기존 객체인 L은 아무것도 바뀌지 않습니다.

```
>>> NewL = list(filter(GetBiggerThan20, L))
>>> NewL
[25, 30]
>>> L
[10, 25, 30]
```

위 예제에서 GetBiggerThan20() 함수와 같은 경우에는 그리 복잡하지 않으므로 람다(lambda) 함수를 이용해 다음과 같이 쉽게 작성할 수도 있습니다.

```
>>> IterL = filter(lambda i: i > 20, L)
>>> for i in IterL:
        print("Item: {0}".format(i))
```

다음으로 zip() 함수는 순회 가능한 시퀀스형이나 이터레이터형 객체들을 결합하여, 쌍으로 순회가능한 이터레이터(iterator) 객체를 얻을 수 있습니다. zip() 함수의 인자로는 내장 시퀀스형 자료, 이터레이터를 지원하는 사용자 클래스, 이터레이터 객체가 가능하며, 결합을 시키고자 하는 개수만큼 올 수 있습니다. 반환 값은 쌍을 이룬 튜플 객체의 이터레이터형입니다.

첫 예제는 리스트 X, Y를 zip() 함수로 결합하는 예제입니다.

```
>>> X = [10, 20, 30]
>>> Y = ['A', 'B', 'C']
>>> for i in zip(X, Y):
        print("Item: {0}".format(i))
Item: (10, 'A')
Item: (20, 'B')
Item: (30, 'C')
```

zip() 함수는 이터레이터를 반환하므로 결과 값을 객체에 저장하려면 filter()와 동일하게 내장 함수인 list(), tuple(), dict() 등을 이용해야 합니다.

아래는 zip() 함수의 결과값을 list() 함수를 이용해 리스트 객체에 저장하는 예제입니다. 각 아이템들이 튜플의 쌍으로 이뤄진 것을 확인할 수 있습니다.

```
>>> X = [10, 20, 30]
>>> Y = ['A', 'B', 'C']
>>> RetList = list(zip(X, Y))
>>> RetList
[(10, 'A'), (20, 'B'), (30, 'C')]
```

다음과 같이 zip() 함수로 결합된 결과를 분리하기 위해 zip()을 호출할 때 결합된 객체나 이터레이터 인자 앞에 '*' 붙여 분리할 수 있습니다.

```
>>> X2, Y2 = zip(*RetList)
>>> X2
(10, 20, 30)
>>> Y2
('A', 'B', 'C')
```

zip() 함수를 이용해 2개 이상의 객체도 손쉽게 결합할 수 있습니다.

```
>>> X = [10, 20, 30]
>>> Y = "ABC"
>>> Z = (1.5, 2.5, 3.5)
>>> RetList = list(zip(X, Y, Z))
>>> RetList
[(10, 'A', 1.5), (20, 'B', 2.5), (30, 'C', 3.5)]
```

결합을 하는 인자의 개수가 동일하지 않은 경우에는 가장 짧은 쪽을 기준으로 결합되며 나머지 시퀀스 객체는 포함되지 않습니다.

```
>>> X = [10, 20, 30]
>>> Y = "ABCED"
>>> RetList = list(zip(X, Y))
>>> RetList
[(10, 'A'), (20, 'B'), (30, 'C')]        ◀─── 짧은 쪽 기준으로 결합됩니다
```

마지막으로 시퀀스형 객체를 순회하면서 모든 값을 갱신할 때가 종종 있습니다. 이러한 경우 map() 함수를 이용하면 쉽게 처리할 수 있습니다.

```
map(<함수 이름>, 이터레이션이 가능한 객체, ...)
```

map() 함수는 첫 인자로 '함수의 이름'이 옵니다. 뒤에 오는 인자는 순회 가능한 객체로 filter(), zip()과 동일한 형태입니다. map() 함수는 객체를 순회하며 각 아이템을 첫 인자인 함수에 전달하고, 함수의 수행 결과를 이터레이터 객체로 생성해서 반환합니다.

다음은 리스트 객체 L의 모든 아이템을 10씩 증가시키는 예제입니다.

```
>>> L = [1, 2, 3]
>>> def Add10(i):        ◀─── 수행할 함수를 정의합니다
        return i + 10
>>> for i in map(Add10, L):    ◀─── 정의한 함수와 순회할 객체를 map() 인자로 전달합니다
        print("Item: {0}".format(i))
Item: 11
```

```
Item: 12
Item: 13
```

만약 수행할 함수가 간단하다면 람다 함수로 작성할 수 있습니다.

```
>>> RetList = list(map((lambda i: i + 10), L))
>>> RetList
[11, 12, 13]
```

수행할 함수가 2개 이상의 인자를 받는 경우, map() 함수를 호출할 때도 수행할 함수에 맞는 이터레이션 가능한 객체를 전달해야 합니다.

아래 예제에서 사용한 pow(x, y) 함수는 기본적으로 2개의 인자를 받아 x의 y 제곱 연산을 수행합니다(x ** y와 동일).

이 경우 map()에 전달되는 이터레이션 가능한 객체의 개수도 2개여야 합니다.

```
>>> X = [1, 2, 3]
>>> Y = [2, 3, 4]
>>> RetList = list(map(pow, X, Y))
>>> RetList
[1, 8, 81]
```

효율적인 순회 방법

파이썬에서 시퀀스(sequence) 형 자료를 순회하며 출력하는 방법은 여러 가지입니다. 기본적으로 for 문을 이용하는 방법이 있습니다.

```
>>> l = ['Apple', 'Orange', 'Banana']
>>> for i in l:          ←——— for 문 이용
        print(i)
Apple
Orange
Banana
```

다른 방법으로는 문자열의 내장 메서드인 join()이나 리스트 내장을 이용할 수 있습니다.

```
>>> print("\n".join(l))          ◄──── join 메서드를 이용하는 경우
Apple
Orange
Banana
>>> print("\n".join(i for i in l))   ◄──── 리스트 내장을 이용하는 경우
Apple
Orange
Banana
```

위의 두 방법은 결과는 같지만 수행 속도 면에서는 미묘한 차이가 있습니다. for 문을 이용해 출력하는 경우에는 리스트의 아이템 개수만큼 print() 함수를 호출합니다. 반면 join()이나 리스트 내장을 이용하는 경우에는 print() 함수가 단 한 번만 호출됩니다. 리스트의 항목이 많다면 당연히 속도 차이도 커집니다.

아래 코드는 성능 비교를 목적으로 작성한 것이며, 인텔 듀얼 코어 1.66GHz, 2G 메모리 노트북에서 IDLE을 이용해 수행한 결과입니다. 결과에서 확인할 수 있듯이 순회할 항목이 많으면 많을수록 성능 차가 꽤 크다는 것을 확인할 수 있습니다.

예제 4-5-1.py 효율적인 순회 방법

```
02  import time
03  l = range(1000)
04
05  t = time.mktime(time.localtime())        ◄──── for 문으로 각 인자를 출력하는 경우
06  for i in l:
07      print(i,)
08  t1 = time.mktime(time.localtime()) - t
09
10  t = time.mktime(time.localtime())        ◄──── join() 메서드를 이용해 출력하는 경우
11  print(", ".join(str(i) for i in l))
12  t2 = time.mktime(time.localtime()) - t
13
14  print("for 문으로 각 인자를 출력")        ◄──── 측정한 시간 출력
15  print("Take {0} seconds".format(t1))
16  print("join() 메서드로 출력")
17  print("Take {0} seconds".format(t2))
```

```
0 1 2 3 4 5 ..(중략)..988, 989, 990, 991, 992, 993, 994, 995, 996, 997, 998, 999
for 문으로 각 인자를 출력
Take 11.0 seconds
join() 메서드로 출력
Take 1.0 seconds
```

클래스

C++나 자바처럼 파이썬도 클래스 ^Class 라는 개념을 이용한 객체지향 프로그래밍이 가능합니다. 지금까지 배운 함수나 제어문만으로도 여러분이 원하는 기능을 구현할 수 있지만 추상화를 통해 공통적인 부분을 기본 클래스로 작성하고, 추가적인 기능을 하위 클래스에서 확장하는 방식을 통해 좀 더 효율적이고 간결하게 구현할 수 있습니다.

01 클래스 이야기

C++나 자바와 같은 객체지향 언어에 관해 들어보신 분들은 상속 ^Inheritance , 다형성 ^Polymorphism , 정보 은닉 ^Information Hiding 과 같은 용어를 한 번쯤 들어보셨을 겁니다. 이러한 용어는 클래스와 자주 어울리는 친구들입니다. 파이썬 클래스를 설명하기에 앞서 간단한 비유를 통해 위의 개념에 대해 알아보겠습니다.

삼각형을 프로그램으로 표현한다고 가정해 보겠습니다.

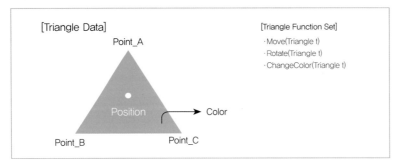

그림 5-1 Triangle 클래스의 구성 요소

삼각형의 정보를 저장하려면 세 꼭짓점을 나타내는 Point_A, Point_B, Point_C, 색을 나타내는 Color, 중심점의 위치를 나타내는 Position의 정보가 필요합니다. 이러한 값은 삼각형을 표현하는 정보이므로 이들을 묶어서 Triangle의 속성으로 정의할 수 있습니다. 그리고 삼각형의 정보를 변경하는 함수로 색을 변경하는 ChangeColor(), 도형을 시계방향으로 회전시키는 Rotate(), 중심점의 위치를 이동시키는 Move() 함수를 정의합니다.

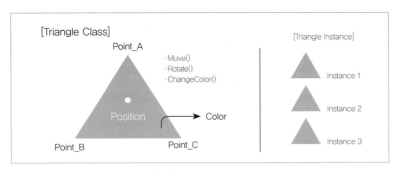

그림 5-2 Triangle 클래스와 클래스 인스턴스

앞에서 정의한 삼각형 Triangle의 데이터 정보를 변경하는 함수는 오직 Triangle만을 위한 함수임에도 외부에서 보기에는 이 둘 사이의 특별한 연관관계를 유추하기가 힘듭니다. 그래서 Triangle의 속성과 그 데이터를 변형하는 함수를 같은 이름공간에 묶고, 이것을 '클래스'라고 합니다. 이때 클래스의 이름 공간에 속한 멤버 함수를 '메서드'라고 부릅니다(이름공간에 대한 상세한 설명은 이번 장과 6장 '모듈'을 참조하세요).

삼각형 클래스를 위와 같이 정의하면 일종의 도장 역할을 합니다. 삼각형이 필요할 때마다 도장을 찍듯이 '인스턴스 Instance' 객체를 생성해 사용하면 됩니다. 기본적으로 '인스턴스' 객체는 생성이 완료된 직후 원본 클래스와 동일한 데이터와 함수를 가지고 있습니다.

아무런 제한 없이 삼각형 내부의 정보에 접근하거나 정보를 변경할 수 있다면 삼각형 본연의 특성조차 잃어버릴 수 있습니다. 이러한 경우를 방지하고자 클래스에서는 데이터와 클래스 내부에서만 사용되는 함수를 외부에서 접근할 수 없게 합니다. 이러한 방식을 '정보 은닉 ^{Information Hiding}'이라고 합니다.

작업이 진행됨에 따라 추가적으로 사각형, 원 등의 도형이 필요해졌습니다. 각 도형마다 클래스를 작성해 보니 공통적으로 사용되는 데이터(Color, Position)와 함수(ChangeColor(), Move(), Rotate())가 클래스마다 중복된 것을 확인했습니다. 이를 최소화하기 위해 각 도형 클래스에서 공통된 부분을 추출해 기본 클래스로 작성하는 작업을 '추상화 ^{Abstraction}'라고 합니다. 추상화 결과로 작성된 클래스를 '부모 클래스(상위 클래스)'라고 하며, 이를 받아서 각 특성을 추가한 클래스를 '자식 클래스(하위 클래스)'라고 합니다. 부모 클래스로부터 공통된 요소를 물려받는 관계를 '상속관계'라고 합니다. 부모 클래스가 둘 이상인 경우를 '다중 상속'이라고 합니다.

반면 Rotate() 함수와 같은 경우는 사용자 입장에서는 각 도형이 입력된 각도에 맞도록 회전시키는 것으로 보이지만 개발자 입장에서는 도형의 중앙점으로부터 삼각형은 3개의 점, 사각형은 4개의 점을 이동시켜야만 합니다. 즉 같은 부모 클래스를 통해 상속받은 동일한 멤버 함수 호출에 대해 각 클래스가 다른 작업을 수행해야만 하는 것입니다. 동일한 인터페이스에 대해 구체적인 인스턴스마다 다른 동작을 수행하는 특징을 '다형성 ^{Polymorphism}'이라고 합니다.

02 클래스 선언

우선 가장 간단한 클래스부터 정의해 보겠습니다. 앞에서 설명한 대로 일반적으로 클래스는 데이터와 메서드로 구성됩니다. 하지만 이것이 반드시 필요한 것은 아닙니다. 아래 예제는 데이터와 메서드가 모두 없는 가장 단순한 경우입니다. 이 경우에도 선언과 동시에 클래스 객체 ^{Class Object}가 생성됩니다. 즉 클래스 선언을 통해 새로운 이름공간이 생성되는 것입니다.

```
>>> class MyClass:            ◀──── 클래스 정의
        """ 아주 간단한 클래스"""   ◀──── 클래스에 대한 주석
        pass
>>> dir()         ◀──── 생성된 이름공간의 확인(MyClass)
['MyClass', '__builtins__', '__doc__', '__name__', '__package__']
>>> type(MyClass)   ◀──── MyClass의 타입 확인
<class 'type'>
```

이번에는 멤버 변수와 멤버 메서드를 가지고 있는 클래스를 아래와 같이 정의하겠습니다. 이 클래스는 이름을 표현하는 멤버 데이터와 그 이름을 출력하는 메서드를 가지고 있습니다.

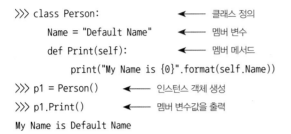

```
>>> class Person:                    ←── 클래스 정의
        Name = "Default Name"         ←── 멤버 변수
        def Print(self):              ←── 멤버 메서드
            print("My Name is {0}".format(self.Name))
>>> p1 = Person()         ←── 인스턴스 객체 생성
>>> p1.Print()            ←── 멤버 변수값을 출력
My Name is Default Name
```

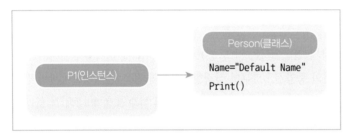

그림 5-3 클래스 객체와 인스턴스 객체 간의 이름공간

클래스를 정의하면 클래스 객체가 생성되고 독립적인 이름공간이 만들어집니다. 이렇게 생성된 공간에 멤버 변수와 메서드가 존재하게 되는 것입니다. 이렇게 정의한 클래스를 사용하려면 일반적으로 인스턴스 객체를 만들어야 합니다. 인스턴스 객체 생성은 클래스의 이름을 사용해 함수를 호출하는 형태이며, 클래스와 동일하게 인스턴스 객체가 생성되고 독립적인 이름공간이 생성됩니다. 기본적으로 인스턴스 객체가 변경되기 전까지는 클래스 객체와 동일한 데이터와 메서드를 가리킵니다.

```
>>> p1.Name = "내 이름은 김연아!!"        ←── 인스턴스 객체의 멤버 변수 값 변경
>>> p1.Print()      ←── 변경된 값이 출력
My Name is 내 이름은 김연아!!
```

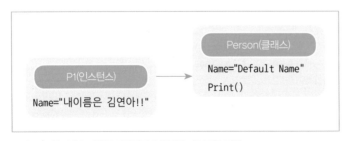

그림 5-4 인스턴스 객체의 이름공간에 변경된 데이터를 저장

인스턴스 객체의 데이터가 변경되면 클래스 객체의 데이터와 구분하기 위해 인스턴스 객체 이름공간에 변경된 데이터를 저장합니다. 반면에 아직 변경되지 않은 데이터와 메서드는 여전히 클래스 객체와 공유하고 있습니다.

클래스 객체와 인스턴스 객체 모두 각 멤버 변수와 멤버 메서드에 접근할 때는 속성접근자('.')를 사용합니다. 일반적으로 속성접근자는 '객체이름.멤버 메서드' 혹은 '객체이름.멤버 변수' 형태로 쓰입니다. 또한 파이썬에서는 기본적으로 클래스, 인스턴스의 모든 멤버 변수와 메서드의 접근 권한은 public입니다. 즉 외부에서 모든 클래스의 내용을 쉽게 확인/변경할 수 있습니다. 파이썬의 설계 철학은 개발자에게 많은 제약을 가하지 않는 것이기에 기본적인 접근 권한은 public으로 했으며, 정보 은닉을 위해 특별한 방법을 제공합니다(5.6 뱀잡기 참조).

멤버 메서드 정의를 보면 첫 인자로 self라는 것이 있습니다. 이것은 현재 인스턴스 객체를 가리키는 것으로 C++나 자바의 this 키워드와 동일하지만, 파이썬에서는 특별히 예약어로 지정돼 있지는 않습니다. 이를 통해 인스턴스 객체의 이름공간에 접근하기 때문에 클래스 공간의 정적 메서드나 클래스 메서드를 제외하고 명시적으로 메서드의 첫 인자는 인스턴스 객체가 됩니다. 물론 self가 아닌 다른 표현이 가능하지만 이미 파이썬 프로그래밍 세계에서는 self를 관용적으로 사용되고 있으며, 추후 다른 사람에 의해 유지보수되는 경우를 고려하면 이러한 관례를 따르는 것이 좋습니다.

뱀잡기 🐍

기본적으로 클래스의 메서드는 클래스 객체의 이름공간에 선언됩니다. 이러한 이유로 인스턴스 객체가 클래스의 메서드를 호출하면 자기 이름공간에 대한 정보를 호출하는 메서드에게 전달해야 합니다. 메서드를 호출할 때 암묵적으로 첫 인자로 인스턴스 객체를 넘기는 호출 방식을 바운드 메서드(Bound Method) 호출이라 합니다. 이때는 메서드를 정의할 때 첫 인자가 인스턴스 객체임을 선언하나, 호출할 때는 자동으로 반영되기에 명시적으로 입력하지 않습니다. 반면 메서드 호출 시 명시적으로 첫 인자로 인스턴스 객체를 전달하는 호출 방식을 언바운드 메서드 호출이라 합니다. 이때는 클래스 객체를 통해 메서드를 호출하며, 첫 인자로 인스턴스 객체를 입력해야 합니다.

```
>>> p1.Print()          ◀── 바운드 메서드 호출
My Name is 내이름은 김연아!!
>>> Person.Print(p1)     ◀── 언바운드 메서드 호출
My Name is 내이름은 김연아!!
```

5.2 절에서 클래스 객체^{Class Object} 와 인스턴스 객체^{Instance Object} 의 이름공간이 다르다는 것은 이미 설명했습니다. 기본적으로 인스턴스 객체를 통해 변수나 함수의 이름을 찾는 경우 아래의 순서로 그 이름을 찾습니다.

인스턴스 객체 영역 -> 클래스 객체 영역 -> 전역 영역

즉 어떤 인스턴스 객체를 통하여 변수에 접근하면 인스턴스 객체의 이름공간을 우선 찾고, 찾지 못하는 경우 클래스 영역, 전역 영역 순으로 찾게 되며, 그렇게 해도 찾지 못하는 경우 AttributeError 예외가 발생합니다(7장 '예외 처리' 참조).

또한 파이썬에서는 런타임에 각 클래스와 인스턴스 이름공간에 멤버 변수를 추가하거나 삭제할 수 있습니다. C++나 자바에 익숙하신 분들은 조금 이해하기 힘들 수 있지만 클래스와 인스턴스 이름공간이 분리되었기에 멤버 변수의 추가/삭제가 가능하다고 이해하시면 됩니다. 이것에 관해서는 관련된 예제를 통해 자세한 내용을 알아보겠습니다.

```
>>> class Person:          ←—— 클래스 정의
        name = "Default Name"
>>> p1 = Person()          ←—— 인스턴스 객체 생성
>>> p2 = Person()
>>> print("p1's name: ", p1.name)   ←—— 각 객체의 name 속성 출력
p1's name:  Default Name
>>> print("p2's name: ", p2.name)
p2's name:  Default Name
```

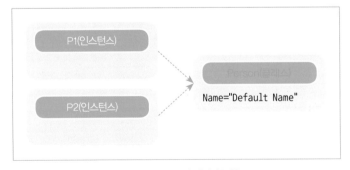

그림 5-5 생성된 두 인스턴스 객체는 클래스의 데이터를 참조

선언한 클래스 Person에는 멤버 데이터인 name만 포함돼 있습니다. 이후에 생성된 인스턴스 객체인 p1, p2에는 아직 인스턴스 객체만의 특화된 데이터가 없기 때문에 여전히 클래스 객체의 데이터를 참조합니다.

```
>>> p1.name = "김연아"          ←—— p1 인스턴스의 'name' 속성을 변경
>>> print("p1's name: ", p1.name)
p1's name:  김연아
>>> print("p2's name: ", p2.name)
p2's name:  Default Name
```

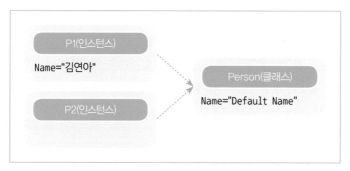

그림 5-6 인스턴스 객체의 특화된 데이터는 인스턴스의 이름공간에 저장

인스턴스 객체 p1의 멤버 데이터 name을 "김연아"로 변경하면 인스턴스 p1의 이름공간에 존재하는 name이라는 변수에 변경된 데이터를 저장합니다(정확히 말하면 데이터는 메모리 공간에 저장되고, name이라는 변수를 통해 참조하는 형식입니다). 반면 p2의 멤버 데이터인 name은 변경되지 않았기 때문에 여전히 Class의 데이터를 참조합니다.

```
>>> Person.title = "New title"     ←—— 클래스 객체에 새로운 멤버 변수 title 추가
>>> print("p1's title: ", p1.title)   ←—— 두 인스턴스 객체에서 모두 접근 가능
p1's title:  New title
>>> print("p2's title: ", p2.title)
p2's title:  New title
>>> print("Person's title: ", Person.title)   ←—— 클래스 객체에서도 접근 가능
Person's title:  New title
```

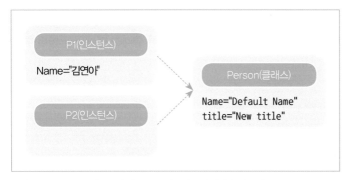

그림 5-7 클래스 객체의 데이터는 모든 인스턴스 객체에서 접근 가능

이번 장을 시작할 때 말씀드린 것처럼 파이썬에서는 클래스 객체와 인스턴스 객체에 동적으로 멤버 변수를 추가/삭제할 수 있습니다. 예제에서는 클래스 객체 Person에 멤버 변수인 title을 추가합니다. 이렇게 추가된 변수는 인스턴스 객체를 통해 접근하는 경우, 인스턴스 객체에는 같은 이름의 멤버 변수가 없기 때문에 클래스 객체의 이름공간을 참조해 정상적으로 접근할 수 있습니다.

```
>>> p1.age = 20          ←──── p1 객체에만 age 멤버 변수를 추가
>>> print("p1's age: ", p1.age)
p1's age:  20
>>> print("p2's age: ", p2.age)          ←──── p2 객체와 상위 Person 클래스에는 age 이름을 찾을 수 없음
Traceback (most recent call last):
  File "<pyshell#23>", line 1, in <module>
    print("p2's age: ", p2.age)
AttributeError: 'Person' object has no attribute 'age'
```

그림 5-8 인스턴스 객체에 동적으로 추가된 변수 age

인스턴스 객체에 동적으로 멤버 변수를 추가하는 경우, 추가한 인스턴스 객체를 통해서만 접근할 수 있습니다. 예제에서 p1 인스턴스 객체에 age라는 멤버 변수를 추가했기 때문에 p2 인스턴스 객체를 통해 접근하는 경우 p2 인스턴스 객체의 이름공간과 Person 클래스의 이름공간에서 변수의 이름을 찾을 수 없고, "AttributeError"가 발생합니다(7장 '예외 처리' 참조).

코드 작성 시 주로 발생하는 실수 중 하나가 클래스 메서드 내에서 인스턴스(self)를 통하지 않고 변수에 접근하는 것입니다. 전역 영역의 변수와 클래스의 변수의 이름이 동일한 경우 에러도 발생하지 않기 때문에 규모가 큰 프로그램에서는 이런 문제를 찾기가 쉽지 않습니다.

예제 5-1-1.py 멤버 메서드에서 self가 누락된 경우

```
02  str = "NOT Class Member"        ◀──── 전역 변수
03  class GString:
04      str = ""        ◀──── 클래스 객체 멤버 변수
05      def Set(self, msg):
06          self.str = msg
07      def Print(self):
08          print(str)        ◀──── self를 이용해 클래스 멤버에 접근하지 않는 경우 이름이
09                                    동일한 전역 변수에 접근해서 출력함
10
11  g = GString()
12  g.Set("First Message")
13  g.Print()
```

실행 결과

```
NOT Class Member
```

위 예제에서는 전역 영역과 클래스 영역에 동일한 이름인 str이라는 변수가 존재합니다. 변수 이름이 같아도 다른 영역에 존재하기 때문에 당장은 문제가 되지 않습니다. 하지만 멤버 메서드인 Print() 내부에서 개발자의 실수로 인스턴스 객체 self를 통하지 않고 전역 변수 str 값을 출력하고 있습니다. 그렇기 때문에 의도와는 다르게 출력 결과는 전역 변수 str의 값이 출력됩니다.

인스턴스 객체가 자신을 생성한 클래스 객체를 참조하기 위해 파이썬에서는 인스턴스 객체의 내장 속성 '__class__'
가 있습니다. 클래스 영역에 모든 인스턴스 객체에 공통된 데이터를 참조하기 위해 아래와 같이 사용합니다.

```
>>> class Test:
        data = "Default"
>>> i2 = Test()
>>> i1 = Test()
>>> i1.__class__.data = "클래스 데이터가 변경됩니다!"      ◀——— "__class__" 속성을 이용해 클래스 데이터를 변경
>>> print(i1.data)      ◀——— 참조하는 모든 인스턴스가 변경됨
클래스 데이터가 변경됩니다!
>>> print(i2.data)
클래스 데이터가 변경됩니다!
>>> i2.data = "i2의 데이터만 변경됩니다."      ◀——— i2 인스턴스 객체의 데이터만 변경
>>> print(i1.data)
클래스 데이터가 변경됩니다!
>>> print(i2.data)
i2의 데이터만 변경됩니다.
>>> print(i2.__class__.data)      ◀——— i2의 클래스 객체의 데이터는 변경되지 않음
클래스 데이터가 변경됩니다!
```

위의 코드에서는 인스턴스 객체 'i1'에서 내장 속성 __class__를 이용해 클래스 이름공간의 멤버 변수인 'data' 값을
변경하고 있습니다. 그 결과 앞서 생성된 인스턴스 객체 'i2'의 'data'까지 영향을 받게 됩니다. 하지만 인스턴스 객체
'i2'의 이름공간에 멤버 변수 'data'를 추가하는 경우, 우선적으로 인스턴스 이름공간을 탐색하기 때문에 인스턴스
이름공간의 데이터를 출력합니다. 물론 인스턴스 객체에 동일 이름의 데이터가 존재하더라도 __class__를 이용해
클래스 이름공간의 데이터에 접근할 수 있습니다.

04 클래스 객체와 인스턴스 객체의 관계

인스턴스 객체가 어떤 클래스로부터 생성됐는지 확인하는 방법으로 isinstance() 내장 함수를 사용할
수 있습니다. 그 결과는 불린 형태로 반환됩니다.

isinstance(인스턴스 객체, 클래스 객체)

아래의 예제와 같이 클래스 간의 상속관계가 있는 경우에도 자식 클래스의 인스턴스 객체는 부모 클래스의 인스턴스로 평가됩니다. 또한 클래스 객체를 정의할 때 어떠한 상속을 받지 않더라도 버전 3 이후로는 암묵적으로 object 객체를 상속받습니다. 자료형 또한 object 객체에서 파생됩니다.

```
>>> class Person:
        pass
>>> class Bird:
        pass
>>> class Student(Person):
        pass
>>> p, s = Person(), Student()
>>> print("p is instance of Person: ", isinstance(p, Person))    ←——— 상속관계 판단 가능
p is instance of Person:  True
>>> print("s is instance of Person: ", isinstance(s, Person))
s is instance of Person:  True
                                                                      버전 3 이후로 모든 클래스는
>>> print("p is instance of object: ", isinstance(p, object))    ←—— object에서 파생됨
p is instance of object:  True
>>> print("p is instance of Bird: ", isinstance(p, Bird))
p is instance of Bird:  False
                                                                      버전 3 이후  기본 자료형도
>>> print("int is instance of object: ", isinstance(int, object))  ←—— object에서 파생됨
int is instance of object:  True
```

2.2 버전 이전에는 isinstance() 함수가 지원되지 않았기 때문에 아래와 같이 확인했습니다. 하지만 지금은 자료형 또한 object 객체로부터 상속되므로 isinstance() 함수를 사용하는 방식을 권장합니다.

```
>>> type(p) == Person
```

05 생성자, 소멸자 메서드

자바나 C++와 동일하게 파이썬에서도 인스턴스 객체를 생성할 때 초기화 작업을 위해 생성자 메서드를, 메모리 해제 등의 종료 작업을 위해 소멸자 메서드를 지원하고 있습니다. 생성자 메서드는 인스턴스 객체가 생성될 때 자동으로 호출되며, 소멸자 메서드는 인스턴스 객체의 레퍼런스 카운터가 '0'이 될 때 호출됩니다.

클래스 내부적으로 이를 지원하기 위해 생성자 메서드는 __init__(), 소멸자 메서드는

__del__()로 미리 정의돼 있습니다(파이썬에서는 변수나 함수명 앞뒤로 '__'가 있는 경우 이러한 이름은 특별한 용도로 미리 정의한 것입니다). 생성자 메서드의 경우 함수를 호출할 때 인자를 전달하는 것과 동일하게 인스턴스 객체 생성 시 초기화할 멤버 변수 값을 전달할 수 있습니다.

예제 5-2-1.py 생성자, 소멸자 예제

```
02  class MyClass:
03      def __init__(self, value):        ◀─── 생성자 메서드
04          self.Value = value
05          print("Class is created! Value = ", value)
06
07      def __del__(self):        ◀─── 소멸자 메서드
08          print("Class is deleted!")
09
10  def foo():
11      d = MyClass(10)        ◀─── 함수 foo 블록 안에서만 인스턴스 객체 d가 존재
12
13  foo()
```

실행 결과

```
Class is created! Value = 10
Class is deleted
```

MyClass 클래스는 생성 시 초기값으로 1개의 인자를 받습니다. 클래스의 인스턴스 객체는 foo() 함수의 내부에 생성되어 함수 블록을 벗어나게 되면 자동으로 소멸됩니다. 따라서 foo() 함수만 호출해도 객체의 생성자와 소멸자가 호출됩니다.

뱀잡기 🐍

명시적으로 del 구문을 사용한다고 클래스 객체의 소멸자 함수(__del__)가 항상 호출되는 것은 아닙니다. 인스턴스 객체를 생성한 후 레퍼런스 카운터가 1개 이상 존재한다면 del 구문을 사용해도 소멸자는 호출되지 않습니다. 앞에서 정의한 MyClass 클래스를 이용해 설명하겠습니다.

```
>>> c = MyClass(10)        ◀─── 인스턴스 객체 생성-생성자 호출(레퍼런스 카운터: 1)
Class is created! Value = 10
```

```
>>> c_copy = c          ◀── 레퍼런스 카운터 증가: 2
>>> del c               ◀── 레퍼런스 카운터 감소: 1
>>> del c_copy          ◀── 레퍼런스 카운터 감소: 0 – 소멸자 호출
Class is deleted!
```

위 예제에서 생성된 인스턴스 객체는 처음에는 'c'라는 이름으로 접근할 수 있습니다. 이렇게 생성된 객체를 'c_copy'라는 이름으로도 접근할 수 있게 할당하면 내부적으로 인스턴스 객체의 레퍼런스 카운터는 하나 증가합니다. 이렇게 되면 'del c'를 수행해 레퍼런스 카운터가 하나 감소하더라도 소멸자 함수는 남은 레퍼런스 카운터가 0이 아니기 때문에 호출되지 않습니다.

06 정적 메서드, 클래스 메서드

메서드의 확장 형태로 정적 메서드 Static Method 와 클래스 메서드 Class Method 가 있습니다. 정적 메서드는 인스턴스 객체를 통하지 않고 클래스를 통해 직접 호출할 수 있는 메서드입니다. 이 경우 메서드를 정의할 때 인스턴스 객체를 참조하는 'self'라는 인자를 선언하지 않습니다. 반면 클래스 메서드의 경우 암묵적으로 첫 인자로 클래스 객체가 전달됩니다.

두 경우 모두 아래와 같은 형태로 클래스 내에서 등록해야 합니다.

〈호출할 메서드 이름〉 = staticmethod(클래스 내에 정의한 메서드 이름)
〈호출할 메서드 이름〉 = classmethod(클래스 내에 정의한 메서드 이름)

예를 들어 클래스로부터 생성되는 인스턴스의 개수를 관리하고 싶은 경우, 클래스 영역에서 해당 정보를 관리하는 것이 가장 효율적일 것입니다. 이러한 정보가 저장/출력될 수 있게 다음과 같이 클래스를 정의했습니다.

예제 5-3-1.py CounterManager 클래스 예제

```
02  class CounterManager:
03      insCount = 0
04      def __init__(self):   ◀── 인스턴스 객체가 생성되면 클래스 영역의 insCount 변수 값이 증가
05          CounterManager.insCount += 1
06      def printInstaceCount():   ◀── 인스턴스 객체 개수 출력
07          print("Instance Count: ", CounterManager.insCount)
08
```

```
09   a, b, c = CounterManager(), CounterManager(), CounterManager()
10   CounterManager.printInstaceCount()    ◀── 인스턴스 개수 출력
11   b.printInstaceCount()    ◀── 암묵적으로 인스턴스 객체를 받기 때문에 Error가 발생
```

실행 결과

```
Instance Count:  3
Traceback (most recent call last):
  File "E:/PythonWork/code/1-5/5-6-1.py", line 10, in <module>
TypeError: printInstaceCount() takes no arguments (1 given)
```

위 예제에서 인스턴스 객체가 생성되면 인스턴스 개수를 저장하는 클래스 멤버 변수인 'insCount'가 증가되게 했으며, printInstanceCount() 메서드에서는 인스턴스의 개수(insCount)를 출력하게 했습니다. 인스턴스 영역의 값을 참조하지 않기 때문에 메서드를 정의할 때 첫 인자로 암묵적으로 받는 '인스턴스 객체(self)'는 사용하지 않았습니다. 그 결과 클래스를 통해 호출하는 경우는 정상적으로 수행되나, 인스턴스 객체를 이용해 호출하는 경우에는 TypeError가 발생하는 것을 확인할 수 있습니다(7장 '예외 처리' 참조).

위와 같은 Error가 발생되지 않게끔 정적 메서드와 클래스 메서드를 이용해 다음과 같이 다시 작성했습니다.

예제 5-3-2.py 정적 메서드, 클래스 메서드를 적용한 CounterManager 클래스 예제

```
02   class CounterManager:
03       insCount = 0
04       def __init__(self):
05           CounterManager.insCount += 1
06       def staticPrintCount():    ◀── 정적 메서드 정의
07           print("Instance Count: ", CounterManager.insCount)
08       SPrintCount = staticmethod(staticPrintCount)    ◀── 정적 메서드로 등록
09
10                                                   클래스 메서드 정의
                                                     (암묵적으로 첫 인자는 클래스를 받음)
11       def classPrintCount(cls):  ◀──┘
12           print("Instance Count: ", cls.insCount)
13       CPrintCount = classmethod(classPrintCount)    ◀── 클래스 메서드로 등록
14
```

```
15  a, b, c = CounterManager(), CounterManager(), CounterManager()
16
17
18  CounterManager.SPrintCount()     ◄──── 정적 메서드로 인스턴스 객체 개수를 출력
19  b.SPrintCount()
20
21  CounterManager.CPrintCount()     ◄──── 클래스 메서드로 인스턴스 객체 개수를 출력
22  b.CPrintCount()
```

실행 결과

```
Instance Count:  3
Instance Count:  3
Instance Count:  3
Instance Count:  3
```

정적 메서드로 출력하는 경우 암묵적으로 받는 첫 인자가 필요하지 않습니다. 이렇게 정의한 메서드는 정적 메서드로 등록해야 하며, 호출할 때 등록된 이름으로 호출해야 합니다. 클래스 메서드의 경우 첫 인자는 암묵적으로 클래스 객체가 되며, 이 역시 클래스 메서드로 등록해야 호출할 때 암묵적으로 클래스 객체를 전달합니다. 이렇게 정의된 정적 메서드와 클래스 메서드는 클래스뿐 아니라 인스턴스 객체를 통해서도 호출할 수 있습니다.

뱀잡기 🐍

위의 CounterManager 클래스에서 멤버 변수 'insCount'는 인스턴스 객체의 개수를 저장하는 것으로 매우 중요한 변수입니다. 그러나 파이썬에서는 기본적으로 'public' 속성을 갖기 때문에 다음과 같이 클래스의 외부에서 접근하거나 변경할 수 있습니다.

```
print(CounterManager.insCount)      ◄──── 클래스 외부에서 변수에 접근하는 경우
CounterManager.insCount = 0         ◄──── 클래스 외부에서 변수에 값을 변경하는 경우
```

파이썬에서는 '이름 변경(Naming Mangling)'으로 문제를 해결했습니다. 즉 클래스 내의 멤버 변수나 함수를 정의할 때 이름이 '__'로 시작하는 경우 클래스 외부에서 참조할 때 자동적으로 '_[클래스이름]__[멤버이름]'으로 변경됩니다. 물론 클래스 내에서는 정의한 이름인 '__[멤버이름]'만으로 사용할 수 있습니다.

```
02  class CounterManager:
03      __insCount = 0        ←——— 이름 변경을 위해 '__'를 변수명 앞에 사용
04      def __init__(self):
05          CounterManager.__insCount += 1
06      def staticPrintCount():
08          print("Instance Count: %d" % CounterManager.__insCount) ←—┐ 클래스 내부에서 사용했을
09      SPrintCount = staticmethod(staticPrintCount)                   때 선언한 이름과 동일하게
10                                                                     사용 가능
11  a, b, c = CounterManager(), CounterManager(), CounterManager()
12  CounterManager.SPrintCount()
```

이렇게 이름 변경이 적용된 멤버 변수에 그 이름을 사용해 외부에서 접근하는 경우, 클래스 내에 동일한 이름이 없다는 NameError가 발생합니다. 물론 변경된 이름으로 접근하는 경우(_CounterManager__insCount), 그 변수에 대한 읽기, 쓰기가 가능합니다. 즉 파이썬에서는 문법의 제약사항으로 정보 은닉 기능을 제공하기보다는 이름 변경으로 개발자의 의도를 나타내게 했습니다. 그렇기 때문에 변경된 이름으로 그 변수에 접근해서 사용하는 것을 장려하지는 않습니다.

```
>>> print(CounterManager.__insCount)
Traceback (most recent call last):
  File "<pyshell#36>", line 1, in <module>
    print(CounterManager.__insCount)
AttributeError: type object 'CounterManager' has no attribute '__insCount'
>>> dir(CounterManager)        ←——— 실제 이름공간에도 변경된 이름으로 존재하게 됨
['SPrintCount', '_CounterManager__insCount', ...(중략)]
```

07 연산자 중복 정의

연산자 중복 정의란?

연산자 중복 정의 Operator Overloading 에 대해 설명하기에 앞서 다음과 같은 가정을 해보겠습니다. 개발자가 방금 만든 GString이라는 문자열 클래스가 있습니다. 이 문자열 클래스의 특화된 기능으로 기존 문자열에서 입력받은 문자만 제외하는 기능이 있습니다. 물론 클래스 메서드로 작성되었지요. 하지만 팀장

님은 좀 더 직관적으로 보이도록 '–' 연산자를 사용해 동작할 수 있도록 수정하라고 하십니다. 팀장님이 원하는 방법은 아래와 같습니다.

```
g = GString("ABCDEFGabcedfg")        ◀━━━  초기 문자열
g.Remove("Adg")    ◀━━━  메서드로 동작, 결과: 'BCDEFGabcef'
g - "Adg"          ◀━━━  '–' 연산자로 동작, 결과: 'BCDEFGabcef'
```

이러한 요구사항을 만족시키기 위하여 사용되는 것이 연산자 중복입니다. 즉 사용자정의 객체에 대해 필요한 연산자를 내장 타입과 형태와 동작이 유사하도록 재정의하는 것입니다. 물론 이러한 기능을 클래스 메서드로 구현할 수 있습니다. 이러한 선택은 정의하는 클래스에 이터레이터 기능을 추가하는 것과 같이 정책적인 면과 개발자의 선호도에 의해 결정됩니다. 연산자 중복은 일반적으로 벡터나 행렬과 같은 수치 연산에서 자주 사용합니다.

그럼 팀장님의 요구사항에 맞추어 GString 클래스를 작성하겠습니다.

예제 5–4–1.py '–' 연산자 중복 정의 예제

```
02   class GString:
03       def __init__(self, init=None):    ◀━━━  생성자
04           self.content = init
05
06       def __sub__(self, str):    ◀━━━  '–' 연산자 중복 정의
07           for i in str:
08               self.content = self.content.replace(i, '')
09           return GString(self.content)
10                                    ┌ Remove 메서드는 '–' 연산자 중복과 동일하기에
11       def Remove(self, str):    ◀━┤  '__sub__'를 재호출
12           return self.__sub__(str)
```

'__sub__'과 같이 두 개의 밑줄 문자가 앞뒤로 있는 메서드(__NAME__)는 연산자 중복을 위해 미리 정의된 특별한 메서드입니다. 파이썬에서는 이러한 연산자와 정의된 메서드의 이름 간에는 미리 맵핑이 돼 있습니다. 해당 연산자가 클래스에서 사용되는 경우 맵핑된 메서드가 호출되며 개발자가 정의한 동작을 수행합니다.

파이썬에서는 기본적으로 제공되는 연산자 중복 정의가 없으므로 개발자가 명시적으로 중복하지 않은 연산자를 사용하는 경우 TypeError가 발생합니다(7장 '예외 처리' 참조).

```
>>> g = GString("ABCDEFGabcedfg")
>>> g + "apple"
Traceback (most recent call last):
  File "<pyshell#9>", line 1, in <module>
    g + "apple"
TypeError: unsupported operand type(s) for +: 'GString' and 'str'
```

미리 정의된 메서드를 재정의함으로써 프로그래머가 의도한 대로 연산자가 동작하게 만드는 방법을 알아봤습니다. 그러면 이제 연산자 중복을 위한 미리 정의된 메서드에 대해 알아보겠습니다.

수치 연산자

수치 연산을 위해 미리 정의된 메서드는 아래와 같습니다.

메서드	연산자	사용 예
__add__(self, other)	+ (이항)	A + B, A += B
__sub__(self, other)	− (이항)	A − B, A −= B
__mul__(self, other)	*	A * B, A *= B
__truediv__(self, other)	/	A / B, A /= B (3 이상 지원, 그 이하는 버전에서는 __div__가 사용)
__floordiv__(self, other)	//	A // B, A //= B
__mod__(self, other)	%	A % B, A %= B
__divmod__(self, other)	divmod()	divmod(A, B)
__pow__(self, other[, modulo])	pow(), **	pow(A, B), A ** B
__lshift__(self, other	<<	A << B, A <<= B

메서드	연산자	사용 예
__rshift__(self, other)	>>	A >> B, A >>= B
__and__(self, other)	&	A & B, A &= B
__xor__(self, other)	^	A ^ B, A ^= B
__or__(self, other)	|	A | B, A |= B
__abs__(self)	abs()	abs(A)
__pos__(self)	+ (단항)	+ A
__neg__(self)	− (단항)	− A
__invert__(self)	~	~A (비트 연산자)

아래 코드는 '–' 연산자와 abs() 내장 함수를 중복한 예제입니다.

예제 5–5–1.py 수치 연산자 중복 정의 예제 – 1

```
02  class GString:
03      def __init__(self, init=None):
04          self.content = init
05      def __sub__(self, str):          ◀── '–' 연산자를 중복
06          for i in str:
07              self.content = self.content.replace(i, '')
08          return GString(self.content)
09
10      def __abs__(self):               ◀── abs() 내장 함수를 중복
11          return GString(self.content.upper())
12
13      def Print(self):
14          print(self.content)
15
16  g = GString("aBcdef")
17  g -= "df"          ◀── '–' 연산자가 중복된 경우 '–='도 지원
18  g.Print()          ◀── 출력 결과: aBce
19  g = abs(g)
20  g.Print()          ◀── 출력 결과: ABCE
```

'–='과 같은 확장 연산자가 존재하는 경우 기본 연산자('–')를 통해 연산이 가능하기에 중복된 기본연산으로 대체되어 수행됩니다.

위의 경우와 다르게 확장 연산자와 기본 연산자의 동작을 구분해야만 하는 경우도 필요할 것입니다. 이러한 경우를 위해 확장 연산만을 위한 메서드가 아래와 같이 지원됩니다.

메서드	연산자	사용 예
__iadd__(self, other)	+=	A += B
__isub__(self, other)	–=	A –= B
__imul__(self, other)	*=	A *= B
__itruediv__(self, other)	/=	A /= B
__ifloordiv__(self, other)	//=	A //= B
__imod__(self, other)	%=	A %= B

메서드	연산자	사용 예
__ipow__(self, other)	**=	A **= B
__ilshift__(self, other)	《=	A 《= B
__irshift__(self, other)	》=	A 》= B
__iand__(self, other)	&=	A &= B
__ior__(self, other)	|=	A |= B
__ixor__(self, other)	^=	A ^= B

아래 예제와 같이 '−' 연산자와 '−=' 연산자를 각각 중복해서 정의한 경우, 연산자에 따라 해당 메서드가 호출되는 것을 알 수 있습니다.

예제 5-5-2.py 수치 연산자 중복 정의 예제 − 2

```
02  class GString:
03      def __init__(self, init=None):
04          self.content = init
05
06      def __sub__(self, str):        ◀── '−' 연산자 중복
07          print("- oprcator is called!")
08
09      def __isub__(self, str):       ◀── '−=' 연산자 중복
10          print("-= opreator is called!")
11
12  g = GString("aBcdef")
13  g - "a"        ◀── 출력 결과: − opreator is called!
14  g -= "a"       ◀── 출력 결과: −= opreator is called!
```

위의 코드에서 피연산자의 순서가 변경되면 다음과 같이 TypeError가 발생합니다. 그 이유는 g − "a"의 경우 __sub__ 메서드가 호출되지만, "a" − g의 경우 __rsub__ 메서드가 호출되기 때문입니다.

```
>>> g = GString("aBcdef")
>>> "a" - g
Traceback (most recent call last):
  File "<pyshell#11>", line 1, in <module>
    "a" - g
TypeError: unsupported operand type(s) for -: 'str' and 'GString'
```

아래의 표는 피연산자의 위치가 바뀐 경우에 호출되는 메서드 목록입니다. 사용 예에서 'A'는 연산자 중복을 작성한 클래스의 인스턴스 객체입니다.

메서드	연산자	사용 예
__radd__(self, other)	+	B + A
__rsub__(self, other)	−	B − A
__rmul__(self, other)	*	B * A
__rtruediv__(self, other)	/	B / A
__rfloordiv__(self, other)	//	B // A
__rmod__(self, other)	%	B % A
__rdivmod__(self, other)	divmod()	divmod(B, A)

메서드	연산자	사용 예
__rpow__(self, other)	**	B ** A
__rlshift__(self, other)	<<	B << A
__rrshift__(self, other)	>>	B >> A
__rand__(self)	&	B & A
__ror__(self)			B	A
__rxor__(self)	^	B ^ A

그 밖의 비교 연산자와 해당 메서드는 아래와 같습니다.

메서드	연산자	사용 예
__lt__(self, other)	<	A < B, B > A
__le__(self, other)	<=	A <= B, B >= A
__eq__(self, other)	==	A == B, B == A
__ne__(self, other)	!=	A != B, B != A
__ge__(self, other)	>=	A >= B, B <= A
__gt__(self, other)	>	A > B, B < A

시퀀스형 연산자

시퀀스 객체를 위한 연산자 중복 정의 메서드는 아래와 같습니다.

메서드	연산자	사용 예
__len__(self)	len()	len(A)
__contain__(self, item)	in	item in A
__getitem__(self, key)	A[key]	A[key], for 문
__setitem__(self, key, value)	A[key] = value (배정문)	A[key] = value
__delitem__(self, key)	del A[key]	del A[key]

아래는 사용자에게서 초기값을 받아 그 범위 안에서 인덱스로 전달받은 값의 10배를 반환하는 객체를 생성하는 예제입니다.

예제 5-5-3.py 시퀀스 연산자 오버로딩 예제

```
02  class Sequencer:
03      def __init__(self, maxValue):     ◀─── 생성자 메서드
04          self.maxValue = maxValue
05      def __len__(self):     ◀─── len() 내상 함수
06          return self.maxValue
07      def __getitem__(self, index):     ◀─── 인덱스로 아이템의 값에 접근
08          if 0 < index <= self.maxValue:
09              return index * 10
10          else:
11              raise IndexError("Index out of range")
12      def __contains__(self, item):     ◀─── 불린 형태로 인덱스를 넘어갔는지 반환
13          return 0 < item <= self.maxValue
```

Sequencer 객체를 생성해 시퀀스 연산을 적용한 예제는 다음과 같습니다.

```
>>> s = Sequencer(5)     ◀─── 초기값 설정
>>> s[1]     ◀─── 인덱스로 접근
10
>>> s[3]
30
>>> [s[i] for i in range(1, 6)]     ◀─── s 객체를 통해 얻을 수 있는 값
```

```
[10, 20, 30, 40, 50]
>>> len(s)      ◀── s 객체의 길이
5
>>> 3 in s      ◀── 포함 여부 확인
True
>>> 7 in s
False
>>> s[7]        ◀── 초기값 이상의 접근에 대해서는 IndexError 발생
Traceback (most recent call last):
  File "<pyshell#43>", line 1, in <module>
    s[7]
  File "E:\PythonWork\code\1-5\5-7-4.py", line 10, in __getitem__
IndexError: Index out of range
```

뱀잡기 🐍

이번 예제에서 사용된 'raise' 구문은 사용자가 직접 예외를 발생시킬 때 사용합니다. 좀 더 자세한 내용은 7장 '예외 처리'에서 설명하겠습니다.

08 상속

상속이란?

클래스를 이용해 얻을 수 있는 특징 중 하나로 '상속'이 있습니다. 5.1 절에서 설명한 바와 같이 '상속'을 이용하면 부모 클래스의 모든 속성(데이터, 메서드)을 자식 클래스로 물려줄 수 있습니다. 이렇게 함으로써 구현해야 하는 여러 클래스의 공통된 속성을 부모 클래스에 정의하고, 각 하위 클래스에서는 그에 맞는 특화된 메서드와 데이터를 정의할 수 있습니다. 그 결과 각 클래스마다 동일한 코드가 작성되는 것을 방지하고, 부모 클래스에 공통된 속성을 두어 코드를 유지보수하기가 쉬워집니다. 또한 부모 클래스에 정의된 인터페이스만 알고 호출함으로써 각 개별 클래스에 특화된 기능을 공통된 인터페이스로 접근할 수 있게 됩니다.

그럼 예제를 통해 상속에 대해 알아보겠습니다. 기본이 되는 부모 클래스는 Person으로, 이름(Name) 과 전화번호(PhoneNumber)를 데이터 멤버로 가지고 있으며, 데이터를 출력하기 위한 메서드 (PrintPersonData(), PrintInfo())와 생성자 메서드를 가지고 있습니다.

예제 5-6-1.py Person 클래스

```
02  class Person:
03      " 부모 클래스 "
04      def __init__(self, name, phoneNumber):
05          self.Name = name
06          self.PhoneNumber = phoneNumber
07
08      def PrintInfo(self):
09          print("Info(Name:{0}, Phone Number: {1})".format(self.Name, self.PhoneNumber))
10
11      def PrintPersonData(self):
12          print("Person(Name:{0}, Phone Number: {1})".format(self.Name, self.PhoneNumber))
```

아래는 자식 클래스의 예제입니다. 자식 클래스 선언부의 헤더에 상속받을 부모 클래스 리스트를 괄호 사이에 기입합니다. 만약 1개 이상 다중 상속 받는 경우 ','으로 구분해서 기입합니다. 이렇게 부모 클래스를 상속하면 부모 클래스의 모든 속성을 그대로 물려받습니다.

예제 5-6-1.py Student 클래스

```
14  class Student(Person):
15      " 자식 클래스 "
16      def __init__(self, name, phoneNumber, subject, studentID):    ◀──── 자식 클래스의 생성자 메서드
17          self.Name = name
18          self.PhoneNumber = phoneNumber
19          self.Subject = subject
20          self.StudentID = studentID
```

클래스의 정보는 내부적으로 __dict__ 라는 이름의 사전 객체로 관리됩니다. 각 인스턴스 객체를 아래와 같이 생성하고 그 정보를 확인하면 아래와 같습니다.

```
>>> p = Person("Derick", "010-123-4567")
>>> s = Student("Marry", "010-654-1234", "Computer Science", "990999")
>>> p.__dict__    ◀──── Person 인스턴스 객체
{'PhoneNumber': '010-123-4567', 'Name': 'Derick'}
>>> s.__dict__    ◀──── Student 인스턴스 객체
{'StudentID': '990999', 'PhoneNumber': '010-654-1234', 'Name': 'Marry', 'Subject': 'Computer Science'}
```

클래스 간의 관계 확인

상속 관계인 두 클래스 간의 관계를 확인하기 위해 issubclass() 내장 함수를 이용할 수 있습니다. 함수 원형은 아래와 같습니다.

```
issubclass(자식 클래스, 부모 클래스)
```

앞에서 예제로 든 Person, Student 클래스를 사용해 예제 코드로 설명을 대신하겠습니다.

이번 예제에서 확인해야 할 부분으로 파이썬 3부터 모든 클래스는 암묵적으로 object 클래스를 상속받는다는 것입니다.

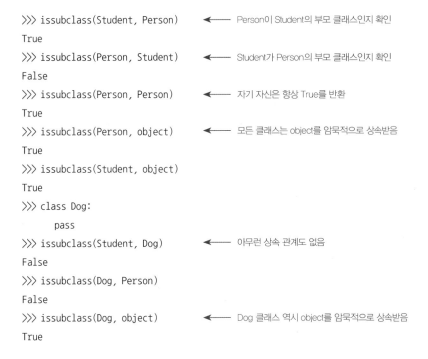

```
>>> issubclass(Student, Person)         ◀─── Person이 Student의 부모 클래스인지 확인
True
>>> issubclass(Person, Student)         ◀─── Student가 Person의 부모 클래스인지 확인
False
>>> issubclass(Person, Person)          ◀─── 자기 자신은 항상 True를 반환
True
>>> issubclass(Person, object)          ◀─── 모든 클래스는 object를 암묵적으로 상속받음
True
>>> issubclass(Student, object)
True
>>> class Dog:
        pass
>>> issubclass(Student, Dog)            ◀─── 아무런 상속 관계도 없음
False
>>> issubclass(Dog, Person)
False
>>> issubclass(Dog, object)             ◀─── Dog 클래스 역시 object를 암묵적으로 상속받음
True
```

뱀잡기 🐍

어떤 클래스의 부모 클래스를 알기 위해서는 __bases__ 속성을 사용해 알아낼 수 있습니다. 이 속성은 직계 부모 클래스를 튜플로 반환합니다.

```
>>> Person.__bases__
(<class 'object'>,)
>>> Student.__bases__
(<class '__main__.Person'>,)
```

부모 클래스의 생성자 호출

앞의 Student 클래스의 생성자를 보면 Person 클래스의 멤버 변수를 초기화하는 부분이 있습니다. 이는 이미 Person 클래스에 정의돼 있는 것으로 중복된 코드입니다. 이 부분을 부모 클래스인 Person의 생성자를 호출하는 것으로 수정하면 다음과 같습니다.

예제 5-6-2.py 부모 클래스의 생성자 호출 예제

```
01  class Person:
02~12  ...(중략)
13  class Student(Person):
14      " 자식 클래스 "
15      def __init__(self, name, phoneNumber, subject, studentID):
16          Person.__init__(self, name, phoneNumber)   ◀─── 명시적으로 Person 생성자를 호출
17          self.Subject = subject
18          self.StudentID = studentID
```

보다시피 파이썬에서는 명시적으로 부모 클래스의 생성자를 호출해야 합니다. 이때 인스턴스 객체를 나타내는 첫 인자인 'self'를 함께 전달해야 합니다(언바운드 메서드).

메서드 추가하기

부모 클래스를 상속받은 자식 클래스는 멤버 변수와 멤버 메서드를 모두 상속받게 됩니다. 여기에 추가적인 기능이 필요한 경우, 자식 클래스에 메서드를 추가할 수 있습니다. 구현 방법은 클래스의 메서드 정의와 동일합니다. 아래는 Student 클래스에 새로운 메서드인 PrintStudentData()를 추가하는 예제입니다.

예제 5-6-3.py 자식 클래스에서 메서드를 추가하는 예제

```
02  class Person:
03~13...(중략)
14  class Student(Person):
15      " 자식 클래스 "
16      def __init__(self, name, phoneNumber, subject, studentID):
17          Person.__init__(self, name, phoneNumber)
18          self.Subject = subject
19          self.StudentID = studentID
20
21      def PrintStudentData(self):        ◀─── 새로운 메서드를 추가
22          print("Student(Subject: {0}, Student ID: {1})".format(self.Subject, self.StudentID))
```

Student 클래스의 인스턴스 객체인 s를 통해 메서드를 호출하는 경우 Person 클래스로부터 상속받은 메서드와 Student 클래스에 추가된 메서드 모두 동일한 방법으로 호출합니다.

```
>>> s = Student("Derick", "010-123-4567", "Computer", "990999")
>>> s.PrintPersonData()          ◀── Person으로부터 상속받은 메서드 호출
Person(Name:Derick, Phone Number: 010-123-4567)
>>> s.PrintStudentData()         ◀── Student에 추가된 메서드 호출
Student(Subject: Computer, Student ID: 990999)
>>> dir(s)                       ◀── 상속받은 메서드와 추가된 메서드에 모두 접근 가능
['Name', 'PhoneNumber', 'PrintInfo', 'PrintPersonData', 'PrintStudentData', 'StudentID', 'Subject',
... (중략)]
```

메서드 재정의하기

부모 클래스로부터 상속받은 메서드 가운데 개발자가 원하는 대로 작동하지 않는 것이 있을 수 있습니다. 이러한 경우 부모 클래스를 직접 수정해서 해결할 수도 있습니다. 하지만 이 부모 클래스가 다른 여러 자식 클래스의 기반이 되는 경우, 즉 다른 클래스에 대한 의존성이 너무 큰 경우에 모든 자식 클래스를 고려해서 수정하기란 매우 어려운 일입니다.

이를 위하여 파이썬에서는 부모 클래스의 메서드에 대해 자식 클래스에서 재정의하는 기능을 제공합니다(5.8절에서 클래스 간의 이름공간에 대한 내용에 따르면 메서드 재정의는 실제로는 자식 클래스의 메서드 이름을 우선적으로 찾기 때문입니다).

아래 예제는 Person 클래스의 PrintInfo() 메서드를 Student 클래스에서 재정의하는 예제입니다. 자식 클래스인 Student 클래스의 정의 부분에 재정의할 Person 클래스의 메서드를 원하는 용도로 작성하면 됩니다.

이때 새롭게 작성되는 메서드의 이름은 재정의하는 Person 메서드의 이름과 동일해야 합니다. 그렇지 않으면 Student 클래스에 새롭게 메서드를 추가하는 동작을 하기 때문입니다.

예제 5-6-4.py 메서드 재정의 예제

```
02  class Person:
03~13  ... (중략)
14  class Student(Person):
15      def __init__(self, name, phoneNumber, subject, studentID):
```

```
16          Person.__init__(self, name, phoneNumber)
17          self.Subject = subject
18          self.StudentID = studentID
19
20      def PrintStudentData(self):
21          print("Student(Subject: {0}, Student ID: {1})".format(self. Subject, self.StudentID))
22
23      def PrintInfo(self):        ◀──── Person의 PrintInfo() 메서드를 재정의
24          print("Info(Name:{0}, Phone Number:{1})".format(self.Name, self. PhoneNumber))
25          print("Info(Subject:{0}, Student ID:{1})".format(self.Subject, self.StudentID))
```

실제 호출 결과는 아래와 같습니다.

```
>>> s = Student("Derick", "010-123-4567", "Computer", "990999")
>>> s.PrintInfo()        ◀──── 재정의된 메서드를 호출
Info(Name:Derick, Phone Number:010-123-4567)
Info(Subject:Computer, Student ID:990999)
```

이렇게 부모 클래스에서 정의된 메서드를 자식 클래스에서 새롭게 재정의하는 것을 메서드 재정의 Method Overriding 라고 합니다. C++와 같은 언어에서는 메서드를 재정의하려면 부모 클래스에 정의된 메서드와 자식 클래스의 메서드 이름, 매개변수, 반환값이 완전히 일치해야 하지만 파이썬에서는 단순히 두 메서드의 이름만 같으면 됩니다.

그 이유는 이름공간의 속성 정보가 내부적으로 사전 형식으로 관리되기 때문입니다. 즉 키 값인 메서드의 이름만 같으면 부모 클래스의 메서드 대신에 자식 클래스의 메서드를 호출합니다. 이런 메서드 재정의를 통해 부모 클래스의 동일한 인터페이스를 호출함으로써 자식 클래스의 특화된 기능을 이용할 수 있습니다.

다음은 Person, Student 인스턴스 객체를 PersonList 리스트에 입력한 후, 각각에 대해 동일한 인터페이스인 PrintInfo()를 호출하는 예제입니다. for 문에서 선택된 객체에 따라 그에 맞는 메서드가 호출되는 것을 알 수 있습니다.

```
>>> p = Person("Tim", "010-9876-6543")
>>> s = Student("Derick", "010-123-4567", "Computer", "990999")
>>> PersonList = [p, s]
>>> for item in PersonList:
        item.PrintInfo()          ◀——— 동일 인터페이스인 PrintInfo() 호출


Info(Name:Tim, Phone Number: 010-9876-6543)        ◀——— p 인스턴스의 PrintInfo() 호출결과
Info(Name:Derick, Phone Number:010-123-4567)       ◀——— s 인스턴스의 PrintInfo() 호출결과
Info(Subject:Computer, Student ID:990999)
```

메서드 확장하기

상속받은 메서드 가운데 기능은 그럭저럭 만족하는데, 실제로 사용하려면 일부 추가적인 기능이 필요할 때가 있습니다. 이러한 경우 부모 클래스 메서드는 그대로 이용하면서 자식 클래스의 메서드에서 필요한 기능만 정의할 수 있습니다.

아래의 예제에서 Student 클래스에서 메서드 재정의를 한 PrintInfo() 메서드의 경우는 사실 Person. PrintInfo() 메서드의 확장판이라고 할 수 있습니다. 우선 Person 인스턴스 객체의 데이터를 출력하고, 그 이후 Student 인스턴스 객체의 데이터를 출력하기 때문입니다. 이미 Person 클래스의 PrintInfo() 메서드가 존재하기 때문에 Student 클래스에서 다시 Person의 정보를 출력하는 메서드를 작성하는 것은 중복된 코드를 또다시 작성하는 일이나 마찬가지입니다.

예제 5-6-4.py 중복된 메서드 존재 예제

```
04~22      ... (중략)                                              Student 데이터 출력 ┐
                                                        Person 데이터 출력 ┐          │
23         def PrintInfo(self):
24             print("Info(Name:{0}, Phone Number:{1})".format(self.Name, self.PhoneNumber))  ◀
25             print("Info(Subject:{0}, Student ID:{1})".format(self.Subject, self.StudentID))  ◀
```

이번에는 Person 클래스의 PrintInfo() 메서드를 이용해 Student.PrintInfo() 메서드를 정의하겠습니다. Student 클래스의 PrintInfo() 메서드를 재정의할 때 명시적으로 Person 클래스의 PrintInfo() 메서드를 호출하면 됩니다. 이렇게 함으로써 부모 클래스의 메서드는 그대로 이용해 필요한 새로운 기능을 최소한의 작업으로 추가할 수 있습니다.

```
01  class Person:
02~12  ... (중략)
13  class Student(Person):
14      def __init__(self, name, phoneNumber, subject, studentID):
16          Person.__init__(self, name, phoneNumber)
17          self.Subject = subject
18          self.StudentID = studentID
19
20      def PrintStudentData(self):
21          print("Student(Subject: {0}, Student ID: {1})".format(self.Subject, self.StudentID))
22
23      def PrintInfo(self):
24          Person.PrintPersonData(self)      ◀─── 명시적으로 Person 클래스의 PrintPersonData()를 호출
25          print("Info(Subject:{0}, Student ID:{1})".format(self.Subject, self.StudentID))
```

클래스 상속과 이름공간

5.3절에서 배운 '클래스 객체와 인스턴스 객체의 이름공간'을 클래스 객체 간의 상속 관계를 통해 좀 더 확장해 보겠습니다. 앞에서 인스턴스 객체를 통해 멤버 변수나 함수의 이름을 찾는 규칙이 아래와 같다고 배웠습니다.

인스턴스 객체 영역 ▷ 클래스 객체 영역 ▷ 전역 영역

여기서 클래스 간의 상속 관계가 포함되면 아래와 같이 규칙이 확장됩니다. 이러한 규칙을 '상속 관계 검색의 원칙 Principles of the inheritance search'이라고 합니다.

인스턴스 객체 영역 ▷ 클래스 객체 간 상속을 통한 영역(자식 클래스 영역 ▷ 부모 클래스 영역)
▷ 전역 영역

즉, 클래스의 상속 관계에서 속성(멤버 데이터와 메서드)의 이름을 검색할 때 개별적으로 독립된 영역을 가지고 있는 클래스 간의 상속 관계 순서로 이름을 찾습니다. 또한 자식 클래스가 상속받은 멤버 메서드에 대해 재정의하지 않거나 멤버 데이터에 새로운 값을 할당하지 않은 경우, 자식 클래스 내부의

이름공간에 해당 데이터와 메서드를 위한 저장 공간을 생성하는 대신 단순히 부모 클래스의 이름공간에 존재하는 데이터와 메서드를 참조합니다.

이렇게 하는 이유는 중복된 데이터와 메서드를 최소화해 메모리 사용의 효율성을 높이기 위해서입니다.

그럼 간단한 예제를 통해 좀 더 자세히 알아보겠습니다.

부모 클래스 SuperClass에는 멤버 변수인 x, printX() 메서드가 포함돼 있으며, SuperClass를 상속받는 자식 클래스인 SubClass에는 멤버 변수 y, printY() 메서드가 포함돼 있습니다. 또한 자식 클래스를 통해 생성된 인스턴스 객체 s는 멤버 변수 a를 인스턴스 객체 이름공간에 가지고 있습니다. 클래스 객체와 인스턴스 객체의 이름 정보는 내부 변수 __dict__ 에 사전 형식으로 관리됩니다.

그러므로 각 객체의 __dict__ 정보를 출력해본 결과, Superclass 객체에는 printX와 x가, Subclass 객체에는 printY와 y, s 객체에는 a가 존재하는 것을 확인할 수 있습니다.

```
>>> class SuperClass:          ◀──── 부모 클래스
        x = 10
        def printX(self):
            print(self.x)
>>> class SubClass(SuperClass):    ◀──── 자식 클래스
        y = 20
        def printY(self):
            print(self.y)

>>> s = SubClass()
>>> s.a = 30          ◀──── 인스턴스 객체 s에 멤버 변수 a 정의
>>> print("SuperClass: ", SuperClass.__dict__)
SuperClass:  {'__moduel__': '__main__', 'printX': <function printX at 0x02E78270>, '__dict__':
<attribute '__dict__' of 'SuperClass' objects>, 'x': 10, '__weakref__': <attribute '__weakref__'
of 'SuperClass' objects>, '__doc__': None}
>>> print("SubClass: ", SubClass.__dict__)
SubClass:  {'y': 20, 'printY': <function printY at 0x02E781E0>, '__moduel__': '__main__', '__
doc__': None}
>>> print("s: ", s.__dict__)
s:  {'a': 30}
```

그럼 인스턴스 객체가 이러한 상속관계에서 속성(메서드, 멤버 변수)의 이름을 찾는 방법을 알아보겠습니다.

인스턴스 객체를 통해 s.printX() 메서드를 호출하면 인스턴스 객체 s의 이름공간에서 printX가 존재하는지 확인합니다. 만약 존재하지 않으면 인스턴스 객체를 생성한 클래스 객체 Subclass의 이름공간을 확인하고, 이번에도 존재하지 않으면 부모 클래스인 SuperClass의 이름공간을 검색합니다. 이러한 검색이 끝나는 조건은 동일한 이름이 가장 먼저 나올 때까지입니다. 이번 예제에서는 printX라는 이름은 Superclass에서 정의돼 있는 것을 찾을 수 있습니다. 만약 이러한 순서로 검색해도 속성의 이름을 찾을 수 없다면 AttributeError 에러가 반환됩니다.

이를 이해하기 쉽게 그림으로 표현하면 아래와 같습니다.

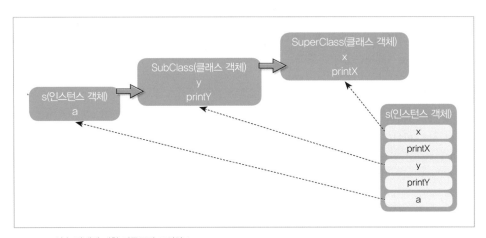

그림 5-9 상속 관계에 대한 이름공간 도식화 1

그럼 부모 클래스의 메서드를 재정의하고 멤버 데이터에 값을 할당하는 경우를 확인해 보겠습니다.

아래의 예제에서 SubClass에서는 SuperClass의 printX 메서드에 대해 재정의하고 있으며, SubClass 클래스의 인스턴스 객체 s에서는 SuperClass의 멤버 데이터인 x에 값을 할당하고 있습니다. 이러한 경우 SubClass 클래스의 이름공간에는 printX가 존재하고, 인스턴스 객체 s의 이름공간에는 멤버 변수 x가 존재하는 것을 각 객체의 __dict__ 값을 확인함으로써 알 수 있습니다.

```
>>> class SuperClass:
        x = 10
        def printX(self):
            print(self.x)
```

```
>>> class SubClass(SuperClass):
        y = 20
        def printX(self):        ◄——— SuperClass의 메서드를 재정의
            print("SubClass:", self.x)
        def printY(self):
            print(self.y)
>>> s = SubClass()
>>> s.a = 30
>>> s.x = 50        ◄——— SuperClass의 멤버 변수에 값을 할당
>>> print("SuperClass:", SuperClass.__dict__)
SuperClass: {'__moduel__': '__main__', 'printX': <function printX at 0x02E78270>, '__dict__': <at-
tribute '__dict__' of 'SuperClass' objects>, 'x': 10, '__weakref__': <attribute '__weakref__' of
'SuperClass' objects>, '__doc__': None}
>>> print("SubClass: ", SubClass.__dict__)
SubClass: {'y': 20, 'printX': <function printX at 0x02E781E0>, '__moduel__': '__main__', '__
doc__': None, 'printY': <function printY at 0x02E78B70>}
>>> print("s: ", s.__dict__)
s: {'a': 30, 'x': 50}
```

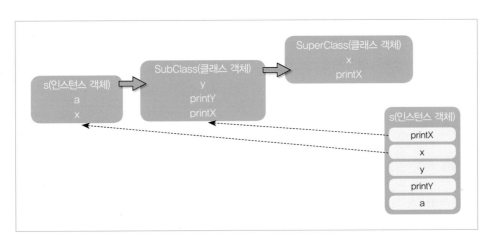

그림 5-10 상속 관계에 대한 이름공간 도식화 2

다중 상속

다중 상속이란 2개 이상의 클래스를 상속받는 경우를 말합니다. 그 결과 두 클래스의 모든 속성(변수와
메서드)을 물려받게 됩니다. 이러한 예는 동물원에서 쉽게 찾아볼 수 있습니다. 사자와 호랑이는 멀리

서도 쉽게 구분할 수 있을 정도로 생김새와 특성이 다릅니다. 반면 동물원에서 인위적으로 교배해 수사자와 암호랑이 사이에 태어난 라이거는 사자와 호랑이의 모든 특성을 지니고 있습니다. 또한 라이거는 동물원에서만 교배되기 때문에 사육사를 잘 따르는 독특한 특성이 있다고 합니다.

이러한 관계를 클래스로 작성하면 아래와 같습니다.

예제 5-7-1.py 다중 상속 예제

```
02  class Tiger:
03      def Jump(self):
04          print("호랑이처럼 멀리 점프하기")
05
06  class Lion:
07      def Bite(self):
08          print("사자처럼 한입에 꿀꺽하기")
09
10  class Liger(Tiger, Lion):    ◀── 상속받을 클래스들
11      def Play(self):
12          print("라이거만의 사육사와 재미있게 놀기")
```

자식 클래스 선언부의 헤더에 상속받을 클래스를 괄호 사이에 ','을 구분자로 해서 작성합니다. 이렇게 작성된 Liger 클래스는 아래와 같이 다중 상속한 Tiger와 Lion 클래스의 메서드와 멤버 변수에 접근해 사용할 수 있습니다.

```
>>> l = Liger()
>>> l.Bite()      ◀── Lion 메서드
사자처럼 한입에 꿀꺽하기
>>> l.Jump()      ◀── Tiger 메서드
호랑이처럼 멀리 점프하기
>>> l.Play()      ◀── Liger 메서드
라이거만의 사육사와 재미있게 놀기
```

다중 상속한 경우 자식 클래스 선언부 헤더에 상속받을 클래스를 순차적으로 나열합니다. 여기서 인스턴스 객체나 자식 클래스가 속성(멤버 변수, 메서드)의 이름을 상속 관계에 따라서 검색할 때, 다중 상속된 클래스의 나열 순서가 검색 결과에 영향을 줍니다. 아래 코드는 Tiger와 Lion 클래스에 모두 Cry() 메서드가 존재하는 경우, 두 클래스를 상속받는 Liger 클래스를 작성한 것입니다.

```python
02  class Tiger:
03      def Jump(self):
04          print("호랑이처럼 멀리 점프하기")
05      def Cry(self):
06          print("호랑이: 어흥~")
07
08  class Lion:
09      def Bite(self):
10          (<class 'Liger'>, <class 'Tiger'>, <class 'Lion'>, <class 'object'>)
11          print("사자처럼 한입에 꿀꺽하기")
12      def Cry(self):
13          print("사자: 으르렁~")
14
15
16  class Liger(Tiger, Lion):     ◀—— Tiger 클래스, Lion 클래스 순서로 상속
17      def Play(self):
18          print("라이거만의 사육사와 재미있게 놀기")
```

이렇게 작성된 상태에서 Liger의 Cry() 메서드를 호출하면 상속된 Tiger, Lion 중 어떠한 클래스의 Cry() 메서드가 호출될지 알아보겠습니다.

```
>>> l = Liger()
>>> l.Cry()
호랑이: 어흥~
```

수행 결과 Tiger의 Cry() 메서드가 호출됐습니다. 그 이유는 Liger 클래스 선언부에 상속받는 순서가 Tiger 클래스부터 시작됐기 때문에 우선적으로 Tiger 클래스의 이름공간에서 Cry를 찾기 때문입니다.

다양한 상속 구조에서 메서드의 이름을 찾는 순서는 __mro__에 튜플로 정의돼 있습니다(MRO는 Method Resolution Order의 약자입니다). 아래 예제에서는 Liger, Tiger, Lion, object 순서로 검색합니다. 상속하지 않은 object 클래스는 파이썬 3 이후 모든 클래스에서 암묵적으로 상속받습니다.

```
>>> Liger.__mro__
(<class 'Liger'>, <class 'Tiger'>, <class 'Lion'>, <class 'object'>)
```

super()를 이용한 상위 클래스의 메서드 호출

설명에 앞서 간단한 문제 제기부터 하겠습니다. 아래 코드는 Animal 클래스에 Tiger, Lion의 공통된 속성을 정의하고, 각 Tiger, Lion 클래스는 Animal을 상속받아 개별 클래스의 특화된 점을 정의합니다. Liger 클래스는 Tiger, Lion을 다중 상속받는 예제입니다. 이러한 구조에서 각 하위 클래스의 생성자 메서드에서는 부모 클래스의 생성자 메서드를 명시적으로 호출하게 했습니다.

예제 5-7-3.py Animal 클래스의 생성자가 두 번 호출되는 예제

```
02  class Animal:
03      def __init__(self):
04          print("Animal __init__()")
05
06  class Tiger(Animal):
07      def __init__(self):
08          Animal.__init__(self)         ◀── Animal 생성자 메서드 호출
09          print("Tiger __init__()")
10
11  class Lion(Animal):
12      def __init__(self):
13          Animal.__init__(self)         ◀── Animal 생성자 메서드 호출
14          print("Lion __init__()")
15
16  class Liger(Tiger, Lion):
17      def __init__(self):
18          Tiger.__init__(self)          ◀── Tiger 생성자 메서드 호출
19          Lion.__init__(self)           ◀── Lion 생성자 메서드 호출
20          print("Liger __init__()")
```

그러나 이렇게 작성한 클래스는 아래와 같이 Animal 클래스의 생성자가 두 번 호출되는 문제가 있습니다. 그 이유는 Tiger 클래스의 생성자에서 Animal 클래스의 생성자가 호출되었음에도 Lion 클래스에서 또다시 Animal 클래스의 생성자를 호출하기 때문입니다. 이러한 문제는 위와 같이 다이아몬드 형태로 상속되는 경우 발생합니다.

```
>>> l = Liger()
Animal __init__()      ◀── Tiger 클래스에 의해서 호출된 Animal 생성자
Tiger __init__()
```

```
Animal __init__()          ←—— Lion 클래스에 의해서 호출된 Animal 생성자
Lion __init__()
Liger __init__()
```

이러한 문제를 해결하기 위해 super() 내장 함수를 사용할 수 있습니다. 이 함수의 반환값은 부모 클래스의 객체를 반환하게 되며, 자바의 super, C#의 base 키워드와 유사합니다. 일반적으로 자식 클래스에서 'super().메서드이름(인자)' 형태로 부모 클래스의 메서드를 호출하기 때문에 명시적으로 부모 클래스 이름을 쓰는 것보다 코드의 유지보수가 쉬워집니다. 또한 다른 언어에서 찾아볼 수 없는 동적 실행 환경에서 클래스 간에 상호 동작으로 다중 상속 문제를 해결할 수 있습니다. 예를 들어 Liger 클래스의 부모 클래스인 Tiger와 Lion클래스가 모두 Animal 클래스의 자식인 것을 파이썬 인터프리터가 파악해 Animal 클래스의 생성자 메서드가 2번 호출되는 것을 피할 수 있습니다. super() 함수를 이용해 Animal 클래스의 생성자가 한 번만 호출되도록 작성한 코드는 다음과 같습니다.

예제 5-7-4.py Animal 클래스의 생성자가 한 번 호출되는 예제

```
02  class Animal:
03      def __init__(self):
04          print("Animal __init__()")
05
06  class Tiger(Animal):
07      def __init__(self):
08          super().__init__()      ←—— 부모 클래스의 생성자 메서드 호출
09          print("Tiger __init__()")
10
11  class Lion(Animal):
12      def __init__(self):
13          super().__init__()      ←—— 부모 클래스의 생성자 메서드 호출
14          print("Lion __init__()")
15
16  class Liger(Tiger, Lion):
17      def __init__(self):
18          super().__init__()      ←—— 부모 클래스의 생성자 메서드 호출
19          print("Liger __init__()")
```

각 클래스에서는 부모의 생성자를 호출하기 위해 단일 상속이나 다중 상속을 고려하지 않고 단지 super().__init__()만 호출하면 됩니다. 이렇게 작성해서 수행한 결과, Animal 생성자는 한 번만 호

출되는 것을 알 수 있습니다. 이러한 방법은 생성자뿐 아니라 일반 메서드에서도 마찬가지로 적용할 수 있습니다.

```
>>> l = Liger()
Animal __init__()          ←—— Animal 생성자는 한 번만 호출됨
Lion __init__()
Tiger __init__()
Liger __init__()
```

Liger 클래스는 super().__init__()으로 모든 부모 클래스의 생성자를 호출하게 되며, 이때 생성자 호출 순서는 MRO의 역순으로 상위 클래스부터 호출됩니다.

```
>>> Liger.__mro__
(<class 'Liger'>, <class 'Tiger'>, <class 'Lion'>, <class 'Animal'>, <class 'object'>)
```

뱀잡기 🐍🪱

Liger의 super() 메서드를 호출하는 경우, 아래와 같이 명시적으로 클래스의 이름과 인스턴스 객체를 인자로 전달해서 호출할 수 있습니다.

```
super(Liger, self).__init__()
```

06

모듈

모듈은 여러 코드를 한데 묶어 다른 곳에서 재사용할 수 있는 코드 모음을 말합니다. 모듈에는 보통 비슷한 기능을 하는 함수나 큰 기능을 수행하는 데 필요한 일련의 함수와 데이터가 포함됩니다.

이번 장에서는 모듈에 대해 이야기하겠습니다.

- 모듈 사용하기
- 모듈 만들기
- 모듈의 경로
- 모듈 임포트
- 모듈 임포트 파헤치기
- 유용한 팁
- 패키지

01 모듈 사용하기

파이썬에서 math 모듈은 파이썬 3에 기본으로 포함된 내장 모듈로 수학과 관련된 작업을 처리해야 할 때 사용합니다. 만약 math 모듈이 없다면 삼각함수, 제곱근, 로그 관련 함수를 따로 구현해야겠지만 다음과 같은 간단한 구문으로 수학과 관련된 기능을 사용할 수 있습니다.

```
>>> import math          ◀──── math 모듈을 가져옵니다.
>>> math.pow(2, 10)
1024.0
>>> math.log(100)
4.6051701859880918
>>> math.pi              ◀──── math 모듈 안에는 파이(π) 값이 선언돼 있습니다.
3.1415926535897931
```

첫 줄의 import라는 명령은 내장 모듈 math를 현재 이름공간으로 가져오는 역할을 합니다. 가져온 모듈은 현재 이름공간에 모듈 이름(여기서는 math)으로 참조되기 때문에 위와 같은 방법으로 사용할 수 있습니다. dir() 함수를 사용하면 모듈에 어떠한 함수 혹은 데이터가 정의돼 있는지 알 수 있습니다.

```
>>> dir(math)
['__doc__', '__name__', '__package__', 'acos', 'acosh', 'asin', 'asinh', 'atan', 'atan2', 'atanh',
'ceil', 'copysign', 'cos', 'cosh', 'degrees', 'e', 'exp', 'fabs', 'factorial', 'floor', 'fmod',
'frexp', 'fsum', 'hypot', 'isinf', 'isnan', 'ldexp', 'log', 'log10', 'log1p', 'modf', 'pi', 'pow',
'radians', 'sin', 'sinh', 'sqrt', 'tan', 'tanh', 'trunc']
```

파이썬에서 모듈을 사용하는 것은 복잡하고 어려운 기능을 포함하는 프로그램을 간단히 만들 수 있기 때문입니다. FTP로 서버에 접근해 파일 리스트를 가져오는 프로그램을 만든다고 생각해 봅시다. 파이썬에서는 아래와 같이 간단하게 해결할 수 있습니다.

```
>>> from ftplib import FTP          ◀──── ftplib 모듈에서 FTP 클래스를 가져옵니다.
>>> ftp = FTP("ftp1.at.proftpd.org")    ◀──── ftp 서버에 접속합니다.
>>> ftp.login()     ◀──── 로그인. login 함수에 아무것도 적지 않으면 anonymous로 접속
'230 Login successful.'
>>> ftp.retrlines('LIST')       ◀──── List를 가져옵니다.
drwxrwsr-x    2 ftp      ftp           512 Jan 15  2001 DIENST
```

```
drwxr-xr-x    2 ftp      ftp            512 Nov 16  2004 incoming
-rw-r--r--    1 ftp      ftp           1810 Jul 05  2004 incoming.readme
lrwxrwxrwx    1 ftp      ftp              1 Nov 14  2004 people -> .
dr-xr-xr-x   75 ftp      ftp           1536 Feb 04 07:16 pub
drwxrwsr-x   10 ftp      ftp            512 Nov 09  2001 sigchi
-r--r--r--    1 ftp      ftp           2195 May 30  1995 welcome.msg
'226 Directory send OK.'

>>>ftp.quit()
'221 Goodbye.'
```

만약 이런 기능을 가진 프로그램을 C나 C++로 만들려면 훨씬 더 많은 노력이 필요할 것입니다.

위에서 이야기했듯이 파이썬은 여러 가지 모듈을 제공합니다. 이 책에서는 문자열 ^{string}, 날짜 ^{date}, 시간 ^{time}, 수학 ^{math}, 분수 ^{fractions}, 십진법 ^{decimal}, 랜덤 ^{random}, 파일 ^{file}, sqlite3, os, sys, threading, unittest, xml, email, http 관련 모듈을 다룰 것입니다. 그 밖에도 대략 200여 개의 다양한 모듈이 존재합니다.

모든 모듈을 설명할 수는 없으니 URL로 대신합니다. https://docs.python.org/3.6/library/index.html에서 파이썬 3에서 지원하는 표준 라이브러리에 대한 설명을 볼 수 있습니다.

뱀잡기 🐍

파이썬 3에는 새로운 모듈들이 추가됐는데, 그 중에 하늘을 날 수 있는(?) 기능을 가진 멋진 모듈이 있습니다. 바로 antigravity 모듈입니다. antigravity를 임포트해 보세요. 재미있는 일이 일어날 겁니다.

```
>>> import antigravity
```

그렇다면 왜 모듈을 사용하는 걸까요? 모듈을 사용하면 다음과 같은 장점이 있습니다. 첫 번째는 6장 도입부에서 언급했듯이 코드의 재사용 때문입니다. 자주 사용되는 기능을 모듈로 구현해서 사용하면 반복적으로 작성할 필요가 없으며, 다음 프로그램을 구현할 때도 모듈을 추가(import)해서 재사용할 수 있습니다.

두 번째는 코드를 이름공간으로 구분하고 관리할 수 있기 때문입니다. 모듈은 기본적으로 자기 자신을 이름으로 하는 이름공간을 가집니다. math라는 모듈을 임포트하면 math라는 이름공간이 생성됩니다. 그리고 생성된 이름공간에 math의 함수, 데이터(이를 어트리뷰트라고 합니다)가 등록됩니다. 일단 모듈을 가져오면(임포트하면) math.attribute_name과 같은 형식으로 모듈의 함수나 어트리뷰트를 사용할 수 있습니다. 즉 math 모듈의 함수와 데이터들이 math라는 이름으로 구분됩니다. 이렇게 되면 함수나 데이터가 이름이 똑같아서 충돌하는 것을 피할 수 있습니다.

02 모듈 만들기

파이썬에선 많은 내장 모듈을 지원하지만 필요에 따라 사용자가 직접 모듈을 생성할 수도 있습니다. 실제로 프로젝트를 진행하다 보면 사용자가 직접 만든 함수, 데이터를 모듈에 넣어 놓고 사용합니다. 특히 여러 명이 같이 프로젝트를 진행할 경우 각자 모듈 단위로 일을 진행하면 각자 할 일이 분명해지고 효율도 높아집니다.

파이썬 모듈은 파일로 저장돼 있습니다. MS 윈도우의 경우 파이썬이 설치돼 있는 디렉터리 안의 lib이라는 디렉터리에 많은 내장 모듈이 파일로 저장돼 있는 것을 볼 수 있습니다. 즉 모듈을 만든다는 것은 파일을 만든다는 뜻입니다. 파일은 일반적으로 〈모듈이름〉.py이라는 이름으로 저장합니다.

이제 모듈을 하나 만들어 보겠습니다. 우리가 만들 모듈은 교집합, 합집합, 차집합을 계산하는 모듈입니다. 모듈의 이름은 simpleset이라고 하겠습니다. 텍스트 편집기를 이용해 다음과 같이 작성합니다.

예제 simpleset.py 교집합, 합집합, 차집합을 구할 수 있는 간단한 집합 관련 모듈

```
01  from functools import *     ◀──── reduce 함수를 사용하기 위해 functools 모듈을 가져옵니다.
02
03  def intersect(*ar):
04      "교집합"
05      return reduce(__intersectSC, ar)
07
08  def __intersectSC(listX, listY):
09      setList =[]
10      for x in listX:
11          if x in listY:
12              setList.append(x)
13      return setList
15
16  def difference(*ar):
```

```
17        "차집합"
18        setList = []
19        intersectSet = intersect(*ar)
20        unionSet = union(*ar)
21        for x in unionSet:
22            if not x in intersectSet:
23                setList.append(x)
24        return setList
25    def union(*ar) :
26        "합집합"
27        setList = []
28        for item in ar:
29            for x in item:
30                if not x in setList :
31                    setList.append(x)
32        return setList
```

simpleset.py라는 이름으로 파일을 저장하고 simpleset.py를 파이썬의 라이브러리 디렉터리(15장 2절의 sys.prefix로 설치된 경로를 알 수 있습니다. C:\python36에 설치했다고 가정 하면 C:\python36\Lib이 라이브러리 디렉터리 입니다.)에 옮기면 모듈을 생성하는 작업은 모두 끝납니다. 파이썬에서 다음과 같이 import 명령을 이용해 simpleset 모듈을 가져올 수 있습니다.

```
>>> import simpleset
>>> dir(simpleset)        ◀──── dir 함수로 simpleset 모듈이 제대로 임포트됐는지 확인
['WRAPPER_ASSIGNMENTS', 'WRAPPER_UPDATES', '__builtins__', '__doc__',        '__file__', '__in-
tersectSC', '__name__', '__package__', 'difference', 'intersect', 'partial', 'reduce', 'union',
'update_wrapper', 'wraps']
```

이제 simpleset 모듈이 정상적으로 동작하는지 테스트해 보겠습니다.

```
>>> setA = [1, 3, 7, 10]
>>> setB = [2, 3, 4, 9]
>>> simpleset.union(setA, setB)        ◀──── 합집합을 구합니다
[1, 3, 7, 10, 2, 4, 9]
>>> simpleset.intersect(setA, setB, [1, 2, 3])        ◀──── 교집합을 구합니다
[3]
```

모듈의 경로

앞에서 simpleset.py를 생성했습니다. 이 파일을 파이썬이 설치된 디렉터리에 옮겼는데 그 이유는 파이썬에서 모듈을 임포트하면 해당 모듈의 위치를 검색하기 때문입니다. simpleset.py를 다른 디렉터리(여기서는 c:\mymodule이라는 디렉터리에 저장됐다고 가정하고 설명하겠습니다)에 저장하고 임포트를 시도하면 다음과 같은 에러가 발생합니다.

```
>>> import simpleset
Traceback (most recent call last):
  File "<stdin>", line 1, in <module>
ImportError: No module named set
```

모듈을 임포트할 때 모듈의 위치를 다 적어주지 않고 단지 모듈의 이름(여기서는 simpleset)만으로 임포트할 수 있는 이유는 파이썬이 디렉터리에 해당 모듈 파일이 있는지 검색하기 때문입니다. 이름만으로 임포트되게 하려면 모듈 검색 경로^{module search path} 에 모듈 파일이 있어야 합니다. 모듈을 임포트할 때 파이썬은 다음과 같은 순서로 모듈을 찾습니다.

1. 현재 작업 디렉터리(Current Working Directory)

    프로그램이 실행된 곳의 디렉터리를 맨 처음 검색합니다. c:\mymodule이라는 디렉터리를 만들고 simpleset.py를 옮긴 후에 윈도우 명령 프롬프트에서 디렉터리를 c:\mymodule로 이동하고 파이썬 인터프리터를 실행합니다.

그림 6-1 파이썬 인터프리터를 mymodule 디렉터리에서 실행합니다

임포트를 하면 인터 프리터는 현재 작업 디렉토리에서 simpleset.py를 찾습니다. 우리가 만든 simpleset 모듈이 성공적으로 임포트되는 것을 확인할 수 있습니다.

2. PYTHONPATH 환경변수에 등록된 위치

홈 디렉터리 검색 이후에 파이썬은 PYTHONPATH라는 환경변수에 등록된 디렉터리를 검색합니다. 사용자가 만든 디렉터리를 모듈 검색 경로에 등록하려면 PYTHONPATH 환경변수에 등록하면 됩니다. PYTHONPATH 환경변수를 등록하는 방법은 윈도우의 경우는 '제어판 → 시스템 → 고급 시스템 설정'에서 '고급'이란 탭의 환경변수 버튼을 누르면 환경변수를 추가 및 변경할 수 있는 창이 뜹니다.

그림 6-2 PYTHONPATH 환경변수에 C:\mymodule 디렉터리를 등록합니다.

리눅스는 다음과 같은 구문을 셸 설정파일(bash 셸의 경우는 .bash_profile)에 추가하면 됩니다.

```
export PYTHONPATH=$PYTHONPATH:/home/user/mymodule
```

3. 표준 라이브러리 디렉터리

다음은 파이썬의 표준 라이브러리 디렉터리를 검색합니다. simpleset.py를 c:\Python36\Lib으로 옮겨 놓았을 때 임포트되는 이유는 파이썬 3에서는 c:\Python36\Lib가 표준 라이브러리 디렉터리 중 한 곳이기 때문입니다.

파이썬에선 위의 모듈 검색 경로 목록을 sys.path에 리스트 형식으로 관리하고 있습니다.

```
>>> import sys
>>> sys.path          ◀──── sys.path를 확인해 봅니다.
['','C:\\Windows\\system32\\Python36.zip', 'c:\\Python36\\DLLs', 'c:\\Python36\\lib', 'c:\\Py-
thon36\\lib\\plat-win', 'c:\\Python36', 'c:\\Python36\\lib\\site-packages']
```

sys.path에 경로를 넣어 주는 것은 프로그램 동작 중에도 가능합니다. 또한 이미 있는 경로를 삭제할 수도 있습니다.

```
>>> sys.path.append('c:\\mymodules')     ◀──── c:\mymodules를 pythonpath에 추가합니다
>>> sys.path
['', 'c\\mymodules','C:\\Windows\\system32\\Python36.zip', 'c:\\Python36\\DLLs', 'c:\\Py-
```

```
thon36\\lib', 'c:\\Python36\\lib\\plat-win', 'c:\\Python36', 'c:\\Python36\\lib\\site-packag-
es']
>>> sys.path.remove('c:\\mymodules')      ◀──── sys.path에서 c:\\mymodules를 지웁니다.
```

04 모듈 임포트

C/C++ 언어에서는 import와 비슷한 구문인 include 문을 사용할 수 있는 코드 영역이 제한적이었습니다. 하지만 파이썬에선 import 구문을 어디서나(심지어 함수나 제어문 안에서도) 사용할 수 있습니다. 그러므로 다음과 같이 import를 사용할 수 있습니다.

```
>>> def loadMathMod():
        print("import math")
        import math          ◀──── 함수 안에서 임포트를 합니다
        print(dir(math))
>>> loadMathMod()            ◀──── 함수를 사용하면 math 모듈이 임포트됩니다.
import math
['__doc__', '__name__', '__package__', 'acos', 'acosh', 'asin', 'asinh', 'atan', 'atan2', 'atanh',
'ceil', 'copysign', 'cos', 'cosh', 'degrees', 'e', 'exp', 'fabs', 'factorial', 'floor', 'fmod',
'frexp', 'fsum', 'hypot', 'isinf', 'isnan', 'ldexp', 'log', 'log10', 'log1p', 'modf', 'pi', 'pow',
'radians', 'sin', 'sinh', 'sqrt', 'tan', 'tanh', 'trunc']
```

모듈 안의 어트리뷰트를 사용하려면 위에서 설명한 것처럼 'import 모듈이름' 구문을 실행하면 됩니다. 모듈이 성공적으로 임포트되면 '모듈.이름' 형식으로 모듈 안의 데이터나 함수를 참조할 수 있으며(5장 속성접근자 참고), 이를 한정^{qualification}이라고 합니다. 모듈을 임포트하는 방법은 'import 모듈이름' 이외에 여러 가지 방법이 있습니다.

from 〈모듈〉 import 〈어트리뷰트〉

이 방법은 〈모듈〉 안에 정의된 어트리뷰트 중 〈이름〉에 해당하는 어트리뷰트를 현재의 이름공간 안으로 임포트합니다. 즉 이렇게 임포트된 어트리뷰트는 '모듈이름.어트리뷰트이름' 같은 형식으로 쓰지 않고 바로 참조할 수 있습니다.

```
>>> from simpleset import union
>>> union([1, 2, 3], [3], [3, 4])
```

```
[1, 2, 3, 4]
>>> intersect([1, 2], [1])          ←——— union만 사용할 수 있습니다.
Traceback (most recent call last):
  File "<stdin>", line 1, in <module>
NameError: name 'intersect' is not defined
```

만약 새로 임포트되는 이름이 이미 이름공간에 있다면 어떻게 될까요?

```
>>> def union(a):
        print(a)
>>> union
<function union at 0x01444A50>
>>> union("test")
test
>>> from simpleset import union        ←——— simpleset 모듈에서 이름이 union인 함수를 임포트
>>> union
<function union at 0x01444A08>         ←——— 주소가 바뀌어 있습니다.
>>> union("test")      ←——— simpleset 모듈의 함수가 실행됩니다.
['t', 'e', 's']
```

보다시피 기존의 이름이 새로이 임포트된 이름으로 대체됐습니다. 따라서 기존에 만들어 둔 함수가 사라질 수도 있으므로 주의해서 사용해야 합니다.

> from 〈모듈〉 import *

이 방법은 위에서 소개한 방법과 동일하게 동작합니다. 모듈 내 이름 중 밑줄(_)로 시작하는 어트리뷰트(함수, 데이터)를 제외하고 모든 어트리뷰트를 현재의 이름공간으로 임포트합니다(7장 Private 속성 뱀잡기 참조). 이 방법은 첫 번째 방법과 비슷해 보이지만 다음 예제를 보면 다르다는 사실을 알 수 있습니다.

```
>>> import simpleset
>>> dir(simpleset)
['WRAPPER_ASSIGNMENTS', 'WRAPPER_UPDATES', '__builtins__', '__doc__',          '__file__', '__in-
tersectSC', '__name__', '__package__', 'difference', 'intersect', 'partial', 'reduce', 'union',
'update_wrapper', 'wraps']
>>> exit()      ←——— 파이썬을 종료했다가 다시 실행합니다.
```

```
c:\Python36>python
>>> from simpleset import *          ←——— simpleset 모듈을 임포트합니다
>>> dir()
['WRAPPER_ASSIGNMENTS', 'WRAPPER_UPDATES', '__builtins__', '__doc__',          '__name__', '__pack-
age__', 'difference', 'intersect', 'partial', 'reduce', 'union', 'update_wrapper', 'wraps']
```

import simpleset으로 했을 때는 __intersectSC 함수가 보였는데 from simpleset import *로 임포
트했을 때는 __intersectSC 함수가 이름공간에서 보이지 않습니다. 만약 모듈 내부에만 쓰이고 외부
에서는 쓰이지 않는 함수나 데이터일 경우 이름을 밑줄로 시작하면 코드가 충돌할 확률도 줄고 쓸데없
이 모듈 내부의 함수가 이름공간에 임포트되는 것을 막을 수 있습니다.

    import 〈모듈〉 as 〈별칭〉

〈모듈〉 이름을 〈별칭〉으로 변경해서 임포트합니다. 이 방법은 모듈 이름이 길거나 어떤 모듈을 다른
이름으로 참조하고자 할 때 사용합니다.

```
>>> import xml.sax.handler as handler          ←——— xml.sax.handler를 handler라는 이름으로 임포트합니다
>>> handler
<module 'xml.sax.handler' from 'c:\Python36\lib\xml\sax\handler.py'>
```

05 모듈 임포트 파헤치기

모듈을 임포트하면 파이썬 내부에서는 어떤 일이 일어날까요? 모듈을 임포트하면 앞에서 이야기했듯
이 sys.path에 등록된 디렉터리에서 모듈을 찾습니다. 만약 모듈의 바이트코드 byte code 가 있으면 이를
바로 임포트합니다. 만약 바이트 코드가 없다면 인터프리터를 이용해 해당 모듈의 코드를 바이트코드
로 만듭니다.

바이트 코드는 일종의 중간 파일입니다. 모듈 파일이 simpleset.py이라면 바이트코드는 simpleset.
pyc라는 이름으로 모듈 파일이 존재하는 디렉터리에 저장됩니다. 이렇게 저장된 바이트 코드는 모듈
이 임포트될 때 인터프리팅 interpreting 되지 않고 바로 메모리에 로딩되므로 결과적으로 임포트가 더 빨라
집니다. 바이트 코드는 모듈의 내용이 변경되지 않는 이상 새로 만들어지지 않습니다.

import simpleset을 실행하면 simpleset.pyc 파일이 생성된 것을 볼 수 있습니다.

```
>>>import simpleset
```

그림 6-3 simpleset.py의 바이트 코드인 simpleset.pyc가 생성된 것을 확인할 수 있습니다

pyc 파일이 생성된 다음 import 구문을 실행하면 별도의 인터프리팅 없이 어트리뷰트를 현재의 이름 공간으로 가져오거나 모듈의 이름을 현재 이름공간으로 가져옵니다. 그리고 해당 코드들을 메모리에 로딩한 후 모듈의 코드가 실행됩니다.

예제로 코드가 실행되는 것을 확인해 보겠습니다.

예제 testmodule.py 파일을 생성하고 모듈 검색 경로로 옮깁니다.

```
01  print("test module")
02  defaultvalue = 1
03  def printDefaultValue():
04      print(defaultvalue)
```

위의 모듈을 임포트합니다.

```
>>> import testmodule        ◀─── 모듈을 임포트합니다.
test module
>>> testmodule.printDefaultValue()
1
```

testmodule 모듈을 임포트하면 'print("test module")' 구문이 실행되어 화면에 'test module'이 출력됩니다.

모듈이 임포트 되면 메모리에 모듈코드가 로딩되고 프로그램이나 파이썬 인터프리터가 끝나기 전까지 변경되지 않습니다.

예제 testmodule.py testmodule을 임포트한 후 testmodule.py의 코드를 조금 수정해 보겠습니다.

```
01  print("hello world")      ◀─── test module을 hello world로 변경합니다.
02  defaultvalue = 2          ◀─── 기본값을 변경합니다.
03  def printDefaultValue():
04      print(defaultvalue)
```

이후 다시 임포트합니다.

```
>>> import testmodule         ◀─── 임포트를 했지만 hello world라는 문장이 출력되지 않습니다.
>>> testmodule.printDefaultValue()
1           ◀─── 여전히 기본값 1이 찍혔습니다.
```

IDLE 혹은 파이썬 인터프리터를 종료하고 재시작한 다음, 다시 임포트해 보겠습니다.

```
>>> import testmodule
hello world
>>> testmodule.printDefaultValue()
2
```

한번 로딩한 모듈은 다시 임포트해도 수정된 부분이 반영되지 않았습니다. 프로그램을 종료하거나 파이썬 인터프리터를 종료한 다음, 다시 파이썬을 실행해 testmodule을 임포트해보면 변경된 부분이 출력되는 것을 볼 수 있습니다.

프로젝트를 진행할 때 모듈을 조금씩 수정하고 테스트하는 과정을 거치게 되는데 매번 인터프리터를 종료하고 다시 임포트하긴 너무나 번거롭겠죠? 파이썬에선 이미 임포트된 모듈을 다시 임포트할 수 있습니다.

```
>>> import testmodule
>>> import imp
>>> imp.reload(testmodule)          ◀──  testmoudle을 리로드합니다.
hello world      ◀──  리로드를 하면 모듈의 코드가 다시 수행됩니다.
<module 'testmodule' from 'testmodule.py'>
```

파이썬 인터프리터를 다시 실행하고 testmodule을 다음과 같이 임포트해 보겠습니다.

```
>>> import testmodule as test1
hello world
>>> import testmodule as test2    ◀──  hellow world가 프린트 되지 않습니다.
>>> dir()      ◀──  dir 함수로 testmodule이 임포트 되었는지 확인합니다.
['__builtins__', '__doc__', '__name__', '__package__', 'test1', 'test2']
```

test1과 test2는 서로 어떻게 다른 걸까요? 우선 다음 코드를 보겠습니다.

```
>>> test1.printDefaultValue()
2
>>> test1.defaultvalue = 100       ◀──  defaultvalue를 100으로 변경합니다.
>>> test2.printDefaultValue()
100
```

test2.printDefaultValue()를 실행하면 defaultvalue가 100이라는 것을 알 수 있습니다. 그렇다면 test1과 test2는 같은 defaultvalue를 가지고 있다고 생각할 수 있습니다. 파이썬에서는 모든 것이 객체로 되어 있고, 모듈도 예외가 아닙니다. 모듈이 임포트되면 코드가 메모리에 로딩되면서 레퍼런스를 전달해 줍니다. 위에서 test1, test2는 바로 testmodule에 대한 레퍼런스인 것입니다. 모듈은 메모리에 한 번, 하나만 로딩되고 이를 참고하는 여러 개의 레퍼런스가 있는 것입니다. 그래서 test1.defaultvalue와 test2.defaultvalue는 메모리에 로딩돼 있는 동일한 testmodule의 defaultvalue를 가리키고 있으므로 test1.defaultvalue를 변경하면 test2.defaultvalue에도 영향을 미치는 것입니다.

이미 눈치챈 독자도 있겠지만 import testmodule as test2를 실행했을 때는 "test module" 구문이 출력되지 않았습니다. 그런 이유로 모듈은 한 번만 로딩되고 코드도 한 번만 실행되는 것입니다.

06 __main__을 사용한 유용한 팁

지금까지 생성한 파이썬 파일은 임포트해서 사용할 수도 있지만 아래처럼 직접 실행할 수 있습니다.

아래와 같은 mymod.py가 있을 때 윈도우 프롬프트에서 직접 실행하겠습니다.

예제 mymod.py

```
print("my module")
```

그림 6-4 mymod.py를 윈도우 명령 프롬프트에서 직접 실행한 결과

그렇다면 임포트됐을 때와 직접 실행했을 때 각기 다르게 동작하게 하려면 어떻게 해야 할까요? 파이썬에서는 이를 구별하는 특별한 함수나 값을 제공하지 않습니다.

__name__ 이라는 특별한 어트리뷰트를 이용해 이를 구분할 수 있습니다. __name__ 어트리뷰트는 읽을 수만 있는 속성으로, 자기 모듈의 이름을 나타냅니다.

```
>>> import mymod
my module
>>> mymod.__name__
'mymod'          ←——— mymod 이름이 출력됩니다.
```

하지만 직접 실행할 때는 __name__은 모듈의 이름이 아니라 __main__이라는 값이 저장됩니다. 즉 모듈의 코드가 메인으로 실행됐다는 뜻입니다.

다음과 같이 mymod.py를 수정하고 직접 실행해 보겠습니다.

예제 mymod.py 수정된 mymod.py

```
print("my module")
print(__name__)
```

실행 결과

```
my module
__main__
```

__name__ 값이 달라지기 때문에 이를 이용해 모듈이 임포트될 때 혹은 직접 실행됐을 때 각각 다른 코드를 실행할 수 있습니다.

예제 mymod.py __name__을 사용해 메인으로 코드가 실행됐을 때와 모듈을 임포트했을 때 다르게 실행합니다

```
01  print("my module")
02
03  if __name__ == '__main__':
04      print("모듈을 직접 실행하셨네요")
05  else:
06      print("임포트 하셨네요")
```

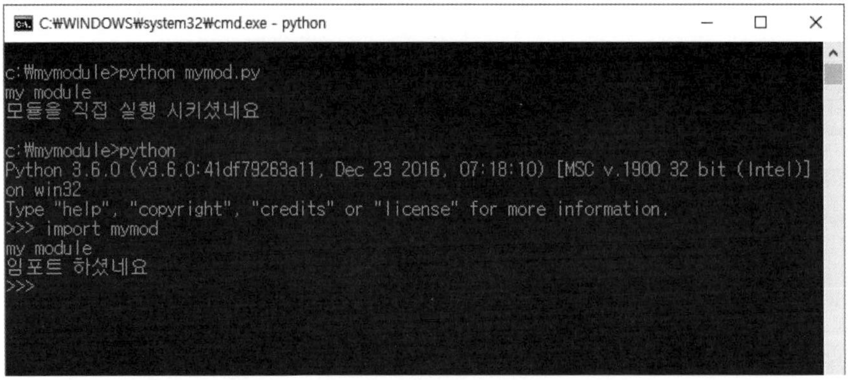

그림 6-5 mymod를 직접 실행한 결과와 임포트했을 때의 결과

__name__을 이용해 구분하는 방법은 매우 유용한데 특히 모듈을 개발할 때 많이 사용합니다. 모듈을 수정하거나 코드를 추가할 때마다 임포트해서 테스트 코드를 수행하기보다 직접 실행했을 때 테스트를 수행하면 바로 테스트 결과를 확인할 수 있기 때문에 개발 효율이 높아집니다. 예를 하나 들어서 설명하겠습니다.

바로 전 절의 testmodule 모듈에서 모듈의 코드를 수정할 때마다 IDLE 혹은 파이썬 인터프리터를 재실행하고 다시 모듈을 임포트해서 확인을 했습니다. 다음과 같이 작성하고 모듈을 직접 실행하면 테스트 코드가 실행될 것이고 모듈에서 사용될 때는 무시될 것입니다.

예제 testmodule2.py __name__을 이용해 모듈의 단위 테스트를 가능하게 합니다

```
01  defaultValue = 0
02  def printDefaultValue():
03      print(defaultvalue)
04  if __name__ == '__main__':
05      # test code
06      print("hello world")
07      defaultvalue = 100
08      printDefaultValue()
```

코드를 수정할 때마다 힘들게 IDLE이나 파이썬 인터프리터를 재시작하지 않고 바로 실행해 테스트 코드가 정상적으로 동작했는지 확인할 수 있습니다.

07 패키지

모듈을 만들다 보면 여러 개의 모듈을 하나로 묶어야 할 때가 생깁니다. 이렇게 여러 모듈을 하나로 묶은 것을 패키지라고 하는데, 예를 들면 xml 패키지는 XML과 관련된 모듈로 구성돼 있습니다. 다음은 xml 패키지의 구조입니다.

xml + 패키지의 디렉터리 구조

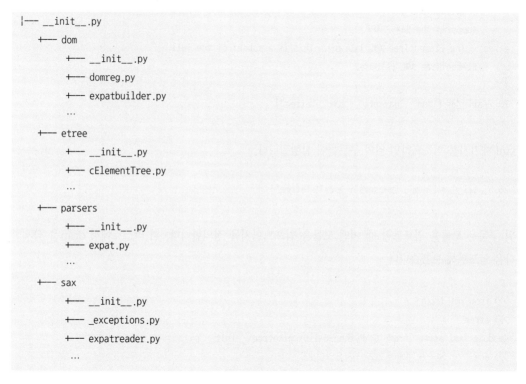

```
┝── __init__.py
  ┝── dom
       ┝── __init__.py
       ┝── domreg.py
       ┝── expatbuilder.py
       ...
  ┝── etree
       ┝── __init__.py
       ┝── cElementTree.py
       ...
  ┝── parsers
       ┝── __init__.py
       ┝── expat.py
       ...
  ┝── sax
       ┝── __init__.py
       ┝── _exceptions.py
       ┝── expatreader.py
        ...
```

패키지는 모듈이름에 '.'을 붙여서 파이썬의 모듈 이름공간을 구조화하는 방법 중 하나입니다. 예를 들어 xml.dom이라는 모듈이 있을 때 xml이라는 패키지 안에는 dom이라는 하위 모듈이 있다는 뜻입니다.

파이썬 3에서는 여러 가지 모듈과 패키지를 제공합니다. 이러한 모듈과 패키지는 파이썬 설치 디렉터리의 Lib이라는 하위 디렉터리에 저장돼 있습니다. 위의 xml 패키지의 디렉터리 및 파일의 구조를 살펴보면 각 디렉터리마다 __init__.py 파일이 있습니다. 일반 디렉터리는 __init__.py가 없지만 패키지의 디렉터리라면 __init__.py가 꼭 있습니다.

__init__.py에는 이름에서 알 수 있듯이 패키지를 초기화하는 코드가 들어 있습니다.

예제 __init__.py xml 디렉터리에 있는 __init__.py의 내용

```
"""Core XML support for Python.
This package contains four sub-packages:
dom -- The W3C Document Object Model.  This supports DOM Level 1 +
       Namespaces.
parsers -- Python wrappers for XML parsers (currently only supports Expat).
sax -- The Simple API for XML, developed by XML-Dev, led by David
       Megginson and ported to Python by Lars Marius Garshol.  This
       supports the SAX 2 API.
etree -- The ElementTree XML library.  This is a subset of the full
       ElementTree XML release.
"""
20 __all__ = ["dom", "parsers", "sax", "etree"]
```

xml 패키지를 임포트하면 위의 구문들이 실행됩니다.

```
20  __all__ = ["dom", "parsers", "sax", "etree"]
```

위 구문은 모듈을 임포트할 때 어떤 모듈을 임포트할지를 정의합니다. 위 리스트에서 dom을 삭제한 다음 임포트해 보겠습니다.

```
>>> from xml import *
>>> etree
<module 'xml.etree' from 'C:\Python36\lib\xml\etree\__init__.py'>
>>> dom        ◀── dom은 임포트되지 않았습니다.
 Traceback (most recent call last):
  File "<stdin>", line 1, in <module>
NameError: name 'dom' is not defined
>>> import xml.dom   ◀── xml.dom을 따로 임포트 시도합니다.
>>> xml.dom
<module 'xml.dom' from 'C:\Python36\lib\xml\dom\__init__.py'>
```

즉 __all__은 import *을 실행할 때 포함할 하위 패키지의 목록을 나타냅니다.

모듈을 임포트할 때와 마찬가지로 패키지를 임포트할 때도 __init__.py이 실행됩니다.

패키지에서 제공하는 함수를 사용하고 싶다면 다음과 같이 임포트하면 됩니다.

```
>>> import xml.dom.minidom as minidom     ◀──── 이름이 길어져 minidom이라는 별칭 지정
>>> minidom.parseString("<foo><bar/></foo>")
<xml.dom.minidom.Document object at 0x012E6D10>
```

뱀잡기 🐍〜

패키지를 사용할 때 한 가지 주의해야 할 점은 어떤 패키지를 임포트했을 때 해당 패키지의 하위 패키지는 자동으로 임포트되지는 않는다는 것입니다.

```
>>> import xml
>>> xml
<module 'xml' from 'C:\Python36\lib\xml\__init__.py'>
>>> xml.dom     ◀──── xml.dom을 출력 해봅니다.
Traceback (most recent call last):
  File "<stdin>", line 1, in <module>
AttributeError: 'module' object has no attribute 'dom'
>>> xml.dom.getDOMImplementation          ◀──── xml.dom의 함수도 사용할 수 없습니다.
Traceback (most recent call last):
  File "<stdin>", line 1, in <module>
AttributeError: 'module' object has no attribute 'dom'
```

즉 import xml을 한다고 해서 xml 패키지 안의 모든 것을 쓸 수 있는 것은 아닙니다. dom의 어트리뷰트를 사용하려면 다음과 같이 임포트해야 합니다.

```
>>> import xml.dom
```

패키지 안에서 패키지 안의 모듈 참조하기

패키지를 만들다 보면 패키지 안의 모듈들을 참조해야 할 때가 자주 생깁니다. 패키지는 비슷한 기능을 모아 놓은 것이므로 당연히 자주 쓰이는 모듈은 패키지 내의 모든 모듈이 사용하고 있을 것입니다. 다음과 같은 패키지가 있다고 가정하겠습니다.

```
sound/
__init__.py          ◀──── 사운드 패키지를 초기화
    formats/         ◀──── 포맷 변경에 관련된 자식 패키지입니다.
        __init__.py
        wavread.py
```

```
        auread.py
        auwrite.py
        ...
    effects/          ◄──── 사운드 효과와 관련된 패키지
        __init__.py
        echo.py
 ...
    filters/          ◄──── 사운드 필터와 관련된 필터
        __init__.py
        equalizer.py
 ...
```

우리가 작성하는 모듈이 formats의 하위 모듈 wavread.py일 때, 참조해야 하는 모듈이 같은 디렉터리에 있거나 하위 디렉터리에 있을 경우에는 다음과 같이 사용할 수 있습니다.

```
from auread import *     ◄──── 같은 디렉터리의 auread을 임포트
```

참조해야 하는 모듈이 상위의 다른 디렉터리에 있는 경우에는 아래와 같이 상위 디렉터리부터 찾아가야 합니다.

```
from sound.filters.equalizer import equalizer
```

또한, '.'을 사용해 현재 패키지와 부모 패키지를 참조할 수 있습니다.

effects 아래의 패키지에 포함된 모듈은 다음과 같은 방법으로 참조할 수 있습니다.

현재 디렉터리에서 echo 모듈을 임포트합니다.

```
from . import echo
```

부모 디렉터리에 있는 모듈 중 formats 모듈을 가져옵니다.

```
from .. import formats
```

부모 디렉터리 모듈 중 filters의 equalizer 모듈을 임포트합니다.

```
from ..filters import equalizer
```

예외 처리

컴퓨터 사용 중에 프로그램이 비정상적으로 종료되는 경험을 해본 적이 있을 것입니다. 사용자 입장에서 그런 경우는 참 난감하겠지만, 개발자 입장에서는 이러한 버그 없는 프로그램을 작성하기란 쉬운 일이 아닙니다. 배열의 크기를 넘은 인덱스를 참조하는 것처럼 개발자가 실수한 것이 명백한 경우는 변명의 여지가 없지만, 파일을 열었는데 사용자에 의해 파일이 삭제되어 존재하지 않거나, 원격에 있는 데이터베이스에 접속할 때 예기치 못한 문제로 서버에 접속하지 못하는 경우는 단지 개발자의 책임이라 생각하기에는 너무 부담이 큽니다.

프로그램의 제어 흐름을 조정하기 위해 사용하는 이벤트를 '예외 Exception'라고 합니다. 기본적으로 파이썬에서는 아무런 처리를 하지 않는 예외에 대해 자동으로 '에러 Error'를 일으키며, 사용자의 제어 흐름을 벗어나 에러 문을 출력하고 프로그램을 종료합니다. 여러분이 사용하는 IDLE과 같은 개발 툴에서는 예외가 발생하면 Standard Error를 통해 화면에 출력합니다(일반적으로 에러는 붉은 색으로 표시됩니다).

```
>>> a = [10, 20, 30]
>>> a[3]          ◄────── 리스트의 크기를 넘어서는 인덱스 참조
Traceback (most recent call last):
  File "<input>", line 1, in <module>
IndexError: list index out of range
```

이렇게 비정상적인 종료를 일으키는 예외를 '처리되지 않은 예외 ^{Unhandled Exception}'라고 합니다. 이러한 예외는 코드 상의 버그로 발생할 수 있지만 앞에서 말한 파일 열기, 데이터베이스 접속과 같이 개발 단계에서 충분히 예상할 수 있는 경우도 있습니다. 개발 단계에서 이러한 문제를 고려하지 않으면 개발할 때는 당장 큰 문제가 발생하지 않을 수도 있겠지만 최종 사용자가 사용하다가 문제가 발생하는 경우, 여러분은 편안히 쉬는 주말에 고객에게 항의 전화를 받을 수도 있습니다. 다행히도 파이썬에는 이러한 문제를 처리하기 위한 좋은(게다가 우아하기까지 한) 방법이 있습니다. 바로 try 구문을 이용하는 것입니다.

이번 장에서는 아래와 같은 예외 처리에 대해 배우겠습니다.

- 구문 에러
- 예외
- 예외 처리
- raise 구문
- 사용자정의 예제
- assert 구문

01 구문 에러

개발자가 새로운 언어를 배울 때 가장 많이 일으키는 에러가 구문 에러 ^{Syntax Error} 입니다. 파이썬에서는 오타, 들여쓰기의 실수로 인해 구문 에러가 주로 발생하지만 인터프리터에서 일반적으로 구문 에러가 의심되는 부분을 개발자에게 알려주기 때문에 쉽게 수정할 수 있습니다. 그럼 아래의 예제를 통해 알아 보겠습니다.

```
>>> print("{0}, {1}.format(10, 20))    ◄────── print 문의 뒤쪽 따옴표(")가 생략됨
  File "<stdin>", line 1
```

```
    print("{0}, {1}.format(10, 20))
                ^
SyntaxError: EOL while scanning string literal
>>> a = 10
>>> if a > 5 print('a is bigger than 5')        ←———— 'if a)5'문 이후, ':'이 생략됨
  File "<stdin>", line 1
    if a > 5 print('a is bigger than 5')
             ^
SyntaxError: invalid syntax
```

첫 번째 예제에서는 print 함수의 뒤쪽의 따옴표(")가 생략된 것을 알 수 있습니다. 파이썬 인터프리터는 첫 따옴표를 만난 이후에 다음 따옴표를 만날 때까지 출력 문자열을 검색합니다. 하지만 위의 경우 종료를 나타내는 따옴표가 없기 때문에 문장의 마지막에서 구문 에러가 발생합니다(문자열을 출력할 때 형식을 지정하는 방법은 8장 1절의 '포맷팅'을 참고하세요).

두 번째 예제에서는 if 문의 ':'이 생략된 것이 구문 에러를 일으키는 원인입니다. 하지만 파이썬 인터프리터는 print() 함수를 지적하고 있습니다. 그 이유는 앞선 문장인 'if a)5'까지는 인터프리터가 정상적인 문장으로 인식하고, 그 다음 부분에서 문제가 발생했다고 판단하기 때문입니다. 위의 예제를 통해 알 수 있듯이, 구문 에러가 발생하는 경우에는 인터프리터가 지적하는 부분의 앞뒤를 모두 확인해야 합니다.

> **뱀잡기** 🐍
>
> IDLE에서 수행하는 경우, 위의 예제와 다르게 '^' 표시로 구문 에러를 발생하는 부분을 가리키지 않습니다. 윈도우인 경우 명령 프롬프트 창에서 'python.exe'로 수행하면 위의 예제와 동일하게 작동하는 것을 확인할 수 있습니다.

02 예외

구문 에러 없이 잘 작성된 코드라도 실행 도중에 에러가 발생할 수 있습니다. 지금 당장은 발생하지 않지만 잠재적으로 코드에 처리되지 않은 예외가 존재하는 것은 폭탄을 주머니에 넣고 일상생활을 하는 것만큼 위험한 일입니다. 그럼 예외 처리를 배우기에 앞서 쉽게 발생하는 예외 몇 가지를 알아보겠습니다.

```
>>> print(a)
Traceback (most recent call last):
 File "<pyshell#13>", line 1, in <module>
  print(a)
NameError: name 'a' is not defined
>>> 10 / 0
Traceback (most recent call last):
 File "<pyshell#14>", line 1, in <module>
  10 / 0
ZeroDivisionError: division by zero
>>> a = [10, 20, 30]
>>> a[3]
Traceback (most recent call last):
 File "<pyshell#16>", line 1, in <module>
  a[3]
IndexError: list index out of range
>>> a = 'Apple'
>>> 10 / a
Traceback (most recent call last):
 File "<pyshell#19>", line 1, in <module>
  10 / a
TypeError: unsupported operand type(s) for /: 'int' and 'str'
```

첫 번째 예제에서는 선언하지 않은 변수 'a'를 출력하라는 명령을 했기 때문에 NameError가 발생했습니다. 두 번째 예제는 정수를 '0'으로 나눌 때 에러(ZeroDivisionError)가 발생하는 것이고, 세 번째 예제는 배열의 인덱스를 넘어서는 경우에 에러(IndexError)가 발생합니다. 프로그래밍 세상에서 항상 숫자는 0부터 시작합니다(반면에 사람은 하나, 둘, 셋...으로 숫자를 세죠. 그래서 주의가 필요합니다). 그렇기 때문에 배열의 인덱스는 항상 '0'부터 시작하고, 마지막 인덱스는 '총 아이템 개수 − 1'이 됩니다. 마지막 예제는 숫자를 문자로 나누는 경우 발생하는 에러(TypeError)입니다.

이렇게 발생하는 예외는 exceptions 모듈에 미리 정의돼 있습니다. 또한 내장 이름공간으로 이미 포함돼 있어서 특별히 임포트할 필요도 없습니다. 다음에 설명할 내장 예외는 프로그램이 동작하는 가운데 발생하기도 하지만 개발자가 명시적으로 예외를 발생시킬 수도 있습니다(7장 4절과 7장 5절을 참조하세요).

내장 예외는 아래와 같은 클래스 계층 구조를 가지고 있습니다.

```
BaseException
 +-- SystemExit
 +-- KeyboardInterrupt
 +-- GeneratorExit
 +-- Exception
   +-- StopIteration
   +-- ArithmeticError
   |  +-- FloatingPointError
   |  +-- OverflowError
   |  +-- ZeroDivisionError
   +-- AssertionError
   +-- AttributeError
   +-- BufferError
   +-- EnvironmentError
   |  +-- IOError
   |  +-- OSError
   |     +-- WindowsError (Windows)
   |     +-- VMSError (VMS)
   +-- EOFError
   +-- ImportError
   +-- LookupError
   |  +-- IndexError
   |  +-- KeyError
   +-- MemoryError
   +-- NameError
   |  +-- UnboundLocalError
   +-- ReferenceError
   +-- RuntimeError
   |  +-- NotImplementedError
   +-- SyntaxError
   |  +-- IndentationError
   |     +-- TabError
   +-- SystemError
   +-- TypeError
   +-- ValueError
   |  +-- UnicodeError
   |     +-- UnicodeDecodeError
```

```
|     └── UnicodeEncodeError
|     └── UnicodeTranslateError
└── Warning
    └── DeprecationWarning
    └── PendingDeprecationWarning
    └── RuntimeWarning
    └── SyntaxWarning
    └── UserWarning
    └── FutureWarning
    └── ImportWarning
    └── UnicodeWarning
    └── BytesWarning
```

다음은 기본이 되는 예외 클래스입니다.

클래스 이름	내용
Exception	모든 내장 예외의 기본이 되는 클래스입니다. 사용자정의 예외를 작성하려고 한다면 이 클래스를 상속받아 구현해야 합니다.
ArithmeticError	수치 연산 에러의 기본이 되는 내장 예외입니다.
LookupError	시퀀스 관련 에러의 기본이 되는 내장 예외입니다.
EnvironmentError	File IO와 같은 파이썬 외부 에러의 기본이 되는 내장 예외입니다.

다음은 실제 발생되는 내장 예외 클래스입니다.

클래스 이름	내용
AssertionError	assert 구문이 실패하는 경우 발생하는 예외입니다.
AttributeError	속성의 참조나 할당에 실패하는 경우 발생하는 예외입니다.
EOFError	input() 계열의 함수로 읽은 내용이 없이 EOF가 입력된 경우 발생하는 예외입니다. ex) input() 함수를 수행하고 아무런 입력없이 'Ctrl-d'를 누르면 발생
FloatingPointError	부동 소수점 연산이 실패하는 경우 발생하는 예외입니다. pyconfig.h에 WANT_SIGFPE_HANDLER가 정의되거나, ─with-fpectl 옵션이 설정된 경우에만 발생합니다.
GeneratorExit	제너레이터 generator 의 close() 메서드가 호출되는 경우 발생하는 예외입니다.
IOError	open()과 같은 I/O 연산이 실패하는 경우 발생하는 예외입니다.

클래스 이름	내용
ImportError	임포트 관련 구문에서 실패하는 경우 발생하는 예외입니다.
IndexError	시퀀스 계열 객체의 인덱스가 범위를 벗어난 경우 발생하는 예외입니다.
KeyError	사전에서 키를 찾지 못한 경우 발생하는 예외입니다.
KeyboardInterrupt	사용자가 인터럽트 키(Ctrl-C / Delete)를 누른 경우에 발생하는 예외입니다.
MemoryError	할당할 메모리가 없는 경우에 발생하는 예외입니다.
NameError	지역, 전역 이름공간 중에서 유효하지 않은 이름을 접근하는 경우 발생하는 예외입니다.
NotImplementedError	RuntimeError의 파생 예외로, 부모 클래스에 정의된 추상 메서드를 자식 클래스에서 재정의하지 않은 경우 발생하는 예외입니다.
OSError	시스템 관련 에러입니다.
OverflowError	산술 연산결과가 표현할 수 있는 범위를 벗어난 경우 발생하는 예외입니다.
ReferenceError	약한 참조 프록시에서 발생하는 예외입니다(15장 '약한 참조' 참고).
RuntimeError	프로그램이 작동 중 분류할 수 없는 경우 발생하는 예외입니다.
StopIteration	next()나 이터레이터의 __next__()에 대하여 더는 반환할 값이 없는 경우 발생하는 예외입니다.
SyntaxError	구문 오류로 발생하는 예외입니다.
SystemExit	sys.exit() 함수가 호출되는 경우 발생하는 예외입니다. 이 예외가 처리되지 않는 경우 프로그램은 종료됩니다.
TypeError	부적절한 타입의 객체에 값을 할당하는 경우 발생하는 예외입니다.
UnicodeError UnicodeEncodeError UnicodeDecodeError UnicodeTranslateError	유니코드와 연관된 예외입니다.
ValueError	자료형에 대해 타입은 올바르나 값이 적절하지 않는 경우 발생하는 예외입니다.
ZeroDivisionError	나머지 연산에서 제수가 0인 경우 발생하는 예외입니다.

03 예외 처리

try 구문을 이용하면 발생 가능성이 있는 예외를 적절하게 처리할 수 있습니다. 기본적인 try 구문의 사용법은 다음과 같습니다.

```
try:
    <예외 발생 가능성이 있는 문장>
except <예외 종류>:
    <예외 처리 문장>
except (예외 1, 예외 2):
    <예외 처리 문장>
except 예외 as 인자:
    <예외 처리 문장>
else:
    <예외가 발생하지 않은 경우, 수행할 문장>
finally:
    <예외 발생 유무에 상관없이 try 블록 이후 수행할 문장>
```

예외 발생이 예상되는 부분에 대해 try 블록에 작성하고, 예외 발생 시 처리를 담당하는 부분을 except 블록에 작성합니다. except 블록은 예외 처리 방법에 따라 3가지 방식으로 작성할 수 있습니다. 만약 예외가 발생하지 않은 경우 else 블록의 문장이 수행되며, 예외 발생과 상관없이 finally 블록의 문장은 항상 수행됩니다. else 블록과 finally 블록은 선택사항으로 생략할 수 있습니다.

이를 순서도로 표현하면 아래와 같습니다.

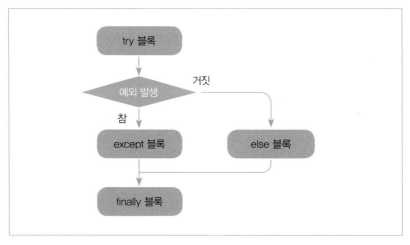

그림 7-1 예외 처리 순서도

예제를 통해 알아보기에 앞서, 우선 아래와 같은 함수를 정의하겠습니다.

```
>>> def divide(a, b):
        return a / b
```

두 수를 인자로 받아 그 몫을 반환하는 함수입니다. 앞의 7.2절에서 알아본 바와 같이 이 함수는 인자가 0인 경우 ZeroDivisionError가 발생할 수 있습니다.

이러한 예외를 처리하기 위해 try 구문을 다음과 같이 사용할 수 있습니다. 아래의 예제에서는 발생하는 예외의 종류에 상관없이 모두 동일한 처리를 수행합니다.

```
>>> try:
        c = divide(5, 0)
except:
        print('Exception is occured!!')
Exception is occured!!
```

각 예외에 따라 다른 처리가 필요한 경우, 다음과 같이 except 이후에 처리할 예외를 명시할 수 있습니다.

예제 7-1-1.py 다양한 예외 처리 예제

```
02  def divide(a, b):
03      return a / b
04
05  try:
06      c = divide(5, 'string')
07  except ZeroDivisionError:
08      print('두 번째 인자는 0이어서는 안 됩니다.')
09  except TypeError:
10      print('모든 인자는 숫자여야 합니다.')
11  except:
12      print('음~ 무슨 에러인지 모르겠어요!!')
```

실행 결과

```
모든 인자는 숫자여야 합니다.
```

위의 문장에서 예외 처리는 각 except 문장을 순차적으로 검사합니다. 즉 발생한 예외에 대해 ZeroDivisionError인지 우선 비교하고, 다음으로 TypeError를 비교합니다.

앞의 두 경우가 모두 아닌 경우에 마지막인 except 구문을 통해 발생한 예외를 처리합니다. 이는 예외 처리는 반드시 좁은 범위에서 넓은 범위로 확장해야 한다는 것을 의미합니다.

뱀잡기 🐍

책임 사슬(Chain of Responsibility)

GoF 패턴 중 에러 처리에 유연하게 적용할 수 있는 구조입니다. 에러를 해결할 수 있는 에러 처리기(Error handler)를 일렬로 늘어놓은 후, 에러가 발생하는 경우 순차적으로 각 에러 처리기가 해결할 수 있으면 에러를 해결하고, 해결할 수 없는 경우 다음으로 에러를 전달하는 방식입니다.

예를 들어 부피를 알 수 없는 흙을 옮기는데, '손 → 꽃삽 → 삽 → 포크레인' 순으로 시도해보고 처리하는 방식입니다. 만약 한 손의 분량으로 옮길 수 있음에도 포크레인으로 처리한다면 에러 처리에 드는 오버헤드가 커져서 비효율적입니다. 그러므로 위에서 설명한 것처럼 예외 처리는 반드시 좁은 범위에서 넓은 범위로 확장해야 합니다.

아래 코드는 예외의 최상위 클래스인 Exception이 에러 처리기 중에 가장 먼저 나온 경우입니다. 이러한 경우 하위 에러 처리기는 어떠한 예외도 받지 못하는 것을 확인할 수 있습니다.

예제 7-1-2.py 책임 사슬을 지키지 않은 예제

```
02  def divide(a, b):
03      return a / b
04
05  try:
06      c = divide(5, 'apple')
07  except Exception:
08      print('음~ 무슨 에러인지 모르겠어요!!')   ◀── 모든 에러에 대해 이 부분에서 처리
09  except ZeroDivisionError:
10      print('두 번째 인자는 0이어서는 안 됩니다.')
11  except TypeError:
12      print('모든 인자는 숫자여야 합니다.')
```

실행 결과

음~ 무슨 에러인지 모르겠어요!!

만약 try 블록이 예외 없이 정상적으로 수행됐을 경우, else 블록이 수행됩니다. 반면 예외 발생 여부와 상관없이 반드시 수행돼야 하는 문장은 finally 블록으로 처리할 수 있습니다. except, else, finally가 모두 쓰이는 예제부터 알아보겠습니다.

예제 7-1-3.py else와 finally 예제

```
01  def divide(a, b):
02      return a / b
03
04  try:
05      c = divide(5, 2)
06  except ZeroDivisionError:
07      print('두 번째 인자는 0이어서는 안 됩니다.')
08  except TypeError:
09      print('모든 인자는 숫자여야 합니다.')
10  except:
11      print('ZeroDivisionError, TypeError를 제외한 다른 에러')
12  else:        ◀──── 예외가 발생하지 않는 경우
13      print('Result: {0}'.format(c))
14  finally:     ◀──── 예외 발생 여부와 상관없이 수행
15      print('항상 finally 블록은 수행됩니다.')
```

실행 결과

```
Result: 2.5
항상 finally 블록은 수행됩니다.
```

내장 예외가 발생하는 경우 단순히 예외 발생 여부뿐 아니라 추가적인 정보도 예외 인스턴스 객체의 args 변수에 전달됩니다. 이 정보를 이용하려면 예외 클래스의 인스턴스 객체를 변수로 할당해서 사용하면 됩니다.

다음 예제는 as 구문으로 예외 인스턴스 객체의 추가적인 정보를 출력하는 예제입니다.

예제 7-1-4.py 예외에 대한 정보를 전달받는 예제

```
02  def divide(a, b):
03      return a / b
04  try:
```

```
05     c = divide(5, "af")
06 except TypeError as e:          ◀─── 전달되는 예외 인스턴스 객체를 e로 받아서 사용
07     print('에러: ', e.args[0])
08 except Exception:
09     print('음~ 무슨 에러인지 모르겠어요!!')
```

```
에러: unsupported operand type(s) for /: 'int' and 'str'
```

에러의 종류는 다르지만 예외를 처리하는 부분은 동일할 때가 있습니다. 이런 경우 아래의 예제처럼 에러를 묶어서 동시에 처리할 수 있습니다.

예제 7-1-5.py 에러를 묶어서 처리하는 예제

```
02 def divide(a, b):
03     return a / b
04 try:
05     c = divide(5, 0)
06 except (ZeroDivisionError, OverflowError, FloatingPointError):   ◀─── 명시된 에러를 모두 처리
07     print('수치 연산 관련 에러입니다.')
08 except TypeError:
09     print('모든 인자는 숫자여야 합니다.')
10 except Exception:
11     print('음~ 무슨 에러인지 모르겠어요!!')
```

```
수치 연산 관련 에러입니다.
```

또한 예외 클래스 계층 구조에서 부모 클래스를 except 구문으로 에러를 처리하면 부모 클래스를 상속받은 하위 모든 클래스도 동일한 에러 처리를 합니다.

예제 7-1-6.py 상위 에러를 처리해 하위의 모든 에러를 처리하는 예제

```
02 def divide(a, b):
03     return a / b
04 try:
05     c = divide(5, 0)
```

```
06  except ArithmeticError:          ◄──── 상위 클래스를 처리할 때 하위의 모든 클래스도 이 부분에서 처리
07      print('수치 연산 관련 에러입니다.')
08  except TypeError:
09      print('모든 인자는 숫자여야 합니다.')
10  except Exception:
11      print('음~ 무슨 에러인지 모르겠어요!!')
```

실행 결과

```
수치 연산 관련 에러입니다.
```

try와 finally 블록은 아래와 같은 구조로도 사용할 수 있습니다. 다만 이러한 구조인 경우 finally 블록은 생략할 수 없습니다.

```
try:
    〈예외 발생 가능성이 있는 문장〉
finally:
    〈예외와 관계없이, 항상 수행되어야 할 문장〉
```

다음의 예제는 try 블록이 중첩하고, 내부는 try ~ finally 구문을 사용한 예제입니다.

예제 7-1-7.py try~finally 구문 예제

```
02  FilePath = './test.txt'
03
04  try:
05      f = open(FilePath, 'r')
06      try:
07          data = f.read(128)
08          print(data)
09      finally:
10          f.close()
11  except IOError:
12      print("Fail to open {0} file".format(FilePath))
```

첫 번째 try 블록은 FilePath가 가리키는 파일을 열 때 발생하는 에러를 확인합니다. 파일이 정상적으로 열리면 두 번째 try 블록에서 해당 파일로부터 data를 읽어 출력하고, 예외 발생 여부와 상관없이

finally 블록에서는 열린 파일을 닫습니다. try 구문을 위와 같이 중첩해서 사용하는 경우는 들여쓰기에 특히 신경 써야 합니다.

04 raise 구문

다음 절에서 배울 사용자정의 예외와 같이 프로그래머가 의도적으로 예외를 발생시켜야 하는 경우도 있습니다. 이러한 경우 raise 구문을 사용할 수 있습니다. raise 구문의 형식은 아래와 같습니다.

- raise [Exception]   ⟵   해당 예외를 발생합니다
- raise [Exception(data)]   ⟵   예외 발생 시 관련 데이터를 전달합니다.
- raise   ⟵   발생된 예외를 상위로 전달합니다.

raise 구문은 해당 예외를 단순히 발생시키거나 예외 발생 시 필요한 정보를 함께 전달하기 위해 인자로 전달할 수 있습니다. 또한 예외를 상위에서 처리하도록 그대로 전달할 수도 있습니다. raise 구문의 예외로 올 수 있는 것으로 '내장 예외(7.2절 참조)'와 '사용자정의 예외'가 있습니다.

사용자정의 예외를 생성하는 경우, 반드시 내장 클래스인 Exception을 상속받아 정의해야 합니다(7.5절 참조). 첫 번째 예제는 내장 예외(NameError)를 명시적으로 발생시키는 경우입니다.

예제 7-2-1.py 내장 예외 발생 예제

```
02  def RaiseErrorFunc():
03      raise NameError     ⟵   내장 예외인 NameError를 발생
04
05  try:
06      RaiseErrorFunc()
07  except:
08      print("NameError is Catched")
```

실행 결과

```
NameError is Catched.
```

RaiseErrorFunc 함수 내에서 raise 구문을 이용해 NameError를 발생시키며, 이렇게 발생한 에러는 try ~ except 구문에서 처리됩니다. 다음은 예외를 상위로 전달[Propagation] 하는 예제입니다.

```
02  def RaiseErrorFunc():
03      raise NameError("NameError의 인자")
04
05  def PropagateError():
06      try:
07          RaiseErrorFunc()
08      except:
09          print("에러 전달 이전에 먼저 이 메시지가 출력됩니다.")
10          raise        ←──  발생한 에러를 상위로 전달
11
12  PropagateError()
```

실행 결과

```
에러 전달 이전에 먼저 이 메시지가 출력됩니다.
Traceback (most recent call last):
  File "7-2-2.py", line 12, in <module>
    PropagateError()
  File "7-2-2.py", line 7, in PropagateError
    RaiseErrorFunc()
  File "7-2-2.py", line 3, in RaiseErrorFunc
    raise NameError("NameError의 인자")
NameError: NameError의 인자
```

PropagateError() 함수가 호출되고 내부의 RaiseErrorFunc() 함수도 호출됩니다.

RaiseErrorFunc() 함수에 의해 NameError 에러가 발생하며, 처리하는 부분이 없기 때문에 발생한 에러는 PropagateError() 함수로 전달됩니다.

예외를 받은 PropagateError() 함수에서는 화면에 메시지를 출력하고 받은 예외를 그대로 상위로 전달합니다. 전달된 예외는 처리하는 부분이 없기 때문에 출력 결과에서 확인할 수 있듯이 윈도우 명령 프롬프트에 에러를 출력합니다. 출력 결과에서 예외가 발생할 때의 콜 스택 ^{Call Stack} 정보와 raise 구문에서 전달한 인자를 확인할 수 있습니다.

05 사용자정의 예외

프로그램을 개발하다 보면 내장 예외만으로는 표현하는 데 한계가 있습니다. 나눗셈을 수행하는 함수의 경우에 대해 제수가 0보다 작은 경우 사용자정의 예외를 발생시키는 예제를 통해 사용자정의 예외에 대해 알아보겠습니다.

예제 7-3-1.py **사용자정의 예외 예제**

```
02  class NegativeDivisionError(Exception):    ◀──── 사용자정의 예외 정의
03      def __init__(self, value):
04          self.value = value
05
06  def PositiveDivide(a, b):
07      if(b < 0):    ◀──── 제수가 0보다 작은 경우, NegativeDivisionError 발생
08          raise NegativeDivisionError(b)
09      return a / b
10
11
12  try:
13      ret = PositiveDivide(10, -3)
14      print('10 / 3 = {0}'.format(ret))
15  except NegativeDivisionError as e:    ◀──── 사용자정의 예외인 경우
16      print('Error - Second argument of PositiveDivide is ', e.value)
17  except ZeroDivisionError as e:    ◀──── 0으로 나누는 경우
18      print('Error - ', e.args[0])
19  except :    ◀──── 그 외 모든 예외의 경우
20      print("Unexpected exception!")
```

실행 결과

```
Error - Second argument of PositiveDivide is -3
```

모든 사용자정의 예외는 내장 예외인 Exception 클래스나 그 하위 클래스를 상속받아 구현해야 합니다. 전달해야 할 인자가 있는 경우에는 생성자에서 클래스 멤버 변수를 이용해 저장할 수 있습니다. 이렇게 정의된 클래스는 개발자가 원하는 경우에 raise 구문으로 예외를 발생시킬 수 있습니다.

06 assert 구문

예외를 발생시키는 또 다른 방법으로 assert 문을 이용할 수 있습니다. 일반적으로 assert 구문은 개발 과정에서 제약사항을 설정할 목적으로 사용하며, 인자로 받은 조건식이 거짓인 경우 AssertionError가 발생합니다.

```
assert <조건식>, <관련 데이터>
```

위의 표현식은 다음과 동일합니다.

```
if __debug__:
    if not <조건식>:
        raise AssertionError(<관련 데이터>)
```

<관련 데이터>는 예외가 발생할 경우에 AssertionError의 인자로 전달되며, 생략 가능합니다. 또한 내부 변수인 __debug__가 True인 경우에만 assert 구문이 활성화되며, False인 경우에는 assert 구문은 수행되지 않습니다. __debug__ 변수를 설정하기 위해 명령 프롬프트에서 파이썬 코드를 실행할 때 최적화 옵션(-O)을 설정하면 __debug__의 값은 False가 됩니다.

아래 예제는 입력받은 인자에 10을 곱해서 돌려주는 함수입니다. 인자는 오직 정수형만 고려했기 때문에 그 이외의 경우는 assert 구문으로 AssertionError가 발생하게 했습니다. 또한 Error 발생 시 관련 정보가 출력되도록 문자열 정보를 AssertionError의 인자로 전달하고 있습니다.

예제 7-4-1.py assert 예제

```
02  def foo(x):
03      assert type(x) == int, "Input value must be integer"    ◀─── 받은 인자의 type이 정수형인지 검사
04      return x * 10
05
06  ret = foo("a")    ◀─── AssertionError가 발생
07  print(ret)
```

이 프로그램을 윈도우에서 수행하기 위해 명령 프롬프트에서 아래와 같이 입력하면 AssertionError가 발생합니다. 또한 에러 메시지 출력 시 인자로 전달한 관련 정보가 출력되는 것을 확인할 수 있습니다.

```
C:\>python.exe 7-4-1.py
Traceback (most recent call last):
  File "7-4-1.py", line 6, in <module>
    ret = foo("a")        ◀── AssertionError가 발생
  File "7-4-1.py", line 3, in foo
    assert type(x) == int, "Input value must be integer"    ◀── 받은 인자의 type이 정수형인지 검사
AssertionError: Input value must be integer
```

최적화 옵션(−O)을 설정하고 코드를 실행하면 assert 구문이 수행되지 않기 때문에 'return x * 10' 문장이 정상적으로 실행되어 아래와 같은 결과가 출력됩니다.

```
C:\>python.exe -O 7-6-1.py
aaaaaaaaaa
```

입출력

여러분은 컴퓨터와 대화를 나눠본 적이 있나요? 컴퓨터와 대화를 하는 것은 마치 영화 매트릭스에서 녹색 화면의 알 수 없는 복잡한 코드를 보는 것처럼 어렵기만 한 것이 아닙니다. 너무 고민할 필요 없습니다. 컴퓨터와 상호작용을 안 해본 사람은 거의 없을 테니까요.

컴퓨터와의 대화는 어려운 것이 아닙니다. 컴퓨터의 입출력을 접해본 사람이라면 대화를 해 본 것으로 생각할 수 있죠. 특히 프로그램을 작성하다 보면 사용자로부터 입력을 받을 일도 있고, 결과를 화면에 출력할 일이 많습니다. 또한 임시로 결과를 저장하거나, 처리할 데이터의 크기가 너무 커서 화면에 표시하기 어려워 파일로 읽고 쓸 일도 있습니다. 이번 장에서는 파이썬에서의 다양한 입출력에 대해 자세히 알아보겠습니다.

01 표준 입출력

출력

화면으로 출력할 때는 print() 함수를 사용합니다. 파이썬 버전 2.x 때는 print가 함수가 아니었지만 파이썬 3에서는 함수로 바뀌었습니다. 즉, 다음과 같이 함수처럼 괄호 안에 출력할 인자를 적으면 됩니다.

```
>>> print(1)
1
>>> print('hi, guyz')
hi, guyz
>>> a = 'hello\n'
>>> print(a)
hello
```

print() 함수의 인자는 몇 개가 들어가거나 어떤 변수가 들어가도 상관이 없습니다. 다음 예제와 같이 float 타입의 변수나 문자열이 들어가도 동일하게 출력되는 것을 확인할 수 있습니다.

```
>>> x = 0.2
>>> print(x)
0.2
>>> str(x)
'0.2'
>>> print(str(x))
0.2
>>> a = repr('hello\n')
>>> print(a)
'hello\n'
```

print() 함수에 인자가 여러 개 들어가면 다음과 같이 공백으로 구분해서 출력합니다. 공백이 싫다면 string의 '+' 연산자를 이용해 출력하면 됩니다.

```
>>> print(x, 'test')
0.2 test
>>> print(a + 'this is test')
'hello\n'this is test
```

또한 인자로 다음과 같이 구분자(sep), 끝라인(end), 출력(file)을 지정할 수 있습니다. 아래 예제와 같이 file을 이용해 출력을 표준오류^{standard error} 로 변경하거나 파일로 바꿀 수도 있습니다.

```
>>> import sys
>>> print("welcome to", "python", sep="~", end="!", file=sys.stderr)    ←—— strerr로 출력
welcome to~python!
>>> f = open('test.txt', 'w')
>>> print("file write", file=f)    ←—— 파일로 출력 테스트
>>> f.close()
```

인자가 생략될 경우 sep의 기본값은 공백(' ')이며, end의 기본값은 줄바꿈('\n'), file의 기본값은 표준출력(sys.stdout)입니다.

뱀잡기 🐍

print() 함수를 쓰지 않고 다음과 같이 sys.stdout을 이용해 화면에 출력할 수도 있습니다.

```
>>> import sys
>>> sys.stdout.write('test')
test
```

화면에 출력할 때 줄을 맞추거나 정렬할 일이 있을 경우 string 객체에서 제공되는 함수를 이용해 할 수도 있고, print() 함수에서 제공되는 format을 이용해서 할 수도 있습니다. 우선 string 객체에서 제공되는 함수를 이용해 보겠습니다.

먼저, 1에서부터 5까지의 제곱을 출력해 봅시다.

```
>>> for x in range(1, 6):
```

```
        print(x, '*', x, '=', x * x)
1 * 1 = 1
2 * 2 = 4
3 * 3 = 9
4 * 4 = 16
5 * 5 = 25
```

제곱의 결과값을 오른쪽으로 정렬하려면 어떻게 해야 할까요? 바로 다음과 같이 string.rjust() 메서드를 사용하면 됩니다.

```
>>> for x in range(1, 6):
        print(x, '*', x, '=', str(x * x).rjust(3))
1 * 1 =   1
2 * 2 =   4
3 * 3 =   9
4 * 4 =  16
5 * 5 =  25
```

x*x는 정수형이므로 곧바로 rjust()를 사용하지 못하고 string으로 변환한 다음에 사용했습니다. rjust() 메서드의 인자는 정렬할 전체 길이를 뜻합니다. 아래의 예와 같이 길이 5인 문자에 대해 전체 길이를 10으로 정렬하는 아래의 rjust() 메서드 결과를 보면 이해가 되실 겁니다. 전체 길이가 문자열보다 작으면 무시됩니다.

```
>>> 'right'.rjust(10)
'     right'
>>> 'right'.rjust(1)
'right'
```

또한 rjust() 메서드와 유사하게 ljust() 메서드를 이용해 왼쪽 정렬을 할 수 있으며, center() 메서드를 이용해 가운데 정렬을 할 수 있습니다.

```
>>> for x in range(1, 6):
        print(x, '*', x, '=', str(x * x).ljust(5))
1 * 1 = 1
2 * 2 = 4
3 * 3 = 9
```

```
4 * 4 = 16
5 * 5 = 25
>>> for x in range(1, 6):
        print(x, '*', x, '=', str(x * x).center(5))
1 * 1 =   1
2 * 2 =   4
3 * 3 =   9
4 * 4 =  16
5 * 5 =  25
```

공백만 있으니 어느 쪽으로 정렬했는지 혼란스럽죠? 다음과 같이 zfill() 메서드를 이용해 빈칸 대신 0(zero)을 채울 수도 있습니다.

```
>>> for x in range(1, 6):
        print(x, '*', x, '=', str(x * x).zfill(3))
1 * 1 = 001
2 * 2 = 004
3 * 3 = 009
4 * 4 = 016
5 * 5 = 025
```

포맷팅

앞 장에서는 정렬이나 빈칸을 채우는 여러 가지 방법을 배웠습니다. 그런데 format() 메서드를 사용하면 문자열을 그 이상으로 자유롭게 다룰 수 있습니다. 자, 그럼 예제를 통해 format의 사용법을 익혀볼까요?

문자열 내에서 어떤 값이 들어가길 원하는 곳은 {}로 표시합니다. {} 안의 값은 숫자로 표현할 수 있으며, format 인자의 인덱스를 사용합니다. 아래 예제를 보면 {0}는 첫 번째 인자인 "apple"을 나타내고 {1}은 두 번째 인자인 "red"를 나타냅니다.

```
>>> print("{0} is {1}".format("apple", "red"))
apple is red
>>> print("{0} is {1} or {2}".format("apple", "red", "green"))
apple is red or green
```

또한 {} 안의 값을 지정할 때는 다음 예제와 같이 format의 인자로 키^{key} 와 값^{value} 을 지정해 위와 동일한 결과를 얻을 수 있습니다.

```
>>> print("{item} is {color}".format(item="apple", color="red"))
apple is red
```

위와 같이 format에 여러 인자를 넣는 건 좀 불편한 느낌이 듭니다. 이번에는 사전을 입력으로 받는 경우를 살펴보겠습니다.

```
>>> dic = {"item":"apple", "color":"red"}
>>> print("{0[item]} is {0[color]}".format(dic))
apple is red
```

format 뒤는 간단해졌는데, 문자열 안이 조금 복잡해진 것을 볼 수 있습니다. 0[item]이 의미하는 바는 0번째 인자인 dic의 item이 가리키는 값을 의미합니다. 위 예제에는 dic["item"] 값인 "apple"과 동일합니다.

이 예제를 약간 응용해 현재 지역변수들을 사전 형식으로 반환하는 locals() 함수를 이용하면 아래 예제와 같이 format 안에 따로 변수를 지정하지 않고도 현재 정의돼 있는 변수를 활용할 수도 있습니다. 물론 이 예제에서는 locals() 함수 대신 vars()나 globals() 함수를 사용해도 동일한 결과를 얻게 됩니다.

```
>>> item = "apple"
>>> color = "red"
>>> print("{0[item]} is {0[color]}".format(locals()))
apple is red
```

지금까지 {0[item]}에서 0[]을 달고 다니느라 매우 불편하셨을 텐데요, ** 기호를 사용하면 사전을 입력으로 받은 것으로 판단하고 인자를 하나만 받게 됩니다. 그러므로 아래 예제와 같이 불필요한 index는 생략할 수 있습니다.

```
>>> print("{item} is {color}".format(**locals()))
apple is red
>>> print("{item} is {color}".format(**dic))
apple is red
```

또한 ! 기호를 사용해 문자열 변환을 사용할 수 있습니다. 다음 예제를 보시죠.

```
>>> print("{item!s} is {color!s}".format(**dic))
apple is red
>>> print("{item!r} is {color!r}".format(**dic))
'apple' is 'red'
>>> print("{item!a} is {color!a}".format(**dic))
'apple' is 'red'
```

!s, !r, !a는 각각 str(), repr(), ascii()를 실행한 결과와 동일하다고 보면 됩니다.

뱀잡기 🐍~

str()과 repr(), ascii()가 거의 동일하게 느껴지겠지만 미세한 차이점이 있습니다. str()을 이용하면 실제 값과 다르게 변환될 수도 있지만 repr()을 사용하면 형식적으로 동일한 결과가 나옵니다. 즉, 아래 예제와 같이 eval(repr(obj))의 결과값이 obj와 같습니다. 참고로 eval(string)은 string 문장을 수행하는 함수입니다.

```
>>> eval(repr('test'))
'test'
>>> eval(str('test'))
Traceback (most recent call last):
  File "<pyshell#16>", line 1, in <module>
    eval(str('test'))
  File "<string>", line 1, in <module>
NameError: name 'test' is not defined
```

또한 ascii()와 repr()은 아스키(ASCII)에 해당하는 문자열에 대해서는 정확히 동일한 값을 반환합니다. 다만 아스키 이외의 값에 대해서는 백슬래시를 사용한 유니코드 값을 반환합니다. 즉, encode("ASCII", "backslashreplace")의 결과를 반환합니다.

```
>>> repr('파이썬test')
"'파이썬test'"
>>> ascii('파이썬test')
"'\\ud30c\\uc774\\uc36ctest'"
>>> eval(repr('파이썬test'))
'파이썬test'
>>> eval(ascii('파이썬test'))
'파이썬test'
```

이번에는 변수의 인덱스를 사용하는 방법을 살펴보겠습니다. 아래 예제의 리스트와 같이 인덱스를 사용할 수 있는 변수의 경우에는 평소와 마찬가지로 변수명[인덱스]를 사용하면 됩니다.

```
>>> numbers = [5, 4, 3, 2, 1]
>>> print("{numbers}".format(**vars()))
[5, 4, 3, 2, 1]
>>> print("{numbers[0]}".format(**vars()))
5
```

인덱스와 유사하게 멤버 변수도 동일하게 사용할 수 있음을 확인할 수 있습니다.

```
>>> class foo:
        var = 0.14
>>> f = foo()
>>> print("{f.var}".format(**vars()))
0.14
```

이번에는 : 기호를 이용해 좀 더 정교하게 정렬, 폭, 부호, 공백 처리, 소수점, 타입 등을 지정하는 법을 알아보겠습니다.

```
>>> print("{0:$>5}".format(10))
$$$10
```

위의 예제를 보면 '{0:$>5}'라고 생소한 기호가 많이 나온 것을 볼 수 있습니다. '{0'까지는 첫 번째 인자인 '10'을 표시하라는 뜻임을 알 수 있습니다. 그런데 ':' 이후의 기호는 모두 처음 보는 것들이네요. 눈치가 빠르신 분들은 이미 파악하셨겠지만 "$"는 공백을 채우는 문자를 '$'로 채우라는 의미이며, '>'는 오른쪽 정렬을, '5'는 전체 자리수가 5자리라는 것을 나타냅니다.

정렬에 사용되는 기호는 '>', '<', '^', '='이 있습니다. '>'는 오른쪽 기준, '<'는 왼쪽 기준, '^'는 가운데 기준을 나타냅니다. '='는 부호와 상관이 있는데, 아래의 예제와 같이 '='가 사용되면 공백 문자 앞에 부호가 표시됩니다. 사용되지 않으면 공백 문자 뒤, 즉, 숫자 바로 앞에 부호가 표시되며 이를 표로 나타내면 아래와 같습니다.

기호	설명
>	오른쪽 기준 정렬
<	왼쪽 기준 정렬
^	가운데 정렬
=	부호 표시

```
>>> print("{0:$=+5}".format(10))
+$$10
>>> print("{0:$>+5}".format(10))
$$+10
```

위의 예제에서처럼 부호를 나타내는 기호는 '+', '−', ' '이 있습니다. '+'는 플러스 부호를 나타내라는 뜻이며, '−'는 마이너스 값만 마이너스 부호를 나타내라는 것을 의미하며, ' '는 마이너스 값에는 마이너스 부호를 나타내고 플러스일 때는 공백을 표시하라는 뜻입니다. 아래 예제를 보면 확실하게 이해가 될 것입니다.

```
>>> print("{0:$>+5}".format(10))
$$+10
>>> print("{0:$>+5}".format(-10))
$$-10
>>> print("{0:$>-5}".format(10))
$$$10
>>> print("{0:$>-5}".format(-10))
$$-10
>>> print("{0:$> 5}".format(10))
$$ 10
>>> print("{0:$> 5}".format(-10))
$$-10
```

또한 진수를 바꿔서 출력할 수도 있습니다. 'b'는 이진수를, 'd'는 십진수를, 'x'는 16진수를, 'o'는 8진수를 나타내며 'c'는 문자열을 출력합니다.

```
>>> print("{0:x}".format(10))
a
>>> print("{0:b}".format(10))
```

```
1010
>>> print("{0:o}".format(10))
12
>>> print("{0:c}".format(65))          ←——— 대문자 'A'의 아스키 코드
A
```

또한 아래 예제와 같이 '#'를 사용하면 #x는 16진수, #o는 8진수, #b는 2진수로 표시됩니다.

```
>>> print("{0:#x}, {0:#o}, {0:#b}".format(10))
0xa, 0o12, 0b1010
```

물론 정수 이외에 실수에 대한 변환도 제공되며, 'e'는 지수 표현을, 'f'는 일반적인 실수 표현을, '%'는 퍼센트 표현을 의미합니다.

```
>>> print("{0:e}".format(4 / 3))
1.333333e+00
>>> print("{0:f}".format(4 / 3))
1.333333
>>> print("{0:%}".format(4 / 3))
133.333333%
```

또한 실수에서는 다음과 같이 소수점 몇 번째 자리까지 표현할 것인지를 지정할 수 있습니다. 아래 예제에서는 소수점 3번째 자리까지만 출력되는 것을 확인할 수 있습니다.

```
>>> print("{0:.3f}".format(4 / 3))
1.333
```

뱀잡기 🐍

파이썬 2.x와의 하위 호환성을 위해 다음과 같이 예전 방식의 포맷팅도 지원합니다. 파이썬 3을 새로 배우시는 분들은 참고만 하시고, 2.x대 버전을 사용해 보신 분들은 기존 방식을 쓰셔도 된다는 정도로만 알고 계셔도 됩니다.

```
>>> print("the value is %d."%38 )
the value is 38.
>>> print("the value is %f."%(4 / 3))
the value is 1.333333.
>>> print("the value is %s."%("String"))
the value is String.
```

입력

지금까지 화면에 출력하는 법을 배웠습니다. 이번에는 입력을 받는 방법을 알아볼까요? 사용자 입력은 다음과 같이 input() 함수를 이용해 받을 수 있습니다. input의 인자로는 화면에 출력할 프롬프트를 지정할 수 있으며, 생략 가능한 값입니다. 함수의 결과값으로는 문자열 객체가 반환됩니다.

```
>>> a = input('insert any keys :')
insert any keys :test
>>> print(a)
test
```

> **뱀잡기** 🐍
>
> 2.x에서는 input 대신에 raw_input()이라는 함수가 사용되었습니다. 사용법은 동일하므로 아직 2.x를 사용하는 분들은 raw_input() 함수를 사용하면 됩니다.

02 파일 입출력

파일로의 입출력은 앞에서 본 바와 같이 print() 함수의 file 인자를 이용할 수도 있지만 파일 입출력 제어를 좀 더 세밀하게 하려면 다음과 같이 open() 함수를 통해 파일을 연 후 작업하는 것이 일반적입니다. open() 함수의 기본형은 다음과 같습니다.

파일객체 = open(file, mode)

file	파일명
mode	파일을 열 때의 모드를 의미하며, 다음의 문자열의 조합으로 사용 가능합니다 ▪ r: 읽기 모드 (디폴트) ▪ w: 쓰기 모드 ▪ a: 쓰기 + 이어쓰기 모드 ▪ +: 읽기 + 쓰기 모드 ▪ b: 바이너리 모드 ▪ t: 텍스트 모드 (디폴트)

텍스트 모드인 경우, 유닉스에서는 newline이 '\n'으로 적용되며, 윈도우에서는 '\r\n'으로 적용됩니다. 파일을 열기만 해서는 아무 일도 할 수가 없죠? 파일로부터 읽고 쓰기 위해 파일로부터 모든 데이터를 읽는 read() 함수와 문자열을 쓰는 write() 함수가 제공됩니다. 또한 파일을 열고 할 일을 모두 완료했을 경우 파일객체를 닫아주는 close() 함수가 있습니다. 이제 이 함수를 이용해 간단하게 텍스트 파일을 하나 만들어보겠습니다.

```
>>> f = open('test.txt', 'w')
>>> f.write('plow deep\nwhile sluggards sleep')
31
>>> f.close()
```

위의 예제 코드를 보면 test.txt란 파일을 텍스트 쓰기 모드로 연 다음, 특정 문자열을 쓰고 파일을 닫은 것을 알 수 있습니다. 또한 write() 함수를 실행하면 몇 바이트나 썼는지가 정수로 반환됩니다. 그럼 이번에는 이 파일이 제대로 쓰였는지 읽어보겠습니다.

```
>>> f = open('test.txt')
>>> f.read()
'plow deep\nwhile sluggards sleep'
>>> f.close()
>>> f.closed
True
```

open() 함수에서 mode를 특별히 주지 않으면 텍스트 읽기 모드로 열립니다. 그 후, read() 함수를 이용해 파일을 모두 읽어들이고 파일을 닫은 것을 알 수 있습니다. 또한, closed라는 값은 현재 해당 파일이 닫혀 있는지를 나타내는 부울 값입니다. 즉, 현재는 정상적으로 파일이 닫혀 있음을 의미합니다.

그럼 바이너리 모드 binary mode 는 언제 사용되는 것일까요? 텍스트 모드에서는 일반 문자열과 같이 인코딩이 적용되기 때문에 아래 예제 코드와 같이 바이너리 데이터를 다룰 때는 오류가 발생합니다. 그러므로 바이너리 데이터를 다룰 때는 반드시 바이너리 모드를 사용해야 합니다. 아래 예제는 canon.mp3라는 파일을 canon2.mp3로 복사하려고 시도하고 있습니다. 그러나 텍스트 모드로 열었기 때문에 인코딩 문제가 나타나는 것을 볼 수 있습니다.

```
>>> f = open('canon2.mp3', 'w')
>>> f.write(open('canon.mp3', 'r').read())
UnicodeDecodeError: 'cp949' codec can't decode bytes in position 21-22: illegal multibyte sequence
```

정상적으로 파일을 복사하려면 아래와 같이 바이너리 모드로 파일을 읽고 쓰면 됩니다.

```
>>> f = open('canon2.mp3', 'wb')
>>> f.write(open('canon.mp3', 'rb').read())
5089634
>>> f.close()
```

일반적으로 윈도우의 경우 파일 이름에 경로를 명시하지 않으면 IDLE에서는 파이썬이 설치된 디렉터리에서 읽고 쓰게 됩니다(예: C:\Python36). 실제로 복사가 잘 됐는지 mp3 파일을 재생해서 들어보세요.

이번에는 좀 더 다양한 기능의 함수에 대해 알아보겠습니다. 지금 우리가 알고 있는 읽기 기능을 수행하는 함수는 read() 함수뿐입니다. read() 함수만으로는 텍스트 파일을 처리하는 데 약간 불편함이 있습니다. 파이썬에서는 좀 더 편하게 파일을 처리할 수 있게 도와주는 readline()과 readlines() 함수를 제공합니다.

readline() 함수는 호출할 때마다 한 줄씩 읽은 문자열을 반환하며, readlines() 함수는 파일의 모든 내용을 줄 단위로 잘라서 리스트를 반환합니다.

또한 seek()과 tell() 함수가 제공되는데, tell() 함수는 현재 파일에서 어디까지 읽고 썼는지를 나타내는 위치를 반환하며, seek() 함수는 사용자가 원하는 위치로 파일 포인터를 이동합니다.

```
>>> f = open('test.txt')
>>> f.read()
'plow deep\nwhile sluggards sleep'
>>> f.read()
''
>>> f.tell()          ◀── 어디까지 읽었나 확인합니다.
32
>>> f.seek(0)         ◀── 처음으로 돌아갑니다.
0
>>> f.read()          ◀── 처음부터 다시 읽게 됩니다.
'plow deep\nwhile sluggards sleep'
>>> f.seek(0)
0
>>> f.readline()      ◀── 처음부터 줄 단위로 읽습니다.
```

```
'plow deep\n'
>>> f.readline()
'while sluggards sleep'
>>> f.readline()
''
>>> f.seek(0)
0
>>> f.readlines()          ←——— 줄 단위로 모두 리스트로 읽어옵니다.
['plow deep\n', 'while sluggards sleep']
>>> f.readlines()
[]
>>> f.close()
```

위 예제를 보면 파일의 어느 부분을 가리키고 있는지(포인터)를 어떻게 확인하고, 어떻게 포인터를 이동시키는지 확실히 알 수 있을 것입니다.

우리가 바이너리 모드를 설명할 때 사용한 mp3 파일 복사 예제에는 문제가 있습니다. 앗, 눈치채셨나요? 날카로우시군요! 바로 문제는 file이 계속 열려 있었다는 것입니다. 코딩을 하다 보면 이런 문제가 부지불식간에 발생하는데, 이런 문제를 근본적으로 없애는 방법이 있습니다. 바로 with 구문을 이용하는 것이죠. 아래 예제를 보세요.

```
>>> with open('test.txt') as f:
        print(f.readlines())
        print(f.closed)

['plow deep\n', 'while sluggards sleep']
False
>>> f.closed
True
```

분명히 open을 하고 close를 특별히 하지 않았는데, f.closed를 보니 이미 닫혀 있습니다. 바로 with 구문을 사용해 파일을 열 경우 해당 코드블록을 벗어나면 자동으로 파일이 닫힙니다. 또한, with 구문의 마지막에 사용되는 as를 이용해 파일핸들을 명시하면 됩니다. with 구문 안에서는 파일 핸들을 통해 파일에 접근할 수 있습니다.

03 pickle

방금 전까지 우리는 파일 입출력을 자유롭게 하는 방법을 알아봤습니다. 그런데 문자열의 경우에는 배운 방법대로 쉽게 다룰 수 있지만, 리스트나 클래스 등을 저장할 때는 어떻게 해야 할까요? 내용을 모두 분해해서 파일에 저장한 후, 다시 읽어들일 때는 구분해서 다시 값을 설정해야 할까요? 파이썬에는 이러한 일들을 쉽게 할 수 있게 도와주는 pickle이라는 모듈이 있습니다.

다음과 같이 리스트가 있습니다.

```
>>> colors = ['red', 'green', 'black']
>>> colors
['red', 'green', 'black']
```

아래의 예제와 같이 pickle 모듈의 dump() 함수를 사용하면 colors를 다음과 같이 쉽게 파일에 저장할 수 있습니다.

```
>>> import pickle
>>> f = open('colors', 'wb')
>>> pickle.dump(colors, f)
>>> f.close()
```

이번에는 파일로부터 다시 읽어보겠습니다. 우선 colors를 삭제한 후, load() 함수를 이용해 파이썬 객체를 읽어들입니다.

```
>>> del colors
>>> colors
Traceback (most recent call last):
NameError: name 'colors' is not defined
>>> f = open('colors', 'rb')
>>> colors = pickle.load(f)
>>> f.close()
>>> colors
['red', 'green', 'black']
```

자, 다시 정상적으로 colors 객체가 생성된 것을 볼 수 있습니다. 그리고 pickle로 파일에 쓰거나 읽을 때는 반드시 바이너리 모드로 파일을 열어야 합니다.

그렇지 않으면 아래와 같이 에러가 발생합니다.

```
>>> f = open('colors', 'w')
>>> pickle.dump(colors, f)
Traceback (most recent call last):
TypeError: can't write bytes to text stream
```

pickle로 저장할 수 있는 대상은 파이썬 객체라면 거의 모두 가능합니다. 기본 자료형은 물론이고 아래 예제와 같이 사용자가 정의한 클래스 객체도 pickle이 가능합니다.

```
>>> class test:
        var = None
>>> a = test()
>>> a.var = 'Test'
>>> f = open('test', 'wb')
>>> pickle.dump(a, f)
>>> f.close()
>>> f = open('test', 'rb')
>>> b = pickle.load(f)

>>> f.close()
>>> b
<__main__.test object at 0x01221F50>
>>> b.var
'Test'
```

위 예제에서 pickle 모듈의 dump()와 load() 함수를 이용해 test라는 클래스의 객체를 파일에 저장하고 불러오는 것을 볼 수 있습니다. 그러나 test 클래스가 정의되지 않은 상태에서는 아래와 같이 load를 할 수 없다는 사실에 유의해야 합니다.

```
>>> del test
>>> f = open('test', 'rb')
>>> b = pickle.load(f)
Traceback (most recent call last):
AttributeError: 'module' object has no attribute 'test'
```

09

C/C++와의 연동

1장에서 파이썬이 다른 언어와의 결합이 쉽다고 이야기한 적이 있습니다. 만약 파이썬을 잘 이해하고 있고 다른 언어(예를 들어 C/C++)에서 외부 모듈을 호출하는 방법과 원리를 알고 있다면 파이썬에서 C/C++를 이용해 확장하기가 쉽다고 느낄 것입니다. 하지만 이와 같은 시도를 해보지 않았다면 파이썬과 다른 언어를 연동하는 것은 결코 쉬운 일이 아닙니다. 파이썬은 다른 언어와의 결합을 위해서 많은 함수와 모듈을 지원하고 있으며, C의 헤더 파일을 분석해 파이썬과 확장이 가능한 코드를 생성해주는 SWIG Simplified Wrapper and Interface Generator 와 같이 외부 모듈과의 인터페이스를 자동으로 생성해주는 프로그램도 있습니다.

이번 장에서는 C/C++를 이용한 파이썬 확장에 대해 다룹니다. 기본적으로 독자들께서 C/C++를 알고 있다고 가정하고 이야기를 진행하겠습니다.

- 왜 확장 모듈이 필요한가?
- 간단한 확장 모듈 예제
- 모듈 초기화
- 모듈 빌드

- 파이썬/C API
- 에러 처리
- 레퍼런스 카운트
- 확장 타입
- ctypes

01 왜 확장 모듈이 필요한가?

앞에서 나온 간단한 파이썬 프로그램을 작성할 때는 확장이 필요 없지만 실무에 사용될 프로그램을 파이썬으로 작성한다고 하면 C나 C++를 이용한 외부 모듈을 참고할 경우가 많이 발생합니다. 아래 내용은 외부 모듈을 사용하게 되는 이유입니다.

- 확장 모듈을 이용해 파이썬에서 C/C++ 라이브러리 함수 혹은 시스템 콜을 할 수 있는 새로운 내장 객체 타입을 구현할 수 있습니다. 예를 들어, 로봇에 있는 모터를 제어하기 위한 프로그램을 파이썬으로 구현한다고 해봅시다. 모터 제어 솔루션은 대부분 C언어로 구현된 라이브러리를 지원합니다. 파이썬은 C 확장 모듈을 지원하기 때문에 모터 제어를 위한 모듈을 생성하고 파이썬 내부에서 모터 제어에 필요한 모듈을 임포트해서 사용할 수 있습니다.
- C와 파이썬의 연산 처리 속도는 작은 연산에서는 차이가 없지만 많은 연산을 필요로 하는 작업을 하면 파이썬의 처리 속도가 C에 비해 약간 느리게 동작합니다. 이 경우 사용자 인터페이스, 문자열 처리 및 자료형은 파이썬을 사용하고(파이썬의 list 자료형을 C 언어로 구현하려면 시간이 많이 들 겁니다), 빠른 연산이 필요한 작업은 C/C++의 모듈에서 실행하는 프로그램을 생각해 볼 수 있습니다.
- 파이썬 코드를 C/C++ 모듈이나, C 확장형으로 만들면 우리가 생성한 파이썬 코드(*.py)의 핵심적인 부분을 그대로 공개하지 않고 배포할 수가 있습니다.

이러한 확장을 지원하려면 C/C++에서 python.h 헤더파일을 포함해야 합니다. python.h에는 파이썬에 접근할 수 있는 파이썬 API ^{Application Programming Interface} 함수, 매크로, 변수가 선언돼 있습니다.

02 간단한 확장 모듈 예제

여기서는 spam이라는 확장 모듈을 만들겠습니다. 새로 만들 모듈에는 C 라이브러리 함수 중 문자열의 길이를 구하는 strlen() 함수를 사용할 수 있는 파이썬 프로그램을 구현할 것입니다. strlen() 함수의 원형 ^{prototype} 을 보면 한 개의 매개변수를 입력받고, 문자의 개수를 반환해 줍니다.

```
size_t strlen(const char* str);
```

1부 내내 예제로 spam이라는 문장이 많이 나왔는데 이는 Monty Python 팬들이 제일 좋아하는 음식이라고 합니다.
1장 1절에서 설명했듯이 Monty Python은 코미디 팀이며, 아래 사진은 1969년에 찍은 Monty Python팀의 모습입니다.

spam 모듈은 파이썬에서 다음과 같이 사용될 것입니다.

```
>>> import spam
>>> strcnt = spam.strlen("test");
>>> strcnt
4
```

우선 C파일을 생성합니다. C파일 이름은 spammodule.c라고 하고 파일 첫 줄에서 python.h를 포함
합니다(전통적으로 '모듈이름+module.c'와 같은 형식으로 파일 이름을 지정하고 있습니다. 물론 다른
이름을 지정할 수 있습니다).

```
#include <python.h>
```

이제 파이썬 인터프리터에서 spam.strlen()을 호출했을 때 호출되는 C 함수를 만들어 보겠습니다.

```c
static PyObject *
spam_strlen(PyObject *self, PyObject *args)
{
    char* str;
    int len;
    if (!PyArg_ParseTuple(args, "s", &str))
        return NULL;
    len = strlen(str);
    return Py_BuildValue("i", len);
}
```

위의 예제에서 PyObject, PyArg_ParseTuple, Py_BuildValue는 python.h에 선언돼 있습니다. PyObject는 파이썬의 객체를 C의 데이터 타입으로 표현할 수 있는 구조체입니다. PyArg_ParseTuple() 함수는 파이썬에서 전달된 인자를 C의 자료형으로 변환해 줍니다. Py_BuildValue() 함수는 C의 자료형 값을 파이썬에서 인식할 수 있게 PyObject로 변경해 줍니다. 위의 내용은 뒤에서 더 자세히 설명하겠습니다.

03 모듈 초기화

사실 위와 같이 함수를 추가하기만 해서는 파이썬 인터프리터에서 모듈을 초기화하고 함수를 사용할 수 없습니다. 앞의 모듈 부분에서 이야기했지만 모듈을 임포트하면 파이썬 내부에서는 다음과 같은 작업을 수행합니다.

- 1 단계: 모듈을 찾는다.
- 2 단계: 모듈을 초기화한다.
- 3 단계: 지역 이름공간Local Namespace 에 이름을 정의한다.

우리가 파이썬으로 모듈을 생성해서 임포트를 수행하면 파이썬 내부에서 자동으로 위의 단계를 수행하기 때문에 신경 쓸 필요가 없지만 C/C++로 모듈을 만들었다면 2, 3단계를 C/C++에서 처리해줘야 합니다. 모듈을 초기화하려면 Py_InitModule() 함수를 사용하면 됩니다.

```
static PyMethodDef SpamMethods[] = {
    {"strlen", spam_strlen, METH_VARARGS, "count a string length."},
    {NULL, NULL, 0, NULL}     ◀──── 배열의 끝을 나타냅니다.
};
static struct PyModuleDef spammodule = {
    PyModuleDef_HEAD_INIT,
    "spam",     ◀──── 모듈 이름
    "It is test module.",     ◀──── 모듈 설명을 적는 부분. 모듈의 __doc__에 저장됩니다
    -1, SpamMethods
};
PyMODINIT_FUNC
PyInit_spam(void)
{
    return PyModule_Create(&spammodule);
}
```

위의 예제는 2, 3단계를 수행하는 부분입니다. 이렇게만 구현해 놓으면 2, 3단계를 파이썬이 알아서 처리해 줍니다. 조금 더 자세히 설명하면 우선 파이썬 인터프리터에서 C/C++ 확장형 모듈을 호출하면 PyInit_spam() 함수를 실행합니다. 이 초기화 함수의 이름은 반드시 PyInit_⟨module_name⟩ 형식이어야 하는데, 파이썬 인터프리터에서 import를 실행하면 맨 처음 PyInit_⟨module_name⟩의 함수를 찾아 실행하기 때문입니다.

PyModule_Create() 함수는 spammodule을 참고해서 모듈을 생성하는데, spammodule은 생성할 모듈의 정보가 담긴 구조체입니다. spammodule의 마지막 매개변수는 모듈에 등록할 함수에 대한 정의를 담고 있는 배열을 가리키고 있습니다. PyModule_Create() 함수는 생성된 모듈 객체의 포인터를 넘겨주는데, 에러가 발생한다면 NULL 값을 반환합니다. PyInit_⟨module_name⟩ 함수는 반드시 생성된 모듈 객체의 포인터를 반환값으로 호출자에게 넘겨줘야 하는데, sys.module에 우리가 만든 모듈을 등록하려면 반드시 필요하기 때문입니다.

눈치가 빠른 독자라면 알겠지만 바로 파이썬의 __dict__ 속성에 등록되는 함수가 바로 SpamMethods에 정의돼 있는 함수입니다. SpamMethods는 PyModuleDef 구조체 배열이고 구조

체는 4가지 멤버 변수를 가지고 있습니다. 멤버 변수는 파이썬에서 사용하는 함수 이름, 실행되는 함수 포인터, 파이썬에서 호출할 때 인자를 어떻게 자료형으로 받을지 결정하는 상수, 마지막으로 함수의 대한 설명으로 구성돼 있습니다.

파이썬에서 인자는 세 번째 멤버 변수에 의해 어떤 형식으로 전달될지 결정됩니다. METH_VARARGS 와 METH_KEYWORDS라는 두 가지 상수를 사용할 수 있는데, METH_VARARGS는 튜플 형태로 인 자를 전달받는 것을 의미하며 PyArg_ParseTuple 함수를 이용해 인자를 처리할 수 있습니다. METH_ KEYWORDS는 사전 형식으로 인자를 받을 때 사용합니다. 네 번째 변수는 함수의 설명을 적는 부분 입니다.

04 모듈 빌드

위에서 작성한 코드를 spammodule.c라는 파일에 저장하겠습니다.

예제 spammodule.c

```
01  #include "python.h"
02
03  static PyObject *
04  spam_strlen(PyObject *self, PyObject *args)
05  {
06      const char* str=NULL;
07      int len=0;
08
09      if (!PyArg_ParseTuple(args, "s", &str))        ←—— 매개변수 값을 분석하고 지역변수에 할당합니다
10          return NULL;
11
12      len = strlen(str);
13
14      return Py_BuildValue("i", len);
15  }
16
17  static PyMethodDef SpamMethods[] = {
18  {"strlen", spam_strlen, METH_VARARGS,
19   "count a string length."},
20   {NULL, NULL, 0, NULL} // 배열의 끝을 나타냅니다.
```

```
21  };
22
23  static struct PyModuleDef spammodule = {
24      PyModuleDef_HEAD_INIT,
25      "spam",          ◄──── 모듈 이름
26      "It is test module.",   ◄──── 모듈 설명을 적는 부분. 모듈의 __doc__ 에 저장됩니다.
27      -1,SpamMethods
28  };
29
30  PyMODINIT_FUNC
31  PyInit_spam(void)
32  {
33      return PyModule_Create(&spammodule);
34  }
```

이제 C 소스코드는 모두 준비됐습니다. 이제 빌드를 해야 하는데, 시스템에 따라 빌드하는 방법이 조금씩 다릅니다. 여기서는 윈도우 환경에서 비주얼 스튜디오 2015로 빌드하는 법과 리눅스에서 distutils를 이용해 빌드하는 법을 살펴보겠습니다.

윈도우에서 빌드하기

우선 비주얼 스튜디오를 실행합니다. 메뉴에서 '파일 → 새로 만들기 → 프로젝트'를 클릭해 프로젝트를 생성합니다. 프로젝트 형식은 비주얼 C++의 win32 형식을 선택하고 템플릿은 win32 프로젝트를 선택하세요.

이름과 솔루션 이름은 spam이라고 입력합니다.

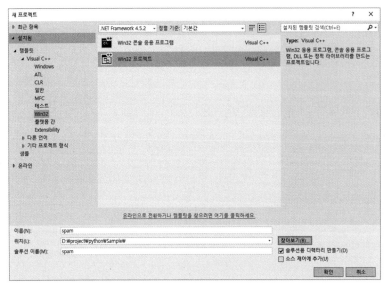

그림 9-1 비주얼 스튜디오에서 새로운 프로젝트 생성하기

확인 버튼을 누르면 Win32 응용프로그램 마법사가 나타납니다. 응용 프로그램 종류에서 DLL ^{Dynamic} $^{Link\ Library}$을 선택하고 빈 프로젝트 체크박스를 체크합니다. C 확장 모듈은 파이썬 안에서 라이브러리 형태로 호출되기 때문에 DLL(동적 연결 라이브러리) 형식으로 선택해야 합니다. '마침'을 누르면 프로젝트가 생성됩니다.

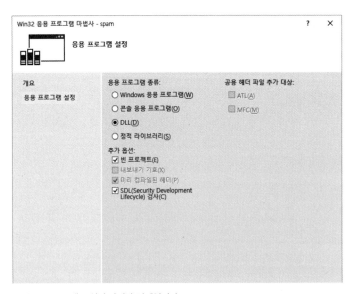

그림 9-2 프로젝트 설정 마지막 단계입니다

python.h를 포함시키려면 앞에서 생성한 spammodule.c 파일을 프로젝트에 추가합니다. 그리고 python.h가 있는 곳의 경로를 추가해야 합니다. 프로젝트 속성창(Alt+F7)을 띄우고 구성을 Release 로 설정하고 구성 속성 가운데 C/C++의 일반을 선택해 추가 포함 디렉터리에 python.h가 있는 디렉 터리 위치를 입력합니다(python36_d.lib가 준비되어 있다면 구성을 Debug로 설정하고 진행 해도 됩니다).

그림 9-3 빌드 시 필요한 헤더파일을 찾을 곳을 지정합니다

다음으로 링크에 필요한 정보를 입력합니다.

- ■ '링커' → '일반'을 차례로 선택한 후 추가 라이브러리 디렉터리에 파이썬 라이브러리 파일(Python36.lib)이 위치한 디렉터 리를 지정합니다(일반적으로 파이썬이 설치되어 있는 디렉터리 밑에 libs 디렉터리에 위치 합니다).

- ■ '링커' → '입력' → '추가 종속성'을 차례로 선택한 후 python36.lib을 입력합니다.

- 명령줄 메뉴의 하단에 있는 추가 옵션에 /export:PyInit_spam라고 입력합니다. 만약 없으면 외부에서 PyInit_spam() 함수를 참조할 수 없습니다.

- 출력되는 파일의 이름도 변경하겠습니다. 그냥 두면 결과 파일이 *.dll로 생성됩니다. *.dll을 그냥 사용해도 상관없지만 윈도우용 dll과 파이썬용 dll을 구분하는 의미에서 *.pyd로 파일 이름을 수정합니다. '링커' → '일반'에서 출력 파일을 $(OutDir)\spam.pyd으로 수정합니다.

그림 9-4 출력되는 파일의 이름을 spam.pyd로 변경합니다

이제 준비가 모두 끝났습니다. 메뉴에서 '빌드' → '프로젝트 빌드'를 차례로 선택하거나, F5를 눌러서 빌드를 진행합니다.

그림 9-5 빌드가 완료되면 spam.pyd가 생성됩니다

이제 생성된 spam.pyd를 6장 3절에서 이야기한 모듈 검색이 가능한 경로에 복사합니다. 생성한 C 확장 모듈이 정상적으로 동작하는지 테스트해 보겠습니다.

```
>>> import spam                    ◀──────  spam 모듈을 임포트합니다.
>>> spam.strlen("hello world")     ◀──────  spam 모듈의 strlen 함수를 호출합니다.
11
```

축하합니다! 정상적으로 동작하네요. 윈도우에서 비주얼 스튜디오를 사용해 빌드를 수행하는 과정은 상당히 복잡합니다. 이보다 더 쉬운 방법이 있는데 distutils이라는 배포 툴을 사용하면 훨씬 쉽게 확장 모듈을 빌드할 수 있습니다. distutils는 19장에서 자세하게 다루기로 하고 이어서 리눅스에서 distutils 를 사용해 빌드하는 방법을 설명하겠습니다. distutils를 이용한 빌드 방법은 리눅스뿐 아니라 윈도우에 서도 사용할 수 있습니다.

리눅스에서 distutils를 이용해 빌드하기

리눅스에서 확장 모듈을 빌드하려면 Makefile을 생성하고 컴파일러, 컴파일러 위치, 라이브러리 위치, 헤더 파일의 위치를 지정해줘야 합니다. 이런 복잡한 과정을 생략하고 distutils를 이용해 간단하게 빌드를 해보겠습니다. 우선 파일 에디터를 열고 다음과 같이 입력합니다.

예제 setup.py distutils를 사용하기 위한 문법을 적어줍니다

```
# 파이썬
# 사용방법 : 'setup.py install' 빌드와 설치가 동시에 진행됩니다.
# 'setup.py --help' 여러 가지 옵션과 사용법을 볼 수 있습니다.
from distutils.core import setup, Extension
spam_mod = Extension('spam', sources = ['spammodule.c'])
setup(name = "spam",
    version = "1.0",
    description = "A sample extension module",
    ext_modules = [spam_mod],
)
```

리눅스 터미널에서 다음과 같이 실행하면 spammodule.c가 자동으로 빌드됩니다.

```
$>python setup.py install
```

파이썬에서는 C와의 연동을 위해 위의 함수들 이외에 많은 함수를 제공합니다. 파이썬의 자료형을 C언어에서 사용할 수 있는데, 이런 함수를 파이썬/C API라고 부릅니다. 밑의 내용은 파이썬/C API의 내용 중 중요한 부분에 대한 설명입니다.

PyArg_ParseTuple() 함수

위의 예제에서 간단하게 설명했듯이 파이썬에서 C로 전달되는 인자를 C 함수에 맞게 변경하는 역할을 합니다. 아래는 함수의 원형입니다.

```
int PyArg_ParseTuple(PyObject *arg, char *format,...);
```

조금 더 자세히 살펴보면 파이썬에서 C로 전달해주는 매개변수는 PyObject로 표현돼 있는데 PyArg_ParseTuple의 첫 번째 인자에 이를 지정하고, PyObject를 어떤 형식으로 변환할지를 format에 지정합니다. format이 "s"라면 C에서 자료형 char*로 변환하고, "i"라면 int형으로 변환합니다. 변경한 값을 받을 곳은 '…' 부분에 지정된 변수에 저장됩니다. 위의 예제 9번 라인의 PyArg_ParseTuple 부분을 살짝 고쳐보았습니다.

```
if (!PyArg_ParseTuple(args, "s#", &str, &len))        ◀──── "s#"은 문자열과 문자열 길이로 변환합니다
    return NULL;

return Py_BuildValue("i", len);
```

"s#" 기호를 사용하면 C의 strlen() 함수를 호출하지 않아도 됩니다. 포맷을 "s#"처럼 사용하면 함수가 문자열과 문자열 길이를 반환해주기 때문입니다. 즉 문자열은 str에, 문자열에 대한 길이는 len에 저장됩니다. 앞에서 본 s, i, s# 이외에도 많은 기호가 존재합니다.

파이썬 객체 타입	기호	C 자료형
int	i	int
unicode object	s	const char *
float	f	float

파이썬 객체 타입	기호	C 자료형
int	l	long
bytes object	y	const char *
unicode object	u	Py_UNICODE
object	O, S	PyObject

그 밖에는 Python document에서 Python/C API Reference Manual의 Utilities 중 Parsing arguments and building values 부분에 자세히 기술돼 있으니 참고하기 바랍니다.

이런 기호는 단독으로 사용해 파이썬 객체를 특정 C 타입의 변수로 변환하기도 하지만 여러 개의 기호를 묶어서 포맷을 만들기도 합니다.

아래는 포맷 사용 예제입니다.

```
// 파이썬에서 func(1, 2, 'spam')처럼 호출할 때 'l'은 long 형으로 변환하는 기호입니다
// 1과 2는 k, l에 저장되고 s는 'spam'이 저장됩니다.
ok = PyArg_ParseTuple(args, "lls", &k, &l, &s);

// python에서 func((1, 2), 'str')처럼 호출할 때 튜플 안의 값을 읽어 k와 l에 저장합니다
ok = PyArg_ParseTuple(args, "(ll)s", &k, &l, &s);
```

파이썬이 전달하는 PyObject의 값이 어떤 타입인지 미리 알고 있다면 바로 PyArg_ParseTuple()을 사용할 수 있지만, 그렇지 않을 경우 PyObject의 진짜 값이 어떤 타입인지 알아야 PyArg_parseTuple()을 사용할 수 있습니다. 아래는 PyObject의 진짜 값이 어떤 타입인지 검사하는 함수입니다. 예를 들어, PyInt_Check() 함수는 PyObject가 정수 값을 갖고 있다면 true를 반환합니다.

```
int PyInt_Check(PyObject* o)
int PyLong_Check(PyObject* o)
int PyFloat_Check(PyObject* o)
int PyComplex_Check(PyObject* o)
int PyString_Check(PyObject* o)
int PyBuffer_Check(PyObject* o)
int PyList_Check(PyObject* o)
int PyTuple_Check(PyObject* o)
int PyDict_Check(PyObject* 0)
```

위 함수를 이용해 PyObject의 진짜 값이 어떤 타입인지 조회하고, 타입에 알맞게 PyArg_ParseTuple() 함수를 실행할 수도 있습니다.

```
if (PyLong_Check(obj))
    ok = PyArg_ParseTuple(args, "l", &k);
else if (PyString_Check(obj))
    ok = PyArg_ParseTuple(args, "s", &s);
```

Py_BuildValue() 함수

PyArg_ParseTuple()과 닮은 함수가 있습니다. PyArg_ParseTuple()이 파이썬 객체를 C의 자료형으로 변환한다면 Py_BuildValue는 C의 자료형을 파이썬의 자료형으로 변환합니다(단 매개변수가 포인터인 자료는 사용할 수 없습니다). 변환에 사용되는 문자는 PyArg_ParseTuple()에서 사용하는 것과 같습니다. 만약 Py_BuildValue() 함수의 매개변수가 비어 있으면 자동으로 None 객체를 만듭니다.

아래는 Py_BuildValue 함수의 원형입니다.

```
PyObject *Py_BuildValue(char *format, ...);
```

아래는 Py_BuildValue() 함수를 사용하는 예제입니다. C에서 좌측 구문을 반환하면 파이썬에선 우측과 같은 값이 반환됩니다.

```
 Py_BuildValue("")                              ←——— None
Py_BuildValue("i", 123)                         ←——— 123
Py_BuildValue("iii", 123, 456, 789)             ←——— (123, 456, 789)
Py_BuildValue("s", "hello")                     ←——— 'hello'
Py_BuildValue("y", "hello")                     ←——— b'hello'
Py_BuildValue("ss", "hello", "world")           ←——— ('hello', 'world')
Py_BuildValue("s#", "hello", 4)                 ←——— 'hell'
Py_BuildValue("y#", "hello", 4)                 ←——— b'hell'
Py_BuildValue("()")                             ←——— ()
Py_BuildValue("(i)", 123)                       ←——— (123,)
Py_BuildValue("(ii)", 123, 456)                 ←——— (123, 456)
Py_BuildValue("(i,i)", 123, 456)                ←——— (123, 456)
Py_BuildValue("[i,i]", 123, 456)                ←——— [123, 456]
Py_BuildValue("{s:i,s:i}","abc", 123, "def", 456)   ←——— {'abc': 123, 'def': 456}
Py_BuildValue("((ii)(ii)) (ii)", 1, 2, 3, 4, 5, 6)  ←——— (((1, 2), (3, 4)), (5, 6))
```

06 에러 처리

파이썬에서의 에러 처리는 7장에서 다뤘습니다. 하지만 C 확장 모듈 내부에서 에러가 발생하면 어떻게 처리해야 할까요? 파이썬 내부에서 발생한 에러는 파이썬 인터프리터가 자동으로 검출하고 사용자에게 알려주지만 확장 모듈 안에서는 특별한 작업을 해줘야 합니다. 우선 위에서 만든 spam 모듈의 strlen() 함수에 문자열 대신 숫자를 입력해 보겠습니다.

```
>>> import spam
>>> spam.strlen(1)          ◄───── 문자열 대신 숫자를 입력합니다.
Traceback (most recent call last):
  File "<stdin>", line 1, in <module>
TypeError: argument 1 must be string, not int
```

분명 위에서 에러 설정을 해주지 않았는데 예외가 발생했습니다. 어떻게 된 일일까요? 사실 파이썬/C API 함수는 이미 내부에 예외 설정이 돼 있어서 PyArg_ParseTuple() 함수를 수행할 때 예외 처리가 됩니다. 하지만 사용자가 직접 만든 함수에서는 사용자가 직접 예외 설정을 해줘야 합니다.

그럼 사용자가 만든 함수 혹은 C의 함수에서 에러가 발생하면 어떻게 예외 처리를 해야 할까요? 우선 함수 실행이 실패하면 에러 상태를 설정하고 에러 값을(보통 NULL) 반환해 줍니다. 에러 상태를 설정하는 함수로는 가장 대표적으로 PyErr_SetString() 함수가 있습니다.

```
void PyErr_SetString(PyObject *type, const char *message)
```

첫 번째 매개변수는 예외 타입을 입력받고(https://docs.python.org/3.6/c-api/exceptions. html#standard-exceptions에 명기된 표준 예외 중 하나를 쓰게 됩니다), 두 번째 매개변수는 에러에 대한 메시지를 적습니다.

PyErr_SetString()을 사용하는 예제를 하나 만들어 보겠습니다. 위에서 생성한 확장형 모듈인 spam에 함수 하나를 더 추가하겠습니다. 새로 추가할 함수는 피제수를 제수로 나누는 함수로 division()이라고 정의하겠습니다.

```
18  static PyObject *
19  spam_division(PyObject *self, PyObject *args)
20  {
21      int quotient=0;
22      int dividend,divisor=0;
23
24      if (!PyArg_ParseTuple(args, "ii", &dividend, &divisor))      ◀──── 피제수와 제수 할당
25          return NULL;
26
27      if (divisor){                                        PyExc_ZeroDivisionError는 0으로
28          quotient = dividend/divisor;                     나누려고 할 때 쓰는 예외입니다
29      } else {      ◀──── 제수가 0일 때 예외 처리를 합니다.
30          PyErr_SetString(PyExc_ZeroDivisionError, "divisor must not be zero");  ◀──
31          return NULL;      ◀──── 예외 처리를 할 때는 반드시 NULL을 반환해줍니다. PyErr_
32      }                          SetString 함수는 항상 NULL을 반환합니다.
33
34      return Py_BuildValue("i",quotient);
35  }
36
37
38  static PyMethodDef SpamMethods[] = {      ◀──── SpamMethods 배열에도 추가한 함수에 대한 정보를 추가해줍니다
39      {"strlen", spam_strlen, METH_VARARGS,
40      "count a string length."},
41      {"division", spam_division, METH_VARARGS,
42      "division function \n return quotient, quotient is dividend / divisor"},
43      {NULL, NULL, 0, NULL}      ◀──── 배열의 끝을 나타냅니다
44  };
```

다시 빌드하고 spam division() 함수를 사용해 보겠습니다.

```
>>> import spam
>>> spam.division(10, 2)
5
>>> spam.division(10, 0)      ◀──── error 발생 상황
Traceback (most recent call last):
  File "<stdin>", line 1, in <module>
ZeroDivisionError: divisor must not be zero      ◀──── 위에서 설정한 exception이 반환됩니다
```

PyErr_SetString() 함수와 비슷한 함수로 PyErr_SetFromErrno() 함수가 있습니다. 이 함수는 문자열 대신 C의 전역 변수인 errno 값을 반환합니다. errno은 에러가 발생했을 때의 에러 번호가 저장되는 곳입니다.

PyErr_SetObject() 함수는 프로그래머가 전달하고 싶은 데이터를 전해 줄 수 있습니다.

다음 예제 코드에서 사용자가 입력하는 값이 val에 저장된다고 할 때

```
if (val > 2)
    pyError_SetObject(PyExc_IndexError , Py_BuildValue("l", val));
```

위 예제에서 2보다 큰 값이 들어오면 val을 정수형으로 전달해 줍니다. 사용자는 이를 예외 처리에 사용할 수가 있습니다.

사용자들이 C 확장 모듈의 함수들을 만들 때 이런 예외 처리를 신경 써서 해주면 파이썬에서 확장 모듈을 사용할 때 훨씬 편해지고 버그가 만들어질 확률도 줄어들 것입니다.

07 레퍼런스 카운트

C와 C++같은 언어에서는 동적 메모리 할당(malloc) 및 해제(free)를 프로그래머가 직접 관리해야 했습니다. C에서는 malloc()과 free() 함수가, C++에선 new와 delete 키워드가 그 역할을 대신합니다. 프로그램을 작성하는 도중 malloc()을 이용해 메모리를 할당받았다면 반드시 free()를 사용해 메모리를 해제해야 합니다.

만약 free()를 호출하지 않으면 프로그램이 끝날 때까지 할당받은 메모리를 재사용할 수 없습니다. 이런 현상을 메모리 누수^{memory leak} 라고 합니다. 메모리 관리를 소홀히 하면 프로그램이 비정상적으로 종료되거나 잘못된 주소에 데이터를 써서 프로그램의 데이터가 망가지는 경우^{memory corruption} 가 생깁니다.

대부분의 메모리 누수는 malloc() 함수로 메모리를 할당받고, 할당받은 메모리를 함수나 클래스에서 사용한 후 해제하지 않아서 발생합니다. 메모리를 빠짐없이 해제하는 것은 생각보다 꼼꼼한 확인이 필요한 작업입니다. 정상적으로 수행되고 있을 때는 물론, 에러가 발생하거나 뜻하지 않은 문제가 발생했을 상황도 고려해야 합니다. 파이썬에서는 레퍼런스가 필요할 때마다 malloc()과 free()와 같은 함수

를 써서 새로운 메모리 공간을 확보하지 않고 타입에 대한 인스턴스의 레퍼런스 카운트를 통한 객체 참조 전략을 가지고 있습니다. 모든 객체는 자신이 참조된 횟수를 관리하는 카운터를 가지고 있고, 객체가 참조될 때마다 카운터를 하나씩 증가시키고, 참조가 해제될 때마다 레퍼런스 카운터를 하나 감소시킵니다. 그러다 카운터가 0이 되면 그때서야 객체는 메모리 공간에서 삭제됩니다. 이런 메모리 관리 방법을 보통 가비지 컬렉션 garbage collection 이라고 합니다.

레퍼런스 카운트는 파이썬에서 자동으로 관리되지만 C 확장 모듈에서는 사용자가 직접 레퍼런스 카운트의 증가/감소를 조정해야 합니다. 이와 관련된 2개의 매크로 함수가

Py_INCREF()와 Py_DECREF()입니다. Py_DECREF() 매크로는 레퍼런스 카운트가 0이 됐을 때 메모리를 해제하는 역할도 합니다.

하지만 언제 어떤 경우에 Py_INCREF()와 Py_DECREF() 매크로를 사용해야 할까요? 뒤에서도 다시 설명하겠지만 중요한 사실이 하나 있습니다. 파이썬에선 어떠한 것도 객체를 소유할 수 없고, 단지 객체의 참조 reference 만을 가질 수 있다는 것입니다. 레퍼런스 카운트를 객체 입장에서 다시 이야기하면 자신(객체)을 참조하는 레퍼런스의 개수를 저장하고 있는 것입니다. 레퍼런스를 사용하고 있는 곳 owner of reference 에서는 레퍼런스를 생성하고, 더는 필요 없을 경우 Py_DECREF()을 호출해야 합니다. 만약 Py_DECREF()을 호출하지 않으면 메모리 누수가 일어납니다. 레퍼런스는 새로 생성하기도 하지만 빌려오는 borrow 방법도 있습니다.

```
>>> setList = []          ◀──── 사전 객체의 레퍼런스를 생성하고 setList라는 이름이 붙여집니다.
>>> borrow_Ref = setList  ◀──── borrow_Ref는 setList은 다른 이름을 가지고 있지만 똑같은 레퍼런스를 가리키고 있습니다
```

이처럼 빌려온 레퍼런스는 레퍼런스 카운트를 감소시켜줄 필요가 없습니다. 레퍼런스 카운트는 레퍼런스의 주인만이 증가, 감소시킬 수 있습니다. 즉 코드 상에서 레퍼런스를 마음대로 사용하고 Py_DECREF을 호출할 필요도 없습니다.

레퍼런스 소유권 법칙

파이썬 C API 함수의 인터페이스에 따라 레퍼런스의 소유권한을 넘겨주기도 하고 소유권한을 빌려 주기도 합니다. 대부분의 함수는 레퍼런스와 함께 소유권한까지 함께 넘겨줍니다.

PyLong_FromLong()와 Py_BuildValue() 같은 함수는 레퍼런스의 소유권을 함께 넘겨주지만, PyTuple_GetItem()이나 PyList_GetItem(), PyDict_GetItem(), PyDict_GetItemString()와 같은

함수는 빌려온 레퍼런스만 넘겨줍니다. 특히 튜플, 리스트, 사전과 관련된 함수는 빌려온 레퍼런스를 넘겨줍니다.

C 함수가 파이썬에서 사용될 때, 함수 매개변수를 통해 빌려온 레퍼런스가 전달됩니다(함수로 전달된 인자는 모두 빌려온 레퍼런스입니다. 따라서 Py_DECREF()를 사용할 필요가 없습니다). 그렇기 때문에 호출한 곳에선 함수가 정상적으로 수행될 때까지 빌려온 레퍼런스의 라이프타임을 보장해야 합니다. 따라서 Py_INCREF()를 호출해 레퍼런스 카운트를 하나 증가시켜야 합니다.

아래 예제를 보겠습니다. 다음과 같은 코드가 있다고 할 때,

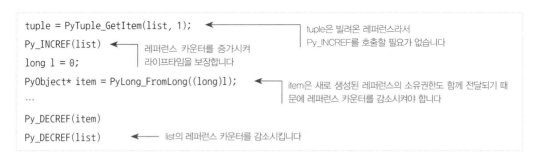

호출한 쪽에서 소유권을 넘겨받았으면 반드시 Py_DECREF()를 호출해주고, 빌려온 레퍼런스라도 호출한 쪽에서 소유권을 유지하고 싶으면 Py_INCREF()를 사용해야 하는 이 법칙에는 중요한 두 가지 예외가 있습니다. PyTuple_SetItem()과 PyList_SetItem() 함수는 소유권한을 빼앗아 가고(함수 호출이 실패해도 소유 권한을 빼앗아 갑니다) 다시 돌려 주지 않기 때문에 Py_DECREF()를 사용할 필요가 없습니다.

```
list = PyList_GetItem(list, 1);
long l = 0;
PyObject* item = PyLong_FromLong((long)l);      이곳에서 item에 대한 소유 권한을 빼앗아가기 때문에
PyList_SetItem(list, l, item)           ◀         Py_DECREF(o)를 호출할 필요가 없습니다
```

빌려온 레퍼런스라도 Py_INCREF()를 반드시 해줘야 하는 경우가 있습니다. 호출한 쪽에서 소유권을 유지하고 싶을 경우인데요, 아래 코드를 보겠습니다.

```
void
bug(PyObject *list)
{
    PyObject *item = PyList_GetItem(list, 0);
    PyList_SetItem(list, 1, PyLong_FromLong(0L));
    PyObject_Print(item, stdout, 0);
}
```

위 코드에서 함수 내부의 첫 번째 코드는 list[0]에 대한 빌려온 레퍼런스를 item에 저장합니다. 그다음 PyList_SetItem 함수를 이용해 list[1]에 0을 저장합니다. 얼핏 보기엔 정상적인 코드로 보입니다. 하지만 PyObject_Print(item, stdout, 0);에선 에러가 발생할 수 있습니다. 파이썬에서 리스트는 모든 아이템의 레퍼런스를 소유하고 있습니다(그래서 PyList_GetItem을 호출하면 해당하는 아이템의 레퍼런스 주소값을 넘겨줍니다). 이때 리스트의 아이템 1번의 값을 변경하려고 하면 리스트의 아이템에 대한 모든 레퍼런스를 메모리상에서 재배치하는 작업이 수행될 수 있습니다. 즉, 모든 레퍼런스를 삭제하고 다시 레퍼런스를 만드는 작업을 수행할 경우도 있는 것입니다. 그렇게 되면 함수의 첫 번째 라인에서 받은 빌려온 레퍼런스 item은 잘못된 메모리 주소를 가리키고 있는 것입니다.

마지막 라인에서는 잘못된 주소의 값을 출력하려고 시도하고 결국 에러가 발생하게 될 것입니다. 이런 문제가 일어나지 않게 개선한 코드는 아래와 같습니다. 레퍼런스 카운트를 증가시켜 소유 권한을 유지시켜 줍니다.

```
void
no_bug(PyObject *list)
{
    PyObject *item = PyList_GetItem(list, 0);
    Py_INCREF(item);      ◀──── 레퍼런스 카운트를 증가시켜 item에 대해 재배치가 일어나지 않게 합니다
    PyList_SetItem(list, 1, PyLong_FromLong(0L));   ◀──── list에 대한 카운트 삭제는 할 필요가 없습니다.
    PyObject_Print(item, stdout, 0);
    Py_DECREF(item);      ◀──── 레퍼런스 카운트를 하나 감소시킵니다
}


NULL pointer
PyObject *item = NULL;
...
Py_DECREF(item);
```

item의 값이 NULL혹은 파이썬의 None일지도 모르는데 Py_DECREF를 수행하면 어떻게 될까요?

NULL일 때만 Py_DECREF을 수행하게 하려면 우선 item이 NULL인지 파이썬에서의 None인지 검사해야 하는데, 파이썬에선 객체의 종류를 검사하는 많은 매크로 함수를 지원하지만 NULL인지를 검사하는 매크로 함수는 없습니다. 하지만 Py_XINCREF()와 Py_XDECREF()는 내부에 NULL 혹은 None인지 검사하고 NULL일 경우 레퍼런스 카운트에 대한 작업을 무시해 버립니다.

위의 코드는 다음과 같이 사용할 수 있습니다.

```
PyObject *item = NULL;
...
Py_XDECREF(item);
```

08 확장 타입

위에서는 C 확장 모듈에 대해 이야기했지만 C를 이용해 모듈뿐 아니라 파이썬의 문자열이나 리스트 같은 타입을 만들 수도 있습니다. 파이썬에서 제공하는 패턴대로 작성하면 C를 이용해 새로운 타입을 만드는 일은 의외로 쉽습니다. 이 절에서는 Circle이라는 타입을 만들어 가면서 C로 새로운 타입을 만드는 법을 알아보겠습니다. 우선 아래 예제를 보겠습니다.

예제 circle_prototype.c circle 타입의 기본형

```
01  #include <python.h>
02
03  typedef struct {
04      PyObject_HEAD
05  } circle_CircleObject;
06
07  static PyTypeObject circle_CircleType = {
08      PyObject_HEAD_INIT(NULL)
09      "circle.Circle",            /* tp_name */
10      sizeof(circle_CircleObject),    /* tp_basicsize */
11      0,                          /* tp_itemsize */
12      0,                          /* tp_dealloc */
13      0,                          /* tp_print */
14      0,                          /* tp_getattr */
```

```
15      0,                          /* tp_setattr */
16      0,                          /* tp_reserved */
17      0,                          /* tp_repr */
18      0,                          /* tp_as_number */
19      0,                          /* tp_as_sequence */
20      0,                          /* tp_as_mapping */
21      0,                          /* tp_hash  */
22      0,                          /* tp_call */
23      0,                          /* tp_str */
24      0,                          /* tp_getattro */
25      0,                          /* tp_setattro */
26      0,                          /* tp_as_buffer */
27      Py_TPFLAGS_DEFAULT,         /* tp_flags */
28      "Circle objects",           /* tp_doc */
29   };
30
31   static PyModuleDef circlemodule = {
32      PyModuleDef_HEAD_INIT,
33      "circle",
34      "Example module that creates an extension type.",
35      -1,
36      NULL, NULL, NULL, NULL, NULL
37   };
38
39   PyMODINIT_FUNC
40   PyInit_circle(void)
41   {
42      PyObject* m;
43      circle_CircleType.tp_new = PyType_GenericNew;
44      if (PyType_Ready(&circle_CircleType) < 0)
45          return NULL;
46
47      m = PyModule_Create(&circlemodule);
48      if (m == NULL)
49          return NULL;
50
51      Py_INCREF(&circle_CircleType);
52      PyModule_AddObject(m, "Circle", (PyObject *)&circle_CircleType);
53      return m;
54   }
```

위의 예제는 간단하지만 하나의 타입을 만드는 완벽한 예제입니다. 하지만 실제로 어떻게 동작하는지는 구현돼 있지 않아서 아무것도 하지 않는 빈 타입입니다. 위 예제를 하나씩 설명하겠습니다.

```
03  typedef struct {
04      PyObject_HEAD
05  } circle_CircleObject;
```

위의 코드를 이해하려면 인스턴스에 대해 자세히 알고 있어야 합니다. 파이썬에서는 리스트 타입 객체를 사용하려면 다음과 같이 선언합니다.

```
>>> l = [1, 2, 3]
>>> k = [10, 20, 30]
```

그럼 리스트 객체의 모든 메서드 및 데이터가 새로 메모리에 할당되는 걸까요? 정답은

'아니오'입니다. 타입을 생성^{instantiate} 하면 타입에 대한 모든 메서드와 데이터가 메모리에 생성되는 것이 아니라 그 타입의 인스턴스가 만들어집니다. 인스턴스는 레퍼런스 카운트, 타입 객체 포인터^{Type Object Pointer} 와 인스턴스 멤버를 가지고 있습니다. 위의 [1, 2, 3], [10, 20, 30]의 데이터는 인스턴스 멤버에 저장됩니다. 타입의 메서드(여기서는 append, slice)는 인스턴스에 포함되지 않고 타입 객체에 저장 돼 있고, 인스턴스를 통해 사용됩니다.

레퍼런스 카운트는 가비지 컬렉션을 위해서 존재하며, 타입 객체 포인터는 타입 객체를 가리킵니다. l.append(10)라는 코드를 실행하면 append()라는 이름의 인스턴스 멤버 함수가 있는지 검색하고, 없으면 타입 객체 포인터가 가리키는 객체에서 append()라는 멤버 함수를 찾게 됩니다(5장 '클래스' 참고).

다시 circle_CircleObject로 돌아와서, Circle도 인스턴스 부분을 만들어 줘야 합니다. circle_CircleObject가 그 역할을 합니다.

레퍼런스 카운트, 타입 객체에 대한 포인터를 PyObject_HEAD 매크로에서 포함해줍니다. 이후 생성할 타입에 필요한 것을 적습니다. 여기서는 더 추가할 내용이 없기 때문에 PyObject_HEAD만 적었습니다. 만약 인스턴스 멤버를 추가하고 싶으면 circle_CircleObject 안에 작성하면 됩니다(이에 대한 자세한 예제는 뒤에서 다루겠습니다).

PyObject_HEAD는 매크로 문(statement)이라서 뒤에 세미콜론(;)을 절대 붙여서는 안 됩니다. 세미콜론을 사용하면 빌드할 때 에러가 나지 않을 수 있지만 나중에 C확장 모듈을 사용 중 알 수 없는 에러를 내며 종료되는 문제를 일으키기도 합니다. 만약 객체에 새로운 데이터를 추가하려면 다음과 같이 작성해야 합니다.

```c
typedef struct {
    PyObject_HEAD
    int radius;
} circle_CircleObject;
```

아래를 보기 전에 먼저 파이썬 include 디렉터리의 object.h 헤더 파일에 PyTypeObject가 선언돼 있는 부분을 먼저 보면 수많은 필드가 있는 것을 알 수 있습니다. 여기엔 타입을 만들기 위한 모든 필드가 전부 선언돼 있습니다. 타입을 만들기 위해서는 모든 필드를 다 채울 필요는 없고 필요한 필드만 채워주고 나머지 필드에는 0을 선언하면 됩니다.

```c
07  static PyTypeObject circle_CircleType = {
08      PyObject_HEAD_INIT(NULL)
09      "circle.Circle",               /* tp_name */
10      sizeof(circle_CircleObject),   /* tp_basicsize */
11      0,                             /* tp_itemsize */
12      0,                             /* tp_dealloc */
13      0,                             /* tp_print */
14      0,                             /* tp_getattr */
15      0,                             /* tp_setattr */
16      0,                             /* tp_reserved */
17      0,                             /* tp_repr */
18      0,                             /* tp_as_number */
19      0,                             /* tp_as_sequence */
20      0,                             /* tp_as_mapping */
21      0,                             /* tp_hash */
22      0,                             /* tp_call */
23      0,                             /* tp_str */
24      0,                             /* tp_getattro */
25      0,                             /* tp_setattro */
26      0,                             /* tp_as_buffer */
27      Py_TPFLAGS_DEFAULT,            /* tp_flags */
28      "Circle objects",             /* tp_doc */
29: };
```

위에서 선언한 circle_CircleType은 새로 생성한 타입인 circle이 동작하는 데 필요한 함수와 데이터를 연결하는 역할을 합니다. 예제에서는 단지 타입의 이름, 기본 크기, 타입에 대한 설명만 추가했기 때문에 circle 타입은 아무것도 하지 못하는 프로토타입입니다. Circle이 요구하는 함수를 구현하면 circle_CircleType에 연결해야 합니다. 이 부분은 뒤에서 자세히 이야기하겠습니다. 이제 Circle 타입이 실제로 만들어지는 부분을 보겠습니다.

```
43      circle_CircleType.tp_new = PyType_GenericNew;
44      if (PyType_Ready(&circle_CircleType) < 0)
45          return NULL;
```

파이썬에서 제공하는 함수 PyType_GenericNew()를 통해 미리 타입에 대한 메모리 공간을 확보한 다음 PyType_Ready()로 초기화합니다.

```
51      Py_INCREF(&circle_CircleType);
52      PyModule_AddObject(m, "Circle", (PyObject *)&circle_CircleType);
```

그리고 circle의 레퍼런스 카운트를 증가시킵니다. PyModule_AddObject() 함수를 통해서 모듈 사전에 circle 타입을 등록하고, 인스턴스를 생성할 수 있게 해줍니다.

이제 우리가 만든 타입을 테스트해 보겠습니다. 빌드에는 distutils을 이용하겠습니다.

circle.c에 위 예제를 입력하고 setup.py 파일을 생성한 후 다음과 같이 작성합니다.

```
from distutils.core import setup, Extension
setup(name="circle",
      version="1.0",
      ext_modules=[Extension("circle", ["circle.c"])])
```

윈도우 명령 프롬프트에서 다음 명령을 실행합니다. 아래 setup.py가 정상적으로 수행 되려면 컴파일러와 링커가가 윈도우에 설치되어 있어야 합니다. visual studio 혹은 윈도우용 GCC/C++ 설치 되어 있는지 확인 하세요.

```
python.exe setup.py install
```

자동으로 circle.c가 컴파일되고 생성된 파일은 파이썬 기본 디렉터리에 설치됩니다. 실행결과는 다음과 같습니다.

```
>>> import circle
>>> circle.__doc__
'Example module that creates an extension type.'
>>> a = circle
>>> b = circle(1)
Traceback (most recent call last):
  File "<stdin>", line 1, in <module>
TypeError: 'module' object is not callable
```

현재는 빈 타입이라서 초기화할 때 값을 입력하면 위와 같이 에러가 발생합니다.

지금까지는 타입의 뼈대를 만드는 작업이었습니다. 이제부터는 살을 붙이는 작업을 해야 하는데, circle type은 color와 radius 값을 가지고(이것은 멤버 변수가 됩니다) circle의 color 값을 출력하는 메서드와 circle의 넓이를 구하는 메서드를 추가하겠습니다. 그리고 더하기 연산이 가능하도록 만들겠습니다(이것들이 circle 타입 객체의 기능이 되는 겁니다).

파이썬에서 Circle Type이 사용된다면 아래와 같을 것입니다.

```
>>> import circle
>>> c1 = circle.Circle(radius=2)
>>> c2 = circle.Circle(color='red'.encode('utf8'), radius=3)
```

먼저 전체 코드를 보겠습니다.

예제 circle.c circle 타입의 전체 코드. 더하기 연산을 지원합니다

```
001  #include <Python.h>
002  #include "structmember.h"      ◀──── PyMethodDef 구조체를 사용하기 위해 인클루드합니다.
003  #define PI  3.14
004  typedef struct {
005      PyObject_HEAD
006      PyObject *color;          ◀──── 인스턴스 멤버: circle color
007      int radius;               ◀──── 인스턴스 멤버: circle radius
008  } circle_CircleObject;
```

```
009  static PyObject *
010  Circle_new(PyTypeObject *type, PyObject *args, PyObject *keywords)
011  {
012      circle_CircleObject *self;
013      self = (circle_CircleObject *)type->tp_alloc(type, 0);     ◀──── type allocation
014      if (self != NULL) {
015          self->color = PyUnicode_FromString("");
016              if (self->color == NULL)
017              {
018                  Py_DECREF(self);
019                  return NULL;
020              }
021
022          self->radius = 0;
023      }
024      return (PyObject *)self;
025  }
026  static void
027  Circle_dealloc(circle_CircleObject* self)
028  {
029      Py_XDECREF(self->color);
030      Py_TYPE(self)->tp_free((PyObject*)self);
031  }
032  static int
033  Circle_init(circle_CircleObject *self, PyObject *args, PyObject *keywords)
034  {
035      PyObject *color=NULL, *tmp=NULL;
036      static char *keywordList[] = {"color", "radius", NULL};
037      if (! PyArg_ParseTupleAndKeywords(args, keywords, "|Si", keywordList,
038                              &color, &self->radius))
039          return -1;
040      if (color) {        ◀──── 인자 초기화
041          tmp = self->color;
042          Py_INCREF(color);
043          self->color = color;
044          Py_XDECREF(tmp);     ◀──── 이전 인스턴스에 대해 레퍼런스 카운트를 감소시킵니다.
045      }
046      return 0;
```

```
047  }
048
049  static PyMemberDef Circle_members[] = {        ⟵── 외부 객체에 공개될 인스턴스 멤버를 등록합니다
050      {"color", T_OBJECT_EX, offsetof(circle_CircleObject, color), 0,
051      "color of circle"},
052      {"radius", T_INT, offsetof(circle_CircleObject, radius), 0,
053      "radius of circle"},
054      {NULL}        ⟵── 구조체의 끝
055  };
056
057
058  static PyObject *        ⟵── 사용자정의 함수 구현부
059  Circle_color(circle_CircleObject* self)
060  {
061      static PyObject *fmt = NULL;
062      PyObject *tmp, *result;
063      if (fmt == NULL) {
064          fmt = PyUnicode_FromString("The circle color is %s");
065          if (fmt == NULL)
066              return NULL;
067      }
068      if (self->color == NULL) {
069          PyErr_SetString(PyExc_AttributeError, "color");
070          return NULL;
071      }
072
073      tmp = Py_BuildValue("S", self->color);
074      if (tmp == NULL)
075          return NULL;
076      result = PyUnicode_Format(fmt, tmp);
077      Py_DECREF(tmp);        ⟵── 레퍼런스 카운트를 감소시킵니다
078
079      return result;
080  }
081  static PyObject *
082  Circle_area(circle_CircleObject* self)
083  {
084      int area_circle = 0;
```

```
085
086        if (self->radius < 0){
087        PyErr_SetString(PyExc_AttributeError, "radius");
088            return NULL;
089        }
090        area_circle = (int)(2 * (PI*(self->radius) ));
091
092        return Py_BuildValue("i", area_circle);
093    }
094
095    static PyMethodDef Circle_methods[] = {        ←——— 사용자정의 함수
096        {"color", (PyCFunction)Circle_color, METH_NOARGS,
097        "Return the color of circle"
098        },
099        {"area", (PyCFunction)Circle_area, METH_NOARGS,
100        "the area of a circle."
101        },
102        {NULL}
103    };
104    static PyObject* Circle_add(circle_CircleObject* self, circle_CircleObject* target)
105    {
106        self->radius += target->radius;
107        return Py_BuildValue("i", self->radius);
108    }
109    static PyObject* Circle_multiply(circle_CircleObject* self, circle_CircleObject* target)
110    {
111        PyErr_SetString(PyExc_NotImplementedError, "The multiply has been not Implemented");
112        return NULL;
113    }
114    static PyNumberMethods circle_number = {
115        (binaryfunc) Circle_add, /*nb_add*/
116        (binaryfunc) 0, /*nb_subtract*/
117        (binaryfunc) Circle_multiply, /*nb_multiply*/
118        (binaryfunc) 0 /*nb_remainder*/
119    };
120    static PyTypeObject circle_CircleType = {
121        PyObject_HEAD_INIT(NULL)
122        "circle.Circle",                /* tp_name */
```

```
123     sizeof(circle_CircleObject), /* tp_basicsize*/
124     0,                      /* tp_itemsize */
125     (destructor)Circle_dealloc, /* tp_dealloc */
126     0,                      /* tp_print */
127     0,                      /* tp_getattr */
128     0,                      /* tp_setattr */
129     0,                      /* tp_reserved */
130     0,                      /* tp_repr */
131     &circle_number,          /* tp_as_number */
132     0,                      /* tp_as_sequence */
133     0,                      /* tp_as_mapping */
134     0,                      /* tp_hash  */
135     0,                      /* tp_call */
136     0,                      /* tp_str */
137     0,                      /* tp_getattro */
138     0,                      /* tp_setattro */
139     0,                      /* tp_as_buffer */
140     Py_TPFLAGS_DEFAULT | Py_TPFLAGS_BASETYPE,   /* tp_flags */
141     "The color & radius of circle has been saved",  /* tp_doc */
142     0,      /* tp_traverse */
143     0,      /* tp_clear */
144     0,      /* tp_richcompare */
145     0,      /* tp_weaklistoffset */
146     0,      /* tp_iter */
147     0,      /* tp_iternext */
148     Circle_methods,     /* tp_methods */
149     Circle_members, /* tp_members */
150     0,      /* tp_getset */
151     0,      /* tp_base */
152     0,      /* tp_dict */
153     0,      /* tp_descr_get */
154     0,      /* tp_descr_set */
155     0,      /* tp_dictoffset */
156     (initproc)Circle_init, /* tp_init */
157     0,                      /* tp_alloc */
158     Circle_new,   /* tp_new */
159  };
160  static PyModuleDef circlemodule = {
```

```
161     PyModuleDef_HEAD_INIT,
162     "circle",
163     "Example module that creates an extension type.",
164     -1,
165     NULL, NULL, NULL, NULL, NULL
166  };
167
168  PyMODINIT_FUNC
169  PyInit_circle(void)
170  {
171     PyObject* m;
172     if (PyType_Ready(&circle_CircleType) < 0)
173         return NULL;
174     m = PyModule_Create(&circlemodule);
175     if (m == NULL)
176         return NULL;
177     Py_INCREF(&circle_CircleType);
178     PyModule_AddObject(m, "Circle", (PyObject *)&circle_CircleType);
179     return m;
180  }
```

위의 circle 타입의 초기 모습과 비교해서 많은 부분이 추가되고 기존의 코드도 조금씩 바뀌었습니다. 차근차근 살펴보겠습니다.

인스턴스 부분(circle_CircleObject)을 보면 새로운 변수 2개가 추가됐습니다. 이는 인스턴스 멤버가 될 것이고 PyObject 형으로 색깔, int 형으로 반지름값(radius)을 저장할 수 있습니다.

```
010  Circle_new(PyTypeObject *type, PyObject *args, PyObject *keywords)
011  {
012     circle_CircleObject *self;
013     self = (circle_CircleObject *)type->tp_alloc(type, 0);      ◄─── type allocation
014     if (self != NULL) {
015         self->color = PyUnicode_FromString("");
016             if (self->color == NULL)
017             {
018                 Py_DECREF(self);
019                 return NULL;
```

```
020            }
021
022        self->radius = 0;
023      }
024    return (PyObject *)self;
025  }
```

위의 '뼈대' 코드에서는 PyInit_circle() 함수 부분에서 타입에 대한 메모리를 할당해주는데, 여기서는 Circle_new에서 메모리에 할당하고 인스턴스 멤버값을 기본값으로 초기화합니다. 당연히 PyInit_circle()에서 인스턴스를 초기화하는 부분은 빠져 있고, circle_CircleType 의 /* tp_new */ 부분이 Circle_new 함수 포인터로 연결돼 있습니다.

타입을 생성할 때 매개변수를 넣으면 매개변수 값이 인스턴스 멤버 변수에 저장되는데, 이는 Circle_init() 함수에서 처리를 해줍니다. circle에서는 PyArg_ParseTupleAndKeywords() 함수를 사용했기 때문에 매개변수를 입력할 때 사전 형식을 사용해 아래처럼 작성할 수 있습니다.

```
>>> c1 = circle.Circle(radius=2)
>>> c2 = circle.Circle(color='red'.encode('utf8'), radius=3)
```

```
027  Circle_dealloc(circle_CircleObject* self)
028  {
029      Py_XDECREF(self->color);
030      Py_TYPE(self)->tp_free((PyObject*)self);
031  }
```

메모리를 할당했으면 해제하는 부분도 있어야 합니다. 만약 Circle에 대한 레퍼런스 카운트가 0으로 바뀐다면 Circle_dealloc()이 실행됩니다. Circle_dealloc() 함수는 인스턴스 멤버인 color의 레퍼런스 카운트를 낮추고 할당받았던 메모리 공간을 해제합니다.

```
095  static PyMethodDef Circle_methods[] = {     ←──── 사용자정의 함수
096      {"color", (PyCFunction)Circle_color, METH_NOARGS,
097      "Return the color of circle"
098      },
099      {"area", (PyCFunction)Circle_area, METH_NOARGS,
100      "the area of a circle."
```

```
101        },
102        {NULL}
103  };
```

타입을 위한 추가 함수는 앞 절에서 배운 확장 모듈에서 사용했던 방법과 매우 유사합니다. 해당 함수를 생성하고 이를 PyMethodDef의 구조체에 연결합니다. 다른 점은 Circle_methods() 함수 포인터를 PyTypeObject와 연결해 준다는 것입니다. 148번 줄에서 생성한 Circle_methods 구조체를 tp_methods 부분에 지정합니다.

```
148       Circle_methods,    /* tp_methods */
```

파이썬에선 새로 만들어지는 타입의 기본 메서드를 처리할 수 있는 모듈을 제공해줍니다. 예를 들어, circle 타입을 대상으로 더하기 연산을 가능하게 하려면 더하기 연산을 처리하는 함수를 만들고 특별한 구조체와 연결해야 합니다. 파이썬에서 더하기 연산을 하면 특별한 구조체에 등록된 함수가 호출됩니다.

이러한 기본적인 메서드로는 사칙연산, 비트 연산, 인덱싱, 슬라이스가 있고 수치형, 시퀀스, 매핑으로 세 부분으로 나뉩니다. 사칙연산, 비트 연산 같은 수치형 메서드는 PyNumberMethods, 슬라이스와 같은 연산은 시퀀스형 메서드인 PySequenceMethods, 매핑형 메서드는 PyMappingMethods라는 미리 정의돼 있는 각 구조체에 함수를 연결해주면 됩니다.

여기서는 수치형 메서드인 더하기, 곱하기에 대한 처리를 추가하겠습니다. 더하기와 곱하기는 수치형 메서드이므로 PyNumberMethods 구조체를 사용해야 합니다.

우선 더하기 연산을 위한 함수를 생성합니다. Circle_add() 함수를 생성하고, '+' 연산일 때 어떻게 처리할 것인가를 지정합니다. 이번 예제에서는 인스턴스 멤버 간 반지름값을 더하도록 만들었습니다.

이후 아래처럼 각 함수 포인터를 circle_number 구조체에 연결합니다.

```
114  static PyNumberMethods circle_number = {
115       (binaryfunc) Circle_add, /*nb_add*/
116       (binaryfunc) 0, /*nb_subtract*/
117       (binaryfunc) Circle_multiply, /*nb_multiply*/
118       (binaryfunc) 0 /*nb_remainder*/
119  };
```

이를 PyTypeObject의 tp_as_number 부분에 지정합니다.

```
131        &circle_number,        /* tp_as_number */
```

이제 모든 준비가 끝났습니다. 빌드를 수행하고 테스트를 해보겠습니다.

```
>>> import circle
>>> a = circle.Circle(color='red'.encode('utf8'), radius=1)
>>> b = circle.Circle(color='blue'.encode('utf8'), radius=3)
>>> a.area()      ◀── circle a의 넓이
6
>>> b.color()     ◀── circle b의 색
"The circle color is b'blue'"
>>> a + b         ◀── 더하기 성공! a의 radius은 4입니다.
4
>>> a * b         ◀── 곱하기 연산은 실제로 구현돼 있지 않으므로 에러가 발생합니다.
Traceback (most recent call last):
  File "<pyshell#17>", line 1, in <module>
    a*b
NotImplementedError: The multiply has been not Implemented
```

이렇게 간단하게 circle 타입을 만들어 보았습니다. 여기서 생성한 타입은 가장 기본적인 기능만 가진 것입니다. 실제로 파이썬에서 사용할 새로운 타입을 C와 연동해서 만들려면 많은 노력이 필요하지만 타입을 쉽게 생성할 수 있도록 많은 지원을 해주기 때문에 천천히 따라가면 원하는 타입을 만들 수 있습니다.

뱀잡기 🐍

파이썬은 확장 모듈을 검사하기 위한 추가적인 매크로와 모듈을 가지고 있습니다. 이 기능들은 런타임에서 성능에 큰 영향을 미치기 때문에 활성화 되어 있지 않습니다. 레퍼런스 카운트 트레이스, 디버그 매크로, 메모리 할당 디버깅, 메인 인터프린터 프로파일링을 위해서 디버깅 모드로 파이썬을 빌드 해야 하며 파이썬 소스에 Misc/SpecialBuilds.txt에 여러가지 빌드 방법이 나와 있습니다.

09 ctypes

파이썬에서 외부 라이브러리를 쓰기 위해서는 위에서 설명했듯이 확장 모듈을 만들고 그 속에서 외부 라이브러리를 호출하는 방법이 있습니다. 사실 이보다 훨씬 더 간단한 방법이 있었는데, 바로 파이썬에서 제공하는 ctypes 모듈을 사용하는 것입니다. ctypes 모듈을 이용하면 C의 데이터 타입이나, DLL 혹은 공유 라이브러리^{shared library} 의 함수를 직접 사용할 수 있습니다. ctypes를 사용하는 방법은 매우 간단합니다. 다음 예제를 보겠습니다.

```
>>> import ctypes          ← window에서 테스트 한 결과.
>>> print(ctypes.windll.kernel32)
<WinDLL 'kernel32', handle ... at ...>
>>> print(ctypes.cdll.msvcrt)
<CDLL 'msvcrt', handle ... at ...>
```

단지 ctypes를 임포트하는 것으로 모든 준비가 끝납니다. 위 예제에서는 'stdcall' 방식의 함수는 windll로, 'cdecl' 방식의 함수는 cdll을 통해 호출하는 것을 보여줍니다.

이제는 직접 윈도우에 들어 있는 kernel32.dll 안의 함수를 호출해 보겠습니다.

```
>>> print(hex(ctypes.windll.kernel32.GetModuleHandleA(None)))
0x1d000000
```

> **뱀잡기** 🐍
>
> stdcall와 cdecl은 함수 호출 규약이며, 함수가 호출될 때 매개변수가 스택에서 어떻게 전달되는지에 따라 stdcall과 cdecl로 나눌 수 있습니다. stdcall은 불려진 함수가 스택에서 인자를 꺼내는(pop) 것이고, cdecl은 호출한 함수에서 스택의 인자를 꺼냅니다.

ctypes는 외부 함수 호출 말고도 C의 데이터 타입을 바로 쓸 수가 있습니다. 아래는 기본적인 ctypes 함수가 지원하는 타입입니다.

ctypes 타입	C 타입	파이썬 타입
c_short	Short	int
c_ushort	unsigned short	int

ctypes 타입	C 타입	파이썬 타입
c_int	Int	int
c_uint	unsigned int	int
c_long	Long	int
c_ulong	unsigned long	int
c_longlong	__int64 혹은 long long	int
c_ulonglong	unsigned __int64 혹은 unsigned long long	int
c_float	Float	float
c_double	Double	float
c_longdouble	long double	float
c_char_p	char * (NULL terminated)	unicode 혹은 None
c_wchar_p	wchar_t * (NULL terminated)	unicode 혹은 None

이를 이용해 간단한 예제를 만들겠습니다.

```
>>> from ctypes import *
>>> i = c_int(10)
>>> print("ctypes : ", i ,", value : ", i.value )
ctypes : c_long(10), value : 10
```

또한 다음 예제와 같이 ctypes는 포인터도 지원합니다.

```
>>> k = c_int(10)
>>> pk = pointer(k)          ←──  c_int(10)의 포인터 값을 가져옵니다.
>>> print("position :", pointer(k), ", contents :", pk.contents)
position : <__main__.LP_c_long object at 0x018931C0> , contents : c_long(10)
```

게다가 구조체와 유니온 union 은 다음과 같이 표현할 수 있습니다.

```
>>> import ctypes
>>> class POINT(ctypes.Structure):
        _fields_ = [("x", ctypes.c_int), ("y", ctypes.c_int)]
>>> point = POINT(10, 20)
>>> print(point.x, point.y)
```

```
10 20
>>> point = POINT(y=5)
>>> print(point.x, point.y)
0 5
```

구조체와 유니온은 파이썬에서 class로 표현되기 때문에 일단 class 객체를 생성하고

fields 멤버 변수를 이용해 각 멤버 변수를 설정해주는 것입니다. 다음 예제에서는 실제로 ctypes을
어떻게 사용하는지 보겠습니다.

우선 윈도우에는 사용자에게 메시지 박스를 보여주는 MessageBoxA()라는 함수가 정의돼 있습니다.
winuser.h 헤더파일에 정의돼 있는 MessageBoxA는 다음과 같습니다.

```
WINUSERAPI int WINAPI
MessageBoxA(
    HWND hWnd,
    LPCSTR lpText,
    LPCSTR lpCaption,
    UINT uType);
```

ctypes 모듈을 이용해 이를 래핑 ^{wrapping} 해 보겠습니다.

```
>>> from ctypes import c_int, WINFUNCTYPE, windll
>>> from ctypes.wintypes import HWND, LPCWSTR, UINT
>>> prototype = WINFUNCTYPE(c_int, HWND, LPCWSTR, LPCWSTR, UINT)
>>> paramflags = (1, "hwnd", 0), (1, "text", "Hi"), (1, "caption", None), (1, "flags", 0)
>>> MessageBox = prototype(("MessageBoxA", windll.user32), paramflags)
```

이제 파이썬에서 MessageBox는 윈도우의 MessageBoxA() 함수를 가리킵니다. MessageBox를 아
래와 같이 호출해 보겠습니다.

```
>>> MessageBox(text="Please, programming with python")
>>> MessageBox(text="Do you know about python?", flags=3)
```

다음과 같이 윈도우의 메시지 창이 나타나는 것을 볼 수 있습니다.

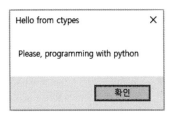

그림 9-6 ctypes 모듈을 이용해 메시지 박스를 띄운 화면

래핑 없이 ctypes을 사용할 수도 있습니다. 위 MessageBoxA 함수를 ctypes로 직접 사용하고 싶다면 아래 예제처럼 실행하면 됩니다.

```
>>> MB_OK = 0x0
>>> ctypes.windll.user32.MessageBoxA(0, "Please, programming with python".encode('utf8'),"ctype
title".encode('utf8'), MB_OK)
```

2부

중요 모듈

파이썬이 다른 언어에 비해 강점을 가지는 부분이 많지만, 특히 그 중에서도 제공하는 모듈이 풍부하다는 점이 상당히 큰 비중을 차지합니다. 이처럼 파이썬이 제공하는 수많은 모듈을 자유자재로 사용하기 위해 2부에서는 파이썬의 다양한 모듈의 사용법을 알아보겠습니다.

2부는 다음과 같은 세 가지 방법으로 모듈을 설명합니다.

- 함수 단독으로 사용 가능한 경우에는 함수 설명과 해당 함수에 대한 실용적인 예제를 이어서 설명합니다.
- 함수들이 몇 개 모여야만 어떤 기능을 수행할 수 있는 모듈의 경우에는 간단히 함수에 대해 설명한 후 함수의 조합을 예로 들어 설명합니다.
- 커다란 기능을 수행하는 프로그램을 예로 들어야 이해하기 쉬운 모듈의 경우에는 간단히 모듈에 대해 설명한 후 프로그램을 작성하며 설명합니다.

혹은 위 세 가지 방법을 혼합해서 설명할 수도 있습니다. 2부를 모두 다 읽고 나면 파이썬의 기본적인 모듈에 대한 지식과 사용법을 마스터할 수 있을 것이라 믿습니다.

- 문자열 다루기
- 날짜 이야기
- 숫자 이야기
- 파일 시스템을 자유자재로
- 데이터베이스
- 운영체제 관련 주요 모듈
- XML
- 파이썬과 인터넷
- 더 견고한 코드 만들기
- distutils를 이용한 배포
- 파이썬3를 활용한 통계 분석 - 선형 회귀
- pypy
- 구글 앱 엔진과 구글 클라우드 플랫폼

10

문자열 다루기

01 파이썬이란?

str은 2장에서 배웠듯이 파이썬에 기본적으로 내장돼 있는 클래스입니다. 사실 문자열을 다루는 건 어느 언어로 프로그램을 작성하든 매우 기본적이며 자주 쓰이는 기능입니다. 그래서 str이 따로 임포트할 필요가 없는 기본 클래스임에도 이 장에서 str 클래스의 멤버 메서드의 사용법을 자세히 배워보겠습니다. 우선 str 클래스에는 어떤 멤버 메서드가 있는지 알아보겠습니다.

```
>>> dir(str)
[ ... , 'capitalize', 'center', 'count', 'encode', 'endswith', 'expandtabs', 'find', 'format',
'index', 'isalnum', 'isalpha', 'isdecimal', 'isdigit', 'isidentifier', 'islower', 'isnumeric',
'isprintable', 'isspace', 'istitle', 'isupper', 'join', 'ljust', 'lower', 'lstrip', 'maketrans',
'partition', 'replace', 'rfind', 'rindex', 'rjust', 'rpartition', 'rsplit', 'rstrip', 'split',
'splitlines', 'startswith', 'strip', 'swapcase', 'title', 'translate', 'upper', 'zfill']
```

이 중에서 이미 8장 '입출력'에서 rjust(), ljust(), center(), zfill(), format() 등의 str 멤버 메서드의 사용법을 배웠으므로 여기서는 나머지 메서드의 사용법을 살펴보겠습니다.

capitalize()

첫 문자를 대문자로, 나머지 문자를 소문자로 바꿔줍니다.

```
>>> "PYTHON".capitalize()
'Python'
>>> "python is powerful".capitalize()
'Python is powerful'
```

count(keyword, [start, [end]])

keyword가 몇 번이나 포함돼 있는지 알려줍니다. start, end를 지정하면 슬라이싱과 같은 효과가 나타납니다. 즉, count에 대한 검색 범위를 줄 수 있습니다.

```
>>> "python is powerful".count('p')          ◄─── [5:]으로 슬라이싱하고 count한 결과와 동일
2
>>> "python is powerful".count('p', 5)
1
>>> "python is powerful".count('p', 0, -1)   ◄─── [0:-1]으로 슬라이싱하고 count한 결과와 동일
2
```

encode([encoding, [errors]])

encode() 메서드는 2장에서도 잠시 나온 적이 있는데, 파이썬 3에서 str 클래스는 기본적으로 모두 유니코드입니다. encode()를 거치면 인코딩이 있는 바이너리로 변환됩니다.

```
>>> "가나다".encode('cp949')          ◄─── 윈도우에서 사용하는 'CP949'로 변환
b'\xb0\xa1\xb3\xaa\xb4\xd9'
>>> "가나다".encode('utf-8')          ◄─── 'UTF-8'로 변환
b'\xea\xb0\x80\xeb\x82\x98\xeb\x8b\xa4'
```

두 번째 인자는 UnicodeEncodeError에 대한 처리 방침을 나타냅니다. 디폴트인 'strict'로 지정돼 있으면 다음과 같이 올바르지 않은 인코딩을 적용했을 때 UnicodeEncodeError 예외가 발생합니다.

```
>>> "가나다".encode('latin1', 'strict')
Traceback (most recent call last):
  File "<pyshell#37>", line 1, in <module>
    "가나다".encode('latin1', 'strict')
UnicodeEncodeError: 'latin-1' codec can't encode characters in position 0-2: ordinal not in range(256)
```

그 외에 'ignore'로 지정하면 에러가 난 부분을 무시하며, 'replace'는 '?' 등의 적절한 replace 문자로 대체하고, 'xmlcharrefreplace'는 XML 표현 방식으로, 'backslashreplace'는 역슬래시 표현 방식으로 대체합니다.

```
>>> "가나다abc".encode('latin1', 'ignore')
b'abc'
>>> "가나다abc".encode('latin1', 'replace')
b'???abc'
>>> "가나다abc".encode('latin1', 'xmlcharrefreplace')
b'&#44032;&#45208;&#45796;abc'
>>> "가나다abc".encode('latin1', 'backslashreplace')
b'\\uac00\\ub098\\ub2e4abc'
```

endswith(postfix, [start, [end]])

postfix로 문자열이 끝나면 True를 반환하고 그 밖의 경우에는 False를 반환합니다. start, end를 지정하면 슬라이싱한 것과 같은 효과가 나타납니다.

```
>>> "python is powerful".endswith('ful')
True
>>> "python is powerful".endswith('ful', 5)        ◀── [5:]으로 슬라이싱하고 endswith한 결과와 동일
True
>>> "python is powerful".endswith('ful', 5, -1)    ◀── [5:-1]으로 슬라이싱하고 endswith한 결과와 동일
False
```

또한 다음과 같이 postfix에는 튜플도 사용할 수 있습니다.

```
>>> "python is powerful".endswith(('m', 'l'))
True
```

expandtabs([tabsize])

tab을 공백으로 치환합니다. 디폴트 tabsize는 8자입니다.

```
>>> "python\tis\tpowerful"
'python\tis\tpowerful'
>>> "python\tis\tpowerful".expandtabs()
'python  is      powerful'
>>> "python\tis\tpowerful".expandtabs(1)
'python is powerful'
```

find(keyword, [start, [end]])

문자열 keyword가 나타나는 첫 번째 인덱스를 반환합니다. start, end를 지정하면 슬라이싱한 것과 같은 효과를 볼 수 있습니다. keyword를 찾지 못하는 경우에는 −1을 반환합니다.

```
>>> "python is powerful".find('p')
0
>>> "python is powerful".find('p', 5, -1)    ◀──── [5:−1]으로 슬라이싱하고 find한 결과와 동일
10
>>> "python is powerful".find('pa')          ◀──── 키워드를 문자열에서 찾지 못하는 경우
-1
```

index(keyword, [start, [end]])

find() 메서드와 동일하게 동작하지만, keyword를 찾지 못하는 경우 ValueError 예외가 발생합니다.

```
>>> "python is powerful".index('p')
0
>>> "python is powerful".index('p', 5, -1)    ◀──── [5:−1]으로 슬라이싱하고 index한 결과와 동일
```

```
10
>>> "python is powerful".index('pa')          ←——— 키워드를 문자열에서 찾지 못하는 경우
Traceback (most recent call last):
  File "<pyshell#78>", line 1, in <module>
    "python is powerful".index('pa')
ValueError: substring not found
```

isalnum()

알파벳과 숫자로 구성돼 있으면 True를 반환하고, 다른 문자가 하나라도 포함돼 있으면 False를 반환합니다.

```
>>> "python".isalnum()
True
>>> "python3000".isalnum()
True
>>> "python3.6".isalnum()          ←——— 문자열에 '.'이 존재
False
```

isalpha()

알파벳으로만 구성돼 있으면 True를 반환하고, 다른 문자가 하나라도 포함돼 있으면 False를 반환합니다.

```
>>> "python".isalpha()
True
>>> "python3000".isalpha()
False
```

islower()

모든 알파벳이 소문자이면 True를 반환하며, 대문자가 하나라도 섞여 있으면 False를 반환합니다. 알파벳 이외의 다른 문자에 대해서는 체크하지 않습니다.

```
>>> "python".islower()
True
```

```
>>> "Python".islower()
False
>>> "python3.6".islower()
True
```

isspace()

모두 공백 문자(Whitespace: 스페이스, 탭, 개행 문자)로 구성돼 있으면 True를 반환하고, 다른 문자가 섞여 있으면 False를 반환합니다.

```
>>> " ".isspace()          ◀──── 스페이스 문자
True
>>> "\t\n ".isspace()      ◀──── 탭, 개행, 스페이스 문자
True
>>> "\thi\n".isspace()
False
```

istitle()

문자열이 title 스타일인 경우에는 True를 반환하고, 그렇지 않으면 False를 반환합니다. 즉, 문자열의 모든 단어마다 대문자에 이어 소문자가 나와야만 True를 반환합니다.

```
>>> "python is powerful".istitle()
False
>>> "PYTHON IS POWERFUL".istitle()
False
>>> "Python Is Powerful".istitle()
True
```

isupper()

islower()와 정 반대로, 모든 알파벳이 대문자로 구성돼 있으면 True를 반환하고 그렇지 않으면 False를 반환합니다.

```
>>> "Python".isupper()
False
>>> "PYTHON".isupper()
True
>>> "PYTHON3.6".isupper()
True
```

isdecimal(), isdigit()

말 그대로 10진수로 구성돼 있으면 True를 반환하고, 다른 문자가 섞여 있으면 False를 반환합니다.
10진수를 나타내면 다음과 같이 ARABIC-INDIC DIGIT(U+0660~0669)도 True로 간주합니다.

```
>>> "2580".isdecimal()
True
>>> '\u0669', '\u0669'.isdecimal()
(' ', True)
>>> '\u00bc', '\u00bc'.isdecimal()
('¼', False)
```

isnumeric()

isdecimal()이 10진수 여부를 체크한다면, isnumeric()은 숫자 여부를 체크합니다. 즉, 숫자로 구성돼
있으면 True를 반환하고, 다른 문자가 섞여 있으면 False를 반환합니다.

```
>>> '\u00bc', '\u00bc'.isdecimal()
('¼', False)
>>> '\u00bc', '\u00bc'.isnumeric()
('¼', True)
```

isidentifier()

일반적으로 아스키 환경에서는 'a-z', 'A-Z' 혹은 '_' 로 시작하고 'a-z', 'A-Z', 숫자 혹은 '_' 로 구성돼
있으면 식별자^{identifier} 로 사용할 수 있습니다. 즉, 이 함수는 식별자의 경우에 True를 반환하고 아닌 경
우 False를 반환합니다. 예제처럼 아스키 뿐만 아니라 다국어 환경에 대한 결과도 반영됩니다.

isdecimal()은 False이며, isnumeric()은 True인 유니코드의 일부를 살펴보면 다음과 같습니다.

0xbc(¼)	0x2161(Ⅱ)	0x2171(ⅱ)	0x246a(⑪)	0x2482(⒂)
0xbd(½)	0x2162(Ⅲ)	0x2172(ⅲ)	0x246b(⑫)	...
0xbe(¾)	0x2163(Ⅳ)	0x2173(ⅳ)	0x246c(⑬)	
0x2153(⅓)	0x2164(Ⅴ)	0x2174(ⅴ)	0x246d(⑭)	
0x2154(⅔)	0x2165(Ⅵ)	0x2175(ⅵ)	0x246e(⑮)	
0x215b(⅛)	0x2166(Ⅶ)	0x2176(ⅶ)	0x247d(⑽)	
0x215c(⅜)	0x2167(Ⅷ)	0x2177(ⅷ)	0x247e(⑾)	
0x215d(⅝)	0x2168(Ⅸ)	0x2178(ⅸ)	0x247f(⑿)	
0x215e(⅞)	0x2169(Ⅹ)	0x2179(ⅹ)	0x2480(⒀)	
0x2160(Ⅰ)	0x2170(ⅰ)	0x2469(⑩)	0x2481(⒁)	

```
>>> "id_1".isidentifier()
True
>>> "1_id".isidentifier()
False
>>> chr(0xc0), chr(0xc0).isidentifier()
(' ', True)
```

isprintable()

프린트가 가능한 경우에 True를 반환하고 그렇지 않은 문자가 속한 경우에는 False를 반환합니다. 몇 가지 예를 들면, 다음과 같이 유니코드상에서 Other로 구분돼 있는 문자는 False를 반환합니다.

```
>>> "test".isprintable()
True
>>> '\u0014'.isprintable()
False
```

join(sequence)

순회 가능한 입력인 시퀀스 형 변수를 지정된 문자열로 연결해서 반환합니다. 즉, 아래에 나올 split과 정반대의 기능을 수행합니다.

```
>>> ".".join("HOT")
'H.O.T'
>>> "\t".join(["python","is","powerful"])
'python\tis\tpowerful'
```

lower()

모든 영문자를 소문자로 변환합니다.

```
>>> "PYTHON".lower()
'python'
>>> "PYTHON3.6".lower()
'python3.6'
```

lstrip([chars])

문자열의 왼쪽을 잘라냅니다. chars를 지정하지 않으면 공백 문자를 제거하며, 지정돼 있을 경우에는 chars의 모든 조합을 제거합니다.

```
>>> "\t  python".lstrip()
'python'
>>> ">>> python is powerful".lstrip("> ")
'python is powerful'
```

maketrans(x, [y, [z]])

이 함수는 translate() 함수에 쓰일 번역용 맵을 반환합니다. 인자가 하나인 경우에는 사전을 입력으로 받아야 하고, 인자가 두 개인 경우에는 길이가 같은 문자열을 입력으로 받아야 하며, 인자가 셋인 경우에는 길이가 같은 문자열 둘과 마지막 인자로 None으로 대체될 문자열을 입력받습니다.

단순히 maketrans() 함수만 쓴 경우는 다음과 같습니다.

```
>>> str.maketrans("p", "P")
{112: 80}
```

위에서 이야기한 바와 같이 다음 예제처럼 translate() 함수와 함께 사용해야 합니다.

```
>>> transmap = str.maketrans({"p":"P"})         ←—— 인자가 하나인 경우
>>> "python is powerful".translate(transmap)
'Python is Powerful'

>>> transmap = str.maketrans("poieu", "P0129")  ←—— 인자가 둘인 경우
>>> "python is powerful".translate(transmap)
'Pyth0n 1s P0w2rf9l'

>>> transmap = str.maketrans("p", "P", "!")      ←—— 인자가 셋인 경우
>>> "python is powerful!!!!!!!".translate(transmap)
'Python is Powerful'
```

partition(separator)

문자열을 separator로 나눕니다. 결과로는 앞부분, separator, 뒷부분의 세 튜플이 반환됩니다.

```
>>> "python is powerful".partition("is")
('python ', 'is', ' powerful')
```

replace(old, new, [count])

old를 new로 대체한 결과를 반환합니다. count를 인자로 준 경우에는 count 만큼의 횟수만 대체합니다.

```
>>> "python is powerful".replace("p", "P")
'Python is Powerful'
>>> "python is powerful".replace("p", "P", 1)
'Python is powerful'
```

rfind(keyword, [start, [end]])

문자열의 뒤에서부터 조사해서 keyword가 나타나는 첫 번째 인덱스를 반환합니다. find()와 마찬가지로 start, end를 지정하면 슬라이싱한 것과 같은 효과를 볼 수 있습니다. keyword를 찾지 못하는 경우에는 −1을 반환합니다.

```
>>> "python is powerful".rfind('p')
10
>>> "python is powerful".rfind('p', 0, 9)
0
>>> "python is powerful".rfind('pa')
-1
```

rindex(keyword, [start, [end]])

rfind() 메서드와 동일하게 동작합니다. 다만 keyword를 찾지 못하는 경우 ValueError 예외가 발생합니다.

```
>>> "python is powerful".rindex('p')
10
>>> "python is powerful".rindex('pa')
Traceback (most recent call last):
  File "<pyshell#175>", line 1, in <module>
    "python is powerful".rindex('pa')
ValueError: substring not found
```

rpartition(separator)

문자열을 뒤에서부터 검사해서 separator로 나눕니다. 결과로는 앞부분, separator, 뒷부분의 세 튜플이 반환됩니다.

```
>>> "python is powerful".rpartition("p")
('python is ', 'p', 'owerful')
```

rsplit([separator, [maxsplit]])

문자열을 separator로 분리합니다. 즉, join()과 반대되는 기능을 수행합니다. separator가 생략된 경우에는 공백 문자를 구분자^{separator} 로 삼습니다. maxsplit을 지정한 경우에는 뒤에서부터 maxsplit만큼만 분리합니다.

```
>>> "python is powerful".rsplit()
['python', 'is', 'powerful']
>>> "python is powerful".rsplit(' ', 1)
['python is', 'powerful']
```

rstrip([chars])

문자열의 오른쪽을 잘라냅니다. chars가 지정되지 않으면 공백 문자를 제거하며, 지정돼 있을 경우에는 chars의 모든 조합을 제거합니다.

```
>>> "python \t".rstrip()
'python'
>>> ">>> python is powerful <<<".rstrip("◇ ")
'>>> python is powerful'
```

split([separator, [maxsplit]])

문자열을 separator로 분리합니다. rsplit()과 거의 동일한 기능을 수행합니다. separator가 생략된 경우에는 공백 문자를 구분자^{separator} 로 삼으며, maxsplit을 지정한 경우에는 앞에서부터 maxsplit만큼만 분리합니다.

```
>>> "python is powerful".split()
['python', 'is', 'powerful']
>>> "python is powerful".split(' ', 1)
['python', 'is powerful']
```

splitlines([keep])

여러 라인으로 돼 있는 문자열을 분리합니다. keep을 True로 설정하면 구분자를 분리된 문자열에서 제거하지 않으며, 기본값인 False로 지정되면 제거합니다.

```
>>> "python\r\nis\npowerful".splitlines()
['python', 'is', 'powerful']
>>> "python\r\nis\npowerful".splitlines(True)
['python\r\n', 'is\n', 'powerful']
```

startswith(prefix, [start, [end]])

endswith()와 반대 기능을 수행합니다. 즉, prefix로 문자열이 시작하면 True를 반환하고 그외의 경우에는 False를 반환합니다. start, end를 지정하면 슬라이싱한 것과 같은 효과를 보게 됩니다.

```
>>> "python is powerful".startswith('py')
True
>>> "python is powerful".startswith('py', 5)
False
>>> "python is powerful".startswith('py', 0, 5)
True
>>> "python is powerful".startswith(('p', 'm'))
True
```

strip([chars])

문자열의 양쪽 끝을 잘라냅니다. chars를 지정하지 않으면 공백문자를 제거하며, chars를 지정하면 chars의 모든 조합을 제거합니다.

```
>>> "\t python \t".strip()
'python'
>>> ">>> python is powerful <<<".strip("◇ ")
'python is powerful'
```

swapcase()

영문자에 대해서만 소문자는 대문자로, 대문자는 소문자로 변환해서 반환합니다.

```
>>> "Python3.6".swapcase()
'pYTHON3.6'
```

title()

모든 단어에 대해서 첫 문자는 대문자로, 나머지 문자는 소문자로 변환합니다.

```
>>> "python is powerful".title()
'Python Is Powerful'
```

upper()

모든 영문 소문자를 대문자로 변환합니다. 즉, lower()와는 정반대되는 기능을 수행합니다.

```
>>> "Python3.6".upper()
'PYTHON3.6'
```

뱀잡기 🐍

2장에서 잠시 언급한 chr()과 ord()를 기억하시나요? ord()는 입력문자의 코드값을, 반대로 chr()은 코드가 나타내는 문자를 반환합니다. 문자열 클래스의 멤버함수는 아니지만, 이 두 함수를 이용해 가장 간단한 방법 중 하나인 카이사르 암호법을 이용해 보겠습니다. 카이사르 암호법은 각각의 알파벳을 나열한 후, 일정한 간격으로 옮기는 방법입니다. 예를 들어, 'GOOD'를 오른쪽으로 하나씩 옮기면 'HPPE'가 되어 알아보기 힘들어지는 것이죠. chr()과 ord()를 이용하면 아래 예제와 같이 간단하게 해결됩니다.

예제 caesar.py 카이사르 암호법 예제

```
01  SHIFT = 1
02
03  def encrypt(raw):
04      ret = ''
05      for char in raw:
06          ret += chr(ord(char) + SHIFT)
07      return ret
08
09  def decrypt(raw):
10      ret = ''
11      for char in raw:
12          ret += chr(ord(char) - SHIFT)
13      return ret
14
15  if __name__ == "__main__":
```

```
16      raw = input("input : ")
17      encrypted = encrypt(raw)
18      print("encrypted : " + encrypted)
19
20      decrypted = decrypt(encrypted)
21      print("decrypted : " + decrypted)
```

실행 결과

```
> caesar.py
input : hello
encrypted : ifmmp
decrypted : hello
```

02 정규 표현식(re) 모듈

정규 표현식 ^{Regular expression} 은 특정한 규칙을 가진 문자열을 표현하는 데 사용되는 형식 언어입니다. 주어진 패턴으로 문자열을 검색/치환하는 데 주로 사용되며, vi 같은 편집기와 sed, grep 같은 프로그램에서 널리 사용됩니다. 파이썬에서는 정규 표현식을 위해 re 모듈 ^{Regular Expression Module} 에 문자열 검색, 치환, 분리와 같은 기능을 제공합니다.

정규 표현식 문법

정규 표현식에서는 문자나 문자의 패턴을 나타내기 위한 특수 문자들이 있습니다.

특수 문자	의미
.	개행 문자를 제외한 문자 1자를 나타냅니다. re.DOTALL이 설정돼 있으면 개행을 포함한 문자 1자를 나타냅니다.
^	문자열의 시작을 나타냅니다. re.MULTILINE이 설정돼 있으면 매 라인마다 매치됩니다.
$	문자열의 종료를 나타냅니다. re.MULTILINE이 설정돼 있으면 매 라인마다 매치됩니다.
[]	문자의 집합을 나타냅니다. 예를 들어 [abcd]의 경우, 'a', 'b', 'c', 'd' 중 한 문자와 매치됩니다. 이렇게 문자의 집합을 나열하는 대신 [a~d]로 나타낼 수 있습니다. 또한 [^5]와 같이 '^'가 []안에서 쓰이는 경우에는 '5'를 제외한 모든 문자를 나타냅니다. [$]는 문자열의 종료를 나타내는대신 순수 '$'문자를 나타냅니다.

특수 문자	의미
|	'A|B'와 같은 경우 'A' 혹은 'B'를 나타냅니다(OR 연산).
()	괄호 안의 정규식을 그룹으로 만듭니다. 직접 '(', ')'(괄호)를 매칭시키기 위해 '\(', '\)'나 '[(]', '[)]'로 나타냅니다.
*	문자가 0회 이상 반복됨을 나타냅니다.
+	문자가 1회 이상 반복됨을 나타냅니다.
?	문자가 0 혹은 1회 반복됨을 나타냅니다.
{m}	문자가 m회 반복됨을 나타냅니다.
{m, n}	문자가 m회부터 n회까지 반복되는 모든 경우를 나타냅니다.
{m, }	문자가 m회부터 무한 반복되는 모든 경우를 나타냅니다.

일반 문자와 특수 문자의 조합으로 패턴을 만들어 문자열을 검색합니다. 아래는 각 정규 표현식의 예입니다.

- 정규식 'app.e'는 'apple', 'appLe', 'app-e', 'app4e', 'app e'이 매치됩니다
- 정규식 '^app'는 'apple and orange'는 매치되지만, 'orange and apple'는 매치되지 않습니다.
- 정규식 'ple$'는 'orange and apple'는 매치되지만, 'apple and orange'는 매치되지 않습니다.
- 정규식 'appl[a-z]'는 'apple', 'applz'와 같이 가장 마지막에 소문자가 오는 경우는 매치되지만, 'applE', 'appl4', 'appl_', 'appl '와 같은 경우는 매치되지 않습니다.
- 정규식 'appl[^a-z]'는 위의 경우와 반대로 마지막에 소문자가 오는 경우를 제외한 모든 경우에 매치됩니다.
- 정규식 'apple|E"는 'apple', 'applE'와 매치됩니다.
- 정규식 'ap*le'는 'ale', 'aple', 'apppple'와 같이 p가 0회 이상 반복되는 모든 경우와 매치됩니다.
- 정규식 'ap+le'는 'aple', 'apppple'와 매치되지만, 'ale'는 매치되지 않습니다.
- 정규식 'ap?le'는 'ale', 'aple'과 매치되지만, 'apple', 'apppple'와는 매치되지 않습니다.
- 정규식 'ap{2}le'는 'apple'만 매치되지만, 'ale', 'aple', 'apppple' 등과는 매치되지 않습니다.
- 정규식 'ap{2,4}le'는 'apple', 'apppple', 'appppple'와 매치되지만, 'ale', 'aple', 'apppppple' 등과는 매치되지 않습니다.
- 정규식 'ap{2,}le'는 'apple', 'appppppple'와 같이 p가 2회 이상 반복되는 모든 경우는 매치되지만, 'ale', 'aple'는 매치되지 않습니다.

또한 확장 문법으로 re 모듈에서는 자주 사용되는 문자열의 집합을 이스케이프 문자열 Escape sequence 로 미리 정의하고 있습니다.

종류	설명
\w	유니코드인 경우 숫자, 밑줄(underscore, '_')을 포함하는 모든 언어의 표현 가능한 문자입니다. 아스키(ASCII) 코드이면 '[a-zA-Z0-9_]'과 동일합니다.
\W	유니코드인 경우 숫자, 밑줄과 표현 가능한 문자를 제외한 나머지 문자입니다. 아스키 코드인 경우 '[^a-zA-Z0-9_]과 동일합니다.
\d	유니코드인 경우 [0-9]를 포함하는 모든 숫자입니다. 아스키 코드인 경우 [0-9]와 동일합니다.
\D	유니코드인 경우 숫자를 제외한 모든 문자입니다. 아스키 코드인 경우 [^0-9]와 동일합니다
\s	유니코드인 경우 [\t\n\r\f\v]를 포함하는 공백 문자입니다. 아스키 코드인 경우 [\t\n\r\f\v]과 동일합니다
\S	유니코드인 경우 공백문자를 제외한 모든 문자입니다. 아스키 코드인 경우 [^ \t\n\r\f\v]과 동일합니다.
\b	단어의 시작과 끝의 빈 공백입니다.
\B	단어의 시작과 끝이 아닌 빈 공백입니다.
\\	역슬래시(\) 문자 자체를 의미합니다.
\[숫자]	지정된 숫자만큼 일치하는 문자열을 의미합니다.
\A	문자열의 시작입니다.
\Z	문자열의 끝입니다.

re 모듈 함수

re $^{Regular\ Expression}$ 모듈에서 지원하는 함수는 아래와 같습니다. 공통적으로 사용된 pattern은 앞에서 설명한 정규 표현식이 사용되며, string에는 검색할 대상 문자열이 옵니다.

함수명	설명
re.search(pattern, string[, flags])	string 전체에 대해 pattern이 존재하는지 검사해 MatchObject 인스턴스를 반환합니다.
re.match(pattern, string[, flags])	string이 시작하는 부분부터 pattern이 존재하는지 검사해 MatchObject 인스턴스를 반환합니다.
re.split(pattern, string[, maxsplit=0])	pattern을 구분자로 string을 분리해 리스트로 반환합니다.
re.findall(pattern, string[, flags])	string에서 pattern과 매치되는 모든 경우를 찾아 리스트로 반환합니다.
re.finditer(pattern, string[, flags])	string에서 pattern과 일치하는 결과에 대한 이터레이터 객체를 반환합니다.
re.sub(pattern, repl, string[, count])	string에서 pattern과 일치하는 부분에 대해 repl로 교체해서 결과 문자열을 반환합니다.

함수명	설명
re.subn(pattern, repl, string[, count])	re.sub() 함수와 동일하게 동작하나, 결과로 (결과 문자열, 매칭 횟수)를 튜플로 반환합니다.
re.escape(string)	영문자, 숫자가 아닌 문자에 대하여 백슬래시 문자를 추가합니다. 메타문자를 포함한 문자열을 정규식으로 변경할 수 있습니다.
re.compile(pattern[, flags])	pattern을 컴파일해서 '정규 표현식 객체(regular expression object)'를 반환합니다.

첫 예제로 문자열 검색 함수에 대해 알아보겠습니다. re 모듈에는 문자열 검색을 위한 re.search()와 re.match() 함수가 있습니다. 두 함수는 공통된 특성이 많습니다. 두 함수 모두 첫 인자로 찾고자 하는 패턴을, 두 번째 인자로 검색 대상 문자열을 받아들입니다. 함수를 수행하면 Match 객체가 반환됩니다 (Match 객체에 대해서는 이번 장의 중반부 'Match 객체'에서 자세히 알아보겠습니다). 만약 검색 결과 일치하는 문자열이 없는 경우, 두 함수 모두 None을 반환합니다.

```
>>> import re
>>> re.match('[0-9]*th', '35th')          ◀─── 결과로 Match 객체를 반환합니다.
<_sre.SRE_Match object at 0x02F023A0>
>>> re.search('[0-9]*th', '35th')
<_sre.SRE_Match object at 0x02F023D8>
```

두 함수의 다른 점은 re.match() 함수의 경우 대상 문자열의 시작부터 검색하지만 re.search() 함수는 대상 문자열 전체를 대상으로 검색한다는 것입니다. 예를 들어 아래와 같이 검색의 대상이 되는 문자열에 공백이 있는 경우나 검색 키워드와 일치하는 문자열이 대상 문자열의 중간 이후에 존재하는 경우, re.match() 함수는 검색하지 못한다는 것을 알 수 있습니다.

```
>>> bool(re.match('[0-9]*th', '   35th'))       ◀─── 불린으로 검색 결과를 확인할 수 있습니다.
False
>>> bool(re.search('[0-9]*th', '   35th'))
True
>>> bool(re.match('ap', 'This is an apple'))     ◀─── 문자열의 시작부터 검색합니다.
False
>>> bool(re.search('ap', 'This is an apple'))    ◀─── 문자열 전체를 대상으로 검색합니다.
True
```

로 문자열 표기법 Raw string notation

이스케이프 문자열을 표현하기 위해 '\'(백슬래시) 문자를 사용하기 때문에 문자 '\'를 정규 표현식으로 표현하려면 '\\\\'로, 일반 문자열에서는 '\\'로 표현해야 합니다. 그래서 '\apple'이라는 문자열을 검색하려면 아래와 같이 매우 복잡한 형식으로 표현해야 합니다.

```
>>> bool(re.search("\\\\\w+", "\\apple"))
True
```

로 문자열 표기법은 문자열 앞에 'r'을 더한 것으로, \(백슬래시) 문자를 이스케이프 문자열로 처리하지 않고 일반 문자와 동일하게 처리합니다. 이렇게 함으로써 정규 표현식 및 문자열에서 '\'를 간단하게 표현할 수 있습니다. 일반적으로 정규 표현식에 사용되는 문자열에서는 이러한 편리함 때문에 많이 사용합니다.

```
>>> bool(re.search("\\\\\w+", "\\apple"))          ◀—— 로 표기법이 적용되지 않은 경우
True
>>> bool(re.search(r"\\\w+", r"\apple"))            ◀—— 로 표기법이 적용된 경우
True
```

다음은 대상 문자열을 입력된 패턴을 구분자로 분리하는 예제입니다. str.split() 메서드와 다르게 다양한 구분자 처리도 가능합니다. 또한 최대 분리 횟수를 지정한 경우, 해당 횟수만큼만 문자열을 분리합니다.

```
>>> re.split('[:. ]+', 'apple Orange:banana  tomato')         ◀—— ':.' 문자를 구분자로 사용합니다
['apple', 'Orange', 'banana', 'tomato']
>>> re.split('([:. ])+', 'apple Orange:banana  tomato')        ◀—— 패턴에 괄호를 사용하면 해당 분리문자도
['apple', ' ', 'Orange', ':', 'banana', ' ', 'tomato']            결과 문자열에 포함됩니다
>>> re.split('[:. ]+', 'apple Orange:banana  tomato', 2)       ◀—— maxsplit이 입력된 경우
['apple', 'Orange', 'banana  tomato']
```

다음처럼 여러 줄에 걸쳐서 작성된 문자열에 대해 빈 줄을 제외한 매 행을 리스트 객체에 저장할 수 있습니다.

```
>>> text = """Gee Gee Gee Gee Baby Baby Baby
Oh 너무 부끄러워
쳐다볼 수 없어"""
>>> re.split('\n+', text)
['Gee Gee Gee Gee Baby Baby Baby', 'Oh 너무 부끄러워', '쳐다볼 수 없어']
```

re.findall() 함수는 검색 문자열에서 패턴과 매칭되는 모든 경우를 찾아 리스트로 반환합니다. 만약 매치되는 문자열이 없는 경우, 빈 리스트를 반환합니다.

```
>>> re.findall(r"app\w*", "application orange apple banana")        ◀──── 매치되는 문자열이 있는 경우
['application', 'apple']
>>> re.findall(r"king\w*", "application orange apple banana")[]      ◀──── 매치되는 문자열이 없는 경우
```

패턴과 일치하는 문자열을 변경하기 위해 re.sub() 함수를 이용합니다. 첫 인자로 매칭할 패턴을, 두 번째 인자로 변경할 문자열, 세 번째 인자로 검색 대상 문자열을 입력합니다. 아래 예제는 주민등록번호 문자열에 대해 '−'를 제거하는 경우와 각 문자열 필드의 구분자를 하나로 통일시키는 경우입니다.

```
>>> re.sub("-", "", "901225-1234567")          ◀──── 주민등록번호 형식을 변경합니다.
'9012251234567'
>>> re.sub(r"[:,|\s]", ", ", "Apple:Orange Banana|Tomato")     ◀──── 필드 구분자를 통일합니다
'Apple, Orange, Banana, Tomato'
```

또한 아래와 같이 문자열의 변경 횟수를 제한할 수 있습니다.

```
>>> re.sub(r"[:,|\s]", ", ", "Apple:Orange Banana|Tomato", 2)
'Apple, Orange, Banana|Tomato'          ◀──── 2번만 변경이 발생합니다.
```

또한 변경할 문자열에 대해 매칭된 문자열을 사용할 수도 있습니다. 정규 표현식에서 매칭시킬 패턴 중 변경할 문자열에 사용할 부분에 대해 소괄호로 감싸주고, 변경할 문자열에 대해서는 '\〈숫자〉' 형태로 사용할 수 있습니다. 만약 매칭시킬 패턴에 명시적으로 이름을 지정('(?P〈패턴_이름〉)')하면 변경할 문자열에서도 그 이름을 '\g〈패턴_이름〉' 형태로 사용할 수 있습니다.

아래의 예제는 html 문장의 일부분 중 연도 부분을 이탤릭체로 변경하는 예제입니다.

```
>>> re.sub(r"\b(\d{4}-\d{4})\b", r"<I>\1</I>", "Copyright Derick 1990-2009")   ◀──── 결과 집합의 인덱스를
'Copyright Derick <I>1990-2009</I>'                                                    사용하는 경우
```

```
>>> re.sub(r"\b(?P<year>\d{4}-\d{4})\b", r"<I>\g<year></I>", "Copyright Derick 1990-2009")   ◀────
'Copyright Derick <I>1990-2009</I>'                              지정한 이름을 사용하는 경우 ───┘
```

다음은 변경할 문자열을 명시적으로 입력하는 대신 함수로 변경 작업을 수행하는 예제입니다. 두 번째 인자인 변경할 문자열 대신 미리 정의한 함수의 이름을 인자로 전달합니다.

```
>>> def Upper(m):
       return m.group().upper()
>>> re.sub("[T|t]he", Upper, "The time is the money")     ◀──  The, the에 대해 모두 대문자로 변경합니다
'THE time is THE money'
```

정규 표현식 객체

동일한 패턴을 연속적으로 검색하는 경우에도 지금까지 설명된 함수는 정규식으로 표현된 문장을 매번 다시 분석해서 검색합니다.

```
>>> import re
>>> re.findall(r"app\w*", "application orange apple banana")
['application', 'apple']
>>> re.findall(r"app\w*", "There are so many apples in the basket")     ◀──  동일한 정규식을 반복해서
['apples']                                                                    분석합니다
```

이러한 비효율적인 동작을 피하고자 정규 표현식을 컴파일해 정규 표현식 객체를 생성할 수 있습니다. 원형은 아래와 같습니다.

```
re.compile(pattern[, flags])
```

이렇게 생성된 정규 표현식 객체는 re 모듈에서 지원하던 모든 검색 함수를 정규식의 분석 없이 검색할 수 있기 때문에 동일 패턴을 반복적으로 검색하는 경우 성능 향상을 기대할 수 있습니다.

```
>>> c = re.compile(r"app\w*")     ◀──  정규식을 분석해 객체에 저장합니다.
>>> c.findall("application orange apple banana")     ◀──  분석없이 검색합니다.
['application', 'apple']
>>> c.findall("There are so many apples in the basket")
['apples']
```

다음의 표는 정규 표현식 객체가 지원하는 메서드로 re 모듈의 검색 함수와 이름이 동일하다는 것을 알 수 있습니다. 다른 점이 있다면 정규식이 이미 객체에 컴파일돼 있기 때문에 re 모듈과 다르게 정규식을 인자로 전달할 필요가 없습니다.

메서드	설명
search(string[, pos[, endpos]])	string의 전체에 대해 컴파일된 패턴이 존재하는지 검사해 MatchObject 인스턴스를 반환합니다.
match(string[, pos[, endpos]])	string에 시작 부분부터 컴파일된 패턴이 존재하는지 검사해 MatchObject 인스턴스를 반환합니다.
split(string[, maxsplit=0])	컴파일된 패턴을 구분자로 string을 분리해 리스트로 반환합니다.
findall(string[, pos[, endpos]])	string에서 컴파일된 패턴과 매치되는 모든 경우를 찾아 리스트로 반환합니다.
finditer(string[, pos[, endpos]])	string에서 컴파일된 패턴과 일치하는 결과에 대한 이터레이터 객체를 반환합니다.
sub(repl, string[, count=0])	string에서 컴파일된 패턴과 일치하는 부분에 대해 repl로 교체해 결과 문자열을 반환합니다.
subn(repl, string[, count=0])	re.sub() 함수와 동일하게 동작하나, 결과(결과 문자열, 매칭 횟수)를 튜플로 반환합니다.

또한 이렇게 compile() 함수를 이용해 정규식을 분석하는 경우, 추가적으로 몇 가지 옵션 플래그를 사용할 수 있습니다.

플래그	설명
re.I re.IGNORECASE	대소문자를 구분하지 않고 매칭 작업을 수행합니다.
re.M re.MULTILINE	문자열이 여러 줄인 경우, 이 플래그가 설정되면 '^'는 각 행의 처음을, '$'는 각 행의 마지막을 나타냅니다. 기본값은 '^'는 문자열의 첫 행의 처음을, '$'는 마지막 행의 마지막만을 나타냅니다.
re.S re.DOTALL	이 플래그가 설정되면 개행 문자도 '.'으로 매칭됩니다. 기본 값은 '.'은 개행 문자와 매칭되지 않습니다.
re.X re.VERBOSE	정규 표현식을 보기 쉽게 작성할 수 있습니다. 정규 표현식에서 '#'으로 시작하는 파이썬 주석과 빈 공백은 무시됩니다. 빈 공백을 표현하려면 '\ '으로 표현해야 합니다.
re.A re.ASCII	이 플래그가 설정되면 '\w', '\W', '\b', '\B', '\s', '\S'는 유니코드 대신에 아스키 코드만 매칭됩니다.
re.L re.LOCALE	이 플래그가 설정되면 '\w', '\W', '\b', '\B', '\s', '\S'는 현재 로케일 설정을 따릅니다. 파이썬 3 버전부터 기본적으로 유니코드가 사용되기 때문에 자주 사용되지는 않습니다.

아래는 문자열을 검색할 때 re.I를 설정해 대소문자를 구분하지 않는 예제입니다.

```
>>> import re
>>> s = 'Apple is a big company and apple is very delicious.'
>>> c = re.compile('apple')          ◀──── 대소문자를 구분하는 경우
>>> c.findall(s)
['apple']
>>> c = re.compile('apple', re.I)    ◀──── 대소문자를 구분하지 않는 경우
>>> c.findall(s)
['Apple', 'apple']
```

다음은 re.M를 설정해 빈 라인을 제외하고 라인별로 분리하는 예제입니다.

```
>>> s = """Gee Gee Gee Gee Baby Baby Baby
Oh 너무 부끄러워

쳐다볼 수 없어"""
>>> c = re.compile('^.+')      ◀──── 첫 줄만 매칭합니다.
>>> c.findall(s)
['Gee Gee Gee Gee Baby Baby Baby']
>>> c = re.compile('^.+', re.M)     ◀──── MULTILINE이 설정된 경우
>>> c.findall(s)
['Gee Gee Gee Gee Baby Baby Baby', 'Oh 너무 부끄러워', '쳐다볼 수 없어']
```

마지막으로 웹에 있는 html 코드에서 title 태그의 내용을 출력하는 예제입니다. 아래와 같이 정규 표현식 자체에 주석이 없으면 다른 사람이 이해하기도 힘들고, 추후 유지보수하기도 어렵습니다.

```
>>> import urllib.request, re
>>> web = urllib.request.urlopen("http://www.example.com")
>>> html = web.read()     ◀──── html 코드 내용 저장
>>> web.close()
>>> code = str(html).encode('utf-8').decode('cp949')     ◀──── 윈도우 형식의 문자열로 변경합니다
>>> c = re.compile(r'.*?<title.*?>(.*)</title>', re.I|re.S)     ◀──── 두 개의 플래그를 설정합니다
>>> c.findall(code)
['Example Web Page']
```

다음과 같이 re.X를 설정해 정규 표현식 자체에 개행, 공백을 입력할 수 있으며, 해당 정규식에 대한 주석도 입력이 가능합니다.

```
>>> import urllib.request, re
>>> web = urllib.request.urlopen("http://www.example.com")
>>> html = web.read()
>>> web.close()
>>> s = str(html).encode('utf-8').decode('cp949')
>>> c = re.compile(r""".*?          # <title> 앞의 모든 문자 무시
<title.*?>                          # <title> 태그, 옵션은 무시
(.*)                                # 내용을 저장
</title>                            # </title> 태그
""", re.I|re.S|re.X)                # 대소문자 무시, 개행 포함
>>> c.findall(s)
['Example Web Page']
```

뱀잡기 🐍

정규식을 공부하다 보면 ".*?"라는 표현을 본 적이 있을 것입니다. 이 표현은 무슨 뜻일까요?

정규식에는 greedy 방식과 lazy(non-greedy) 방식이 있습니다. ".*"을 사용하는 경우가 greedy 방식입니다. 즉, 조건을 만족하는 한 가장 긴 문자열을 선택하는 것을 의미합니다. 그리고 반대의 경우인 lazy 방식은 ".*?"를 사용합니다. 즉, 조건을 만족하는 한 가장 짧은 문자열을 선택합니다.

아래 예제에서는 임의의 HTML에서 "〈"과 "〉"로 둘러싼 문자열을 greedy하게 선택합니다.

```
>>> greedy = re.compile(r'<.*>', re.I|re.S)
>>> len( greedy.findall(html) )
1
```

결과가 1입니다. 즉, 〈〉로 둘러싼 가장 긴 문자열을 선택하려고 했으므로 HTML 태그 전체를 선택한 것입니다. 이번에는 lazy하게 선택해 보겠습니다.

```
>>> lazy = re.compile(r'<.*?>', re.I|re.S)
>>> len ( lazy.findall(html) )
469
```

〈〉로 둘러싼 짧은 문자열을 선택하고자 했으므로 위 결과와 같이 많은 수의 태그가 선택됐습니다.

Match 객체

Match 객체는 match(), search()의 수행 결과로 생성되며, 검색된 결과를 효율적으로 처리할 수 있는 기능을 제공합니다. Match 객체가 지원하는 메서드와 속성은 아래와 같습니다.

메서드	내용
group([group1, ...])	입력받은 인덱스에 해당하는 매칭된 문자열 결과의 부분집합을 반환합니다. 인덱스가 0이거나 입력되지 않은 경우 전체 매칭 문자열을 반환합니다.
groups()	매칭된 결과를 튜플 형태로 반환합니다.
groupdict()	이름이 붙어진 매칭 결과를 사전 형식으로 반환합니다.
start([group])	매칭된 결과 문자열의 시작 인덱스를 반환합니다. 인자로 부분 집합의 번호나 명시된 이름이 전달된 경우, 그에 해당하는 시작 인덱스를 반환합니다.
end([group])	매칭된 결과 문자열의 종료 인덱스를 반환합니다. 인자로 부분 집합의 번호나 명시된 이름이 전달된 경우, 그에 해당하는 종료 인덱스를 반환합니다.

속성	내용
pos	원본 문자열에서 검색을 시작하는 위치입니다.
endpos	원본 문자열에서 검색을 종료하는 위치입니다.
lastindex	매칭된 결과 집합에서 마지막 인덱스 번호를 반환합니다. 일치된 결과가 없는 경우에는 None을 반환합니다.
lastgroup	매칭된 결과 집합에서 마지막으로 일치한 이름을 반환합니다. 정규식의 매칭 조건에 이름이 지정되지 않았거나 일치된 결과가 없는 경우에는 None을 반환합니다.
string	매칭의 대상이 되는 원본 문자열입니다.

Match 객체는 search(), match()의 수행 결과로 반환되며, 검색 결과에 따라 내부적으로 불린 값을 가지고 있습니다. 또한 검색 결과를 효율적으로 분석할 수 있는 다양한 메서드를 지원합니다. 이번 예제는 일반적인 형식의 전화번호를 인식해 Match 객체가 지원하는 메서드로 분석해 보겠습니다. 일반적인 전화번호의 형식은 '지역번호-국번-고객번호'의 형식으로, 고객 번호는 네 자리로 고정인 반면, 지역번호는 두세 자리가, 국번은 서너 자리가 될 수 있습니다(예: 02-123-2345, 032-1234-7654).

```
>>> import re
>>> telChecker = re.compile(r"(\d{2,3})-(\d{3,4})-(\d{4})")    전화번호를 인식하는
                                                               정규식 객체를 생성합니다
>>> bool(telChecker.match("02-123-4567"))    ◀── 불린 형태로 매칭 결과를 반환합니다.
True
```

```
>>> bool(telChecker.match("02-가123-4567"))
False
>>> bool(telChecker.match("3402-123-4567"))
False
>>> bool(telChecker.match("032-1234-4567"))
True
```

이렇게 검색된 결과는 group(), groups()로 매칭된 내용을 확인할 수 있으며, start(), end()로 원본 문자열에서 매칭된 위치를 확인할 수 있습니다. 매칭되는 순서대로 인덱스 번호가 주어지며, 이 번호는 메서드의 인자로 전달될 수 있습니다. 인자가 주어지지 않거나 0인 경우 전체 검색 문자열을 나타냅니다.

```
>>> m = telChecker.match("02-123-4567")
>>> m.groups()                          ◀── 매칭된 문자열 집합을 튜플로 반환합니다.
('02', '123', '4567')
>>> m.group()                           ◀── 매칭된 전체 문자열을 반환합니다.
'02-123-4567'
>>> m.group(1)                          ◀── 첫 번째로 매칭된 문자열
'02'
>>> m.group(2, 3)                       ◀── 두 번째와 세 번째 매칭된 문자열을 튜플로 반환합니다.
('123', '4567')
>>> m.start()                           ◀── 매칭된 전체 문자열의 시작 인덱스
0
>>> m.end()                             ◀── 매칭된 전체 문자열의 종료 인덱스
11
>>> m.start(2)                          ◀── 두번째 매칭된 문자열("123")의 시작 인덱스
3
>>> m.end(2)                            ◀── 두번째 매칭된 문자열("123")의 종료 인덱스
6
>>> m.string[m.start(2):m.end(3)]       ◀── 지역번호를 제외한 전화번호만 출력합니다.
'123-4567'
```

정규식을 작성할 때 '(?〈이름〉..)' 형식으로 매칭 결과에 이름을 부여할 수 있습니다. 이렇게 이름이 부여된 경우에는 각 함수의 인자로 지정된 이름을 인덱스 번호 대신 전달할 수 있습니다. 또한 groupdict() 메서드를 이용해 사전 형식으로 이름과 검색된 문자쌍을 얻을 수 있습니다.

```
>>> m = re.match(r"(?P<area_code>\d+)-(?P<exchange_number>\d+)-(?P<user_number>\d+)", "02-123-4567")
>>> m.group("user_number")         ◀───  'user_number'의 이름에 해당하는 문자열
'4567'
>>> m.start("user_number")         ◀───  'user_number'의 이름에 해당하는 시작 인덱스
7
>>> m.groupdict()         ◀───  검색된 모든 문자열에 대해 사전 형식으로 반환합니다.
{'area_code': '02', 'user_number': '4567', 'exchange_number': '123'}
```

매칭되는 문자열에
이름을 부여합니다.

11

날짜 이야기

01 시간(time) 모듈

이번 절에서는 파이썬에서 어떻게 시간을 표현하고 처리하는지 알아보겠습니다. 이번 내용을 바탕으로 다음 절인 날짜시간(datetime) 모듈까지 확장됩니다. 그럼 시간 모듈을 알아보기에 앞서 일반적으로 컴퓨터에서 시간을 표현하는 방법에 대해 알아보겠습니다.

용어	내용
타임스탬프(Time Stamp)	컴퓨터에서 시간을 측정하는 방법으로 1970년 1월 1일 자정('epoch–중요한 사건'이라고 보통 영문에서 표현합니다) 이후로 초 단위로 측정한 절대 시간입니다. 이렇게 절대적인 시간을 용도에 맞도록 변환해서 사용합니다.
협정세계시 (UTC, Universal Time Coordinated)	1972부터 시행된 국제 표준시입니다. 세슘 원자의 진동수에 의거한 초의 길이가 기준이 됩니다.
그리니치 평균시 (GMT, Greenwich Mean Time)	런던 그리니치 천문대의 자오선상에서의 평균 태양시입니다. 1972년부터 협정세계시를 사용하지만, 동일한 표현으로 널리 쓰이고 있습니다.

용어	내용
지방표준시 (LST, Local Standard Time)	UTC를 기준으로 경도 15도마다 1시간 차이가 발생하는 시간입니다. 한국은 동경 135도를 기준으로 UTC보다 9시간 빠릅니다.
일광절약 시간제 (Daylight Saving Time, DTS)	흔히 서머타임으로 알고 있는 것으로, 에너지 절약을 목적으로 시간을 한 시간씩 앞당기거나 뒤로 미루는 제도입니다.

컴퓨터는 타임스탬프를 이용해 사람이 이해할 수 있는 UTC시, 지방표준시로 변환합니다. 또한 한 시점의 시간을 사람이 이해하는 표현 방식으로 표기하기 위해 년, 월, 일, 시, 분, 초와 같은 많은 정보가 필요합니다. 그 때문에 파이썬에서는 이러한 한 시점의 시간을 표현하는 정보를 묶어서 struct_time 시퀀스 객체로 표현합니다. struct_time 객체의 모든 속성은 읽기 전용이며, 시퀀스 객체에 포함된 속성은 다음과 같습니다.

속성	내용
tm_year	년도(예: 1999, 2009)
tm_mon	월(1~12)
tm_mday	일(1~31)
tm_hour	시(0~23)
tm_min	분(0~59)
tm_sec	초(0~61). 최댓값이 61초인 이유는 윤초(지구의 자전으로 인한 태양시와 원자시의 오차를 조정하기 위해 가감하는 1초)를 나타내기 위해서입니다.
tm_wday	각 요일을 숫자로 나타냅니다. 월요일은 '0'입니다
tm_yday	1월 1일부터 오늘까지 누적된 날짜를 반환합니다(1~366)
tm_isdst	일광절약 시간제(서머타임)를 나타냅니다(0, 1, -1)

time 모듈 함수

time 모듈의 함수는 다음과 같습니다. gmtime(), localtime(), asctime()은 호출 시 인자가 명시적으로 전달되지 않는 경우 현재 시스템의 타임스탬프 값을 사용합니다.

함수	내용
time.time()	1970년 1월 1일 자정 이후로 누적된 초를 float 단위로 반환합니다.
time.sleep(secs)	현재 동작 중인 프로세스를 주어진 초만큼 정지시킵니다.

함수	내용
time.gmtime([secs])	입력된 초를 변환해, UTC 기준의 struct_time 시퀀스 객체로 반환합니다. 인자를 입력하지 않으면 time()을 이용해 현재 시간을 변환합니다.
time.localtime([secs])	입력된 초를 변환해 지방표준시 기준의 struct_time 시퀀스 객체를 반환합니다. 인자를 입력하지 않으면 time()을 이용해 현재 시간을 변환합니다.
time.asctime([t])	struct_time 시퀀스 객체를 인자로 받아 'Sun Mar 15 18:49:28 2009'와 같은 형태로 반환합니다.
time.mktime(t)	지방표준시인 struct_time 시퀀스 객체를 인자로 받아 time()과 같은 누적된 초를 반환합니다.

아래의 예제는 time 모듈의 함수 사용 예제입니다.

```
>>> import time
>>> time.time()        ◀── 1970년 1월 1일 자정 이후 현재까지 누적된 타임스탬프
1237112588.6259999

>>> time.gmtime()      ◀── UTC 기준의 현재 시간
time.struct_time(tm_year=2009, tm_mon=3, tm_mday=15, tm_hour=10, tm_min=23, tm_sec=23, tm_wday=6,
tm_yday=74, tm_isdst=0)

>>> time.localtime()   ◀── 시스템 기준의 현재 시간
time.struct_time(tm_year=2009, tm_mon=3, tm_mday=15, tm_hour=19, tm_min=23, tm_sec=35, tm_wday=6,
tm_yday=74, tm_isdst=0)

>>> t = time.gmtime(1234567890)    ◀── 타임스탬프를 struct_time 시퀀스 객체로 변환
>>> t
time.struct_time(tm_year=2009, tm_mon=2, tm_mday=13, tm_hour=23, tm_min=31, tm_sec=30, tm_wday=4,
tm_yday=44, tm_isdst=0)
>>> t.tm_mon           ◀── 개별 속성값
2
>>> t.tm_hour
23

>>> time.asctime(t)    ◀── struct_time 시퀀스 객체를 지정된 형태로 변환
'Fri Feb 13 23:31:30 2009'

>>> time.mktime(t)     ◀── struct_time 시퀀스 객체를 타임스탬프 값으로 변환
1234535490.0
```

다음은 sleep() 함수의 예제로 동작 중인 프로세스를 10초간 멈추는 예제입니다. sleep()은 시스템과
관련된 프로그램을 작성할 때 많이 사용합니다.

예제 sleep.py 10초간 sleep하는 예제

```
02  import time
03  t = time.time()
04  time.sleep(10)          ◄─── 10 초간 sleep
05  t2 = time.time()
06
07  spendtime = t2 - t
08  print("Before timestemp: ", t)
09  print("After timestemp: ", t2)
10  print("Wait {0} seconds".format(spendtime))
```

실행 결과

```
Before timestemp:  1238339578.74
After timestemp:  1238339588.74
Wait 10.0 seconds
```

strptime(), strftime() 메서드

지금까지는 asctime() 함수와 같이 모듈에서 이미 지정된 형식으로 출력했다면, 다음은 사용자가 직접
포맷을 지정해 struct_time 객체를 출력하고 받아들이는 방법을 알아보겠습니다.

strftime() 함수는 struct_time 객체를 사용자가 정의한 형식으로 변경해 문자열로 반환합니다. 반대로
strptime() 함수는 사용자가 정의한 형식 문자열을 struct_time 객체로 변환합니다. 함수의 원형은 아
래와 같습니다.

```
time.strftime(format[, t])
time.strptime(string[, format])
```

'format'에는 사용자가 정의한 형식 문자열이 오게 되며, 이때 형식 지시자를 사용해 struct_time 객체의 값을 명시할 수 있습니다. 두 함수 모두 공통된 형식 지시자를 사용합니다.

지시자	내용
%y	연도를 축약하여 표시
%Y	연도를 축약하지 않고 표시
%b	축약된 월 이름
%B	축약되지 않은 월 이름
%m	숫자로 표현한 월(01 ～ 12)
%d	일(01 ～ 31)
%H	24시를 기준으로 한 시(00 ～ 23)
%I	12시를 기준으로 한 시(01 ～ 12)
%M	분(00 ～ 59)
%S	초(00 ～ 61)
%p	오전(AM) / 오후(PM)을 표시
%a	축약된 요일 이름
%A	축약되지 않은 요일 이름
%w	요일을 숫자로 표시(예: 일요일(0))
%j	1월 1일부터 누적된 날짜(001 ～ 366)

뱀잡기 🐍

다음 절에서 배울 datetime 모듈의 date 클래스, time 클래스, datetime 클래스에도 strftime() 메서드가 포함돼 있으며, 형식 지시자의 표기 방법이 모두 동일합니다

우선 strftime() 메서드를 이용해 날짜의 출력 형식을 지정하는 예부터 확인하겠습니다.

```
>>> from time import localtime, strftime
>>> strftime("%B %dth %A %I:%M", localtime())
'March 29th Sunday 12:53 '
>>> strftime("%Y-%m-%d %I:%M", localtime())
'2009-03-29 12:53'
>>> strftime("%y/%m/%d %H:%M:%S", localtime())
```

```
'09/03/29 00:53:59'
>>> strftime("%y/%m/%d %H:%M:%S")        ◄──── struct_time 인자가 없는 경우, 현 시스템의
'09/03/29 00:54:12'                              지방표준시로 설정(localtime())
>>> strftime("%x %X", localtime())
'03/29/09 00:54:18'
```

다음은 strptime()로 지정된 형식 문자열 형태로 표현된 시간을 struct_time 객체로 변환하는 예제입
니다.

```
>>> import time

>>> timestring = time.ctime(1234567890)        ◄──── 'Sat Feb 14 08:31:30 2009' 형태

>>> time.strptime(timestring)        ◄──── 형식이 지정되지 않은 경우 "%a %b %d %H:%M:%S %Y" 포맷으로 설정
time.struct_time(tm_year=2009, tm_mon=2, tm_mday=14, tm_hour=8, tm_min=31, tm_sec=30, tm_wday=5,
tm_yday=45, tm_isdst=-1)

>>> time.strptime(timestring, "%a %b %d %H:%M:%S %Y")
time.struct_time(tm_year=2009, tm_mon=2, tm_mday=14, tm_hour=8, tm_min=31, tm_sec=30, tm_wday=5,
tm_yday=45, tm_isdst=-1)

>>> timestring = time.strftime("%B %dth %A %I:%M", time.localtime())    ◄──── 'March 29th Sunday 02:09' 형태

>>> time.strptime(timestring, "%B %dth %A %I:%M")
time.struct_time(tm_year=1900, tm_mon=3, tm_mday=29, tm_hour=2, tm_min=9, tm_sec=0, tm_wday=6, tm_
yday=88, tm_isdst=-1)

>>> time.strptime(timestring)        ◄──── 입력된 문자열과 형식이 일치하지 않는 경우
Traceback (most recent call last):
  File "<pyshell#122>", line 1, in <module>
    time.strptime(timestring)
  File "C:\Python36\lib\_strptime.py", line 454, in _strptime_time
    return _strptime(data_string, format)[0]
  File "C:\Python36\lib\_strptime.py", line 325, in _strptime
    (data_string, format))
ValueError: time data 'March 29th Sunday 02:09 ' does not match format '%a %b %d %H:%M:%S %Y'
```

날짜시간(datetime) 모듈

'애인과 사귀기 시작한 날짜로부터 100일은 몇 월 며칠일까? 오늘로부터 1000일 후는 무슨 요일일까?'
와 같은 질문을 생각해보신 적이 없나요? 이러한 날짜, 시간 연산을 위해 파이썬에서는 날짜시간 모듈
에 관련 클래스들이 이미 구현돼 있습니다.

클래스	내용
class datetime.date	일반적으로 사용되는 그레고리안 달력(Gregorian Calendar)의 년, 월, 일을 나타냅니다.
class datetime.time	시간을 시, 분, 초, 마이크로 초, 시간대(Time zone)로 나타냅니다.
class datetime.datetime	date 클래스와 time 클래스의 조합으로 년, 월, 일, 시, 분, 초, 마이크로 초, 시간대 정보를 나타냅니다.
class datetime.timedelta	두 날짜 혹은 시간 사이의 기간을 표현합니다.

뱀잡기 🐍

해외로 여행 가보신 분들은 여행 장소에 도착한 후 손목 시계를 현지 시간에 맞게 수정해보신 경험이 있으실 겁니다.
그렇게 변경하는 이유는 각 나라마다 시간대가 다르기 때문입니다. 시간대^{Time Zone}란 지구 자전으로 인해 생기는 낮과
밤의 차이를 인위적으로 조정하기 위해 고안된 시간 구분선입니다. 대한민국은 GMT 기준으로 9시간이 빠릅니다.
아래 그림은 전 세계의 시간대를 나타난 지도입니다. 자세한 내용은 http://en.wikipedia.org/wiki/Time_zone을
참고하시기 바랍니다.

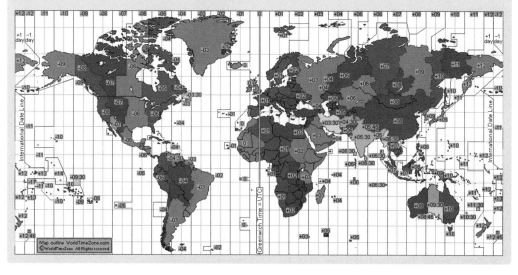

date 클래스

일반적으로 사용되는 년, 월, 일로 표기되는 현재 그레고리안 달력의 날짜를 표현합니다. 생성자는 아래와 같습니다.

```
datetime.date(year, month, day)
```

숫자로 년, 월, 일을 입력받아 date 객체를 생성합니다. 만약 입력된 인자가 아래의 조건을 따르지 않는 경우 ValueError가 발생합니다.

- datetime.MINYEAR(1) <= year <= datetime.MAXYEAR(9999)
- 1 <= month <= 12
- 1 <= day <= 해당 월의 날짜

또한 date 객체를 반환하는 클래스 메서드는 다음과 같습니다.

클래스 메서드	내용
date.fromtimestamp(timestamp)	타임스탬프 값을 인자로 받아 date 객체를 반환합니다.
date.fromordinal(ordinal)	1년 1월 1일 이후로 누적된 날짜로부터 date 객체를 반환합니다.
date.today()	현재 시스템의 오늘 날짜 date 객체를 반환합니다.

아래는 date 클래스 생성자와 클래스 메서드의 사용 예입니다.

```
>>> import datetime
>>> import time
>>> datetime.date(2009, 5, 5)          ◀── 년, 월, 일을 입력해 date 객체 생성
datetime.date(2009, 5, 5)

>>> datetime.date(2009, 2, 31)          ◀── 해당 달의 최대 일수를 넘어선 경우 ValueError 예외가 발생
Traceback (most recent call last):
  File "<pyshell#64>", line 1, in <module>
    datetime.date(2009, 2, 31)
ValueError: day is out of range for month

>>> datetime.date.fromtimestamp(time.time())          ◀── 타임스탬프로 date 객체 생성
datetime.date(2009, 3, 15)
```

```
>>> datetime.date.today()        ◀—— 오늘 날짜의 date 객체 생성
datetime.date(2009, 3, 15)
```

이렇게 생성된 date 객체에는 다음과 같은 속성이 포함돼 있습니다.

속성	내용
date.year	년(읽기 전용)
date.month	월(읽기 전용)
date.day	일(읽기 전용)
date.max	date 객체의 최댓값(9999년 12월 31일)
date.min	date 객체의 최솟값(1년 1월 1일)

각 속성에 대한 예제는 아래와 같습니다.

```
>>> d = datetime.date.today()      ◀—— datetime.date(2009, 3, 15)
>>> d.year
2009
>>> d.month
3
>>> d.day
15
>>> d.max        ◀—— date 객체가 저장할 수 있는 최댓값
datetime.date(9999, 12, 31)
>>> d.min        ◀—— date 객체가 저장할 수 있는 최솟값
datetime.date(1, 1, 1)
```

date 객체를 이용해 다른 값/형식으로 변환하는 메서드는 다음과 같습니다.

메서드	내용
date.replace(year, month, day)	입력된 인자로 변경된 date 객체를 반환합니다. 원본 객체는 변경되지 않습니다.
date.timetuple()	date 객체의 값을 time.struct_time 시퀀스 객체에 할당합니다. 해당되는 정보가 없는 시, 분, 초는 0으로 초기화됩니다.
date.toordinal()	1년 1월 1일 이후로 date 객체까지 누적된 날짜를 반환합니다.
date.weekday()	요일을 정수로 변환해 반환합니다(예: 월요일: 0, 일요일: 6).

date.replace() 메서드를 호출할 때 변경하려는 속성만 명시적으로 전달할 수 있습니다. 다음 예제는 일자만 변경하는 예제입니다.

```
>>> d = datetime.date.today()        ◀──── datetime.date(2009, 3, 15)
>>> d2 = d.replace(day=25)           ◀──── d 객체의 일자만 변경
>>> d
datetime.date(2009, 3, 15)           ◀──── 원본 d는 변경되지 않음
>>> d2
datetime.date(2009, 3, 25)
```

다음은 date 객체의 값을 바탕으로 다른 형태의 객체를 반환하는 예제입니다.

```
>>> d.timetuple()      ◀──── struct_time 시퀀스 객체를 반환
time.struct_time(tm_year=2009, tm_mon=3, tm_mday=15, tm_hour=0, tm_min=0, tm_sec=0, tm_wday=6, tm_
yday=74, tm_isdst=-1)
>>> d.toordinal()      ◀──── 01.01.01 이후로 누적 날짜 반환
733481
>>> d.weekday()        ◀──── 일요일이라 '6'을 반환
6
```

그 밖에 date 객체의 출력 형태를 변경하는 메서드는 다음과 같습니다.

메서드	내용
date.isoformat()	date 객체의 정보를 "YYYY-MM-DD" 형태의 문자열로 반환합니다.
date.ctime()	date 객체의 정보를 'Sun Mar 15 00:00:00 2009' 형태의 문자열로 반환합니다. 시, 분, 초에 대한 정보는 0으로 초기화됩니다.
date.strftime(format)	지정된 포맷에 맞춰 date 객체의 정보를 문자열로 반환합니다(11장 1절 '시간 모듈'의 strftime() 함수 참조).

사용 예는 아래와 같습니다.

```
>>> d = datetime.date.today()
>>> d.isoformat()
'2009-03-15'
>>> d.ctime()
'Sun Mar 15 00:00:00 2009'
```

time 클래스

time 클래스는 시, 분, 초와 같은 시간을 표현합니다. 생성자는 아래와 같습니다.

```
class datetime.time(hour[, minute[, second[, microsecond[, tzinfo]]]])
```

숫자로 시, 분, 초, 마이크로초, 시간대 정보 ^{Time Zone} 를 입력받아서 time 객체를 생성하며, 각 인자는 생략하거나 명시적으로 지정할 수도 있습니다. 만약 입력된 인자가 아래의 조건을 따르지 않는 경우 ValueError가 발생합니다.

- 0 <= hour < 24
- 0 <= minute < 60
- 0 <= second < 60
- 0 <= microsecond < 1000000

아래는 time 객체를 생성하는 예제입니다.

```
>>> from datetime import time
>>> time(7)                      ←──── 시간만 입력된 경우
datetime.time(7, 0)
>>> time(8, 14, 20, 3000)        ←──── 시, 분, 초, 마이크로초
datetime.time(8, 14, 20, 3000)

>>> time(hour=3, second=3)       ←──── 명시적으로 인자를 지정
datetime.time(3, 0, 3)
>>> time(70)                     ←──── 인자가 허용 가능한 값을 넘어선 경우
Traceback (most recent call last):
  File "<pyshell#139>", line 1, in <module>
    time(70)
ValueError: hour must be in 0..23
```

생성된 time 객체에는 아래와 같은 속성이 포함돼 있습니다.

속성	내용
time.hour	시(0~23, 읽기 전용)
time.minute	분(0~59, 읽기 전용)

속성	내용
time.second	초(0~59, 읽기 전용)
time.microsecond	마이크로초(0~999999, 읽기 전용)
time.min	time 객체가 표현할 수 있는 최솟값을 나타냅니다(time(0, 0, 0, 0))
time.max	time 객체가 표현할 수 있는 최댓값을 나타냅니다 (time(23, 59, 59, 999999))

time 클래스가 지원하는 메서드는 다음과 같습니다.

메서드	내용
time.replace([hour[, minute[, second[, microsecond[, tzinfo]]]]])	입력된 값으로 수정된 time 객체를 반환합니다. 원본 객체는 변경되지 않습니다.
time.isoformat()	time 객체의 값을 'HH:MM:SS.mmmmmm' 형식이나 'HH:MM:SS' 형식(마이크로초가 없는 경우)의 문자열을 반환합니다.
time.strftime(format)	지정된 포맷에 맞춰 time 객체의 정보를 문자열로 반환합니다(11장 1절 '시간 모듈'의 strftime() 함수 참조)

사용 예제는 아래와 같습니다.

```
>>> t = time(8, 14, 20, 3000)
>>> t.hour
8
>>> t.second
20
>>> t.replace(hour=11, second=59)          ◀── 입력된 값으로 수정된 새로운 time 객체 반환
datetime.time(11, 14, 59, 3000)
>>> t.isoformat()      ◀── iso 형식으로 시간 출력
'08:14:20.003000'
>>> print(t)          ◀── isoformat() 결과와 동일
08:14:20.003000
```

datetime 클래스

datetime 클래스는 date 클래스와 time 클래스의 조합으로 구성돼 있습니다. 생성자는 아래와 같습니다.

```
class datetime.datetime(year, month, day[, hour[, minute[, second[, microsecond[, tzinfo]]]]])
```

숫자로 각 인자를 받아 datetime 객체를 생성하며, 년, 월, 일은 생략이 불가능합니다. 명시적으로 인자를 지정해 입력할 수 있으며, 생략된 인자는 0으로 초기화됩니다. 입력된 인자가 아래의 조건을 따르지 않는 경우 ValueError가 발생합니다.

- MINYEAR(1) <= year <= MAXYEAR(9999)

- 1 <= month <= 12

- 1 <= day <= 주어진 년도 그리고 달의 날짜 개수

- 0 <= hour < 24

- 0 <= minute < 60

- 0 <= second < 60

- 0 <= microsecond < 1000000

아래는 datetime 객체를 생성하는 예제입니다.

```
>>> from datetime import datetime
>>> datetime(2009, 3, 15)          ← 년, 월, 일
datetime.datetime(2009, 3, 15, 0, 0)
>>> datetime(2009, 3, hour=20, second=30, day=15)          ← 명시적으로 인자를 지정한 경우
datetime.datetime(2009, 3, 15, 20, 0, 30)
>>> datetime(2000)          ← 월, 일 인자가 생략된 경우, TypeError가 발생
Traceback (most recent call last):
  File "<pyshell#150>", line 1, in <module>
    datetime(2000)
TypeError: Required argument 'month' (pos 2) not found
```

생성된 datetime 객체에는 아래와 같은 속성이 포함돼 있습니다.

속성	내용
datetime.year	년(읽기 전용)
datetime.month	월(1~12, 읽기 전용)
datetime.day	일(읽기 전용)
datetime.hour	시(0~23, 읽기 전용)
datetime.minute	분(0~59, 읽기 전용)
datetime.second	초(0~59, 읽기 전용)

속성	내용
datetime.microsecond	마이크로초(0~999999, 읽기 전용)
datetime.min	datetime 객체가 표현할 수 있는 최솟값을 나타냅니다 (datetime(1, 1, 1))
datetime.max	datetime 객체가 표현할 수 있는 최댓값을 나타냅니다 ((9999, 12, 31, 23, 59, 59, 999999))

그 밖에 datetime 객체를 생성하는 메서드는 다음과 같습니다.

메서드	내용
datetime.today()	현재 지방 기준의 datatime 객체를 생성합니다.
datetime.now([tz])	현재 지방 기준의 datetime 객체를 생성합니다(시간대 정보가 특별히 입력되지 않으면 플랫폼의 시간대를 그대로 사용합니다).
datetime.utcnow()	UTC 기준의 datetime 객체를 생성합니다.
datetime.fromtimestamp(timestamp[, tz])	타임스탬프를 지방 기준의 datetime 객체를 생성합니다.
datetime.utcfromtimestamp(timestamp)	타임스탬프를 UTC 기준의 datetime 객체를 생성합니다.
datetime.fromordinal(ordinal)	1년 1월 1일 이후로 누적된 날짜로부터 datetime 객체를 생성합니다. 시간 관련된 값은 0으로 할당됩니다.
datetime.combine(date, time)	date 객체와 time 객체를 입력받아 datetime 객체를 생성합니다.
datetime.strptime(date_string, format)	시간을 표현한 사용자가 정의한 형식 문자열을 datetime 객체를 생성합니다 (11장 2절 '시간 모듈'의 strptime() 함수 참조).

datetime 객체 생성하는 예제는 아래와 같습니다.

```
>>> from datetime import datetime, date, time
>>> datetime.now()
datetime.datetime(2009, 3, 29, 3, 29, 31, 67000)
>>> datetime.today()
datetime.datetime(2009, 3, 29, 3, 29, 35, 225000)
>>> datetime.utcnow()
datetime.datetime(2009, 3, 28, 18, 29, 38, 406000)
>>> datetime.fromtimestamp(1234567890)          ◀──── 타임스탬프로 지방 시간 기준의 datetime 객체 생성
datetime.datetime(2009, 2, 14, 8, 31, 30)
>>> datetime.utcfromtimestamp(1234567890)       ◀──── 타임스탬프로 UTC 시간 기준의 datetime 객체 생성
datetime.datetime(2009, 2, 13, 23, 31, 30)
>>> datetime.fromordinal(732421)
```

```
datetime.datetime(2006, 4, 20, 0, 0)
>>> d = date(2009, 3, 10)          ◀──── date, time 객체로 datetime 객체 생성
>>> t = time(12, 23, 53)
>>> datetime.combine(d, t)
datetime.datetime(2009, 3, 10, 12, 23, 53)
```

datetime 클래스를 다른 형식으로 변환하는 메서드는 다음과 같습니다.

메서드	내용
datetime.date()	원본 객체의 년, 월, 일 정보를 가지고 있는 date 객체를 반환합니다.
datetime.time()	원본 객체의 시, 분, 초, 마이크로초를 가지고 있는 time 객체를 반환합니다.
datetime.replace()	입력된 값으로 변경된 datetime 객체를 반환합니다. 원본 객체는 변경되지 않습니다.
datetime.timetuple()	datetime 객체의 값을 time.struct_time 형식의 시퀀스 객체로 변환해 반환합니다.

사용 예제는 아래와 같습니다.

```
>>> from datetime import datetime
>>> dt = datetime.now()
datetime.datetime(2009, 3, 29, 3, 38, 28, 516000)
>>> dt.date()              ◀──── date 객체 반환
datetime.date(2009, 3, 29)
>>> dt.time()              ◀──── time 객체 반환
datetime.time(3, 38, 28, 516000)
>>> dt.replace(hour=20, second=30)
datetime.datetime(2009, 3, 29, 20, 38, 30, 516000)
>>> dt.timetuple()         ◀──── struct_time 객체 반환
time.struct_time(tm_year=2009, tm_mon=3, tm_mday=29, tm_hour=3, tm_min=38, tm_sec=28, tm_wday=6,
tm_yday=88, tm_isdst=-1)
```

datetime 클래스의 출력과 관련된 메서드는 아래와 같습니다.

메서드	내용
datetime.weekday()	각 요일을 숫자로 나타냅니다. 월요일에 해당하는 0부터 시작해 일요일을 나타내는 6까지 순차적으로 증가합니다(time.struct_time.tm_wday 참조).
datetime.isoweekday()	ISO 형식에 맞도록 각 요일을 숫자로 나타냅니다. 월요일에 해당하는 1부터 시작해 일요일을 나타내는 7까지 순차적으로 증가합니다.

메서드	내용
datetime.isocalendar()	ISO 형식에 맞는 날짜 표현(ISO year, ISO week number, ISO weekday)을 튜플로 반환합니다.
datetime.isoformat()	datetime 객체를 'YYYY-MM-DDTHH:MM:SS.mmmmmm' 형식이나 'YYYY-MM-DDTHH:MM:SS'(마이크로초가 0인 경우) 형식으로 변환해 문자열로 반환합니다.
datetime.ctime()	datetime 객체를 'Thu Mar 26 18:53:03 2009' 형식의 문자열을 반환합니다.
datetime.strftime(format)	입력된 포맷 형식에 맞춰 datetime 객체를 문자열로 반환합니다(11장 2절 '시간 모듈'의 strftime() 함수 참조)

사용 예제는 아래와 같습니다.

```
>>> from datetime import datetime
>>> dt = datetime.now()          ◀─── 2009년 3월 29일 일요일
>>> dt.weekday()                 ◀─── 일요일 표현
6
>>> dt.isoweekday()              ◀─── ISO 형식의 일요일 표현
7
>>> dt.isocalendar()
(2009, 13, 7)
>>> dt.isoformat()
'2009-03-29T03:43:46.713000'
>>> dt.ctime()
'Sun Mar 29 03:43:46 2009'
>>> str(dt)
'2009-03-29 03:43:46.713000'
```

timedelta 클래스

새롭게 시작하는 연인에게 가장 중요한 것이 100일, 1000일과 같은 기념일을 챙기는 것입니다. 이러한 시간, 날짜의 연산을 위해 파이썬에서는 timedelta 클래스를 사용할 수 있습니다. timedelta 클래스는 두 날짜 혹은 시간 사이의 기간을 표현합니다.

생성자는 아래와 같습니다. 인자는 양수인 경우 현 시점으로부터 이후를 나타내며, 음수인 경우 현 시점 이전을 나타냅니다.

```
class datetime.timedelta([days[, seconds[, microseconds[, milliseconds[, minutes[, hours[, weeks]]]]]]])
```

아래는 timedelta 객체를 생성하는 예입니다.

```
>>> from datetime import timedelta
>>> timedelta(days=-3)          ←——— 3일 이전
datetime.timedelta(-3)
>>> timedelta(hours=7)          ←——— 7시간 이후
datetime.timedelta(0, 25200)
>>> timedelta(weeks=2, days=3, hours=-3, minutes=30)
datetime.timedelta(16, 77400)
>>> timedelta(minutes=3, milliseconds=-20, microseconds=400)
datetime.timedelta(0, 179, 980400)
```

생성되는 timedelta 객체의 값을 확인해보면 생성자에 전달된 값과 다른 것을 확인할 수 있습니다. 그 이유는 동일한 기간을 표현하는 방식이 다양하게 표현(1weeks와 7days는 동일합니다)될 수 있기 때문에 입력된 값을 가지고 timedelta 객체에서 정규화 과정을 거쳐 유일한 표현 방식으로 변경하기 때문입니다.

정규화 결과 timedelta 객체에 저장되는 값은 다음과 같습니다.

- 0 <= microseconds < 1000000
- 0 <= seconds < 3600*24 (초로 표현할 수 있는 최댓값은 하루입니다).
- −999999999 <= days <= 999999999

그렇기 때문에 timedelta 객체를 이용해 표현할 수 있는 가장 작은 값은 정규화 과정을 거치면 아래와 같습니다.

```
>>> timedelta(microseconds=-1)    ←——— 현재 이전으로 가상 작은 값
datetime.timedelta(-1, 86399, 999999)
>>> timedelta(microseconds=1)     ←——— 현재 이후로 가장 작은 값
datetime.timedelta(0, 0, 1)
```

시간, 날짜의 연산

이제 연인들을 위한 100일, 1000일 계산하는 방법에 대해 알아보겠습니다. 100일이 너무 길다면 100 마이크로초나 500초 등도 계산이 가능하니 여러모로 활용이 가능합니다. 두 날짜, 시간 사이의 기간은

timedelta 클래스로 표현하는 방법을 앞에서 설명했습니다. 이렇게 생성된 timedelta 객체를 이용해 아래의 연산을 수행할 수 있습니다. 연산 결과로는 모두 timedelta 객체가 반환됩니다.

- timedelta_3 = timedelta_1 + timedelta_2

- timedelta_3 = timedelta_1 + timedelta_2

- timedelta_2 = timedelta_1 * int = int * timedelta_1

- timedelta_2 = timedelta_1 // int

- abs(timedelta)

아래는 timedelta의 연산을 수행하는 예제입니다.

```
>>> from datetime import timedelta
>>> td_1 = timedelta(hours=7)          ←── 현재로부터 7시간 이후
>>> td_2 = timedelta(days=-3)          ←── 현재로부터 3일 이전
>>> td_1 + td_2                        ←── 두 timedelta의 합
datetime.timedelta(-3, 25200)         ←── 7시간 = 25200초
>>> td_1 - td_2                        ←── 두 timedelta의 차
datetime.timedelta(3, 25200)
>>> td_1 * 4                           ←── timedelta와 정수의 곱
datetime.timedelta(1, 14400)          ←── 28시간 = 1일 4시간 = 1일 14400초
>>> td_1 // 3                          ←── 25200초 // 3
datetime.timedelta(0, 8400)
>>> abs(td_2)                          ←── 기간의 절댓값
datetime.timedelta(3)
```

그 밖에 아래와 같이 비교 연산도 가능합니다.

```
>>> td_1 = timedelta(hours=7)
>>> td_2 = timedelta(days=-3)
>>> td_1 > td_2
True
>>> td_1 < td_2
False
>>> td_1 = timedelta(hours=24)         ←── 24시간 = 86400초
>>> td_2 = timedelta(seconds=86400)
>>> td_1 == td_2
True
```

생성된 timedelta 객체를 이용해 date, datetime 객체를 변경할 수 있습니다. 지원하는 연산은 아래와 같으며, 각 객체 간의 비교연산도 가능합니다.

- date_2 = date_1 + timedelta

- date_2 = date_1 − timedelta

- timedelta = date_2 − date_1

- datetime_2 = datetime_1 + timedelta

- datetime_2 = datetime_1 − timedelta

- timedelta = datetime_1 − datetime_2

date 객체와 관련된 연산의 예제는 다음과 같습니다.

```
>>> from datetime import timedelta, date
>>> d = date.today()          ←── 오늘 날짜
>>> d
datetime.date(2009, 3, 28)
>>> td = timedelta(days=3)     ←── timedelta를 3일로 설정
>>> d + td                     ←── 오늘로부터 3일 후
datetime.date(2009, 3, 31)
>>> d − td                     ←── 오늘로부터 3일 전
datetime.date(2009, 3, 25)
```

또한 두 date 객체 사이의 기간(timedelta)을 구하려면 아래와 같이 '−' 연산으로 측정 가능하며, date 객체 간의 비교 연산도 가능합니다.

```
>>> d = date.today()           ←── datetime.date(2009, 3, 28)
>>> d2 = d.replace(day=20)
>>> d2
datetime.date(2009, 3, 20)
>>> dt = d − d2                ←── 두 date 객체의 기간
>>> dt
datetime.timedelta(8)
>>> d2 > d                     ←── 비교 연산
False
```

다음으로 datetime 객체와 관련된 연산의 예제입니다. date 객체가 지원하는 모든 연산이 가능합니다.

```
>>> from datetime import datetime, timedelta
>>> dt = datetime.today()
>>> dt
datetime.datetime(2009, 3, 28, 17, 34, 15, 698707)
>>> td = timedelta(days=2, hours=2)      ◀────── 2일 2시간
>>> dt + td      ◀────── datetime 객체에 timedelta(2일 2시간)을 더함
datetime.datetime(2009, 3, 30, 19, 34, 15, 698707)
>>> dt - td      ◀────── datetime 객체에 timedelta(2일 2시간)을 뺌
datetime.datetime(2009, 3, 26, 15, 34, 15, 698707)
>>> dt2 = dt.replace(month=1, day=4, hour=7)      ◀────── dt 객체의 값 중 월, 일, 시간을 변경
>>> dt2
datetime.datetime(2009, 1, 4, 7, 34, 15, 698707)
>>> dt - dt2      ◀────── datetime 객체 간의 기간
datetime.timedelta(83, 36000)
>>> dt > dt2      ◀────── 비교 연산
True
```

12

숫자 이야기

01 수학(math) 모듈

초창기 컴퓨터의 주된 기능이 수치 연산이었듯이, 지금의 컴퓨터에게도 수학적 연산 기능은 여전히 중요한 부분입니다. 파이썬에서는 이러한 연산을 위해 합계(sum), 최댓값(max)과 같은 내장 함수와 수치 연산, 지수/로그 연산, 삼각함수 연산에 필요한 함수와 관련 상수를 모아놓은 수학 모듈이 존재합니다. 그럼 각 함수의 의미와 예제에 대해 알아보겠습니다.

내장 함수

대부분의 수학 관련 함수가 math 모듈에 존재하지만, 자주 사용되는 아래의 함수에 대해서는 특별한 모듈 임포트 없이 사용할 수 있도록 내장 함수로 제공합니다.

함수	설명
sum(iterable[, start])	순회 가능한[iterable] 객체의 총 합계를 반환합니다. 총 합계의 시작 값(start)이 주어지면 그 값부터 누적되며, 그렇지 않은 경우 0이 기본값입니다.
max(iterable)	순회 가능한 객체의 최댓값을 반환합니다.
min(iterable)	순회 가능한 객체의 최솟값을 반환합니다.
abs(x)	인자 x의 절댓값을 반환합니다.
pow(x, y[, z])	x의 y 제곱 값을 반환합니다. 세 번째 인자가 입력된 경우, x의 y 제곱한 결과를 z로 나눈 나머지(modulo 연산)를 반환합니다.
round(x[, n])	인자 x의 반올림 결과를 반환합니다. 자리수가 지정된 경우 반올림 결과를 지정된 자리까지 나타내며, 그렇지 않은 경우 기본값은 0입니다.
divmod(a, b)	a/b의 몫과 나머지를 튜플 형태로 반환합니다.

아래의 코드는 합계, 최댓값, 최솟값, 절댓값을 구하는 예제입니다.

```
>>> l = list(range(0, 10))        ←—— [0, 1, 2, 3, 4, 5, 6, 7, 8, 9]
>>> sum(l)                        ←—— 0 ~ 9까지 합계
45
>>> sum(l, 100)                   ←—— 누적 합계가 100부터 시작
152.4
>>> max(l)                        ←—— 최댓값
9
>>> min(l)                        ←—— 최솟값
0
>>> abs(-11)                      ←—— 절댓값
11
```

다음은 제곱 연산과 divmod()를 이용해 몫과 나머지를 동시에 구하는 예제입니다.

```
>>> pow(2, 10)                    ←—— 2의10 제곱(2¹⁰)
1024
>>> pow(2, 10, 100)               ←—— 제곱 결과를 100으로 나눈 나머지
24
>>> divmod(10, 7)                 ←—— 몫과 나머지 반환
(1, 3)
>>> divmod(5.3, 2.1)
(2.0, 1.0999999999999996)
```

round() 함수는 입력된 인자를 반올림한 결과를 반환하며, 자릿수가 지정된 경우 반올림을 수행한 결과의 자릿수를 나타냅니다. 예를 들어 반올림할 자리수가 양수로 지정된 경우, '입력된 숫자 + 1'의 소수점 자리에서 반올림을 수행하며, 음수로 지정된 경우 반대로 해당 정수의 자리에서 반올림을 수행합니다. 아래의 예제를 통해 어떻게 동작하는지 알아보겠습니다.

```
>>> round(152.394)          ←—— 소수 첫째 자리에서 반올림
152
>>> round(152.394, 1)       ←—— 소수 둘째자리에서 반올림
152.4
>>> round(152.394, -1)      ←—— 일의 자리에서 반올림
150.0
```

상수

math 모듈에서 상수는 아래와 같이 정의돼 있습니다.

상수	설명
math.pi	원주율(π) 값.
math.e	자연 상수(e) 값.

수치 연산

수학 모듈에 정의돼 있는 수치 연산 관련 함수는 다음과 같습니다.

함수	설명
math.ceil(x)	'N >= x'를 만족하는 가장 작은 정수 N을 반환합니다(올림 연산).
math.floor(x)	'N <= x'를 만족하는 가장 큰 정수 N을 반환합니다(내림 연산).
math.trunc(x)	x의 정수 부분만을 반환합니다(버림 연산).
math.copysign(x, y)	y의 부호만 x에 복사해서 반환합니다.
math.fabs(x)	x의 절댓값을 반환합니다.
math.factorial(x)	x의 계승(factorial, x!) 값을 반환합니다.
math.fmod(x, y)	C 라이브러리에 있는 fmod() 함수를 호출합니다. 이 함수의 결과 값이 'x % y' 연산 결과와 항상 동일한 것은 아닙니다.

함수	설명
math.fsum(iterable)	입력받은 값의 합계를 반환합니다.
math.modf(x)	입력받은 x의 순수 소수부분과 정수 부분으로 분리해 튜플로 반환합니다. 분리된 두 부분 모두에 부호가 할당됩니다.

아래는 입력받은 float형 숫자에 대해 올림, 내림, 버림 연산을 하는 예제입니다.

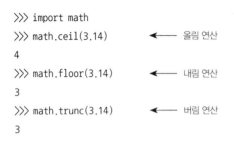

```
>>> import math
>>> math.ceil(3.14)          ←─── 올림 연산
4
>>> math.floor(3.14)         ←─── 내림 연산
3
>>> math.trunc(3.14)         ←─── 버림 연산
3
```

그 밖의 다른 연산에 대한 예제는 아래와 같습니다.

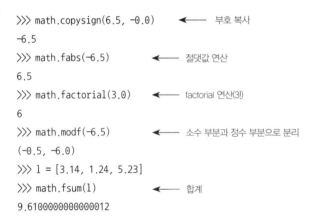

```
>>> math.copysign(6.5, -0.0)    ←─── 부호 복사
-6.5
>>> math.fabs(-6.5)             ←─── 절댓값 연산
6.5
>>> math.factorial(3.0)         ←─── factorial 연산(3!)
6
>>> math.modf(-6.5)             ←─── 소수 부분과 정수 부분으로 분리
(-0.5, -6.0)
>>> l = [3.14, 1.24, 5.23]
>>> math.fsum(l)                ←─── 합계
9.6100000000000012
```

math.fmod() 함수는 파이썬 연산자 중 '%'(나머지 연산)과 유사합니다. 하지만 연산 결과가 항상 동일한 것은 아닙니다. math.fmod(x, y) 연산은 항상 피제수 x와 몫의 부호가 동일하지만 '%' 연산은 그 몫이 피제수와 항상 일치하지 않기 때문입니다. 또한 부동소수점 연산의 정확도 차이도 존재하기 때문에 일반적으로 정수 연산에는 '%'를, 부동소수점 연산에는 fmod()를 사용하는 것을 권장합니다.

```
>>> math.fmod(5.5, 3)        ←──  피제수와 제수의 부호가 같은 경우
2.5
>>> 5.5 % 3
2.5
>>> math.fmod(-5.5, 3)       ←──  피제수와 제수의 부호가 다른 경우
-2.5
>>> -5.5 % 3
0.5
```

지수, 로그 연산

수학 모듈에서 지원하는 일반적인 지수 연산과 로그 연산에 관련된 함수는 아래와 같습니다.

함수	설명
math.pow(x, y)	x의 y 제곱(xy) 결과를 반환합니다.
math.sqrt(x)	x의 제곱근(square root)한 결과를 반환합니다.
math.exp(x)	ex의 결과를 반환합니다.
math.log(x[, base])	밑을 base로 하는 log X의 결과를 반환합니다. 만약 base가 입력되지 않으면, 자연 로그(ln X)로 연산됩니다.

간단한 예제로 함수의 사용법을 알아보겠습니다.

```
>>> math.pow(2, 10)       ←──  2^10 연산
1024.0
>>> math.pow(1.5, 3)      ←──  1.5^3 연산
3.375
>>> math.sqrt(2)          ←──  √2 연산
1.4142135623730951
>>> math.exp(2)           ←──  e^2 연산
7.3890560989306504
>>> math.log(math.e)      ←──  ln e 연산
1.0
```

삼각함수 연산

고등학교 수학 시간에 배웠듯이 각도를 표기하는 기법으로 60분법과 라디안^{radian} 이 있습니다. 이에 대한 상호 변환 함수는 아래와 같습니다.

함수	설명
math.degrees(x)	라디안으로 표현된 각도를 60분법으로 변환합니다.
math.radians(x)	60분법으로 표현된 각도를 라디안으로 변환합니다.

또한 파이썬에서 주로 사용되는 삼각함수는 아래와 같습니다.

math.sin(x)	math.asin(x)	math.cosh(x)	math.asinh(x)
math.cos(x)	math.atan(x)	math.sinh(x)	math.atanh(x)
math.tan(x)	math.acos(x)	math.tanh(x)	math.acosh(x)

아래는 삼각함수의 사용법에 대한 예제입니다.

```
>>> r = math.radians(30)      ←── 30도를 라디안으로 변환
>>> math.sin(r)               ←── sin(30) 연산
0.49999999999999994
>>> r = math.radians(180)     ←── 180도를 라디안으로 변환
>>> v = math.cos(r)
>>> v
-1.0
>>> r = math.acos(v)          ←── cos()과 acos()으로 수행한 값을 상호 비교
True
>>> math.degrees(r)           ←── π 라디안을 60분법으로 변환
180.0
```

> **뱀잡기** 🐍
>
> 위의 예제에서 sin(30°)가 정확히 0.5가 아닌 0.49999999999999994로 출력되는 것이 이상하죠? 이것은 컴퓨터에서 부동소수점을 표현하는 방식 때문에 발생하는 문제입니다. 이에 대해서는 이번 장 3절의 '십진법모듈'에서 자세히 알아보겠습니다.

파이썬에서 유리수와 관련된 연산을 효율적으로 처리하고자 2.6 버전부터 분수 [fractions] 모듈이 추가됐습니다. 분수 모듈에는 유리수를 나타내는 Fraction 클래스와 최대 공약수 [GCD, greatest common divisor] 를 구하는 모듈 함수가 있습니다.

뱀잡기 🐍

유리수는 두 정수의 분수 형태로 나타낼 수 있는 실수를 말합니다. 2, 4/8, 1/3 = 0.333...이 모두 유리수입니다. 반면에 두 정수의 분수 형태로 나타낼 수 없는 실수를 무리수라고 합니다. π(파이), √2는 대표적인 무리수입니다.

유리수 자체가 분수 형태, 소수 형태로 나타낼 수 있기 때문에 Fraction 객체 역시 다양한 방법으로 생성할 수 있습니다. 생성된 결과는 분수 형태로 저장되며, 두 정수 사이에 공약수가 존재하면 약분해서 기약 분수 형태를 만든 후 Fraction 객체를 생성합니다.

우선 Fraction 클래스의 생성자는 아래와 같습니다.

```
fractions.Fraction(분자=0, 분모=1)
fractions.Fraction(Fraction 객체)
fractions.Fraction(문자열)
```

첫 번째 생성자는 두 정수인 분자, 분모를 받아 '분자/분모' 형태의 유리수를 나타냅니다. 만약 입력받은 분모의 값이 0인 경우 ZeroDivisionError가 발생합니다. 두 번째 생성자는 이미 생성된 Fraction 객체를 입력받아 동일한 인스턴스를 생성합니다. 세 번째 생성자는 문자열 형태의 유리수를 입력받아 생성합니다.

백문이 불여일타! Fraction 객체를 생성하는 방법에 대해 예제를 통해 알아보겠습니다. 우선 'fractions.Fraction(분자=0, 분모=1)' 생성자를 이용하는 경우입니다.

```
>>> import fractions
>>> fractions.Fraction(4, 16)      ←──── 공약수가 존재하는 경우 자동으로 제거됩니다.
Fraction(1, 4)
>>> fractions.Fraction(-6, 21)
```

```
Fraction(-2, 7)
>>> fractions.Fraction(3)        ◄──── 분자만 입력되는 경우 분모는 1이 기본값
Fraction(3, 1)
```

이미 생성된 Fraction 객체를 매개변수로 해서 동일한 유리수를 나타내는 Fraction 객체를 생성할 수
있습니다.

```
>>> f = fractions.Fraction(4, 3)
>>> f
Fraction(4, 3)
>>> f2 = fractions.Fraction(f)   ◄──── Fraction 객체를 이용해 새로운 Fraction 객체 생성
>>> f2
Fraction(4, 3)
```

또한 문자열 형태의 유리수를 입력받아 Fraction 객체를 생성할 수 있습니다. 이러한 경우 입력 가능한
문자열의 형태는 아래와 같습니다.

- ▪ [+|–] 〈정수〉

- ▪ [+|–] 〈정수〉 / 〈정수〉

- ▪ [+|–] 〈정수〉.〈정수〉

- ▪ [+|–] .〈정수〉

아래는 이러한 형태의 문자열을 이용해 Fraction 객체를 생성하는 예제입니다.

```
>>> fractions.Fraction('6/21')    ◄──── 공약수가 존재하는 경우, 자동으로 제거됩니다.
Fraction(2, 7)
>>> fractions.Fraction('3.14')
Fraction(157, 50)
>>> fractions.Fraction('  -0.34  ')  ◄──── 문자열에 공백/개행이 있어도 가능합니다.
Fraction(-17, 50)
>>> s = """
-0.34
"""
>>> fractions.Fraction(s)
Fraction(-17, 50)
```

Fraction 클래스에는 유리수 연산을 위한 메서드가 몇 가지 포함돼 있습니다.

메서드	설명
from_float(flt)	실수(float) 값을 받아 Fraction 객체를 생성합니다.
from_decimal(dec)	10진수 값을 받아 Fraction 객체를 생성합니다.
limit_denominator(max_denominator=1000000)	입력받은 분모의 최댓값을 넘지 않은 가장 가까운 Fraction 객체를 찾아 반환합니다.
__floor__()	해당 유리수를 넘지 않는 가장 큰 정수를 반환합니다(내림 연산). 이 메서드는 math.floor()에 의해 호출될 수 있습니다.
__ceil__()	해당 유리수를 넘는 가장 작은 정수를 반환합니다(올림 연산). 이 메서드는 math.ceil()에 의해 호출될 수 있습니다.
__round__() __round__(ndigits)	반올림해서 가장 가까운 정수를 반환합니다.
fractions.gcd(a, b)	두 정수 사이의 최대 공약수를 반환합니다.

기존 생성자와 별개로 Fraction 객체를 생성하는 클래스 메서드가 두 가지 더 있습니다.

```
>>> from fractions import Fraction
>>> Fraction.from_float(0.5)          ←── float 값을 입력받아 Fraction 객체 생성
Fraction(1, 2)
>>> Fraction.from_decimal(4)          ←── 10진수를 입력받아 Fraction 객체 생성
Fraction(4, 1)
```

π(파이)와 같이 무한히 계속되는 소수를 Fraction 객체로 생성하면 분자와 분모 모두 매우 큰 값을 갖게 됩니다. 이러한 경우 연산의 효율성을 위해 limit_denominator() 메서드를 이용해 분모의 값을 제한함으로써 분자, 분모 숫자의 크기를 줄일 수 있습니다. 이 메서드를 이용하면 인자로 전달된 분모의 값을 넘지 않는, 원래의 값과 가장 가까운 Fraction 객체가 반환됩니다.

```
>>> from math import pi, cos
>>> from fractions import Fraction
>>> Fraction.from_float(pi)
Fraction(884279719003555, 281474976710656)
>>> Fraction.from_float(pi).limit_denominator(100)   ←── 분모의 값이 100보다 작은 Fraction 객체가 반환됩니다.
Fraction(311, 99)
```

올림, 내림, 반올림과 같은 연산을 위한 메서드도 지원합니다. 이 메서드는 명시적인 호출도 가능하지만, 일반적으로 floor(), ceil(), round()와 같은 함수를 통해 호출하는 것이 일반적입니다.

```
>>> from fractions import Fraction
>>> f = Fraction.from_float(3.14)
>>> f.__floor__()          ←——— 명시적으로 __floor__() 메서드를 호출합니다.
3
>>> import math
>>> math.floor(f)          ←——— floor() 함수에 의해 __floor__() 메서드가 호출됩니다.
3
>>> math.ceil(f)           ←——— ceil() 함수에 의해 __ceil__() 메서드가 호출됩니다.
4
>>> round(f)               ←——— round() 함수에 의해 __round__() 메서드가 호출됩니다.
3
```

또한 두 수를 입력받아 최대 공약수를 반환하는 gcd() 클래스 메서드가 있습니다.

```
>>> import fractions
>>> fractions.gcd(120, 180)
60
>>> fractions.gcd(0.5, 6)
0.5
```

03 십진법 모듈

십진법^{decimal} 모듈은 실수를 표현하기 위해 float 자료형보다 정확한 Decimal 클래스를 제공합니다. 고등학교의 수학 시간에 배운 '무한대'와 같은 값도 표현할 수 있는 십진법 모듈에 대해 자세히 알아보겠습니다.

부동소수점 표현 방식

컴퓨터에서 수치 데이터를 표현하기 위해 정수는 고정 소수점 방식^{fixed point}을, 실수는 부동소수점^{floating point} 방식을 사용합니다. 부동소수점 방식은 소수점의 위치를 고정하지 않고 그 위치를 나타내는 수를 따로 적는 방식으로, 유효숫자를 나타내는 가수 [mantissa] 와 소수점의 위치를 풀이하는 지수 [exponent] 로 나누어 표현하며, '[가수]*[밑수][지수]'와 같은 형태가 됩니다. 예를 들어 0.4를 밑수가 10인 부동소수점으로 나타내면 $0.4*10^1$가 됩니다. 또 밑수가 2인 경우 $0.8*2^{-1}$이 되며, 정규화 작업을 하면 $1.6*2^{-2}$가 됩니다. 여기서 밑수를 동일한 값을 사용하도록 규정하면 '가수'와 '지수'만 이용해 실수를 나타낼 수 있습니다.

컴퓨터 시스템은 일반적으로 이진법이 이용되기에 밑수를 2로 하고 부호를 나타내는 하나의 비트를 추가해 아래와 같이 세 부분로 나누어 실수를 표현합니다.

1	8	23
부호	지수부	가수부

그림 12-1 컴퓨터의 실수 표현 방법

이러한 방식으로 표현되기 때문에 컴퓨터에서는 부동소수점으로 표현된 수가 원래 실수를 정확히 나타내지 못하는 문제가 있습니다.

```
>>> 0.1 / 0.3
0.33333333333333337
>>> 1/3
0.33333333333333331
```

또한 부동소수점 연산의 결과도 항상 동일한 결과를 반환하지 않습니다.

아래의 예제는 윈도우 비스타 32비트 버전에서 수행한 결과로, 덧셈 연산의 결합법칙이 성립되지 않는 것을 알 수 있습니다.

```
>>> (1234.567 + 45.67844) + 0.0004
1280.2458399999998
>>> 1234.567 + (45.67844 + 0.0004)
1280.24584
```

이러한 부동소수점 연산의 본질적인 문제를 해결하고자 파이썬에서는 십진법 [decimal] 모듈을 지원합니다.

십진법 모듈은 float와 다르게 실수를 정확하게 표현할 수 있으며, 양의 무한대(Infinity), 음의 무한대(−Infinity), NaN(Not a Number − 연산 과정에서 잘못된 입력을 받음)도 표현할 수 있습니다. 또한 소수점 자리의 정밀도도 조정할 수 있기 때문에 매우 큰 정밀도를 요하는 연산에도 사용할 수 있습니다.

Decimal 객체 생성

decimal 모듈에서는 Decimal 객체를 이용해 실수를 표현합니다. Decimal 객체는 value로 정수, 문자열, 튜플, Decimal 객체를 인자로 받아서 생성됩니다. 원형은 아래와 같습니다.

```
decimal.Decimal([value[, context]])
```

문자열은 부동 소수점 형태로도 입력이 가능하며, Infinity, Inf(무한대), −Infinity, −Inf(음의 무한대), NaN(Not a Number), −0 형태도 가능합니다. 튜플 형태로 입력되는 경우, 부호를 나타내는 정수(0: 양수, 1: 음수)와, 유효숫자를 나타내는 튜플, 소수점 자리를 나타내는 정수가 순차적으로 옵니다.

Decimal 객체를 생성하는 예제는 아래와 같습니다.

```
>>> import decimal
>>> decimal.Decimal(3)                    ←──── 정수
Decimal('3')
>>> decimal.Decimal('1.1')                ←──── 문자열
Decimal('1.1')
>>> decimal.Decimal(str(1 / 7))           ←──── 문자열
Decimal('0.142857142857')
>>> decimal.Decimal((0, (3, 1, 4), -2))   ←──── 튜플
Decimal('3.14')
>>> decimal.Decimal("-Infinity")          ←──── 음의 무한대
Decimal('-Infinity')
>>> decimal.Decimal('-0')                 ←──── 음의 0
Decimal('-0')
>>> decimal.Decimal('NaN')                ←──── NaN(Not a Number)
Decimal('NaN')
>>> d = decimal.Decimal((0, (3, 1, 4), -2))  ←──── Decimal 객체
>>> decimal.Decimal(d)
Decimal('3.14')
```

Decimal 객체를 이용한 연산

Decimal 객체는 int, float와 같은 내장 수치 자료형과 동일하게 모든 수치 연산과 내장 함수의 인자로 전달이 가능합니다.

아래는 두 Decimal 객체 간에 수치 연산을 수행하는 예제입니다.

```
>>> import decimal
>>> a, b = decimal.Decimal('3.14'), decimal.Decimal('.04')
>>> a + b
Decimal('3.18')
>>> a - b
Decimal('3.10')
>>> a * b
Decimal('0.1256')
>>> a / b
Decimal('78.5')
>>> a ** b
Decimal('1.046832472577719248090395663')
```

또한 Decimal 객체 간의 연산뿐 아니라 내장 수치 자료형과 상호 연산도 가능하며, 내장 함수의 인자로 전달할 수 있습니다.

```
>>> a = decimal.Decimal('3.14')
>>> a * 3
Decimal('9.42')
>>> divmod(a, 2)
(Decimal('1'), Decimal('1.14'))
>>> round(a, 1)
Decimal('3.1')
>>> int(a)
3
```

그 밖에 max(), min(), sum()과 같은 내장 함수의 인자로도 전달 가능합니다.

```
>>> rawData = '3.45|5.3|1.65|9|-1.28'
>>> l = [decimal.Decimal(x) for x in rawData.split('|')]    ◀── Decimal 객체 리스트 생성
```

```
>>> l
[Decimal('3.45'), Decimal('5.3'), Decimal('1.65'), Decimal('9'), Decimal('-1.28')]
>>> max(l)              ◀─── 최댓값
Decimal('9')
>>> min(l)              ◀─── 최솟값
Decimal('-1.28')
>>> sum(l)              ◀─── 합계
Decimal('18.12')
>>> sorted(l)           ◀─── 정렬
[Decimal('-1.28'), Decimal('1.65'), Decimal('3.45'), Decimal('5.3'), Decimal('9')]
```

Decimal 객체의 내장 메서드

Decimal 객체에서 지원하는 내장 메서드 가운데 주로 사용되는 것은 다음과 같습니다.

메서드	내용
sqrt()	Decimal의 제곱근 결과를 반환합니다.
exp()	e(자연상수) ** Decimal 결과를 반환합니다.
ln()	Decimal의 자연로그 결과를 반환합니다.
compare(other)	두 Decimal 객체를 비교해 그 결과를 Decimal 객체로 반환합니다. 메서드 호출 객체가 더 크면 Decimal('1')을, 같은 경우는 Decimal('0')을, 작은 경우는 Decimal('-1')을 반환합니다.
copy_abs()	원본의 절댓값을 갖는 Decimal 객체를 반환합니다.
copy_negate()	원본의 음수값을 갖는 Decimal 객체를 반환합니다.
copy_sign(other)	원본 값에 인자(other)의 부호를 갖는 Decimal 객체를 반환합니다.
is_signed()	부호 비트가 설정돼 있으면(즉 음수이면) True를 반환합니다.
is_finite()	유한수인 경우 True를 반환합니다.
is_infinite()	무한인 경우 True를 반환합니다.
is_zero()	'0'(+0, -0)인 경우 True를 반환합니다.

간단한 내용이기에 예제로 설명을 대신합니다.

```
>>> from decimal import Decimal
>>> d = Decimal("3.14")
>>> d.sqrt()
```

```
Decimal('1.772004514666935040199112510')
>>> d.exp()
Decimal('23.10386685872218278457908458')
>>> d.ln()
Decimal('1.144222799920161998805694448')
>>> d2 = Decimal("-1.414")
>>> d.compare(d2)          ◀──── 두 Decimal 객체 비교
Decimal('1')
>>> d2.copy_abs()          ◀──── d2의 절댓값
Decimal('1.414')
>>> d.copy_negate()        ◀──── d의 음수값
Decimal('-3.14')
>>> d.copy_sign(d2)        ◀──── 인자의 부호만 복사
Decimal('-3.14')


>>> d2.is_signed()         ◀──── 음수인지 확인
True
>>> d.is_finite()          ◀──── 유한한 값인지 확인
True
>>> d.is_infinite()        ◀──── 무한대인지 확인
False
>>> d.is_zero()            ◀──── '0'인지 확인
False
```

Decimal 객체의 설정

이제는 Decimal 객체를 설정하는 방법에 대해 알아보겠습니다. 아래와 같이 두 Decimal 객체의 연산 결과는 기본적으로 소수 28번째 자리까지 출력되는 것을 확인할 수 있습니다.

```
>>> import decimal
>>> d = decimal.Decimal('3.14')
>>> d2 = decimal.Decimal(7)
>>> d / d2
Decimal('0.4485714285714285714285714286')
```

그 이유는 현재 Decimal 객체의 환경설정 ^{context} 이 그렇게 되어 있기 때문입니다. 현재 환경설정은
getcontext() 함수로 확인할 수 있습니다.

```
>>> decimal.getcontext()
Context(prec=28, rounding=ROUND_HALF_EVEN, Emin=-999999999, Emax=999999999, capitals=1,
flags=[Inexact, Rounded], traps=[DivisionByZero, Overflow, InvalidOperation])
```

그럼 현재 Decimal 객체의 환경설정을 변경해 보겠습니다. 연산 결과가 소수 7번째 자리까지 되도록
설정해 보겠습니다.

```
>>> decimal.getcontext().prec = 7
>>> d / d2
Decimal('0.4485714')
```

현재 설정은 소수 8번째 자리에서 반올림하도록 돼 있는데, 이를 올림 연산으로 변경하겠습니다. 연산
결과 마지막 7번째 자리가 올림 연산으로 바뀐 것을 확인할 수 있습니다.

```
>>> decimal.getcontext().rounding = decimal.ROUND_CEILING
>>> d / d2
Decimal('0.4485715')
```

반올림의 설정값으로 사용할 수 있는 옵션으로는 ROUND_CEILING, ROUND_DOWN, ROUND_
FLOOR, ROUND_HALF_DOWN, ROUND_HALF_EVEN, ROUND_HALF_UP, ROUND_UP,
ROUND_05UP가 있습니다.

다음으로 기본 환경설정에서는 0으로 나누는 경우 ZeroDivisionError가 발생하도록 되어 있습니다.
환경설정을 변경해 0으로 나눠도 에러가 발생하지 않고, 무한대의 값을 반환하도록 설정하겠습니다.

```
>>> d = decimal.Decimal("3.14")
>>> d2 = decimal.Decimal()        ←  Decimal('0')
>>> d / d2                         ←  ZeroDivisionError 에러 발생
Traceback (most recent call last):
  File "<pyshell#247>", line 1, in <module>
    d / d2
decimal.DivisionByZero: x / 0
```

```
>>> decimal.getcontext().traps[decimal.DivisionByZero] = 0        ◀——  DivisionBy Zero를 비활성화해 에러가
>>> d / d2                                                              발생하지 않도록 설정
Decimal('Infinity')                 ◀——  연산 결과 무한대로 나타남
```

decimal 모듈에서는 자주 사용되는 환경설정에 대해 미리 정의해두었습니다. 각 설정은 아래와 같습니다.

```
>>> decimal.DefaultContext
Context(prec=28, rounding=ROUND_HALF_EVEN, Emin=-999999999, Emax=999999999, capitals=1, flags=[],
traps=[Overflow, InvalidOperation, DivisionByZero])
>>> decimal.BasicContext
Context(prec=9, rounding=ROUND_HALF_UP, Emin=-999999999, Emax=999999999, capitals=1, flags=[],
traps=[Overflow, Underflow, Clamped, InvalidOperation, DivisionByZero])
>>> decimal.ExtendedContext
Context(prec=9, rounding=ROUND_HALF_EVEN, Emin=-999999999, Emax=999999999, capitals=1, flags=[],
traps=[])
```

미리 정의된 환경설정은 setcontext() 함수를 이용해 변경할 수 있습니다.

```
>>> decimal.getcontext()        ◀——  현재의 Decimal 환경설정
Context(prec=7, rounding=ROUND_CEILING, Emin=-999999999, Emax=999999999, capitals=1, flags=[Inex-
act, Rounded], traps=[DivisionByZero, Overflow, InvalidOperation])
>>> decimal.setcontext(decimal.ExtendedContext)
>>> decimal.getcontext()        ◀——  변경된 Decimal 환경설정
Context(prec=9, rounding=ROUND_HALF_EVEN, Emin=-999999999, Emax=999999999, capitals=1, flags=[],
traps=[])
```

04 랜덤 모듈

파이썬에서는 임의의 정수, 실수를 생성하거나, 시퀀스 객체 중 임의의 값을 선택하는 등의 연산을 위해 랜덤 모듈을 제공합니다. 임의의 숫자를 생성함에도 정규 분포를 따르거나, 로그 분포를 따르는 등의 다양한 방법이 존재하지만, 일반적인 개발 작업에서는 이러한 부분이 자주 사용되지는 않습니다. 이번 장에서는 실무에서 사용되는 예제를 중심으로 랜덤 모듈에 대해 알아보겠습니다.

메서드	설명
random.seed([x])	임의 숫자 생성기의 초기화 작업을 합니다. 만약 인자가 생략되거나 None인 경우, 현재 시스템 시간 값을 사용합니다.
random.random()	'0.0 <= F < 1.0' 사이의 임의의 float 숫자를 반환합니다.
random.uniform(a, b)	인자로 받은 두 값 사이의 임의의 float 숫자를 반환합니다.
random.gauss(m, sb)	가우스 분포(정규분포)의 난수(Gaussian random number)를 반환합니다.
random.randrange([start], stop[, step])	내장 함수인 range()의 아이템 중에서 임의로 선택해 반환합니다.
random.randint(a, b)	'a <= N <= b'인 임의의 정수 N을 반환합니다.
random.choice(seq)	입력받은 시퀀스 객체의 임의의 아이템을 반환합니다. 만약 입력받은 시퀀스가 빈 경우, IndexError를 발생합니다.
random.shuffle(x[, random])	입력받은 시퀀스 객체를 섞습니다. 선택적으로 사용되는 random 인자는 0.0과 1.0 사이의 임의의 값을 반환하는 함수여야 합니다. 특별히 정의되지 않는 경우 random() 함수를 기본적으로 사용합니다.
random.sample(population, k)	두 번째 인자 k개만큼의 아이템을 첫 번째 인자인 시퀀스나 셋 객체로부터 임의로 중복 없이 추출합니다. 원본에는 아무런 변경을 가하지 않습니다.

임의의 실수 생성

다음은 0.0에서 1.0 사이의 float 값을 임의로 생성하는 예제입니다.

```
>>> import random
>>> random.random()          ← 함수를 호출할 때마다 다른 값이 반환됩니다.
0.26972682428596206
>>> random.random()
0.34259209885307051
```

다음은 입력받은 두 값 사이의 float 값을 임의로 생성하는 예제입니다.

```
>>> random.uniform(3, 4)
3.6972715337370463
```

아래는 평균이 '1', 표준편차가 '1.0'인 정규분포의 난수를 생성하는 예제입니다.

```
>>> for i in range(3):
        random.gauss(1, 1.0)

1.5882442843188862
1.6952565723785269
0.21428023845255018
```

임의의 정수 생성

아래의 예제는 0~20 사이의 수 중 임의의 정수를 생성하는 예제입니다. random.randrange()를 이용하는 경우, 생성되는 임의의 정수는 중복될 수 있습니다.

```
>>> [random.randrange(20) for i in range(10)]
[1, 5, 6, 19, 12, 4, 5, 3, 10, 1]
```

0~20 사이의 숫자 중 중복을 허용하지 않고 임의의 정수를 생성하려면 random.sample()를 사용합니다.

```
>>> random.sample(range(20), 10)
[19, 1, 16, 17, 9, 3, 2, 6, 5, 15]
```

또한 아래는 0~20 사이의 수 중 3의 배수만 출력하는 예제입니다.

```
>>> [random.randrange(0, 20, 3) for i in range(5)]          ←— 중복을 허용
[9, 15, 15, 3, 3]
```

시퀀스 객체 관련 연산

리스트, 튜플과 같은 시퀀스 객체에서 임의로 몇 개의 아이템을 선택해야 할 때가 있습니다. random.choice()를 이용하면 임의의 아이템을 중복해서 선택할 수 있습니다.

```
>>> l = list(range(10))
>>> l
[0, 1, 2, 3, 4, 5, 6, 7, 8, 9]
>>> [random.choice(l) for i in range(3)]          ←— 중복 선택 가능
[9, 2, 2]
```

중복을 허용하지 않고 임의의 아이템을 선택하려면 앞에서 배운 random.sample()를 이용하면 됩니다.

```
>>> random.sample(l, 3)
[5, 8, 7]
```

또한 시퀀스 객체를 임의로 섞으려면 random.shuffle()을 이용하면 됩니다. 이 함수는 인자로 전달된 시퀀스 객체를 직접 바꿉니다.

```
>>> l = list(range(10))
>>> l
[0, 1, 2, 3, 4, 5, 6, 7, 8, 9]
>>> random.shuffle(l)
>>> l
[6, 3, 8, 0, 2, 4, 9, 7, 1, 5]
```

원본 객체를 변경하지 않고 원본 객체가 임의로 섞인 또 다른 객체를 얻으려면 다음과 같이 할 수 있습니다.

```
>>> l = list(range(10))
>>> s = random.sample(l, 10)        ←—— 임의로 섞인 객체 생성
>>> s
[5, 8, 6, 7, 3, 2, 1, 4, 9, 0]
>>> l                               ←—— 원본 객체는 변경되지 않습니다.
[0, 1, 2, 3, 4, 5, 6, 7, 8, 9]
```

> **뱀잡기** 🐍
>
> Random 클래스의 경우 특별히 생성자를 호출해 클래스 인스턴스를 생성하거나 클래스 메서드를 호출하지는 않았습니다. 그 이유는 random.Random 클래스의 인스턴스 객체가 내부적으로 숨겨져 생성됐기 때문입니다. 이러한 숨겨진 Random 객체에 대해서는 seed 값을 전달하지 않기 때문에 시스템 시간 값을 사용합니다. 만약 아래와 같이 명시적으로 두 Random 객체를 생성하고 seed 값을 동일하게 주면, 두 객체가 생성하는 임의의 값은 동일해집니다.
>
> ```
> >>> import random
> >>> r = random.Random(1)     ←—— seed 값을 1로 주고 Random 객체를 생성
> >>> r.random()
> ```

```
0.13436424411240122
>>> r2 = random.Random( )        ◄──── seed 값 없이 Random 객체를 생성(시스템 시간 값이 사용됨)
>>> r2.random( )
0.90285596660299128
>>> r2.seed(1)                   ◄──── 이미 생성된 Random 객체의 seed 값을 변경
>>> r2.random( )                 ◄──── r1의 random()의 결과값과 동일
0.13436424411240122
```

## 13

파일 시스템을
자유자재로

프로그램을 작성하다 보면 파일 입출력 기능을 이용해 새롭게 파일을 생성하거나 기존 파일을 관리해
야 할 일이 발생합니다. 이번 장에서는 파이썬에서 파일 시스템을 쉽게 다룰 수 있게 도와주는 함수와
예제를 살펴보겠습니다.

os.path는 파일 경로를 생성 및 수정하고, 파일 정보를 쉽게 다룰 수 있게 해주는 모듈입니다.

> 참고
>
> 다음 예제 코드는 from os.path import *를 하고 나서 실행해야 합니다.

os.path.abspath(path)

현재 경로를 Prefix로 해서 입력받은 경로를 절대 경로로 바꿔서 반환합니다.

```
>>> abspath('tmp')
'C:\\Python36\\tmp'
```

os.path.basename(path)

입력받은 경로의 기본 이름 base name 을 반환합니다. abspath() 함수와 반대되는 기능을 수행한다고 볼 수 있습니다.

```
>>> basename('C:\\Python36\\tmp')
'tmp'
>>> basename('C:\\Python36\\tmp\\test.txt')
'test.txt'
```

os.path.commonprefix(path_list)

입력받은 path_list로부터 공통적인 Prefix를 추출해서 반환합니다. 그러나 이 결과는 문자열 연산에 의한 것이기 때문에 다음의 두 번째 예제와 같이 잘못된 경로가 나올 수도 있습니다.

```
>>> commonprefix(['c:\\Python36\\Lib', 'c:\\Python36\\Tools', 'c:\\Python36'])
'c:\\Python36'
>>> commonprefix(['c:\\python26\\Lib', 'c:\\python25\\Tools'])
'c:\\python2'
```

os.path.dirname(path)

입력받은 파일/디렉터리의 경로를 반환합니다.

```
>>> dirname('C:\\Python36\\tmp\\test.txt')
'C:\\Python36\\tmp'
>>> dirname('C:\\Python36\\tmp')
'C:\\Python36'
```

os.path.exists(path)

입력받은 경로가 존재하면 True를 반환하고, 존재하지 않으면 False를 반환합니다. 리눅스와 같은 OS에서는 파일이나 디렉터리가 존재하지만 읽기 권한이 없는 경우에도 False를 반환할 수 있습니다.

```
>>> exists('C:\\Python36\\tmp')         ◀──── 파일이나 디렉터리가 존재하지 않을 경우
False
>>> exists('C:\\Python36')              ◀──── 파일이나 디렉터리가 존재할 경우
True
```

os.path.expanduser(path)

입력받은 경로 안의 '~'를 현재 사용자 디렉터리의 절대 경로로 대체합니다. '~'에 붙여서 〈사용자명〉을 붙이면 원하는 사용자 경로로 대체됩니다(유닉스/리눅스의 홈 디렉터리를 나타내는 '~'과 동일합니다).

```
>>> expanduser('~\\test')
'C:\\Documents and Settings\\dsp\\test'     ◀──── 사용 환경에 따라 결과가 다릅니다.
>>> expanduser('~someone\\test')
'C:\\Documents and Settings\\someone\\test'
```

os.path.expandvars(path)

path 안에 환경변수가 있다면 확장합니다. 환경변수는 os.environ에 정의된 것을 참조합니다.

```
>>> expandvars('$HOME\\temp')
'C:\\Documents and Settings\\dsp\\temp'
>>> expandvars('$SYSTEMROOT\\var')
'C:\\WINDOWS\\var'
```

os.path.getatime(path)

입력받은 경로에 대한 최근 접근 시간을 반환합니다. 반환되는 값은 epoch(1970년 1월 1일) 이후 초 단위로 반환됩니다(시간에 대한 자세한 정보는 11장을 참조하세요). 파일이 없거나 권한이 없는 경우에는 os.error 예외가 발생합니다.

```
>>> getatime('C:\\Python36\\python.exe')
1236397067.2229166
```

뱀잡기 🐍~~~

읽을 수 있는 형식으로 보려면 다음과 같이 하면 됩니다.

```
>>> import time
>>> time.gmtime(getatime('C:\\Python36\\python.exe'))
time.struct_time(tm_year=2009, tm_mon=3, tm_mday=7, tm_hour=3, tm_min=37, tm_sec=47, tm_wday=5,
tm_yday=66, tm_isdst=0)
```

os.path.getmtime(path)

입력받은 경로에 대한 최근 변경 시간을 반환합니다. 파일이 없거나 권한이 없는 경우에는 os.error 예외가 발생합니다.

```
>>> getmtime('C:\\Python36\\python.exe')
1228302966.0
```

os.path.getctime(path)

입력받은 경로에 대한 생성 시간을 반환합니다(유닉스와 같은 운영체제에서는 생성 시간이 아닌 최근 변경 시간을 반환할 수도 있습니다). 파일이 없거나 권한이 없는 경우에는 os.error 예외가 발생합니다.

```
>>> getctime('C:\\Python36\\python.exe')
1228302966.0
```

os.path.getsize(path)

입력받은 경로에 대한 바이트 단위의 파일크기를 반환합니다. 파일이 없거나 권한이 없는 경우에는 os.error 예외가 발생합니다.

```
>>> getsize('C:\\Python36\\python.exe')
26624
```

os.path.isabs(path)

경로가 절대 경로이면 True를 반환하고, 그 외의 경우에는 False를 반환합니다. 실제 해당 경로를 검사하지는 않으며 입력받은 문자열을 가지고 판단합니다.

```
>>> isabs('C:\\Python36\\python.exe')
True
```

os.path.isfile(path)

경로가 파일인지 아닌지 검사합니다. 파일인 경우에는 True를 반환하고, 그 밖의 경우에는 False를 반환합니다. 혹은 해당 경로가 존재하지 않은 경우에는 False를 반환합니다.

```
>>> isfile('C:\\Python36\\python.exe')
True
>>> isfile('C:\\Python36\\python26.exe')
False
```

os.path.isdir(path)

경로가 디렉터리인지 아닌지 검사합니다. 디렉터리인 경우에는 True를 반환하고, 그 외의 경우에는 False를 반환합니다. 해당 경로가 존재하지 않은 경우에는 False를 반환합니다.

```
>>> isdir('C:\\Python36\\python.exe')
False
>>> isdir('C:\\Python36\\lib')
True
>>> isdir('C:\\Python36\\libasdf')
False
```

os.path.join(path1[, path2[, ...]])

해당 OS 형식에 맞게 입력받은 경로를 연결합니다. 입력 중간에 절대 경로가 나오면 이전에 취합된 경로는 제거하고 다시 연결합니다.

```
>>> join('C:\\Python36', 'Script', 'test.py')
'C:\\Python36\\Script\\test.py'
>>> join('C:\\Python36', 'D:\\Test', 'test.py')
'D:\\Test\\test.py'
```

os.path.normcase(path)

해당 OS에 맞게 입력받은 경로의 문자열을 정규화합니다. 윈도우와 같은 경우, 아래 예제와 같이 소문자로 바꾸고 /를 \\로 변경합니다.

```
>>> normcase('C:\\Python36\\python.exe')
'c:\\Python36\\python.exe'
>>> normcase('C:/Python36/python.exe')
'c:\\Python36\\python.exe'
```

os.path.normpath(path)

입력받은 경로를 정규화합니다. 현재 디렉터리('.')나 상위 디렉터리('..')와 같은 구분자를 최대한 삭제합니다.

```
>>> normpath('C:/Python36/./python.exe')
'C:\\Python36\\python.exe'
>>> normpath('C:/Python36/../python.exe')
'C:\\python.exe'
```

os.path.split(path)

입력받은 경로를 디렉터리 부분과 파일 부분으로 나눕니다. 단순한 문자열 연산이므로 실제 파일의 존재 여부는 확인하지 않습니다.

```
>>> split('C:\\Python36\\python.exe')
('C:\\Python36', 'python.exe')
```

os.path.splitdrive(path)

입력받은 경로를 드라이브 부분과 나머지 부분으로 나눕니다. 단순한 문자열 연산이므로 실제 파일의 존재 여부는 확인하지 않습니다.

```
>>> splitdrive('C:\\Python36\\python.exe')
('C:', '\\Python36\\python.exe')
```

os.path.splitext(path)

입력받은 경로를 확장자 부분과 그 외의 부분으로 나눕니다. 단순한 문자열 연산이므로 실제 파일의 존재 여부는 확인하지 않습니다.

```
>>> splitext('C:\\Python36\\python.exe')
('C:\\Python36\\python', '.exe')
```

02 glob

glob 모듈은 윈도우의 dir 명령어나 리눅스의 ls 명령어와 유사한 기능을 제공합니다.

glob.glob(path)

glob() 함수는 경로에 대응되는 모든 파일 및 디렉터리의 리스트를 반환합니다. *와 ?도 사용가능하며 [과]를 사용한 문자열 비교도 가능합니다.

```
>>> import glob
>>> glob.glob('canon?.*')
['canon2.mp3']
>>> glob.glob('canon[0-9].*')
['canon2.mp3']
```

또한 경로를 주는 방식에 따라 절대 경로로 결과가 나오게 할 수도 있습니다.

```
>>> glob.glob('*.exe')
['python.exe', 'pythonw.exe', 'w9xpopen.exe']
>>> glob.glob(abspath('.') + '\\*.exe')
['C:\\Python36\\python.exe', 'C:\\Python36\\pythonw.exe', 'C:\\Python36\\w9xpopen.exe']
```

glob.iglob(path)

glob과 동일한 동작을 수행하지만 리스트로 결과를 반환하는 것이 아니라 이터레이터를 반환합니다.
한 번에 모든 결과를 리스트에 담지 않으므로 결과가 매우 많은 경우에 유용하게 쓰일 수 있습니다.

```
>>> glob.iglob('*')
<generator object iglob at 0x01710C38>
>>> for i in glob.iglob('*'):
        print(i)


DLLs
Doc
include
(중략)…
w9xpopen.exe
```

03 tree 예제

tree는 하위 디렉터리 구조를 보여주는 툴입니다. 이번 장에서 배운 os.path와 glob의 일부 기능을 이용해 tree와 비슷한 기능을 수행하는 예제를 작성할 수 있습니다. 일단 구현하기 전에 우선 tree를 한번 수행해 보겠습니다.

```
#tree
.
├── SlideshowScreenlet.py
├── SlideshowScreenlet.pyc
├── icon.svg
├── menu.xml
`── themes
    ├── default
    │   ├── frame.png
    │   `── menu.png
    `── mirror
        ├── frame.png
        `── menu.png
3 directories, 8 files
```

os.path와 glob을 이용해 tree를 흉내 내기란 생각보다 쉽습니다. 위치를 지정해주면 그 안의 모든 디렉터리와 파일을 출력해주는 함수(예제에서의 traverse 함수)를 만들고, 함수 내부에서는 파일인 경우에는 파일 이름을 출력하고, 디렉터리인 경우에는 디렉터리명을 출력한 후 그 안의 내용을 다시 처리하면 됩니다.

출력할 때 어느 정도 깊이인지에 따라 띄어쓰기만 적절히 조절해 주는 것만 주의하면 됩니다. 전체 소스코드는 아래와 같습니다. 간단하죠?

예제 tree.py tree 소스코드

```
02  import glob, os.path
03  ndir = nfile = 0
04
05  def traverse(dir, depth):
06      global ndir, nfile
07      for obj in glob.glob(dir + '/*'):
08          if depth == 0:
09              prefix = '├──'
10          else:
11              prefix = '│' + '   ' * depth + '├──'
12          if os.path.isdir(obj):        ◄──── 디렉터리인 경우
13              ndir += 1
14              print(prefix + os.path.basename(obj))
```

```
15              traverse(obj, depth + 1)
16          elif os.path.isfile(obj):      ←——— 파일인 경우
17              nfile += 1
18              print(prefix + os.path.basename(obj))
19          else:              ←——— 그 밖의 경우에 대한 처리
20              print(prefix + 'unknown object :', obj)
21
22  if __name__ == '__main__':
23      traverse('.', 0)   ←——— 처음에는 현재 디렉터리로 지정
24      print('\n', ndir, 'directories,', nfile, 'files')    ←——— 전체 합계 출력
```

실행 결과

```
> python tree.py
...
¦       ¦—which.py
¦       ¦—win_add2path.py
¦       ¦—xxci.py
¦   ¦—versioncheck
¦       ¦—checkversions.py
¦       ¦—pyversioncheck.py
¦       ¦—README.txt
¦       ¦—_checkversion.py
¦   ¦—webchecker
¦       ¦—README.txt
¦       ¦—tktools.py
¦       ¦—wcgui.py
¦       ¦—wcmac.py
¦       ¦—webchecker.py
¦       ¦—websucker.py
¦       ¦—wsgui.py
¦—w9xpopen.exe

 104 directories, 2929 files
```

데이터베이스

SQLite3는 디스크 기반의 가벼운 데이터베이스 라이브러리입니다. 일반적인 데이터베이스 솔루션과 달리 별도의 서버가 필요하지 않기 때문에 자원을 적게 사용하며, 트랜잭션을 지원하기 때문에 예기치 못하게 운영체제상에 문제가 발생하거나 비정상적으로 전원이 종료됐을 때도 데이터의 무결성을 보장합니다. 이미 SQLite는 삼성의 타이젠이나 구글의 안드로이드, 애플의 아이폰 등에서 널리 사용되어 그 성능과 안정성을 검증받은 상태입니다.

그림 14-1 SQLite 로고

Gerhard Häring은 C 기반의 SQLite3를 이용해 DB-API 2.0 스펙을 따르는 인터페이스를 제공하는 pysqlite 모듈을 작성했습니다. 이 모듈은 파이썬 배포판에 기본적으로 포함돼 있으므로 별도의 모듈을 설치하지 않고도 바로 사용할 수 있습니다. pysqlite 모듈에 정의된 함수와 클래스는 다음과 같습니다.

모듈 함수

pysqlite 모듈에는 데이터베이스 연결(connect)과 같이 전역적으로 사용되는 함수가 정의돼 있습니다.

함수	설명
sqlite3.connect(database[, timeout, isolation_level, detect_types, factory])	SQLite3 DB에 연결하고 연결된 Connection 객체를 반환합니다.
sqlite3.complete_statement(sql)	세미콜론으로 끝나는 SQL 문에 대해 True를 반환합니다. 이 함수는 단지 세미콜론으로 끝나는지만 검사하고, SQL 문장의 구문이 올바른지는 확인하지 않습니다.
sqlite3.register_adapter(type, callable)	사용자정의 파이썬 자료형을 SQLite3에서 사용하도록 등록합니다. callable은 이러한 변환을 수행하는 함수로 1개의 인자를 받아 파이썬에서 처리 가능한 자료형으로 변환합니다.
sqlite3.register_converter(typename, callable)	SQLite3에 저장된 자료를 사용자정의 자료형으로 변환하는 함수를 등록합니다. typename은 SQLite3에서 내부적으로 사용될 자료형의 이름이고, callable은 변환을 위해 사용되는 함수입니다.

Connection 클래스

연결된 데이터베이스를 동작시키는 역할을 합니다. 정의된 메서드는 아래와 같습니다.

메서드	설명
Connection.cursor()	Cursor 객체를 생성합니다.
Connection.commit()	현재 트랜잭션의 변경내역을 DB에 반영(commit)합니다. 이 메서드를 명시적으로 호출하지 않으면 작업한 내용이 DB에 반영되지 않으므로 다른 연결(Connection)에 그 내용이 나타나지 않습니다.
Connection.rollback()	가장 최근의 commit() 이후 지금까지 작업한 내용에 대해 DB에 반영하지 않고 트랜잭션 이전 상태로 되돌립니다.

메서드	설명
Connection.close()	DB 연결을 종료합니다. 자동으로 commit() 메서드를 호출하는 것이 아니기에 close() 메서드를 호출하기 이전에 commit()/rollback() 중 하나를 명시적으로 호출해야 합니다.
Connection.isolation_level	트랜잭션의 격리 수준(isolation level)을 확인/설정합니다. 입력 가능한 값은 None, DEFERRED, IMMEDIATE, EXCLUSIVE입니다.
Connection.execute(sql[, parameters]) Connection.executemany(sql[, parameters]) Connection.executescript(sql_script)	임시 Cursor 객체를 생성해 해당 execute 계열 메서드를 수행합니다 (Cursor 클래스의 해당 메서드와 동일하므로 Cursor 클래스에서 설명하겠습니다).
Connection.create_aggregate(name, num_params, aggregate_class)	사용자정의 집계(aggregate) 함수를 생성합니다.
Connection.create_collation(name, callable)	문자열 정렬 시 SQL 구문에서 사용될 이름(name)과 정렬 함수를 지정합니다. 정렬 함수는 인자로 문자열 2개를 받으며, 첫 문자열이 두 번째 문자열보다 순서가 낮은 경우 -1, 같은 경우 0, 높은 경우 1을 반환해야 합니다.
Connection.iterdump()	연결된 DB의 내용을 SQL 질의로 형태로 출력할 수 있는 이터레이터를 반환합니다.

Cursor 클래스

실질적으로 데이터베이스에 SQL 문장을 수행하고, 조회된 결과를 가져오는 역할을 합니다. 정의된 메서드는 아래와 같습니다.

메서드	설명
Cursor.execute(sql[, parameters])	SQL 문장을 실행합니다. 실행할 문장은 인자를 가질 수 있습니다.
Cursor.executemany(sql, seq_of_parameters)	동일한 SQL 문장을 매개변수만 변경하면서 수행합니다. 매개변수 변경은 파라미터 시퀀스, 이터레이터를 이용할 수 있습니다.
Cursor.executescript(sql_script)	세미콜론으로 구분된 연속된 SQL 문장을 수행합니다.
Cursor.fetchone()	조회된 결과(Record Set)로부터 데이터 1개를 반환합니다. 더는 데이터가 없는 경우 None을 반환합니다.
Cursor.fetchmany([size=cursor.arraysize])	조회된 결과로부터 입력받은 size만큼의 데이터를 리스트 형태로 반환합니다. 데이터가 없는 경우 빈 리스트를 반환합니다.
Cursor.fetchall()	조회된 결과 모두를 리스트 형태로 반환합니다. 데이터가 없는 경우, 빈 리스트를 반환합니다.

Row 클래스

조회된 결과 집합[Result set]에서 Row 객체는 관계형 데이터베이스 모델에서 튜플을 나타냅니다. 예를 들어 JOIN 연산을 이용해 2개 이상의 테이블을 조회한 결과인 경우, Row 객체는 결과 뷰의 한 행을 나타냅니다.

01 데이터베이스 연결

데이터베이스를 사용하려면 실제 저장된 데이터베이스 파일을 반영하는 Connection 객체를 생성해야 합니다. 아래 코드는 'C:\Python36\test.db' 파일과 연결된 Connection 객체를 생성하는 예제입니다.

해당하는 물리적인 DB 파일이 없는 경우 해당 경로에 파일을 생성하며, 파일이 이미 존재하는 경우 그 DB 파일을 그대로 사용합니다. 이때 DB 파일에 이미 테이블이 생성되거나 레코드가 입력된 경우, 그러한 데이터도 모두 Connection 객체를 통해 조회, 입력 등의 연산이 가능합니다.

```
>>> import sqlite3
>>> con = sqlite3.connect("test.db")
```

또한 ':memory:'라는 키워드를 사용해 메모리상에 DB 파일을 만들 수 있습니다. 이러한 경우 연결이 종료되면 현재까지 작업한 모든 내용이 사라지지만 물리적인 DB 파일에 기록하는 것보다는 연산 속도가 빠릅니다.

```
>>> con = sqlite3.connect(":memory:")
```

02 SQL문 수행

데이터베이스에서 SQL문을 수행하는 execute 계열 메서드부터 알아보겠습니다. 기본적으로 Cursor. execute() 메서드는 SQL 문을 입력받아 수행합니다.

아래의 예제는 전화번호부 테이블을 생성하고 레코드 하나를 입력하는 예제입니다.

```
>>> import sqlite3
>>> con = sqlite3.connect(":memory:")
>>> cur = con.cursor()          ←──  커서 객체 생성
>>> cur.execute("CREATE TABLE PhoneBook(Name text, PhoneNum text);")
>>> cur.execute("INSERT INTO PhoneBook VALUES('Derick', '010-1234-5678');")
```

실제 데이터베이스 프로그래밍을 하는 경우, 사용하는 SQL 구문은 매번 동일하지만 입력되는 인자만 바뀌는 경우가 대부분입니다. pysqlite에서도 이러한 경우를 위해 인자 전달 방식을 지원합니다.

Cursor.execute() 함수의 SQL 구문에서 인자로 채워질 부분을 ?로 표시하고, 해당하는 인자를 시퀀스 객체로 전달합니다. 아래의 예제는 INSERT 구문을 인자 전달방식으로 작성한 예제입니다.

```
>>> name = "SangJung"
>>> phoneNumber = '010-5670-2343'
>>> cur.execute("INSERT INTO PhoneBook VALUES(?, ?);", (name, phoneNumber))
```

?를 이용한 인자 전달 방식을 사용하는 경우, 개발자는 SQL 구문의 인자 전달 순서를 모두 기억해 거기에 맞춰 시퀀스 객체를 전달해야 합니다. SQL 구문의 각 인자에 이름을 부여하고 인자를 전달할 때 사전을 전달하면 이러한 불편함을 해결할 수 있습니다.

예를 들면 아래와 같이 작성해 이전과 동일한 동작을 수행할 수 있습니다.

```
>>> cur.execute("INSERT INTO PhoneBook VALUES(:inputName, :inputNum);",
        {"inputNum":phoneNumber, "inputName":name})
```

동일한 SQL 문장을 매개변수만 바꾸면서 연속적으로 수행하는 경우, Cursor.executemany()를 이용할 수 있습니다. 인자 전달 방식과 동일하게 SQL 구문을 작성하고, 두 번째 인자에 시퀀스와 사전을 전달하면 됩니다.

아래는 리스트 객체를 이용해 2개의 레코드를 연속적으로 입력하는 예제입니다.

```
>>> datalist = (('Tom', '010-543-5432'), ('DSP', '010-123-1234'))
>>> cur.executemany("INSERT INTO PhoneBook VALUES(?, ?);", datalist)
```

또한 시퀀스 객체 대신에 이터레이터 ^{Iterator} 나 제너레이터 ^{Generator} 를 이용할 수도 있습니다. 아래는 제너레이터를 이용해 위와 동일한 동작을 수행하는 예제입니다.

```
>>> def dataGenerator():
        datalist = {('Tom', '010-543-5432'), ('DSP', '010-123-1234')}
        for item in datalist:
            yield item
>>> cur.executemany("INSERT INTO PhoneBook VALUES(?, ?);", dataGenerator())
```

수행해야 할 SQL 구문을 파일에 저장하고 이 모두를 한 번에 수행해야 한다면 Cursor.executescript() 메서드가 유용합니다. 이 메서드는 스크립트 수행하기 전에 우선 커밋(14장 4절 참조)을 수행해 이전에 작업한 내용을 모두 DB에 반영하고, 그다음 입력된 스크립트를 수행합니다.

아래 예제는 script.txt 파일에 저장된 SQL 구문을 읽어서 일괄 수행하는 예제입니다.

예제 14-1-1.py 스크립트 수행 예제

```
02  import sqlite3
03
04  con = sqlite3.connect(":memory:")
05
06  with open('script.txt') as f:          ◀──── script.txt에서 SQL 구문을 읽음
07      SQLScript = f.read()
08
09  cur = con.cursor()
10  cur.executescript(SQLScript)
```

03 레코드 조회

입력된 데이터를 데이터베이스로부터 가져오는(fetch) 메서드에 대해 알아보겠습니다. execute() 메서드를 이용해 SELECT 문을 수행하면, Cursor 객체를 조회된 Row 객체에 대한 이터레이터처럼 사용할 수 있습니다.

```
>>> cur.execute("SELECT * FROM PhoneBook;")
>>> for row in cur:
```

```
    print(row)
('Derick', '010-1234-5678')
('SangJung', '010-5670-2343')
('Tom', '010-543-5432')
('DSP', '010-123-1234')
```

Cursor.fetchone()은 조회된 결과 집합 ^{Result set} 으로부터 Row 객체를 가져옵니다. Cursor.
fetchmany(n)는 조회된 결과에서 인자로 입력된 n개 만큼 Row를 리스트 형태로 반환합니다. 아래와
같이 앞서 fecthone() 메서드로 1개의 레코드를 조회한 이후, fetchmany()를 호출하면 이미 조회된
1개의 레코드를 제외한 다음 레코드부터 반환합니다. 만약 조회된 전체 결과 집합보다 큰 값이 인자로
입력되면 조회된 결과를 모두 반환합니다.

```
>>> cur.execute("SELECT * FROM PhoneBook;")
>>> cur.fetchone()
('Derick', '010-1234-5678')
>>> cur.fetchmany(2)
[('Sangjung', '010-5670-2343'), ('Tom', '010-543-5432')]
```

Cursor.fetchall()은 fetchmany()와 유사하게 조회된 결과의 다음 Row부터 모든 레코드를 리스트 형
태로 반환합니다.

```
>>> cur.execute("SELECT * FROM PhoneBook;")
>>> cur.fetchone()
('Derick', '010-1234-5678')
>>> cur.fetchall()
[('Sangjung', '010-5670-2343'), ('Tom', '010-543-5432'), ('DSP', '010-123-1234')]
```

04 트랜잭션 처리

트랜잭션 ^{transaction} 처리를 배우기에 앞서 우선 아래의 코드를 작성해서 수행해보겠습니다. 수행 이후에
당연히 결과 레코드가 출력될 것이고, test.db 파일이 생성될 것입니다.

예제 14-2-1.py 작업한 내용이 커밋되지 않는 예제

```
01  import sqlite3
02  con = sqlite3.connect("./test.db")
03  cur = con.cursor()
04  cur.execute("CREATE TABLE PhoneBook(Name text, PhoneNum text);")
05  cur.execute("INSERT INTO PhoneBook VALUES('Derick', '010-1234-5678');")
06  cur.execute("SELECT * FROM PhoneBook;")
07  print(cur.fetchall())
```

실행 결과

```
[('Derick', '010-1234-5678')]
```

그럼 다시 아래의 코드를 수행해 보겠습니다. 쉽게 알 수 있듯이 위의 코드에서 테이블 생성과 레코드 입력을 제외한 단지 조회만 하는 코드입니다. IDLE에서 수행을 한다면 셸을 초기화(Ctrl+F6)하거나 창을 닫은 후 다시 열고, 윈도우 명령 프롬프트에서 수행하면 특별한 초기화 작업 없이 아래의 코드를 수행하면 됩니다.

예제 14-2-2.py 작업한 내용이 커밋되지 않는 결과 확인

```
01  import sqlite3
02  con = sqlite3.connect("./test.db")
03  cur = con.cursor()
04  cur.execute("SELECT * FROM PhoneBook;")
05  print(cur.fetchall())
```

실행 결과

```
[]
```

수행 결과가 어떤가요? 입력됐을 레코드가 출력되지 않고 빈 리스트가 나타나는 것을 확인할 수 있습니다. 이러한 결과가 나오는 것은 pysqlite 트랜잭션 처리와 연관돼 있습니다.

트랜잭션^{Transaction}은 데이터베이스에서 논리적 작업의 단위입니다. 예를 들어 A통장에서 B통장으로 계좌 이체를 진행할 때, 비정상적인 정전이나 운영체제의 문제로 인해 1번 동작은 진행하고 2번이 수행되지 않는다면 계좌의 돈은 아무도 모르게 사라집니다.

1) A 통장에서 100만원 출금   ◀──── 수행 완료 후 정전

2) B 통장으로 출금한 100만원 입금 ◀──── 이체는 되지 않았고, 내 돈 100만원은 어디로???

이러한 문제를 막고자 연산을 트랜잭션으로 묶어서 두 개별 작업이 하나의 연산처럼 성공과 실패가 분명하게 만드는데, 이러한 논리적 작업 단위를 트랜잭션이라고 합니다.

1) 트랜잭션 시작

2) A 통장에서 100만원 출금   ◀──── 정전이 되어도 A통장에는 커밋되기 전까지 인출되지 않음

3) B 통장으로 출금한 100만원 입금

4) 트랜잭션 커밋(commit)/롤백(rollback)

트랜잭션 내에서 변경된 사항은 데이터베이스에 반영(commit)되어 영구히 저장되거나, 롤백해 트랜잭션 수행 이전 상태로 복원할 수 있습니다.

Connection.commit()을 호출하면 수행한 SQL 구문을 데이터베이스에 반영할 수 있습니다. 테스트를 위해 이전에 사용한 test.db 파일명 대신 commit.db로 예제를 진행하겠습니다.

예제 14-2-3.py 작업한 내용을 데이터베이스에 커밋

```
01  import sqlite3
02  con = sqlite3.connect("./commit.db")
03  cur = con.cursor()
04  cur.execute("CREATE TABLE PhoneBook(Name text, PhoneNum text);")
05  cur.execute("INSERT INTO PhoneBook VALUES('Derick', '010-1234-5678');")
06  con.commit()
```

그 후에 DB에 수행한 내용이 정상적으로 반영됐는지 확인해보겠습니다. IDLE에서 코드를 수행한다면 IDLE을 다시 초기화해야 합니다.

예제 14-2-4.py 데이터베이스에 커밋된 내용을 확인

```
01  import sqlite3
02  con = sqlite3.connect("./commit.db")
03  cur = con.cursor()
04  cur.execute("SELECT * FROM PhoneBook;")
05  print(cur.fetchall())
```

```
[('Derick', '010-1234-5678')]
```

보다시피 정상적으로 데이터베이스에 반영돼 있는 것을 확인할 수 있습니다. 또한 SQL 구문을 수행할 때마다 명시적으로 commit()을 호출하지 않고도 데이터베이스에 반영하기 위해 자동 커밋 모드 Autocommit mode 로 설정할 수 있습니다. Connection 객체의 isolation_level 속성에 None을 입력해 이러한 모드 변환을 설정할 수 있습니다.

```
>>> con.isolation_level = None
```

05 레코드 정렬과 사용자 정렬 함수

지금까지 레코드 조회 결과는 입력된 순서대로 정렬됐습니다. 하지만 실제 데이터베이스 프로그래밍을 하는 경우 특별한 정렬 조건에 따라 결과 집합을 생성해야 할 때가 많습니다. 아래는 ORDER BY 구문을 이용해 Name 필드를 알파벳순으로 정렬하는 예제입니다.

```
>>> cur.execute("SELECT * FROM PhoneBook ORDER BY Name")
>>> [r for r in cur]
[('DSP', '010-123-1234'), ('Derick', '010-1234-5678'), ('Sangjung', '010-5670-2343'), ('Tom', '010-543-5432')]
```

다음은 Name 필드를 알파벳 역순으로 정렬한 예제입니다.

```
>>> cur.execute("SELECT * FROM PhoneBook ORDER BY Name DESC")
>>> [r for r in cur]
[('Tom', '010-543-5432'), ('Sangjung', '010-5670-2343'), ('Derick', '010-1234-5678'), ('DSP', '010-123-1234')]
```

아래와 같이 Name이 'apple'인 레코드를 하나 추가하고 Name 순으로 정렬하면 대문자가 먼저 정렬된 이후 소문자가 정렬되어 출력되는 것을 확인할 수 있습니다.

```
>>> cur.execute("INSERT INTO PhoneBook VALUES('apple', '010-369-3639');")
>>> cur.execute("SELECT Name FROM PhoneBook ORDER BY Name")
>>> [r[0] for r in cur]          ←── 결과 집합에서 첫 필드(이름)만을 선택
['DSP', 'Derick', 'Sangjung', 'Tom', 'apple']          ←── 대문자 이후 소문자가 정렬됨
```

만약 이러한 정렬 방식 대신 사용자 임의로 정렬 방식을 변경하고 싶다면 어떻게 해야 할까요? 이러한 경우 사용자가 정렬 함수를 미리 정의하고, Connection.create_collation() 메서드를 이용해 DB에 등록한 뒤, SELECT 문에서 이 정렬 방식을 명시적으로 지정해 처리할 수 있습니다. 사용자 정렬 함수는 두 문자열을 인자로 받아서 비교한 결과를 반환합니다. 첫 번째 인자가 두 번째 인자보다 순서상 앞선 경우 음수를, 같은 경우 0을, 뒤인 경우 양수를 반환하도록 작성해야 합니다.

아래는 대소문자 구별 없이 Name 필드를 기준으로 정렬하는 예제입니다.

```
>>> def OrderFunc(str1, str2):          ←── 대소문자 구별 없이 정렬하는 함수
        s1 = str1.upper()
        s2 = str2.upper()
        return (s1 > s2) - (s1 < s2)
>>> con.create_collation('myordering', OrderFunc)          ←── SQL 구문에서 호출할 이름과 함수를 등록
>>> cur.execute("SELECT Name FROM PhoneBook ORDER BY Name COLLATE myordering")   ←── QL 구문에서
>>> [r[0] for r in cur]                                          정렬 규칙을 지정
['apple', 'Derick', 'DSP', 'SangJung', 'Tom']
```

06 SQLite3 내장 집계 함수

SELECT 문을 이용해 데이터베이스를 조회할 경우, 미리 SQLite3에 정의돼 있는 내장 집계[aggregate] 함수를 이용해 용도에 맞게 결과값을 가공할 수 있습니다. 예를 들어 특정 필드의 최댓값, 최솟값, 평균값과 같은 수치 연산이나 문자열의 대/소문자 변환, 조건에 해당하는 튜플의 개수 등이 있습니다.

다음은 지원하는 내장 함수의 목록입니다.

함수	설명
abs(x)	인자의 절댓값을 반환합니다.
length(x)	문자열의 길이를 반환합니다.

함수	설명
lower(x)	인자로 받은 문자열을 소문자로 반환합니다. 원본 문자열은 변화가 없습니다.
upper(x)	인자로 받은 문자열을 대문자로 반환합니다. 원본 문자열은 변화가 없습니다.
min(x, y,....)	인자 중 가장 작은 값을 반환합니다.
max(x, y,....)	인자 중 가장 큰 값을 반환합니다.
ramdom(*)	임의의 정수를 반환합니다.
count(x)	조회 결과 중 필드 인자가 NULL이 아닌 튜플의 개수를 반환합니다.
count(*)	조회 결과의 튜플의 개수를 반환합니다.
sum(X)	조회 결과 중 필드 인자의 합을 반환합니다.

다음은 내장 집계 함수의 사용 예제입니다.

예제 14-3-1.py 내장 집계 함수의 사용 예제

```
02  import sqlite3
03  con = sqlite3.connect(":memory:")
04  cur = con.cursor()
05
06  cur.execute("CREATE TABLE PhoneBook(Name text, Age integer);")
07  list = (('Tom', 24),('Derick',30), ('Peter',53), ('Jane',29))
08  cur.executemany("INSERT INTO PhoneBook VALUES(?, ?);", list)
09
10  cur.execute("SELECT length(Name), upper(Name), lower(Name) FROM PhoneBook")   ← 문자열 길이,
11  print("= length(), upper(), lower() =")                                          대문자, 소문자
12  print([r for r in cur])
13
14  cur.execute("SELECT max(Age), min(Age), sum(Age) FROM PhoneBook")   ← 최댓값, 최솟값, 합계
15  print("= max(), min(), sum() =")
16  print([r for r in cur])
17
18  cur.execute("SELECT count(*), random(*) FROM PhoneBook")   ← 레코드 개수, 임의의 값
19  print("= count(*), random(*) =")
20  print([r for r in cur])
```

```
═ length(), upper(), lower() ═
[(3, 'TOM', 'tom'), (6, 'DERICK', 'derick'), (5, 'PETER', 'peter'), (4, 'JANE', 'jane')]
═ max(), min(), sum() ═
[(53, 24, 136)]
═ count(*), random(*) ═
[(4, 5367070465905085374)]
```

07 사용자정의 집계 함수

SQLite3에서 지원하는 내장 집계 함수만으로 부족할 때가 있습니다. 이런 경우에는 사용자가 직접 집계를 위한 클래스를 작성해 Connection.create_aggregate() 메서드를 이용해 등록할 수 있습니다.

이 클래스에는 step()과 finalize() 메서드가 정의돼야 합니다. step()은 create_aggregate() 메서드에 등록할 때 지정된 인자의 개수만큼 인자를 전달받으며, finalize()에 이렇게 집계된 결과를 반환합니다. 조회된 결과 집합으로부터 평균을 반환하는 간단한 예제를 통해 좀 더 자세히 알아보겠습니다. 다음은 조회된 값의 평균을 산출하는 클래스 정의입니다.

예제 14-4-1.py **사용자정의 집계 함수 코드**

```
02  class Average:
03      def __init__(self):
04          self.sum = 0          ◀──── sum, cnt의 초기화
05          self.cnt = 0
06
07      def step(self, value):
08          self.sum += value     ◀──── 입력된 값을 sum에 더하고, 카운트(cnt)를 증가
09          self.cnt += 1
10
11      def finalize(self):
12          return self.sum / self.cnt   ◀──── 평균을 반환
```

이렇게 정의된 클래스는 Connection.create_aggregate() 메서드를 호출해 DB에 등록해야 사용할 수 있습니다. create_aggregate()은 SQL 구문에서 사용될 이름, step() 함수에 전달될 인자의 개수, 클래스 명을 순차적으로 인자로 입력받습니다.

아래는 Name과 Age를 필드로 갖는 테이블에서 Age의 평균값을 앞서 선언한 Average 클래스를 이용해 구하는 예제입니다.

예제 14-4-1.py **사용자정의 집계 함수 코드**

```
14  import sqlite3
15  con = sqlite3.connect(":memory:")
16  cur = con.cursor()
17
18  cur.execute("CREATE TABLE User(Name text, Age int);")
19  list = (('Tom', '16'),
20      ('DSP', '33'),
21      ('Derick', '25'))
22  cur.executemany("INSERT INTO User VALUES(?, ?);", list)
23
24  con.create_aggregate("avg", 1, Average)        ←———— Average 클래스를 사용자정의 집계 함수로 등록
25
26  cur.execute("SELECT avg(Age) FROM User")        ←———— 질의 시 생성한 사용자정의 집계 함수를 사용
27  print(cur.fetchone()[0])        ←———— 출력 결과: 24.6666666667
```

08 자료형

SQLite3는 NULL, INTEGER, REAL, TEXT, BLOB(바이너리 파일을 데이터베이스에 직접 저장)만을 기본 자료형으로 제공합니다. 아래의 테이블은 SQLite3의 자료형과 그에 해당하는 파이썬 자료형을 나타냅니다.

SQLite3 자료형	파이썬 자료형
NULL	None
INTEGER	int
REAL	float
TEXT	str, bytes
BLOB	buffer

해당되는 SQLite3와 파이썬의 자료형에 대해서는 특별히 변환하지 않고도 상호사용이 가능합니다. 아래의 예제는 SQLite3 자료형과 그에 해당하는 파이썬의 자료형을 사용해 동일한 스키마를 갖는 테이블을 각각 생성하는 예제입니다. 이렇게 생성된 두 테이블에 대해 아래와 같이 동일한 INSERT 문을 사용해 레코드를 입력할 수 있습니다.

```
>>> import sqlite3
>>> con = sqlite3.connect(":memory:")
>>> cur = con.cursor()
>>> cur.execute("CREATE TABLE tbl_1(Name TEXT, Age INTEGER, Money REAL);")    ── SQLite3 자료형으로 tbl_1 테이블을 생성    파이썬의 자료형으로 tbl_2 테이블을 생성
>>> cur.execute("CREATE TABLE tbl_2(Name str, Age int, Money float);")
>>> cur.execute("INSERT INTO tbl_1 VALUES('Tiger', 25, 123.45);")    ◀── 동일한 방법으로 두 테이블에 레코드 입력 가능
>>> cur.execute("INSERT INTO tbl_2 VALUES('Tiger', 25, 123.45);")
```

09 사용자정의 자료형

프로젝트를 진행하다 보면 SQLite3에서 정의한 5개의 자료형만으로 구현하기에는 부족함을 많이 느낍니다. 예를 들어 파이썬에서는 개인의 신상 정보(이름, 전화번호, 주소, 나이)를 클래스로 작성하지만 SQLite3에서는 클래스를 직접 입력할 수 없어서 TEXT, INTEGER 등의 자료형으로 풀어서 입력해야 하고, 조회한 결과도 클래스 형태가 아닌 개별 자료형으로 받게 됩니다.

이러한 경우 클래스와 같은 사용자정의 자료형을 SQLite3에 등록해 직접 클래스 객체를 DB에 입력할 수 있습니다. 그럼 2차원의 좌표를 나타내는 Point 클래스를 SQLite3 자료형으로 등록하고 직접 입력, 조회하는 예제를 통해 자세한 내용을 알아보겠습니다. 아래의 Point 클래스는 x, y 좌표를 나타내는 클래스입니다.

예제 14-5-1.py 사용자정의 자료형 예제

```
02  class Point(object):
03      def __init__(self, x, y):
04          self.x, self.y = x, y
05
06      def __repr__(self):          ◀── Point 객체의 내용 출력
07          return "Point(%f, %f)" % (self.x, self.y)
```

이렇게 작성된 Point 클래스를 SQLite3에서 입력/조회하려면 변환 함수를 작성해야 합니다. SQLite3는 5개의 기본 자료형(NULL, INTEGER, REAL, TEXT, BLOB)만을 입력받을 수 있기 때문에 클래스 객체를 SQLite3 기본 자료형 형태로 변환하는 함수가 필요합니다. 반면 조회 결과는 기본 자료형으로 변환된 형태라서 해당하는 클래스 객체에 맞게 복원하는 함수가 필요합니다.

아래 예제에서 PointAdapter()는 사용자정의 자료형을 SQLite3에서 사용 가능한 형태로 변환하는 함수입니다. 콜론(:)을 구분자로 써서 x, y좌표를 TEXT 형태로 반환합니다. 또한 PointConverter()는 SQLite3에서 조회된 결과를 클래스 객체 형태로 변환하는 함수로, 콜론으로 두 값을 구분하여 Point 객체를 생성해 반환합니다.

예제 14-5-1.py 사용자정의 자료형 예제

```
09  import sqlite3
10  def PointAdapter(point):        ◀─── 클래스 객체에서 SQLite3 입력 가능한 자료형으로 변환
11      return "%f:%f" % (point.x, point.y)
12
13  def PointConverter(s):          ◀─── SQLite3에서 조회한 결과를 클래스 객체로 변환
14      x, y = list(map(float, s.decode().split(":")))
15      return Point(x, y)
```

작성된 변환 함수는 DB에 등록돼야 명시적인 변환 과정 없이 내부적으로 자동 변환되어 사용할 수 있습니다. sqlite3.register_adapter()를 이용해 파이썬 클래스를 SQLite3 처리 가능한 자료형으로 변환하는 함수를 등록합니다. 인자로는 〈파이썬 자료형〉과 〈변환 함수〉를 입력합니다. 동일하게 sqlite3. register_converter()를 이용해 SQLite3에서 사용된 자료형을 파이썬 클래스로 변환하는 함수를 등록합니다. 이때는 인자로 SQL 구문에서 사용될 〈SQLite3 자료형〉과 〈변환 함수〉를 입력합니다.

- sqlite3.register_adapter(〈파이썬 자료형〉, 〈변환 함수〉)
- sqlite3.register_converter(〈SQLite3 자료형〉, 〈변환 함수〉)

예제에서는 아래와 같이 "point"라는 자료형을 데이터베이스에 등록했기 때문에 이제부터 내장 자료형처럼 사용할 수 있습니다.

예제 14-5-1.py 사용자정의 자료형 예제

```
17  sqlite3.register_adapter(Point, PointAdapter)       ◀─── 클래스 이름과 변환 함수 등록
18  sqlite3.register_converter("point", PointConverter) ◀─── SQL 구문에서 사용할 자료형 이름과 변환 함수 등록
```

이러한 등록 과정을 마치면 SQLite3 내에서 내장 자료형과 동일하게 레코드를 입력/조회할 수 있습니다. 아래 예제는 Point 객체 2개를 DB에 입력하고 조회하는 예제입니다.

예제 14-5-1.py **사용자정의 자료형 예제**

```
20  p = Point(4, -3.2)              ◀── 입력할 데이터(파이썬 클래스 객체)
21  p2 = Point(-1.4, 6.2)
22                                                암묵적으로 선언된
                                                  자료형으로
23  con = sqlite3.connect(":memory:", detect_types=sqlite3.PARSE_DECLTYPES) ◀── 조회하도록 설정
24  cur = con.cursor()
25  cur.execute("create table test(p point)")   ◀── point 자료형을 이용해 테이블 생성
26  cur.execute("insert into test values (?)", (p, ))   ◀── point 레코드 입력
27  cur.execute("insert into test(p) values (?)", (p2,))
28
29  cur.execute("select p from test")   ◀── 테이블 조회
30  print([r[0] for r in cur])
31  cur.close()
32  con.close()
```

실행 결과

```
[Point(4.000000, -3.200000), Point(-1.400000, 6.200000)]
```

10 데이터베이스 덤프 만들기

데이터베이스의 이동이나 백업 등의 이유로 현재 상태를 SQL 구문으로 추출해야 할 때가 있습니다. 이러한 경우 Connection.iterdump()를 이용하면 쉽게 이와 같은 작업을 수행할 수 있습니다. 호출 결과로 SQL 구문을 이터레이터 형태로 반환합니다.

예제 14-6-1.py 데이터베이스 덤프 예제코드

```
01  import sqlite3
02  con = sqlite3.connect(":memory:")
03  cur = con.cursor()
04
05  cur.execute("CREATE TABLE PhoneBook(Name text, PhoneNum text);")
06  cur.execute("INSERT INTO PhoneBook VALUES('Derick', '010-1234-5678');")
```

```
07  list = (('Tom', '010-543-5432'), ('DSP', '010-123-1234'))
08  cur.executemany("INSERT INTO PhoneBook VALUES(?, ?);", list)
09
10  for l in con.iterdump():
11      print(l)
```

```
BEGIN TRANSACTION;
CREATE TABLE PhoneBook(Name text, PhoneNum text);
INSERT INTO "PhoneBook" VALUES('Derick','010-1234-5678');
INSERT INTO "PhoneBook" VALUES('Tom','010-543-5432');
INSERT INTO "PhoneBook" VALUES('DSP','010-123-1234');
COMMIT;
```

다음 예제처럼 파일에 덤프한 내용을 저장할 수도 있습니다.

```
with open("dump.sql", "w") as f:
    for l in con.iterdump():
        f.write('{0}\n'.format(l))
```

11 명령어 프롬프트에서 SQLite3 관리하기

지금까지 pysqlite 모듈을 이용해 SQLite3 데이터베이스를 사용하는 방법을 알아봤습니다. 그러면 좀 더 깊이 있는 예제로 명령어 프롬프트에서 직접 데이터베이스를 생성하고 SQL 구문을 수행할 수 있는 유틸리티를 만들어보겠습니다. 사실 리눅스와 같은 환경에서 SQLite3를 직접 설치해서 사용해보신 분들은 sqlite3 명령어로 저희가 작성하려는 프로그램과 비슷한 기능을 가진 프로그램을 경험하신 적이 있을 겁니다. 네! 그것을 파이썬으로 만들려고 합니다.

이번 장에서 많은 기능을 다루기에는 지면상 제약이 있으므로 핵심적인 기능만 작성하고 그 밖의 추가적인 기능은 나중에 여러분이 직접 확장할 수 있도록 구현하겠습니다. 이번 예제를 통해 작성할 기능은 아래와 같습니다.

- 표준 SQL 구문은 모두 수행 가능하며, 입력의 편의성을 위해 하나의 구문은 2줄 이상 연속으로 입력할 수 있게 함

- SQL 구문의 종료는 ';'을 명시적으로 사용해야 하며, 한 번에 1개의 구문만 입력할 수 있게 함

- SELECT 문에 대해서는 화면에 결과를 출력

- 프로그램을 실행할 때 명시적으로 데이터베이스 파일을 지정하면 그 파일에 수행 결과를 저장

- 데이터베이스 파일을 지정하지 않으면 메모리 내에서만 수행되고, 결과는 파일에 저장하지 않음

- SQL 구문이 아닌 특수 명령어로 데이터베이스 덤프 기능을 지원하며, 파일과 화면으로 덤프된 내용이 출력 가능하도록 함

실제 프로그램을 작성할 때 애플리케이션에서 데이터베이스에 레코드를 입력하는 경우 정상적으로 입력됐는지, 입력된 데이터에 인코딩 문제가 없는지 등의 다양한 문제로 인해 물리적인 데이터베이스 파일의 내용을 직접 확인할 때가 매우 많습니다. 이러한 경우 매우 유용하게 사용할 수 있는 유틸리티로, 여러분의 흥미를 돋우고자 작동 화면부터 보겠습니다. 아래는 윈도우 명령 프롬프트에서 동작시킨 것으로 프로그램을 실행할 때 명시적으로 DB 파일 경로를 지정했으므로 아래와 같이 명령어를 수행한 결과가 test.db 파일에 저장됩니다.

```
C:\Python36>python.exe pysqlite_command.py test.db
pysqlite의 command 프로그램입니다.
특수 명령어를 알고 싶으시면 '.help;'를 입력하세요.
SQL 구문은 ';'으로 끝나야 합니다.
pysqlite>> .help;
.dump데이터베이스의 내용을 덤프합니다.
pysqlite>> CREATE TABLE PhoneBook(Name text,
pysqlite>>        Age integer);
구문이 성공적으로 수행되었습니다.
pysqlite>> INSERT INTO PhoneBook VALUES('Derick', 20);
구문이 성공적으로 수행되었습니다.
pysqlite>> INSERT INTO PhoneBook VALUES('Tom', 28);
구문이 성공적으로 수행되었습니다.
pysqlite>> SELECT * FROM PhoneBook;
[('Derick', 20), ('Tom', 28)]
구문이 성공적으로 수행되었습니다.
pysqlite>> DELETE FROM PhoneBook WHERE Age = 20;
구문이 성공적으로 수행되었습니다.
pysqlite>> UPDATE PhoneBook SET Age = 30 WHERE Name = 'Tom';
구문이 성공적으로 수행되었습니다.
pysqlite>> .dump;
BEGIN TRANSACTION;
```

```
CREATE TABLE PhoneBook(Name text, Age integer);
INSERT INTO "PhoneBook" VALUES('Tom',30);
COMMIT;
pysqlite>> .dump dump.sql;          ←───── dump.sql 파일에 덤프된 내용을 저장
pysqlite>>          ←───── 입력 없이 Enter를 입력
프로그램을 종료합니다. 야옹~
```

프로그램은 명령 프롬프트에서 특별한 명령을 입력할 필요없이 엔터키를 누르는 경우 종료되며, '.help;' 명령어를 입력하면 사용 가능한 특수 명령어(지금은 DB 덤프만 가능)를 출력하게 했습니다.

아래는 프로그램의 원본 코드로 길이는 총 80줄이 되지 않습니다. 특수 명령어 처리를 위해 re 모듈(10장 2절을 참조하세요)과 명령어 인자로 전달되는 DB 파일명 처리를 위해 sys 모듈(15장을 참조하세요)을 이용했습니다. pysqlite에 대해서는 앞서 이미 많이 설명했으므로 이번 예제에 대한 설명은 주석으로 대신합니다.

예제 pysqlite_command.py 명령어 프롬프트 SQLite 관리 유틸리티 코드

```
02  import sqlite3
03  import sys
04  import re
05
06  # 데이터베이스 경로 설정
07  if len(sys.argv) == 2:
08      path = sys.argv[1]
09  else:
10      path = ":memory:"
11
12  con = sqlite3.connect(path)
13  con.isolation_level = None          ←───── 트랜잭션 없이 자동 커밋이 되도록 설정
14  cur = con.cursor()
15
16  buffer = ""          ←───── 쿼리 버퍼
17
18  def PrintIntro():
19      "프로그램 소개 메시지"
20      print("pysqlite의 command 프로그램입니다.")
21      print("특수 명령어를 알고 싶으시면 '.help;'를 입력하세요.")
22      print("SQL 구문은 ';'으로 끝나야 합니다.")
```

```
23
24  def PrintHelp():
25      "도움말"
26      print(".dump\t\t데이터베이스의 내용을 덤프합니다.")
27
28  def SQLDump(con, file=None):
29      "데이터베이스 내용 덤프"
30      if file != None:
31          f = open(file, "w")
32      else:
33          f = sys.stdout
34
35      for l in con.iterdump():
36          f.write("{0}\n".format(l))
37
38      if f != sys.stdout:
39          f.close()
40
41  PrintIntro()              ◄──── 소개 메시지 출력
42
43  while True:
44      line = input("pysqlite≫ ")      ◄──── 명령어 입력
45      if buffer == "" and line == "":
46          break
47      buffer += line
48
49      if sqlite3.complete_statement(buffer):    ◄──── ';'으로 구문이 끝나는지 검사
50          buffer = buffer.strip()
51
52          if buffer[0]==".":            ◄──── 특수 명령어인 경우
53              cmd = re.sub('[ ;]', ' ', buffer).split()
54              if cmd[0] == '.help':
55                  PrintHelp()
56              elif cmd[0] == '.dump':
57                  if len(cmd) == 2:
58                      SQLDump(con, cmd[1])
59                  else:
60                      SQLDump(con)
```

```
61        else:           ◄──── 일반 SQL 구문인 경우
62            try:
63                buffer = buffer.strip()
64                cur.execute(buffer)
65
66                if buffer.lstrip().upper().startswith("SELECT"):   ◄──── SELECT 질의인 경우
67                    print(cur.fetchall())
68            except sqlite3.Error as e:
69                print("Error: ", e.args[0])
70            else:
71                print("구문이 성공적으로 수행되었습니다.")
72        buffer=""        ◄──── 입력 버퍼 초기화
73 con.close()
74 print("프로그램을 종료합니다. 야옹~")
```

15

운영체제 관련
주요 모듈

가끔 잊어버리기도 하지만 특별한 경우가 아니면 사실 우리가 프로그래밍하는 환경은 거의 항상 운영체제 위에 존재합니다. 이번 장에서는 운영체제에서 제공되는 기본적인 기능을 비롯해 시스템에 관련된 기능과 정보를 사용하는 법 및 스레딩^{Threading} 에 대해 간단하게 배워보겠습니다. 이전에 배웠던 부분과 겹치거나 대체 가능한 부분은 생략하고 새롭고 비교적 자주 사용될 만한 기능 위주로 살펴보겠습니다.

이번 장에서는 운영체제에서 바로 제공되는 기능들 중 파이썬에서 곧바로 사용할 수 있는 함수에 대해서 알아보겠습니다. 이번 장을 마치면 배치 파일이나 셸 스크립트를 더는 사용하지 않는 여러분을 발견할 수 있습니다. :)

01 os 모듈

파일 관련 함수

이번 장에서는 os 모듈에서 제공하는 파일과 관련된 함수를 알아보겠습니다.

> **참고**
>
> 다음 예제 코드는 'from os import *'를 하고 나서 실행해야 합니다.

os.getcwd(), os.chdir(path)

chdir() 함수는 현재 작업 디렉터리 위치를 변경하며, getcwd() 함수는 현재 작업 디렉터리의 위치를 가져올 때 쓰입니다. 아래 예제를 보면 현재 위치는 'C:\\Python36'인데, chdir로 Tools 아래로 위치를 변경한 것을 볼 수 있습니다.

```
>>> getcwd()
'C:\\Python36
>>> chdir('Tools')
>>> getcwd()
'C:\\Python36\\Tools'
```

os.access(path, mode)

입력받은 〈path〉에 대해 〈mode〉에 해당하는 작업이 가능한지 여부를 반환합니다.

```
>>> access('.', F_OK )          ←——— existence
True
>>> access('.', W_OK | X_OK | R_OK )          ←——— write, exec, read
True
```

각 mode에 대한 설명은 다음 표를 보세요.

모드(mode)	설명
F_OK	해당 path의 존재 여부를 확인하는 mode
R_OK	해당 path의 읽기 가능 여부를 확인하는 mode
W_OK	해당 path의 쓰기 가능 여부를 확인하는 mode
X_OK	해당 path의 실행 가능 여부를 확인하는 mode

os.listdir(path)

해당 경로^{path}에 존재하는 파일과 디렉터리의 목록을 반환합니다.

```
>>> listdir('.')
['DLLs', 'Doc', 'include', 'Lib', 'libs', 'LICENSE.txt', 'NEWS.txt', 'python.exe', 'pythonw.exe',
'README.txt', 'Tools', 'w9xpopen.exe']
```

os.mkdir(path[, mode])

〈path〉에 해당하는 디렉터리를 생성합니다.

```
>>> mkdir('test1')
>>> listdir('.')
['DLLs', 'Doc', 'include', 'Lib', 'libs', 'LICENSE.txt', 'NEWS.txt', 'python.exe', 'pythonw.exe',
'README.txt', 'test1', 'Tools', 'w9xpopen.exe']
```

os.makedirs(path[, mode])

인자로 전달된 디렉터리를 재귀적으로 생성합니다. 이미 디렉터리가 생성돼 있는 경우나 권한이 없어 생성할 수 없는 경우는 예외를 발생합니다. 아래 예제의 경우 test2를 먼저 생성하고, sub1, sub2, leaf를 순차적으로 생성합니다.

```
>>> makedirs('test2/sub1/sub2/leaf')
>>> listdir('test2/sub1/sub2')
['leaf']
>>> makedirs('test2/sub1/sub2/leaf')      ◀── 만약 존재하는 디렉터리를 생성하는 경우 예외 발생
```

```
Traceback (most recent call last):
  File "<pyshell#52>", line 1, in <module>
    makedirs('test2/sub1/sub2/leaf')
  File "C:\Python36\lib\os.py", line 141, in makedirs
    mkdir(name, mode)
WindowsError: [Error 183] Cannot create a file when that file already exists: 'test2/sub1/sub2/
leaf'
```

os.remove(path), os.unlink(path)

파일을 삭제합니다.

```
>>> remove('test.txt')
>>> unlink('test.txt')
```

os.rmdir(path)

디렉터리를 삭제합니다. 단, 디렉터리는 비어 있어야만 합니다.

```
>>> rmdir('test1')
```

os. removedirs(path)

디렉터리를 연달아 삭제합니다. 아래 예제의 경우, leaf 디렉터리 삭제에 성공하면 차례로 sub2, sub1, test2의 순서로 삭제합니다.

```
>>> removedirs('test2/sub1/sub2/leaf')
```

뱀잡기 🐍

만약 '윈도우 탐색기'와 같은 애플리케이션으로 'sub1' 디렉터리를 보고 있다면 removedirs() 함수로 'sub1' 디렉터리를 삭제할 수 없습니다. 탐색기를 종료하고 수행하면 정상적으로 수행하는 것을 확인할 수 있습니다.

os.rename(src, dst)

src를 dst로 이름을 변경하거나 이동합니다. 파일이나 디렉터리에 대해 모두 적용됩니다.

```
>>> rename('text.txt', 'renamed.txt')
```

os.renames(src, dst)

src를 dst로 이름을 변경하거나 이동합니다. rename과 다른 점은 이동 시 필요한 디렉터리를 자동으로 생성한다는 것입니다.

```
>>> renames('renamed.txt', 'test_renames/moved.txt')
>>> listdir('test_renames')
['moved.txt']
```

os.stat(path)

경로에 해당하는 정보를 얻어옵니다. 아래 예제와 같이 순차적으로 protection, inode, device, link, user id, group id, size, last access time, last modified time, last change time 등을 나타냅니다 (stat() 함수 결과 중 일부는 유닉스/리눅스 시스템에만 해당하는 것도 있습니다).

```
>>> stat('test_renames/moved.txt')
nt.stat_result(st_mode=33206, st_ino=0, st_dev=0, st_nlink=0, st_uid=0, st_gid=0, st_size=19, st_
atime=1236699240, st_mtime=1228393335, st_ctime=1228393267)
```

os.utime(path, times)

경로에 해당하는 파일에 대해 액세스 시간[access time] 과 수정 시간[modified time] 을 〈times〉로 수정합니다. 〈times〉가 None일 경우는 현재 시간으로 수정합니다. 유닉스의 touch 명령어와 유사하게 동작합니다.

```
>>> stat('test_renames/moved.txt')
nt.stat_result(st_mode=33206, st_ino=0, st_dev=0, st_nlink=0, st_uid=0, st_gid=0, st_size=19, st_
atime=1236699240, st_mtime=1228393335, st_ctime=1228393267)
>>> utime('test_renames/moved.txt', None)
```

```
>>> stat('test_renames/moved.txt')
nt.stat_result(st_mode=33206, st_ino=0, st_dev=0, st_nlink=0, st_uid=0, st_gid=0, st_size=19, st_
atime=1237004939, st_mtime=1237004939, st_ctime=1228393267)
```

os.walk(top[, topdown=True[, onerror=None[, followlinks=False]]])

top으로 지정된 디렉터리를 순회하며 경로, 디렉터리명을 순차적으로 반환합니다. 다음의 구조로
test_walk, a, b 디렉터리를 만들어 놓고 walk를 실행해 보겠습니다.

```
- test_walk
  ├ a
  ├ b
     ├ readme.txt
```

```
>>> for path,dirs,files in walk('test_walk'):
      print(path, dirs, files)
test_walk ['a', 'b'] []
test_walk\a [] []
test_walk\b [] ['readme.txt']
```

topdown이 False로 설정된 경우에는 다음과 같이 디렉터리의 끝에서부터 위로 탐색합니다.

```
>>> for path,dirs,files in walk('test_walk', topdown=False):
      print(path, dirs, files)
test_walk\a [] []
test_walk\b [] ['readme.txt']
test_walk ['a', 'b'] []
```

os.umask(mask)

umask를 설정합니다. 수행하면 이전 mask 값이 반환됩니다. umask가 수행되면 이후 오픈되는 파일
이나 디렉터리에 (mode & ~mask)와 같이 적용됩니다.

os.pipe()

파이프를 생성합니다. 함수를 실행하면 읽기, 쓰기 전용 파이프의 파일 디스크립터가 반환됩니다. 파이프는 주로 부모 프로세스와 자식 프로세스 간의 통신을 목적으로 사용합니다.

```
>>> pipe()
(5, 6)
```

> **뱀잡기** 🐍〰
>
> 파이프 pipe 란 프로세스 간 통신을 위한 공유 영역입니다. 여러 프로세스 간에 정보를 주고받기 위해 만들어지는 공간이며, 하나의 프로세스가 정보를 쓰면 다른 프로세스에서 읽을 수 있습니다.

os.fdopen(fd[, mode[, bufsize]])

파일 디스크립터를 이용해 파일 객체를 생성합니다. .

```
>>> r, w = pipe()
>>> rd = fdopen(r)
```

os.popen(command[, mode[, bufsize]])

인자로 전달된 command를 수행하며 파이프를 엽니다(파이썬 3에서는 Popen 클래스의 사용을 권장하지만 그대로 사용할 수도 있습니다).

```
>>> p=popen('dir', 'r')
>>> p.read()
'...
2008-12-04  오후 04:05    <DIR>          Tools\n
2008-12-03  오후 08:14              49,664 w9xpopen.exe\n
16개 파일          7,856,629 바이트\n
11개 디렉터리   400,893,394,944 바이트 남음
\n'
```

그 밖의 기능

이번에는 파일 관련 함수 이외의 기능에 대해 알아보겠습니다.

os.name

파이썬이 실행되는 운영체제의 이름을 나타냅니다. 'nt', 'posix', 'mac' 등의 결과가 반환됩니다.

```
>>> name
'nt'
```

os.environ

환경변수를 나타내는 사전입니다. 아래 예제와 같이 homepath, user profile 등의 정보를 알아낼 수 있습니다.

```
>>> list(environ.keys())
['TMP', 'COMPUTERNAME', 'USERDOMAIN', 'COMMONPROGRAMFILES', 'PROCESSOR_IDENTIFIER', 'PROGRAM-
FILES', 'PROCESSOR_REVISION', 'SYSTEMROOT', 'HOME', 'TK_LIBRARY', 'TEMP', 'PROCESSOR_ARCHITECTURE',
'TISDIR', 'TIX_LIBRARY', 'ALLUSERSPROFILE', 'SESSIONNAME', 'HOMEPATH', 'UATDATA', 'USERNAME',
'LOGONSERVER', 'COMSPEC', 'IBM_JAVA_HOME', 'CLASSPATH', 'TCL_LIBRARY', 'PATH', 'USERDNSDOMAIN',
'PATHEXT', 'CLIENTNAME', 'FP_NO_HOST_CHECK', 'WINDIR', 'APPDATA', 'HOMEDRIVE', 'SYSTEMDRIVE', 'IBM-
LDAP_ALTHOME', 'NUMBER_OF_PROCESSORS', 'PROCESSOR_LEVEL', 'OS', 'USERPROFILE']
>>> environ['homepath']
'\\Documents and Settings\\dsp'
>>> environ['userprofile']
'C:\\Documents and Settings\\dsp'
```

os.getpid()

현재 프로세스 아이디를 반환합니다.

```
>>> getpid()
5676
```

os.getenv(varname[, value])

환경변수의 값을 얻어 옵니다. 다만 해당 환경변수가 없을 경우에는 인자로 전달된 〈value〉 값을 반환합니다. value가 생략되고 해당 환경변수가 없으면 None을 반환합니다.

```
>>> getenv('homepath')
'\\Documents and Settings\\dsp.shin'
>>> getenv('test', '')
''
```

os.putenv(varname, value)

환경변수 〈varname〉을 〈value〉로 설정합니다. 자식 프로세스에게 영향을 미칩니다.

```
>>> putenv('test', '\\tmp\\test')
```

자식 프로세스에게 영향을 미치므로 putenv()의 결과 확인은 다음과 같이 할 수 있습니다.

```
>>> from os import popen
>>> p = popen('''python -c "import os;print(os.getenv('test'))"''','r')
>>> p.read()
'\\tmp\\test\n'
```

os.strerror(code)

에러 코드에 해당하는 에러 메시지를 보여줍니다.

```
>>> strerror(0)
'No error'
```

```
>>> strerror(1)
'Operation not permitted'
>>> strerror(2)
'No such file or directory'
>>> strerror(3)
'No such process'
>>> strerror(4)
'Interrupted function call'
...
```

os.system(command)

〈command〉를 실행하며, 성공한 경우 0을 반환합니다. 다음 예제의 경우 명령어 창이 새로 뜨면서 계산기 애플리케이션이 실행되는 것을 볼 수 있습니다.

```
>>> system('calc')
0
```

그림 15-1 계산기 실행 화면

os. startfile(path[, operation])

〈path〉를 os에서 지정된 프로그램으로 실행합니다. 또한 〈operation〉으로 명시적으로 수행할 프로그램을 지정할 수 있습니다.

```
>>> startfile('LICENSE.txt')          ◀── 메모장이 실행됩니다.
```

> **뱀잡기** 🐍
>
> startfile('LICENSE.txt')의 경우, system('Notepad LICENSE.txt')와 유사하지만 system()을 사용하는 경우에는 파이썬 프로그램의 실행이 잠시 멈추고 system()이 끝나길 기다리게 되고, startfile()은 멈추지 않고 계속 실행됩니다.

os.execl(path, arg0, arg1, ...)

os.execle(path, arg0, arg1, ..., env)

os.execlp(file, arg0, arg1, ...)

os.execlpe(file, arg0, arg1, ..., env)

os.execv(path, args)

os.execve(path, args, env)

os.execvp(file, args)

os.execvpe(file, args, env)

위의 함수는 현재 프로세스에서 새로운 프로그램을 실행하며 반환은 하지 않습니다. 인자에 따라 여러 가지 exec로 나뉘는데, 우선 l이 붙은 것들은 인자의 수가 정해져 있는 경우이고, v가 붙은 것들은 args라는 튜플로 인자를 받습니다. e가 붙은 경우는 환경변수 env를 받느냐 아니냐의 차이이며, p는 환경변수의 path를 이용하는 경우입니다. 파이썬 인터프리터를 실행하는 다음의 예제를 보면 쉽게 이해할 수 있을 것입니다.

```
>>> execl('c:\Python36\python', 'python','-v')
>>> execv('python', ('python','-v'))
>>> execle('c:\Python36\python', 'python','-v', {"HOME":"c:\\"})
```

02 sys 모듈

sys 모듈은 파이썬 인터프리터와 관련된 정보와 기능을 제공하는 모듈입니다. 이번 장에서는 sys 모듈 중 자주 사용되는 부분을 위주로 살펴보겠습니다.

sys.argv

파이썬 스크립트로 넘어온 인자의 리스트입니다. 아래 예제와 같이 0번째에는 스크립트 이름이 있으며, 그 이후부터 인자가 설정됩니다.

예제 test_argv.py argv 예제코드

```
1  import sys
2  print("argv size :", len(sys.argv))
3  for i, arg in enumerate(sys.argv):
4      print(i, arg)
```

실행 결과

```
>test_argv.py arg1
argv size : 2
0 C:\Python36\test_argv.py
1 arg1
```

sys.exc_info()

현재 발생한 예외 정보를 튜플로 반환합니다. 예외가 없는 경우에는 다음과 같이 None을 반환합니다.

```
>>> import sys
>>> sys.exc_info()
(None, None, None)
```

그러나 아래 예제와 같이 예외가 발생한 경우에는 예외클래스, 예외값, traceback 객체를 반환합니다.

```
>>> try:
        1/0
except:
        exc_class, val, tb_ob = sys.exc_info()
```

```
        print(exc_class)
        print(val)
        print(tb_ob)
        print(dir(tb_ob))
        print(tb_ob.tb_lineno)
<class 'ZeroDivisionError'>
int division or modulo by zero
<traceback object at 0x016B1A58>
['tb_frame', 'tb_lasti', 'tb_lineno', 'tb_next']
2
```

sys.prefix, sys.exec_prefix, sys.executable

파이썬이 설치된 경로와 실행 파일을 나타냅니다.

```
>>> sys.prefix            ◀──── 파이썬이 설치된 경로
'C:\\Python36'
>>> sys.exec_prefix
'C:\\Python36'
>>> sys.executable        ◀──── 파이썬 인터프리터의 실행파일 경로
'C:\\Python36\\pythonw.exe'
```

sys.exit([arg])

프로세스를 종료시킵니다. arg가 0인 경우에는 정상적으로 종료되며, 0이 아닌 경우에는 비정상 종료로 처리됩니다.

sys.getrefcount(object)

객체의 레퍼런스 카운트 값을 반환합니다. 아래의 예제에서 확인할 수 있듯이, 일반적으로 이 값은 임시객체가 참조하는 경우도 포함되어 1보다 큽니다.

```
>>> t="test refcount"
>>> sys.getrefcount(t)
2
>>> t1 = t
>>> sys.getrefcount(t)
3
```

sys.getwindowsversion()

현재 윈도우의 버전을 튜플로 반환합니다.

```
>>> sys.getwindowsversion()
(5, 1, 2600, 2, 'Service Pack 3')
```

sys.modules

현재 로딩돼 있는 모듈을 사전 형식으로 나타냅니다.

sys.path

모듈을 찾을 때 참조하는 경로를 나타냅니다.

```
>>> sys.path
['C:\\Python36\\Lib\\idlelib', 'C:\\WINDOWS\\system32\\Python36.zip', 'C:\\Python36\\DLLs', 'C:\\Py-
thon36\\lib', 'C:\\Python36\\lib\\plat-win', 'C:\\Python36', 'C:\\Python36\\lib\\site-packages']
```

sys.copyright, sys.version

설치된 파이썬의 저작권, 버전을 나타냅니다.

```
>>> sys.version
'3.6.1 (default, Sep  4 2011, 09:51:08) [MSC v.1500 32 bit (Intel)]'
```

sys.getdefaultencoding()

현재 사용 중인 기본 문자열 인코딩을 반환합니다.

```
>>> sys.getdefaultencoding()
'utf-8'
```

sys.stdin, sys.stdout, sys.stderr

표준 입력, 출력, 에러 스트림에 대응되는 파일 객체를 나타냅니다.

```
>>> sys.stdout.write("hi")          ←── 표준 출력 스트림
hi
>>> sys.stderr.write("hi")          ←── 표준 에러 스트림
hi
```

03 threading 모듈

스레드^{thread} 란 하나의 프로세스 내에서 진행되는 하나의 실행 단위를 뜻하며, 하나의 프로세스에서 여러 실행 단위가 실행되는 것을 멀티스레드라고 합니다. 프로세스와 스레드는 모두 프로그램을 수행된다는 공통점을 가지고 있지만, 프로세스는 윈도우에서 여러 응용프로그램을 각각 실행시키는 것처럼 독립적으로 실행되어 독립된 메모리 공간을 사용하지만, 멀티스레드는 하나의 프로세스 내에서 여러 스레드가 프로세스 공간의 메모리를 공유해서 사용할 수 있습니다.

파이썬에서는 threading이라는 멀티스레드 기능을 지원하는 모듈을 제공합니다. threading 모듈에서 자주 사용되는 객체를 살펴보고, 간단한 예제를 통해 threading 모듈의 사용법을 알아보겠습니다.

> **뱀잡기** 🐍
>
> 스레드에 대해서는 간단히 실제 사용되는 방법에 대해서만 알아보겠습니다. 좀 더 상세한 내용은 파이썬 표준 라이브러리의 'threading' 모듈 설명을 참조하시기 바랍니다.

스레드 객체

스레드를 사용하려면 일반적으로 threading.Thread를 상속받은 클래스 객체를 생성해 사용하며, 아래 나열된 메서드를 주로 이용합니다. 생성자를 재정의하는 경우 반드시 Thread.__init__()을 수행해야 합니다.

Thread.start()

스레드를 시작할 때 사용합니다.

Thread.run()

스레드의 주요 동작을 정의합니다.

Thread.join([timeout])

스레드가 종료되기를 기다립니다. timeout이 정의된 경우, 최대 정의된 시간(초)만큼 기다립니다.

Lock 객체

하나의 프로세스에서 2개 이상의 스레드가 동시에 수행되는 경우, 스레드 간에 프로세스 공간의 메모리를 공유합니다. 만약 하나의 변수에 대해서 2개 이상의 스레드가 변경을 가하고자 한다면, 어떤 스레드가 먼저 수행되느냐에 따라 결과가 달라질 수 있습니다. 이러한 상태를 경쟁 상태 race condition 라고 합니다. 이러한 상황을 방지하기 위해서 파이썬에서는 Lock이라는 동기화 객체를 지원합니다.

Lock 객체는 locked와 unlocked의 2가지 상태를 가지며, acquire()와 release()의 두 가지 함수만을 제공합니다. unlocked 상태에서 acquire()가 호출되면 locked 상태로 바뀌며, locked 상태에서 release()가 호출되면 unlocked 상태로 바뀌게 됩니다. locked 상태에서 다른 스레드가 acquire()를 호출하면 locked 상태의 스레드가 release()할 때까지 멈추게 됩니다.

다음 예제코드는 threading의 Thread와 Lock 객체를 이용해 각각 버그를 수정하는 시뮬레이션 프로그램입니다. 전역 변수로 총 버그 개수를 정의해 놓고, 생성된 3개의 developer 스레드가 각각 0.1초에 하나씩 버그를 해결해 나가게 됩니다. 버그 개수가 0이 되어 모든 스레드가 종료되면 각자 몇 개씩 버그를 해결했는지 출력합니다.

예제 thread.py 스레드 예제 코드

```
01  from threading import Thread, Lock
02  import time
03
04  count = 10
05  lock = Lock()
06
07  class developer(Thread):
08      def __init__(self, name):        ◀──── 초기화
09          Thread.__init__(self)
10          self.name = name
11          self.fixed = 0
12      def run(self):                   ◀──── 스레드 동작 정의
13          global count
```

```
14          while 1:
15              lock.acquire()          ←——— lock
16              if count > 0:
17                  count -= 1
18                  lock.release()      ←——— unlock
19                  self.fixed += 1
20                  time.sleep(0.1)
21              else:
22                  lock.release()      ←——— unlock
23                  break
24
25  dev_list = []
26  for name in ['Shin', 'Woo', 'Choi']:
27      dev = developer(name)          ←——— thread 생성
28      dev_list.append(dev)
29      dev.start()                    ←——— thread 시작
30
31  for dev in dev_list:
32      dev.join()                     ←——— wait
33      print(dev.name, 'fixed', dev.fixed)
```

만약 15, 18, 22라인의 lock이 없었다면 어떻게 됐을까요? 아마 count값이 1인 경우에 여러 스레드가 진입해 10개보다 더 많은 버그를 잡았다고 체크하게 될 것입니다.

위의 코드를 수행하면 매번 실행할 때마다 결과가 달라지는 것을 볼 수 있습니다.

실행 결과

```
>15-2.py
Shin fixed 4
Woo fixed 3
Choi fixed 3

>15-2.py
Shin fixed 3
Woo fixed 3
Choi fixed 4
```

multiprocessing 모듈에 대해

앞에서 threading 모듈의 사용법을 알아봤습니다. 여러 개의 프로세스를 다루는 방법도 threading 모듈과 거의 비슷한데, 바로 multiprocessing 모듈에서 이러한 기능을 제공합니다.

아래 예제는 앞에서 버그 개수를 세던 스레드 기반 코드를 여러 개의 프로세스에서 동작하도록 수정한 결과입니다. threading이 multiprocessing으로 바뀌고, 전체 버그 개수를 관리하던 전역 변수가 Value라는 공유 객체로 바뀐 점 말고는 크게 바뀐 점이 없는 사실을 알 수 있습니다.

```python
from multiprocessing import Process, Lock, Value
import time


def run(name, l, c):
    print( name, 'process is created.' )
    fixed = 0
    while 1:
        l.acquire()
        if c.value>0:
            c.value -= 1
            l.release()
            fixed +=1
            time.sleep(0.1)
        else:
            l.release()
            print( name, 'fixed', fixed, 'defects' )
            break


if __name__=='__main__':
    lock = Lock()
    count = Value('i', 10)

    dev_list = []
    for name in ['Shin', 'Woo','Choi']:
      dev = Process(target=run, args=(name,lock,count))
      dev_list.append( dev )
      dev.start()
```

```
for dev in dev_list:
  dev.join()
print('All processes are finished.')
```


04 queue 모듈

컴퓨터 분야에서 널리 이용되는 자료구조로 스택[Stack] 과 큐[Queue] 가 있습니다. 스택과 큐는 프로그래밍 할 때 기본이 되는 자료구조로 이를 이용해 함수 매개변수 전달, 메시지 큐 등으로 다양하게 확장할 수 있습니다.

파이썬에서는 queue 모듈에서 큐[Queue] , 우선순위 큐[PriorityQueue] , 스택[LifoQueue] 을 제공합니다. 특히 큐 모듈은 스레드 환경을 고려해서 작성됐기에 여러 스레드가 동시에 큐 객체(queue 모듈에서 제공되는 3개의 클래스를 지칭)에 데이터를 입력하고, 데이터를 출력해도 정상적으로 작동하는 것을 보장합니다 (파이썬 표준 라이브러리의 Threading 모듈 참고).

queue 모듈에 정의돼 있는 클래스는 아래와 같습니다. 객체를 생성할 때 인자로 전달되는 maxsize는 해당 클래스가 저장할 수 있는 최대 아이템 개수입니다. 명시적으로 아이템의 개수를 지정하지 않거나 0보다 같거나 작은 경우, 저장할 수 있는 큐의 크기는 메모리가 수용하는 한 무한히 늘어날 수 있습니다.

클래스	내용
queue.Queue(maxsize)	선입선출(FIFO First-In, First-Out) 큐 객체를 생성합니다.
queue.LifoQueue(maxsize)	일반적으로 스택(Stack)이라 불리는 후입선출(LIFO Last-In, First-Out) 큐 객체를 생성합니다.
queue.PriorityQueue(maxsize)	우선순위 큐 객체를 생성합니다. 입력되는 아이템의 형식은 (순위, 아이템)의 튜플로 입력되며, 우선순위는 숫자가 작을수록 순위가 높습니다.

위의 3개의 클래스는 아래 표에 있는 메서드를 동일하게 가지고 있습니다. 각 메서드의 의미는 동일하지만, 해당 클래스의 정렬 방식에 따라서 get 계열 메서드의 결과가 달라집니다.

메서드	내용
qsize()	큐 객체에 입력된 아이템의 개수를 반환합니다.
put(item[,block[,timeout]])	큐 객체에 아이템을 입력합니다.
put_nowait(item)	블로킹(blocking)없이 큐 객체에 아이템을 입력합니다. 큐 객체가 꽉 차있는 경우에는 queue.Full 예외를 발생합니다.
get([block[, timeout]])	생성된 큐 객체 특성에 맞추어, 아이템 1개를 반환합니다
get_nowait()	블로킹(blocking) 없이 큐 객체에 들어 있는 아이템을 반환합니다. 큐 객체에 아이템이 없는 경우에는 queue.Empty예외를 발생합니다.

아래의 예외는 큐 객체의 크기와 관련해서 발생할 수 있는 예외입니다.

예외	내용
queue.Empty	큐 객체에 아이템이 없는 경우에 발생합니다.
queue.Full	큐 객체에 아이템이 꽉 찬 경우에 발생합니다.

기본 동작

위에서 설명한 3개의 큐 객체는 아이템을 입력하고, 출력하는 동작 방법이 모두 동일합니다. 아래 예제에서는 큐 객체를 이용해 데이터를 입력, 출력하는 방법을 알아보겠습니다.

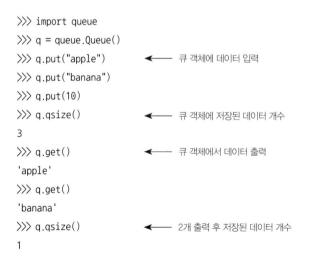

```
>>> import queue
>>> q = queue.Queue()
>>> q.put("apple")          ←── 큐 객체에 데이터 입력
>>> q.put("banana")
>>> q.put(10)
>>> q.qsize()               ←── 큐 객체에 저장된 데이터 개수
3
>>> q.get()                 ←── 큐 객체에서 데이터 출력
'apple'
>>> q.get()
'banana'
>>> q.qsize()               ←── 2개 출력 후 저장된 데이터 개수
1
```

Queue, LifoQueue, PriorityQueue 클래스의 특성

Queue, LifoQueue, PriorityQueue 객체 입력 방법은 모두 동일하지만 내부 정렬 방식이 다르기 때문에 출력 시 순서가 다릅니다.

출력 방법이 변경되는 것을 확인하기 위해 아래와 같은 함수를 하나 정의하겠습니다. 아래의 함수는 queue에 정의된 클래스를 받아서 모든 데이터를 대상으로 get()을 실행해 리스트로 반환하는 함수입니다. 입력할 때 데이터의 순서가 동일하도록 입력한 뒤, 함수 결과로 반환된 리스트를 비교해 각 객체의 정렬 방식을 비교해 보겠습니다.

```
>>> def GetItemList(q):
        ret = []
        n = q.qsize()
        while n > 0:
            ret.append(q.get())
            n -= 1
        return ret
```

Queue 객체는 먼저 입력된 데이터가 먼저 출력되는 구조입니다. 이러한 구조를 선입선출^{FIFO - First-in, First-out} 구조라고 합니다.

```
>>> l = 'apple,banana,orange'
>>> q = queue.Queue()
>>> for x in l.split(','):
        q.put(x)
>>> GetItemList(q)        ◀──── 선입선출(FIFO) 구조
['apple', 'banana', 'orange']
```

반면 LifoQueue 객체는 나중에 입력된 데이터가 먼저 출력되는 구조입니다. 이러한 구조를 후입선출^{LIFO - Last-in, First-out} 구조라고 합니다.

```
>>> q = queue.LifoQueue()
>>> for x in l.split(','):
        q.put(x)
>>> GetItemList(q)        ◀──── 후입선출(LIFO) 구조
['orange', 'banana', 'apple']
```

PriorityQueue는 입력되는 순서와 상관없이 데이터 자체에 우선순위에 대한 정보를 가지고 있습니다. 그렇기에 입력할 때 우선순위에 대한 정보를 (순위, 아이템)의 튜플 형태로 입력해야 합니다. 또한 데이터의 출력 순서는 입력된 아이템의 순위가 높은 순서대로 출력됩니다. 숫자가 낮을수록 높은 순위를 나타냅니다.

```
>>> q = queue.PriorityQueue()
>>> q.put((5, "apple"))
>>> q.put((10, "banana"))
>>> q.put((1, "orange"))
>>> GetItemList(q)          ◀── 인자로 전달된 우선순위대로 출력
[(1, 'orange'), (5, 'apple'), (10, 'banana')]
```

put_nowait()과 get_nowait() 메서드

큐 객체를 생성할 때 저장할 수 있는 아이템 크기를 명시적으로 지정할 수 있습니다. 이러한 경우 큐 객체에 저장된 아이템이 없는 상태에서 get()이 호출되거나, 반대로 아이템이 저장할 수 있는 사이즈를 꽉 채운 상태에서 put()이 호출되는 경우, 큐 객체는 블록킹 Blocking 됩니다. 아래의 예제를 IDLE에서 수행하면 커서만 깜박거리고 어떠한 동작도 수행하지 않는 것을 확인할 수 있습니다.

```
>>> import queue
>>> q = queue.Queue(2)      ◀── 아이템이 2개만 저장 가능하도록 설정
>>> q.put("apple")
>>> q.put("banana")         ◀── 큐의 저장 한계
>>> q.put("orange")         ◀── 다른 스레드가 아이템을 가지고 갈 때까지 무한 대기
```

이렇게 무한 대기하는 상태를 피하고자 put_nowait()와 get_nowait() 메서드를 지원합니다. 이 두 메서드는 큐 객체의 상태에 상관없이 블록킹되지 않고 즉시 결과를 반환합니다. 대신 큐 객체가 꽉 찬 경우에는 queue.Full 예외를, 큐 객체가 빈 경우에는 queue.Empty 예외가 발생하기 때문에 프로그래머는 해당 상태에 맞춰 적절한 처리를 할 수 있습니다.

```
>>> import queue
>>> q = queue.Queue(2)
>>> q.put_nowait("apple")
>>> q.put_nowait("banana")
```

```
>>> q.put_nowait("orange")          ◀── 큐 객체가 꽉 찬 경우
Traceback (most recent call last):
  File "<pyshell#259>", line 1, in <module>
    q.put_nowait("orange")
queue.Full
>>> q.get_nowait()
'apple'
>>> q.get_nowait()
'banana'
>>> q.get_nowait()                   ◀── 큐 객체가 빈 경우
Traceback (most recent call last):
  File "<pyshell#262>", line 1, in <module>
    q.get_nowait()
queue.Empty
```

또한 put(), get() 메서드에도 추가적인 인자를 전달해 더 다양한 동작을 수행할 수 있습니다. 아래의 메서드 원형에서 〈block〉은 블로킹 여부를, 〈timeout〉은 블로킹이 될 시간을 초단위로 입력할 수 있습니다.

```
put(item[, block[, timeout]])
get([block[, timeout]])
```

아래의 코드는 큐 객체가 꽉 찬 경우, 약 5초간 다른 스레드가 아이템을 출력하기를 기다리며 블록킹됐다가 시간이 지나면 queue.Full 예외를 발생시키는 예제입니다.

```
>>> import queue
>>> q = queue.Queue(2)
>>> q.put_nowait("apple")
>>> q.put("banana")                  ◀── 큐 객체가 꽉 참
>>> q.put("orange", True, 5)         ◀── 5초 동안 큐 객체에 빈 공간 생성을 기다리며 블록킹됨
Traceback (most recent call last):
  File "<pyshell#267>", line 1, in <module>
    q.put("orange", True, 5)
queue.Full
```

만약 put() 메서드를 다음과 같이 호출하면 put_nowait()와 동일한 동작을 수행합니다.

```
q.put("orange", False)
```

05 weakref 모듈

5장 '클래스', 9장 'C와 연동하기'에서 설명했듯이 어떤 객체가 생성되면 메모리에 저장되고, 지정된 이름을 참조해 접근합니다. 메모리상의 동일한 객체에 대해 여러 다른 이름으로 참조가 가능하고, 참조되는 이름이 증가할 때마다 내부적으로 레퍼런스 카운터가 하나씩 증가합니다. 또한 이렇게 증가한 레퍼런스 카운터는 더 이상 그 변수가 사용하지 않게 되면, 내부적으로 레퍼런스 카운터가 하나씩 감소합니다. 레퍼런스 카운터가 0보다 큰 경우, 즉 1개 이상 변수가 이를 사용하고 있는 경우에는 가비지 컬렉션(사용하지 않는 메모리 반환)이 일어나지 않습니다.

weakref 모듈은 객체에 대한 약한 참조^{Weak reference}를 만드는 데 사용합니다. 약한 참조는 변수가 객체를 참조할 때, 레퍼런스 카운터를 증가 시키지 않고 참조하는 객체를 얻을 수 있습니다. 예를 들어 C와 연동하는 경우, 순환 참조가 발생할 수 있으며 이는 사라지지 않는 객체가 존재할 수 있는 위험이 있습니다. 이러한 경우 약한 참조 객체를 사용하면 순환 참조를 막을 수 있습니다.

주요 함수

weakref 모듈에서 주로 사용되는 함수는 다음과 같습니다.

함수	내용
class weakref.ref(object[, callback])	객체에 대한 약한 참조 객체를 반환합니다. 객체가 메모리에 존재하는 경우 객체에 대한 참조를 반환하며, 그렇지 않은 경우 None을 반환합니다.
weakref.proxy(object[, callback])	객체에 대한 약한 참조 프록시를 생성합니다. 명시적으로 약한 참조 객체를 생성하는 대신 프록시를 이용해 객체의 참조를 얻을 수 있습니다.
weakref.getweakrefcount(object)	객체에 대한 약한 레퍼런스 카운터를 반환합니다.
weakref.getweakrefs(object)	객체를 참조하는 약한 참조 객체와 프록시를 리스트로 반환합니다.

다음의 예제는 약한 참조 객체를 생성해 그에 대한 참조를 변수에 할당하는 예제입니다. 이렇게 얻은 변수는 원본 객체와 동일한 메모리 공간을 가리킵니다. 더 이상 원본 객체에 대해서 참조하는 값이 없는 경우 참조 객체는 None을 반환합니다.

```
>>> import weakref
>>> class Apple:
        pass

>>> a = Apple()
>>> a.color = "red"
>>> r = weakref.ref(a)        ◀──  약한 참조 객체 생성
>>> ref_a = r()               ◀──  원본 객체의 참조 생성
>>> a.color                   ◀──  두 값이 모두 동일하며 같은 객체를 나타냄
'red'
>>> ref_a.color
'red'
>>> a is ref_a                ◀──  두 객체는 동일
True
>>> del a, ref_a              ◀──  참조하는 변수 삭제
>>> r()                       ◀──  원본 객체가 삭제되면 None을 반환함
```

다음은 약한 참조 객체 대신 프록시를 생성해 사용하는 예제입니다. 프록시 객체는 원본 객체를 잠시 대신하는 것으로, 원본 객체와 동일한 메모리 공간을 나타내는 것은 아닙니다. 또한 원본 객체가 사라지면 프록시 역시 None이 되어 더는 사용할 수 없습니다.

```
>>> import weakref
>>> class Apple:
        pass

>>> a = Apple()
>>> a.color = "red"
>>> proxy_a = weakref.proxy(a)    ◀──  프록시 객체 생성
>>> a.color
'red'
>>> proxy_a.color             ◀──  프록시를 통하여 원본 객체 참조 가능
'red'
>>> a is proxy_a             ◀──  원본 객체와 프록시는 틀림
```

```
False
>>> a
<__main__.Apple object at 0x016E8E10>
>>> proxy_a
<weakproxy at 016E6ED0 to Apple at 016E8E10>
>>> del a          ←——— 원본 객체가 사라지면 프록시는 None이 됨
>>> proxy_a
<weakproxy at 016E6ED0 to NoneType at 1E1BA9CC>
```

마지막으로 객체에 대한 약한 참조 개수와 약한 참조 리스트를 구하는 예제입니다.

```
>>> a = Apple()
>>> r = weakref.ref(a)
>>> proxy_a = weakref.proxy(a)
>>> weakref.getweakrefcount(a)        ←——— 약한 참조 개수
2
>>> weakref.getweakrefs(a)            ←——— 약한 참조 리스트
[<weakref at 016E6EA0; to 'Apple' at 016E8E10>, <weakproxy at 016F77B0 to Apple at 016E8E10>]
```

> **뱀잡기** 🐍
>
> 모든 객체가 약한 참조 객체를 생성할 수 있는 것은 아닙니다. 현재 지원 가능한 객체는 클래스 인스턴스, 파이썬 함수,
> 인스턴스 메서드, sets, frozensets, 파일 객체, 생성자, 타입 객체, bsddb 모듈의 DBCursor, 소켓, arrays, dequeue,
> 정규식 패턴 객체입니다

만약 리스트, 사전 같은 내장 타입에 대해 약한 참조 객체를 하고자 하는 경우 서브 클래싱 ^{subclassing} 을
이용해 구현할 수 있습니다.

```
>>> class MyDict(dict):      ←——— 사전을 상속받은 클래스 생성
        pass

>>> myDict = MyDict()
>>> myDict["apple"] = 100
>>> myDict["orange"] = 300
>>> myDict
{'orange': 300, 'apple': 100}
```

```
>>> proxy_dict = weakref.proxy(myDict)          ◄──── 프록시 객체 생성 가능
>>> proxy_dict
<weakproxy at 016F79F0 to MyDict at 0160BCA8>
>>> proxy_dict["apple"]      ◄──── 해당 값의 참조 가능
100
>>> del myDict
>>> proxy_dict               ◄──── 원본 객체 소멸시 프록시는 None이 됨
<weakproxy at 016F79F0 to NoneType at 1E1BA9CC>
```

약한 사전

약한 사전 ^{Weak dictionary} 은 구성 요소인 키 ^{Key} 와 값 ^{Value} 중 하나가 약한 참조로 구성돼 있는 경우입니다. 예를 들어 각 객체에 ID를 키로 부여해 사전에 넣어서 관리하는 경우, 사전에 넣는 순간 벌써 레퍼런스 카운터가 하나 증가합니다. 반면 약한 사전의 경우 사용자가 사전에 입력해도 레퍼런스 카운터가 증가되지 않으며, 원본 객체가 삭제되면 자동적으로 사전의 객체도 삭제되어 None이 됩니다.

함수	설명
class weakref.WeakKeyDictionary([dict])	키를 약한 참조로 갖는 사전 객체를 생성합니다.
class weakref.WeakValueDictionary([dict])	값을 약한 참조로 갖는 사전 객체를 생성합니다.

위에서 설명한 각 객체에 ID를 부여해 사전으로 관리하는 코드를 예로 설명하겠습니다. 아래의 ObjectManager 클래스는 객체를 입력받고 키를 반환하는 InputObject() 메서드와 키를 입력하면 해당 객체를 반환하는 GetObject() 메서드가 있습니다. 만약 원본 객체가 메모리에서 삭제되면 ObjectManager는 해당 키에 대한 반환값으로 None을 반환합니다.

예제 ObjectManager.py 약한 참조 사전을 이용한 객체 관리 클래스

```
01  import weakref
02  class ObjectManager:
03      def __init__(self):
04          self.weakDict = weakref.WeakValueDictionary()
05
06      def InputObject(self, obj):
07          objectID = id(obj)          ◄──── 입력받은 객체의 ID 생성
```

```
08          self.weakDict[objectID] = obj    ◀━━━ 약한 사전의 값으로 입력
09          return objectID
10
11      def GetObject(self, objectID):
12          try:
13              return self.weakDict[objectID]    ◀━━━ 객체가 존재하는 경우 반환
14          except:
15              return None    ◀━━━ 객체가 소멸된 경우 None 반환
```

그럼 위의 클래스를 어떻게 사용하는지 예제 코드로 알아보겠습니다.

```
>>> from ObjectManager import *
>>> class Apple:
        pass
>>> red_apple = Apple()    ◀━━━ 관리할 객체
>>> red_apple.color = "red"
>>> objectManager = ObjectManager()    ◀━━━ ObjectManager 생성
>>> red_id = objectManager.InputObject(red_apple)    ◀━━━ 객체를 입력하고 ID를 받음
>>> red_apple.color
'red'
>>> objectManager.GetObject(red_id).color    ◀━━━ 발급받은 ID로 원본 객체 참조 가능
'red'
>>> del red_apple    ◀━━━ 원본 객체 삭제
>>> objectManager.GetObject(red_id)    ◀━━━ ObjectManager에서도 None을 반환
```

위의 ObjectManager 예제에서는 weakref 모듈의 코드를 중점적으로 설명하기 위해 실무에서 사용되는 많은 코드가 생략됐습니다. 지금까지 배운 내용을 확장해 나만의 ObjectManager 클래스를 작성하는 것을 여러분의 몫으로 남겨두겠습니다.

16

XML

XML ^{eXtensible Markup Language} 은 W3C에서 1998년에 표준으로 채택한 다목적 마크업 언어입니다. XML은 수많은 종류의 데이터를 표현하기 위한 기술로 현재 광범위하게 쓰이고 있습니다. 인터넷, RSS, Open API는 물론이고 워드 프로그램, 각종 애플리케이션의 데이터를 XML로 저장하고 여러 데이터베이스에서 정식으로 XML을 지원하고 있습니다.

파이썬에서도 XML 처리를 하기 위해서 DOM ^{Document Object Model}, SAX ^{Simple API for XML} 등을 지원합니다. 이번 장에서는 XML 자체를 자세히 설명하는 대신 도서 관리 프로그램을 만들어보면서 파이썬에서 어떻게 XML을 처리하는지 알아보겠습니다.

01 파이썬과 XML

파이썬은 2.0 부터 표준 라이브러리에서 sax와 dom을 지원하기 시작했습니다. 파이썬 3에서는 기본적으로 Fast XML parsing using Expat, DOM ^{Document Object Model} API, SAX ^{Simple API for XML}, The ElementTree XML API를 지원합니다.

파이썬의 XML 툴이 들어 있는 이름공간을 나타내면 아래 표와 같습니다.

패키지 이름	이름공간
Fast XML parsing using Expat	xml.parsers.expat
DOM API	xml.dom
SAX	xml.sax
The ElementTree XML API	xml.etree.ElementTree

이어서 각 패키지를 간단하게 설명하겠습니다.

Fast XML parsing using Expat

패키지 이름에서 알 수 있듯이 빠른 XML 문서 파싱이 장점입니다. DOM 방식보다 시간은 1/6정도만 소요되고 메모리도 1/5정도만 사용합니다. xml.parsers.expat는 xmlparser라는 단 하나의 확장 모듈을 제공하는데 xml.parsers.expat.ParserCreate([인코딩[, 이름공간 구별자]])를 이용해 xmlparser 객체를 생성하고 xmlparser 객체를 이용해 파싱을 수행합니다. 빠른 파싱을 위해서 문서의 유효성을 검사하지 않습니다 non-validating . 문서의 유효성에 관한 이야기는 아래 뱀잡기를 참고해 주세요.

다음은 xmlparser 객체의 주요 메서드를 정리했습니다.

메서드 이름	설명
xmlparser.Parse(data[, isfinal])	data를 파싱합니다. 만약 더는 파싱하지 않을 것이라면 isfinal을 True로 설정해서 호출해야 합니다.
xmlparser.ParseFile(file)	파일의 데이터를 파싱합니다.
xml.parsers.expat.ErrorString(errno)	errno에 해당하는 에러문을 반환합니다.

다음 표는 xmlparser의 주요 속성을 정리한 것입니다.

속성 이름	설명
xmlparser.buffer_text	True로 설정하면 문자 엘리먼트를 처리할 때 버퍼를 사용합니다.
xmlparser.buffer_size	buffer_text 속성이 true일 때 버퍼의 크기를 설정할 수 있습니다.
xmlparser.ErrorLineNumber	XML문서 파싱 중 에러가 발생했을 때 문서의 라인 넘버가 기록됩니다.

속성 이름	설명
xmlparser.CurrentLineNumber	현재 파싱하고 있는 라인의 넘버입니다.
xmlparser.ordered_attributes	0이 아니면, XML가 파싱될 때 속성(Attribute)이 발견되는 순서대로 리스트 형식의 속성 이름과 속성 값을 저장합니다. 기본값은 False입니다.
xmlparser.specified_attributes	0이 아니면 명시된 속성일 때만 처리합니다. 명시되지 않은 속성은 무시됩니다. 기본값은 False입니다.
xmlparser.ErrorCode	에러가 발생했을 때 에러 넘버가 저장됩니다. ErrorString(errno) 메서드를 사용해 에러문을 확인할 수 있습니다.

Xmlparser가 실행되면서 파싱의 시작, 엘리먼트 혹은 문자 데이터 발견 등의 이벤트가 발생하면 핸들러에 등록된 함수가 호출됩니다. 이벤트가 발생했을 때 특정 함수가 호출되게 만들고 싶다면 핸들러에 함수를 등록하면 됩니다. 핸들러에 사용자가 만든 함수와 연결하는 방법은 다음과 같습니다. xmlparser 객체가 o라고 할 때

```
o.handler = 함수이름
```

이때 연결하는 함수와 핸들러의 인자의 개수가 같아야 합니다. 아래는 xmlparser의 핸들러에 대한 표입니다.

핸들러 이름	설명
xmlparser.XmlDeclHandler(version, encoding, standalone)	〈?xml version="1.0"?〉와 같은 XML 선언문이 파싱될 때 호출됩니다.
xmlparser.ElementDeclHandler(name, model)	파싱 도중 처음 사용되는 엘리먼트를 발견하면 호출됩니다. name은 엘리먼트의 이름입니다.
xmlparser.StartElementHandler(name, attributes)	모든 엘리먼트의 시작 부분에서 호출됩니다. name은 엘리먼트의 이름이고, attribute에는 엘리먼트의 속성값이 사전 형식으로 전달됩니다.
xmlparser.EndElementHandler(name)	모든 엘리먼트의 끝 부분에서 호출됩니다.
xmlparser.CharacterDataHandler(data)	문자 데이터를 발견하면 호출됩니다. data에 문자 정보가 전달됩니다.
xmlparser.CommentHandler(data)	주석부분에서 호출됩니다. data에 주석내용이 전달됩니다. 〈!—으로 시작되고 —〉으로 끝나는 부분은 data에서 제외 됩니다.

DOM API

XML 문서의 각 성분을 객체로 표현하고 모든 객체를 메모리에 저장하고 처리하는 방법입니다. 이 같은 XML 문서 처리 방식을 객체 기반의 문서 모델 ^{DOM, Document Object Model} 이라고 합니다.

DOM은 최근에 XML 관리를 위해서 가장 많이 쓰는 방법이고 애플리케이션에서 XML에 접근할 때 바로 접근할 수 있으며 연관된 데이터를 연속적으로 참고할 수 있습니다(SAX은 한 번에 한 데이터만 가져올 수 있습니다). 모양이 좋은 ^{Well-formed} XML 문서는 DOM에서 트리 형태로 표현될 수 있습니다. 파이썬 3에서 DOM은 W3C에서 표준으로 정의한 DOM 레벨2 권고안을 기반으로 만들었습니다.

파이썬 3에서는 minidom과 pulldom이라는 2개의 기본 모듈을 제공합니다. 대부분의 경우 minidom을 사용하고 메모리가 부족하거나 XML 문서가 아주 클 경우 pulldom을 사용하기도 합니다.

뱀잡기 🐍

Well-formed XML와 Valid XML

Well-formed XML은 모양이 좋은 혹은 적격(適格) XML이라고 부르며 XML Specification 1.0을 따르고 XML 표준에 맞는 XML을 의미합니다. 예를 들어 아래의 XML 문서는 well-formed를 만족하지 못합니다.

```
<?xml version="1.0" ?>
<item>
    <tel>010-1234-5678</tel>
</item>
<item/>
```

XML의 표준에 따르면 루트 엘리먼트는 단 한 개만 허용하지만 위의 XML문서는 2개의 root 엘리먼트(item)를 가지고 있습니다. Valid XML는 Well-formed XML중 DTD(Document Type Definition)나 XML Schema 같은 XML 문서에 대한 문법을 따르는 문서를 의미합니다.

DOM 안에는 다음과 같은 객체가 들어 있습니다.

객체 이름	설명
DOMImplementation	DOM을 만드는 기본적인 인터페이스가 들어 있는 객체
Node	도큐먼트상에 존재하는 대부분 객체의 부모 객체
NodeList	노드 리스트 객체

객체 이름	설명
DocumentType	도큐먼트를 처리하는 데 필요한 선언(시스템 ID, 엔티티(entities), 노테이션(notation))을 위한 객체
Document	도큐먼트 전체를 나타내는 객체
Element	노드 엘리먼트 인터페이스 객체
Attr	엘리먼트 안의 속성값 노드 객체
Comment	소스 XML문서에서 주석 부분을 처리하기 위한 객체
Text	도큐먼트에서 문자 정보를 포함하고 있는 노드 객체
ProcessingInstruction	도큐먼트 처리를 위한 도구를 나타내는 객체

SAX(Simple API for XML)

XML 문서를 파싱할 때 구성요소(엘리먼트, 속성, 문자열)를 발견할 때 마다 이벤트를 발생시켜 XML 문서를 처리하는 방법입니다. SAX은 DOM과 다르게 XML 문서의 내용을 변경할 수 없고(Read Only), 파싱은 문서의 첫 부분에서 시작해 아래 부분으로만 진행됩니다(Forward). 사용자는 원하는 요소를 처리하기 위한 함수를 생성하고 SAX의 이벤트 핸들러에 함수를 연결합니다. 객체 기반 방식(예를 들면, DOM) 보다는 빠르지만 한 번 처리한 문서는 다시 사용할 수 없습니다. SAX와 같이 XML문서를 처리하는 방식을 이벤트 기반의 문서 처리라고 하고, 보통 매우 큰 XML 문서를 처리할 때 많이 사용합니다.

아래는 xml.sax에 포함된 메서드입니다.

메서드 이름	설명
xml.sax.make_parser([parser_list])	SAX XMLReader를 생성하고 반환합니다. parser_list가 선언돼 있으면 parser_list의 파서를 먼저 생성시킵니다. parser_list는 create_parser() 메서드가 포함된 모듈들의 리스트입니다. 여러 개의 파서를 한꺼번에 생성할 때 parser_list를 사용하면 유용합니다.
xml.sax.parse(filename_or_stream, handler[, error_handler])	파일이나 스트림으로부터 입력받은 XML 문서를 파싱합니다. 핸들러는 SAX ContentHandler 인스턴스여야 합니다. Error_handler는 SAX ErrorHandler 인스턴스와 연결해야 하고 만약 생략하면 에러가 발생할 때 SAXParseException가 발생합니다.
xml.sax.parseString(string, handler[, error_handler])	parse() 메서드와 비슷합니다. 단지 XML문서 입력을 문자열로 받습니다.

일반적인 SAX 응용프로그램은 크게 세 부분으로 구성됩니다. 리더^{Reader} 와 핸들러 ^{Handler}, 그리고 XML 문서입니다. 리더는 xml.sax.reader에서 핸들러는 xml.sax.handler에서 지원을 합니다.

우선 핸들러 부분을 보겠습니다. xml.sax.handler에는 콘텐츠 핸들러, DTD 핸들러, 에러 핸들러가 있고 각 핸들러의 대한 설명을 다음 표에 정리했습니다.

핸들러 이름	설명
class xml.sax.handler.ContentHandler	SAX 중에서 가장 많이 사용되는 핸들러입니다. 도큐먼트 안의 정보들이 파싱되면서 순서대로 이벤트가 ContentHandler을 통해 호출됩니다.
class xml.sax.handler.DTDHandler	DTD 이벤트를 위한 핸들러입니다.
class xml.sax.handler.ErrorHandler	에러 혹은 경고가 발생했을 호출됩니다. 에러가 발생했을 때 처리할 함수를 만들고 ErrorHandler와 연결하면 XML 문서 처리 중 발생하는 에러 혹은 경고에 대처할 수 있습니다.

이 외에 EntityResolver 등의 다른 핸들러에 대해서는 아래의 뱀잡기를 참고하세요. SAX parser는 사실 XMLReader 인터페이스를 사용해 구현됐습니다. xml.sax.xmlreader에는 파서를 위한 여러 가지 객체가 있습니다.

클래스 이름	설명
class xml.sax.xmlreader.XMLReader	SAX 파서의 기본 클래스입니다.
class xml.sax.xmlreader.Locator	도큐먼트 내부의 로케이터와 SAX 이벤트와의 연결을 위한 클래스입니다.
class xml.sax.xmlreader. InputSource([systemId])	XML문서의 인코딩을 파서에 알려주거나 바이트 스트림 혹은 캐릭터 스트림을 가져오거나 설정할 수 있습니다.

가장 많이 사용되는 XMLReader의 주요 메서드에 대해 알아보겠습니다.

메서드 이름	설명
XMLReader.parse(source)	source로 입력된 XML 도큐먼트를 파싱하면서 SAX 이벤트를 발생시킵니다.
XMLReader.getContentHandler()	현재 ContentHandler 객체를 가져옵니다.
XMLReader.setContentHandler(handler)	인자로 전달된 ContentHandler 인스턴스를 현재 ContentHandler로 설정합니다.
XMLReader.setLocale(locale)	경고나 에러 출력을 위한 로케일 정보를 설정 합니다.

The ElementTree XML API

XML 문서는 엘리먼트로 구성돼 있습니다. 엘리먼트는 객체를 담을 수 있는 유연한 구조이고 데이터의 계층을 표현할 수 있게 설계됐습니다(보통 엘리먼트의 계층을 트리로 표현합니다). 이 엘리먼트를 파이썬의 리스트와 사전으로 표현할 수 있습니다. The ElementTree XML API는 XML 문서의 엘리먼트들을 리스트와 사전으로 다룰 수 있는 인터페이스를 제공합니다.

02 XML 문서 파싱하기

XML을 이용한 프로그램은 대부분 XML 문서를 파싱^{parsing} 하는 것부터 시작합니다. 파이썬으로 XML을 파싱하는 방법은 여러 가지가 있습니다. XML문서의 일종인 HTML문서라면 html.parser를 통해 할 수 있고, 아래와 같이 Expat를 통해 파싱할 수도 있습니다.

아래 예제는 xmlparser 객체를 이용해 XML 문서를 파싱하는 과정입니다.

```
>>> import xml.parsers.expat
>>> def start_element(name, attrs):      ◀──── 파싱할 때 새로운 엘리먼트가 발견되면 이 함수가 실행됩니다
        print('Start element:', name, attrs)
>>> def char_data(data):
        print('Character data:', repr(data))
>>> pa = xml.parsers.expat.ParserCreate()
>>> pa.StartElementHandler = start_element      ◀──── 이벤트 핸들러를 연결해줍니다.
>>> pa.CharacterDataHandler = char_data
>>> pa.Parse("""<?xml version="1.0"?><book ISBN="1111">
<title>Loving Python</title></book>""")

[출력결과]
Start element: book {'ISBN': '1111'}
Character data: '\n'
```

```
Start element: title {}
Character data: 'Loving Python'
```

DOM을 이용해서 XML 문서를 파싱하는 가장 간단한 방법은 minidom을 이용하는 방법입니다. xml. dom.minidom은 Document Object Model 인터페이스를 가볍게 구현해 놓은 것입니다. minidom 은 전체 DOM 모듈보다 사용하기 간편하고 크기도 상당히 작습니다.

minidom에는 파싱을 위해 parse()와 parseString()이라는 2개의 메서드가 포함돼 있습니다.

메서드 이름	설명
xml.dom.minidom.parse(file, parser)	file로부터 XML문서를 읽어서 Document 객체를 반환합니다. parser 인자가 주어지면 minidom의 기본 파서가 아닌 사용자가 원하는 파서를 사용할 수 있습니다(파서는 SAX2 parser 객체만 사용 가능합니다).
xml.dom.minidom.parseString(data, parser)	parse()와 비슷하지만 입력으로 파일 대신 문자열을 받습니다.

minidom을 이용해 간단한 xml 문서를 파싱해 보겠습니다.

```
>>> from xml.dom.minidom import *
>>> xmlsrc = """ <item>
    <name>test</name>
    </item>
    """
>>> doc = parseString(xmlsrc)
>>> doc
<xml.dom.minidom.Document object at 0x020ECA30>
>>> doc.toxml()
'<?xml version="1.0" ?><item>\n <name>test</name>\n</item>'
```

파싱이 성공하면 Document 객체가 반환됩니다. Document 객체는 XML 문서를 전체를 나타내는 객체로, 엘리먼트 Element, 속성 Attribute, 주석 comment, 기타 모든 것을 포함하고 있습니다.

Document 객체의 주요 메서드를 알아보겠습니다.

메서드 이름	설명
Document.createElement(tagName)	새로운 엘리먼트 객체를 생성합니다. tagName은 생성할 엘리먼트의 이름이 됩니다.
Document.createTextNode(data)	인자 data로부터 문자 노드를 생성하고 반환합니다.
Document.createAttribute(name)	속성(attribute) 노드를 생성하고 생성된 객체를 반환합니다. 이 메서드는 단지 속성 개체를 만들 뿐이지 원하는 엘리먼트와 연결시킬 수 없습니다. 엘리먼트와 연결하려면 setAttributeNode() 메서드를 사용해야 합니다.
Document. getElementsByTagName(tagName)	인자 tagName과 이름이 같은 모든 엘리먼트를 가져옵니다. 결과값으로 nodeList가 전달됩니다.

계속해서 위의 예제를 이어서 진행하겠습니다.

```
>>> names = doc.getElementsByTagName("name")   ◀── 태그 이름이 name인 엘리먼트를 가져옵니다.
>>> names
[<DOM Element: name at 0x20eced0>]
>>> names.length   ◀── 가져온 엘리먼트의 개수는 1입니다.
1
```

Document의 getElementsByTagName() 메서드를 이용해 Document 객체 안에 name이라는 엘리먼트가 몇 개 있는지 알아봤습니다. 이제 우리가 만들 도서 관리 프로그램에 관해 이야기해보겠습니다. 도서 관리 프로그램은 도서 정보를 담고 있는 XML 문서를 읽어 도서 목록을 출력하거나, 새로운 도서를 XML 문서에 저장하고 도서 제목을 검색하는 기능을 가진 텍스트 기반 프로그램입니다. 도서 정보를 읽는다는 것은 위에서 말한 파싱을 뜻합니다.

일반적으로 XML 문서를 작성할 때는 DTD, XML Schema를 먼저 작성하거나 참조해야 하지만 이번 예제에서는 파이썬으로 XML 처리 방법에 집중하기 위해 간단한 XML 문서를 작성해 진행하겠습니다.

예제 book.xml 책에 대한 정보를 xml 문서로 표현했습니다

```xml
<?xml version="1.0" ?>
<booklist cnt="3">
  <book ISBN="0399250395">
        <title>The Very Hungry Caterpillar Pop-Up Book</title>
        <author name="Eric Carle"/>
  <author name="Keith Finch"/>
  <publisher> Philomel Books</publisher>
```

```
<description> Celebrating the 40th anniverary of one of the most popular children's books ever
created</description>
  </book>
  <book ISBN="0964729237">
    <title lang="english">The Shack</title>
  </book>
  <book ISBN="0553281097">
    <title>You Can Negotiate Anything</title>
    <author name="Herb Cohen"/>
    <category cid="12">Negotiate and narrative skill</category>
  </book>
</booklist>
```

도서의 정보를 가진 XML문서를 만들었습니다. booklist라는 루트 엘리먼트가 있고 그 아래 책 정보를 가지고 있는 book 엘리먼트들이 있습니다. 책 정보는 책 제목, ISBN, 저자, 출판사, 설명들이 있습니다.

도서의 데이터가 XML 형태로 되어 있기 때문에 이를 관리 하기 위한 프로그램은 XML을 파싱하고 각 노드에 접근해 데이터를 가져와야 합니다. book.py 예제는 위 도서 XML을 관리하기 위한 간단한 프로그램입니다.

예제의 LoadXMLFromFile() 함수는 이 도서의 XML 문서를 파싱하는 역할을 합니다.

예제 book.py 도서 관리 프로그램. 파일로부터 XML을 읽어와 파싱합니다

```
001  from xml.dom.minidom import parse, parseString   ◀——— minidom 모듈의 파싱 함수를 임포트합니다.
002  from xml.etree import ElementTree
003
004  ##### global
005  loopFlag = 1
006  xmlFD = -1
007  BooksDoc = None
...
049  def LoadXMLFromFile():
050      fileName = str(input("please input file name to load :"))   ◀——— 읽어올 파일 경로를 입력받습니다
051      global xmlFD
052
```

```
053    try:
054        xmlFD = open(fileName)    ◀─── xml 문서를 엽니다.
055    except IOError:
056        print("invalid file name or path")
057        return None
058    else:
059        try:
060            dom = parse(xmlFD)    ◀─── XML 문서를 파싱합니다.
061        except Exception:
062            print("loading fail!!!")
063        else:
064            print("XML Document loading complete")
065            return dom
066    return None
067
068 def BooksFree():
069    if checkDocument():
070        BooksDoc.unlink()    ◀─── minidom 객체 메모리를 해제합니다.
...
```

LoadXMLFromFile() 함수의 내부에서는 minidom의 메서드를 이용해 파일에서 XML 문서를 읽어와 파싱합니다. 파싱한 데이터는 여러 곳에서 사용될 것이므로 전역 변수인 BooksDoc에 저장합니다.

minidom을 사용한 다음엔 반드시 unlink() 메서드를 호출해 DOM 객체 내부의 참조를 제거해 가비지 컬렉션이 가능하게 만듭니다. 그렇게 하지 않으면 메모리 누수 현상^{memory leak} 이 일어날 수 있습니다. BooksFree() 함수가 그런 역할을 하게 됩니다.

LoadXMLFromFile() 함수를 테스트해 보겠습니다.

```
C:\mymodule>python.exe book.py
Welcome! Book Manager Program (xml version)
═════Menu═════
Load xml: l
Print dom to xml: p
Quit program:   q
print Book list: b
Add new book: a
```

```
sEarch Book Title: e
Make html: m
═══════════════
select menu :l
please input file name to load :C:\xml\book.xml\
XML Document loading complete
```

로딩을 하겠다는 l 명령어를 입력하고 원하는 파일을 지정하면 XML 로딩이 완료됩니다. 앞서 이야기 했듯이 DOM이 제대로 파싱되면 다음과 같은 트리 구조로 표현될 것입니다.

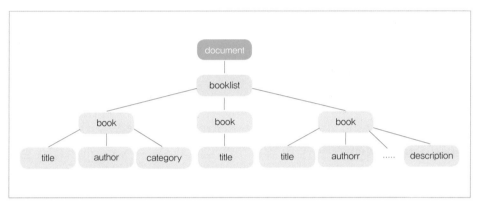

그림 16-1 book.xml을 minidom을 이용해 파싱한 결과

이번에는 toxml() 메서드를 이용해 파싱된 DOM 객체를 반대로 XML 문서로 만들어 보겠습니다.

```
078  def PrintDOMtoXML():
079      if checkDocument():
080          print(BooksDoc.toxml())
```

위 함수는 DOM 객체가 None이 아니면 toxml() 메서드를 이용해 로딩한 XML 문서를 문자열로 출력 합니다.

```
Welcome! Book Manager Program (xml version)
═══════Menu═══════
Load xml: l
Print dom to xml: p
Quit program:  q
```

```
print Book list: b
Add new book: a
sEarch Book Title: e
Make html: m
==================
select menu :p
<?xml version="1.0" ?><booklist cnt="3">
        <book ISBN="0399250395">
            ... <중략>
        </book>
</booklist>
```

03 노드

노드 ^{Node} 는 DOM에서 가장 중요한 자료형입니다. 우선 DOM의 모든 컴포넌트는 노드의 하위 클래스입니다. 그러므로 노드는 엘리먼트 ^{Element} 노드, 속성 ^{Attribute} 노드, 텍스트 ^{Text} 노드, 기타 다른 노드가 될 수 있습니다. 노드에 대해서는 조금 더 자세히 공부해야 할 필요가 있는데 대부분의 DOM을 사용한 응용프로그램은 노드를 모르고는 구현할 수가 없기 때문입니다.

다음은 파이썬에서 Node에 대한 메서드와 속성을 정리한 표입니다.

속성 이름	설명
Node.nodeType	노드 타입을 나타내는 정수값입니다 (노드 타입에 대한 자세한 설명은 다음 뱀잡기를 참고해주세요).
Node.parentNode	현재 노드의 부모 노드, 만약 parentNode 값이 None이면 현재 엘리먼트는 루트 엘리먼트입니다.
Node.attributes	속성(Attribute) 객체의 NamedNodeMap, read-only 값입니다.
Node.nextSibling	같은 부모를 가지고 있는 다른 노드 가운데 현재 노드의 다음 노드를 가리킵니다. 그림 16-3을 참고해주세요.
Node.previousSibling	같은 부모를 가지고 있는 다른 노드들 중 현재 노드의 이전 노드를 가리킵니다. 그림 16-3을 참고해주세요.
Node.childNodes	현재 노드의 자식 노드 리스트
Node.firstChild	자식 노드들 중 첫 번째 노드

속성 이름	설명
Node.lastChild	자식 노드들 중 마지막 노드
Node.localName	태그네임에 콜론(:)이 있을 경우 콜론(:)이후에 오는 부분을 의미합니다.
Node.prefix	태그네임에 콜론(:)이 있을 경우 콜론 앞쪽을 의미합니다.
Node.namespaceURI	노드가 엘리먼트 타입일 때, 이름공간이 지정돼 있으면 이름공간 값(문자열)이 들어가고 이름공간이 없는 경우 None입니다.
Node.hasAttributes()	노드가 있으면 True를 반환합니다.
Node.hasChildNodes()	자식 노드가 있으면 True를 반환합니다.
Node. isSameNode(other)	인자로 받은 other 노드와 현재 노드가 같으면 참을 반환합니다.
Node. appendChild(newChild)	새로운 노드를 현재 노드의 자식 노드로 추가합니다.
Node.insertBefore(newChild, refChild)	새로운 노드(newChild)를 지정된 노드(refChild) 앞쪽에 삽입합니다.
Node.removeChild(oldChild)	지정된 자식노드(oldChild)를 삭제합니다.
Node.replaceChild(newChild, oldChild)	기존의 자식노드(oldChild)를 새 노드로 바꿉니다.
Node.normalize()	노드의 텍스트 정보를 정규화해줍니다. 빈칸은 삭제해주고, 비어있는 엘리먼트는 빈 태그로 바꿔줍니다. 예를 들면 '〈test〉〈item〉〈/item〉 〈title〉타이틀〈/title〉〈/test〉'를 정규화하면 '〈test〉〈item/〉〈title〉타이틀〈/title〉〈/test〉'처럼 됩니다.
Node.cloneNode(deep)	현재 노드(자식 노드 포함)를 복사해서 반환합니다.

계속 해서 노드를 이용해 DOM을 탐색해 보겠습니다. 현재 노드에서 하위 엘리먼트를 참고하기 위해서는 현재 노드에 연결된 하위 노드를 얻어야 합니다. 이때 이용하는 속성이 childNodes입니다.

```
>>> from xml.dom.minidom import parse, parseString()
>>> books = parse("C:\\xml\\book.xml")
>>> booklist = books.childNodes
>>> type(booklist)                    ←—— type 알아보기
<class 'xml.dom.minicompat.NodeList'>
>>> len(booklist)
1
>>> booklist[0]
<DOM Element: booklist at 0x12e7b10>
>>> booklist[0].nodeType
1
>>> book = booklist[0].childNodes     ←—— booklist의 자식 노드를 가져옵니다.
```

childNodes를 통해 얻어온 노드에는 현재 자기와 연결된 하위 노드가 포함돼 있습니다. 이때 클래스는 xml.dom.minicompat.NodeList이며, 노드는 여러 개 존재할 수 있으므로 리스트 형식을 띱니다. book 객체가 가리키는 것을 그림으로 표현하면 아래와 같이 점선으로 표시한 book 엘리먼트입니다.

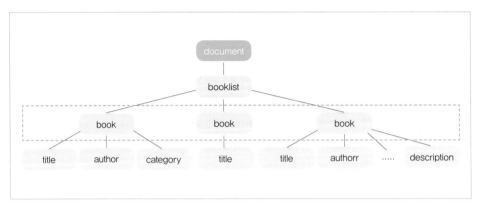

그림 16-2 booklist가 가리키는 노드들

노드 리스트는 말 그대로 리스트 형식으로 돼 있어서 배열을 사용해 각 노드에 접근할 수 있습니다.

뱀잡기

다양한 종류의 정보를 처리하기 위해 노드에는 고유의 타입이 있습니다. 예를 들면 위의 book.xml의 booklist는 엘리먼트 노드이고, Philomel Books는 텍스트 노드입니다.

노드의 타입은 아래와 같습니다.

```
ELEMENT_NODE = 1,
ATTRIBUTE_NODE = 2,
TEXT_NODE = 3,
CDATA_SECTION_NODE = 4,
ENTITY_NODE = 5,
PROCESSING_INSTRUCTION_NODE = 6,
COMMENT_NODE = 7,
DOCUMENT_NODE = 8,
DOCUMENT_TYPE_NODE = 9,
NOTATION_NODE = 10
```

각각 노드 타입에 대한 설명은 간단한 예제로 대신하겠습니다.

```
>>> from xml.dom.minidom import parse, parseString
>>> books = parse("C:\\xml\\book.xml")        ◄──── 위에서 생성한 XML 문서를 사용합니다.
>>> books.nodeName
'#document'
>>> books.nodeType          ◄──── books는 현재 document 타입 노드입니다.
9
>>> for bookitem in book:          ◄──── book에 들어 있는 모든 노드들의 값을 출력합니다.
        print("Type=", bookitem.nodeType, "Name=", bookitem.nodeName)
        if (bookitem.nodeType) == 3:
            print("Value=", bookitem.nodeValue)
Type= 3 Name= #text
Value='\n\t'
Type= 1 Name= book
Type= 3 Name= #text
Value='\n\t'
Type= 1 Name= book
Type= 3 Name= #text
Value='\n\t'
Type= 1 Name= book
Type= 3 Name= #text
Value='\n'
Type= 3 Name= #text
Value=
Type= 1 Name= book
Type= 3 Name= #text
Value=
Type= 1 Name= book
Type= 3 Name= #text
Value=
Type= 1 Name= book
Type= 3 Name= #text
Value=
```

이렇게 노드들을 탐색하면서 데이터 및 DOM의 다른 객체들을 참조할 수가 있습니다.

파이썬에서는 노드를 탐색하는 데 쓰이는 여러 가지 속성이 있습니다. 아래 그림은 이를 그림으로 나타내 본 것입니다.

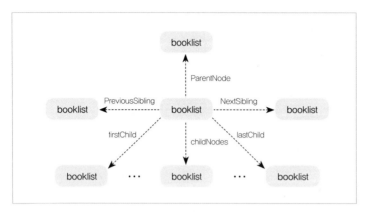

그림 16-3 노드 탐색에 쓰이는 속성들

노드를 탐색할 수 있는 방법을 알아봤으니 도서 관리 프로그램으로 돌아와서 책 목록을 출력하는 함수를 만들어보겠습니다.

```
082   def PrintBookList(tags):
083       global BooksDoc
084       if checkDocument():          ◀──── DOM이 None인지 검사합니다.
085           return None
086
087       booklist = BooksDoc.childNodes
088       book = booklist[0].childNodes
089       for item in book:
090           if item.nodeName == "book":     ◀──── 엘리먼트에서 book인 것을 골라냅니다.
091               subitems = item.childNodes  ◀──── book에 들어 있는 노드를 가져옵니다
092               for atom in subitems:
093                   if atom.nodeName in tags:
094                       print("title=", atom.firstChild.nodeValue)   ◀──── 책 목록을 출력합니다.
```

위 PrintBookList() 함수에서는 노드를 이용해 자식 노드를 계속 탐색하면서 xml에 등록된 책 제목을 출력합니다. PrintBookList() 함수는 인자로 리스트를 입력받는데, Book의 하위 엘리먼트 이름 중, 리스트에 들어 있는 문자열과 매칭되는 엘리먼트를 출력합니다. 여기서는 책 제목만 출력할 예정이기 때문에 아래와 같이 사용했습니다.

```
032  PrintBookList(["title",])
```

직접 책 제목을 출력하겠습니다.

```
Welcome! Book Manager Program (xml version)
========Menu========
Load xml:  l
Print dom to xml: p
Quit program:   q
print Book list: b
Add new book: a
sEarch Book Title: e
Make html: m
═══════════════
select menu :b
title= The Very Hungry Caterpillar Pop-Up Book
title= The Shack
title= You Can Negotiate Anything
```

뱀잡기 🐟

책 제목을 찾기 위해 자식 노드를 순차적으로 탐색했습니다. 더 깔끔한 방법이 있는데 바로 XPath를 이용하는 것입니다. 위와 같이 title만 얻어 오고 싶은 경우 아래의 표현식으로 간단하게 title 리스트를 얻어올 수 있습니다.

```
booklist/book/title
```

하지만 파이썬3과 이전 버전(2.x)에 XPath은 제한적으로 xml.etree에서 지원하고 있습니다. XPath 모든 기능을 사용하려면 4suite에서 지원하는 패키지를 설치하셔야 합니다.

04 엘리먼트

도서 데이터에 새로운 도서 정보를 등록시키는 기능을 추가하겠습니다. 하나의 도서 데이터는 Book 엘리먼트와 그 하위 엘리먼트로 표현됩니다. 새로운 도서 정보를 등록한다는 것은 Book 엘리먼트가 하나 더 늘어나는 것을 의미합니다. 파이썬에서 지원하는 엘리먼트 관련 메서드들은 다음 표에 정리했습니다.

메서드 이름	설명
Element.getElementsByTagName(tagName)	엘리먼트 이름 중 tagName과 매칭되는 엘리먼트들을 반환합니다.
Element.getElementsByTagNameNS (namespaceURI, localName)	XML문서에 이름공간이 지정돼 있는 경우, namespaceURI안에 localName과 매칭되는 엘리먼트를 반환합니다.
Element.hasAttribute(name)	엘리먼트 속성 중 name에 해당하는 속성이 있으면 참을 반환합니다.
Element.hasAttributeNS(namespaceURI, localName)	XML문서에 이름공간이 지정돼 있는 경우, namespaceURI안에 localName과 매칭되는 엘리먼트가 있으면 참을 반환합니다.
Element.getAttribute(name)	name에 해당하는 속성 값을 출력합니다.
Element.getAttributeNode(attrname)	attrname에 해당하는 속성의 객체 Attr를 반환합니다.
Element.getAttributeNS(namespaceURI, localName)	XML문서에 이름공간이 지정돼 있는 경우, namespaceURI 안에 localName과 매칭되는 속성 값을 반환합니다.
Element.getAttributeNodeNS(namespaceURI, localName)	XML 문서에 이름공간이 지정돼 있는 경우, namespaceURI 안에 localName과 매칭되는 속성 객체 Attr를 반환합니다.
Element.removeAttribute(name)	name에 해당하는 속성을 삭제합니다.
Element.removeAttributeNode(oldAttr)	속성 리스트 가운데 oldAttr에 해당하는 속성을 삭제하고 삭제한 속성을 반환합니다.
Element.removeAttributeNS(namespaceURI, localName)	XML 문서에 이름공간이 지정돼 있는 경우, namespaceURI 안에 localName과 매칭되는 속성을 삭제합니다.
Element.setAttribute(name, value)	name에 해당하는 속성 값을 value로 바꿉니다.
Element.setAttributeNode(newAttr)	newAttr에 해당하는 속성이 이미 있다면 기존의 속성을 교체하고, 없다면 새로운 속성이 추가됩니다.
Element.setAttributeNodeNS(namespaceURI, localName, newAttr)	XML 문서에 이름공간이 지정돼 있는 경우, namespaceURI 안에 localName과 매칭되는 속성이 이미 있다면 기존의 속성을 교체하고, 없다면 새로운 속성이 추가됩니다.

우선 빈 Book 엘리먼트를 생성합니다. 엘리먼트를 만들 때는 Document 객체의 createElement() 메서드를 이용합니다. 생성한 엘리먼트는 노드를 조작해 원하는 곳에 추가할 수 있습니다.

```
096   def AddBook(bookdata):
097       global BooksDoc
098       if not checkDocument() :
099           return None
100
101       # book 엘리먼트를 생성합니다.
102       newBook = BooksDoc.createElement('book')
```

```
103        newBook.setAttribute('ISBN',bookdata['ISBN'])      ◄─── Attriubute 값을 지정합니다다
104        # Title 엘리먼트를 생성합니다
105        titleEle = BooksDoc.createElement('title')
106        # 책 제목을 위한 Text 엘리먼트를 생성합니다
107        titleNode = BooksDoc.createTextNode(bookdata['title'])
108
109        try:
110            titleEle.appendChild(titleNode)      ◄─── title를 book에 연결합니다.
111        except Exception:
112            print("append child fail- please, check the parent element & node!!!")
113            return None
114        else:
115            titleEle.appendChild(titleNode)
116
117        # connect to book node
118        try
119            newBook.appendChild(titleEle)      ◄─── 새로 생성한 book을 booklist에 연결합니다.
120            booklist = BooksDoc.firstChild
121        except Exception:
122            print("append child fail- please,check the parent element & node!!!")
123            return None
124        else:
125            if booklist != None:
126                booklist.appendChild(newBook)
```

책 제목 데이터를 입력하려면 텍스트 타입의 엘리먼트가 필요합니다. 텍스트 타입은 다른 타입과 다르게 엘리먼트나 속성에 대한 정보가 아닌 실제 정보를 저장하는 곳입니다. createTextNode()를 호출하면 텍스트 엘리먼트가 생성됩니다. 생성된 텍스트 엘리먼트는 appendChild() 메서드를 통해 Title 엘리먼트와 연결합니다.

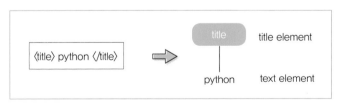

그림 16-4 책제목을 저장하기 위한 text 엘리먼트를 생성한 모습

위의 작업을 DOM 객체의 트리 구조로 표현하면 위 그림과 같이 그릴 수 있습니다. title 엘리먼트에서 python이라는 텍스트 엘리먼트에 접근하려면 nodeValue 속성을 이용해 자식 노드를 얻어와야 합니다(nodeValue는 말 그대로 노드가 가리키는 곳의 값입니다. 이는 텍스트일 수도 있고 다른 엘리먼트일 수도 있습니다).

setAttribute() 메서드는 엘리먼트의 속성값을 설정하는 메서드입니다. 여기서는 book 엘리먼트의 ISBN 속성값을 설정하는 데 사용됐습니다.

그럼 책을 추가해 보겠습니다. 책 추가 옵션은 a입니다.

```
Welcome! Book Manager Program (xml version)
…〈중략〉
select menu :a
insert ISBN :1234567
insert Title :loving python

…〈중략〉
select menu :b       ◀──── 다시 책 제목 리스트를 출력해 봅시다.
title= The Very Hungry Caterpillar Pop-Up Book
title= The Shack
title= You Can Negotiate Anything
title= loving python
```

05 엘리먼트 쉽게 다루기

위 엘리먼트를 조금 더 쉽게 다루기 위해 파이썬에서 제공하는 기본 클래스가 xml.etree. ElementTree입니다. ElementTree 클래스는 엘리먼트의 생성, 값 변경, 검색 등의 기능과 엘리먼트를 XML로 변환하는 기능을 가지고 있습니다. 아래는 ElementTree의 주요 모듈 함수를 정리한 내용입니다.

함수 이름	설명
xml.etree.ElementTree.parse(file[, parser])	파일로부터 XML문서를 읽어와 파싱합니다. parser가 입력되면 사용자가 지정한 파서를 사용합니다. 지정하지 않으면 기본적으로 XMLBuildTree 파서를 사용합니다. 성공하면 xml.etree.ElementTree.ElementTree 객체를 반환합니다.
xml.etree.ElementTree. fromstring(text)	문자열 text를 파싱합니다.xml.etree.ElementTree.ElementTree 객체를 반환합니다
xml.etree.ElementTree. Element(tag[, attrib][, **extra])	tag의 이름을 가진 엘리먼트를 생성합니다. 사전 형식으로 속성값을 지정할 수 있습니다. 키워드 인자로 속성값을 설정할 수 있습니다. 성공하면 생성된 엘리먼트 인스턴스를 반환합니다.
xml.etree.ElementTree. SubElement(parent, tag[, attrib[, **extra]])	Element()와 비슷하지만 parent의 자식 엘리먼트로 만들어집니다.
xml.etree.ElementTree. tostring(element[, encoding])	element 객체를 XML 문자열로 변환합니다. encoding 을 지정하지 않으면 UTF-8로 인코딩됩니다.

ElementTree 객체 중 자주 사용되는 메서드는 아래와 같습니다

메서드 이름	설명
find(path)	path에 매칭되는 엘리먼트를 반환합니다. 예를 들어 path가 body/p이면 부모 엘리먼트 이름이 body이고 엘리먼트 이름이 p인 엘리먼트를 검색합니다. 반환값이 None이면 해당하는 엘리먼트가 없다는 뜻입니다.
getiterator([tag])	현재 엘리먼트의 하위 엘리먼트를 모두 가져올 수 있습니다. 만약 tag가 지정되어 있으면 tag에 해당하는 엘리먼트만 반환합니다.
getroot()	현재 XML 문서 중 가장 상위 엘리먼트 객체를 반환합니다.
write(file[, encoding])	현재 ElementTree 객체를 file에 저장합니다. encoding을 지정할 경우 지정된 인코딩으로 저장됩니다.

ElementTree를 이용해 검색 기능을 추가하겠습니다. 사용자로부터 키워드를 입력받고 책 제목을 검색하는 기능입니다.

예제 book.py XML을 이용한 간단한 도서 관리 프로그램

```
128    def SearchBookTitle(keyword):
129        global BooksDoc
130        retlist = []
131        if not checkDocument():
```

```
132          return None
133
134      try:
135          tree = ElementTree.fromstring(str(BooksDoc.toxml()))
136      except Exception:
137          print("Element Tree parsing Error : maybe the xml document is not corrected.")
138          return None
139
140      # Book 엘리먼트 리스트를 가져옵니다
141      bookElements = tree.getiterator("book")
142      for item in bookElements:
143          strTitle = item.find("title")
144          if (strTitle.text.find(keyword) >=0 ):
145              retlist.append((item.attrib["ISBN"], strTitle.text))
146
147      return retlist
```

함수 초반에 fromstring()을 사용해 파싱하고, getiterator() 메서드를 사용해 book 엘리먼트만 추출했습니다.

검색 기능을 수행해 보겠습니다. 검색 옵션은 e입니다.

```
Welcome! Book Manager Program (xml version)
…〈중략〉
select menu :e
input keyword to search :The
('0399250395', 'The Very Hungry Caterpillar Pop-Up Book')
('0964729237', 'The Shack')
```

만약 앞에서처럼 노드를 따라가면서 검색을 했다면 상당히 복잡한 코드가 나올 수 있었지만 엘리먼트 트리를 이용해 간단하게 해결했습니다.

XML 문서를 HTML로 변환하기

이미 알고 있겠지만 HTML도 XML의 한 종류입니다. 보통 XML 문서를 다른 XML 문서로 변환 혹은 일반 문서, 데이터로 변환하는 데 XSLT를 사용합니다.

하지만 파이썬 모듈에는 이런 기능이 없기 때문에 아래에서 DOM 객체를 생성하고 부모 엘리먼트와 자식 엘리먼트들을 생성해 DOM 객체에 추가하는 방법을 사용했습니다.

우선 MakeHtmlDoc() 함수를 보겠습니다.

```
149  def MakeHtmlDoc(BookList):
150      from xml.dom.minidom import getDOMImplementation
151      # DOM 개체를 생성합니다
152      impl = getDOMImplementation()
153
154      newdoc = impl.createDocument(None, "html", None)      ←── HTML 최상위 엘리먼트를 생성합니다.
155      top_element = newdoc.documentElement
156      header = newdoc.createElement('header')
157      top_element.appendChild(header)
158
159      # Body 엘리먼트를 생성합니다.
160      body = newdoc.createElement('body')
161
162      for bookitem in BookList:
163          # Bold 엘리먼트를 생성합니다
164          b = newdoc.createElement('b')
165          # 텍스트 노드를 만듭니다
166          ibsnText = newdoc.createTextNode("ISBN:" + bookitem[0])
167          b.appendChild(ibsnText)
168
169          body.appendChild(b)
170
171          # <br> 부분을 생성합니다.
172          br = newdoc.createElement('br')
173
174          body.appendChild(br)
175
```

```
176        # title 부분을 생성합니다
177        p = newdoc.createElement('p')
178        # 텍스트 노드를 만듭니다
179        titleText= newdoc.createTextNode("Title:" + bookitem[1])
180        p.appendChild(titleText)
181
182        body.appendChild(p)
183        body.appendChild(br)        ←──── 〈br〉 부분을 부모 엘리먼트에 추가합니다
184
185    # Body 엘리먼트를 최상위 엘리먼트에 추가합니다
186    top_element.appendChild(body)
187
188    return newdoc.toxml()
```

코드가 조금 길지만 내용은 간단합니다. createDocument() 메서드를 이용해 DOM 객체를 생성합니다. 이후 HTML의 태그가 될 엘리먼트를 생성하고 생성한 DOM 객체에 삽입합니다. 반환값으로 생성한 DOM 객체를 XML 문자열을 반환합니다.

다음은 실행 결과입니다.

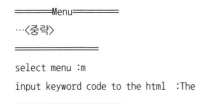

```
══════Menu══════
…〈중략〉
════════════════

select menu :m
input keyword code to the html  :The
─────────────────────
<?xml version="1.0" ?><html><header/><body><b>ISBN:0399250395</b><p>Title:The Very Hungry Caterpil-
lar Pop-Up Book</p><br/><b>ISBN:0964729237</b><p>Title:The Shack</p><br/></body></html>
─────────────────────
```

지금까지 작성한 코드를 하나로 모으겠습니다.

```python
001  from xml.dom.minidom import parse, parseString        ←—— minidom 모듈의 파싱 함수를 임포트합니다
002  from xml.etree import ElementTree
003
004  ##### global
005  loopFlag = 1
006  xmlFD = -1
007  BooksDoc = None
008
009  #### Menu  implementation
010  def printMenu():
011      print("\nWelcome! Book Manager Program (xml version)")
012      print("══════Menu══════")
013      print("Load xml:  l")
014      print("Print dom to xml: p")
015      print("Quit program:   q")
016      print("print Book list: b")
017      print("Add new book: a")
018      print("sEarch Book Title: e")
019      print("Make html: m")
020      print("═════════════")
021
022  def launcherFunction(menu):
023      global BooksDoc
024      if menu ==  'l':
025          BooksDoc = LoadXMLFromFile()
026      elif menu == 'q':
027          QuitBookMgr()
028      elif menu == 'p':
029          PrintDOMtoXML()
030      elif menu == 'b':
031          PrintBookList(["title",])
032      elif menu == 'a':
```

```
033            ISBN = str(input('insert ISBN :'))
034            title = str(input('insert Title :'))
035            AddBook({'ISBN':ISBN, 'title':title})
036        elif menu == 'e':
037            keyword = str(input('input keyword to search :'))
038            printBookList(SearchBookTitle(keyword))
039        elif menu == 'm':
040            keyword = str(input('input keyword code to the html  :'))
041            html = MakeHtmlDoc(SearchBookTitle(keyword))
042            print("———————————————")
043            print(html)
044            print("———————————————")
045        else:
046            print("error : unknow menu key")
047
048    #### xml function implementation
049    def LoadXMLFromFile():
050        fileName = str(input ("please input file name to load :"))      ◀——┐ 읽어올 파일 경로를
051        global xmlFD                                                       │ 입력받습니다
052
053        try:
054            xmlFD = open(fileName)          ◀———— xml 문서를 open합니다.
055        except IOError:
056            print("invalid file name or path")
057            return None
058        else:
059            try:
060                dom = parse(xmlFD)          ◀———— XML 문서를 파싱합니다
061            except Exception:
062                print("loading fail!!!")
063            else:
064                print("XML Document loading complete")
065                return dom
066        return None
067
068    def BooksFree():
069        if checkDocument():
070            BooksDoc.unlink()          ◀———— minidom 객체를 해제합니다
```

```
071
072  def QuitBookMgr():
073      global loopFlag
074      loopFlag = 0
075      BooksFree()
076
077  def PrintDOMtoXML():
078      if checkDocument():
079          print(BooksDoc.toxml())
080
081  def PrintBookList(tags):
082      global BooksDoc
083      if not checkDocument():
084          return None
085
086      booklist = BooksDoc.childNodes
087      book = booklist[0].childNodes
088      for item in book:
089          if item.nodeName == "book":
090              subitems = item.childNodes
091              for atom in subitems:
092                  if atom.nodeName in tags:
093                      print("title=",atom.firstChild.nodeValue)
094
095  def AddBook(bookdata):
096      global BooksDoc
097      if not checkDocument() :
098          return None
099
100      # Book 엘리먼트를 만듭니다
101      newBook = BooksDoc.createElement('book')
102      newBook.setAttribute('ISBN',bookdata['ISBN'])
103      # Title 엘리먼트를 만듭니다
104      titleEle = BooksDoc.createElement('title')
105      # 텍스트 엘리먼트를 만듭니다
106      titleNode = BooksDoc.createTextNode(bookdata['title'])
107      # 텍스트 노드와 Title 엘리먼트를 연결합니다.
108      try:
```

```
109         titleEle.appendChild(titleNode)
110     except Exception:
111         print("append child fail- please,check the parent element & node!!!")
112         return None
113     else:
114         titleEle.appendChild(titleNode)
115
116     # Title를 book 엘리먼트와 연결합니다
117     try:
118         newBook.appendChild(titleEle)
119         booklist = BooksDoc.firstChild
120     except Exception:
121         print("append child fail- please,check the parent element node!!!")
122         return None
123     else:
124         if booklist != None:
125             booklist.appendChild(newBook)
126
127 def SearchBookTitle(keyword):
128     global BooksDoc
129     retlist = []
130     if not checkDocument():
131         return None
132
133     try:
134         tree = ElementTree.fromstring(str(BooksDoc.toxml()))
135     except Exception:
136         print("Element Tree parsing Error : maybe the xml document is not corrected.")
137         return None
138
139     # Book 엘리먼트 리스트를 가져 옵니다
140     bookElements = tree.getiterator("book")
141     for item in bookElements:
142         strTitle = item.find("title")
143         if (strTitle.text.find(keyword) >=0 ):
144             retlist.append((item.attrib["ISBN"], strTitle.text))
145
146     return retlist
```

```
147
148  def MakeHtmlDoc(BookList):
149      from xml.dom.minidom import getDOMImplementation
150      # DOM 개체를 생성합니다
151      impl = getDOMImplementation()
152
153      newdoc = impl.createDocument(None, "html", None)    ◀──── HTML 최상위 엘리먼트를 생성합니다
154      top_element = newdoc.documentElement
155      header = newdoc.createElement('header')
156      top_element.appendChild(header)
157
158      # Body 엘리먼트를 생성합니다
159      body = newdoc.createElement('body')
160
161      for bookitem in BookList:
162          # Bold 엘리먼트를 생성합니다
163          b = newdoc.createElement('b')
164          # 텍스트 노드를 만듭니다
165          ibsnText = newdoc.createTextNode("ISBN:" + bookitem[0])
166          b.appendChild(ibsnText)
167
168          body.appendChild(b)
169
170          #  <br> 부분을 생성합니다
171          br = newdoc.createElement('br')
172
173          body.appendChild(br)
174
175          # title 부분을 생성합니다
176          p = newdoc.createElement('p')
177          # 텍스트 노드를 만듭니다
178          titleText= newdoc.createTextNode("Title:" + bookitem[1])
179          p.appendChild(titleText)
180
181          body.appendChild(p)
182          body.appendChild(br)          ◀──── <br> 부분을 부모 엘리먼트에 추가합니다
183
184      # Body 엘리먼트를 최상위 엘리먼트에 추가합니다
```

```
185        top_element.appendChild(body)
186
187        return newdoc.toxml()
188
189  def printBookList(blist):
190      for res in blist:
191          print(res)
192
193  def checkDocument():
194      global BooksDoc
195      if BooksDoc == None:
196          print("Error : Document is empty")
197          return False
198      return True
199
200
201  ##### run #####
202  while(loopFlag > 0):
203      printMenu()
204      menuKey = str(input('select menu :'))
205      launcherFunction(menuKey)
206  else:
207      print("Thank you! Good Bye")
```

프로그램을 실행하고 새 책을 삽입해 보면서 정상적으로 동작하는지 확인해 보겠습니다.

```
D:\>c:\Python36\python.exe book.py
Welcome! Book Manager Program (xml version)
======Menu======
Load xml:  l
Print dom to xml: p
Quit program:   q
print Book list: b
Add new book: a
sEarch Book Title: e
Make html: m

select menu :l
...
```

```
select menu :a
insert ISBN :123456789
insert Title :test book
…
select menu :p
…
<book ISBN="123456789"><title>test book</title></book>
…
```

지금까지 파이썬의 내장 모듈을 이용해 XML 관련 프로그램을 하나 만들어 봤습니다. 그러나 파이썬 내부 모듈에서는 XML을 처리하기 위한 기본적인 기능만 제공하므로 실제 프로젝트에서는 이를 보강해줄 외부 모듈이 많이 사용됩니다. 기본적인 XML을 다루는 방법은 비슷하기 때문에 지금까지의 내용을 잘 이해한다면 XML에 관련된 내외장 모듈을 활용해 효율적으로 프로젝트를 진행할 수 있습니다.

XML을 위한 파이썬의 외부 모듈들을 살펴보는 것으로 이번 장을 마무리하겠습니다.

뱀잡기 🐍

많은 사람들이 사용하는 외부 모듈 하나를 소개 합니다. BeautifulSoup은 XML/HTML을 파싱하고 제어 할 수 있는 쉽고 간편한 메서드를 제공합니다.

https://www.crummy.com/software/BeautifulSoup/ 에서 자세한 내용을 확인 할 수 있습니다.

17

파이썬과
인터넷

구글의 클라우드 플랫폼은 많은 개발 환경을 제공하고 있습니다. 그 중에 파이썬도 포함되어 있고 실제로 많은 서비스들이 파이썬으로 만들어 지고 있습니다. 아직 정식 지원은 2.7 버전만 하고 있지만 조만간에 파이썬 3.6을 지원할 예정입니다. 실제로 개발자 환경에서는 파이썬 3을 사용할 수 있습니다.

그림 17-1 구글 앱 엔진 로고

구글에서 파이썬을 사용한 것은 우연이 아니라 파이썬이 네트워크나 인터넷을 위한 수많은 모듈을 지원하기 때문입니다. 쉽고 여러 가지 기능을 제공하니 당연한 선택이었겠죠?

파이썬이 지원하는 네트워크, 인터넷 모듈

파이썬에서 제공하는 대표적인 네트워크, 인터넷 관련 모듈은 다음과 같습니다.

socket

로우 레벨^{low-level} 네트워킹 인터페이스입니다. socket은 아주 오래전부터 사용된 개념이라서 유닉스, 윈도우, 리눅스를 포함한 대부분의 플랫폼에서 사용할 수 있습니다. 다음은 소켓으로 만든 간단한 서버와 클라이언트 예제입니다.

예제 socket_server.py 소켓을 이용한 서버입니다

```
01  import socket
02
03  HOST = ''          ◀─── 호스트를 지정하지 않으면 가능한 모든 인터페이스를 의미합니다.
04  PORT = 50007       ◀─── 포트를 지정합니다.
05  s = socket.socket(socket.AF_INET, socket.SOCK_STREAM)
06  s.bind((HOST, PORT))
07  s.listen(1)        ◀─── 접속이 있을 때까지 기다립니다.
08  conn, addr = s.accept()   ◀─── 접속을 승인합니다.
09  print('Connected by', addr)
10  while True:
11      data = conn.recv(1024)
12      if not data: break
13      conn.send(data)   ◀─── 받은 데이터를 그대로 클라이언트에 전송합니다.
14  conn.close()
```

예제 socket_client.py 클라이언트 부분입니다

```
01  import socket
02
03  HOST = '127.0.0.1'   ◀─── localhost
04  PORT = 50007         ◀─── 서버와 같은 포트를 사용합니다.
05  s = socket.socket(socket.AF_INET, socket.SOCK_STREAM)   ◀─── 소켓 생성
06  s.connect((HOST, PORT))
07  s.send(b'Hello, python')   ◀─── 문자를 보냅니다.
```

```
08  data = s.recv(1024)  ◄─── 서버로부터 정보를 받습니다.
09  s.close()
10  print('Received', repr(data))
```

위 소스는 다음과 같은 절차로 실행합니다.

서버를 실행합니다.
윈도우 10에서 소켓 서버를 실행시키면 보안관련 팝업이 뜰 수 있습니다. 이때 내용 확인하시고 확인 버튼 눌러야지 소켓이 정상적으로 동작합니다.
C:\>python.exe socket_server.py

다른 콘솔창에서 클라이언트를 실행합니다.
C:\>python.exe socket_client.py

다음 같은 결과가 나옵니다.
우선 서버 측에선 연결됐다는 메시지가 아래처럼 나옵니다.
Connected by ('127.0.0.1', 1899)

클라이언트에서는 서버에서 받은 정보가 출력됩니다.
Received b'Hello, python'

email

이메일을 다루는 데 필요한 패키지입니다. Email에 관한 자세한 내용은 이번 장의 중반부에서 다루겠습니다.

json

JSON^{JavaScript Object Notation} 은 가벼운 데이터 교환을 위한 자바스크립트의 문법입니다. 파이썬 데이터를 json 형식으로 바꿔주는 dump 기능과 json을 파이썬 객체로 변환하는 decode기능을 제공합니다.

아래는 간단한 사용예입니다.

```
>>> import json
>>> json.dumps([1,2,3,{'4':5, '6':7}], separators=(',', ':'))
'[1,2,3,{"4":5,"6":7}]'
```

파이썬의 데이터 [1,2,3,{'4': 5, '6': 7}]이 JSON 형식으로 변경된 것을 볼 수 있습니다.

뱀잡기 🐍

JSON은 데이터를 교환할 때 사용할 수 있는 자료 표현 방법입니다. 자료의 종류에 제한이 없으며 주로 자바스크립트에서 사용됩니다. 문법은 자바 스크립트와 비슷하지만 플랫폼, 프로그램 언어에 독립적이어서 C, C++, 펄, 파이썬에서 이용할 수 있습니다. 간단한 JSON 형식을 하나 설명하겠습니다. JSON에서 객체는 중괄호와 콜론으로 구성돼 있습니다. 아래 문장은 객체 이름이 age이고 값은 30인 것을 의미합니다.

```
{"age":30}
```

---

mailbox

말 그대로 메일 박스를 관리하는 데 사용할 수 있는 모듈입니다. 예제를 보면 바로 이해할 수 있습니다.

```
>>> import mailbox
>>> for message in mailbox.mbox('~/mbox'):
        subject = message['subject']
        print(subject)
```

~/mbox 저장소에 저장된 메일을 읽어와 그 중 메일 제목을 출력합니다.

webbrowser

웹 브라우저를 간단하게 제어할 때 사용합니다. 아래의 예제를 실행하면 웹 브라우저가 실행되어 해당 주소로 방문합니다.

```
>>> url = 'http://www.naver.com'
>>> import webbrowser
>>> webbrowser.open_new(url)
True
```

urllib

URL과 관련된 패키지입니다. 단순하게는 URL 파싱에서부터 URL에 할당된 데이터를 가져오는 수집 기까지 여러 가지 기능을 제공합니다. 간단하게 URL을 파싱하는 예제를 보겠습니다.

```
>>> from urllib.parse import urlparse
>>> url="http://search.naver.com/search.naver?where=nexearch&query=python&sm=top_hty&fbm=1"
>>> parts = urlparse(url)
>>> print(parts)
ParseResult(scheme='http', netloc='search.naver.com', path='/search.naver', params='', que-
ry='where=nexearch&query=python&sm=top_hty&fbm=1', fragment='')
>>> parts.path
'/search.naver'
```

각 요소가 사전 형식으로 파싱돼 있는 것을 확인할 수 있습니다. 이 밖에도 cgi, http.client, http.server, ftp, xml-rpc 등의 모듈, 패키지가 있습니다. 이번 장에서는 간단한 프로젝트를 진행하면서 관련 모듈을 학습하겠습니다. 17장에는 16장에서 만든 도서 관리 프로그램에 인터넷 기능을 추가하겠습니다.

16장에서는 파일 하나에 모든 기능을 다 넣었지만 17장에서는 메뉴를 출력하고 사용자의 명령을 받는 launcher.py, xml과 관련된 기능을 모아 놓은 xmlbook.py, 인터넷과 관련된 기능을 모아 놓은 internetbook.py 이렇게 세 부분으로 나누겠습니다.

02 OpenAPI를 이용해 책 정보 가져오기

최근 들어 플리커(http://www.ickr.com/), 구글(http://www.google.com), 아마존(http://www.amazon.com) 같은 인터넷 서비스 업체에서는 자사가 제공하는 서비스를 외부에서 사용할 수 있게 API를 공개하고 있습니다. XML-RPC, SOAP 같은 프로토콜을 이용해 API를 제공하기도 하지만 대부분의 서비스는 HTTP 프로토콜의 GET, POST 같은 메서드를 이용해 자원 혹은 서비스를 요청하고, 서버는 XML 문서나 JSON 형태로 결괏값을 반환하는(이를 REST라고 합니다) 방식을 많이 사용하고 있습니다. 네이버(http://www.naver.com)에서도 개발자들에게 OpenAPI를 제공하고 있습니다.

위에서 OpenAPI를 설명한 이유는 이번에 도서 관리 프로그램에 추가할 기능이 네이버의 OpenAPI를 이용해 책 정보를 가져와 기존의 XML DOM에 가져온 책 정보를 추가하는 기능이기 때문입니다.

네이버 Open API를 이용하려면 Client ID와 Client Secret이 필요합니다. 네이버 개발자 사이트(https://developers.naver.com/)를 방문해서 새로운 Application을 등록하면(API 이용신청) 위키 값이 생성됩니다. 검색 서비스를 이용할 것이기 때문에 API 이용을 신청할 때 "사용 API" 항목에서 검색 기능을 추가해야 합니다. (자세한 방법은 다음 URL을 참고하세요. https://developers.naver.com/docs/search/book/)

책의 제목, 저자, 출판사 카테고리 등 여러 가지 정보를 얻어올 수 있는 이 서비스는 네이버 로그인 없이 사용할 수 있는 REST API이며 이 API를 요청할 때 HTTP Header에 위에서 발급받은 Client ID, Client Secret를 넣어주면 사용할 수 있습니다.

다음 예제는 파이썬에서 네이버 오픈 API를 요청하는 간단한 프로그램입니다.

예제 openapi_urllib.py 네이버 open API에 검색 결과를 요청하는 예제

```
import os
import sys
import urllib.request
from xml.dom.minidom import parseString
client_id = "CLIENT ID"
client_secret = "CLIENT SECRET"
encText = urllib.parse.quote("love")
url = "https://openapi.naver.com/v1/search/book.xml?query=" + encText
url += "&display=10000&start=1"
resp = None
req = urllib.request.Request(url)
req.add_header("X-Naver-Client-Id",client_id)
req.add_header("X-Naver-Client-Secret",client_secret)
try:
    resp = urllib.request.urlopen(req)
except urllib.error.URLError as e:
    print(e.reason)
    print(parseString(e.read().decode('utf-8')).toprettyxml())
except urllib.error.HTTPError as e:
    print("error code=" + e.code)
    print(parseString(e.read().decode('utf-8')).toprettyxml())
else:
    response_body = resp.read()
    print(parseString(response_body.decode('utf-8')).toprettyxml())
```

바로 위에서 설명한 urllib을 사용해서 Open API를 요청했습니다. 책 제목 중에 "Love"가 포함된 책을 검색한 결과 중 10개를 가져오라는 명령을 URL 형태로 만들고 Client ID, Client Secret 는 add_ header를 이용해 설정합니다. urlopen을 하면 http 요청이 서버로 전달되고 결괏값이 리턴됩니다. read()을 이용해 이 결괏값을 읽으면 XML 형태의 검색 결과가 들어 있습니다.

호출이 성공하면 xml 문서를 출력하고 호출이 실패하면 Except 구문에 의해서 실패한 이유가 출력됩니다.

아래는 정상적으로 API가 호출되었을 때 결괏값입니다.

그림 17.2 네이버 OpenAPI를 사용해 책을 검색한 결과

만약 key가 잘못됐거나 URL 요청에 문제가 있다면 다음과 같은 에러 메시지가 출력됩니다.

```
Bad Request
<?xml version="1.0" encoding="UTF-8"?><result><errorMessage><![CDATA[Invalid display value (부적절
한 display 값입니 다.)]]></errorMessage><errorCode><![CDATA[SE02]]></errorCode></result>
```

위 예제에서는 urllib을 이용했는데 이번에는 http.client를 이용해서 똑같은 기능을 구현하겠습니다. http.client 모듈은 말 그대로 http 프로토콜을 사용하는 클라이언트 프로그램을 만들 때 사용하는 모듈입니다. urllib보다는 쓰기가 까다롭지만 그만큼 세세한 부분까지 제어할 수 있습니다.

서버에 HTTP 요청을 하기 위해선 HTTPConnection을 설정해야 합니다. HTTPConnection은 HTTP 프로토콜을 사용하기 위한 일종의 핸들러(handler)라고 생각하면 됩니다.

```
class http.client.HTTPConnection(<host>[, <port>[, <strict>[, <timeout>]]])
```

위 HTTPConnection() 생성자는 host 주소를 입력받고 port 번호를 지정할 수 있습니다. 접속이 지연될 때 얼마 동안 접속 요청을 기다릴지는 timeout을 통해 설정할 수 있습니다. 연결이 성공하면 HTTPConnection.request() 메서드를 통해 URL을 호출할 수 있습니다.

```
HTTPConnection.request(<method>, <url>[, <body>[, <headers>]])
```

위의 HTTPConnection.request() 메서드는 서버로 특정한 HTTP를 요청할 때 사용합니다. 〈method〉는 HTTP 메서드를 의미하는 것으로, HTTP 1.1에는 GET, POST, PUT, DELETE라는 4개의 메서드가 있습니다. 여기서는 정보를 가져오기 위한 요청이기 때문에 GET 메서드를 사용합니다. 다음으로 요청하는 〈URL〉을 적어 줍니다. 이후 HTTPConnection.getresponse() 메서드를 호출해 openAPI 서버에서 보내온 요청을 받아오는데, 반환값은 HTTPResponse 인스턴스객체입니다. 요청이 성공하면 status 값이 200으로 반환되는데, 이는 요청이 성공적으로 끝났다는 의미입니다.

서버에서 받아온 정보 중 본문(contents) 데이터를 읽으려면 HTTPResponse.read() 메서드를 사용합니다.

만약 프로토콜이 HTTP가 아닌 HTTPS (HTTP보다 보안이 강화된 버전)이면 HTTPxxxxx 대신 HTTPSxxxxx를 사용해야 합니다.

http.client를 이용한 예제는 다음과 같습니다.

```
import os
import sys
import http.client
from xml.dom.minidom import parseString
client_id = "CLIENT ID"
client_secret = "CLIENT SECRET"
conn = http.client.HTTPSConnection("openapi.naver.com") #openAPI가 https 프로토콜을 사용하기 때문
에 HTTPSConnection을 사용합니다.
#conn.set_debuglevel(1) #debug mode 설정
headers = {"X-Naver-Client-Id": client_id, "X-Naver-Client-Secret": client_secret}
encText = "love"
params = "?query=" + encText + "&display=10&start=1 "
conn.request("GET", "/v1/search/book.xml" + params, None, headers)
res = conn.getresponse()
if int(res.status) == 200 :
    print(parseString(res.read().decode('utf-8')).toprettyxml())
else:
    print ("HTTP Request is failed :" + res.reason)
    print (res.read().decode('utf-8'))
conn.close()
```

서버에서 받아온 정보 중 본문(contents) 데이터를 읽으려면 HTTPResponse.read() 메서드를 사용합니다.

```
HTTPResponse.read([amt])
```

HTTPResponse.getheader(), HTTPResponse.getheaders() 메서드를 이용하면 헤더 정보를 가져올 수 있습니다. getheader() 메서드는 인자로 전달된 특정한 정보만 얻어오며 getheaders() 메서드는 모든 헤더 정보를 가져옵니다.

```
HTTPResponse.getheader(name[, default])
HTTPResponse.getheaders()
```

이제 본격적으로 책 관리 프로그램에 기능을 구현해보겠습니다. 사용자가 ISBN 코드를 입력하면 해당 책 정보를 가져와 책 제목만 XML에 저장하는 기능을 만들어 보겠습니다.

우선 가지고 오는 XML 문서가 어떤 구조를 가지고 있는지 알아야 합니다. 보통 스키마나 DTD같은 문법을 사용해서 표현하는데, 네이버 OpenAPI는 출력 결과 필드^{response field} 라는 아래와 같은 표를 사용해 XML 문서를 출력해 줍니다. 네이버 OpenAPI 중 저희가 사용하는 필드만을 아래의 표에 작성했으며, 조금 더 자세한 내용은 튜토리얼 페이지(https://developers.naver.com/docs/search/book/)에서 확인할 수 있습니다.

필드	값	설명
rss		디버그를 쉽게 하고 RSS 리더기만으로 이용할 수 있도록 만든 RSS 포맷의 컨테이너이며, 그 외의 특별한 의미는 없습니다.
channel		검색 결과를 포함하는 컨테이너입니다. 이 안에 있는 title, link, description 등의 항목은 참고 용으로, 무시해도 무방합니다.
title	String	검색 결과 문서의 제목을 나타냅니다. 제목에서 검색어와 일치하는 부분은 〈b〉 태그로 감싸져 있습니다.

여기서 필요한 정보는 책 제목인데 XML 문서에서는 〈title〉로 시작되는 부분입니다. OpenAPI 서버에 접근하는 방법은 위 예제에서 다뤘으니 URL을 생성하고 요청하는 부분을 보겠습니다.

```
027  def getBookDataFromISBN(isbn):
028      global server, regKey, conn
029      if conn == None :
030          connectOpenAPIServer()                              필요한 정보를 가져올 URL을 생성합니다
031      uri = userURIBuilder("/v1/search/book_adv.xml", display="1", start="1", d_isbn=isbn) ◄┘
032      conn.request("GET", uri, None, {"X-Naver-Client-Id": client_id, "X-Naver-Client-Secret":
client_secret})
033      req = conn.getresponse()
034      if int(req.status) == 200 :    ◄──── 요청이 성공했을 때
035          print("Book data downloading complete!")
036          return extractBookData(req.read())   ◄──── 요청이 성공했으면 book 정보를 추출합니다
037      else:
038          print("OpenAPI request has been failed!! please retry")
039          return None
```

위 getBookDataFromISBN() 함수는 서버에 필요한 정보를 URL로 요청하고 XML 문서로 응답을 받는 구조로 돼 있습니다. RPC, SOAP을 이용한 방법보다 훨씬 쉽고 간결합니다. 지금은 서버에 접근이 실패하면 무조건 예외가 발생해 함수가 종료되게 했는데, 다시 시도하는 부분을 넣거나 입력한 URL이 맞는지 사용자에게 묻는 예외 처리를 할 수가 있습니다.

지금까지는 OpenAPI를 이용해 책 정보를 가져오는 부분이었습니다. 가져온 정보를 그냥 확인하는 것으로 끝내지 않고 도서 관리 프로그램의 책 리스트에 가져온 책 정보를 추가하겠습니다. 우선 OpenAPI를 통해 가져온 XML 문서에서 title을 추출합니다. 이를 알맞게 변형시켜 도서 관리 프로그램의 DOM에 추가하겠습니다. 16장에서 책을 추가하는 함수를 이미 구현했기 때문에 여기서는 가져온 XML문서에서 title을 추출하는 함수만 필요합니다.

```
041  def extractBookData(strXml):
042      from xml.etree import ElementTree
043      tree = ElementTree.fromstring(strXml)
044
045      # Book 엘리먼트를 가져옵니다.
046      itemElements = tree.getiterator("item")          ←—— return list type
047      for item in itemElements:
048          isbn = item.find("isbn")
049          strTitle = item.find("title")
050          if len(strTitle.text) > 0 :
051              return {"ISBN":isbn.text,"title":strTitle.text}
```

데이터는 사전 형식으로 반환되고, 16장의 AddBook() 함수를 통해 도서 관리 프로그램 내부의 DOM 객체에 추가됩니다. 추가된 기능을 실행해 보겠습니다. 위에서 언급한 것처럼 소스코드를 세 부분으로 나눴습니다. 프로그램을 실행하는 데 필요한 파일은 launcher.py입니다. 프로그램의 실행은 윈도우 콘솔창, 소스코드가 위치해 있는 폴더 안에서 다음과 같이 입력하면 됩니다.

```
C:\project\>c:\Python36\python.exe launcher.py
Welcome! Book Manager Program (xml version)
═════Menu═════
...
Get book data from isbn: g
send maIl : i
sTart Web Service: t
```

```
=====Menu=====
select menu :g
input isbn to get :0596513984
Book data downloading complete!
...
select menu :p
<?xml version="1.0" ?><booklist cnt="4">
...
<book ISBN="0596513984 9780596513986"><title>Learning Python (3/E)</title></book></booklist>
```

ISBN이 0596513984인 책의 제목은 Learning Python이네요. 여기서는 책 제목만 추출했지만 저자, 출판사, 책 설명들도 추출해서 사용할 수 있습니다. 여러분들이 위 예제를 바탕으로 기능을 확장시켜 나갈 수도 있습니다.

03 파이썬으로 이메일 보내기

이메일을 이해하려면 우선 MIME부터 살펴볼 필요가 있습니다. MIME ^{Multipurpose Internet Mail Extensions} 는 전자우편을 위한 인터넷 표준 포맷입니다. 이메일 전송 프로토콜인 SMTP는 개발될 당시 단지 7비트 아스키 문자만을 보낼 수 있게 설계됐습니다. 즉, 영어 이외의 언어는 전자우편을 제대로 보내고 받을 수 없었습니다.

인터넷이 발전하면서 다양한 요구가 늘어났습니다. 비영어권 언어도 전자메일을 사용할 수 있고, 파일을 첨부할 수 있어야 했습니다. MIME은 아스키가 아닌 문자 인코딩을 이용해 영어가 아닌 다른 언어로 된 전자우편을 보낼 수 있는 방식입니다. 또한 그림, 음악, 영화와 같은 바이너리 ^{binary} 파일을 이메일로 보낼 수 있습니다. 이메일을 작성할 때 몇 줄 되지 않는 글과 작은 이미지 파일을 첨부했을 때, 이메일의 크기가 훨씬 커진 경험이 있으실 겁니다. 그 이유는 이메일 문서를 MIME으로 변경하면서 크기가 커졌기 때문입니다.

이번 절에서는 파이썬의 내장 패키지인 email 모듈을 이용해 책의 정보를 다른 사람에게 email로 보내는 기능을 만들어 보겠습니다. 우선 예제부터 보겠습니다.

예제 simpleEmail.py 간단한 메일을 생성 후 SMTP를 이용해 메일을 발송합니다

```
01  import smtplib          ◄─── 메일을 보내기 위해 SMTP 관련 라이브러리 모듈을 임포트합니다.
02  from email.mime.text import MIMEText
03  smtpHost = "smtp.test.com"     ◄─── smtp 서버 주소
04  text = "hello world"           텍스트가 기본인 메일을 하나 생성합니다.
05  msg = MIMEText(text)      ◄─── text는 반드시 아스키 코드여야 합니다.
06  senderAddr = "test@send.com"      ◄─── 보내는 사람 email 주소.
07  recipientAddr = "test@rec.com"    ◄─── 받는 사람 email 주소.
08  msg['Subject'] = "test email"
09  msg['From'] = senderAddr
10  msg['To'] = recipientAddr
11  # SMTP 서버를 이용해 메일을 보냅니다.
12  s = smtplib.SMTP(smtpHost)
13  s.connect()
14  s.sendmail(senderAddr , [recipientAddr], msg.as_string())
15  s.close()
```

우선 smtplib 모듈를 임포트했는데, 이는 인터넷의 SMTP나 ESMTP의 서버를 통해 메일을 보낼 수 있는 SMTP 클라이언트 객체가 구현돼 있습니다. 쉽게 말해 SMTP를 사용해 메일을 보내고 싶을 때 사용하는 모듈입니다.

일단 간단한 메일을 하나 만들어 보겠습니다. 이때 사용하는 클래스는 MIMEText 클래스로 입력받은 text 값을 MIME 타입 객체로 생성합니다.

클래스의 생성자는 아래와 같이 정의돼 있습니다.

```
class email.mime.text.MIMEText(_text[, _subtype[, _charset]])
```

이후 생성된 MIMEText에 보내는 사람의 주소, 받는 사람의 주소 제목을 추가합니다. 위 내용은 MIME 의 헤더에 저장되고 본문(contents)은 본문(Body)부분에 저장됩니다. msg.as_string()를 실행하면 헤더와 본문의 상태를 볼 수 있습니다.

위의 MIMEText 클래스를 생성할 때 변환하려는 데이터는 아스키 코드를 사용해야 합니다. 왜냐하면 MIMEText 클래스에서 텍스트에 대한 기본적인(Default) 처리가 아스키이기 때문입니다. 만약 한글을 처리하기 위해 Unicode, UTF-8같은 문자열 코드를 사용하려면 원하는 캐릭터셋(character set)으로 변환하고 MIMEText 클래스에서 캐릭터셋을 지정해야합니다. 위의 클래스 생성자를 보면 _charset을 이용해 캐릭터셋을 지정할 수 있습니다. 다음 예제를 보겠습니다.

```
>>> from email.mime.text import MIMEText
>>> a = MIMEText('파이썬')      ◀── 기본 캐릭터셋에 한글을 사용한 경우
>>> a.as_string()
'Content-Type: text/plain; charset="us-ascii"\nMIME-Version: 1.0\nContent-Transfer-Encoding:
8bit\n\n파이썬'
>>> u = MIMEText('파이썬'.encode('utf8'), _charset = 'UTF-8')  ◀── 유니코드로 변환하고 UTF-8라는 것을 명시
>>> u.as_string()
'MIME-Version: 1.0\nContent-Type: text/plain; charset="utf-8"\nContent-Transfer-Encoding:
base64\n\n7YyM7J207I2s\n'
```

똑같은 파이썬이라는 텍스트를 변경하는데 아래서는 유니코드로 변환하고 캐릭터셋을 지정했습니다. 겉으로 보기엔 같아 보여도 MIME 타입으로 변환된 것을 보면 차이가 많습니다. 첫 번째 예제는 '파이썬'이라는 글자가 그대로 적혀 있고, Transfer-Encoding은 8bit로 되어 있네요. 이렇게 되면 받는 쪽에선 '파이썬'이라는 글자를 아스키로 해석하려고 할 것입니다. 두 번째 예제는 파이썬이 'utf-8'로 적혀 있습니다. 받는 쪽에서도 base64로 인코딩돼 있다는 걸 알 수 있으니 뒤에 나오는 데이터를 유니코드 문자열로 처리합니다.

위 sendEmail.py에서 14줄과 15줄 사이에 print(msg.as_string())를 삽입하면 아래와 같이 출력됩니다.

```
'Content-Type: text/plain; charset="us-ascii"\nMIME-Version: 1.0\nContent-Transfer-Encoding:
7bit\nSubject: test email\nFrom: test@send.com\nTo: test@rec.com\n\nhello world'
```

html과 첨부파일이 있는 메일 생성하기

요즘은 메일을 보낼 때 텍스트만 보내는 것이 아니라 HTML 문서로 보낼 수도 있고 첨부파일까지 포함할 수 있습니다. 파이썬에서는 아래와 같이 처리할 수 있습니다.

예제 MixedType.py 메일에 html과 이미지 파일을 첨부해서 보낼 수 있습니다.

```python
01  import smtplib
02  import mimetypes
03
04  from email.mime.base import MIMEBase
05  from email.mime.text import MIMEText
06  from email.mime.image import MIMEImage
07
08  # global value
09  host = "smtp.test.com"              ←——— SMTP 서버 주소
10  htmlFileName = "logo.html"
11  imageFileName = "logo.gif"
12
13  senderAddr = "test@send.com"        ←——— 보내는 사람 email 주소
14  recipientAddr = "test@rec.com"      ←——— 받는 사람 email 주소
15
16  # create MMIMEBase
17  msg = MIMEBase("multipart", "mixed")
18
19  msg['Subject'] = "Test email in Python 3.0"
20  msg['From'] = senderAddr
21  msg['To'] = recipientAddr
22
23  # Make MIMEType
24  htmlFD = open(htmlFileName, 'rb')
25  HtmlPart = MIMEText(htmlFD.read(), _charset = 'UTF-8')
26  htmlFD.close()
27
28  imageFD = open(imageFileName, 'rb')
29  ImagePart = MIMEImage(imageFD.read())
30  imageFD.close()
31
32  # 만들었던 mime을 MIMEBase에 첨부합니다.
33  msg.attach(ImagePart)
34  msg.attach(HtmlPart)
35
36  # 헤더에 첨부 파일에 대한 정보를 추가합니다.
```

```
37  msg.add_header('Content-Disposition', 'attachment', filename=imageFileName)
38
39  # 메일을 발송합니다.
40  s = smtplib.SMTP(host)
41  s.connect()
42  s.sendmail(senderAddr , [recipientAddr], msg.as_string())
43  s.close()
```

우선 image의 MIME과 html의 MIME을 포함할 수 있는 컨테이너 생성을 위해 MIMEBase를 임포트 합니다. MIMEBase는 모든 MIME 객체의(예를 들면 MIMEText, MIMEImage, MIMEMultiPart) 부모 클래스입니다.

```
class email.mime.base.MIMEBase(_maintype, _subtype, **_params)
```

_maintype은 Content-Type의 메이저 타입, _subtype은 마이너 타입을 말합니다. Content-Type이 image/gif라고 하면 메이저 타입은 image이고, 마이너 타입은 gif입니다. 모든 메일의 헤더를 보면 Content-Type이 있습니다. 아무 메일을 열어서 원본보기나, 헤더내용을 보면 Content-Type=multipart/alternative와 같은 부분이 있을 겁니다. /를 기준으로 앞을 _maintype, 뒤를 _subtype이라고 합니다.

그림 17-3 네이버 메일의 원문보기 기능을 이용해 MIME 문서의 원문을 볼 수 있습니다

위의 예제에서 Content-type은 text/plain입니다. 이는 MIMEType 클래스의 기본 Content-type이 text/plain이기 때문입니다. 메일에 html, image 등 여러 종류의 파일을 포함시키려면 MIMEBase의 maintype이 multipart여야 하는데, 그 이유는 단일 구조로 MIME 컨테이너를 만들면 하나의 MIME 객체만이 들어 가기 때문입니다. multipart로 생성하면 내부적으로 트리구조를 만들고 MIME 객체를 관리하기 때문에 MIME 컨테이너에 여러 개의 MIME 객체를 넣을 수가 있는 것입니다.

첨부파일을 추가했으면 헤더에 첨부파일에 대한 정보를 넣어줘야 합니다. 그래야 메일 클라이언트 프로그램에서 첨부 파일이 있는 메일인지 알 수 있습니다. add_header() 메서드를 이용해 헤더 정보를 설정할 수 있습니다.

host는 SMTP 서버 주소입니다. 만약 인증이 필요하지 않은 SMTP 서버를 알고 있다면 위의 예제는 잘 동작할 것입니다. 하지만 대부분의 SMTP 서버는 아이디와 패스워드, SSL을 통한 인증을 요구합니다. 더 자세한 내용은 아래 절에서 Gmail을 사용해 메일 보내는 과정을 통해 배워보겠습니다.

Gmail 통해서 메일 보내기

Gmail을 통해서 메일을 보내거나 받아오기 위한 정보는 다음과 같습니다.

받는 메일 서버(POP3) – SSL이 필요함	주소 :pop.gmail.com SSL 사용: Yes 포트: 995
보내는 메일 서버(SMTP) – TLS가 필요함:	주소 : smtp.gmail.com 인증 사용: Yes STARTTLS 사용: Yes 포트: 465 혹은 587
계정 이름:	Gmail 가입된 계정의 이메일 주소 전체(@gmail.com 혹은 @your_domain.com가 포함된 문자열)
이메일 주소:	받는 사람 이메일 주소(username@gmail.com 혹은 username@your_domain.com)
비밀 번호:	Gmail 계정 비밀번호

그 중에 SMTP에 관련된 내용을 보면 서버 주소는 smtp.gmail.com이고 포트 번호는 587혹은 465번을 써야 합니다. STARTTLS 을 써야 한다고 명시돼 있는데, TLS(Transport Layer Security)는 TCP/

IP와 같은 통신에서 사용하는 암호 규약입니다. STARTTLS는 텍스트에 대한 암호화를 업그레이드하고 확장한 버전입니다.

파이썬의 smtplib 모듈은 starttls() 메서드를 지원합니다. 그리고 마지막으로 Gmail의 이메일 주소와 비밀번호가 필요합니다. Gmail의 계정은 무료로 받을 수 있으니 다음 주소에서 신청하세요(https://myaccount.google.com/).

> **뱀잡기 🐍**
>
> 위의 표에서 보는 것처럼 Gmail은 저장돼 있는 메일을 POP3를 이용해 읽어올 수도 있습니다. 이때는 파이썬의 내장 모듈 poplib를 사용하면 됩니다. pop3를 통해 메일을 읽어오는 방법은 독자 여러분에게 맡기겠습니다.

```
https://myaccount.google.com/lesssecureapps
http://stackabuse.com/how-to-send-emails-with-gmail-using-python/
http://stackoverflow.com/questions/10147455/how-to-send-an-email-with-gmail-as-provider-using-py-
thon/27515833#27515833          ◀── 보안 수준 낮은 앱 진입 허용
https://www.google.com/settings/security/lesssecureapps      ◀── 여기서.
```

이제 구글 SMTP 서버에서 메일을 보내기 위한 인증을 받겠습니다. 콘솔에서 인증에 필요한 단계를 하나씩 실행해보겠습니다.

```
>>> import smtplib
>>> s = smtplib.SMTP("smtp.gmail.com",587)  #SMTP server 설정
>>> s.ehlo()   # optional
(250, b'smtp.gmail.com at your service, [112.154.94.154]\nSIZE 35882577\n8BITMIME\nSTARTTLS\nEN-
HANCEDSTATUSCODES\nPIPELINING\nCHUNKING\nSMTPUTF8')
>>> s.starttls()  #STARTTLS를 시작합니다.
(220, b'2.0.0 Ready to start TLS')
>>> s.ehlo()
(250, b'smtp.gmail.com at your service, [112.154.94.154]\nSIZE 35882577\n8BITMIME\nAUTH LOGIN
PLAIN XOAUTH2 PLAIN-CLIENTTOKEN OAUTHBEARER XOAUTH\nENHANCEDSTATUSCODES\nPIPELINING\nCHUNKING\nS-
MTPUTF8')
>>> s.login("milkelf.choi@gmail.com", "*********")
Traceback (most recent call last):
  File "<pyshell#8>", line 1, in <module>
    s.login("milkelf.choi@gmail.com", "********")
```

```
  File "C:\Python36\lib\smtplib.py", line 729, in login
    raise last_exception
  File "C:\Python36\lib\smtplib.py", line 720, in login
    initial_response_ok=initial_response_ok)
  File "C:\Python36\lib\smtplib.py", line 641, in auth
    raise SMTPAuthenticationError(code, resp)
smtplib.SMTPAuthenticationError: (534, b'5.7.14 <https://accounts.google.com/signin/contin-
ue?sarp=1&scc=1&plt=AKgnsbtG\n5.7.14 _uTMFCnWadBUb4a90oFU00bqbRas8ltSP4Ed4Po3lEyMkIuS40A6N4x-
WCouAswnyPv6Ixl\n5.7.14 Oq70kuz1w9t1dMaPNLxl-TlJT2G9FCsw1b-1tPQnRV5crDP4Ex1gFmL3_V91tzaZLfS-
RIj\n5.7.14 5E-4oa5rpjgMnQrFxjcLfoxHCNIKEPBYHfAkc9RAjCNuSVwrb8-08DmisC8FZxKqmOI7KH\n5.7.14
YwiKCqfwcUID-2BiBJo8-6q6ttSGA> Please log in via your web browser and\n5.7.14 then try
again.\n5.7.14  Learn more at\n5.7.14  https://support.google.com/mail/answer/78754 g21sm16816166p-
fb.41 - gsmtp')
```

위 예제에서 STARTTLS에 로그인을 하면 인증 에러가 발생합니다. 그 이유는 구글에서 보안에 취약한 응용프로그램에 대해서 구글 계정에 접근하는 걸 막았기 때문입니다. 이를 해결하기 위해서 구글 계정 설정에서 "안전하지 않은 앱이 계정에 접근하도록 허용"을 체크하거나 앱이나 기기에 구글 계정에 접근 권한을 부여하는 앱 비밀번호를 발급받아서 인증해야 합니다. (주로 안드로이드 앱 개발할 때 사용하는 방법입니다.) 앱 비밀번호에 대해 자세히 알고 싶다면 다음 URL을 참고하세요. (https://support.google.com/accounts/answer/185833)

여기서는 약간의 위험을 안고서 안전하지 않은 앱이 계정에 접근이 가능하게 설정하고 테스트해보겠습니다. https://myaccount.google.com/lesssecureapps에 방문하면 [보안 수준이 낮은 앱 허용:] 옆에 스위치가 보일 겁니다. 스위치를 누르고 다시 로그인을 시도하면 성공 메시지가 출력됩니다. 이메일 보내기 테스트 이후에는 이 설정을 반드시 꺼주세요. 계속 켜놓으면 해커들이 독자들의 계정을 이용할 수도 있기 때문입니다.

```
>>> s.login("mi*****@gmail.com", "**********")
(235, b'2.7.0 Accepted')
```

이 상태에서 로컬의 logo.html 파일을 읽어 Gmail smtp를 통해 네이버에 메일을 보내는 예제를 실행해보겠습니다.

예제 gmail.py Gmail smtp에 접속해 인증을 얻고 메일을 보냅니다

```
01  import mimetypes
02  import smtplib
03  from email.mime.base import MIMEBase
04  from email.mime.text import MIMEText
05
06  #global value
07  host = "smtp.gmail.com"            ←─── 문제가 되는 명령문. Gmail SMTP 서버 주소
08  port = "587"
09  htmlFileName = "logo.html"
10
11  senderAddr = "mil*****@gmail.com"      ←─── 보내는 사람 email 주소
12  recipientAddr = "mi****@naver.com"     ←─── 받는 사람 email 주소
13
14  msg = MIMEBase("multipart", "alternative")
15  msg['Subject'] = "Test email in Python 3.0"
16  msg['From'] = senderAddr
17  msg['To'] = recipientAddr
18
19  # MIME 문서를 생성합니다.
20  htmlFD = open(htmlFileName, 'rb')
21  HtmlPart = MIMEText(htmlFD.read(),'html', _charset = 'UTF-8' )
22  htmlFD.close()
23
24  # MIMEBase에 첨부시킵니다.
25  msg.attach(HtmlPart)
26
27  # 메일을 발송합니다.
28  s = smtplib.SMTP(host,port)
29  # s.set_debuglevel(1)        ←─── 디버깅이 필요할 경우 주석을 풉니다
30  s.ehlo()
31  s.starttls()
32  s.ehlo()
33  s.login("milk*****@gmail.com", "********")
34  s.sendmail(senderAddr , [recipientAddr], msg.as_string())
35  s.close()
```

이를 파이썬으로 아래처럼 실행하면 메일을 보냅니다.

```
c:\>Python36\python.exe gmail.py
```

네이버 메일에서 정상적으로 메일이 보내졌는지 확인해 볼 수 있습니다.

그림 17-4 네이버 받은 메일함에서 방금 보낸 메일이 도착한 것을 확인할 수 있습니다

뱀잡기

사실 smtp 모듈을 사용해 메일을 보내는 것은 상당히 까다로운 작업입니다. 그래서 프로그램을 개발할 때 SMTP의 로그를 볼 수 있는 옵션이 있습니다. 위 예제의 30번째 줄에 보면 set_debuglevel() 메서드를 통해 디버그 레벨을 정할 수 있습니다. 1로 설정하면 모든 로그를 다 보겠다는 의미입니다. 위의 예제에서 30번 줄의 주석을 풀고 실행을 하면 다음과 같은 결과가 나옵니다.

```
D:\project>python.exe gmail.py

send: 'ehlo [221.163.6.101]\r\n'
reply: b'250-mx.google.com at your service, [221.163.6.101]\r\n'
reply: b'250-SIZE 35651584\r\n'
reply: b'250-8BITMIME\r\n'
reply: b'250-STARTTLS\r\n'
reply: b'250-ENHANCEDSTATUSCODES\r\n'
```

···〈중략〉

Encoding: base64\r\n\r\nPGh0bWw+DQo8aGVhZGVyPjwvaGVhZGVyPg0KPGJvZHk+DQo8Yj53ZWxxj

b21lIHRvIHRoZZSBweXRo\r\nb24gd29ybGQ8L2I+PGJyPg0KPGltZyBzcmcM9Imh0dHA6Ly93d3cucHl0

aG9uLm9yZy9pbWFnZXMv\r\ncHl0aG9uLWxvZ28uZ2lmIi8+DQo8cD50ZXN0IG1haWw8L3A+DQo8L2Jv

ZHk+DQo8L2h0bWw+DQo=\r\n\r\n——================1559522929==—-\r\n.\r\n'

reply: b'250 2.0.0 OK 1242454943 9sm2421406wfc.36\r\n'

reply: retcode (250); Msg: b'2.0.0 OK 1242454943 9sm2421406wfc.36'

data: (250, b'2.0.0 OK 1242454943 9sm2421406wfc.36')

다시 작성하던 도서 관리 프로그램으로 돌아와서, 사용자가 책을 선택하면 책의 내용을 html로 바꿔 원하는 사람에게 메일을 보내는 기능을 추가해 보겠습니다.

대부분의 필요한 기능은 위에서 이미 구현해봤기 때문에 따로 설명하지 않겠습니다. sendMail() 함수는 사용자에게서 주소와 제목을 입력받아 메일로 보내는 일만 합니다.

```
053  def sendMain():
054      global host, port
055      html = ""
056      title = str(input('Title :'))
057      senderAddr = str(input('sender email address :'))
058      recipientAddr = str(input('recipient email address :'))
059      msgtext = str(input('write message :'))
060      passwd = str(input('nput your password of gmail account :'))
061      msgtext = str(input('Do you want to include book data (y/n):'))
062      if msgtext == 'y':
063          keyword = str(input('input keyword to search:'))
064          html = MakeHtmlDoc(SearchBookTitle(keyword))
065
066      import smtplib
067      # MIMEMultipart의 MIME을 생성합니다.
068      from email.mime.multipart import MIMEMultipart
069      from email.mime.text import MIMEText
070
071      # Message container를 생성합니다.
072      msg = MIMEMultipart('alternative')
073
074      # set message
```

```
075      msg['Subject'] = title
076      msg['From'] = senderAddr
077      msg['To'] = recipientAddr
078
079      msgPart = MIMEText(msgtext, 'plain')
080      bookPart = MIMEText(html, 'html', _charset = 'UTF-8')
081
082      # 메시지에 생성한 MIME 문서를 첨부합니다.
083      msg.attach(msgPart)
084      msg.attach(bookPart)
085
086      print("connect smtp server ... ")
087      s = smtplib.SMTP(host,port)
088      #s.set_debuglevel(1)        ←───  디버깅할 때 사용합니다.
089      s.ehlo()
090      s.starttls()
091      s.ehlo()
092      s.login("milkelf.choi@gmail.com", passwd)    ←───  로그인을 합니다.
093      s.sendmail(senderAddr, [recipientAddr], msg.as_string())
094      s.close()
095
096      print("Mail sending complete!!!")
```

뱀잡기 🐍

이메일 관련 모듈의 이름이 상당수 변경됐습니다. 예를 들면 email.mime.text.MIMEText은 3.0.1 버전 이전에는 email.MIMEText.MIMEText였습니다. 파이썬 3에서 기존 코드를 참고해서 프로그램을 작성하는 경우, 모듈의 이름이 변경된 경우를 반드시 확인해야 합니다.

출력 결과는 다음과 같습니다.

```
Welcome! Book Manager Program (xml version)
═══════Menu═══════
Load xml:  l
Print dom to xml: p
Quit program:   q
print Book list: b
```

```
Add new book: a
sEarch Book Title: e
Make html: m
─────────────────────────
Get book data from isbn: g
send maIl : i
═══════Menu═══════
select menu :i
Title :Please, check the blew book list.
sender email address :mil*****@gmail.com
recipient email address :mil*****@naver.com
write message :Hi. it is test mail


 input your password of gmail account :********
Do you want to include book data (y/n):y
input keyword to search:The
connect smtp server ...
Main sending complete!!!
```

04 웹 서버 만들기

이제까지는 책 데이터를 콘솔에만 출력했습니다. 이제 http.server 모듈을 이용해 간단한 웹서버를 만들어 보겠습니다. 웹서버에서 사용자가 url로 책 정보를 아래처럼 요청하면 해당하는 책 정보를 웹 페이지에 출력하는 기능을 만들어 볼 것입니다.

```
http://localhost:8080/?title=Pop
```

위의 URL의 의미는 책 제목이 Pop인 책을 검색하라는 의미입니다.

HTTPServer 객체를 생성할 때 핸들을 지정합니다. 핸들은 BaseHTTPRequestHandler으로 http의 기본적인 응답을 할 수 있는 기능이 들어 있습니다.

```
class http.server.HTTPServer(server_address, RequestHandlerClass)
```

serve_forever() 메서드를 실행하면 서버는 웹 브라우저의 요청을 기다리게 됩니다. 그리고 요청이 들어오면 등록된 핸들러에 요청 정보를 전달해 줍니다.

중간에 생성한 MyHandler 클래스는 BaseHTTPRequestHandler을 상속받은 클래스입니다. do_GET() 메서드는 BaseHTTPRequestHandler클래스의 do_GET() 메서드를 재정의한 것으로 HTTP의 GET 요청이 들어오면 이 함수가 호출됩니다. do_GET() 메서드 내에서 응답을 위한 코드를 아래와 같이 구현했습니다.

```
098  class MyHandler(BaseHTTPRequestHandler):
099
100      def do_GET(self):
101          from urllib.parse import urlparse
102          import sys
103
104          parts = urlparse(self.path)
105          keyword, value = parts.query.split('=', 1)
106
107          if keyword == "title":
108              html = MakeHtmlDoc(SearchBookTitle(value))     ◄── keyword에 해당하는 책을 검색해
109              # 헤더 부분을 작성.                                   HTML로 전환합니다
110              self.send_response(200)
111              self.send_header('Content-type', 'text/html')
112              self.end_headers()
113              self.wfile.write(html.encode('utf-8'))          ◄── 본문(body) 부분을 출력합니다
114          else:
115              self.send_error(400,'bad requst : please check the your url')  ◄─┐
116                                                                                │
117  def startWebService():                                         잘못된 요청이라는
118      try:                                                        에러를 응답합니다
119          server = HTTPServer(('localhost',8080), MyHandler)
120          print("started http server....")
121          server.serve_forever()
122
123      except KeyboardInterrupt:              ◄── 서버를 종료시키고 싶을 땐 Ctrl+C를 누르면 됩니다
124          print("shutdown web server")
125          server.socket.close()              ◄── 서버를 종료합니다
```

HTTP 프로토콜을 이용해 클라이언트가 서버에게 요청을 하거나 서버가 클라이언트에게 응답할 때 주고받는 문서는 헤더와 본문 두 부분으로 나눌 수 있습니다. BaseHTTPRequestHandler을 이용하려면 헤더 부분과 본문 부분을 나눠줘야 하는데, 이때 사용하는 메서드가 end_headers()입니다. 즉 end_headers() 이전의 출력은 헤더로 이후의 출력은 본문이 됩니다. 만약 end_headers()을 쓰지 않으면 본문 부분이 몽땅 헤더 부분에 들어가기 때문에 에러가 발생합니다.

이제 웹 서버를 시작하고, 웹 브라우저를 이용해 책 정보를 요청해보겠습니다. 출력 결과는 다음과 같습니다.

```
….
print Book list: b
Add new book: a
sEarch Book Title: e
Make html: m
──────────────────────────
Get book data from isbn: g
send maIl : i
sTart Web Service: t
═════Menu═════
select menu :t
Web Service
started http server....
```

웹 브라우저를 실행하고 주소창에 다음과 같이 입력합니다.

```
http://localhost:8080/?title=Pop
```

성공적으로 웹 페이지가 로딩되면 다음과 같은 화면을 볼 수 있습니다.

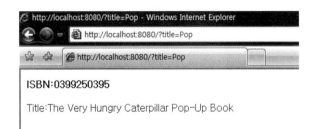

그림 17-5 책 제목에 'Pop'이란 단어가 들어간 리스트를 웹 페이지로 출력합니다

전체 코드를 보는 것으로 17장을 마무리하겠습니다. XML 관련 기능이 들어 있는 xmlbook.py은 16장에서 만든 소스코드에서 메뉴 출력 부분과 __main__ 부분만 제거했기 때문에 따로 보지는 않겠습니다.

예제 launcher.py 프로그램 실행과 메뉴를 보여주는 부분입니다

```
01  loopFlag = 1
02  from internetbook import *
03
04  #### Menu  implementation
05  def printMenu():
06      print("\nWelcome! Book Manager Program (xml version)")
07      print("═════Menu═════════")
08      print("Load xml:  l")
09      print("Print dom to xml: p")
10      print("Quit program:   q")
11      print("print Book list: b")
12      print("Add new book: a")
13      print("sEarch Book Title: e")
14      print("Make html: m")
15      print("-------------------------------------")
16      print("Get book data from isbn: g")
17      print("send maIl : i")
18      print("sTart Web Service: t")
19      print("═════Menu═════════")
20
21  def launcherFunction(menu):
22      if menu ==  'l':
23          LoadXMLFromFile()
24      elif menu == 'q':
25          QuitBookMgr()
26      elif menu == 'p':
27          PrintDOMtoXML()
28      elif menu == 'b':
29      PrintBookList(["title",])
30      elif menu == 'a':
31          ISBN = str(input ('insert ISBN :'))
```

```python
32          title = str(input ('insert Title :'))
33          AddBook({'ISBN':ISBN, 'title':title})
34      elif menu == 'e':
35          keyword = str(input ('input keyword to search :'))
36          printBookList(SearchBookTitle(keyword))
37      elif menu == 'g':
38          isbn = str(input ('input isbn to get :'))
39          #isbn = '0596513984'
40      ret = getBookDataFromISBN(isbn)
41          AddBook(ret)
42      elif menu == 'm':
43          keyword = str(input ('input keyword code to the html  :'))
44          html = MakeHtmlDoc(SearchBookTitle(keyword))
45          print("----------------------")
46          print(html)
47          print("----------------------")
48      elif menu == 'i':
49          sendMain()
50      elif menu == "t":
51          startWebService()
52      else:
53          print("error : unknow menu key")
54
55  def QuitBookMgr():
56      global loopFlag
57      loopFlag = 0
58      BooksFree()
59
60  ##### run #####
61  while(loopFlag > 0):
62      printMenu()
63      menuKey = str(input ('select menu :'))
64      launcherFunction(menuKey)
65  else:
66      print("Thank you! Good Bye")
```

```
001  from xmlbook import *
002  from http.client import HTTPConnection
003  from http.server import BaseHTTPRequestHandler, HTTPServer
004
005  ##global
006  conn = None
007  regKey = '73ee2bc65b*******8b927fc6cd79a97'
008
009  # 네이버 OpenAPI 접속 정보 information
010  server = "openapi.naver.com"
011
012  # smtp 정보
013  host = "smtp.gmail.com"          ◀──── Gmail SMTP 서버 주소.
014  port = "587"
015
016  def userURIBuilder(server,**user):
017      str = "http://" + server + "/search" + "?"
018      for key in user.keys():
019          str += key + "=" + user[key] + "&"
020      return str
021
022  def connectOpenAPIServer():
023      global conn, server
024      conn = HTTPConnection(server)
025
026  def getBookDataFromISBN(isbn):
027      global server, regKey, conn
028      if conn == None :
029          connectOpenAPIServer()
030      uri = userURIBuilder(server, key=regKey, query='%20', display="1",start="1", target="-
book_adv", d_isbn=isbn)
031      conn.request("GET", uri)
032      req = conn.getresponse()
033      if int(req.status) == 200 :          ◀──── 요청이 성공했을 때
034          print("Book data downloading complete!")
035          return extractBookData(req.read())  ◀──── 요청이 성공했으면 book 정보를 추출합니다
```

필요한 정보를 가져올
URL을 생성합니다
↓

```
036        else:
037            print("OpenAPI request has been failed!! please retry")
038            return None
039
040    def extractBookData(strXml):
041        from xml.etree import ElementTree
042        tree = ElementTree.fromstring(strXml)
043
044        # Book 엘리먼트를 가져옵니다.
045        itemElements = tree.getiterator("item")          ◄──── return list type
046        for item in itemElements:
047            isbn = item.find("isbn")
048            strTitle = item.find("title")
049            if len(strTitle.text) > 0 :
050                return {"ISBN":isbn.text,"title":strTitle.text}
051
052    def sendMain():
053        global host, port
054        html = ""
055        title = str(input ('Title :'))
056        senderAddr = str(input ('sender email address :'))
057        recipientAddr = str(input ('recipient email address :'))
058        msgtext = str(input ('write message :'))
059        passwd = str(input (' input your password of gmail account :'))
060        msgtext = str(input ('Do you want to include book data (y/n):'))
061        if msgtext == 'y' :
062            keyword = str(input ('input keyword to search:'))
063            html = MakeHtmlDoc(SearchBookTitle(keyword))
064
065        import mysmtplib
066        # MIMEMultipart의 MIME을 생성합니다.
067        from email.mime.multipart import MIMEMultipart
068        from email.mime.text import MIMEText
069
070        # Message container를 생성합니다
071        msg = MIMEMultipart('alternative')
072
073        # set message
```

```
074        msg['Subject'] = title
075        msg['From'] = senderAddr
076        msg['To'] = recipientAddr
077
078        msgPart = MIMEText(msgtext, 'plain')
079        bookPart = MIMEText(html, 'html', _charset = 'UTF-8')
080
081        # 메시지에 생성한 MIME 문서를 첨부합니다
082        msg.attach(msgPart)
083        msg.attach(bookPart)
084
085        print("connect smtp server ... ")
086        s = mysmtplib.MySMTP(host,port)
087        # s.set_debuglevel(1)          ◀──── 디버깅할 때 사용합니다
088        s.ehlo()
089        s.starttls()
090        s.ehlo()
091        s.login(senderAddr, passwd)      ◀──── 로그인합니다
092        s.sendmail(senderAddr , [recipientAddr], msg.as_string())
093        s.close()
094
095        print("Mail sending complete!!!")
096
097  class MyHandler(BaseHTTPRequestHandler):
098
099      def do_GET(self):
100          from urllib.parse import urlparse
101          import sys
102
103          parts = urlparse(self.path)
104          keyword, value = parts.query.split('=',1)
105
106          if keyword == "title" :
107              html = MakeHtmlDoc(SearchBookTitle(value))   ◀── keyword에 해당하는 책을
108              # 헤더 부분을 작성.                                검색해 HTML로 변환합니다
109              self.send_response(200)
110              self.send_header('Content-type', 'text/html')
111              self.end_headers()
112              self.wfile.write(html.encode('utf-8'))   ◀──── 본문(body) 부분을 출력합니다
```

```
113        else:
114            self.send_error(400,' bad requst : please check the your url') 116
115  def startWebService():
116      try:
117          server = HTTPServer( ('localhost',8080), MyHandler)
118          print("started http server....")
119          server.serve_forever()
120
121      except KeyboardInterrupt:
122          print("shutdown web server")
123          server.socket.close()
124
125  def checkConnection():
126      global conn
127      if conn == None:
128          print("Error : connection is fail")
129          return False
130      return True
```

잘못된 요청이라는
에러를 응답합니다

← server를 종료합니다

18

더 견고한
코드 만들기

01 단위 테스트(unittest)

다음과 같은 상황을 한 번 생각해보겠습니다.

> **김주임** : 최대리님, 문제가 생겼습니다.
>
> **최대리** : 김주임, 무슨 일인가요?
>
> **김주임** : 이번에 들어온 신입사원 나처음 씨가 수정한 모듈에서 문제가 생겼는데, 작성자인 제가 봐도 살펴 본지 몇 달 된 코드라 문제점을 찾기가 쉽지 않습니다.
>
> **최대리** : 이거 큰일이네요. 이번에는 이미 일이 터졌으니 빨리 문제점을 찾아 해결할 수밖에 없겠지만, 다음에는 이런 일이 생기지 않도록 대책을 세워야겠군요. 일단은 빨리 문제를 함께 해결합시다.

나처음 씨가 기능을 추가하거나 코드를 수정할 때 실수를 했나 봅니다. 아마도 작성자인 김주임의 의도를 명확히 파악하지 못하고 코드를 수정하다가 문제가 생겼나 보군요. 분명 나처음 씨가 원하는 기능은 잘 수행되겠지만 기존의 몇 가지 기능에서 버그가 발생했을 것입니다.

그렇다면, 이런 실수를 방지하려면 어떻게 해야 할까요? 최대리가 언급한 단위 테스트^{Unit Test}를 하려면 어떻게 해야 할까요? 파이썬에서는 PyUnit이라고도 하는 unittest 모듈이 이러한 기능을 제공해 줍니다.

일반적으로 어떤 모듈이나 함수를 작성할 때 정상 동작 여부를 테스트하는 과정을 거칩니다. 이러한 테스트 케이스는 한 번 사용하고 버리는 경우가 대부분입니다. 하지만 다음에 코드가 수정되어도 기존에 작성한 테스트를 수행할 수 있다면 더욱 편하겠죠? 이러한 기능을 제공하는 라이브러리가 바로 unittest입니다.

TestCase

기본적으로 unittest 모듈은 다음과 같이 간단하게 사용할 수 있습니다.

예제 18-1-1.py unittest 모듈의 사용

```
01  import unittest
02
03  def sum(a, b):
04      return a + b
05
06  class Module1Test(unittest.TestCase):
07      def testSum1(self):
08          self.assertEqual(sum(1, 2), 3)
09      def testSum2(self):
10          self.assertEqual(sum(1, -1), 0)
11
12  if __name__ == "__main__":
13      unittest.main()
```

코드를 보면 unittest 모듈을 임포트하고 나서 테스트의 대상이 되는 sum() 함수를 정의합니다. 그 아래에는 테스트를 수행할 클래스를 만드는데, 반드시 unittest.TestCase 클래스를 상속받아야만 합니다. 그 다음에는 실제로 테스트 결과를 비교할 멤버 함수인 testSum1()과 testSum2()를 구현합니다. 마지막으로 unittest.main()을 호출해 테스트를 수행합니다.

이렇게 정해진 형식으로, 즉 unittest.TestCase 클래스를 상속받는 클래스를 만들고 test로 시작하는 멤버 메서드 안에 assert로 시작하는 함수로 테스트 결과를 확인하는 작업을 해야만, unittest.main() 이 호출됐을 때 제대로 테스트를 수행합니다. 또한 멤버 메서드 이름은 test로 시작해야 따로 지정을 하지 않아도 테스트 대상으로 인식합니다.

실행 결과는 다음과 같습니다. 모두 성공적으로 테스트를 통과했네요.

실행 결과

```
..
------------------------------------------------------------------
Ran 2 tests in 0.000s

OK
```

실제로는 저렇게 테스트를 빈약하게 하지도 않을 것이고, 테스트할 대상이 저렇게 간단하지도 않겠죠. 그러나 위와 같이 모듈을 만들 때 테스트를 함께 넣는다면 모듈 코드의 수정이 있을 경우에도 기존 기능이 제대로 동작하는지 쉽게 확인할 수 있을 것입니다.

앞의 예제 코드에서 assertEqual()이 처음 나왔는데, 이 함수는 인자로 오는 두 값이 동일한지 검사하는 함수입니다.

다음은 테스트 값을 좀 더 쉽게 비교하도록 제공되는 assert 관련 함수 가운데 자주 사용되는 함수를 나열한 것입니다.

함수명	설명
assertEqual(first, second, [msg])	first와 second가 같은지 테스트합니다. 같지 않은 경우 테스트가 실패하며 msg를 출력합니다.
assertNotEqual(first, second, [msg])	first와 second가 다른지 테스트합니다. 같은 경우 테스트가 실패하며 msg를 출력합니다.
assertTrue(expr, [msg])	expr이 True인지 테스트합니다. False인 경우 테스트가 실패하며 msg를 출력합니다.
assertFalse(expr, [msg])	expr이 False인지 테스트합니다. True인 경우 테스트가 실패하며 msg를 출력합니다.

이 외에도 setUp()과 tearDown()도 자주 쓰이는데, setup() 함수는 TestCase 클래스의 테스트가 수행되기 전에 테스트 환경을 설정하는 역할을 하며, tearDown() 함수는 테스트 수행 후 테스트 환경을 정리하는 역할을 합니다. 다음의 예제를 보시죠.

예제 18-1-2.py 간단한 unittest 예제

```
01  import unittest
02
03  class Module2Test(unittest.TestCase):
04      def setUp(self):
05          self.bag = [True, True]
06      def tearDown(self):
07          del self.bag
08      def test_true(self):
09          for element in self.bag:
10              self.assertTrue(element)
11
12  if __name__ == "__main__":
13      unittest.main()
```

여기서는 bag이라는 멤버 변수를 설정해 놓고, test_true() 메서드 내에서 bag에 들어 있는 값이 True 인지 검사하는 작업을 합니다. 위의 예제에서 setup() 메서드에서는 초기값 설정을, teardown() 메서드에서는 멤버 변수 삭제라는 다소 의미 없는 작업을 했지만 test_true() 메서드를 비롯해 다른 테스트에서도 bag이 사용되거나, 좀 더복잡한 환경을 설정/해제할 때는 의미 있게 사용될 수 있습니다.

지금까지는 테스트가 모두 성공한 경우만 봐왔는데요, 만약 테스트 결과가 예상한 값과 다르면 어떻게 될까요? 18-1-1.py에서 살짝 Module1Test의 testSum2() 메서드 안에서 assertEqual()의 두 번째 인자인 0을 1로 바꿔서 실행해 보겠습니다.

실행 결과

```
.F
======================================================================
FAIL: testSum2 (__main__.Module1Test)
----------------------------------------------------------------------
Traceback (most recent call last):
  File "18-1-1.py", line 10, in testSum2
    self.assertEquals(sum(1,-1), 1)
```

```
AssertionError: 0 != 1

_____

Ran 2 tests in 0.000s
```

이런, 첫 번째 테스트 케이스는 통과해 "."이 출력됐지만, 두 번째는 통과하지 못하고 "F"가 출력되고 말았습니다. 어디서 왜 어긋났는지도 코드의 라인과 같이 결과로 나오는군요. 이렇게 테스트 케이스를 만들어 놓았다면 나처음 씨의 실수도 금방 찾을 수 있었을 겁니다.

TestSuite

테스트 스위트^{Test Suite} 란 테스트 케이스^{TestCase} 나 테스트 스위트의 집합을 의미합니다. 즉, 이번에는 테스트가 여러 개인 경우에 대해 생각해 보겠습니다. 앞에서 예로든 Module1Test 와 Module2Test 클래스를 각각 테스트 스위트로 지정하고, 이를 모두 테스트하는 코드를 작성해 보겠습니다.

예제 18-1-3.py test suite 예제

```python
01  import unittest
02
03  def sum(a, b):
04      return a + b
05
06  class Module1Test(unittest.TestCase):
07      def testSum1(self):
08          self.assertEqual(sum(1, 2), 3)
09      def testSum2(self):
10          self.assertEqual(sum(1, -1), 0)
11
12  class Module2Test(unittest.TestCase):
13      def setUp(self):
14          self.bag = [True, True]
15      def tearDown(self):
16          del self.bag
17      def test_true(self):
18          for element in self.bag:
19              self.assertTrue(element)
20
```

```
21  def makeSuite(testcase, tests):
22      return unittest.TestSuite(map(testcase, tests))    ←——  testcase를 이용해 testsuite 생성
23
24  if __name__ == "__main__":
25      suite1 = makeSuite(Module1Test, ['testSum1', 'testSum2'])
26      suite2 = makeSuite(Module2Test, ['test_true'])
27
28      allsuites = unittest.TestSuite([suite1, suite2])     ←——  모든 test suite를 묶음
29      unittest.TextTestRunner(verbosity=2).run(allsuites)  ←——  모든 test suite를 수행
```

이 코드에서 핵심은 25라인의 TestSuite 클래스를 생성하는 부분입니다. 원래는 unittest.TestSuite()
를 이용해 TestSuite 클래스를 생성해야 하는데 중복되는 부분이므로 따로 함수로 정리했습니다.

22라인과 28라인에서 볼 수 있듯이 TestSuite 클래스는 TestCase 나 TestSuite 클래스로 이뤄지며,
unittest.TestSuite 클래스의 생성자에 TestCase 들을 리스트로 입력해 간단하게 만들 수도 있지만,
여기서는 각각 함수를 지정하고 있습니다.

마지막으로 29라인에서는 이렇게 만들어진 TestSuite를 TextTestRunner 클래스의 run() 메서드로
실행합니다(일반적으로 TextTestRunner와 같은 클래스를 'Test runner'라고 합니다). verbosity는 아
래 실행 결과와 같이 test 결과에서 출력 레벨을 조정하는 인자입니다.

실행 결과

```
python  18-1-3.py
testSum1 (__main__.Module1Test) ... ok
testSum2 (__main__.Module1Test) ... ok
test_true (__main__.Module2Test) ... ok


----------------------------------------------------------------

Ran 3 tests in 0.000s


OK
```

FunctionTestCase

이번에는 기존에 작성된 함수를 이용해 TestCase를 만드는 방법을 알아보겠습니다. 이러한 기능은 unittest.FunctionTestCase 클래스를 이용하면 쉽게 작성할 수 있습니다. 또한 기존 메서드 중에서 SetUp()과 TearDown()에 매핑할 수도 있습니다.

다음 예제 코드를 보면 기존의 간단한 함수들(test, init, fin)이 있을 경우, 어떻게 TestCase가 생성되고 실행될 수 있는지 알 수 있을 것입니다.

예제 18-1-4.py FunctionTestCase 예제

```
01  import unittest
02
03  def test():
04      print("\tthis function is to test old functions")
05      assert 1 is not None
06
07  def init():
08      print("\n\tinitialized")
09
10  def fin():
11       print("\tfinalized")
12
13  if __name__ == "__main__":
14      testcase = unittest.FunctionTestCase(test, setUp=init, tearDown=fin)
15      suite = unittest.TestSuite([testcase])
16      unittest.TextTestRunner(verbosity=2).run(suite)
```

05 라인을 보면 기존의 test() 함수 내의 assert문에서 발생하는 예외를 잡아서 테스트의 성공 여부를 확인하는 것을 알 수 있으며, 14라인에서 FunctionTestCase 객체를 생성할 때 setUp으로 init() 함수를, tearDown으로 fin() 함수를 할당하는 것을 볼 수 있습니다. 다음과 같이 init, test, fin이 정상적으로 수행되는 것을 확인할 수 있습니다.

실행 결과

```
>python 18-1-4.py
unittest.FunctionTestCase (test) ...
        initialized
```

```
        this function is to test old functions
        finalized
ok


_____

Ran 1 test in 0.000s

OK
```

pydoc은 자동으로 help() 함수와 거의 동일한 스타일의 도움말을 생성해 주는 툴입니다. 다음과 같이 프롬프트상에서 입력하면 해당 모듈에 대한 설명을 볼 수 있습니다.

```
>pydoc sqlite3
Help on package sqlite3:

NAME
    sqlite3

DESCRIPTION
    # pysqlite2/__init__.py: the pysqlite2 package.
    #
    # Copyright (C) 2005 Gerhard H\xe4ring <gh@ghaering.de>
    #
    # This file is part of pysqlite.
    #
    # This software is provided 'as-is', without any express or implied
    # warranty.  In no event will the authors be held liable for any damages
    # arising from the use of this software.
    #
    # Permission is granted to anyone to use this software for any purpose,
    # including commercial applications, and to alter it and redistribute it
    # freely, subject to the following restrictions:
    #
```

```
# 1. The origin of this software must not be misrepresented; you must not
#    claim that you wrote the original software. If you use this software
#    in a product, an acknowledgment in the product documentation would be
#    appreciated but is not required.
# 2. Altered source versions must be plainly marked as such, and must not be
#    misrepresented as being the original software.
# 3. This notice may not be removed or altered from any source distribution.
-- More --
```

다음과 같이 출력 스타일을 html로 지정할 수도 있습니다. 아래와 같이 실행하면 sqlite3.html 파일이 생성됩니다.

```
>pydoc -w sqlite3
wrote sqlite3.html
```

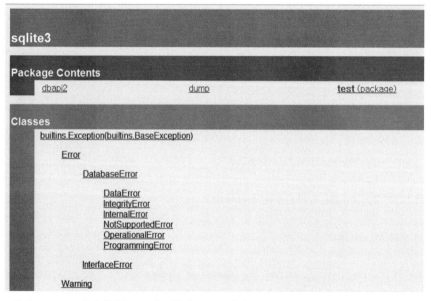

그림 18-1 sqlite 모듈의 설명을 pydoc를 이용해 HTML로 출력

또한, 다음과 같이 키워드로 검색도 가능합니다.

```
>pydoc -k sqlite3
_sqlite3
```

```
sqlite3
sqlite3.dbapi2
...
```

추가적으로 pydoc을 이용해 웹서버를 띄울 수도 있습니다.

```
>pydoc -p 7464
Server ready at http://localhost:7464/
Server commands: [b]rowser, [q]uit
server> b
```

위와 같이 수행하면 7464 port로 http server가 실행되며, http://localhost:7464로 접속할 수 있습니다.

03 doctest

외부로 공개할 함수나 클래스 등의 코드를 작성하다 보면 설명을 아주 자세히 붙여야 할 때가 많습니다. 심지어는 자세한 설명이나 예제 코드조차도 주석으로 자세히 작성해야 할 경우가 많이 있죠. 그런데 이런 예제 코드조차 테스트 데이터로 쓸 수 있다면 얼마나 좋을까요? doctest는 이러한 마법 같은 일을 자동으로 해줍니다.

다음과 같은 div() 함수를 만들어보겠습니다. 함수에 대한 설명은 물론 예제들도 주석으로 달았습니다.

예제 18-3-1.py doctest 예제

```
01  def div(x,y):
02      """
03      This function is to divide x into y.
04      [examples]
05
06      >>> div(1, 2)
07      0.5
08
09      >>> div(4, 3)
10      1.3333333333333333
```

```
11
12      >>> div(-1, 4)
13      -0.25
14
15      >>> div(5, 0)
16      Traceback (most recent call last):
17      File "<pyshell#3>", line 1, in <module>
18        5 / 0
19      ZeroDivisionError: int division or modulo by zero
20      """
21      return x / y
22
23  if __name__ == "__main__":
24      import doctest
25      doctest.testmod()
```

아래와 같이 실행해 보면 주석으로 달아 놓은 부분을 참조해 testcase가 수행된 것을 알 수 있습니다. 정말 마법 같지 않나요?

실행 결과

```
>python 18-3-1.py -v
Trying:
    div(1, 2)
Expecting:
    0.5
ok
Trying:
    div(4, 3)
Expecting:
    1.3333333333333333
ok
Trying:
    div(-1, 4)
Expecting:
    -0.25
ok
Trying:
```

```
    div(5, 0)
Expecting:
    Traceback (most recent call last):
     File "<pyshell#3>", line 1, in <module>
       5 / 0
    ZeroDivisionError: int division or modulo by zero
ok
1 items had no tests:
   __main__
1 items passed all tests:
  4 tests in __main__.div
4 tests in 2 items.
4 passed and 0 failed.
Test passed.
```

뱀잡기 🐍

위의 예제에서 실행 시에 python 뒤에 -v 옵션을 준 이유는 doctest의 결과를 살펴보기 위해서입니다. -v 옵션이 생략된 경우에는 testcase가 실패한 경우에만 화면에 보여주고 성공한 경우에는 아무것도 보여주지 않습니다.

이 모든 일은 다음의 단 두 줄에 의해 수행되었습니다.

```
import doctest
doctest.testmod()
```

또한 같은 위치에 있는 예제 코드 18-3-2.py와 같이 main에서는 전혀 아무런 테스트도 수행하지 않는 모듈도 다음과 같이 강제로 doctest를 수행할 수 있습니다.

```
> python -m doctest 18-3-2.py -v
Trying:
    div(1, 2)
Expecting:
    0.5
ok
...
```

이번에는 함수에 대한 설명이 다른 파일에 있는 경우를 생각해보겠습니다. 다음과 같이 파이썬 파일 자체에는 함수에 대한 설명이 전혀 없으며, 18-3-3.txt 파일에 설명을 모두 옮겨 놓았습니다. 다만 testmod 대신에 testfile로 어디에 함수에 대한 설명이 있는지 알려줍니다.

예제 div.py doctest – testfile 예제코드

```
01  def div(x, y):
02      return x / y
03
04  if __name__ == "__main__":
05      import doctest
06      doctest.testfile('18-3-3.txt')
```

예제 18-3-3.txt 함수에 대한 설명이 들어 있는 파일

```
This function is to divide x into y.

[examples]
>>> from div import *
>>> div(1, 2)
0.5

>>> div(4, 3)
1.3333333333333333

>>> div(-1, 4)
-0.25

>>> div(5, 0)
Traceback (most recent call last):
  File "<pyshell#3>", line 1, in <module>
    5 / 0
ZeroDivisionError: int division or modulo by zero
```

실행 결과

```
> python div.py -v
...
5 passed and 0 failed.
Test passed.
```

눈치가 빠른 분들은 알아차리셨겠지만 주석 중에 약간 다른 부분이 있습니다. 바로 import 구문인데요, 주석 초반에 import를 쓰지 않으면 테스트 시에 오류가 발생합니다. 즉, doctest에서는 어떤 모듈의 테스트인지 모르기 때문에 어떤 모듈을 임포트해서 테스트해야 하는지 명시해야 합니다.

19

distutils를 이용한
배포

개발자들이 만든 프로그램을 사용자들이 쉽게 설치하고 사용할 수 있는 환경을 만들어 주는 것은 소프트웨어 업계의 큰 숙제입니다. 그래서 윈도우 계열의 인스톨쉴드, 리눅스의 deb(데미안 소프트웨어 패키지)가 탄생하게 된 것입니다. 파이썬에는 자체적으로 배포 도구가 포함돼 있는데 9장에서 잠시 사용했던 distutils 모듈이 그것입니다.

사용자가 생성한 패키지나 모듈은 100% 순수하게 파이썬을 이용해서 작성했거나 C를 사용해 확장 모듈을 만들었거나 혹은 기존의 파이썬 모듈 혹은 C 확장 모듈을 모은 것 입니다. distutils는 모든 경우를 다 처리할 수 있고, 또한 플랫폼에 종속되지 않고 프로그램을 배포할 수 있습니다. 예를 들면 윈도우의 인스톨쉴드는 리눅스에서는 사용할 수 없지만 반대로 리눅스의 deb는 윈도우에서 사용될 수 없습니다. 하지만 distutils는 플랫폼에 상관없이 사용할 수 있습니다.

01 도서 관리 프로그램 배포

16장에서 만든 도서 관리 프로그램을 배포한다고 해 봅시다. 배포를 하기 위해선 우선 setup.py라는 파일을 생성해야 합니다(물론 다른 이름으로 만들어도 되지만 관용적으로 setup.py라고 이름 짓습니다). setup.py는 설치에 필요한 작업을 스크립트 언어로 표현합니다.

예제 setup.py 설치 작업에 필요한 스크립트

```
01    from distutils.core import setup
02
03    setup(name='book',
04        version='1.0',
05        py_modules=['book'],
06    )
```

여기서 알아둬야 할 몇 가지 사항이 있습니다. 우선 distutils 모듈에 필요한 대부분의 정보는 setup() 함수의 인자로부터 전달받습니다. 이들 인자들은 키워드 인자 방식이고 이름과 버전 정보 같은 패키지 메타데이터^{package metadata} 와 패키지 안에 들어갈 정보(예를 들면 모듈 이름)로, 크게 두 종류로 나눌 수 있습니다. 위의 경우에서 book과 1.0은 전자에 해당하고 book은 후자에 해당합니다.

위에서 py_modules에는 배포하기 위한 모듈의 정보를 입력하는데, 이때 모듈의 파일 이름이 아니라 모듈 이름을 입력해야 합니다. 여기서는 book.py가 아니라 book만 입력해도 distutils 모듈이 자동으로 book.py를 찾아서 패키지를 생성합니다. 한 가지 주의할 점이 book.py가 6장에서 나온 모듈 검색 경로에 위치하고 있어도 자동으로 가져올 수 없다는 것입니다. 패키지 제작에 필요한 코드들은 setup. py가 있는 곳에 위치해야 합니다.

setup.py가 작성됐으면 아래와 같이 명령을 수행하면 배포판이 만들어집니다.

```
D:\>python.exe setup.py sdist
```

setup.py와 book.py가 zip으로 압축되어 현재 디렉터리 아래에 dist 디렉터리가 생성되고, 압축된 파일이(예제에서는 book-1.0.zip 파일입니다) dist 디렉터리 아래에 저장됩니다. 만약 리눅스라면 zip 파일 대신 tar.gz 파일이 생성됩니다.

이제 생성된 zip이나 tar.gz 파일을 사용자에게 배포하면 됩니다. 사용자는 배포된 프로그램을 사용하기 위해서 zip이나 tar.gz 파일을 풀고, 압축을 푼 디렉터리로 이동해 아래와 같이 명령을 입력하면 됩니다.

```
D:\>python.exe setup.py install
```

install은 패키지의 파일을 서드파티 third party 모듈을 위한 기본 디렉터리에 복사합니다. 위의 출력 결과는 아래와 같습니다.

```
running install
running build
running build_py
creating build
creating build\lib
copying book.py -> build\lib
running install_lib
copying build\lib\book.py -> c:\Python36\Lib\site-packages
byte-compiling c:\Python36\Lib\site-packages\book.py to book.pyc
running install_egg_info
Writing c:\Python36\Lib\site-packages\book-1.0-py3.0.egg-info
```

출력 결과를 보면 예제로 생성한 패키지는 c:\Python36\Lib\site-packages\book.py에 설치되는데 c:\Python36\Lib\site-packages가 서드파티 모듈을 위한 공간이기 때문입니다. 이제 사용자는 book 모듈을 마음껏 사용할 수 있습니다. 패키지가 설치되는 위치를 바꾸고 싶으면 --prefix를 사용하면 됩니다. 다음과 같이 입력하면 배포 패키지의 내용이 C:\mymodule에 설치됩니다.

```
D:\>python.exe setup.py install --prefix=c:\mymodule
```

만약 소스코드 형태가 아니라 바이너리로 배포하고 싶다면 bdist 옵션을 써야합니다(sdist는 source distribution, bdist는 binary distribution을 의미합니다).

```
D:\>python.exe setup.py bdist
```

위 명령어를 수행하면 book-1.0.win32.zip라는 파일이 생성됩니다(리눅스인 경우 book-1.0.linux-i686.tar.gz가 생성됩니다). 파일의 압축을 풀어보면 소스 파일뿐 아니라 바이너리 파일(book.pyc)도 포함돼 있다는 것을 알 수 있습니다. 압축을 푼 디렉터리를 파이썬이 설치된 디렉터리에 복사하면 설치가 완료됩니다.

만약 윈도우 사용를 위한 패키지라면, 실행 가능한 인스톨러를 만들어 배포할 수도 있습니다. 마치 인스톨쉴드처럼 말입니다. 이때는 bdist_wininst을 사용합니다.

```
D:\>python.exe setup.py bdist_wininst
```

정상적으로 배포 패키지가 만들어졌다면 dist 디렉터리 밑에 book-1.0.win32.exe 파일이 생성되어 있고, 이를 실행하면 설치 화면이 나타납니다.

그림 19-1 도서 관리 프로그램인 book의 배포 패키지를 실행한 화면

리눅스에서는 bdist_rpm을 사용해 rpm 파일을 생성할 수 있습니다.

```
$python setup.py bdist_rpm
```

02 setup.py 파일 작성

앞에서 언급한 것처럼 setup.py 파일은 distutils 모듈의 핵심입니다. 배포판 생성에 필요한 모든 정보를 처리해야 하기 때문에 상당히 신중하게 작성해야 합니다. 파일이 하나뿐인 프로젝트는 별문제 없겠지만 실제 프로젝트의 경우 수많은 파이썬 코드는 물론 이미지 파일, 데이터 파일이 제자리에 설치돼야 하는데 이는 결코 쉽지 않습니다. 아래 설명은 setup.py를 생성하는 데 많이 도움될 것입니다.

Meta-data

배포될 프로그램의 메타 데이터입니다. 1절에서는 간단하게 이름과 버전 정보만 적었는데, 사실 아래와 같이 상세하게 작성할 수 있습니다.

```
from distutils.core import setup
setup(name='book', version='1.0',
      description='Book manager program',
      author='Dong Jin',
      author_email='milkelf@test.com',
      url='http://www.python.org',
      packages=['book'],
      )
```

Meta-data에 대한 자세한 설명은 아래 표를 참고하세요.

Meta-Data 이름	설명	값
name	패키지 이름	짧은 문자열
version	릴리즈 버전	짧은 문자열
author	패키지 제작자	짧은 문자열

Meta-Data 이름	설명	값
author_email	패키지 제작자의 email 주소	이메일 주소
maintainer	패키지 관리자 이름	짧은 문자열
maintainer_email	패키지 관리자의 email 주소	이메일 주소
url	패키지의 홈페이지	URL
description	패키지에 대한 짧은 설명	짧은 문자열
long_description	패키지에 대한 자세한 설명	긴 문자열
download_url	다운로드 URL	URL
classifiers	패키지 구분자 리스트	리스트
platforms	플랫폼 리스트	리스트

> **뱀잡기** 🐍
>
> '짧은 문자열'은 200자 이하의 한 줄 짜리 텍스트를 말하고, '긴 문자열'은 한 줄 이상의 텍스트를 말합니다.

이 가운데 name과 version은 기본적으로 반드시 있어야 합니다. classifiers가 생소한데요, 배포 패키지 안에 들어 있는 패키지의 정보를 리스트 형식으로 표현한 것입니다. 다음 절에서 예제와 함께 자세하게 설명하겠습니다.

패키지를 setup에 포함시키기

지금까지는 파일 하나만 가지고 패키지를 만들었는데 프로젝트를 진행하다 보면 수많은 모듈이 만들어지고 이를 관리하기 위해 패키지를 만들게 됩니다. 이렇게 되면 패키지의 파일을 일일이 py_modules을 이용해서 추가할 수 없습니다. 이때는 packages와 package_dir 인자를 사용해 패키지를 한꺼번에 배포 패키지로 만들 수 있습니다

animal이라는 패키지가 있다고 합시다. animal이라는 패키지는 아래와 같은 구조이고 순수하게 파이썬 모듈로만 만들어져 있습니다.

```
src(root_dir)  ┬── setup.py
               ├── animal     ◄──── 디렉터리
               └── __init__.py
```

```
            +─── etc.py
       +─── bird        ◄─── 디렉터리
            +─── __init__.py
            +─── penguin.py
            +─── sparrow.py
   +─── mammal   ◄─── 디렉터리
            +─── __init__.py
            +─── human.py
            +─── monkey.py
```

setup() 함수를 사용하면 아래와 같이 간단하게 animal 패키지를 배포 패키지에 포함할 수 있습니다.

```
from distutils.core import setup, Extension
setup(name='animal',
version='1.0',
classifiers=['animal::etc'],
packages=['animal'],
)
```

distutils는 setup.py가 있는 루트 디렉터리에서부터 animal/__init__.py를 찾을 것이고 animal 디렉터리 밑의 파일을 배포 패키지로 만들 것입니다. 하지만 bird나, mammal 부분은 패키지에서 빠져 버립니다. 즉, 하위 패키지를 포함하지 않습니다. 그렇다면 animal 아래의 모든 하위 모듈, 하위 패키지들을 다 포함하고 싶으면 어떻게 해야 할까요? animal 전체를 배포 패키지에 포함해 보겠습니다.

```
01  from distutils.core import setup, Extension
02
03  classifierList = ['animal', 'animal::etc', 'animal::bird::penguin', 'animal::bird::sparrow',
04      'animal::mammal::human', 'animal::mammal::monkey']
05
06  setup(name='animal',
07  version='1.0',
08  classifiers = classifierList,
09  packages=['animal', 'animal.bird', 'animal.mammal'],
10  )
```

우선 packages 인자에 패키지 전체를 다 포함시킵니다. 다시 말해 packages=['animal', 'animal. bird', 'animal.mammal']라고 입력하면 distutils에서 animal/__init__.py, animal/bird/__ init__.py, animal/mammal/__init__.py에 등록돼 있는 모듈들을 배포 패키지에 포함할 것입니다.

classifier는 배포 패키지에 등록돼 있는 모듈, 혹은 패키지의 리스트를 적는 곳입니다. 위 스크립트에 서는 animal 패키지 전체와 animal 하위 패키지인 bird, mammal 전체를 배포 패키지에 포함시키기 때문에 classifiers도 모든 패키지에 대한 정보를 다 적어줘야 합니다. 만약 위의 예제에서 bird 패키지 만 배포 패키지에 포함시키고 싶으면 다음과 같이 setup.py를 작성하면 됩니다.

```
from distutils.core import setup, Extension
setup(name='animal',
    version='1.0',
    classifiers = [ 'bird::penguin', 'bird::sparrow'],
    packages=['bird'],
    package_dir={'' : 'animal'}
)
```

package_dir는 사전 형식으로, 패키지이름 : 디렉터리이름을 입력받습니다. package_dir는 패키지 가 있는 디렉터리를 알려 주는데 packages=['bird']일 때 package_dir={'' : 'animal'}는 bird 패키 지가 animal/bird/__init__.py에 있다는 것을 의미합니다.

또 다른 표현으로 package_dir={'bird' : 'animal'}처럼 사용할 수 있습니다. 해당 스크립트를 실행 하면 bird 관련 패키지만 배포 패키지에 포함됩니다. 서로 다른 독립된 패키지 혹은 모듈을 포함할 때, 예를 들면 animal과 상관없는 sample이라는 패키지를 같이 배포하고 싶을 때 어떻게 하면 될까요?

다음과 같이 스크립트를 작성하면 됩니다.

```
py_modules = {'animal', 'sample'}
```

만약 포함하고 싶은 모듈이 패키지 전체가 아니라 패키지 안의 특정 모듈이라고 할 때 다음과 같이 작 성할 수 있습니다.

```
py_modules = {'animal', 'sample.test'}
```

위 선언은 book.py와 sample 패키지 안의 test.py 모듈을 배포판에 포함시킵니다. 물론 sample 밑에 __init__.py가 있어야 하고 test 모듈에 대한 정보가 등록돼 있어야 합니다. 만약 그렇지 않다면 배포 패키지를 제작할 때 test 모듈을 찾지 못해서 sample.test가 등록되지 못합니다.

03 확장 모듈 배포

9장에서 C로 확장 모듈과 확장 타입을 만들었습니다 그때도 distutils 모듈을 이용해 빌드를 진행했는데, 확장 모듈을 distutils 모듈에서 사용하려면 ext_modules 인자를 사용해야 합니다. 이 옵션은 오직 Extension 클래스만 입력받을 수 있고, include 경로, 라이브러리 위치, 매크로 변수 지정 등을 해줄 수 있습니다.

아래와 같은 간단한 C 소스코드를 만듭니다.

예제 book.c C언어로 구현한 간단한 확장 모듈

```c
#include "Python.h"
static PyObject *
book_print(PyObject *self, PyObject *args){
    const char* str="book module!!!";
    return Py_BuildValue("s", str);
}
static PyMethodDef BookMethods[] = {
        {"print", book_print, METH_VARARGS,
    "print book module information."},
    {NULL, NULL, 0, NULL}      ←── 배열의 끝을 나타냅니다.
};


static struct PyModuleDef bookmodule = {
   PyModuleDef_HEAD_INIT,
   "book",      ←── 모듈 이름
   "It is test module.",
   -1,BookMethods
};


PyMODINIT_FUNC
```

```
PyInit_book(void)
{
    return PyModule_Create(&bookmodule);
}
```

예제 page.c C 언어로 간단한 확장 모듈 구현

```
#include "Python.h"

static PyObject *
page_print(PyObject *self, PyObject *args)
{
    const char* str="module name is page";

    return Py_BuildValue("s", str);
}
static PyMethodDef PageMethods[] = {
        {"print", page_print, METH_VARARGS,
     "print page module information."},
        {NULL, NULL, 0, NULL}          ◄──── 배열의 끝을 나타냅니다.
};

static struct PyModuleDef pagemodule = {
    PyModuleDef_HEAD_INIT,
    "page",          ◄──── 모듈 이름
    "It is test module.",
    -1,PageMethods
};

PyMODINIT_FUNC
PyInit_page(void)
{
    return PyModule_Create(&pagemodule);
}
```

위의 확장 모듈 중 book 모듈을 distutils로 배포하기 위해 아래처럼 setup.py를 생성합니다. 확장 모듈을 사용하려면 distutils.core.Extension을 임포트해야 합니다.

예제 setup.py book 확장 모듈을 배포하기 위한 스크립트

```
from distutils.core import setup, Extension
setup(name='book',
    version='1.0',
    ext_modules=[Extension('book', ['book.c'])],
)
```

distutils.core에서 Extension 클래스를 임포트합니다. Extension은 패키지 이름과 해당 패키지에 들어갈 소스 파일을 선택합니다. 소스 파일은 결국 컴파일러에 의해 빌드되고 바이트 코드 파일(book.pyd)로 변환됩니다. 변환된 오브젝트들은 패키지의 이름공간에 따라 위치하는 곳이 결정되는데, 즉 아래에서

```
Extension('book', ['book.c'])
```

book.pyd는 루트 디렉터리에

```
Extension('book.page', ['page.c'])
```

page.pyd는 book/page 디렉터리 밑에 생기게 되며 자연스럽게 파이썬의 이름공간 법칙을 따르게 됩니다. 만약 여러 개의 Extension을 하나의 패키지에 포함시키려면 아래처럼 작성하면 됩니다.

```
from distutils.core import setup, Extension
setup(name='book',
    version='1.0',
    ext_package='pkg',
    ext_modules=[ Extension('book, ['book.c']),
        Extension('book.page', ['page.c']),]
    )
```

book.pyd는 pkg.book에 page.pyd는 pkg.book.page에 위치합니다.

전처리옵션

Extension 클래스에서는 전처리[preprocessor] 옵션 값, 즉 include 디렉터리 경로, define 값을 지정할 수 있습니다. include_dirs는 include 경로를 지정하는 옵션입니다.

```
Extension("book", ['book.c'], include_dirs=['../include', './page/include'])
```

#define은 C 파일 내부에서 정의할 수도 있지만 외부에서 컴파일할 때 정의할 수 있습니다. Extension 클래스에도 정의하는 기능이 들어 있습니다.

```
Extension("book", ['book.c'], define_macros=[('BOOK_ISBN', '12345')])
```

위처럼 선언하면 C 소스코드에서

```
#define BOOK_ISBN 12345
```

처럼 적어 준 것과 같습니다.

주로 프로그램을 개발할 때는 디버그용 코드들을 활성화하고 배포할 때는 디버그 구문을 빼고 빌드하고 싶을 경우 많이 사용합니다. 아래처럼 C 코드가 있을 때.

```
...
#ifdef DEBUG
print("it's a debug area");
#endif
...

Extension("book", ['book.c'], define_macros=[('DEBUG, 0)])        ←—— DEBUG 값을 0으로 설정
```

C코드가 빌드 될 때 컴파일 옵션에 DEBUG 매크로 값이 0으로 설정되고, #ifdef 구문에 의해서 print("it's a debug area");는 빠지고 빌드됩니다.

```
Extension("book", ['book.c'], define_macros=[('DEBUG, 1)])        ←—— DEBUG 값을 1로 설정
```

C 코드가 빌드될 때 print("it's a debug area");도 포함되어 빌드됩니다.

라이브러리 옵션

라이브러리와 관련된 옵션은 3개가 있습니다.

- libraries: 포함하고 싶은 라이브러리의 이름을 지정합니다.
- library_dirs: 라이브러리가 위치한 곳의 디렉터리 경로를 지정합니다.
- runtime_library_dirs: 동적 로딩의 경우 디렉터리 경로를 지정합니다. 모듈 내부에서 동적 로딩이 일어나면 runtime_library_dirs에 지정된 디렉터리에서 모듈을 검색합니다.

book.c가 빌드되려면 include 경로인 C:\Python36\include, library 경로인 C:\Python36\Lib가 필요합니다. distutils를 사용하면 library_dirs, libraries를 지정하지 않아도 자동으로 include 경로와 라이브러리 경로가 링크되지만 아래처럼 명시적으로도 지정할 수 있습니다.

```
Extension(…,
    library_dirs=['C:\\Python36\\Lib'],
    include_dirs=['C:\\Python36\\include],
…)
```

> **뱀잡기** 🐍
>
> setup.py 파일을 작성할 때 디버그는 어떻게 해야 할까요? setup.py 함수 내에서 에러가 발생하면 스크립트가 종료되기 전에 발생한 모든 에러가 출력됩니다. setup.py는 위에서부터 아래로 실행되고 에러가 발생하면 바로 멈추지 않고 상당 부분 밑의 코드가 수행되기 때문에 처음부터 마지막 부분까지 상세하게 점검해야 합니다. 그래도 에러가 발생한 이유를 모를 때는 DISTUTILS_DEBUG라는 환경변수가 있습니다. 이를 빈 문자열이 아닌 값으로 설정하면 setup.py의 내부 스크립트를 수행하는 도중 에러가 생겼을 때 모든 트레이스백을 출력합니다. 윈도우의 경우는 환경변수에 등록하고, 리눅스의 경우 아래처럼 설정하면 됩니다.
>
> ```
> #export DISTUTILS_DEBUG=1
> ```
>
> 이렇게 해두면 setup.py를 실행할 때 다음과 같이 출력됩니다. 아래 예제는 위의 book 예제를 DISTUTILS_DEBUG 값을 1로 설정하고 윈도우 환경에서 실행해 본 것입니다.
>
> ```
> D:\python.exe setup.py sdist
> Distribution.parse_config_files():
> options (after parsing config files):
> no commands known yet
> options (after parsing command line):
> option dict for 'sdist' command:
> ```

```
    {}
running sdist
Distribution.get_command_obj(): creating 'sdist' command object
warning: sdist: missing required meta-data: url
warning: sdist: missing meta-data: either (author and author_email) or (maintain
er and maintainer_email) must be supplied
checking if setup.py newer than MANIFEST
warning: sdist: manifest template 'MANIFEST.in' does not exist (using default file list)
warning: sdist: standard file not found: should have one of README, README.txt
Distribution.get_command_obj(): creating 'build_py' command object
Distribution.get_command_obj(): creating 'build' command object
```

소스 파일 이 외의 파일을 함께 배포하기

프로젝트를 하다 보면 소스코드 파일 이외에 많은 파일이 필요합니다. 리소스 파일, 데이터 파일, 설정 파일 등과 같은 파일은 어떻게 배포 패키지에 넣을 수 있을까요? 이때는 data_files 옵션을 사용해 원하는 파일의 경로를 리스트 형식으로 입력하면 됩니다.

```
setup(…,
    data_files=[('xml', ['book.xml', 'attach.jpg']),
        ('config', ['book.cfg']),
        ]
    )
```

04 Setup Configuration 파일 작성 방법

위에서 setup.py 스크립트를 작성해봤습니다. 하지만 setup.py 스크립트만으로는 처리가 불가능한 경우가 생기는데, 예를 들어 소스코드용(sdist) 패키지와 바이너리용(bdist) 패키지가 설치되는 곳의 디렉터리 경로를 다르게 하고 싶을 때 혹은 패키지를 bdist로 생성할 때와 sdist로 생성할 때와는 다른 곳에 다른 이름으로 생성하게 할 경우 setup.py 스크립트만으론 한계가 있습니다. 물론 setup.py 스크립트를 sdist용 bdist용 2개 생성하면 되지만 왠지 파이썬의 철학을 위반하는 것 같습니다. 이런 경우를 setup configuration 파일을 생성하고 사용하면 깔끔하게 처리할 수 있습니다.

다음과 같은 경우를 생각해 봅시다. sdist로 소스용 패키지를 만들 때는 sdist_pkg 디렉터리 밑에 패키지가 생성되고, bdist로 만들 때는 bdist_pkg에 패키지가 위치하게 하고 싶을 땐 아래처럼 명령어를 입력할 수 있습니다.

```
D:\>python.exe setup.py sdist --dist-dir=sdist_pkg
D:\>python.exe setup.py bdist --dist-dir=bdist_pkg
```

하지만 setup configuration을 사용하면 일일이 옵션을 입력하지 않아도 됩니다. 우선 setup.cfg 파일의 구조는 다음과 같습니다.

```
[<command>]
<option>=<value>
...
```

〈command〉는 install, sdist, bdist 같은 명령이고 〈option〉은 해당 명령에서 사용할 수 있는 옵션입니다. 사용할 수 있는 명령의 목록을 보고 싶으면 콘솔에 다음과 같이 입력합니다.

```
D:\> python setup.py --help-commands
Standard commands:
build build everything needed to install
build_py "build" pure Python modules (copy to build directory)
build_ext build C/C++ extensions (compile/link to build directory)
build_clib build C/C++ libraries used by Python extensions
build_scripts "build" scripts (copy and fixup #! line)
clean clean up temporary files from 'build' command
install install everything from build directory
install_lib install all Python modules (extensions and pure Python)
install_headers install C/C++ header files
install_scripts install scripts (Python or otherwise)
install_data install data files
sdist create a source distribution (tarball, zip file, etc.)
register register the distribution with the Python package index
bdist create a built (binary) distribution
bdist_dumb create a "dumb" built distribution
bdist_rpm create an RPM distribution
bdist_wininst create an executable installer for MS Windows
```

sdist에서 사용할 수 있는 옵션을 알고 싶으면 다음과 같이 입력하면 됩니다.

```
D:\> python setup.py --help sdist
```

출력 결과는 아래와 같습니다.

```
...
Options for 'sdist' command:
  --template (-t)       name of manifest template file [default: MANIFEST.in]
  --manifest (-m)       name of manifest file [default: MANIFEST]
  --use-defaults        include the default file set in the manifest
                        [default; disable with --no-defaults]
  ...
--dist-dir (-d)         directory to put the source distribution archive(s)
                        in [default: dist]
  ...
```

위의 help 출력 결과에 따르면 bdist 혹은 sdist일 때 패키지 생성 디렉터리를 지정할 수 있는 옵션값은 dist_dir입니다. 이를 바탕으로 setup.cfg를 아래와 같이 작성하겠습니다.

```
[sdist]
dist_dir=sdist_pkg

[bdist]
dist_dir=bdist_pkg
```

이제 소스코드용 패키지(sdist)를 생성할 때는 sdist_pkg 디렉터리에, 바이너리용 패키지를 생성할 때는 bdist_pkg 디렉터리에 패키지가 생성됩니다.

뱀잡기 🐍

'--dist-dir'를 setup.cfg 파일의 옵션으로 표현할 때 앞의 '--'를 삭제하고 '-'을 '_'으로 바꿔야 합니다. setup.cfg 파일에서는 옵션은 여러 개를 동시에 지정할 수 있으며 공백 라인이나 #으로 시작하는 주석은 무시합니다. 또한 아래처럼 줄 바꾸기를 써서 여러 라인을 옵션값으로 지정할 수도 있습니다. 다음은 리눅스에서 rpm으로 패키지를 만들 때의 setup.cfg 예제입니다.

```
[bdist_rpm]
release = 1
doc_files = CHANGES.txt
    README.txt
    USAGE.txt
    doc/
    examples/
```

뱀잡기 🐍

여러분들이 만든 파이썬 프로그램을 위처럼 distutil을 이용해서 직접 배포 할 수도 있지만, Pypi를 이용해서 배포를 할 수도 있습니다.

Pypi는 the Python Package Index의 줄임말로 파이썬을 위한 패키지 저장소 입니다. (https://pypi.python.org/pypi)

예를 들어 외부 모듈 BeatifulSoup4을 설치한다고 할 때 distutil을 이용한다고 하면 BeatifulSoup4 홈페이지에서 해당 패키지를 다운받은 다음 압축을 풀고, 압축 푼 디렉터리에서 아래 명령어를 입력 해줘야 합니다.

```
$ python3 setup.py install
```

하지만 Pypi를 사용한다고 하면 단지 아래 명령어만 입력하면 됩니다.

```
$ easy_install beautifulsoup4
```

혹은

```
$ pip install beautifulsoup4
```

Pypi 저장소에 접근해 해당하는 패지키를 다운 받고 설치까지 해줍니다.

http://peterdowns.com/posts/first-time-with-pypi.html

위 URL은 pypi에 여러분들의 파이썬 패키지를 등록 하기 위한 방법을 설명하고 있습니다.

자세한 설명은 부록 C, pip를 이용한 패키지 관리 추가 부분을 참고하세요.

20

파이썬3를 활용한 통계 분석
- 선형 회귀

01 회귀분석이란?

『빠르게 활용하는 파이썬3.6』 개정판을 준비하면서 독자 여러분 가운데, 특히 학교나 회사에서 파이썬을 활용하시는 분들이 데이터를 바탕으로 분석하는 업무에 많은 어려움을 겪는 것을 확인했습니다. 그래서 이번 장에서는 파이썬3을 이용해 통계적으로 데이터를 분석하는 방법 중에서 가장 많이 쓰이는 회귀 분석(Regression analysis)에 대해 알아보고자 합니다.

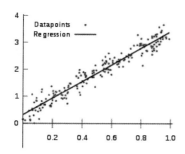

그림 20-1 위키피디아에 나온 회귀 분석

회귀 분석이란 한 개 이상의 변수를 다룰 때 특정 변수가 다른 변수와 어떤 관계를 맺는지 분석하고, 이를 바탕으로 모델(Model)을 정의해 값을 예측하는 기법입니다. 예를 들어 '발이 큰 사람이 키도 크다'라고 누군가가 말한다면 이를 확인하기 위해 약 100명의 발 길이와 키를 모아 두 데이터 사이에 실제로 이러한 관계가 존재하는지 분석할 수 있습니다. 또한 이렇게 분석된 결과를 바탕으로 통계적 모델을 작성해 발 크기가 280mm인 사람은 통계적으로 키가 얼마나 되는지 예측할 수도 있습니다.

02 관련 모듈 설치

이번 예제에서는 행렬, 벡터 등의 수학 계산을 위한 자료 구조 관련 함수를 제공하는 NumPy 라이브러리, 과학과 관련된 수치 분석, 확률 분포 등 다양한 통계 관련 함수를 제공하는 SciPy 라이브러리, 이를 그래프로 표현하기 위한 Matplotlib 라이브러리를 사용할 것입니다. 다음과 같이 pip 명령어를 이용하여 설치합니다.

```
$ pip3 install numpy scipy matplotlib
```

뱀잡기 🐍

윈도우즈에서 SciPy 사용

현재 책을 쓰는 시점에서, 윈도우즈 환경에서 pip를 이용하여 SciPy를 설치할 때 다음과 같은 에러가 발생합니다.

```
File "scipy\linalg\setup.py", line 20, in configuration
    raise NotFoundError('no lapack/blas resources found')
numpy.distutils.system_info.NotFoundError: no lapack/blas resources found
```

선형대수 라이브러리인 lapack와 blas가 윈도우즈에서는 무료로 이용할 수 없기에 발생하는 문제로 https://www.scipy.org/scipylib/building/windows.html에서 이 문제에 대한 해법을 살펴볼 수 있습니다.

또한 비공식적으로 윈도우 환경의 파이썬 사용자를 위해 손쉽게 설치할 수 있는 실행 파일(exe) 형태의 Christoph Gohlke라는 바이너리를 개인 홈페이지(http://www.lfd.uci.edu/~gohlke/pythonlibs/)에서 제공하고 있습니다. 비록 비공식적이지만 파이썬에 대한 개발자의 애정을 충분히 느낄 수 있을 만큼 꼼꼼하게 정리한 것을 확인할 수 있습니다.

03 회귀분석 예제

필요한 모든 모듈이 설치됐으니 이제 예제를 통해 파이썬3에서 어떻게 회귀 분석을 하는지 알아보겠습니다. 아래의 표 1은 어떤 공장의 월별 생산 금액과 전기 사용량을 나타낸 것입니다. 이 데이터를 바탕으로 '특정 월의 생산 금액이 크다면 전기 사용량도 크다'고 가정할 수 있습니다. 이 가정이 정말 맞는 것인지, 만약 그렇다면 특정 생산 금액에 해당하는 전기 사용량도 예측 가능한지 알아보겠습니다.

표 10-1 공장의 생산 금액과 전기 사용량

	생산 금액(억원)	전기 사용량(백만 kWh)
1월	3.52	2.48
2월	2.58	2.27
3월	3.31	2.47
4월	4.07	2.77
5월	4.62	2.98
6월	3.98	3.05
7월	4.29	3.18
8월	4.83	3.46
9월	3.71	3.03
10월	4.61	3.25
11월	3.90	2.67
12월	3.20	2.53

월별 생산 금액을 변수 x로, 이때의 전기 사용량을 y로 나타내면 위의 데이터는 다음과 같이 x와 y로 구성된 쌍으로 표현할 수 있습니다.

$(x_i, y_i) = (3.52, 2.48), (2.58, 2.27), (3.31, 2.47), ...$

이때 두 변수 간에 어떤 선형적 관계가 있는지 분석할 수 있으며, 이를 상관 분석(Correlation Analysis)이라고 합니다. 또한 이러한 상관관계의 정도를 파악하는 값을 상관 계수(Correlation coefficient)라고 하며, 이 값의 범위는 −1에서 1 사이입니다. 예를 들어, 발이 큰 사람이 실제로 키가 크다면 두 변수 사이에는 강한 양의 상관관계가 존재하며, 상관 계수의 값은 1에 가까울 것입니다. 반대로 두 변수 사이에 특별한 상관관계가 존재하지 않으면 상관 계수의 값은 0에 가까울 것이며, 두 변수 사이에 음의 상관관계가 존재한다면 상관 계수의 값은 −1에 가까워집니다. 두 변수 사이에 상관관계가 존재한다면 통계적으로 모델을 작성할 수 있으며, 특히 단순하게 일차원적인 선형 모델인 경우라면 다음과 같이 단순한 수식 형태로 표현할 수 있습니다.

$y_i = \beta_0 + \beta_1 * x_i + \varepsilon_i$

여기서 y_i를 종속 변수(dependent variable), x_i를 독립 변수(independent variable)라고 합니다. 종속 변수와 독립 변수 간의 관계식을 결정하는 β_0와 β_1는 데이터로부터 추정할 수 있으며, 이를 각각 절편(intercept), 기울기(slope)라고 합니다. ε_i는 오차항으로 우리가 작성한 모델과 실제 데이터 값과의 차이를 나타냅니다.

이제 표 10-1의 데이터를 이용해 파이썬3로 단순 선형 회귀 분석을 해보겠습니다. 아래 코드와 같이 변수 x에는 월별 생산 금액을, y에는 전기 사용량을 배열로 입력하고, linregress() 함수를 호출하기만 하면 됩니다. 결과는 float 형으로 선형 모델의 기울기, 절편, 상관 계수, p-value, 에러의 표준 편차가 순차적으로 반환됩니다. 여기서 p-value는 통계학에서 예측 불확실성의 정도를 나타내는 값으로, 일반적으로 0.05 미만일 때가 통계학적으로 유의미하다고 합니다. 이번 예제에서는 상관 계수는 0.8929로, 두 변수 간에는 양의 상관관계가 있으며, 통계학적으로도 유의미하다는 것을 확인할 수 있습니다. 또한 기울기와 절편을 이용해 생산 금액에 따른 전기 사용량을 예측할 수도 있습니다.

```
>>> from scipy import stats
>>> x = [3.52, 2.58, 3.31, 4.07, 4.62, 3.98, 4.29, 4.83, 3.71, 4.61, 3.90, 3.20]
>>> y = [2.48, 2.27, 2.47, 2.77, 2.98, 3.05, 3.18, 3.46, 3.03, 3.25, 2.67, 2.53]
```

```
>>> slope, intercept, r_value, p_value, stderr = stats.linregress(x,y)
>>> r_value          ←—— 상관 계수
0.89292351253853064
>>> r_value**2
0.79731239924414743
>>> p_value
9.2384219431578487e-05
>>>
>>> 4*slope + intercept   ←—— 전기 사용량 예측
2.9019943721421035
```

위 결과는 소수점이 많은 숫자만 잔뜩 나오다 보니 처음부터 쉽게 이해되지 않는 것이 사실입니다. 이런 경우에는 결과를 잘 표현할 수 있는 한 장의 그래프가 더 이해하기 쉽고, 특히 남에게 설명하는 자료라면 더욱 효과적일 것입니다. 아래 예제에서는 앞서 단순 선형 회귀 분석한 결과를 그래프로 나타낸 것으로, 그림 20-4는 IDLE에서 실행한 화면입니다. 그래프에서 검은 점은 데이터의 값을, 붉은 선은 이를 바탕으로 작성한 단순 선형 회기 모델입니다.

```
>>> from scipy import stats, polyval
>>> from pylab import plot, title, show, legend
>>> x = [3.52, 2.58, 3.31, 4.07, 4.62, 3.98, 4.29, 4.83, 3.71, 4.61, 3.90, 3.20]
>>> y = [2.48, 2.27, 2.47, 2.77, 2.98, 3.05, 3.18, 3.46, 3.03, 3.25, 2.67, 2.53]
>>> slope, intercept, r_value, p_value, stderr = stats.linregress(x,y)
>>> ry = polyval([slope,intercept],x)
>>> ry
array([ 2.66410482,  2.19823778,  2.56002814,  2.9366866 ,  3.20926838,
        2.89208231,  3.04571931,  3.31334506,  2.75826943,  3.20431235,
        2.85243405,  2.50551178])
>>> plot(x, y, 'k.')
[<matplotlib.lines.Line2D object at 0x070CF350>]
>>> plot(x, ry, 'r.-')
[<matplotlib.lines.Line2D object at 0x070CF6D0>]
>>> title('Regression result')
<matplotlib.text.Text object at 0x06ED5CF0>
>>> legend(['original','regression'])
<matplotlib.legend.Legend object at 0x070CFA30>
>>> show()
```

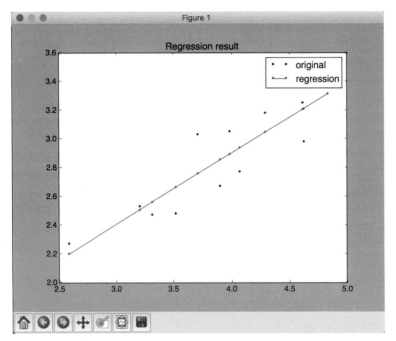

그림 20-4 선형 회기 분석 결과

이상으로 파이썬3를 이용해 단순 선형 회귀 분석하는 방법을 마무리 짓겠습니다. 좀 더 자세한 내용이 필요하다면 확률 및 통계학과 관련된 이론적인 내용은 대학교 수업에 쓰이는 교과서나 온라인상의 자료를, NumPy, SciPy와 관련된 내용은 공식 문서(http://docs.scipy.org/doc/)를, Matplotlib에 대해서는 공식 문서(http://matplotlib.sourceforge.net/contents.html)를 참고합니다.

21

pypy

01 pypy란?

pypy는 파이썬으로 만든 파이썬을 의미합니다. 보통 python이라고 하면 C 언어로 구현된 CPython 을 의미하는데, pypy의 목표는 CPython보다 빠르지만, CPython과 완벽하게 호환되게 하는 것입 니다.

파이썬으로 구현된 파이썬이 CPython보다 빠를 수 있다는 말은 가상 운영체제 안에서 돌아가는 프로 그램이 가상 환경이 아닌 곳에서 돌아가는 프로그램보다 더 빠르다는 말처럼 들립니다. 하지만 pypy 는 실제로 CPython보다 빠르고 버전이 올라갈 때마다 성능이 점점 좋아지고 있습니다.

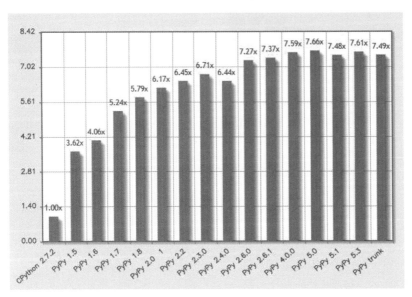

그림 21-1 CPython 2.7.2와 pypy의 성능 비교

어떻게 더 빠를까? pypy는 인터프리터(interpreter)와 트랜스레이터(translator)로 구성돼 있습니다. 인터프리터는 파이썬 코드를 정적 타입으로 컴파일이 가능하도록 제약을 가한 파이썬의 서브셋인 RPython(Restricted Python)으로 만들어져 있습니다. 컴파일 및 동작에 있어서 당연히 정적 타입은 동적 타입보다 빠릅니다.

그리고 트랜스레이터는 Rpython 코드를 분석해 C나 자바 바이트코드 같은 하위 언어로 변환시켜줍니다. 마지막으로 트랜스레이터에는 pypy의 핵심이라고 할 수 있는 JIT generator가 포함돼 있습니다. JIT(Just-In Time) 컴파일러는 프로그램 동작 중 코드를 바로 기계어로 변경해 런타임으로 동작하는 프로그램의 성능을 높이는 기술인데, pypy에서는 Rpython 코드를 분석해 JIT generator가 자동으로 인터프리터에 tracing-JIT 컴파일러를 넣어 줍니다.

이렇게 되면 인터프리터 동작 중 어느 부분이 많이 실행될 때 그 부분이 기계어로 변경되어 실행되기 때문에 성능이 향상됩니다.

JIT 컴파일러는 성능에는 좋지만 프로그램에 적용하기에는 꽤 까다롭습니다. 오히려 잘못 적용하면 성능이 더 떨어지는 경우도 있습니다. 하지만 pypy는 이를 자동으로 처리하고 성능이 더 빨라지기 때문에 대단한 것입니다.

pypy의 특징을 더 들자면, CPython보다 적은 메모리를 사용하고, 스레드를 많이 사용하는 프로그램에서 마이크로 스레드(micro-thread) 간의 복잡하고 성능이 느려지는 문제를 해결한 스택리스 파이썬(stackless python)을 지원합니다. 그리고 믿을 수 없는 코드를 안전하게 실행해 볼 수 있는 샌드박싱(sandboxing) 기능을 프로토타입 단계지만 지원합니다.

02 pypy 설치 및 테스트

Pypy를 설치하는 방법은 매우 쉽습니다. http://pypy.org/download.html에서 JIT Compiler version 바이너리를 내려받아 적당한 폴더에 풀면 됩니다. 바이너리에는 stackless 확장 기능도 포함돼 있습니다. 이때 한 가지 유의할 점은 JIT 컴파일러 버전은 SSE2 명령어 집합을 지원하는 32비트/64비트의 x86 CPU에서만 동작합니다. SSE2는 펜티엄 4부터 지원하는 CPU 명령어 집합이니 대부분의 환경에서는 걱정하지 않으셔도 됩니다.

pypy의 최신 릴리즈는 2017년 5월 현재 5.7.1 버전으로 Python2.7을 정식으로 Python3.5 버전을 베타로 릴리즈하고 있습니다. 이번 장에서는 32비트 윈도우 버전인 5.7.1의 Python2.7 버전을 다운로드받아 진행하도록 하겠습니다. (https://bitbucket.org/pypy/pypy/downloads/pypy2-v5.7.1-win32.zip) 내려받은 zip 파일을 풀면 pypy2-v5.7.1-win32 폴더 밑에 pypy 관련 파일이 들어 있을 것을 확인할 수 있습니다

뱀잡기 🐍

pypy는 오픈소스로 사용자가 직접 pypy소스를 빌드해서 사용할 수 있습니다.
http://pypy.org/download.html#building-from-source을 참고해서 빌드하면 pypy 바이너리가 나옵니다.
빌드하는 데 걸리는 시간은 64비트 리눅스에 8GB 용량의 램이 장착된 환경에서 대략 15분 정도가 걸립니다.

---

pypy.exe를 윈도우 콘솔에서 실행하면 pypy 인터프리터가 나타납니다.

```
C:\pypy2-v5.7.1-win32>pypy.exe
Python 2.7.13 (14f400f0498e, Mar 31 2017, 19:58:36)
[PyPy 5.7.1 with MSC v.1500 32 bit] on win32
Type "help", "copyright", "credits" or "license" for more information.
>>>> a = 1
```

```
>>>> b = 1
>>>> print a+b
2
```

이제 pypy가 얼마나 빠른지 간단한 프로그램을 만들어 비교해 보겠습니다. 비교할 테스트 프로그램은 소수를 구하는 프로그램입니다. 1부터 5백만까지의 정수 중 소수의 개수를 구하는 프로그램을 만들겠습니다.

소수를 구하는 알고리즘은 에라토스테네스의 체라는 방법을 사용하겠습니다. 에라토스테네스의 체를 구하는 방법은 다음과 같습니다.

1. 2에서부터 n까지의 수를 체에 넣습니다.

2. 체에서 가장 작은 값을 소수로 체크하고, 그 수의 배수를 모두 제외합니다.

3. 2번 과정을 반복합니다.

다음은 에라토스테네스의 체를 파이썬의 사전(dictionary)을 이용해 구현한 예제입니다.

예제 prime.py

```
import sys,time

if __name__=="__main__":
    print sys.version
    t1 = time.time() # start time
    N = 5000000
    # init
    sieve = {}
    for i in range(2, N+1):
        sieve[i] = 0
    # Sieve of Eratosthenes
    for i in range(2, N+1):
        if sieve[i]==0:
            n=2
            while i*n <= N:
                sieve[i*n]=1
                n+=1
    # print results count
```

```
    cnt = 0
    for i in range(2, N+1):
        if sieve[i]==0:
            cnt += 1
    t2 = time.time() # end time
    print cnt
    print "elapsed time=", t2-t1, " sec"
```

알고리즘을 시작하기 전과 끝난 후의 시간을 구해서 이 차이를 실행 시간으로 보겠습니다. 이렇게 하면 정확하지는 않지만 간단하게 성능 비교를 해 볼 수 있습니다.

이를 파이썬 2.7 버전을 가지고 실행했을 때와 pypy를 이용해 실행했을 때 아래와 같은 결과가 나왔습니다.

실행 결과

```
C:\pypy2-v5.7.1-win32>python.exe prime.py
2.7.13 (v2.7.13:a06454b1afa1, Dec 17 2016, 20:42:59) [MSC v.1500 32 bit (Intel)]
348513
elapsed time= 7.71399998665  sec

C:\pypy2-v5.7.1-win32>pypy.exe prime.py
2.7.13 (14f400f0498e, Mar 31 2017, 19:58:36)
[PyPy 5.7.1 with MSC v.1500 32 bit]
348513
elapsed time= 1.83999991417  sec
```

pypy로 실행했을 때 CPython에 비해 1/4 정도밖에 걸리지 않았습니다.

03 pypy의 호환성

pypy 프로젝트의 가장 큰 목표는 중 하나는 CPython과 100% 호환되는 것입니다. CPython에서 동작하는 코드가 pypy에서 동작하지 않으면 이는 pypy가 잘못된 것입니다. pypy는 CPython에서 일반적으로 사용하는 표준 라이브러리 모듈을 대부분 지원합니다. 그렇기 때문에 기존에 구현한 대부분의 파이썬 코드를 아무런 변환 없이 바로 사용할 수 있습니다.

하지만 CPython C API는 베타 버전으로 지원하지만 최신 배포판인 1.8에는 빠져 있습니다. 그래서 이 책에 나온 선형회귀에서 쓰이는 외부 모듈인 NumPy, SciPy, Matplotlib은 pypy에서 별도로 설치 해야 합니다. 그리고 pypy에서 쓸 C확장은 다시 컴파일해야 합니다. 반면 순수하게 파이썬으로만 된 모듈은 임포트하는 데 전혀 문제가 없습니다.

```
Ctypes
django
twisted (without ssl support)
pylons
divmod's nevow
pyglet
```

위는 pypy에서 동작하는 대표적인 외부 모듈입니다. 이 밖에 사용하는 외부 모듈이 pypy에서 동작하 는지 알아보려면 https://bitbucket.org/pypy/compatibility/wiki/Home에서 호환성 여부를 확인 하면 됩니다.

이상으로 pypy에 대해 간단하게 다뤄봤습니다. pypy는 10년 이상 진행돼 온 프로젝트이고 여전히 진 행 중입니다. pypy에 대해 조금 더 자세히 알고 싶다면 http://doc.pypy.org/en/latest/index.html 에서 제공하는 문서들을 참고하기 바랍니다.

22

구글 앱 엔진과
구글 클라우드 플랫폼

01 구글 앱 엔진이란?

구글 앱 엔진^{Google App Engine} 은 구글의 인프라 위에서 스케일러블^{scalable} 웹 애플리케이션 또는 모바일과 IoT의 백앤드^{backend} 를 만들 수 있게 도와주는 플랫폼입니다. 앱 엔진은 NoSQL 데이터 저장소, 맵캐시^{memcache} , 구글 계정을 이용한 사용자 인증과 같은 웹 애플리케이션을 위한 많은 API와 모듈을 제공하고 있습니다.

과거에는 앱 엔진이 독립적으로 서비스하고 있었는데, 구글 클라우드 플랫폼^{Google Cloud Platform} 에 포함되면서 더욱 강력해졌습니다.

앱 엔진의 특징은 다음과 같습니다.

- Node.js, 자바, 루비, C#, 고^{Go} , 파이썬, PHP 같은 인기 있는 개발 언어를 지원합니다.
- 유연성과 개방성이 대폭 커져서 도커 컨테이너^{Docker container} 를 사용해 서드파티 라이브러리도 사용할 수 있습니다.

- 디버깅을 위한 점검과 모니터링을 위한 구글 스택드라이버 Google Stackdriver 를 제공합니다.
- 애플리케이션 버저닝 Application Versioning 을 지원하므로 버전에 따라 다르게 호스팅 할 수 있고, 테스트 및 스테이징과 개발 환경을 지정할 수 있습니다.
- 클라우드 개발자 툴을 제공하고 구글 클라우드 플랫폼에서 앱을 개발할 수 있습니다.

02 구글 앱 엔진과 파이썬

파이썬은 구글 앱 엔진에서 가장 많이 사용하는 언어입니다. 파이썬을 이용한 앱 엔진 개발 환경은 Flexible과 Standard가 있으며, 환경마다 장단점이 있습니다.

Flexible	Standard
서비스 유지 비용이 발생합니다. 간단한 앱이라고 해도 한 달에 80달러 이상 청구됩니다.	사용량에 따라서 비교적 저렴한 비용이 청구됩니다.
데비안 리눅스용으로 제작됐다면 어떠한 파이썬 라이브러리도 사용할 수 있습니다.	Pure-python 라이브러리와 앱 엔진에서 지원하는 패키지만 사용할 수 있습니다.
원하는 WSGI 서버를 사용할 수 있습니다.	앱 엔진에서 제공하는 WSGI 서버만 사용할 수 있습니다.
인스턴스 시작 시간이 수 분(minutes)이 걸립니다. flexible에서 앱을 배포하면 인스턴스가 구글 클라우드 서버에서 계속 동작하며 이에 대한 비용이 청구됩니다.	인스턴스 시작 시간이 1초 이내입니다. 인스턴스 시작이 빠르므로 앱 요청이 없으면 인스턴스를 종료했다가 요청이 들어오면 인스턴스를 실행합니다.

파이썬 3은 Flexible 환경에서만 사용할 수 있으므로 이번 장에서는 Flexible 환경에서 앱을 개발하겠습니다. 그리고 이번 장의 뒷 부분에서 standard 환경과 어떤 점이 다른지 비교해보겠습니다.

> 주의
>
> Flexible 앱은 가장 간단한 Hello world application이라고 할지라도 한 달에 80달러 이상의 비용이 발생할 수 있으니 사용하지 않는 앱은 꼭 서비스를 정지시켜주세요.

앱 엔진에서는 구글 클라우드 플랫폼 서비스 Google Cloud Platform Service 에 쉽게 접근하고 사용할 수 있는 파이썬 모듈인 google-cloud를 제공합니다. 예를 들어, 데이터를 저장하기 위해 구글 클라우드 데이터스토어 Google Cloud Datastore 를 사용하고 싶다면 다음과 같이 해당 모듈을 임포트하기만 하면 됩니다.

```
from google.cloud import datastore          # google cloud datastore를 임포트합니다.

client = datastore.Client()
key = client.key('Person')

entity = datastore.Entity(key=key)          # entity 인스턴스를 만듭니다.
entity['name'] = 'Your name'
entity['age'] = 25
client.put(entity)                          # 위에서 생성한 entity를 datastore에 넣습니다.
```

앱 엔진에서 지원하는 API와 모듈을 모두 설명하기에는 지면이 한정돼 있어서 중요한 사항만 간략하게 설명하겠습니다.

- **WebApp**
  웹 애플리케이션 프레임워크가 포함돼 있습니다. 플라스크[Flask], 장고[Django], 피라미드[Pramid] 또는 다른 모듈을 사용할 수 있습니다.

- **Backends**
  메모리 사용량, 호스트 네임, 로그 서비스처럼 서비스에 필요한 기타 기능을 지원합니다.

- **Storing Data**
  데이터 쿼리, 트랜잭션, 데이터 모델링[Data Modeling], NoSQL 데이터베이스, 통계 등 Data와 관련된 기능을 제공합니다

- **Data Processing**
  구글에서 거대한 데이터 집합을 효과적으로 분산 처리하기 위해 개발된 컴퓨팅 모델인 맵리듀스[MapReduce] 를 파이썬 API를 통해 사용할 수 있습니다. 맵리듀스를 이용하면 페타바이트[petabytes] 이상의 대용량 데이터를 안전하게 처리할 수 있습니다.

- **Service**
  다양한 유형의 문서를 변환하는 컨버전[Conversion], 메일을 보내거나 이미지의 크기를 조정하거나 회전시키는 등 구글 클라우드 플랫폼의 서비스를 이용하는 모듈입니다.

- **Task Queue**
  웹 애플리케이션은 사용자 요청으로 시작하거나 사용 요청 이외의 작업을 수행할 수 있습니다. 예정된 시각이나, 특정 시각에만 이벤트를 발생시키는 예약 작업도 지원합니다.

- **URL fetch**
  웹 자원[resource] 에 쉽게 접근할 수 있는 API를 제공합니다.

- **Users**
  구글 계정을 이용한 사용자 인증, 사용자 정보, 로그인 화면 등을 제공합니다

앱 엔진이 제공하는 기능과 구글 클라우드 플랫폼의 API가 아주 많기 때문에 이번 장에서 자세히 다룰
수는 없지만, 북마크를 저장하고 목록을 볼 수 있는 간단한 웹 애플리케이션을 만들면서 어떤 식으로
앱 엔진에서 애플리케이션을 개발할 수 있는지 알아보겠습니다.

03 앱 엔진 개발 환경

앱 엔진 개발 환경을 만들기 위해서 Google Cloud SDK를 설치하기 전에 구글 클라우드 셸 ^{Google Cloud}
^{Shell} 을 소개하겠습니다. 구글 클라우드 셸은 구글 클라우드 플랫폼의 리소스에 접근하고 관리할 수 있
는 개발 환경입니다. 앱 엔진 프로젝트를 생성하면 Google Cloud SDK 및 Google App Engine
SDK와 개발에 필요한 툴이 설치된 가상 머신 ^{Virtual machine Instance} 이 생성되고, 구글 클라우드 셸 환경에
서 별다른 설정 없이 앱을 개발하고 배포할 수 있습니다. 5GB의 저장 공간을 제공하며, 자바, 고, 파이
썬, Node.js, PHP, 루비 같은 인기 개발 언어를 지원합니다.

설명이 조금 어려웠는데, 쉽게 이야기하면 SDK와 개발 도구가 설치돼 있으며 저장 공간이 5GB인 리
눅스 서버에서 앱을 개발한다고 생각하면 됩니다. 실제로 그림 22-3에 나와 있는 것처럼 구글 클라우
드 셸을 실행시키면 리눅스 터미널과 UI가 비슷하게 생긴 창이 브라우저 하단에 생성됩니다.

Google Cloud SDK를 설치하는 과정을 제외하면 독자들의 시스템에서 앱을 개발하는 것과 구글 클
라우드 셸에서 앱을 개발하는 방법이 똑같으므로 이번 장에서는 구글 클라우드 셸 환경에서 앱을 만들
겠습니다(컴퓨터에 Google Cloud SDK를 설치하고 싶다면 다음 URL을 참고하세요. https://cloud.
google.com/sdk/docs/).

앱을 만들려면 우선 프로젝트를 생성해야 합니다. 구글 클라우드 플랫폼의 콘솔 페이지(https://
console.cloud.google.com/)에 접속하면 현재 작업하고 있는 프로젝트에 대한 정보가 대시보드에
나오며, 처음 접속하면 생성한 프로젝트가 없어서 튜토리얼 관련 메뉴만 보입니다. 화면의 왼쪽 위에
프로젝트를 선택하거나 새로 생성할 수 있는 메뉴가 있습니다.

그림 22-1 프로젝트 생성하기

[프로젝트 만들기] 메뉴를 선택하면 프로젝트 이름을 입력하는 팝업창이 나옵니다. 프로젝트 이름은 프로젝트 ID가 될 수 있기 때문에 될 수 있으면 고유한 단어를 넣는 게 좋습니다. 여기서는 fastpy001로 지정하겠습니다.

프로젝트가 생성되면 대시보드에 프로젝트에 관련된 정보가 나옵니다. 이제 구글 클라우드 셸을 실행해 브라우저에서 클라우드 플랫폼 서비스를 사용해 보겠습니다. 오른쪽 위에 있는 [구글 클라우드 셸] 버튼을 누르면 브라우저 하단에 command-line 콘솔이 실행됩니다.

그림 22-2 구글 클라우드 셸 실행 버튼

```
Welcome to Cloud Shell! Type "help" to get started.
entropyismax@fastpy01:~$ gcloud --version
Google Cloud SDK 151.0.0
alpha 2017.03.24
app-engine-go
app-engine-go-linux-x86_64 1.9.50
app-engine-java 1.9.51
app-engine-php " "
app-engine-python 1.9.51
beta 2017.03.24
bq 2.0.24
bq-nix 2.0.24
cloud-datastore-emulator 1.2.1
core 2017.04.07
```

그림 22-3 구글 클라우드 셸에서 Google Cloud SDK가 설치돼 있는지 확인

04 Hello World 앱 생성 및 배포

이제 구글에서 제공하는 Hello World 샘플 앱을 살펴보고 배포해보겠습니다.

샘플 앱들의 저장소 Repository 는 깃허브 Github 에 있습니다. 클라우드 셸에서 다음과 같이 입력해 샘플 앱을 복제합니다.

```
$ git clone https://github.com/GoogleCloudPlatform/python-docs-samples
```

깃^{Git} 을 사용하는 대신 아래 URL에서 압축 파일을 내려받은 뒤 사용할 수도 있습니다(https://github.com/GoogleCloudPlatform/appengine-helloworld-python/archive/master.zip).

> **뱀잡기** 🐍
>
> 깃^{Git} 은 대표적인 분산 버전 관리 시스템으로, 사용자의 프로젝트에 포함된 파일의 변경 사항을 관리하고 추적하는 도구입니다. 깃허브^{GitHub} 는 깃을 사용하는 프로젝트를 지원하는 웹 호스팅 서비스입니다.
>
> 대부분의 오픈 소스 프로젝트가 깃을 이용해 버전 관리를 하고 있으며, 개인이 프로젝트를 진행하는 경우에도 버전 관리는 매우 중요하므로 깃에 대해 공부하는 것을 추천합니다.
>
> 깃에 대한 자세한 정보는 https://git-scm.com/doc 을 참고하세요.

샘플 앱을 복제하면 홈 디렉터리에 python-docs-samples 디렉터리가 생성됩니다. 여기에 파이썬 샘플 앱들이 들어 있습니다.

우리는 앱 엔진에서 동작하는 Hello World 앱이 필요하므로 hello_world 디렉터리로 이동하겠습니다(appengine 디렉터리에는 flexible과 standard 버전의 Hello World 앱이 있습니다. 여기서는 flexible 쪽 코드를 보겠습니다).

```
cd python-docs/samsples/appengine/flexible/hello_world
```

hello_word 디렉터리에는 4개의 파일이 있습니다.

- app.yaml: 애플리케이션 배포를 위한 설정 파일
- main.py: 마이크로프레임워크 플라스크^{Flask} 를 이용한 간단한 웹 애플리케이션
- requirements.txt: Hello World 앱이 동작할 때 필요한 파이썬 패키지 목록
- main_test.py: Hello World 앱의 유닛 테스트를 위한 테스트 케이스

실제 앱은 main.py이고 나머지 파일은 앱을 배포하거나 파이썬 패키지를 설치할 때 사용합니다. 각 파일의 의미는 나중에 보기로 하고 일단 앱을 실행해 보겠습니다.

Hello World 앱을 클라우드 셸에서 실행하려면 다음과 같이 작업을 해야 합니다.

우선 현재 시스템의 환경(env)을 읽어서 앱의 실행과 배포를 쉽게 할 수 있는 환경으로 만듭니다.

```
$ virtualenv -p python3 env          # 셸 스크립트가 생성됩니다.
$ source env/bin/activate            # source 명령어로 방금 생성한 셸을 실행시킵니다.
```

앱이 동작할 때 필요한 패키지를 설치합니다.

```
(env)$ pip install -r requirements.txt
```

다음 명령어로 Hello world 애플리케이션을 실행합니다.

```
$ python main.py
```

애플리케이션이 실행되면 [웹 미리보기] 버튼을 누른 다음 [포트에서 미리보기 8080]을 선택하면 웹 브라우저에서 Hello World 메시지를 볼 수 있습니다.

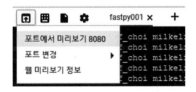

그림 22-4 웹 미리보기

애플리케이션은 단축키 CTRL + C를 눌러서 앱 실행을 멈출 수 있습니다.

> **뱀잡기** 🐍
>
> pip와 virtualenv의 자세한 설명은 부록 C를 참고해주세요.

앱이 정상적으로 동작하는 것을 확인했다면 이번에는 앱을 배포해 보겠습니다.

애플리케이션 배포는 app.yaml의 설정을 읽어서 앱 엔진 인스턴스[Instance] 위에 우리가 만든 앱이 웹 서버로 동작할 수 있게 해줍니다. app.yaml 파일을 열어보면 앱 설정에 대한 내용이 들어 있습니다.

```
runtime: python
env: flex
entrypoint: gunicorn -b :$PORT main:app
```

```
runtime_config:
  python_version: 3
```

각 라인의 의미를 살펴보면 다음과 같습니다.

runtime: python - 파이썬으로 작성된 애플리케이션을 의미합니다.

env: flex - flexible 개발 환경

entrypoint: 앱 엔진에게 이 앱이 어떻게 실행되는지 알려줍니다.

runtime_config: python_version :3 - 파이썬 인터프리터 버전 3을 사용

배포를 위해서는 app.yaml 설정 파일이 있는 hello_world 디렉터리에서 다음 명령어를 실행합니다.

```
gcloud app deploy
```

뱀잡기 🐍

프로젝트를 만들 때 앱을 배포할 서버의 위치와 과금을 설정하지 않았다면 맨 처음 앱을 배포할 때 에러가 발생합니다. 서버 위치는 배포할 때 아래와 같은 메시지가 나오면서 선택할 수 있습니다. 사용자가 다른 지역에 있다고 해서 서비스가 안 되는 건 아니지만 사용자와 서비스할 위치가 가까울수록 서비스가 지연될 확률이 줄어듭니다.

```
Please choose the region where you want your App Engine application
located:

[1] europe-west    (supports standard and flexible)
[2] us-central     (supports standard and flexible)
[3] us-east1       (supports standard and flexible)
[4] asia-northeast1 (supports standard and flexible)
[5] cancel
Please enter your numeric choice: 4
```

과금을 위한 설정은 아래 URL에서 직접 설정해야 합니다.

https://console.developers.google.com/billing?project=<your project ID>

Flexible 환경에서는 앱이 아무리 간단하다고 할지라도 사용 시간에 따라서 청구 금액이 발생합니다. 한 달 사용량이 최소 $80달러 이상이므로 사용하지 않는 앱은 바로 서비스를 정지해서 쓸데없는 비용이 청구되는 걸 피해야 합니다.

배포에 성공하면 Hello World 앱이 앱 엔진 웹 서버에서 동작하기 시작하며, 웹 브라우저에서 방금 배포한 앱을 확인할 수 있습니다. http://YOUR_PROJECT_ID.appspot.com에 접근하면 Hello world 메시지를 확인할 수 있습니다.

그림 22–5 브라우저에서 Hello World 애플리케이션 확인

Hello World 애플리케이션이 어떻게 동작하는지 이해하려면 우선 WSGI ^{Web Server Gateway Interface}를 알아야 합니다. WSGI는 웹 서버와 웹 애플리케이션의 인터페이스를 위한 파이썬 프레임워크입니다. gunicon은 WSGI를 지원하는 웹 서버이며 우리가 만든 main.py는 WSGI 애플리케이션입니다. gcloud로 앱을 배포하면 app.yaml의 entrypoint라인 gunicon -b :$PORT main:app 부분이 실행되고 gunicon 웹 서버가 동작하면서 Hello World(main:app) 앱을 로드하게 됩니다.

앱 엔진에서 파이썬을 이용해 웹 애플리케이션을 개발한다는 것은 WSGI 애플리케이션을 만드는 것과 같은 의미입니다. 그리고 WSGI 애플리케이션을 쉽게 개발할 수 있는 프레임워크가 main.py에서 사용한 플라스크 ^{Flask} 입니다.

05 플라스크

플라스크 ^{Flask} 는 WSGI 애플리케이션을 위한 가볍고 강력한 프레임워크입니다. 다른 프레임워크에 비해서 조금 늦게 탄생했지만, 앱 엔진에서 기본으로 지원하는 인기 있는 프레임워크입니다.

플라스크에 대해서 자세히 설명하기에는 지면이 너무 부족하므로 main.py를 분석하면서 플라스크를 알아가도록 하겠습니다.

예제 main.py Hello World 애플리케이션

```python
import logging
from flask import Flask

app = Flask(__name__)

@app.route('/')
def hello():
    """Return a friendly HTTP greeting."""
    return 'Hello World!'

@app.errorhandler(500)
def server_error(e):
    logging.exception(<An error occurred during a request.>)
    return """
    An internal error occurred: <pre>{}</pre>
    See logs for full stacktrace.
    """.format(e), 500


if __name__ == '__main__':
    # This is used when running locally. Gunicorn is used to run the
    # application on Google App Engine. See entrypoint in app.yaml.
    app.run(host='127.0.0.1', port=8080, debug=True)
```

```python
from flask import Flask

app = Flask(__name__)
```

우선 플라스크를 임포트하고 플라스크 인스턴스를 생성했습니다. 이 인스턴스가 WSGI 애플리케이션입니다. 인스턴스를 만들 때 __name__을 입력하는데 이는 플라스크 인스턴스의 이름이 됩니다. 앱엔진 환경에서 이름은 반드시 __name__으로 해야 하는데 직접 실행시킬 때와 다른 모듈에서 임포트될 때의 이름이 달라지기 때문입니다(실제로 __name__을 화면에 프린트해보면 python main.py와 gcloud app deploy가 다르게 출력되는 걸 확인할 수 있습니다).

```
@app.route('/')
def hello():
    """Return a friendly HTTP greeting."""
    return 'Hello World!'
```

파이썬 데코레이션 route()를 이용해 "/" URL 형태의 HTTP 요청이 들어오면 해당 함수가 실행될 수 있게 지정합니다.

```
@app.route('/python')
def hello_python():
    return 'http://www.python.org'
```

만약 위와 같은 함수를 추가하고 브라우저에서 "http://〈your-project-id〉.appspot.com/python"을 호출하면 화면에 http://www.python.org가 보입니다.

errorhandler() 데코레이션을 이용하면 서버 에러도 처리할 수 있습니다.

```
@app.errorhandler(500)
def server_error(e):
    logging.exception('An error occurred during a request.')
    return """
    An internal error occurred: <pre>{}</pre>
    See logs for full stacktrace.
    """.format(e), 500
```

위 예제는 애플리케이션에서 500번 에러가 발생하면 server_error 함수가 실행되게 하는 코드입니다.

플라스크에 대해서 조금 더 설명해 보겠습니다.

HTTP Request

Request 객체에는 우리가 만든 애플리케이션을 호출한 요청 정보가 들어 있으며, 앱을 호출한 브라우저 종류, URL에 포함된 파라미터(예를 들어 ?key=value) 같은 정보에 접근할 수 있습니다.

```
@app.route('/python')
def hello_python():
    return "Python is " + request.args.get('word', '')
```

위 예제는 URL의 word 파라미터 값을 가져와서 출력하는 코드입니다. http://⟨your-project-id⟩. appspot.com/python?word=love로 확인하면 브라우저에 Python is love라는 문자열이 출력될 것입니다.

HTTP Method

웹에는 URL에 접근하는 방식으로 GET, POST, PUT, DELETE 같은 메서드가 있습니다. 이 중에서 GET이 기본값이고 다음과 같이 설정하면 다른 메서드에 대한 요청도 처리할 수 있습니다.

```
@app.route('/book', methods=['GET', 'POST'])
def book():
    if request.method == 'GET':
        printBookList()
    else:
        addBook();
```

Static File

플라스크는 일반 웹 서버가 아니라서 이미지나 CSS같은 파일에 바로 접근할 수 없습니다. 따라서 url_for() 함수로 static file임을 지정해야 합니다.

```
url_for('static', filename = 'python.jpg')
```

url_for의 첫 번째 인자로 'static'을 전달하고, 파일(python.jpg)은 static 디렉터리에 있어야 합니다.

http://⟨your-project-id⟩.appspot.com/python.jpg 주소로 접근하면 해당 이미지가 보일 것입니다. 만약 static file로 지정하지 않으면 플라스크 인스턴스는 "/python.jpg" URL에 해당하는 함수를 찾을 것이고 python.jpg를 처리할 수 없기 때문에 404 Not Found 에러가 발생합니다.

Template

플라스크에서는 HTML을 효율적으로 생성할 수 있게 진자2[JINJA2] 라는 템플릿 엔진을 가지고 있습니다.

render_template() 함수는 템플릿 파일을 읽어와서 입력한 변수 값들을 적용해 HTML 형태의 문자열을 넘겨줍니다. render_template() 함수의 첫 번째 인자에는 읽어올 템플릿 파일의 이름을 전달하고, 두 번째 인자에는 템플릿에 적용할 변수를 사전 형식으로 전달합니다.

```
@app.route('/python')
def hello_python():
    data = request.args.get('word', '')
    return render_template('python.html', word=data)
```

python.html 파일은 templates 디렉터리에 있어야 하고, python.html의 내용은 다음과 같습니다.

```
{% if word %}
  <p>Python is {{ word }}!</p>
{% else %}
  <p>Hello Python!</p>
{% endif %}
```

위 템플릿은 키워드를 입력하지 않으면 "Hello Python!"이 출력되고 키워드를 지정하면 "Python is 〈INPUT-KEYWORD〉"가 출력됩니다.

진자2 ^{JINJA2} 는 입력받은 변수 값을 해당 위치에 치환하는 것에 그치지 않고 if 문과 같은 제어문과 반복 문을 사용할 수 있으며, 심지어 상속까지 할 수 있습니다. 진자2에 관한 자세한 내용은 다음 URL을 참 고하세요(http://jinja.pocoo.org/docs/2.9/templates/).

06 구글 클라우드 소스 저장소

클라우드 소스 저장소 ^{Cloud source repositories} 는 구글 클라우드 플랫폼에서 제공하는 깃 저장소입니다. 아직 베타 서비스이지만 1GB의 저장 공간을 지원하고, 깃의 모든 기능을 제공하며, 깃허브와 같은 외부 깃 과 미러링 ^{mirroring} 도 가능합니다. 아래에 만들 북마크 애플리케이션 소스 코드는 클라우드 소스 저장소 에서 관리하겠습니다.

우선 소스 코드를 저장할 저장소 ^{repository} 를 만들겠습니다. 콘솔 메인 메뉴에서 **《O》** 개발을 선택하면 저장소 페이지로 이동합니다.

저장소 만들기를 누르고 저장소 이름(여기서는 bookmark라고 입력하겠습니다)을 입력하면 다음과 같이 저장소가 생성됩니다.

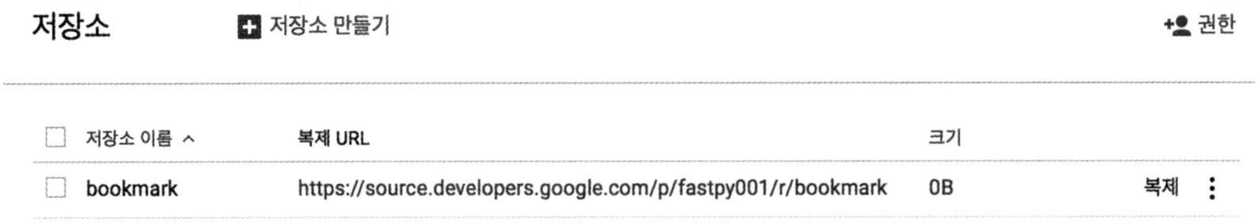

　 ➕ 저장소 만들기 　　　　　　　　　　　　　　　　　　　　 ＋👤 권한

	저장소 이름 ∧	복제 URL	크기	
☐	bookmark	https://source.developers.google.com/p/fastpy001/r/bookmark	0B	복제 ⋮

그림 22-6 저장소 리스트

bookmark 저장소가 생겼으므로 깃을 사용해 이 저장소를 복제하거나, 수정 사항을 커밋^{commit} 할 수 있습니다. 이 저장소를 구글 클라우드 셸에 복제^{Clone} 하겠습니다. bookmark 저장소를 복제하려면 클라우드 셸에서 다음 명령어를 입력합니다.

```
$ gcloud source repos clone bookmark --project=fastpy001
```

성공적으로 복제가 완료되면 bookmark라는 디렉터리가 생성됩니다. bookmark 저장소로 이동해서 파일을 하나 생성하겠습니다.

```
$ cd bookmark
$ vi bookmark.py
print ("it is bookmark app")
```

방금 생성한 파일을 깃 스테이징^{Git staging} 에 반영합니다. 스테이징 상태는 커밋^{commit} 되기 전의 중간 단계입니다. 즉 아직 깃 저장소에 파일이 포함된 건 아닙니다.

```
$ git add bookmark.py
```

더 이상 파일을 수정할 사항이 없다면 깃 저장소에 변경사항을 알려줘야 합니다. 이는 커밋 명령어로 이뤄집니다. -m 옵션을 사용해서 commit 메시지를 적어 줍니다. git log 명령어로 방금 전에 커밋한 내용을 볼 수 있습니다.

```
$ git commit -m "initial commit"
[master (root-commit) 63c797c] initial commit
 1 file changed, 2 insertions(+)
 create mode 100644 bookmark.py
```

```
$ git log
commit 63c797c7c21ad96910176f92b2e04d5f28c184bb
Author: Dongjin Choi <m****.choi@gmail.com>
Date:   Fri Apr 21 15:24:52 2017 +0900
    initial commit
```

위 커밋은 구글 클라우드 셸 혹은 로컬 시스템에만 존재합니다. 해당 커밋을 서버 즉, 구글 클라우드 저
장소에 저장하려면 다음 명령어를 입력해야 합니다.

```
$ git push -u origin master

Counting objects: 3, done.
Writing objects: 100% (3/3), 249 bytes | 0 bytes/s, done.
Total 3 (delta 0), reused 0 (delta 0)
remote: Approximate storage used: 249.0B/8.0GiB (this repository 249.0B)
To https://source.developers.google.com/p/fastpy001/r/bookmark
 * [new branch]      master -> master
Branch master set up to track remote branch master from origin.
```

이제서야 bookmark.py 소스 코드가 구글 클라우드 저장소에 저장됐습니다. 콘솔 메뉴에서 소스 코드
메뉴를 선택하면 방금 올린 bookmark.py가 보이고 커밋 메시지도 확인할 수 있습니다.

그림 22-7 소스 코드 메뉴에서 bookmark.py 목록과 커밋 메시지 확인

위 예제는 클라우드 셸에서 작업했는데, 로컬 시스템에서 작업하고 싶다면 어떻게 하면 될까요? 로컬 시스템에 Google Cloud SDK를 설치해서 gcloud 명령어로 저장소를 복제하면 됩니다. 만약 로컬 시스템에 깃은 설치돼 있지만 Google Cloud SDK는 설치하기 싫다면 Git 사용자 인증을 하고 깃을 복제^{Clone} 하면 됩니다.

저장소의 복제 버튼을 누르고 선호하는 인증 방식 선택을 "수동으로 생성된 사용자 인증 정보"로 선택하면 다음 그림과 같이 저장소를 복제할 방법이 나타납니다.

저장소 복제 중

Cloud Repository의 로컬 복제본을 생성하여 빠르게 설정할 수 있습니다.

선호하는 인증 방식 선택:
수동으로 생성된 사용자 인증 정보 ▾

1. Git 사용자 인증 정보 생성 및 저장

2. 저장소 복제:

```
$ git clone https://source.developers.google.com/p/fastpy001/r/bookmark
```

3. 새 로컬 Git 저장소로 전환:

```
$ cd fastpy001
```

로컬 저장소에 코드를 커밋한 후 다음 명령어를 사용해 Cloud Repository로 푸시하세요.

```
$ git push -u origin master
```

OK

그리고 깃허브의 저장소와 연결하고 싶다면 저장소를 생성할 때 깃허브와 미러링을 선택하면 됩니다.

07 구글 클라우드 데이터스토어(Google Cloud Datastore)

북마크 애플리케이션을 만들기 위한 준비가 거의 다 끝났습니다. 마지막으로 한 가지만 더 짚고 넘어가 겠습니다. 사용자로부터 입력받은 북마크 정보를 어디에 저장할까요? 일반 웹 서비스 환경이라면 조금 골치 아픈 문제지만, 구글 클라우드 플랫폼에서는 Google Cloud SQL, Google Cloud DataStore, MongoDB, Google Cloud Spanner, Google Cloud Bigtable과 같은 여러 가지 데이터 서비스를 제공하고 있습니다.

북마크 애플리케이션은 별다른 설정 없이 쉽게 데이터를 관리할 수 있는 구글 클라우드 데이터스토어 Google Cloud Datastore 를 사용하겠습니다.

구글 클라우드 데이터의 특징은 다음과 같습니다.

- 전통적인 관계형 데이터베이스가 아닌 NoSQL 데이터베이스입니다.
- Datastore를 사용하기 위한 특별한 설정이 필요 없습니다.
- 데이터베이스 사용량에 따라서 자동으로 확장되므로 자원 할당^{provisioning} 이나 로드 관리$^{load\ managing}$ 에 신경 쓸 필요가 없습니다.
- 필터 및 정렬 기능을 지원합니다.
- 서버에 데이터가 저장될 때 자동으로 암호화가 적용됩니다.
- 앱 엔진, 구글 컴퓨터 엔진에서 쉽게 사용할 수 있습니다.

데이터스토어에서는 데이터 객체를 항목^{entity} 이라고 부릅니다. 항목은 SQL에서 테이블의 행^{row} 과 같은 의미라고 생각하면 됩니다. 우선 북마크 애플리케이션을 위한 항목 하나를 생성하겠습니다.

콘솔 메인 메뉴에서 ▦ **Datastore** 메뉴를 선택한 다음 [항목 생성] 버튼을 누릅니다.

항목 만들기 페이지에서 종류^{Kind} 에는 bookmark라고 입력합니다. 종류는 데이터스토어에서 비슷한 항목들을 묶어두는 카테고리입니다. 데이터를 쿼리(query)하기 위해서는 범위를 지정해야 하는데, 이때 종류를 지정합니다. SQL의 테이블과 비슷한 의미입니다.

이이서 bookmark 항목에 포함될 속성을 지정합니다. 북마크 애플리케이션에는 북마크 네임(문자열), URL(문자열), 생성일(날짜, 시간) 3가지 속성이 필요합니다. [속성 추가] 버튼을 눌러서 필요한 속성을 추가합니다. 속성은 SQL의 필드^{Field} 혹은 컬럼^{Column} 이라고 생각하면 됩니다. 아래에 있는 [저장] 버튼을 누르면 항목 하나가 생성되고, SQL로 설명하면 name, url, date 필드를 가진 bookmark 테이블에 하나의 row가 들어 있는 상태입니다.

네임스페이스: ❷	[기본값]
종류: ❷	bookmark
키: ❷	bookmark id:5649391675244544
키 리터럴: ❷	Key(bookmark, 5649391675244544)
URL 보안 키: ❷	agtifmZhc3RweTAwMXIVCxIIYm9va21hcmsYgI CAgPjChAoM

속성

date: 2017-04-22 (09:56:59.526) J...	
name: naver	색인 생성됨
url: http://www.naver.com	

＋ 속성 추가

저장 취소

그림 22-8 bookmark에 항목 추가

구글 클라우드 콘솔 페이지에서 방금 생성한 항목을 확인할 수 있으며, [항목 필터링] 버튼을 눌러 원하는 조건으로 항목을 검색할 수도 있습니다. 클라우드 데이터스토어가 NoSQL 데이터 베이스이긴 하지만 SQL을 쓸 수 없는 건 아닙니다. 구글에서는 GQL이라는 SQL과 비슷한 데이터 쿼리 언어를 제공합니다. 항목 페이지에서 [GQL로 쿼리] 탭을 누르면 쿼리를 입력하는 창이 나타납니다. 여기에 쿼리를 직접 입력해서 항목을 검색할 수 있습니다. 자세한 사항은 다음 URL을 참고하세요(https://cloud.google.com/datastore/docs/reference/gql_reference).

그림 22-9 종류별 쿼리

그럼 데이터스토어에 어떻게 데이터를 넣고 조회할 수 있을까요? 이번 장의 앞부분에서 잠깐 설명했듯이 이를 위한 파이썬 모듈이 있습니다. bookmark.py에 데이터스토어에서 데이터를 가져오는 간단한 예제를 추가해 보겠습니다.

예제 bookmark.py datastore에서 bookmark의 항목 읽어 오기

```python
from google.cloud import datastore

YOUR_PROJECT_ID = "fastpy001"
DS_KIND = "bookmark"
bookmark_list = []  # data store에 가져온 값을 저장할 리스트

def get_client():
    return datastore.Client(YOUR_PROJECT_ID)

def get_list():
    ds = get_client()  # datastore 클라이언트 인스턴스를 생성합니다.
    # 데이터를 가져오기 위한 쿼리를 생성합니다.
    # 가져올 종류(kind)를 bookmark로 설정하고 name을 기준으로 정렬합니다.
    query = ds.query(kind=DS_KIND, order=['name'])
    # query.add_filter('name', '=', 'naver')  필터를 적용합니다.
    query_iter = query.fetch()
    for entity in query_iter:
        print ("id:" + str(entity.key.id) + " name:" + entity['name'])
        entity['id'] = entity.key.id
        bookmark_list.append(entity)

    return bookmark_list

if __name__ == '__main__':
    get_list()
```

데이터스토어에서 읽어온 항목은 일반적으로 파이썬의 사전 형식과 비슷하게 생긴 데이터 구조를 가지고 있습니다.

```
[Entity{key: (kind, id), prop: val, ...}]
```

실제 데이터가 저장된 곳은 prop 영역으로 entiry['속성']으로 읽어오면 됩니다.

또는 다음과 같이 사용할 수도 있습니다.

```
>>> entity.keys()
['name', 'url', 'date']
>>> entity.items()
['name', 'naver'), ('url', 'http://www.naver.com'), ('date', datetime.datetime(2017, 4, 22, 0, 56,
59, 526000, tzinfo=<UTC>))]
```

bookmark.py를 구글 클라우드 셸에서 실행해 보겠습니다.

```
$ virtualenv -p python3 env
$ source env/bin/activate
(env)$ pip install google-cloud #google cloud를 설치합니다.
(env)$ python bookmark.py
id:5649391675244544 name:naver
```

구글 데이터스토어로부터 정상적으로 데이터를 읽어오는 것을 확인할 수 있습니다.

데이터스토어에 데이터를 입력하거나 삭제, 업데이트도 간단하게 처리할 수 있습니다.

```
def update(data, id=None):
    ds = get_client()
    # id가 있으면 기존 key를 가져오고, id가 없으면 새로운 key를 생성합니다.
    if id:
        key = ds.key(DS_KIND, int(id))
    else:
        key = ds.key(DS_KIND)
    # Entity Object 생성 - date, url속성은 색인에서 제외합니다.
    entity = datastore.Entity(key=key,
        exclude_form_indexes=['date','url'])
    entity.update(data)
    # entity['name'] = 'daum' update 함수 대신 속성값을 이렇게 지정할 수 있습니다.
    ds.put(entity) # datastore에 entity를 저장합니다.
    return entity.key.id
```

```
    add = update

def delete(id):
    ds = get_client()
    key = ds.key(DS_KIND, int(id)) # id에 해당하는 key를 가져옵니다.
    ds.delete(key) # 데이터 삭제
```

bookmark.py의 전체 코드는 다음과 같습니다.

예제 bookmark.py 전체 소스 코드

```
from datetime import datetime
from google.cloud import datastore

YOUR_PROJECT_ID = "fastpy001"
DS_KIND = "bookmark"
bookmark_list = []

def get_client():
    return datastore.Client(YOUR_PROJECT_ID)

def get_list():
    ds = get_client() #datastore 클라이언트를 인스턴스를 생성합니다.
    # 데이터를 가져오기 위한 쿼리를 생성합니다.
    # 가져올 종류(kind)를 bookmark로 설정하고 name을 기준으로 정렬합니다.
    query = ds.query(kind=DS_KIND, order=['name'])
    # query.add_filter('name', '=', 'naver')  필터를 적용합니다.
    query_iter = query.fetch()
    bookmark_list.clear()
    for entity in query_iter:
        #print ("id:" + str(entity.key.id) + " name:" + entity['name'])
        entity['id'] = entity.key.id
        bookmark_list.append(entity)

    return bookmark_list

def update(data, id=None):
    ds = get_client()
```

```
        # id가 있으면 기존 key를 가져오고, id가 없으면 새로운 key를 생성합니다.
        if id:
            key = ds.key(DS_KIND, int(id))
        else:
            key = ds.key(DS_KIND)
        # Entity Object 생성 - date, url속성은 색인에서 제외합니다.
        entity = datastore.Entity(key=key,
            exclude_from_indexes=['date','url'])
        entity.update(data)
        # entity['name'] = 'daum'  update 함수 대신 속성값을 이렇게 지정할 수 있습니다.
        ds.put(entity)
        return entity.key.id


add = update


def delete(id):
    ds = get_client()
    key = ds.key(DS_KIND, int(id)) # id에 해당하는 key를 가져옵니다.
    ds.delete(key) # 데이터 삭제


if __name__ == '__main__':
    print ("it is bookmark app")
    newbm = {"name":"google", "url":"http://www.google.com", "date": datetime.now() }
    print("insert google url to bookmark")
    id = add(newbm)
    print ("added key's id:" + str(id))
    get_list()
    for en in bookmark_list:
        print ("id:" + str(en['id']) + " name:" + en['name'])
    print("delete google url")
    delete(id)
    get_list()
    for en in bookmark_list:
        print ("id:" + str(en['id']) + " name:" + en['name'])
```

코드를 실행하면 다음과 같이 출력됩니다.

```
insert google url to bookmark
added key's id:5720147234914304
id:5720147234914304 name:google
id:5649391675244544 name:naver
delete google url
id:5649391675244544 name:naver
(env) milkelf_choi@fastpy001:~/bookmark$
```

08 북마크 애플리케이션

지금까지 배운 내용을 이용해 북마크 리스트를 보여주고 북마크를 추가하거나 삭제할 수 있는 간단한 웹 애플리케이션을 만들겠습니다. 데이터스토어로부터 데이터를 가져오거나 추가, 삭제하는 프로그램은 앞서 만든 bookmark.py를 이용합니다.

먼저 URL이 "/" 이면 데이터스토어로부터 북마크 리스트 ^{bookmark list}를 읽어 오고, 이를 home.html 템플릿 파일에 적용해 출력합니다. 템플릿 파일을 보면 for 문을 사용해 bookmark 리스트를 HTML 문장으로 만듭니다.

```
{% for bookmark in bookmarks %}
    <div style="margin-top: 15px">
    <input type="checkbox" name="check" value={{bookmark.id}} />
    <a style="text-decoration: none;" href="{{bookmark.url}}">
        {{bookmark.name}}
    </a>
    </div>
{% else %}
    <p>No bookmark</p>
{% endfor %}
```

북마크를 추가하는 URL은 "/addbookmark"이며, POST 메서드로 호출될 때 동작합니다. request.form.to_dict는 request 객체로부터 파라미터 값을 사전 형식으로 읽어 옵니다. add에 성공하면 redirect 함수를 이용해 "/"으로 이동합니다.

```
data = request.form.to_dict(flat=True)

id = add(data)
print ("added id is " + str(id))

return redirect("/")
```

북마크를 삭제하는 기능은 "/delbookmark"에서 처리합니다. home.html의 체크박스를 선택하고 삭제 버튼을 누르면 request 객체에 선택한 체크박스의 값이 전달되며, 이는 getlist() 함수로 가져올 수 있습니다.

```
data = request.form.getlist('check')
```

북마크 앱을 gcloud app depoy 명령어로 배포하면 브라우저에 다음과 같은 페이지가 나올 것입니다.

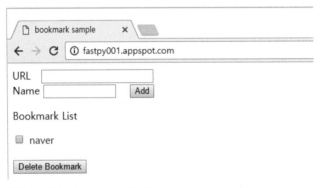

그림 22-10 bookmark app 실행 결과

간단한 애플리케이션을 만들면서 구글 클라우드 플랫폼과 앱 엔진의 사용법을 알아봤습니다. bookmark.py를 제외한 전체 코드를 살펴보겠습니다.

예제 main.py main.py의 전체 소스 코드

```
from flask import redirect, render_template, request, url_for, Flask, current_app
from bookmark import get_list, add, delete # bookmark 모듈 임포트


app = Flask(__name__)
app.debug = True        # debug mode
```

```python
@app.route('/')
def bookmarklist():
    """Return a friendly HTTP greeting."""
    bookmarks = get_list()
    return render_template(
        "home.html",
        bookmarks=bookmarks)


@app.route('/addbookmark', methods=['POST'])
def addbookmark():
    if request.method == 'POST':
        data = request.form.to_dict(flat=True)

        id = add(data)
        print ("added id is " + str(id))

        return redirect("/")

    return "error"


@app.route('/delbookmark', methods=['POST'])
def delbookmark():
    if request.method == 'POST':
        data = request.form.getlist('check')
        for id in data:
            delete(int(id))
            print ("deleted id is " + str(id))

        return redirect("/")

    return "error"
if __name__ == '__main__':
    app.run(host='127.0.0.1', port=8080)
# [END app]
```

예제 home.html 템플릿 파일의 전체 소스 코드

```html
<html lang="ko">

<head>
    <title>bookmark sample</title>
    <meta charset="utf-8">
    <meta name="viewport" content="width=device-width, initial-scale=1">
</head>

<body>
    <div>
        {# [START form] #}
        <form method="POST" action="/addbookmark" enctype="multipart/form-data">
            <label for="url">URL</label>  
            <input type="text" name="url" id="url" size="21" value="" />
            <br>
            <label for="name">Name</label>
            <input type="text" name="name" size="12" id="name" value="" />   
            <button type="submit">Add</button>
        </form>
        {# [END form] #}
    </div>
    <div>
        <p>Bookmark List</p>
    </div>
    <div id='bookmark_list'>
        <form method="POST" action="/delbookmark" enctype="multipart/form-data">
            {% for bookmark in bookmarks %}
            <div style="margin-top: 15px">
                <input type="checkbox" name="check" value={{bookmark.id}} />
                <a style="text-decoration: none;" href="{{bookmark.url}}">
                    {{bookmark.name}}
                </a>
            </div>
            {% else %}
            <p>No bookmark</p>
            {% endfor %}
```

```
        <br>
        <button type="submit">Delete Bookmark</button>
      </form>
    </div>
  </body>

</html>
```

09 ## Standard 환경에서의 북마크 애플리케이션

지금까지는 flexible 환경에서 북마크 애플리케이션을 개발했습니다. 사실 flexible 환경은 standard 환경의 전문가 버전쯤 되기 때문에 빠르고, 짧은 시간에 많은 요청을 처리할 수 있지만, 사용료가 비쌉니다. standard 환경에서는 파이썬 3을 사용할 수 없고 몇 가지 제약이 있긴 하지만 대부분 애플리케이션을 개발하고 배포하는데 부족함이 없습니다. 이번 절에서는 북마크 애플리케이션을 살펴보면서 standard와 flexible의 차이점을 비교해 보겠습니다.

외부 라이브러리 사용

Standard 환경에서도 구글 앱 엔진에서 지원하는 몇 가지 서드파티를 사용할 수 있습니다. 플라스크도 구글 앱 엔진에서 지원하는 서드파티 중 하나입니다. 지원 목록은 다음 URL을 참고하세요(https://cloud.google.com/appengine/docs/standard/python/tools/built-in-libraries-27).

일단 라이브러리를 사용하기 위한 설정을 해야 합니다. app.yaml과 같은 경로에 appengine_config.py 파일을 생성하고, 다음과 같이 작성합니다.

```
from google.appengine.ext import vendor

# Add any libraries installed in the "lib" folder.
vendor.add('lib')
```

위 파일은 앱이 어디서 라이브러리 파일을 찾을지 알려주는 역할을 합니다. 앱이 실행될 때 WSGI를 실행시키는 곳에서 자동으로 임포트 해줍니다.

이 ('lib') 폴더에 플라스크를 설치하겠습니다.

```
pip install -t lib flask # 플라스크가 lib 디렉터리에 설치됩니다.
```

앱 엔진 설정 파일(app.yaml)

설정 파일의 내용도 flexible과 약간 다릅니다.

```
# [START runtime]
runtime: python27
api_version: 1
threadsafe: true
# [END runtime]

# [START handlers]
handlers:
- url: /static
  static_dir: static
- url: /.*
  script: main.app
# [END handlers]
```

일단 runtime에서 파이썬 2.7을 사용하게 설정돼 있습니다. script 부분에 WSGI 인스턴스가 있는 파이썬 모듈의 경로를 작성합니다. flexible에서는 WSGI 웹 서버 gunicon이 직접 실행됐다면, standard는 외부의 WSGI 웹 서버가 script에 적힌 모듈을 임포트하는 구조입니다.

구글 데이터스토어

Standard 환경에서도 클라우드 데이터스토어에 데이터를 조회하고 저장할 수 있지만, 지원하는 파이썬 모듈이 다릅니다. NDB Client 라이브러리는 구글 클라우드 데이터스토어를 앱 엔진 애플리케이션과 연결해주는 파이썬 모듈입니다. 모듈은 다르지만 flexible의 datastore 모듈과 사용 방법은 아주 비슷합니다.

다음 예제에서는 ndb.Model 객체를 받아서 bookmark class를 만들었습니다. 이 모델 클래스는 항목^{entity}을 가리키는 클래스로 각 프로퍼티의 데이터 타입과 설정을 가지고 있습니다. 항목은 이 클래스의 생성자를 호출하는 것만으로도 생성되고, put() 메서드를 호출하면 데이터스토어에 저장됩니다. 그리고 클래스 이름은 종류^{Kind}가 됩니다.

예제 bookmark.py ndb를 사용한 bookmark.py, flexible 환경에서 만든 파일과 기능은 같음

```python
from google.appengine.ext import ndb
import time
bookmark_list = []
#create bookmark model.
class bookmark(ndb.Model):
    date = ndb.DateTimeProperty(auto_now_add=True)
    name = ndb.StringProperty()
    url = ndb.StringProperty()
    @classmethod
    def query_bookmark(cls):
        return cls.query().order(-cls.date) #order by date, descending
def get_list():
    del bookmark_list[:]
    bms = bookmark.query_bookmark().fetch() #query bookmark
    for bm in bms:
        entity = {}
        entity['name'] = bm.name
        entity['url'] = bm.url
        entity['id'] = bm.key.id()
        #print (entity)
        bookmark_list.append(entity)
    return bookmark_list
def update(data, id=None):
    #bm  bookmark()
    if id:
        bm = ndb.Key('bookmark', id)
    else:
        bm = bookmark()
        bm.id = int(time.time())

    bm.name = data['name']
    bm.url = data['url']
    bm_key = bm.put()
```

```
    return bm_key.id()

add = update

def delete(id):
    del_key = ndb.Key('bookmark', id)
    del_key.delete()
```

웹 미리보기와 배포

Standard 환경에서도 Flexible 환경처럼 앱을 미리 실행해서 정상적으로 동작하는지 확인할 수 있습니다. Flexible 환경에서는 앱을 실행하면 되지만, Standard 환경에서 웹 미리보기 기능을 사용하려면 dev_appserver.py 명령어를 이용해 개발 서버에 우리가 만든 앱을 등록해야 합니다.

```
$ dev_appservice.py app.yaml
```

웹 미리보기를 수행하면 홈 디렉터리에 index.yaml이 자동으로 생성됩니다. 이는 ndb가 쿼리[query]를 효율적으로 수행하기 위한 색인[index] 정보를 담은 파일입니다. 물론 ndb를 사용한 앱에서만 생성됩니다.

다음 명령으로 색인 정보를 데이터스토어에 적용합니다.

```
$ gcloud datastore create-indexes index.yaml
```

등록된 색인 정보는 데이터스토어 메뉴의 색인 메뉴에서 확인할 수 있습니다.

그리고 앱 배포는 flexible과 동일하게 gcloud를 이용합니다.

```
$ gcloud app deploy app.yaml
```

다음과 같이 index.yaml을 동시에 등록할 수 있습니다.

```
$ gcloud app deploy app.yaml index.yaml
```

지금까지 구글 앱 엔진과 구글 클라우드 플랫폼에 대해서 배워봤습니다. 구글 클라우드 플랫폼이 지원하는 서비스와 기능이 너무 방대고 우리가 배운 부분은 극히 일부분이지만, 이번 장을 바탕으로 필요한 부분들을 배워 나가면 웹 애플리케이션을 만드는 데 큰 도움이 될 것입니다.

3부

실전 프로젝트

지금까지 배운 파이썬 지식으로 재미있고 유용한 실전 프로젝트를 진행합니다.

- 머신러닝 - 결정 트리(Decision Tree)를 기반으로 운동 경기 결과 예측하기
- 아마존 알렉사 기반의 음성 서비스 개발하기
- 부동산 텔레그램 봇
- 라즈베리 파이로 미세먼지 측정기 만들기

23

머신러닝 -
결정 트리(Decision Tree)를
기반으로 운동 경기 결과 예측하기

머신 러닝^{Machine Learning}은 데이터를 기반으로 컴퓨터에게 원하는 행동을 스스로 할 수 있도록 학습시키는 알고리즘과 관련 기술을 개발하는 분야로, 컴퓨터 과학 분야에서 가장 흥미로운 분야 중 하나입니다. 예를 들어, 지메일^{Gmail}은 수신한 메일의 제목과 내용을 바탕으로 스팸인지 아닌지 스스로 분류하고 있으며, 잘 학습된 컴퓨터는 환자의 증상을 바탕으로 정확한 병명을 진단할 수 있는 단계까지 발전했습니다. 특히 요즘 시대에는 IoT^{Internet of Things}와 모바일을 통하여 지속해서 생성되는 데이터와 이를 처리할 수 있는 충분한 컴퓨팅 자원이 확산되면서 다양한 머신 러닝 알고리즘과 프로그램들이 오픈소스 기반으로 개발되고 있습니다.

이번 장에서는 머신 러닝의 간단한 소개와 더불어 결정 트리^{Decision Tree}를 기반으로 운동 경기의 결과를 예측하는 예제를 살펴보면서 파이썬의 scikit-learn을 활용하는 법을 알아보고자 합니다.

- 지도 학습이란
- 개발 환경 설정 : scikit-learn과 pandas
- 분류 문제와 결정 트리

- 교차 검증
- NBA 경기 데이터 수집 및 전처리
- 결정 트리를 이용한 NBA 경기 결과 예측

01 지도 학습이란

머신 러닝은 학습에 쓰이는 데이터의 타입과 학습 방법에 따라서 크게 지도 학습, 비지도 학습, 강화 학습으로 분류합니다. 이번 장에서는 지도 학습 중의 하나인 결정 트리를 이용할 예정이며, 그에 앞서 지도 학습에 대해서 간략히 알아보겠습니다.

지도 학습Supervised Learning 이란 주어진 학습 데이터에 어떠한 결과가 도출될지 쌍으로 명시된 데이터로 학습하고, 이 데이터를 이용하여 결과를 예측할 수 있는 모델을 만든 다음, 이를 바탕으로 새로운 입력 데이터에 대해서 결과를 예측하는 것을 말합니다. 이러한 과정은 유치원에서 선생님에게 한글을 배우는 어린이가 글을 읽을 때, 처음에는 무엇이 맞고, 틀리는지 학습 과정에서 알려주고, 이러한 반복된 과정을 통하여 스스로 한글을 읽을 수 있는 능력을 키우는 것과 유사하므로 '지도' 학습이란 이름이 붙게 됐습니다. 여기서 학습 데이터에 쌍으로 주어진 결괏값을 레이블(Label)이라고 하며, 다음과 같은 단계를 거치게 됩니다.

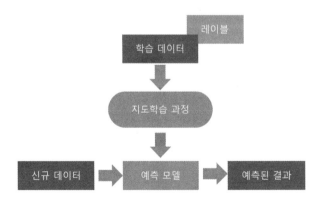

그림 23-1 지도 학습 과정

1. 학습에 사용할 데이터를 정하고, 이를 수집합니다. 지도 학습에서 학습 데이터는 레이블을 가지고 있어야 하며, 전체 데이터에서 골고루 분포되도록 선별해야 추후 생성된 모델이 학습 데이터에 편향되는 것을 예방할 수 있습니다.

2. 데이터의 어떤 특징feature 을 어떻게 표현하여 학습시킬지 결정하고, 필요한 경우 데이터를 가공합니다. 스팸 메일을 분류하기 위한 메일 데이터의 경우 발신인, 수신인, 제목, 내용을 가지고 있습니다. 여기서 제목을 지도 학습에 사용할 특징으로

선정했다면 매번 제목의 문자열을 분석하는 대신에 제목에 지정한 스팸 키워드가 있는 경우에는 'True'로 표기해 두는 것이 지도 학습의 알고리즘이 처리하기 좋습니다. 이러한 과정을 전처리^{preprocessing} 라 하며, 잡음^{Noise} 이 있는 데이터를 제거하거나, 일부 누락된 특징의 값을 적절한 예측 과정을 통해 추가하는 등의 작업을 수행합니다.

3. 지도 학습의 알고리즘을 선택합니다. 은닉 마르코프 모델^{Hidden Markov Model} , 서포트 벡터 머신^{Support Vector Machine} , 회귀 분석^{Regression} , 신경망^{Neural Network} , 나이브 베이즈 분류^{Naive Bayes Classification} , 결정 트리^{Decision Tree} 등의 다양한 알고리즘 있고, 각각의 특징과 추정 방법도 다양하므로 적용할 분야에 맞는 적절한 알고리즘을 선택해야 합니다.

4. 학습 데이터를 이용해 모델을 학습시키고, 생성된 모델을 평가^{Validation} 합니다. 이때 학습 데이터와 별도로 검증을 위한 데이터가 추가로 필요하며, 평가 방법으로는 정확도^{Accuracy} , 오차 비율^{Error rate} , 민감도^{Sensitivity} 등이 사용됩니다.

5. 평가 결과가 원하는 예측 수준임이 검증됐다면 이제 새로운 데이터로 결과를 예측해봅니다.

지도 학습은 학습 데이터마다 정답인 레이블을 가지고 있으므로 다른 방식에 비해 보다 정확한 학습을 진행할 수 있지만, 원하는 데이터를 생성하고, 수집하는데 상대적으로 큰 비용이 드는 문제가 있습니다.

뱀잡기 🐍

강화 학습과 비지도 학습

강화 학습^{Reinforcement Learning} 은 주어진 환경^{Environment} 의 상태^{State} 에서 어떠한 연속된 일련의 행동^{Action} 들에 대해 보상^{Reward} 을 통하여 원하는 행위를 강화하도록 에이전트 학습시키는 것입니다. 강아지를 훈련할 때 훈련을 잘 따르면 상을 주고, 잘 따르지 못하면 벌을 주는 것과 유사합니다. 여기서 강화 학습의 보상이 지도 학습의 레이블과 다른 점은 지도 학습의 경우에는 즉각적이고 명확한 상관관계를 가지고 있지만, 강화 학습은 훈련하고자 하는 모델에 대해서 즉각적이고 명확한 상관관계를 기술하기 어렵습니다. 예를 들어 바둑이나 장기는 한수 한수가 모여서 승패를 이루는 것이기 때문에 모든 게임에 승리할 수 있는 단 한 수를 찾는 것은 불가능합니다. 즉, 강화 학습은 지도 학습처럼 올바른 방법을 미리 학습하는 것이 아니라, 주어진 환경에 대해서 시행착오^{Trial-and-Error} 를 거치면서 보상을 최대화하는 방법을 스스로 배우는 것으로 이러한 특징으로 인하여 로봇이나 인공 지능 분야에서 많이 활용됩니다.

그림 23-2 강화 학습 과정

올바른 정답을 이미 알고 있는 지도 학습이나 보상에 대해 정의할 수 있는 강화 학습과 다르게, 비지도 학습^{Unsupervised Learning} 은 올바른 정답을 모르거나 보상에 대해 정의할 수 없는 데이터에 숨겨진 의미 있는 정보를 찾는 것을 목적으로 하며, 수많은 사진을 스스로 적절하게 분리하는 것이 그 예입니다.

02 개발 환경 설정 : scikit-learn과 pandas

파이썬은 머신 러닝과 데이터 마이닝 분야에서 가장 많이 사용되는 언어로 scikit-learn, PyML 등의 다양한 라이브러리를 제공하고 있습니다. 이번 예제에서 주로 사용할 라이브러리는 scikit-learn으로 NumPy, SciPy, matplot 등의 라이브러리를 기반으로 구현됐기 때문에 데이터를 변환하거나, 이를 그래프로 도식화하기가 매우 쉽습니다. 또한 오픈 소스로 개발되고 있으며, 상업적으로 이용할 수도 있고, 윈도우, 맥, 리눅스 등 다양한 운영체제에서 사용할 수 있어서 가장 많이 사용되고 있습니다.

그림 23-3 scikit-learn 홈페이지

다음과 같이 numpy, scipy, scikit-learn을 설치합니다.

```
$ pip install numpy, scipy, scikit-learn
```

또한 예제에서 사용할 데이터는 테이블 형태로, 컬럼을 쉼표(,)로 구분한 CSV ^{comma-separated values} 포맷입니다. 이 데이터를 손쉽게 처리하기 위하여 pandas ^{Python Data Analysis} 라이브러리를 이용할 예정이며, pandas 라이브러리는 다음과 같이 설치합니다.

```
$ pip install pandas
```

분류 문제와 결정 트리

주어진 데이터가 어디에 속하는지 예측하는 문제를 분류 [Classification] 문제라고 하며, 개, 고양이처럼 선택 항목이 두 가지인 경우를 이항 클래스 분류, NBA 팀에서 올해 챔피언에 오를 팀을 맞추는 경우와 같이 선택 항목이 여러 가지인 경우를 다중 클래스 분류라고 합니다. 즉, 훈련 데이터에서 관심을 두는 하나 이상의 특성 값과 그와 연관된 클래스 혹은 타겟 값을 바탕으로 모델을 학습시키고, 학습된 모델을 이용하여 테스트 데이터의 특성 값으로부터 클래스 값을 예측하는 것입니다. 분류 문제의 해결은 지도 학습 중 회귀 분석, 서포트 벡터 머신, 결정 트리 등으로도 가능합니다.

결정 트리 [Decision Tree] 는 지도 학습의 하나로 훈련 데이터로부터 트리 형태의 분류기 [Classifier] 를 구축하여 테스트 데이터에 대해서 그에 맞는 클래스 값을 예측하는 것입니다. 여기서 단말 노드는 최종 의사 결정 결과를 나타내며, 단말 노드를 제외한 노드들은 결정 노드로서 입력된 특성에 대해서 데이터 값을 평가하는 데 사용됩니다. 다음은 밖에 나갈 것인지, 집에 있을 것인지를 판단하는 결정 트리를 도식화한 것으로, '온도가 30도 이상인지', '바람이 시원한지', '비가 오는지'를 밖에 나갈 것인지 판단하는 특성 값으로 사용했습니다.

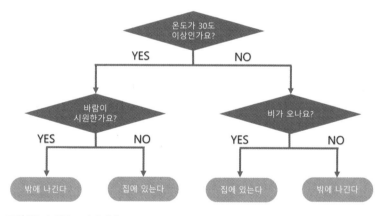

그림 23-4 결정 트리의 예제

분류 문제의 예제로 자주 사용되는 데이터 중에 로널드 피셔 [Ronald Fisher] 의 붓꽃 [아이리스, Iris] 데이터가 있으며, 붓꽃은 그 모양에 따라서 다음과 같이 Setosa, Versicolor, Virginica로 구분할 수 있습니다.

그림 23-5 붓꽃의 종류: Setosa, Versicolor, Virginica

이 붓꽃 데이터는 꽃잎과 꽃받침의 길이와 너비를 각각 측정한 데이터로 총 150개로 구성돼 있으며, 데이터별로 그 꽃이 Setosa, Versicolor, Virginica 중 어디에 속하는지 명시돼 있습니다.

표 23-1 붓꽃 데이터의 예제

꽃받침 길이	꽃받침 너비	꽃잎 길이	꽃잎 너비	종류
5.1	3.5	1.4	0.2	Setosa
4.9	3.0	1.4	0.2	Setosa
7.0	3.2	4.7	1.4	Versicolor
6.4	3.2	4.5	1.5	Versicolor
6.3	3.3	6.0	2.5	Virginica
5.8	2.7	5.1	1.9	Virginica

이번에는 이 붓꽃 데이터를 이용해 결정 트리를 학습시키고, 예측하는 일련의 과정을 알아보겠습니다. 머신 러닝에서 예제로 자주 사용되는 데이터이므로 scikit-learn 라이브러리의 datasets 패키지에 기본적으로 포함돼 있으며, load_iris() 함수를 이용해 붓꽃 데이터를 로딩할 수 있습니다. iris.data에는 측정한 개별 꽃의 꽃받침 길이, 꽃받침 너비, 꽃잎 길이, 꽃잎 너비가 저장돼 있으며, iras.target에는 정수로 꽃의 종류가 각각 저장돼 있고, iris.target_names에는 각 정수에 해당하는 실제 꽃 이름이 저장돼 있습니다.

```
>>> from sklearn import datasets
>>> iris = datasets.load_iris()
>>> print(iris.data[:5])          # 5개의 붓꽃 데이터를 출력
[[ 5.1  3.5  1.4  0.2]
```

```
[ 4.9  3.   1.4  0.2]
 [ 4.7  3.2  1.3  0.2]
 [ 4.6  3.1  1.5  0.2]
 [ 5.   3.6  1.4  0.2]]
>>> print(iris.target[:5])      # 5개의 붓꽃 데이터가 어떤 종류에 속하는지 확인
[0 0 0 0 0]
>>> print(iris.target_names[0]) # 0번 붓꽃 종류의 이름을 확인
setosa
```

train_test_split()을 이용하면 샘플링 데이터에서 선별 시 편향되지 않은 임의의 학습 데이터와 테스트 데이터를 분류할 수 있습니다. 다음 예제는 전체 데이터 중 40%를 모델의 학습 데이터로 x_train, y_train에, 나머지 60%를 테스트 데이터로 x_test, y_test에 각각 분류하는 예제입니다. 여기서 random_state 인자는 내부적으로 임의의 값을 생성하는 시드(Seed) 값으로 사용되는데, 이 값을 고정하지 않으면 예제에서 입력이 같더라도 학습된 모델의 결과가 달라질 수 있으므로 모든 예제에서 이 값을 고정하여 사용했습니다.

```
>>> from sklearn.model_selection import train_test_split
>>> x_train, x_test, y_train, y_test = train_test_split(iris.data,
iris.target, test_size=0.4, random_state=7)
```

이제 결정 트리 객체를 생성하고, fit() 메서드를 이용해 결정 트리 객체를 학습시켜 보겠습니다. 이렇게 학습된 결정 트리 객체는 붓꽃의 꽃잎과 꽃받침의 각 길이와 너비를 바탕으로 Setosa, Versicolor, Virginica 중 어떤 종류에 속하는지 구분할 수 있습니다.

```
>>> from sklearn.tree import DecisionTreeClassifier
>>> clf = DecisionTreeClassifier(random_state=7)
>>> clf.fit(x_train, y_train)
DecisionTreeClassifier(class_weight=None, criterion='gini', max_depth=None,
        max_features=None, max_leaf_nodes=None,
        min_impurity_split=1e-07, min_samples_leaf=1,
        min_samples_split=2, min_weight_fraction_leaf=0.0,
        presort=False, random_state=7, splitter='best')
```

predict() 메서드로 학습된 결정 트리 모델에 입력된 데이터의 결과를 예측할 수 있습니다. 다음은 테스트 데이터로 예측 결과 y_predict를 얻어와서 실제 값 y_test와 얼마나 일치하는지 정확도를 측정하

는 예제로 예측 결과가 원본과 비교했을 때 95% 일치하는 것을 확인할 수 있습니다.

```
>>> y_predict = clf.predict(x_test)
>>> print(y_predict[:5])
[2 1 0 1 1]
>>>
>>> import numpy
>>> accuracy = numpy.mean(y_test == y_predict)
>>> print("Accuarcy is {0:.2f}%".format(accuracy * 100))
Accuarcy is 95.00%
```

학습된 모델의 정확도를 측정하려면 단순히 score() 메서드를 이용하는 것이 더 수월합니다.

```
>>> print("Accuarcy by score() is {0:.2f}%".format(clf.score(x_test, y_test) * 100))
Accuarcy by score() is 95.00%
```

04 교차 검증

우리가 사용할 수 있는 데이터 중 모든 데이터를 학습 데이터로만 사용하면 훈련 데이터에 과도하게 적합하게 학습된 나머지 새로운 테스트 데이터에 대해서는 올바르게 분류하지 못하는 문제가 발생할 수 있습니다. 이러한 상태를 과적합^{Overfitting} 이라고 하며, 이러한 문제를 방지하기 위해 가용 데이터 중에서 일정 부분은 학습된 모델을 검증^{Validation} 하는 데 사용해야 합니다.

하지만 사용 가능한 데이터가 많지 않은 상황에서 학습에 사용할 데이터 샘플을 줄이게 되면 생성되는 모델이 학습에 사용한 데이터에 매우 의존적이게 되는 문제가 발생합니다. 이 문제는 교차 검증^{Cross-Validation} 으로 해결할 수 있으며, 교차 검증은 학습 데이터와 검증 데이터를 별도로 분리하는 대신에 전체 데이터를 K개의 작은 집합으로 분리하여 다음과 같은 과정을 반복 수행합니다.

1. 학습 데이터로 K−1개의 집합을 사용해 모델을 학습시킵니다.
2. 남은 1개의 집합을 학습된 모델의 검증에 사용합니다.

이러한 과정은 비록 수행 시간은 오래 걸리지만, 샘플 데이터가 적은 환경에서도 충분한 학습 데이터를 확보할 수 있으며, 학습된 모델이 과적합인지 검증할 방법을 제공합니다.

scikit-learn 라이브러리에서는 교차 검증으로 학습된 모델을 평가할 수 있는 cross_val_score() 메서드를 제공합니다. 이 메서드를 이용하면 앞서 설명한 학습 데이터를 K개의 집합으로 분리하여 반복 수행하는 것과 같은 방법으로 모델을 검증할 수 있습니다. 다음은 앞서 설명한 붓꽃 데이터로 생성된 결정 트리의 모델을 교차 검증하는 예제로 약 96.7%의 정확도를 가지고 있음을 확인할 수 있습니다.

```
>>> from sklearn.tree import DecisionTreeClassifier
>>> from sklearn.model_selection import cross_val_score
>>> clf = DecisionTreeClassifier(random_state=7)
>>> scores = cross_val_score(clf, iris.data, iris.target, scoring='accuracy')
>>>
>>> import numpy
>>> print("Accuracy: {0:.1f}% (+/- {1:.2f}%)".format(numpy.mean(scores) * 100, numpy.std(scores)))
Accuracy: 96.7% (+/- 0.03%)
```

05 데이터 수집 및 전처리

결정 트리를 이용해 NBA 농구 경기의 승패를 예측하는 모델을 만들기 위하여 농구 경기에 대한 데이터를 수집해 보겠습니다. 여러 운동 경기 중에서 NBA 농구를 선택한 이유는 30개의 팀이 정규시즌 동안 82회에 달하는 상당히 많은 경기를 치르며, 이러한 경기 결과 데이터가 여러 사이트에 팀별, 선수별로 매우 자세히 정리돼 있고, 데이터를 내려받을 수 있기 때문입니다.

이 책의 집필 시점에서 시즌이 종료된 2015~16년 NBA 전 경기의 데이터를 수집할 예정이며, http://www.basketball-reference.com/leagues/NBA_2015_games.html 사이트에 방문하면 10월부터 챔피언 결정전이 끝난 6월까지 모든 경기의 날짜, 시작 시간, 원정 팀 이름, 원정 팀 점수, 홈 팀, 홈 팀 점수, 스코어 타입, 오버타임 유무 데이터를 월별로 확인할 수 있습니다.

2014-15 NBA Season | Standings | Schedule and Results | Leaders | Player Stats ▾ | Other ▾

October Schedule Share & more ▾

Date	Start (ET)	Visitor/Neutral	PTS	Home/Neutral	PTS			Notes
Tue, Oct 28, 2014	10:30 pm	Houston Rockets	108	Los Angeles Lakers	90	Box Score		
Tue, Oct 28, 2014	8:00 pm	Orlando Magic	84	New Orleans Pelicans	101	Box Score		
Tue, Oct 28, 2014	8:00 pm	Dallas Mavericks	100	San Antonio Spurs	101	Box Score		
Wed, Oct 29, 2014	7:30 pm	Brooklyn Nets	105	Boston Celtics	121	Box Score		
Wed, Oct 29, 2014	7:00 pm	Milwaukee Bucks	106	Charlotte Hornets	108	Box Score	OT	
Wed, Oct 29, 2014	9:00 pm	Detroit Pistons	79	Denver Nuggets	89	Box Score		
Wed, Oct 29, 2014	7:00 pm	Philadelphia 76ers	91	Indiana Pacers	103	Box Score		
Wed, Oct 29, 2014	8:00 pm	Minnesota Timberwolves	101	Memphis Grizzlies	105	Box Score		
Wed, Oct 29, 2014	7:30 pm	Washington Wizards	95	Miami Heat	107	Box Score		
Wed, Oct 29, 2014	8:00 pm	Chicago Bulls	104	New York Knicks	80	Box Score		
Wed, Oct 29, 2014	10:00 pm	Los Angeles Lakers	99	Phoenix Suns	119	Box Score		
Wed, Oct 29, 2014	10:30 pm	Oklahoma City Thunder	89	Portland Trail Blazers	106	Box Score		
Wed, Oct 29, 2014	10:00 pm	Golden State Warriors	95	Sacramento Kings	77	Box Score		
Wed, Oct 29, 2014	7:30 pm	Atlanta Hawks	102	Toronto Raptors	109	Box Score		
Wed, Oct 29, 2014	9:00 pm	Houston Rockets	104	Utah Jazz	93	Box Score		
Thu, Oct 30, 2014	8:00 pm	New York Knicks	95	Cleveland Cavaliers	90	Box Score		
Thu, Oct 30, 2014	8:30 pm	Utah Jazz	102	Dallas Mavericks	120	Box Score		
Thu, Oct 30, 2014	10:30 pm	Oklahoma City Thunder	90	Los Angeles Clippers	93	Box Score		

그림 23-6 NBA 2015~16 시즌 경기 결과

CSV 형태로 확인하기 위해 월별 데이터에서 'Share & more'를 누르고, 'Get table as CSV (for Excel)' 항목을 선택한 다음, 이 내용을 월별로 파일에 저장하면 됩니다. 이번 예제에서는 각각 nba_2015_10.csv와 같은 'nba_[년도]_[월].csv' 형태로 저장했으며, 이 책의 예제 코드를 내려받으면 같이 저장돼 있습니다.

시즌의 전 경기를 바탕으로 학습시키고 검증하기 위해, 월별로 나누어진 CSV 데이터를 하나로 합치겠습니다. 이를 위해 이번 예제에서는 데이터를 작업하는데 매우 유용한 라이브러리인 pandas를 활용합니다.

```
import os
import pandas

home_folder = os.path.expanduser("~")
data_folder = os.path.join(home_folder, "Documents", "python", "nba_winner")
```

```
data_files=["nba_2015_10.csv", "nba_2015_11.csv", "nba_2015_12.csv",
            "nba_2016_01.csv", "nba_2016_02.csv", "nba_2016_03.csv",
            "nba_2016_04.csv", "nba_2016_05.csv", "nba_2016_06.csv"]

cvs_objs = []
for f in data_files:
    month_data = os.path.join(data_folder, f)
    cvs_objs.append(pandas.read_csv(month_data))

season_result = pandas.concat(cvs_objs, ignore_index=True)
season_result.columns = ["Date", "StartTime", "VisitorTeam",
                         "VisitorPts", "HomeTeam", "HomePts",
                         "ScoreType", "Overtime", "Notes"]
```

pandas의 read_csv() 메서드를 이용하면 CSV 형태의 파일로부터 2차원 테이블 형태의 데이터 프레임(DataFrame) 객체를 얻을 수 있습니다. 또한 월별로 분리된 데이터 프레임 객체를 concat() 메서드를 이용해 하나의 큰 데이터 프레임 객체로 합칠 수 있습니다. 이때 ignore_index의 인자를 True로 설정하면 새롭게 생성되는 데이터 프레임에서는 월별 데이터의 인덱스를 사용하는 대신에 새롭게 카운팅하게 됩니다. 또한 데이터 컬럼의 제목이 누락된 경우도 있어서 각 의미에 맞게 지정했습니다.

그 결과 다음과 같이 season_result에 총 1,311개의 경기 기록이 저장됐습니다.

```
>>> len(season_result)
1311
>>> print(season_result[-5:])
Date   StartTime                   VisitorTeam              VisitorPts \
1306   Sun Jun 7 2015 8:00 pm      Cleveland Cavaliers      95
1307   Tue Jun 9 2015 9:00 pm      Golden State Warriors    91
1308   Thu Jun 11 2015 9:00 pm     Golden State Warriors    103
1309   Sun Jun 14 2015 8:00 pm     Cleveland Cavaliers      91
1310   Tue Jun 16 2015 9:00 pm     Golden State Warriors    105

HomeTeam       HomePts                ScoreType        Overtime   Notes
1306           Golden State Warriors  93  Box Score    OT         NaN
1307           Cleveland Cavaliers    96  Box Score    NaN        NaN
1308           Cleveland Cavaliers    82  Box Score    NaN        NaN
1309           Golden State Warriors  104  Box Score   NaN        NaN
1310           Cleveland Cavaliers    97  Box Score    NaN        NaN
```

홈 팀이 승리했는지, 원정 팀이 승리했는지 확인하기 위해서는 매번 각 팀의 점수를 비교하여 판단해야 합니다. 하지만 season_result에 'HomeWin' 컬럼을 추가해 홈 팀이 승리했을 때는 True, 패배했을 때는 False를 입력해두면 간단히 컬럼을 확인하는 것으로 경기 결과를 확인할 수 있으며, 결정 트리를 학습시킬 때 학습 데이터로 활용할 수 있습니다. 데이터 프레임을 이용하면 for 문과 같은 반복문으로 모든 경기를 순회할 필요 없이 다음과 같이 한 줄로 추가할 수 있습니다.

```
>>> season_result["HomeWin"] = season_result["HomePts"] > season_result["VisitorPts"]
>>> print(season_result[-5:])
     Date  StartTime                      VisitorTeam            VisitorPts  \
1306 Sun Jun 7 2015 8:00 pm         Cleveland Cavaliers         95
1307 Tue Jun 9 2015 9:00 pm         Golden State Warriors       91
1308 Thu Jun 11 2015 9:00 pm        Golden State Warriors       103
1309 Sun Jun 14 2015 8:00 pm        Cleveland Cavaliers         91
1310 Tue Jun 16 2015 9:00 pm        Golden State Warriors       105


     HomeTeam             HomePts           ScoreType      Overtime  Notes  HomeWin
1306 Golden State Warriors  93  Box Score     OT         NaN    False
1307 Cleveland Cavaliers    96  Box Score     NaN        NaN    True
1308 Cleveland Cavaliers    82  Box Score     NaN        NaN    False
1309 Golden State Warriors  104 Box Score     NaN        NaN    True
1310 Cleveland Cavaliers    97  Box Score     NaN        NaN    False
```

일반적으로 생각하기에 모든 스포츠 경기는 홈 팀이 열렬한 응원을 받기 때문에 원정 팀과 비교했을 때 유리하다고 생각합니다. 그럼 통계적으로 그러한 생각이 유의미한 결과가 있는지 확인해보겠습니다. 다음과 같이 전체 경기에서 홈 팀이 승리한 경우를 계산하면 약 57.6%로, 우리가 조사한 NBA 시즌에 대해서는 어느 정도는 원정 팀과 비교했을 때 홈 팀이 유리한 것을 확인할 수 있습니다.

```
>>> score = 100 * season_result["HomeWin"].sum() / season_result["HomeWin"].count()
>>> print("Home Win percentage: {0:.1f}%".format(score))
Home Win percentage: 57.6%
```

또한 스포츠 경기에서 상위권의 팀은 핵심 선수의 부상이나 은퇴, 이적과 같은 특별한 이변이 없는 한 상위권을 지속해서 유지하는 경향이 있으므로 지난 시즌인 2014~15 시즌의 순위 역시 결정 트리의 특성 값으로 활용할 수 있습니다. 지난 시즌의 팀별 순위 및 관련 데이터는 http://www.

basketball-reference.com/leagues/NBA_2015_standings.html의 Expanded Standings에서 확인할 수 있으며, 'Share & more'를 누르고, 'Get table as CSV (for Excel)' 항목을 선택해 이 내용을 'nba_2014_2015_standing.csv' 파일에 저장합니다.

| | 2014-15 NBA Season | Standings | Schedule and Results | Leaders | Player Stats ▼ | Other ▼ | 2015 Playoffs Summary | Back to top ▲ |

Expanded Standings Share & more ▼ Glossary

Rk	Team	Overall	Place		Conference		Division							All-Star		Margin		Month						
			Home	Road	E	W	A	C	SE	NW	P	SW	Pre	Post	≤3	≥10	Oct	Nov	Dec	Jan	Feb	Mar	Apr
1	Golden State Warriors	67-15	39-2	28-13	25-5	42-10	9-1	7-3	9-1	15-3	13-3	14-4	42-9	25-6	5-3	45-9	1-0	13-2	11-3	12-3	8-3	16-2	6-2
2	Atlanta Hawks	60-22	35-6	25-16	38-14	22-8	12-6	14-4	12-4	8-2	8-2	6-4	43-11	17-11	6-4	30-10	0-1	9-5	14-2	17-0	7-4	9-7	4-3
3	Houston Rockets	56-26	30-11	26-15	23-7	33-19	9-1	8-2	6-4	15-3	10-8	8-8	36-17	20-9	8-4	31-14	2-0	11-4	9-5	11-6	7-3	10-6	6-2
4	Los Angeles Clippers	56-26	30-11	26-15	19-11	37-15	7-3	6-4	6-4	15-3	12-4	10-8	35-19	21-7	3-5	33-9	2-0	9-5	11-6	11-4	5-6	11-5	7-0
5	Memphis Grizzlies	55-27	31-10	24-17	20-10	35-17	8-2	5-5	7-3	13-5	13-5	9-7	39-14	16-13	9-3	26-13	2-0	13-2	8-6	12-4	7-4	9-8	4-3
6	San Antonio Spurs	55-27	33-8	22-19	23-7	32-20	7-3	7-3	9-1	12-6	12-6	8-8	34-19	21-8	6-7	34-7	1-1	11-3	8-10	10-4	6-5	12-3	7-1
7	Cleveland Cavaliers	53-29	31-10	22-19	35-17	18-12	12-6	11-5	12-6	6-4	7-3	5-5	33-22	20-7	6-4	30-14	1-1	7-6	10-7	11-6	8-3	11-4	5-2
8	Portland Trail Blazers	51-31	32-9	19-22	20-10	31-21	8-2	7-3	5-5	11-5	10-8	10-8	36-17	15-14	5-1	30-11	1-1	12-3	13-3	6-9	6-3	10-6	3-6
9	Chicago Bulls	50-32	27-14	23-18	33-19	17-13	16-2	8-8	9-9	6-4	5-5	6-4	34-20	16-12	7-2	20-16	1-1	10-5	11-4	8-9	7-3	8-7	5-3
10	Dallas Mavericks	50-32	27-14	23-18	21-9	29-23	9-1	5-5	7-3	13-5	9-9	7-9	36-19	14-13	5-4	22-18	1-1	12-4	10-5	9-7	7-5	6-7	5-3
11	Toronto Raptors	49-33	27-14	22-19	33-19	16-14	11-5	8-10	14-4	7-3	6-4	3-7	36-17	13-16	6-5	29-11	1-0	12-4	11-4	9-7	4-7	7-8	5-3
12	Washington Wizards	46-36	29-12	17-24	30-22	16-14	11-7	9-9	10-6	6-4	4-6	6-4	33-21	13-15	9-4	21-14	1-1	9-4	12-4	9-8	3-9	7-7	5-3

그림 23-7 NBA 2014~15년 팀별 시즌 순위

이렇게 저장된 'nba_2014_2015_standing.csv' 파일을 pandas 라이브러리의 read_csv() 메서드를 이용해 standing_result에 데이터 프레임으로 저장합니다.

```
standing_file = os.path.join(data_folder, "nba_2014_2015_standing.csv")
standing_result = pandas.read_csv(standing_file, skiprows=[0])
```

농구 경기는 팀워크도 물론 중요하지만, 선수 개개인의 능력 또한 게임의 승패에 큰 영향을 끼칩니다. 농구 경기에서 분당 생산적인 활동을 얼마나 하는지 나타내는 지수로 PER ^{Player Efficiency Rating} 이 있으며, 선수 개개인의 전반적인 능력을 나타내는 지수 중에 하나로 사용되고 있습니다. NBA 선수 평균은 15.0을 기준으로 뛰어난 선수는 이보다 높은 값을 갖습니다. 2015~16년 시즌의 PER 수치는 http://insider.espn.com/nba/hollinger/statistics/_/year/2016에서 확인할 수 있으며, NBA 전체 선수를 PER 지수로 정렬해 보면 스타 플레이어이자 Golden State Warriors를 챔피언으로 이끈 스테판 커리가 1위이고, 캐빈 듀란이 2위, 르브론 제임스가 4위로 스타 플레이어가 상위권에 랭크돼 있습니다.

Hollinger Stats - Player Efficiency Rating - Qualified Players													
RK	PLAYER	GP	MPG	TS%	AST	TO	USG	ORR	DRR	REBR	PER	VA	EWA
1	Stephen Curry, GS	79	34.2	.669	20.6	10.2	31.6	2.9	13.6	8.6	31.56	828.6	27.6
2	Kevin Durant, OKC	72	35.8	.634	16.3	11.3	30.2	2.0	21.8	12.4	28.25	682.8	22.8
3	Boban Marjanovic, SA	54	9.4	.662	7.7	10.6	21.0	16.9	26.2	21.7	27.77	130.2	4.3
4	Russell Westbrook, OKC	80	34.4	.554	29.0	11.9	33.3	6.1	18.1	12.4	27.64	683.0	22.8
	LeBron James, CLE	76	35.6	.588	21.5	10.4	31.1	4.7	18.8	11.8	27.64	692.9	23.1
6	Chris Paul, LAC	74	32.7	.575	33.7	8.9	28.1	1.8	12.0	7.0	26.31	552.8	18.4
7	Kawhi Leonard, SA	72	33.1	.616	12.2	6.9	24.2	4.7	18.4	11.8	26.11	554.6	18.5
8	Hassan Whiteside, MIA	73	29.1	.629	2.9	13.8	18.8	13.1	32.4	23.1	25.69	478.5	16.0
9	James Harden, HOU	82	38.1	.598	20.6	12.6	32.2	2.2	15.6	8.8	25.36	693.1	23.1
10	Anthony Davis, NO	61	35.5	.559	7.4	7.7	27.2	6.4	26.4	16.1	25.10	439.1	14.6

그림 23-8 NBA 2015~16년 시즌 개인별 PER 지수 순위

이번에는 팀별 보유 선수의 PER 지수를 결정 트리의 특성 값으로 이용해 보겠습니다. 위 링크에서 2015~16년 시즌의 NBA 선수 개인 기록을 'nba_2016_player_stat.csv' 파일로 내려받고, 이를 pandas 라이브러리의 read_csv() 메서드를 이용해 player_result에 데이터 프레임으로 저장합니다.

```
player_file = os.path.join(data_folder, "nba_2016_player_stat.csv")
player_result = pandas.read_csv(player_file)
```

저장된 player_result를 확인하면 'Stephen Curry, GS'와 같이 선수 이름과 팀 이름의 약자가 문자열로 묶여 있는 것을 확인할 수 있습니다. 또한 시즌 중에 이적한 선수는 'BOS/DAL'와 같이 2개 이상의 팀이 함께 명시돼 있습니다.

```
>>> player_result["PLAYER"][:3]
0      Stephen Curry, GS
1      Kevin Durant, OKC
2    Boban Marjanovic, SA
```

이런 문제점을 해결하고자 데이터를 적절히 가공하여 팀별 보유 선수의 PER을 리스트 형태로 저장하겠습니다. 우선 팀 이름의 약자와 팀의 전체 이름을 매핑하기 위해 다음과 같은 딕셔너리를 작성합니다.

```
team_name = {"GS"  : "Golden State Warriors",
             "SA"  : "San Antonio Spurs",
             "CLE" : "Cleveland Cavaliers",
```

```
        "TOR" : "Toronto Raptors",
        "OKC" : "Oklahoma City Thunder",
        "LAC" : "Los Angeles Clippers",
        "ATL" : "Atlanta Hawks",
        "BOS" : "Boston Celtics",
        "CHA" : "Charlotte Hornets",
        "MIA" : "Miami Heat",
        "IND" : "Indiana Pacers",
        "DET" : "Detroit Pistons",
        "POR" : "Portland Trail Blazers",
        "DAL" : "Dallas Mavericks",
        "MEM" : "Memphis Grizzlies",
        "CHI" : "Chicago Bulls",
        "HOU" : "Houston Rockets",
        "WSH" : "Washington Wizards",
        "UTAH" : "Utah Jazz",
        "ORL" : "Orlando Magic",
        "DEN" : "Denver Nuggets",
        "MIL" : "Milwaukee Bucks",
        "SAC" : "Sacramento Kings",
        "NY" : "New York Knicks",
        "NO" : "New Orleans Pelicans",
        "MIN" : "Minnesota Timberwolves",
        "PHX" : "Phoenix Suns",
        "BKN" : "Brooklyn Nets",
        "LAL" : "Los Angeles Lakers",
        "PHI" : "Philadelphia 76ers",
}
```

이제 NBA 리그의 모든 선수 데이터를 순회하면서 각 선수의 팀과 PER 값을 추출한 다음 team_per
딕셔너리에 팀의 이름은 키로, 선수 개개인의 PER 값은 리스트 형태로 추가합니다. 이때 시즌 중에 선
수가 이적했을 때에는 단순히 양쪽 팀 모두에 추가하겠습니다.

```
team_per = {}
for key, value in team_name.items():
    team_per[value] = []


for idx, row in player_result.iterrows():
```

```
    player = row["PLAYER"]
    per = row["PER"]
    team_list = player.split(',')[1].strip(' ').split("/")
    for team in team_list:
        team_per[team_name[team]].append(per)
```

그럼 이렇게 저장된 팀별 PER 지수가 정말 의미가 있는지 확인해보겠습니다. 2015~16년의 1위 팀인
Golden State Warriors와 30위 팀인 Philadelphia 76ers를 비교하면 다음과 같이 PER 지수의 총합
계와 평균이 크게 차이가 나는 것을 확인할 수 있습니다.

```
import numpy
print("Golden State Warriors: Sum of PER: {0:.2f} / Mean of PER: {1:.2f}"
    .format(numpy.sum(team_per["Golden State Warriors"]),
        numpy.mean(team_per["Golden State Warriors"])))
print("Philadelphia 76ers: Sum of PER: {0:.2f} / Mean of PER: {1:.2f}"
    .format(numpy.sum(team_per["Philadelphia 76ers"]),
        numpy.mean(team_per["Philadelphia 76ers"])))
# 출력 결과
# Golden State Warriors: Sum of PER: 192.37 / Mean of PER: 16.03
# Philadelphia 76ers: Sum of PER: 165.17 / Mean of PER: 13.76
```

06 결정 트리를 이용한 NBA 경기 결과 예측

이제 NBA 경기의 특성들을 하나씩 추가하면서 생성한 결정 트리 모델로 예측한 경기 결과가 얼마나
일치하는지 확인해 보겠습니다. 모든 운동 경기에서 상위권의 팀들은 홈 경기와 원정 경기 상관없이 연
전연승을 하기 마련입니다. 이를 이용해 결정 트리에서 모든 경기의 홈 팀과 원정 팀이 연속으로 승리
한 횟수를 특성 값으로 사용한다면 어떠한 결과를 얻는지 알아보겠습니다.

season_result에 홈 팀과 원정 팀의 연승 중인 경기의 횟수를 기록하기 위한 'HomeWinStreak'과
'VisitorWinStreak' 컬럼을 마련하고, 시즌의 모든 경기를 순회하면서 각 팀의 연승 중인 기록을 별도
로 winning_streak 딕셔너리에 저장하며, 연승 기록을 season_result에 갱신하도록 했습니다.

```
season_result["HomeWinStreak"] = 0
season_result["VisitorWinStreak"] = 0
```

```
from collections import defaultdict
winning_streak = defaultdict(int)

for index, row in season_result.iterrows():
    home = row["HomeTeam"]
    visitor = row["VisitorTeam"]
    row["HomeWinStreak"] = winning_streak[home]
    row["VisitorWinStreak"] = winning_streak[visitor]
    season_result.ix[index] = row

    if row["HomeWin"]:
        winning_streak[home] += 1
        winning_streak[visitor] = 0
    else:
        winning_streak[home] = 0
        winning_streak[visitor] += 1
```

결정 트리의 학습 및 검증을 위하여 홈 팀의 승패 결과는 y_test에 저장하고, 교차 검증으로 평가한 결과 약 59.0%의 정확도에 표준 편차 0.01%로 승리 팀을 예측할 수 있었습니다.

```
clf = DecisionTreeClassifier(random_state=7)
x_test = season_result[["HomeWinStreak", "VisitorWinStreak"]].values
scores = cross_val_score(clf, x_test, y_test, scoring='accuracy')

import numpy
print("Accuracy: {0:.1f}% (+/- {1:.2f}%)".format(numpy.mean(scores) * 100, numpy.std(scores)))

# 출력 결과
# Accuracy: 59.0% (+/- 0.01%)
```

이제 팀별 보유 선수의 PER 지수를 특성 값으로 이용하여 결정 트리를 학습시키겠습니다. 팀별 보유 선수가 다를 수도 있고, 5명이 경기를 하는 농구에서 후보 선수까지 포함해도 실제 경기에 참여하는 선수는 10명 정도일 것입니다. 그래서 팀 관련 정보를 저장한 standing_result에 신규 컬럼 'PER_Sum'을 생성하여 팀별로 PER 지수 상위 10명의 PER 지수 합계를 저장하겠습니다. 우리는 이미 team_per에 각 선수의 PER 지수를 저장할 때, 우선순위대로 리스트에 추가했으므로 정렬할 필요 없이 단순히 상위 10개의 합계만 저장하면 됩니다.

```
standing_result["PER_Sum"] = 0
for idx, row in standing_result.iterrows():
    team = row["Team"]
    row["PER_Sum"] = numpy.sum(team_per[team][:10])
    standing_result.ix[idx] = row
```

매 경기마다 팀의 PER 지수를 고려하기 위해 season_result에 'HomePERHigh'을 새로 생성하고, 매 경기마다 홈 팀의 상위 10명의 PER 지수 합계가 높은 경우를 1, 그렇지 않은 경우를 0로 설정합니다.

```
season_result["HomePERHigh"] = 0
for idx, row in season_result.iterrows():
    home = row["HomeTeam"]
    visitor = row["VisitorTeam"]

    home_per = standing_result[standing_result["Team"] == home]["PER_Sum"].values[0]
    visitor_per = standing_result[standing_result["Team"] == visitor]["PER_Sum"].values[0]
    row["HomePERHigh"] = int(home_per > visitor_per)
    season_result.ix[idx] = row
```

이제 각 팀의 PER 지수 상위 10명만을 특성 값으로 결정 트리의 모델을 교차 검증한 결과, 약 59.0% 정도의 정확도로 앞서 살펴본 팀별 연승을 고려했을 때와 비슷한 결과를 얻게 됐습니다.

```
x_test = season_result[["HomePERHigh"]].values
clf = DecisionTreeClassifier(random_state=7)
scores = cross_val_score(clf, x_test, y_test, scoring='accuracy')
print("Accuracy: {0:.1f}% (+/- {1:.2f}%)".format(numpy.mean(scores) * 100, numpy.std(scores)))

# 출력 결과
# Accuracy: 59.0% (+/- 0.03%)
```

다음과 같이 팀의 연승 기록과 PER 지수를 함께 고려했을 때는 약 0.1% 정도 상승한 정확도를 얻을 수 있습니다.

```
x_test = season_result[["HomeWinStreak", "VisitorWinStreak", "HomePERHigh"]].values
clf = DecisionTreeClassifier(random_state=7)
scores = cross_val_score(clf, x_test, y_test, scoring='accuracy')
```

```
print("Accuracy: {0:.1f}% (+/- {1:.2f}%)".format(numpy.mean(scores) * 100, numpy.std(scores)))
```

```
# 출력 결과
# Accuracy: 59.1% (+/- 0.02%)
```

이번에는 매 경기마다 각 팀의 이름을 특성 값으로 사용해 결정 트리를 학습시키겠습니다. 여기서 결정 트리는 내부적으로 문자열 대신에 숫자 값을 사용하므로 각 팀의 이름을 숫자 형태로 변환해야 합니다. NBA는 총 30개의 팀이 있으므로 각 팀에 0부터 29까지의 숫자를 부여할 수 있습니다. scikit-learn 라이브러리에서는 LabelEncoder를 이용해 다음과 같이 팀 이름을 문자열로 변환하고, 다시 팀 이름을 숫자 값으로 변환할 수 있습니다. 다음은 'Golden State Warriors'와 'Cleveland Cavaliers'를 각각 숫자 9와 5로 변환하고, 이를 숫자 값에서 다시 팀 이름으로 변환하는 예제입니다.

```
from sklearn.preprocessing import LabelEncoder
name_encoding = LabelEncoder()
name_encoding.fit(season_result["HomeTeam"].values)

print(name_encoding.transform(["Golden State Warriors", "Cleveland Cavaliers"]))
print(name_encoding.inverse_transform([9, 5]))

# 출력 결과
# [9 5]
# ['Golden State Warriors' 'Cleveland Cavaliers']
```

이제 이 두 숫자 값을 쌍으로 묶어서 홈 팀과 원정 팀의 경기 정보를 나타낼 수 있습니다. 예를 들어 해당 시즌의 챔피언 결정전인 Golden State Warriors의 홈에서 Cleveland Cavaliers와 경기는 간단히 (5, 9)로 나타낼 수 있습니다. 우리는 숫자 쌍으로 묶어진 경기 정보를 team_match에 저장해 두겠습니다.

```
home_teams = name_encoding.transform(season_result["HomeTeam"].values)
visitor_teams = name_encoding.transform(season_result["VisitorTeam"].values)
team_match = numpy.vstack([home_teams, visitor_teams]).T
```

우리가 사용하는 결정 트리인 DecisionTreeClassifier는 숫자 정보에 대해서 연속된 값으로 판단하므로 숫자 쌍으로 묶인 경기 정보를 전달하면 예측 모델에 문제가 발생할 수 있습니다. 예를 들어,

DecisionTreeClassifier는 3과 4의 차이는 작다고 판단하는 반면에 1과 20의 차이는 매우 큰 값으로 판단하게 됩니다. 하지만 우리는 각 팀의 이름을 숫자로 변환한 것이기 때문에, 이것은 올바른 데이터 변환이 아닙니다. 이를 해결하기 위하여 OneHotEncoder를 이용해 숫자 쌍 정보를 카테고리 범주 형태로 변경할 수 있습니다.

```
from sklearn.preprocessing import OneHotEncoder
onehot = OneHotEncoder()
x_test = onehot.fit_transform(team_match).todense()
```

변환된 팀의 이름을 특성 값으로 하여 결정 트리의 모델을 교차 검증한 결과, 약 59.6% 정도로 팀의 연승만 고려했을 때보다 조금 더 향상됐음을 확인할 수 있습니다.

```
clf = DecisionTreeClassifier(random_state=7)
scores = cross_val_score(clf, x_test, y_test, scoring='accuracy')
print("Accuracy: {0:.1f}% (+/- {1:.2f}%)".format(numpy.mean(scores) * 100, numpy.std(scores)))

# 출력 결과
Accuracy: 59.6% (+/- 0.03%)
```

이제 지난 시즌의 팀별 순위를 고려하여 결정 트리를 학습시키겠습니다. 우리가 필요한 것은 절대적인 순위보다는 매 경기마다 상대적인 순위의 비교이므로 season_result 에 'HomeRankHigh' 컬럼을 추가해 작년 시즌 홈 팀의 순위가 높은 경우는 1로, 그렇지 않은 경우는 0으로 설정했습니다.

```
season_result["HomeRankHigh"] = 0
for idx, row in season_result.iterrows():
    home = row["HomeTeam"]
    visitor = row["VisitorTeam"]

    home_rank = standing_result[standing_result["Team"] == home]["Rk"].values[0]
    visitor_rank = standing_result[standing_result["Team"] == visitor]["Rk"].values[0]
    row["HomeRankHigh"] = int(home_rank > visitor_rank)
    season_result.ix[idx] = row
```

이제 지난 시즌의 순위를 고려하여 결정 트리의 모델을 교차 검증한 결과 69.9%의 정확도로 승리 팀을 맞출 수 있게 됐습니다. 실제 프로젝트에 적용할 때는 이렇게 높은 수치가 나왔을 때, 학습된 모델이 과적합 된 것이 아닌지 확인하는 과정이 필요합니다.

```
x_test = season_result[["HomeRankHigh"]].values
clf = DecisionTreeClassifier(random_state=7)
scores = cross_val_score(clf, x_test, y_test, scoring='accuracy')
print("Accuracy: {0:.1f}% (+/- {1:.2f}%)".format(numpy.mean(scores) * 100, numpy.std(scores)))

# 출력 결과
# Accuracy: 69.9% (+/- 0.03%)
```

마지막으로 지금까지 조사했던 팀별 순위, PER, 연승 기록을 모두 같이 고려한 경우에는 66.4% 정도의 정확도로 승패를 예측할 수 있는 것을 확인할 수 있습니다.

```
x_test = season_result[["HomeRankHigh", "HomePERHigh", "HomeWinStreak", "VisitorWinStreak"]].values
clf = DecisionTreeClassifier(random_state=7)
scores = cross_val_score(clf, x_test, y_test, scoring='accuracy')
print("Accuracy: {0:.1f}% (+/- {1:.2f}%)".format(numpy.mean(scores) * 100, numpy.std(scores)))

# 출력 결과
# Accuracy: 66.4% (+/- 0.03%)
```

이번 장에서는 머신 러닝의 한 종류인 결정 트리 Decision Tree 를 기반으로 NBA 경기의 승패를 예측하는 모델을 구축하고 이를 검증하는 과정을 진행했습니다. 이 과정에서 pandas 라이브러리를 이용해 데이터를 처리하는 방법과 scikit-learn 라이브러리를 이용해 결정 트리를 학습시키고, 검증하는 방법을 익혔습니다. scikit-learn 라이브러리에는 결정 트리 이외에도 서포트 벡터 머신 support vector machine , 회귀 분석 Regression , 신경망 Neural network , 딥 러닝 Deep Learning 등의 다양한 라이브러리를 제공하므로 머신 러닝 및 데이터 마이닝 분야에서 다양하게 활용할 수 있을 것입니다.

24

아마존 알렉사 기반의
음성 서비스 개발하기

애플의 시리 ^{Siri}, 아마존의 에코 ^{Echo}, 구글의 홈 ^{Home}, SK텔레콤의 누구 ^{NUGU} 등의 지능형 음성 서비스와 이를 지원하는 디바이스가 확산되기 시작했고, 영화에서만 보던 아이언 맨의 '자비스'가 이제는 집에서 경험할 수 있는 수준으로 성큼 다가왔습니다. 아마존은 2014년 11월에, 애플은 2016년 6월에 알렉사 ^{Alexa} 와 시리의 SDK ^{Software Development Kit} 를 공개했으며, 스마트 홈 자동화나 음악 스트리밍 서비스 이외에도 스타벅스, 도미노피자, 우버와 같은 생활 밀착형 서비스들이 미국에서는 이미 널리 사용되고 있습니다.

이번 장에서는 아마존 알렉사를 기반으로 음성 서비스를 개발하고, 이를 음성 인식 스마트 스피커인 에코에서 활용해보겠습니다.

- 알렉사 음성 서비스
- 알렉사 스킬
- 아마존 에코(Echo)와 echosim.io 서비스
- 개발 환경 설정 : Flask-ask와 ngrok
- Hello Alexa 서비스
- 숫자 야구 게임

01 알렉사 음성 서비스

알렉사 음성 서비스 Alexa Voice Service 는 스피커와 마이크만 있다면 어떤 형태의 디바이스라도 지능형 음성 인식 서비스를 이용할 수 있도록 하는 아마존의 클라우드 서비스입니다. 알렉사는 2014년 11월에 처음 공개됐으며, 애플의 시리 Siri 와 더불어 가장 많이 사용되는 지능형 음성 서비스입니다. 사용자는 알렉사에게 오늘의 날씨를 묻거나, 최신 뉴스를 검색하거나, "미국 대통령이 누구인지"와 같은 질문에 대해서 자연스러운 대화형 문장으로 대답을 얻을 수 있습니다.

그림 24-1 알렉사 음성 서비스의 개요

아마존의 에코 Echo 역시 알렉사 음성 서비스를 기반으로 동작하고 있으며, 특히 알렉사 음성 서비스는 인증 절차를 걸쳐 서드파티 개발자들이 알렉사 음성 서비스를 사용자들에게 제공할 수 있으므로 자동차나 냉장고 등의 다양한 형태의 디바이스에서도 아마존의 에코와 동일한 지능형 음성 서비스를 이용할 수 있습니다. 하지만 아쉽게도 현재 영어와 독일어만 지원하며, 추후 다양한 언어로 확장될 예정입니다.

02 알렉사 스킬

아마존은 알렉사 음성 서비스 환경에서 사용자들이 이용할 수 있는 개인화된 서비스를 '스킬 Skill '이라는 이름으로 제공하고 있으며, 이를 이용해 아마존의 킨들로 구매한 책을 오디오북으로 듣거나, 음악 스트리밍 서비스인 판도라에서 내가 즐겨 듣는 채널의 음악을 들을 수 있습니다. 이러한 스킬은 아마존 내부 서비스뿐만 아니라 외부에서 개발된 서비스까지 사용할 수 있으며, 현재 10,000개 이상 등록돼 있습니다.

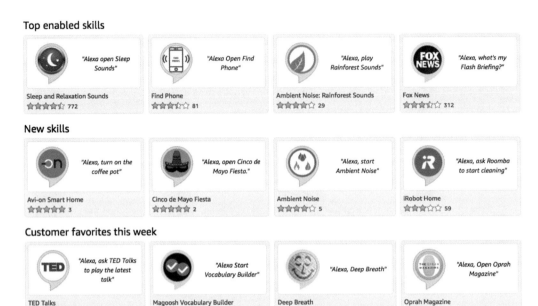

그림 24-2 아마존에서 제공되는 알렉사 스킬 리스트

아마존에서는 아마존 스킬을 서드파티 개발자들이 손쉽게 개발하기 위한 알렉사 스킬 킷^{ASK, Alexa Skills Kit}을 제공하고 있습니다. 자연 언어 처리에 대한 깊은 지식이 없더라도 알렉사 스킬 킷을 이용하면 음성 기반의 서비스를 아마존 에코 기기나 아마존 보이스 서비스를 지원하는 기기에서 원하는 서비스를 구성하여 사용자에게 서비스할 수 있습니다. 알렉사 스킬 킷을 이용해 알렉사에 스킬을 추가하려면 개발자가 개발한 서비스를 AWS 람다^{Lamda}에 등록하거나, 별도의 웹 서비스를 자체적으로 구축하여 알렉사에게 제공해야 합니다. 또한 이미 공개된 스킬을 이용하거나, IFTTT^{If This Then That} 서비스를 이용하면 서로 다른 서비스 간에 연계할 수도 있습니다.

AWS 람다

웹 기반 서비스를 제공하려면 운영체제, 미들웨어, 네트워크 등의 서버 인프라가 필요하며, 실제 서비스를 하지 않더라고 서버를 운영하기 위한 고정 비용이 필요한 문제가 있습니다. AWS 람다 [Lamda] 란 웹 기반의 이벤트에 응답하여 개발자가 작성한 메서드 수준의 코드를 실행하고, 사용된 컴퓨팅 리소스를 기반으로 과금되는 서버 없는 컴퓨팅 [Serverless Computing] 환경입니다. 따라서 코드가 실행되지 않을 경우에는 요금이 부과되지 않으며, 개발자는 서버 환경을 고려하지 않고 애플리케이션과 서비스 개발에 집중할 수 있습니다. 현재 AWS 람다에서는 Node.js, 파이썬, 자바, C#을 지원하고 있으나, 아직 파이썬은 2.7 버전만 가능합니다.

아마존에서는 개발자가 알렉사에 제공하고자 하는 서비스에 맞춰 총 3가지의 스킬 킷 템플릿을 제공하고 있습니다.

커스텀 스킬 [Custom Skills] 은 개발자가 자체 서비스를 위하여 직접 정의한 인텐트 [Intents] 와 언어 표현 [utterances] 을 처리하기 위한 스킬로, 사용자와의 복잡한 상호작용을 제공하는 웹 서비스이거나, 판도라나 우버 [Uber] 같이 알렉사의 다른 스킬 서비스와 연계된 서비스가 필요할 때 사용됩니다. 예를 들어, "Play something from Pandora"라고 말하면 음악 스트리밍 서비스인 판도라에서 사용자가 자주 듣는 채널 중 하나를 재생하게 되는데, 이러한 스킬이 커스텀 스킬입니다.

스마트 홈 스킬 [Smart Home Skills] 은 전등이나 보일러 온도 설정과 같은 클라우드 기반의 스마트 홈 기기를 제어하기 위한 스킬입니다. 사용자와 복잡한 상호작용을 배제했기 때문에 개발 과정을 단순화할 수 있지만, 복잡한 연계 서비스는 처리할 수 없습니다. 예를 들어, "Turn off the living room lights"라고 말하면 거실 불을 끄는 서비스가 스마트 홈 스킬에 해당됩니다.

짧은 브리핑 [Flash Briefing] 은 휴대폰이나 웹의 알렉사 프로그램에서 사용자 계정의 flash breifing에 등록된 뉴스 서비스를 음성으로 읽어 주는 서비스입니다. 예를 들어 "Give me my flash briefing"이라고 말하면 사용자가 등록한 주요 뉴스를 요약된 형태로 읽어줍니다. 짧은 브리핑 스킬 [Flash Briefing Skills] 은 개발자가 짧은 브리핑 프로그램에 뉴스 서비스를 제공하기 위한 스킬입니다.

03 아마존 에코와 echosim.io 서비스

아마존 에코^{Echo} 는 아마존에서 자체적으로 개발하여 판매 중인 음성 기반의 스마트 스피커입니다. 사용자는 알렉사 음성 서비스 기반의 환경에서 단순한 명령어의 나열이 아닌 사람과 대화하는 수준으로 음악을 재생하거나, 전등을 켜는 등의 작업을 지시할 수 있습니다. 기능과 크기에 따라서 에코, 탭^{Tap}, 에코 닷^{Echo Dot} 을 아마존(amazon.com)에서 판매 중이며, 아직까지 국내에는 인터넷을 통한 직접 구매만 가능합니다.

그림 24-3 아마존 에코 시리즈

알렉사 스킬을 개발하고, 정상적으로 동작하는지 확인하기 위해서는 아마존 에코로 테스트하기를 추천하지만, 기기가 없더라도 스피커와 마이크가 있는 PC와 웹 브라우저만 있다면 개발하고 테스트할 수 있습니다. 2015년에 해커톤 대회에서 개발자인 샘 머신^{Sam Machin} 은 웹 기반으로 동작하는 알렉사 서비스를 개발하여 선보였으며, 아마존에서는 이를 확장해 2016년 3월에 echosim.io라는 아마존 에코 기기를 웹 기반으로 에뮬레이팅하는 서비스를 공개했습니다. 아마존의 계정만 있으면 echosim.io를 이용해 에코에서 사용할 수 있는 모든 서비스를 PC 환경에서 그대로 수행할 수 있습니다.

그림 24-4 에코 에뮬레이터 echosim.io 서비스

그럼 echosim.io 서비스를 이용해 현재 한국의 시각을 확인해 보겠습니다. 우선 노란색의 'Login with Amazon' 버튼을 누르고, 아마존 계정으로 로그인합니다. 그럼 가운데 파란색의 마이크 버튼이 보이고, 왼쪽에 준비됐음을 보여주는 'Ready...' 문구를 볼 수 있습니다. 에코 스피커는 "알렉사"라고 말하면 활성화되어 사용자의 음성 명령을 듣지만, echosim.io 서비스는 가운데에 있는 파란색 마이크 버튼을 누르고 있거나, 키보드의 스페이스 키를 누르고 있어야 'Listening…' 상태로 변경되고 음성 명령을 내릴 수 있습니다.

그림 24-5 Listening 상태

이 상태에서 "What time is it now in Korea?"라고 말하면, 알렉사는 Processing 단계를 거쳐서 "The time in South Korea is 9 25 PM"와 같이 현재 한국 시각을 알려줍니다. 우리가 개발한 서비스도 이와 같은 방법으로 실행할 수 있습니다.

04 개발 환경 설정 : Flask-ask와 ngrok

Flask-Ask는 아마존 알렉사 스킬을 개발하기 위한 파이썬 플라스크 Flask 의 확장 모듈로, 스킬을 개발한 다음 이를 서버에 반영 Deploy 하고 테스트하는 일련의 과정 대신에 개발자의 PC에서 웹 서비스를 실행해 연동하는 방식으로 빠르고 손쉽게 알렉사 스킬을 개발할 수 있습니다. Flask-Ask를 이용하면 데코레이터를 이용하여 알렉사의 요청 Requests 과 이를 처리하기 위한 사용자 지정 인텐트를 함수 수준에서 직관적으로 맵핑할 수 있으며, 대화가 진행되는 동안 세션 Session 관리나 재요청 Reprompt 과 같은 다양한 개발 편의성을 제공합니다. 또한 플라스크에서 지원하는 진자 Jinja 기반의 템플릿을 이용해 코드와 대화 구문을 별도로 분리하여 관리의 편리함과 가독성을 높일 수 있습니다.

다음과 같이 Flask-Ask 라이브러리를 설치합니다.

```
$ pip install flask-ask
```

우리가 개발한 서비스는 플라스크 기반으로 PC에서 웹 서비스를 실행해 알렉사에게 제공하려고 합니다. 하지만 알렉사는 AWS 람다가 아닌 외부 서비스인 경우 HTTPS ^{HTTP over Transport Layer Security} 기반의 통신 프로토콜만 지원하고, PC의 경우 방화벽 설정 등의 문제가 발생할 수 있습니다. 이러한 문제점을 해결하고자 우리는 ngrok(https://ngrok.com/) 프로그램을 이용해 알렉사가 개발자의 PC에 접속할 수 있게 하겠습니다. ngrok은 로컬호스트 ^{Local Host} 에서 동작하는 웹 기반 서비스를 방화벽 넘어 외부에서 접속할 수 있게 만들어주는 터널링 프로그램으로 HTTP와 HTTPS 프로토콜을 모두 지원하며, 리눅스, 맥, 윈도우 등의 다양한 OS를 지원합니다.

그림 24-6 ngrok의 동작 방식

ngrok의 다운로드 페이지(http://ngrok.com/download)에서 사용하는 OS에 맞는 ngrok 프로그램을 설치합니다. 맥과 우분투는 각각 'brew install ngrok', 'apt-get install ngrok' 명령어로 손쉽게 설치할 수도 있습니다.

Hello Alexa 서비스 개발

모든 프로그램 언어의 첫 예제가 그러하듯이, 우리가 처음으로 만들어 볼 알렉사 스킬은 'Hello Alexa' 입니다. 알렉사가 음성 기반으로 사용자와 상호작용하며 인사를 주고받는 서비스를 다음과 같은 시나리오로 만들어 보겠습니다.

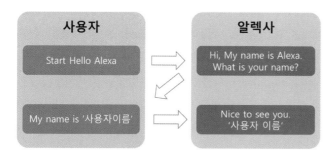

그림 24-7 Hello Alexa 서비스 대화 시나리오

에코나 echosim.io 서비스에서 "Start Hello Alexa" 명령어로 등록된 Hello Alexa 서비스를 실행합니다. 그럼 알렉사는 사용자에게 "Hi, My name is Alexa. What is your name?"이라는 질문을 합니다. 사용자는 "My name is" 와 실제 사용자 이름을 이야기하면, 알렉사는 "Nice to see you."와 사용자 이름을 말하고 Hello Alexa 서비스가 종료됩니다. 이 간단한 프로그램으로 알렉사 서비스를 실행하고, 사용자에게 질문하고, 이를 인자로 받아서 지정된 문장을 말하는데 사용하는 전반적인 과정을 알아보겠습니다.

다음으로 플라스크 기반의 Flask-Ask 라이브러리를 이용해 다음과 같이 코드를 작성합니다.

```
import flask
import flask_ask

app = flask.Flask(__name__)
ask = flask_ask.Ask(app, "/")

@ask.launch
def launch_hello_alexa():
    msg = "Hi, My name is Alexa. What is your name?"
    return flask_ask.question(msg)
```

```
@ask.intent('NameIntent')
def hello(name):
    msg = "Nice to see you. {0}".format(name)
    return flask_ask.statement(msg)


if __name__ == '__main__':
    app.run(debug=True)
```

18줄의 간단한 코드지만, 알렉사 스킬 개발을 위한 Flask-Ask의 핵심 코드이므로 각 내용을 자세히 알아보겠습니다. ask 객체는 플라스크 애플리케이션의 인스턴스와 알렉사 요청을 전달할 경로를 인자로 생성됩니다. "@ask.launch"는 알렉사의 LaunchRequest를 처리하기 위한 함수를 맵핑합니다. 여기서 LaunchRequest는 사용자가 알렉사 서비스에 등록된 발동 이름(Invocation name)으로 서비스를 시작했으나, 특별한 인텐트를 명시하지 않았을 때 생성되어 전달됩니다. 예를 들어, 이번 예제에서는 "Start Hello Alexa"나 "Talk to Hello Alexa"라고 이야기하면 "@ask.launch"로 지정된 launch_hello_alexa() 함수가 호출됩니다. 이 함수에서는 question() 함수를 이용해 사용자에게 "Hi, My name is Alexa. What is your name?"이라고 질문하고, 일정 시간 동안 사용자가 대답할 때까지 세션을 유지하고 기다립니다. 여기서 세션이란 알렉사와 대화가 유지되는 동안의 기간이며, 에코에서는 세션이 유지되는 동안 상단의 LED 불빛이 계속 켜져 있습니다.

"@ask.intent('NameIntent')"는 'NameIntent'의 사용자 인텐트를 처리하기 위한 함수를 맵핑합니다. 여기서 인텐트(Intent)란 사용자의 요청을 만족시키는 상위 수준의 행동을 의미하며, 각 인텐트는 슬롯(Slot)이라 불리는 추가 인자들을 사용자의 음성 인식을 통해 해당 함수로 전달할 수 있습니다. 사용자 지정 인텐트는 이후 알렉사 서비스에 등록할 때 JSON 형태의 인텐트 스키마(Intent Schema)와 사용자의 음성 명령어로 입력될 가능성이 있는 예제 언어 표현(Sample Utterances)을 같이 등록하여 지정합니다. 이번 예제에서는 "My name is [이름]" 형태의 문장에 대해서 'NameIntent'가 활성화되며, 인자로 사용자가 언급한 '이름'을 전달받도록 했습니다.

마지막으로 플라스크 애플리케이션을 수행하기 위해 run() 메서드를 호출하여 서비스를 시작합니다.

이제 맥이나 리눅스의 터미널, 윈도우의 명령어 프롬프트에서 다음과 같이 Hello Alexa 웹 애플리케이션을 실행하면 5000번 포트를 통해 해당 서비스가 실행되고 있음을 확인할 수 있습니다.

```
$ python3 hello_alexa.py
 * Running on http://127.0.0.1:5000/ (Press CTRL+C to quit)
 * Restarting with stat
 * Debugger is active!
 * Debugger PIN: 223-091-327
```

이어서 로컬 호스트 환경에서 수행되는 서비스를 알렉사에서 접근할 수 있도록 설정해야 합니다. 새로운 터미널이나 명령어 프롬프트에서 ngrok을 이용해 다음과 같이 5000번 포트의 네트워크 터널을 생성합니다.

```
$ ngrok http 5000
```

그러면 다음과 같이 http와 https 프로토콜로 외부에서 접속할 수 있는 주소를 보여줍니다. 여기서 https 프로토콜의 주소는 이후 알렉사 서비스를 등록하는데 사용할 주소입니다.

```
ngrok by @inconshreveable
(Ctrl+C to quit)

Session Status        online
Version               2.1.18
Region                United States (us)
Web Interface         http://127.0.0.1:4040
Forwarding            http://4c3310ac.ngrok.io -> localhost:5000
Forwarding            https://4c3310ac.ngrok.io -> localhost:5000

Connections           ttl     opn     rt1     rt5     p50     p90
                      0       0       0.00    0.00    0.00    0.00
```

이제 알렉사 스킬을 등록하기 위해 developer.amazon.com에 로그인합니다. 상단에 있는 메뉴 중 'ALEXA'를 선택하면 다음과 같이 'Alexa Skills Kit'과 'Alexa Voice Service'가 나옵니다. 우리가 이번에 등록할 것은 스킬이므로 'Alexa Skills Kit'을 선택합니다.

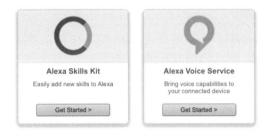

| DASHBOARD | APPS & SERVICES | ALEXA | REPORTING | SUPPORT | DOCUMENTATION | SETTINGS |

Get started with Alexa

Add new voice-enabled capabilities using the Alexa Skills Kit, or add voice-powered experiences to your connected devices with the Alexa Voice Service.

Alexa Skills Kit
Easily add new skills to Alexa

Get Started >

Alexa Voice Service
Bring voice capabilities to your connected device

Get Started >

그림 24-8 알렉사 스킬 등록

그러면 'Building Alexa Skills with the Alexa Skills Kit'이란 제목으로 등록된 알렉사 스킬의 이름과 언어, 상태 등의 세부 정보를 볼 수 있는 대시보드 화면이 나옵니다. 오른쪽 상단의 'Add a New Skill' 버튼을 눌러서 새로운 스킬을 등록합니다.

가장 먼저 등록해야 하는 것은 스킬의 타입, 언어, 스킬의 이름(Name)과 발동 이름(Invocation Name)입니다. 스킬의 이름은 알렉사 앱과 대시보드 화면에 나오게 될 이름이며, 발동 이름은 해당 서비스를 시작하기 위해 사용자가 명시적으로 이야기해야 하는 이름입니다. 다음과 같이 스킬 유형은 Custom Interaction Model, 언어는 English(U.S.)를 지정하고, 이름과 발동 이름은 모두 'Hello Alexa'로 입력한 다음 'Save' 버튼과 'Next' 버튼을 차례로 눌러 다음 설정을 진행합니다.

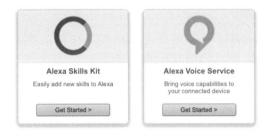

그림 24-8 알렉사 스킬 등록

그러면 'Building Alexa Skills with the Alexa Skills Kit'이란 제목으로 등록된 알렉사 스킬의 이름과 언어, 상태 등의 세부 정보를 볼 수 있는 대시보드 화면이 나옵니다. 오른쪽 상단의 'Add a New Skill' 버튼을 눌러서 새로운 스킬을 등록합니다.

가장 먼저 등록해야 하는 것은 스킬의 타입, 언어, 스킬의 이름(Name)과 발동 이름(Invocation Name)입니다. 스킬의 이름은 알렉사 앱과 대시보드 화면에 나오게 될 이름이며, 발동 이름은 해당 서비스를 시작하기 위해 사용자가 명시적으로 이야기해야 하는 이름입니다. 다음과 같이 스킬 유형은 Custom Interaction Model, 언어는 English(U.S.)를 지정하고, 이름과 발동 이름은 모두 'Hello Alexa'로 입력한 다음 'Save' 버튼과 'Next' 버튼을 차례로 눌러 다음 설정을 진행합니다.

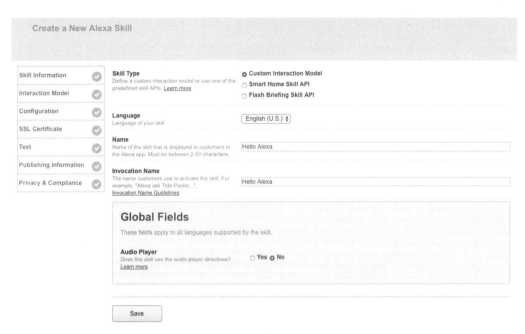

그림 24-9 스킬 정보(Skill Information) 설정 화면

다음으로 Interaction Model 항목으로 스킬의 타입을 'Custom Interaction Model'로 지정했기 때문에 인텐트에 대한 정의인 인텐트 스키마(Intents Schema)와 예제 언어 표현(Sample Utterances)을 입력해야 합니다. 우선 인텐트 스키마에 다음과 같이 입력합니다.

```
{
    "intents": [{
        "intent": "NameIntent",
        "slots": [{
            "name": "name",
            "type": "AMAZON.US_FIRST_NAME"
        }]
    }]
}
```

이번 예제에서 사용할 인텐트는 사용자가 이름을 알려주면 이를 받아서 인사말을 전하는 NameIntent이며, 사용자가 말한 문장에서 이름 정보를 같이 전달받게 됩니다. 이처럼 인텐트와 함께 전달되는 데이터를 슬롯(Slot)이라고 하며, 슬롯별로 이름(name)과 자료형(type)을 위와 같이 JSON 형태로 정의해야 합니다. 아마존에서 미리 정의된 빌트인(Built-in) 슬롯을 지원하며, 이번 예제에서는 AMAZON.US_FIRST_NAME으로 사용자의 이름 정보를 지정했습니다. 빌트인 슬롯의 종류는 알렉사 스킬 킷 문서의 Slot Type Reference에서 확인할 수 있습니다.

예제 언어 표현(Sample Utterances)이란 사용자가 입력한 문장을 앞서 정의된 인텐트 중 하나에 할당하는 역할을 합니다. 우리는 "My name is [이름]"이나 "I am [이름]" 형태의 표현이 입력되면 NameIntent가 실행되게 다음과 같이 입력합니다.

```
NameIntent     My name is {name}
NameIntent     I am {name}
```

빌트인 슬롯 이외에 사용자가 별도로 정의한 슬롯을 사용할 때는 Custom Slot Types에 입력해야 합니다. 이번 예제에서는 사용하지 않으므로 위 두 항목만 입력하고 'Save' 버튼과 'Next' 버튼을 차례로 눌러 Configuration 항목으로 이동합니다.

마지막으로 'Hello Alexa' 스킬을 수행할 서버의 설정 정보를 입력합니다. Endpoint에서는 우선 AWS 람다 기반인지, HTTPS 기반인지 선택해야 하며, 이번 예제에서는 HTTPS를 선택합니다. 그러면 타겟 사용자가 지리적으로 가까운 위치를 선택하는 항목이 나오는데, 'North America'를 선택하고, ngrok 를 통해 HTTPS로 서비스되는 포워딩 주소를 차례대로 입력합니다. 다음과 같이 모두 입력한 다음 'Save' 버튼과 'Next' 버튼을 차례로 눌러 SSL Certificate 항목으로 이동합니다.

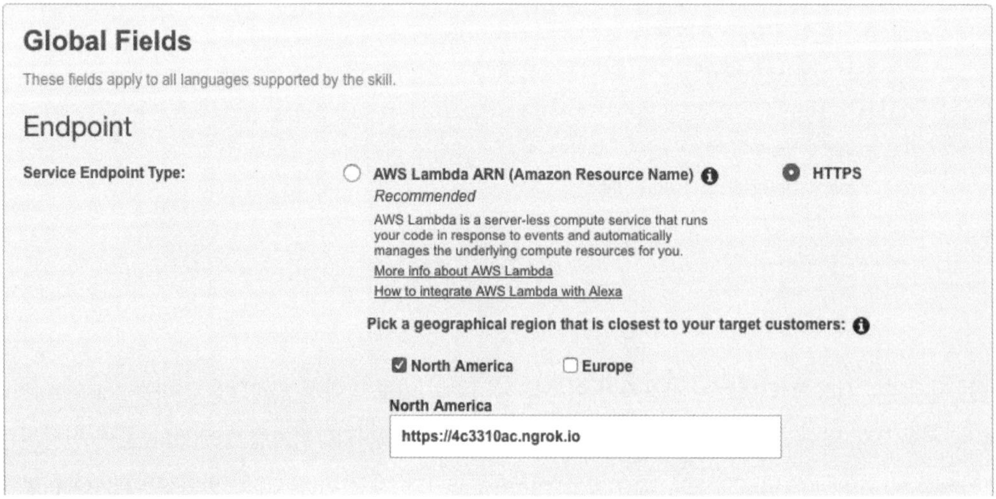

그림 24-10 서버 정보 설정 화면

마지막인 SSL Certificate 항목에서 Certificate for NA Endpoint는 두 번째 항목인 'My development endpoint is a sub-domain of a domain that has a wildcard certificate from a certificate authority' 를 선택합니다.

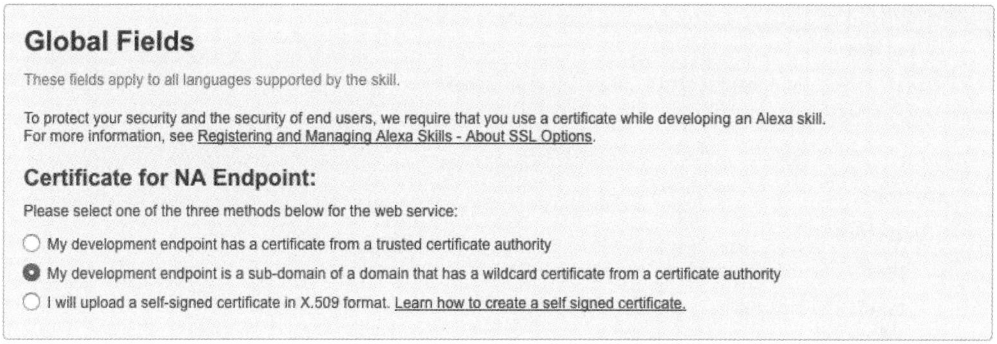

Global Fields

These fields apply to all languages supported by the skill.

To protect your security and the security of end users, we require that you use a certificate while developing an Alexa skill. For more information, see Registering and Managing Alexa Skills - About SSL Options.

Certificate for NA Endpoint:

Please select one of the three methods below for the web service:

○ My development endpoint has a certificate from a trusted certificate authority

◉ My development endpoint is a sub-domain of a domain that has a wildcard certificate from a certificate authority

○ I will upload a self-signed certificate in X.509 format. Learn how to create a self signed certificate.

그림 24-11 SSL 증명 설정 화면

이제 모든 설정을 마무리했습니다. 아마존 에코 기기가 있으면 "Alexa, Start Hello Alexa"로 우리가 개발한 서비스를 직접 이용할 수 있으며, 기기가 없더라도 echosim.io에서 동일한 테스트를 진행할 수 있습니다. 직접 해보면서 알렉사와 첫인사를 나눠보세요.

이제 'Hello Alexa'에 몇 가지 기능을 추가해 보겠습니다. 우리가 만든 서비스에서는 알렉사가 이름을 물어보는 질문에 대답하지 않으면 수 초 이후에 세션이 종료되면서 알렉사와 대화가 종료됩니다. 이 경우 다음과 같이 launch_hello_alexa() 함수에서 reprompt() 메서드를 이용해 사용자에게 다시 이름을 알려달라고 요청할 수 있습니다.

```
def launch_hello_alexa():
    msg = "Hi, My name is Alexa. What is your name?"
    return flask_ask.question(msg).reprompt("Could you tell me your name? please")
```

또한 다음과 같이 Flask-Ask 로그 수준을 디버그 단계로 설정하면 다양한 정보를 확인할 수 있습니다.

```
import logging
logging.getLogger("flask_ask").setLevel(logging.DEBUG)
```

특히 다음과 같이 사용자와 알렉사 스킬 간에 주고받는 대화 내용을 셸 프롬프트에서 JSON 형태로 로그를 출력해 확인할 수 있습니다.

```json
{
  "response": {
    "outputSpeech": {
      "text": "Hi, My name is Alexa. What is your name?",
      "type": "PlainText"
    },
    "reprompt": {
      "outputSpeech": {
        "text": "Could you tell me your name? please",
        "type": "PlainText"
      }
    },
    "shouldEndSession": false
  },
  "sessionAttributes": {},
  "version": "1.0"
}
```

지금까지는 파이썬 코드에 알렉사에서 사용되는 문장이 포함돼 있었습니다. 이번에는 진자[Jinja] 기반의 템플릿을 이용해 코드와 대화 구문을 별도로 분리해 보겠습니다. Hello Alexa 애플리케이션의 최상위 디렉터리에 templates.yaml 파일을 생성하고 다음과 같이 작성합니다.

```yaml
start: Hi, My name is Alexa. What is your name?
repeat: Could you tell me your name? please
answer: Nice to see you. {{ name }}
```

이어서 다음과 같이 두 함수를 변경합니다. templates.yaml 파일에 명시된 해시 키를 render_ template() 함수의 인자로 사용해 해시 값인 문자열을 가지고 올 수 있으며, hello() 함수에서 사용자의 이름으로 변경하는 것과 같이 문자열 중 일부를 원하는 값으로 설정할 수 있습니다.

```python
@ask.launch
def launch_hello_alexa():
    msg = flask.render_template('start')
```

```
    repeat_msg = flask.render_template('repeat')
    return flask_ask.question(msg).reprompt(repeat_msg)


@ask.intent('NameIntent')
def hello(name):
    msg = flask.render_template('answer', name = name)
    return flask_ask.statement(msg)
```

06 숫자 야구 게임

이번에는 알렉사와 대화로 숫자 야구 게임을 하는 알렉사 스킬을 개발하겠습니다. 개발에 앞서 간단히
숫자 야구 게임의 규칙을 알아보겠습니다.

- 사용되는 숫자는 0에서 9까지이며, 3자리의 숫자를 사용하되 중복되는 숫자는 사용하지 않습니다.
- 숫자는 맞지만, 위치가 틀렸을 때는 볼(Ball), 숫자와 그 위치가 전부 맞으면 스트라이크(Strike)로 판단하나, 어떤 자리의 숫
  자가 볼이고 스트라이크인지는 알려주지 않습니다.
- 세 개의 숫자가 모두 스트라이크가 될 때까지 게임은 계속 진행됩니다.

코드 작성에 앞서 사용자와 알렉사의 대화 시나리오를 만들어야 합니다. 이 과정으로 사용자로부터 입
력될 수 있는 예제 언어 표현, 인텐트 및 슬롯의 종류와 타입을 파악할 수 있기 때문입니다.

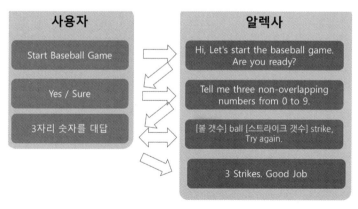

그림 24-12 숫자 야구 게임 대화 시나리오

이번 예제에서는 사용자가 "Start Baseball Game"으로 숫자 야구 게임을 시작하면 알렉사는 "Hi, Let's start the baseball game. Are you ready?"라고 대답합니다. 사용자가 긍정의 대답을 하는 경우 "Tell me three non-overlapping numbers from 0 to 9."과 같이 게임의 규칙을 말하고 3자리의 숫자가 입력되기를 기다립니다. 사용자가 세 자리의 숫자를 대답하면 알렉사는 입력된 숫자에 대해서 결과를 말하고, 세 개의 스트라이크가 아닌 경우에는 "Try again"이라고 말해 다시 3자리 숫자를 입력하도록 유도합니다. 이 대화 시나리오를 바탕으로 우리는 게임을 시작하는 요청과 사용자가 게임 시작에 긍정의 대답을 처리하는 인텐트, 부정의 대답을 처리하는 인텐트, 3자리의 숫자를 대답했을 때 이를 확인하는 인텐트 요청이 필요한 것을 확인했습니다.

대화 시나리오를 바탕으로 사용자로부터 입력될 수 있는 예제 언어 표현을 다음과 같이 정의하겠습니다. 사용자가 정답을 이야기하는 경우에는 이 데이터를 받아서 판단을 해야 하므로 슬롯으로 입력받을 수 있도록 합니다.

```
YesIntent    yes
YesIntent    sure

NoIntent     no
NoIntent     no. thanks
NoIntent     not yet

AnswerIntent {first} {second} {third}
AnswerIntent {first} {second} and {third}
AnswerIntent My answer is {first} {second} {third}
AnswerIntent My answer is {first} {second} and {third}
```

대화 시나리오와 예제 언어 표현을 바탕으로 다음과 같이 인텐트 스키마를 정의합니다. AnswerIntent는 사용자로부터 3개의 데이터를 받아들이며, 그 타입은 아마존에 정의한 AMAZON.NUMBER로 지정했습니다.

```
{
    "intents": [{
        "intent": "YesIntent"
    }, {
        "intent": "NoIntent"
    }, {
```

```
        "intent": "AnswerIntent",
        "slots": [{
            "name": "first",
            "type": "AMAZON.NUMBER"
        }, {
            "name": "second",
            "type": "AMAZON.NUMBER"
        }, {
            "name": "third",
            "type": "AMAZON.NUMBER"
        }]
    }]
}
```

숫자 야구 게임에서 사용할 구문을 templates.yaml 파일에 다음과 같이 작성합니다. start 키는 게임이 시작됐을 때 사용자에게 묻는 말이며, 사용자가 긍정의 대답을 하면 rule 키의 게임 규칙을 설명하고, 게임을 진행합니다. 만약 부정의 대답을 하면, end 키의 "OK, Good bye"라고 대답하고 게임을 종료합니다.

```
start: Hi, Let's start the baseball game. Are you ready?
rule: Tell me three non-overlapping numbers from 0 to 9.
end: OK. Good bye.
```

이제부터 숫자 야구 게임에서 사용할 파이썬 코드를 작성하겠습니다. 숫자 야구 게임에서 리스트 형태로 중복되지 않는 세 자리의 숫자를 생성하는 함수 get_baseball_num()을 다음과 같이 작성합니다. get_baseball_num()에서 생성한 숫자 리스트는 세션이 유지되는 동안 계속 저장되어 사용됩니다.

```
def get_baseball_num():
    num = []
    num.append(random.randrange(0, 10, 1))
    num.append(num[0])
    num.append(num[0])

    while (num[0] == num[1]):
        num[1] = random.randrange(0, 10, 1)
```

```
        while (num[0] == num[2] or num[1] == num[2]):
            num[2] = random.randrange(0, 10, 1)

        return num
```

게임을 시작하기 위한 LaunchRequst와 사용자의 Yes, No 대답에 대한 인텐트를 위한 함수를 다음과 같이 작성합니다. get_baseball_num()에서 생성된 숫자 리스트는 게임의 정답으로 세션이 유지되는 동안 변경되지 않아야 합니다. 따라서 세션의 'answer' 속성에 저장하고, 필요할 때마다 참조할 수 있도록 합니다.

```
@ask.launch
def launch_game():
    msg = flask.render_template('start')
    return flask_ask.question(msg)


@ask.intent("YesIntent")
def start_game():
    msg = flask.render_template('rule')
    answer = get_baseball_num()
    flask_ask.session.attributes['answer'] = answer
    logging.info("Answer is {0}".format(answer))

    return flask_ask.question(msg)


@ask.intent("NoIntent")
def end_game():
    msg = flask.render_template('end')
    return flask_ask.statement(msg)
```

입력된 세 개의 숫자를 리스트 형태로 받아서 야구 게임의 스코어를 평가하는 함수인 check_baseball_num()을 다음과 같이 작성합니다. 세션의 'answer' 속성에 저장된 정답 숫자 리스트를 가지고 온 다음 숫자 야구 게임의 규칙에 맞게 평가하고, 그 결과를 문자열과 불린 형태의 튜플로 반환합니다. 이때 모두 스트라이크인 경우에는 True를, 그렇지 않은 경우에는 False를 반환합니다.

```
def check_baseball_num(input_num):
    strike_cnt = 0
```

```
    ball_cnt = 0
    answer_num = flask_ask.session.attributes['answer']

    for i in range(0, 3):
        for j in range(0, 3):
            if input_num[i] == answer_num[j] and i == j:
                strike_cnt += 1
            elif input_num[i] == answer_num[j]:
                ball_cnt += 1
    if strike_cnt == 3:
        msg = "3 strikes! Good Job"
        return (msg, True)
    elif ball_cnt == 3:
        msg = "3 balls"
        return (msg, False)
    else:
        msg = "{0} balls and {1} strikes".format(ball_cnt, strike_cnt)
        return (msg, False)
```

사용자의 대답이 정답인지 확인하는 인텐트 요청을 처리하기 위하여 다음과 같이 함수를 작성합니다. 사용자로부터 입력받은 값을 정수 형으로 변환하기 위해 데코레이터에서 슬롯 이름과 자료형을 딕셔너리 형태로 convert 인자로 전달하면 자동으로 해당 타입으로 변환됩니다. 앞서 정의한 check_baseball_num()을 이용해 모두 스트라이크인 경우에는 게임을 종료하고, 그렇지 않은 경우에는 다시 사용자에게 숫자 입력을 요청하면서 게임을 진행합니다.

```
@ask.intent("AnswerIntent", convert={'first': int, 'second': int, 'third': int})
def answer(first, second, third):
    input_num = [first, second, third]
    logging.info("input number is {0}".format(input_num))
    msg, ret = check_baseball_num(input_num)

    if ret:
        return flask_ask.statement(msg)
    else:
        msg += ". Try again!"
        return flask_ask.question(msg)
```

마지막으로 'Hello Alexa' 예제에서 우리는 5000 포트를 이미 사용하고 있습니다. 이번 예제에서는 웹 애플리케이션을 실행할 때 포트를 명시적으로 7000번으로 지정하여 두 서비스가 동시에 실행되더라도 충돌하지 않도록 하겠습니다.

```
if __name__ == '__main__':
    app.run(debug=True, port=7000)
```

이제 Baseball Game 웹 애플리케이션을 실행하고, ngrok을 이용해 외부에서 7000번 포트로 접속할 수 있도록 합니다. 그리고 아마존 서버에 새로운 알렉사 스킬을 'Baseball Game'으로 등록합니다. 앞서 'Hello Alexa'에서 자세한 내용을 모두 설명했으므로 등록 과정은 생략하겠습니다. 정상적으로 스킬이 등록되면 우리는 이제 알렉사와 숫자 야구 게임을 즐길 수 있습니다.

이번 장에서는 아마존의 알렉사 음성 서비스와 스킬에 대해 알아봤습니다. Flask-Ask 라이브러리를 이용해 스킬을 개발하여 아마존 서버에 올리고, 이를 아마존 에코 스피커와 echosim.io에서 직접 이야기하며 테스트를 진행했습니다. 서비스 개발에서 파이썬 코드 자체의 난이도는 높지 않기 때문에 지금까지 학습한 내용을 바탕으로 여러분이 원하는 서비스로 확장하는 데 큰 어려움이 없을 것으로 생각합니다.

부동산 텔레그램 봇

일반적으로 챗봇^{chatbot}의 구조는 그림 25-1과 같습니다. 채팅 클라이언트를 통해서 사용자로부터 입력을 받고, 자연어 처리를 한 다음 컴퓨터가 가공할 수 있는 형태로 파싱^{parsing}을 한 후, 다이얼로그 매니저에서 정보를 처리합니다. 다이얼로그 매니저는 해당 챗봇에서 수행하는 비지니스 로직을 처리하는 부분이라고 할 수 있으며, 현재 입력이 어느 곳에 쓰여야 하는지, 어떤 입력이 더 필요하며 사용자에게 어떤 요청 혹은 결과를 주어야 할지 총괄하는 역할을 합니다. 동작을 결정하면 NLP를 통해 사람이 알아들을 수 있는 말로 가공한 다음 채팅 앱을 통해 사용자에게 결과물을 전달합니다.

그림 25-1 일반적인 챗봇의 구조도

그러나 우리가 만드는 챗봇에서 이러한 모든 기능을 구현하기에는 너무 거대해지므로 NLP 부분은 제거하고 핵심적인 기능만 뽑아서 극소수의 명령만 처리하는 기능을 수행하도록 만들어 보겠습니다.

챗봇을 구현하려면 우선 다음 사항들을 결정해야 합니다.

- 어떤 정보를 수집해서 사용자에게 전달할지 결정
- 사용자에게 어떤 방식으로 알릴지 결정

01 챗봇 준비하기

텔레그램

수집한 정보를 사용자에게 전달하는 방식은 사실 굉장히 다양합니다. 웹 페이지를 만들어서 주기적으로 업데이트하는 가장 기초적인 방법도 있고, 푸시 메시지를 이용할 수도 있습니다. 그러나 구현의 간편성과 비용을 고려한다면 기존 메신저를 이용하는 것이 가장 쉬운 방법일 수 있습니다. 그중에서도 텔레그램은 Bot API가 가장 잘 정리돼 있으므로 우리는 텔레그램에서 봇 계정을 생성하고 사용해 보겠습니다.

봇 계정 만들기

텔레그램으로 봇 계정을 만드는 방법은 매우 간단합니다. BotFather 계정에게 다음과 같이 아무 말이나 하면 도움말이 나옵니다.

BotFather
I can help you create and manage Telegram bots. If you're new to the Bot API, please see the manual.

You can control me by sending these commands:

/newbot - create a new bot
/mybots - edit your bots [beta]
/mygames - edit your games [beta]

그림 25-2 봇 계정 만들기 도움말

도움말의 설명과 같이 /newbot이라고 입력하거나 /newbot 부분을 클릭하면 봇의 이름을 입력하라고 나옵니다. 원하는 이름을 입력하면 username을 입력하라는 메시지가 나오는데, Username은 한글은 사용할 수 없고, 다른 username과 중복되지 않는 유일한 이름을 입력해야 합니다.

여기까지 입력하면 봇 계정이 생성됩니다. 봇 계정이 성공적으로 만들어지면, Use this token to access the HTTP API 아래에 빨간색으로 토큰이 표시됩니다. 이 토큰을 이용해서 봇 계정으로 토큰을 받게 되며, 이 토큰을 이용해서 봇 계정으로 다른 사용자들에게 메시지를 보낼 수 있습니다. 토큰은 중요한 정보이므로 잃어버리지 않게 잘 저장해 놓도록 합니다.

호철
/newbot

BotFather
Alright, a new bot. How are we going to call it? Please choose a name for your bot.

호철
부동산 텔레그램 봇

BotFather
Good. Now let's choose a username for your bot. It must end in `bot`. Like this, for example: TetrisBot or tetris_bot.

호철
realestate_telegram_bot

BotFather
Done! Congratulations on your new bot. You will find it at t.me/realestate_telegram_bot. You can now add a description, about section and profile picture for your bot, see /help for a list of commands. By the way, when you've finished creating your cool bot, ping our Bot Support if you want a better username for it. Just make sure the bot is fully operational before you do this.

Use this token to access the HTTP API:
391937009:AAGTXtK1vecJW285GHQHFFiVOy2zRYb1dfU

For a description of the Bot API, see this page:
https://core.telegram.org/bots/api

그림 25-3 봇 계정 만들기

Telepot 모듈

이제 토큰을 획득했으므로 텔레그램 API를 통해서 사용자들에게 메시지를 보낼 수 있습니다. 텔레그램 API의 사용법은 텔레그램 공식 문서(https://core.telegram.org/bots/api)에 자세히 설명돼 있습니다. 그러나 텔레그램 API를 직접 사용하는 것보다 조금 더 쉬운 방법을 제공하는 외부 모듈이 있습니다. Telepot(http://telepot.readthedocs.io)이라는 모듈인데 사용법에 매우 간단합니다. 우선 pip를 사용해 telepot를 설치합니다.

```
$ pip install telepot
```

Telepot을 임포트하고, 앞에서 생성한 토큰을 이용해 bot 객체를 생성합니다.
```
>>> import telepot
>>> bot = telepot.Bot('391937009:AAGTXtKlvecJW285GHQHFFiVOy2zRYb1dfU')
>>> bot.getMe()
{'first_name': '부동산 텔레그램 봇', 'username': 'realestate_telegram_bot', 'id': 391937009}
```

사용자로부터 메시지를 받으려면 bot.getUpdates() 메서드를 사용하거나, MessageLoop를 사용합니다. 우리 예제에서는 사용자에게 메시지를 보내기만 할 것이므로 bot.sendMessage()의 동작 여부만 체크해 보겠습니다.

사용자에게 메시지를 보내는 것은 다음과 같이 sendMessage() 메서드를 호출하기만 하면 됩니다. 첫 번째 인자로는 메시지를 받을 사용자의 id를 넣고, 두 번째 인자로는 전달할 메시지를 넣습니다.

```
>>> bot.sendMessage('12345678', '안녕하세요')
```

다만 사용자가 먼저 봇과의 채팅방을 만들지 않으면, 즉 사용자가 먼저 봇에게 말을 걸지 않았다면 다음과 같이 채팅방이 없다는 에러가 발생합니다.

```
>>> bot.sendMessage('12345678', '안녕하세요')
Traceback (most recent call last):
telepot.exception.TelegramError: ('Bad Request: chat not found', 400, {'description': 'Bad Request: chat not found', 'ok': False, 'error_code': 400})
```

채팅방이 정상적으로 생성돼 있으면 다음과 같이 메시지가 전달됩니다.

호철
/start

Unread messages

부동산 텔레그램 봇
안녕하세요

그림 25-4 채팅방 생성

부동산 정보

부동산 정보를 가져오는 방법은 다양합니다. 부동산 정보가 올라와 있는 국토교통부 실거래가 페이지에서 수집해도 되고, 네이버, 다음과 같은 포털 사이트의 부동산 사이트를 수집해도 됩니다. 또는 엑셀 파일이나 csv 파일을 내려받아도 되지만, API를 이용한 방법이 가장 유지보수하기 쉬우므로 우리는 API를 활용한 방법을 사용하겠습니다.

부동산과 같은 공공 정보는 공공데이터포털(http://data.go.kr/)에서 통합적으로 관리하고 있습니다. 공공데이터포털에 가입하고, 아파트매매 실거래가 자료에 대해 사용 신청을 하면 다음과 같이 사용법에 대한 안내페이지를 볼 수 있습니다. API의 사용법은 기술문서를 내려받아서 사용법을 읽고 사용하면 됩니다.

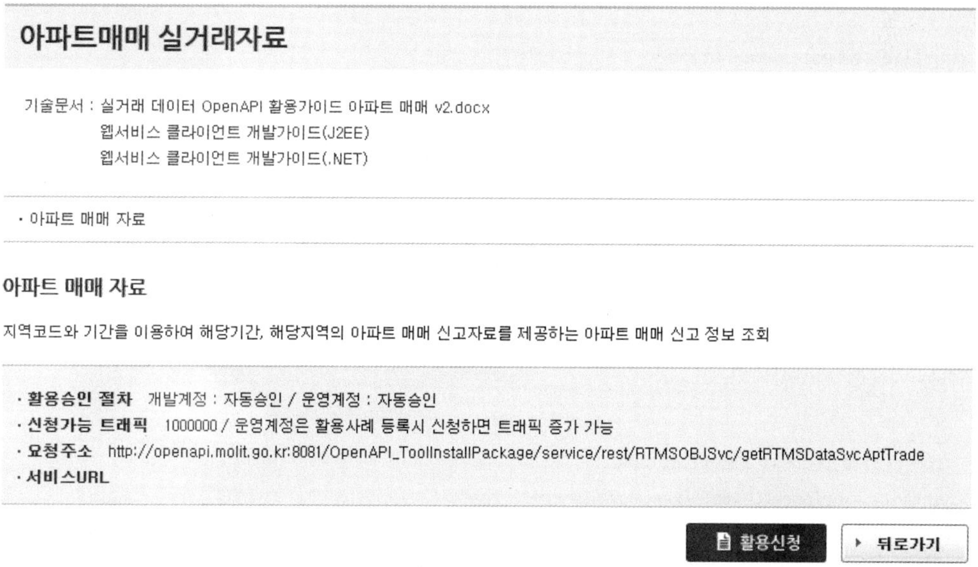

아파트매매 실거래자료

기술문서 : 실거래 데이터 OpenAPI 활용가이드 아파트 매매 v2.docx
웹서비스 클라이언트 개발가이드(J2EE)
웹서비스 클라이언트 개발가이드(.NET)

· 아파트 매매 자료

아파트 매매 자료

지역코드와 기간을 이용하여 해당기간, 해당지역의 아파트 매매 신고자료를 제공하는 아파트 매매 신고 정보 조회

- · **활용승인 절차**   개발계정 : 자동승인 / 운영계정 : 자동승인
- · **신청가능 트래픽**   1000000 / 운영계정은 활용사례 등록시 신청하면 트래픽 증가 가능
- · **요청주소** http://openapi.molit.go.kr:8081/OpenAPI_ToolInstallPackage/service/rest/RTMSOBJSvc/getRTMSDataSvcAptTrade
- · **서비스URL**

📄 활용신청   ▸ 뒤로가기

그림 25-5 아파트매매 실거래자료 페이지(data.go.kr)

또한, 파이썬2 코드이긴 하지만 다음과 같이 예제 코드도 제공합니다.

```
# Python 샘플 코드 #
from urllib2 import Request, urlopen
from urllib import urlencode, quote_plus

url = 'http://openapi.molit.go.kr:8081/OpenAPI_ToolInstallPackage/service/rest/RTMSOBJSvc/getRTMS-
```

```
DataSvcAptTrade'
queryParams = '?' + urlencode({ quote_plus('ServiceKey') : '서비스키', quote_plus('파라미터영문명')
: '파라미터기본값' })

request = Request(url + queryParams)
request.get_method = lambda: 'GET'
response_body = urlopen(request).read()
print response_body
```

위 코드는 파이썬 2용 코드이므로 파이썬 3에서 동작하게 하려면 코드를 수정해야 합니다. 간단하게 urllib2 대신에 urllib을 사용하면 되고, 우리는 한글 URL 정보를 입력할 일도 없으므로 quote_plus() 는 임포트하지 않아도 됩니다. 결과적으로 다음과 같이 두 줄이면 문제없이 동작합니다.

```
from urllib.request import urlopen
request = urlopen(url).read()
```

API를 정상적으로 호출해서 결과 문자열을 확인해보면 XML 덩어리를 확인할 수 있습니다. 문자열을 하나하나 잘라서 원하는 부분을 구할 수도 있지만, 조금 더 간단히 처리하기 위해 BeautifulSoup이라 는 외부 모듈을 사용하겠습니다. BeautifulSoup은 HTML이나 XML을 쉽게 파싱^{parsing} 할 수 있게 도 와주는 파서 모듈로, soup('p'), soup('a')와 같이 사용하면 〈p〉나 〈a〉 태그의 내용을 모두 리스트로 반환하는 기능을 제공합니다.

```
>>> from urllib.request import urlopen
>>> contents = urlopen('http://www.example.com').read()
>>> from bs4 import BeautifulSoup
>>> soup = BeautifulSoup(contents, 'html')
>>> soup('a')
[<a href="http://www.iana.org/domains/example">More information...</a>]
>>> soup('p')
[<p>This domain is established to be used for illustrative examples in documents. You may use this
domain in examples without prior coordination or asking for permission.</p>, <p><a href="http://
www.iana.org/domains/example">More information...</a></p>]
```

BeautifulSoup는 외부 모듈이므로 사용하려면 따로 설치해야 합니다. 외부 모듈은 부록C에서 다루는 pip를 이용하면 쉽게 설치할 수 있습니다.

```
> pip install bs4
Collecting bs4
  Downloading bs4-0.0.1.tar.gz
Collecting beautifulsoup4 (from bs4)
  Downloading beautifulsoup4-4.6.0-py3-none-any.whl (86kB)
    100% |############################| 92kB 194kB/s
Building wheels for collected packages: bs4
  Running setup.py bdist_wheel for bs4 ... done
Successfully built bs4
Installing collected packages: beautifulsoup4, bs4
Successfully installed beautifulsoup4-4.6.0 bs4-0.0.1
```

파서를 설치해야 정상적으로 동작하는 경우도 있는데, 이때는 다음과 같이 따로 html 파서를 설치합니다. 이 프로젝트에서는 xml 파서를 설치해도 동작에 차이가 없습니다.

```
> pip install html5lib
Collecting html5lib
  Downloading html5lib-0.999999999-py2.py3-none-any.whl (112kB)
    100% |                            | 122kB 739kB/s
...
Successfully installed html5lib-0.999999999 webencodings-0.5.1
```

이제 REST API를 호출해서 가져온 데이터를 BeautifulSoup을 이용해 파싱하고, 원하는 부분을 추출해 가공합니다. 다음 예제 코드를 보면 item에 해당하는 항목에 대해서만 처리하며, 각 아이템 안에서 〈로 시작해서 〉로 끝나는 부분을 정규식을 이용해 선택한 다음 |로 치환하고, |을 구분자로 split하여 데이터를 정제하는 것을 볼 수 있습니다. 이 부분은 현재 부동산 매매가 API의 결과에 대한 처리이며, 다른 API를 사용한다면 해당하는 API에 맞게 사용해야 합니다. 마지막으로 파싱된 부분을 적당히 문자열로 가공합니다.

```
soup = BeautifulSoup(res_body, 'html.parser')
items = soup.findAll('item')
for item in items:
    item = re.sub('<.*?>', '|', item.text)
    parsed = item.split('|')
    try:
        row = parsed[3]+'/'+parsed[6]+'/'+parsed[7]+', '+parsed[4]+' '+parsed[5]+', '+parsed[8]+'m² ,
'+parsed[11]+'F, '+parsed[1].strip()+'만원\n'
```

이제 결과를 정리해서 데이터베이스에 저장하고, 새로운 결과만 골라서 사용자에게 보내주면 됩니다. 이 예제에서는 데이터베이스로 MySQL, MongoDB 등 어떤 DB를 사용해도 크게 상관없으므로 앞 장에서 배운 Sqlite3를 사용하겠습니다.

"logs.db"라는 데이터베이스 파일을 생성하고, 유저별로 로그를 중복으로 처리하지 않도록 테이블을 생성합니다.

```
conn = sqlite3.connect('logs.db')
cursor = conn.cursor()
cursor.execute('CREATE TABLE IF NOT EXISTS logs( user TEXT, log TEXT, PRIMARY KEY(user, log) )')
conn.commit()
```

이제 파싱된 메시지들에 대해서 데이터베이스에 기록하면서 새로운 메시지에 대해서만 bot. sendMessage(유저, 메시지)를 호출하면 간략한 버전의 텔레그램 부동산 봇이 완성됩니다.

이 프로젝트가 정상적으로 동작하려면 소스 코드에 적절한 API 키와 텔레그램 토큰 값을 넣어야 하며, user에는 자신의 텔레그램 아이디를 우선 넣도록 합니다(최종 noti.py 파일과는 user 부분의 동작이 조금 다릅니다).

모든 값을 넣으면 다음과 같이 정상적으로 동작하는 모습을 볼 수 있습니다.

```
> python noti.py
[ 2017-05-23 ]received token : 391937009:AAGTXtKlvecJW285GHQHFFiVOy2zRYb1dfU
{'first_name': '부동산 텔레그램 봇',
 'id': 391937009,
 'username': 'realestate_telegram_bot'}
12345678 201705 11710
2017-05-23 22:37:50 2017/5/1~10, 잠실동 잠실엘스, 84.8m², 23F, 116,000만원
2017-05-23 22:37:50 2017/5/1~10, 잠실동 트리지움, 149.45m², 26F, 146,000만원
2017-05-23 22:37:50 2017/5/1~10, 잠실동 레이크팰리스, 84.82m², 21F, 106,000만원
2017-05-23 22:37:50 2017/5/1~10, 잠실동 레이크팰리스, 59.97m², 18F, 89,900만원
2017-05-23 22:37:50 2017/5/1~10, 잠실동 트리지움, 149.45m², 8F, 144,000만원
2017-05-23 22:37:50 2017/5/1~10, 잠실동 잠실엘스, 119.93m², 16F, 164,850만원
2017-05-23 22:37:50 2017/5/1~10, 잠실동 잠실엘스, 59.96m², 18F, 101,000만원
2017-05-23 22:37:51 2017/5/11~20, 잠실동 레이크팰리스, 135.82m², 3F, 150,000만원
2017-05-23 22:37:51 2017/5/11~20, 잠실동 레이크팰리스, 59.97m², 14F, 90,000만원
```

2017-05-23 22:37:51 2017/5/11~20, 잠실동 잠실엘스, 84.97m², 9F, 116,000만원
2017-05-23 22:37:51 2017/5/21~31, 잠실동 레이크팰리스, 84.82m², 20F, 110,700만원
...

실제로 텔레그램 상의 결과 화면은 다음과 같습니다.

Unread messages

Tuesday, May 23, 2017

부동산 텔레그램 봇   9:25:14 PM
2017/5/1~10, 잠실동 잠실엘스, 84.8m², 23F, 116,000만원
2017/5/1~10, 잠실동 트리지움, 149.45m², 26F, 146,000만원
2017/5/1~10, 잠실동 레이크팰리스, 84.82m², 21F, 106,000만원
2017/5/1~10, 잠실동 레이크팰리스, 59.97m², 18F, 89,900만원
2017/5/1~10, 잠실동 트리지움, 149.45m², 8F, 144,000만원
2017/5/1~10, 잠실동 잠실엘스, 119.93m², 16F, 164,850만원
2017/5/1~10, 잠실동 잠실엘스, 59.96m², 18F, 101,000만원
2017/5/11~20, 잠실동 레이크팰리스, 135.82m², 3F, 150,000만원
2017/5/11~20, 잠실동 레이크팰리스, 59.97m², 14F, 90,000만원
2017/5/11~20, 잠실동 잠실엘스, 84.97m², 9F, 116,000만원
2017/5/21~31, 잠실동 레이크팰리스, 84.82m², 20F, 110,700만원
2017/5/1~10, 신천동 파크리오, 84.79m², 19F, 103,500만원
2017/5/1~10, 신천동 장미1, 71.2m², 3F, 91,300만원
2017/5/1~10, 신천동 파크리오, 84.79m², 25F, 99,800만원
2017/5/1~10, 신천동 파크리오, 84.79m², 25F, 112,500만원
2017/5/1~10, 신천동 파크리오, 84.79m², 32F, 100,500만원
2017/5/1~10, 신천동 미성, 46.54m², 5F, 70,500만원
2017/5/11~20, 신천동 파크리오, 84.79m², 30F, 104,600만원
2017/5/11~20, 신천동 미성, 75.09m², 2F, 101,500만원
2017/5/11~20, 신천동 파크리오, 84.9m², 19F, 101,500만원
2017/5/11~20, 신천동 장미1, 82.45m², 4F, 93,000만원

2017/5/1~10, 풍납동 동아한가람1, 84.38m², 17F, 55,500만원   9:25:15 PM
2017/5/1~10, 풍납동 씨티극동1, 83.5m², 17F, 52,800만원
2017/5/1~10, 풍납동 쌍용, 84.86m², 3F, 60,000만원
2017/5/1~10, 풍납동 현대리버빌1지구, 43.2m², 15F, 35,800만원
2017/5/1~10, 풍납동 동아한가람1, 59.98m², 1F, 39,500만원
2017/5/1~10, 풍납동 동아한가람1, 84.38m², 16F, 54,700만원
2017/5/1~10, 풍납동 현대리버빌1지구, 43.2m², 8F, 35,800만원
2017/5/1~10, 풍납동 동아한가람1, 84.38m², 5F, 57,000만원
2017/5/1~10, 송파동 가락사이맥스, 84.82m², 8F, 71,000만원

그림 25-6 텔레그램에서의 결과 화면

유저 등록 및 정보확인

위 결과만으로는 이상한 점을 느끼셨을 것입니다. 바로 특정 유저에게만 결과를 보낼 수 있으며, 게다가 특정 지역에 대한 정보만 보낼 수 있는 문제가 있습니다. 이 문제를 해결하려면 유저를 등록하고 해당 유저가 어떤 지역의 정보를 원하는지 확인하고 등록하는 프로세스가 필요합니다. 위에서 만든 로직은 하루에 한두 번 정도만 실행해 주면 됩니다.

유저가 어떤 것을 원하는지 알려면 사용자의 입력을 기다리는 로직이 필요합니다. telepot에서는 message_loop() 메서드를 지원하며 입력 인자로 메시지 루틴을 처리할 함수를 입력합니다. 다음과 같이 사용자의 입력을 받아서, 메시지의 종류와 사용자 아이디를 확인할 수도 있습니다.

```python
def handle(msg):
    content_type, chat_type, chat_id = telepot.glance(msg)
    if content_type != 'text':
        sendMessage(chat_id, '난 텍스트 이외의 메시지는 처리하지 못해요.')
        return
    pprint(msg)

bot = telepot.Bot(TOKEN)
pprint( bot.getMe() )

bot.message_loop(handle)

print('Listening...')

while 1:
  time.sleep(10)
```

새로운 파일(teller.py)를 생성하여 위 코드를 실행하면 다음과 같이 사용자가 대화한 결과를 실시간으로 받아 볼 수 있습니다.

```
{'first_name': '부동산 텔레그램 봇',
 'id': 391937009,
 'username': 'realestate_telegram_bot'}
```

```
Listening...

{'chat': {'first_name': '길동',
          'id': 12345678,
          'last_name': '홍',
          'type': 'private'},
 'date': 1496242242,
 'from': {'first_name': '길동',
          'id': 12345678,
          'language_code': 'ko',
          'last_name': '홍'},
 'message_id': 82,
 'text': 'hello'}
```

이것으로 텔레그램의 사용자와의 대화를 보내는 형식에 대해서 알 수 있습니다. 다만 우리는 텍스트 이외의 메시지를 처리하지는 않을 것이므로 content_type으로 텍스트인지 아닌지를 구분하고 있습니다.

명령어 처리

일반적으로 텔레그램에서 특수한 명령어의 처리는 '/'로 시작하게 되어 있지만, 우리는 사용자가 이야기하는 텍스트를 그대로 처리하겠습니다. 우리가 입력받을 명령어의 종류는 우선 이 지역이 원하는 지역인지 확인하는 단계인 '지역 데이터의 확인'과 확인된 지역에 대한 명령어를 저장하는 '유저 정보 및 명령 저장' 두 가지로 나뉘게 됩니다.

우선 첫 번째 명령어인 '지역 데이터 확인'을 위해 사용자가 '지역 [지역번호]'라고 입력하면 지역 데이터를 확인하도록 하겠습니다.

두 번째 명령은 '저장 [지역번호]'라고 입력하면 해당 유저 정보 및 명령을 데이터베이스에 저장하도록 하겠습니다.

마지막으로 저장된 명령들을 확인하는 명령은 '확인'으로 정하겠습니다.

이를 처리하기 위해서 handle() 콜백 함수에 다음과 같이 text를 확인하고 구분하여 처리하기 위한 기본 틀을 만들겠습니다.

```
if text.startswith('지역') and len(args)>1:
    print('try to 지역', args[1])
elif text.startswith('저장') and len(args)>1:
    print('try to 저장', args[1])
elif text.startswith('확인'):
    print('try to 확인')
else:
    noti.sendMessage(chat_id,'모르는 명령어입니다.\n지역 [지역번호], 저장 [지역번호], 확인 중 하나의
명령을 입력하세요.')
```

지역 데이터 확인

지역 데이터를 확인하기 위한 코드는 다음과 같이 구현합니다.

```
if text.startswith('지역') and len(args)>1:
    print('try to 지역', args[1])
    replyAptData( current_month, chat_id, args[1] )
```

replyAptData() 함수로 기능을 분리하고, 입력 인자로는 날짜 정보, 유저 정보, 지역 정보를 받습니다.

해당 데이터를 반환하는 역할을 하는 replyAptData() 함수는 거의 noti.run()의 부분 집합입니다. noti.run()이 하는 일은 logs 데이터베이스에서 이미 보낸 메시지인지 아닌지 확인한 다음 등록된 사용자에게 메시지를 반환하는 것이라면, replyAptData()는 데이터베이스와는 전혀 상관없이 단순히 사용자가 응답하라고 명령한 동작만 수행합니다.

```
def replyAptData(date_param, user, loc_param='11710'):
    print(user, date_param, loc_param)
    res_list = noti.getData( loc_param, date_param )
    msg = ''
    for r in res_list:
        print( str(datetime.now()).split('.')[0], r )
        if len(r+msg)+1>noti.MAX_MSG_LENGTH:
            noti.sendMessage( user, msg )
            msg = r+'\n'
        else:
```

```
        msg += r+'\n'
    if msg:
        noti.sendMessage( user, msg )
    else:
        noti.sendMessage( user, '%s 기간에 해당하는 데이터가 없습니다.'%date_param )
```

유저 정보 및 명령 저장

이제 지역 데이터를 확인했으니, 이 데이터를 받아 볼 수 있게 유저 정보를 저장해야 합니다. 유저 정보를 저장하려면 데이터베이스를 활용합니다. 먼저 유저 정보(user)와 지역 정보(location)를 담아 놓도록 테이블(users)을 생성합니다. 사용자가 '저장' 명령어를 입력하면 save() 함수를 호출하고, 다음과 같이 테이블에 삽입(insert)합니다. 중복 에러 integrity error 가 발생하면 해당 데이터가 이미 저장된 경우이므로 적절한 메시지를 유저에게 보여줍니다.

```
def save( user, loc_param ):
    conn = sqlite3.connect('users.db')
    cursor = conn.cursor()
    cursor.execute('CREATE TABLE IF NOT EXISTS users( user TEXT, location TEXT, PRIMARY KEY(user,
location) )')
    try:
        cursor.execute('INSERT INTO users(user, location) VALUES ("%s", "%s")' % (user, loc_param))
    except sqlite3.IntegrityError:
        noti.sendMessage( user, '이미 해당 정보가 저장되어 있습니다.' )
        return
    else:
        noti.sendMessage( user, '저장되었습니다.' )
        conn.commit()
```

이제 텔레그램에서 다음과 같이 저장되는 모습을 확인할 수 있습니다.

확인을 위한 로직은 users 테이블에 있는 정보 중 해당 사용자에 대한 부분만 가져와서 텔레그램으로 보내주면 됩니다.

```
cursor.execute('SELECT * from users WHERE user="%s"' % user)
for data in cursor.fetchall():
    row = 'id:' + str(data[0]) + ', location:' + data[1]
    noti.sendMessage( user, row )
```

이제 마지막으로 기존에 작성해 놓은 noti.py에 유저 정보에 대한 수정을 하면 모든 작업이 완료됩니다. users 테이블에 저장된 사용자 정보와 지역 정보를 순회하면서 공공데이터 포털로부터 데이터를 가져오고, 중복된 정보들은 제거하는 역할을 합니다. 완성된 noti.run() 함수는 다음과 같습니다.

```
def run(date_param, param='11710'):
    conn = sqlite3.connect('logs.db')
    cursor = conn.cursor()
    cursor.execute('CREATE TABLE IF NOT EXISTS logs( user TEXT, log TEXT, PRIMARY KEY(user, log)
)')
    conn.commit()

    user_cursor = sqlite3.connect('users.db').cursor()
    user_cursor.execute('CREATE TABLE IF NOT EXISTS users( user TEXT, location TEXT, PRIMARY
KEY(user, location) )')
    user_cursor.execute('SELECT * from users')

    for data in user_cursor.fetchall():
        user, param = data[0], data[1]
```

```
        print(user, date_param, param)
        res_list = getData( param, date_param )
        msg = ''
        for r in res_list:
            try:
                cursor.execute('INSERT INTO logs (user,log) VALUES ("%s", "%s")'%(user,r))
            except sqlite3.IntegrityError:
                # 이미 해당 데이터가 있다는 것을 의미합니다.
                pass
            else:
                print( str(datetime.now()).split('.')[0], r )
                if len(r+msg)+1>MAX_MSG_LENGTH:
                    sendMessage( user, msg )
                    msg = r+'\n'
                else:
                    msg += r+'\n'
        if msg:
            sendMessage( user, msg )
    conn.commit()
```

이번 장에서 우리가 작성한 코드는 teller.py와 noti.py입니다.

teller.py는 사용자와의 대화 응대를 위해 항상 실행돼야 하는 프로세스이며, noti.py는 teller.py에서 수집한 사용자 정보를 참조해서 업데이트되는 부동산 정보를 주기적으로 알려주는 프로세스입니다. 그러므로 noti.py는 윈도우 스케줄러나 crontab과 같은 도구를 이용해서 주기적으로(예를 들어 하루에 1번) 실행해주면 완성됩니다.

## 26

라즈베리 파이로
미세먼지 측정기 만들기

라즈베리 파이는 영국 라즈베리 파이 재단에서 학교와 개발도상국의 기초 컴퓨터 교육을 위해 개발한 신용카드 크기의 보드 컴퓨터입니다. 저렴하고 크기도 작지만 컴퓨터의 기본 기능을 모두 갖추고 있으며 최근 모델인 라즈베리 파이 3 모델 B는 와이파이와 블루투스(BLE 포함)를 기본으로 내장하고 있습니다.

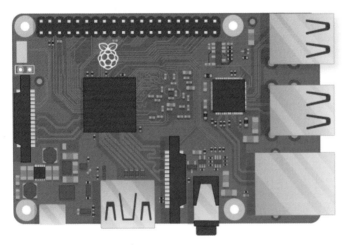

그림 26-1 신용카드보다 조금 더 큰 라즈베리 파이 3 모델 B

라즈베리 파이가 세상에 나오고 판매량은 폭발적으로 늘어나서 2017년 3월 현재까지 전 세계적으로 1,200만대 이상 판매됐습니다. 재단에서 개발도상국의 정보 격차를 해소하기 위해서 라즈베리 파이의 가격을 저렴하게 책정하고 널리 홍보했는데, 막상 많이 판매되는 곳은 선진국으로, 작고 저렴하고 신기한 기기에 많은 관심이 쏟아졌습니다. 사람들은 라즈베리 파이로 흥미로운 제품들을 만들고 공유하고 있으며, 저전력이라는 특성을 이용해 스마트 홈을 구축하거나 단순히 호기심 때문에 사는 사람도 많이 있습니다. 라즈베리 파이의 가장 큰 특징 중 하나는 일반 컴퓨터와 다르게 하드웨어를 직접 제어하기 위한 GPIO ^{General Purpose Input/Output} 가 있습니다.

라즈베리 파이의 하드웨어 스펙에 대해서 간단히 살펴보겠습니다.

- ARMv8 베이스의 1.2GHz로 동작하는 64bit 쿼드코어 CPU와 1GB 램 탑재
- 802.11n 무선랜, 블루투스 4.1과 BLE ^{Bluetooth Low Energy} 지원
- 4개의 USB 포트, HDMI 포트, 이더넷 포트, 3.5mm 오디오 잭
- 카메라(CSI)와 디스플레이(DSI)를 위한 인터페이스
- 마이크로 SD 카드 슬롯
- 하드웨어를 직접 제어할 수 있는 40개의 GPIO 핀

라즈베리 파이 재단이 지원하는 공식 OS는 데비안에 라즈베리 파이를 위한 패키지들을 포함해서 라즈비안이라는 이름으로 배포하고 있습니다. 그리고 라즈베리 파이의 주 프로그래밍 언어가 파이썬입니다. 물론 다른 언어도 사용할 수 있지만, 크로스 컴파일 환경을 구축한다거나 추가적인 패키지나 프로그램을 설치하지 않고 라즈베리 파이 위에서 쉽고 빠르게 프로그래밍을 할 수 있기 때문에 파이썬이 주 언어로 선택됐습니다.

이번 장에서는 라즈베리 파이를 이용해 공기의 상태를 측정하고 데이터를 확인할 수 있는 장치를 만들어 보겠습니다. 미세먼지, 온도, 습도, 대기압 센서를 달아서 데이터를 수집하고 작은 OLED에 측정한 정보를 보여줄 것입니다. 여기에 그치지 않고 현재 데이터를 외부에서 확인할 수 있게 구글 클라우드 플랫폼에서 공기의 상태를 보여주는 웹 애플리케이션을 만들어 모바일 웹 브라우저에서도 라즈베리 파이에서 측정한 데이터를 확인할 수 있게 만들어 보겠습니다.

일단 라즈베리 파이가 있어야 합니다. 라즈베리 파이는 국내 여러 오픈마켓에서 팔고 있어서 쉽게 구입할 수 있습니다. 예쁜 종이봉투 안에 들어 있는 조그마한 보드를 받았다면 맨 처음 해야 할 일은 OS를 설치하는 일입니다.

앞서 이야기했듯이 라즈비안은 라즈베리 파이 재단에서 공식으로 지원하는 OS입니다. 라즈비안을 설치하는 방법으로는 라즈비안 OS의 이미지를 받아서 직접 설치하는 방법과 NOOBS를 사용해 네트워크로 설치하는 방법이 있습니다. NOOBS를 이용해 설치하는 방법이 쉽기는 한데 설치하는 데 오랜 시간이 걸리므로 여기서는 직접 설치하는 방법으로 진행하겠습니다.

우선 라즈베리 파이 재단 홈페이지(https://www.raspberrypi.org/downloads/raspbian/)에서 라즈비안을 내려받습니다.

다운로드 페이지에는 RASPBIAN JESSIE WITH PIXEL과 RASPBIAN JESSIE LITE 두 가지 이미지가 있는데, LITE 버전은 구동에 필요한 최소한의 것들만 있고 RASPBIAN JESSIE WITH PIXEL에는 윈도우와 비슷한 데스크톱 환경을 제공하는 PIXEL이 설치돼 있습니다. 이 책에서는 PIXEL 버전을 내려받아 설치하겠습니다.

내려받은 이미지를 Micro SD 카드에 굽고 ^{Burn}, Micro SD를 라즈베리 파이 뒷쪽에 있는 Micro SD 슬롯에 넣기만 하면 OS 설치가 완료됩니다. MicroSD가 일종의 HDD 역할을 하게 됩니다.

뱀잡기

이미지를 MiscroSD에 굽는 프로그램은 여러 가지가 있지만 ETCHER를 추천합니다. ETCHER는 안전하고 무엇보다 사용하기가 매우 쉽습니다.

그림 26-2 ETCHER를 이용해 마이크로 SD에 라즈비안을 설치

라즈비안 이미지가 설치된 Micro SD카드를 라즈베리 파이 Micro SD 카드 슬롯에 넣고, 기본 설정을 하기 위해서 모니터와 키보드, 마우스를 연결합니다. 전원을 연결하면 부팅이 시작되며, 부팅하는 과정에 산딸기 모양의 아이콘 4개가 나오는 모습을 볼 수 있는데, 이는 쿼드코어라는 의미입니다. 부팅에 성공하면 PIXEL 데스크톱이 보일 것입니다. PIXEL은 라즈베리 파이 재단에서 발표한 라즈베리파이를 위한 새로운 데스크톱 환경입니다.

그림 26-3 PIXEL 데스크톱

라즈비안이 데비안을 기본으로 만들었기 때문에 작은 리눅스 컴퓨터가 새로 생겼다고 생각하면 됩니다. 그래서 리눅스를 경험해본 독자들은 라즈베리 파이에 쉽게 적응할 수 있습니다.

이제 인터넷을 연결해보겠습니다. DHCP가 지원되는 공유기가 있다면 유선랜 케이블을 꼽기만 하면 인터넷을 사용할 수 있습니다. 요즘은 유선랜보다 무선랜을 훨씬 많이 사용하므로 라즈베리 파이에 무선랜 설정을 하겠습니다.

우선 사용 가능한 AP를 준비하고, 라즈비안 파이의 무선랜 인터페이스가 정상적으로 동작하는지 확인해 보겠습니다. 데스크톱 메뉴의 응용프로그램에서 터미널을 실행한 다음 콘솔에 다음 명령어를 실행하면 wlan0 라는 인터페이스가 보입니다.

```
ifconfig
```

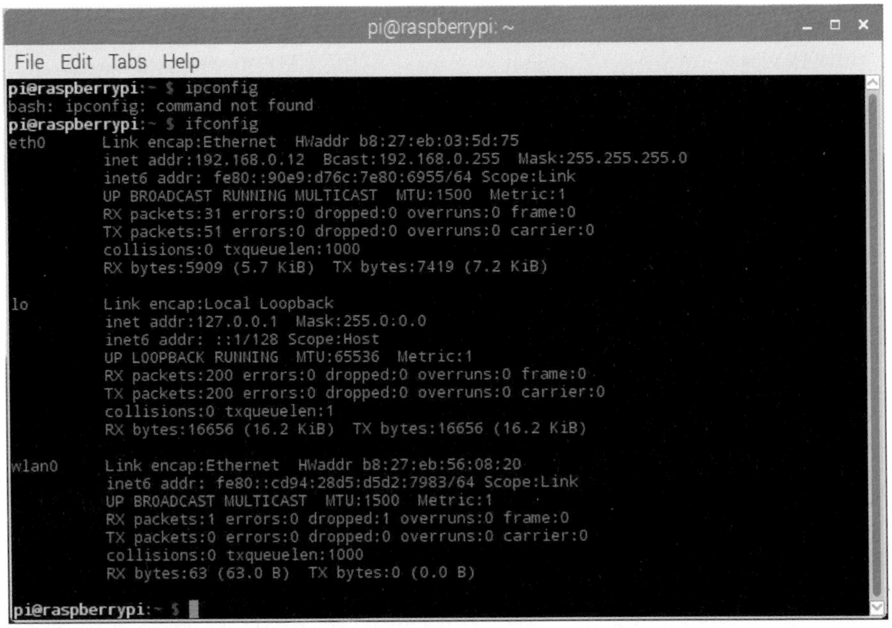

그림 26-4 라즈베리 파이의 네트워크 인터페이스 목록 확인

주변에 어떤 AP가 있는지 스캔하기 위해서 다음과 같이 입력합니다.

```
sudo iwlist wlan0 scan
```

검색된 AP 목록에 우리가 준비한 AP가 있는지 확인하고 /etc/wpa_supplicant/wpa_supplicant.
conf 파일에 다음과 같이 AP 이름과 패스워드를 입력합니다.

```
sudo vi /etc/wpa_supplicant/wpa_supplicant.conf  # vi 에디터로 파일 편집,
network = {
    ssid ="my_ap"
    psk = "my_password"
}
```

무선랜 인터페이스를 다시 시작하면 AP에 접속을 시도합니다.

```
sudo ifdown wlan0
sudo ifup wlan0
```

ifconfig 명령어로 AP에 정상적으로 연결됐는지 확인할 수 있습니다.

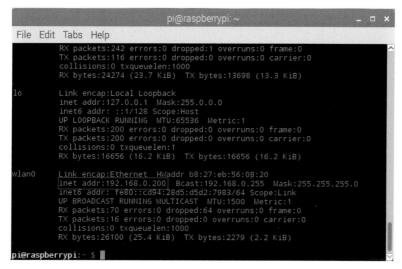

그림 26-5 wlan0에 ip 주소가 할당된 상태

이 상태로 라즈베리 파이 데스크톱에서 파이썬으로 코딩을 하면서 개발할 수도 있지만, 우리가 진행할 프로젝트는 모니터, 키보드, 마우스가 필요 없고 개발할 때도 터미널에서만 작업하면 되므로 라즈베리 파이에 원격으로 접근해 개발할 수 있게 설정하겠습니다. 여기서는 범용적으로 가장 많이 사용하는 SSH를 사용하겠습니다.

우선 SSH를 사용할 수 있게 SSH 기능을 활성화해야 합니다. 메뉴 → Preference → Raspberry_Pi Configuration → Configure Raspberry Pi system을 선택하면 다음 그림과 같이 라즈베리 파이 설정 팝업이 나타납니다. 설정 팝업에서 Interfaces 탭을 누르고 SSH를 선택해 활성화합니다.

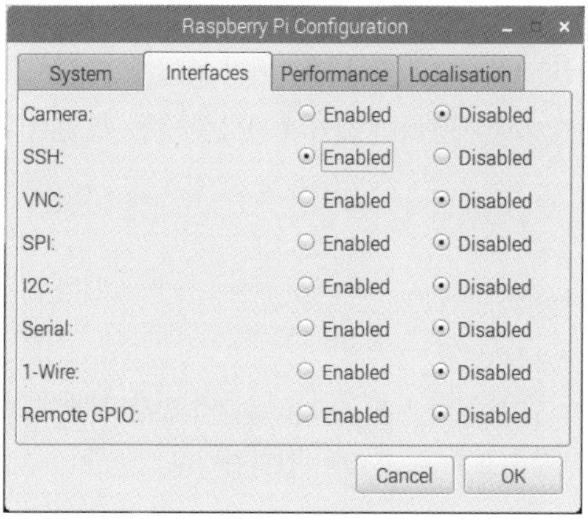

그림 26-6 SSH를 선택해 SSH를 활성화

이제 컴퓨터에서 SSH를 통해서 라즈베리 파이에 접속하겠습니다. SSH를 통해서 라즈베리 파이에 접근하려면 텔넷 프로그램이 필요합니다. 텔넷 프로그램으로는 여러 가지가 있는데, 마음에 드는 프로그램을 사용하면 됩니다. 이 책에서는 무료이고 오픈 소스이며, 설치가 필요 없는 Putty 프로그램을 사용하겠습니다. Putty는 SSH는 물론 SCP, rlogin등을 지원하며, http://www.chiark.greenend.org.uk/~sgtatham/putty/latest.html에서 내려받을 수 있습니다.

Putty를 실행하고 다음 그림과 같이 설정합니다.

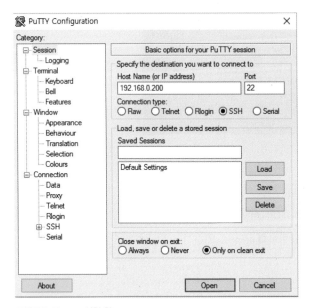

그림 26-7 putty 설정 창

SSH 프로토콜을 사용해서 라즈베리 파이에 접근할 것이므로 SSH를 선택하고, 앞서 터미널에서 확인한 라즈베리 파이의 IP주소를 입력합니다. 연결을 누르면 id와 password를 입력해야 하는데 라즈베리 파이 초기 아이디는 pi이고, 비밀번호는 raspberry입니다. 이제 원격으로 라즈베리 파이에 접근해 사용할 수 있는 환경이 만들어졌습니다. 초기 비밀번호를 그대로 사용하면 해커의 공격을 받을 수 있으니 다음 명령어로 비밀번호를 바꾸겠습니다.

```
sudo passwd pi
```

드디어 기본 설정이 끝났습니다. 라즈베리 파이에서 간단한 파이썬 프로그램을 만들어 이를 실행해 보겠습니다. vi 혹은 nano를 이용해서 hello.py 파일을 생성하고, 다음과 같이 입력합니다.

```
$ mkdir work        // work 디렉터리 생성
$ cd work
$ nano hello.py

#! /usr/bin/env python
print ("hello raspberry pi")

$ python hello.py
Hello raspberry pi
```

뱀잡기

무선랜이 DHCP 방식으로 공유기와 연결돼 있으므로 라즈베리 파이를 껐다 켤 때 IP 주소가 바뀔 수 있습니다. 연결될 때마다 같은 IP로 연결되도록 /etc/dhcpcd.conf 파일에 다음과 같이 내용을 추가합니다.

```
> vi /etc/dhcpcd.conf
...
interface wlan0
static ip_address=192.168.0.200
static routers=192.168.0.1
static domain_name_servers=168.126.63.1
static netmask=255.255.255.0
```

라즈베리 파이가 켜질 때 항상 ip가 192.168.0.200으로 연결되게 설정됐습니다.

프로젝트를 진행하다 보면 라즈베리 파이와 윈도우 사이에 파일을 주고받을 일이 많이 생깁니다. 라즈베리 파이에 FTP를 설치해서 파일을 공유할 수도 있지만 여간 불편한 게 아닙니다. 추천하는 방법은 라즈베리 파이에 윈도우 또는 맥에서 리눅스에 접속해 파일이나 프린터를 공유할 수 있게 하는 삼바samba를 설치하고 윈도우에서 네트워크 드라이브로 연결해 사용하는 방법입니다.

우선 라즈베리 파이에 삼바를 설치하겠습니다.

```
$ sudo apt-get install samba
```

다음 명령어로 pi 유저의 삼바 패스워드를 설정합니다.

```
$ sudo smbpasswd -a pi
```

이제 삼바 설정 파일에 pi에 대한 정보를 추가해야 합니다.

```
$ sudo vi /etc/samba/smb.conf
```

```
[pi]
comment='rpi samba'
path=/home/pi/work         # 공유할 디렉터리
valid user = pi            # 삼바에 로그인할 수 있는 유저 목록
writable = yes             # 공유할 디렉터리에 쓰기가 가능하게 설정
browseable = yes           # 공유 폴더 목록에 보여질지를 설정
```

이제 삼바 서버를 재실행합니다.

```
sudo service smdb restart
```

윈도우의 실행 창^{윈도우 키 + R} 에서 ₩₩(Your PI IP Address – 여기서는192.168.0.200)를 입력하면 우리가 설정한 디렉터리가 목록에 보입니다.

라즈베리 파이를 다시 실행해도 삼바가 실행될 수 있게 시작프로그램에 등록하고, 윈도우에서는 다음 그림과 같이 네트워크 드라이브 연결로 pi와 연결합니다.

```
sudo update-rc.d samba defaults
```

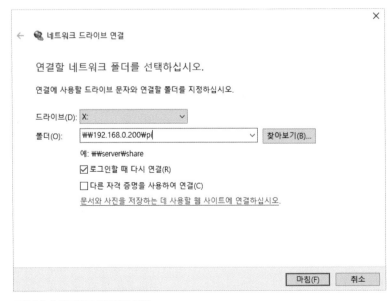

그림 26-8 네트워크 드라이브 연결

이제 연결한 네트워크 드라이브로 윈도우에서 라즈베리 파이의 파일에 접근할 수 있습니다. Putty SSH 에서 vi로 힘들게 코드를 작성하는 대신 윈도우에서 비주얼 스튜디오 코드 Visual Studio Cod 와 같은 개발 도구를 이용해 코딩할 수 있습니다.

뱀잡기

비주얼 스튜디오 코드 소개

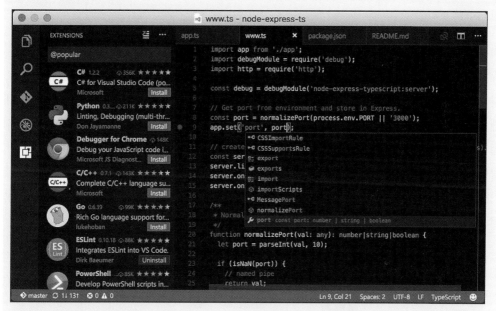

그림 26-9 visual studio code

파이썬으로 개발할 때 생산성을 높여줄 수 있는 프로그램 하나를 소개하겠습니다. 마이크로 소프트에서 만든 비주얼 스튜디오 코드 Visual Studio Code 라는 소스 코드 에디터입니다. 비주얼 스튜디오 코드는 가볍고 강력한 기능들을 포함하고 있으며 무료로 사용할 수 있습니다. 변수명, 함수명, 임포트한 모듈명에 대해서 자동 완성을 지원하고, 디버깅을 지원합니다. 함수, 변수가 정의된 부분을 보여주거나 그곳으로 점프할 수도 있고, 깃 기능을 내장하고 있어서 깃허브와 연결해 소스 코드의 형상 관리를 할 수 있습니다. 또한 마켓플레이스에서 원하는 익스텐션 Extention 을 설치할 수 있는데, 파이썬 익스텐션은 가장 인기 있는 익스텐션 중 하나로 코딩 스타일 검사 린팅, Linting , 자동 완성 Intellisense , 자동 들여쓰기 Auto Indenting 등을 지원합니다. 비쥬얼 스튜디오 코드는 윈도우, 리눅스, 맥 모두 지원하며 라즈비안에서 사용할 수 있게 포팅한 사람도 있습니다.

비주얼 스튜디오 코드는 다음 URL에서 내려받을 수 있습니다.

https://code.visualstudio.com/download

02 라즈베리 파이 GPIO와 디지털 입출력(Digital Input/Output)

본격적으로 라즈베리 파이를 사용해보겠습니다. 일단 파이의 가장 큰 특징인 GPIO General Purpose Input/Output 에 대해서 알아보겠습니다. 라즈베리 파이에는 일반 컴퓨터와 다르게 하드웨어를 직접 제어하기 위한 단자가 있습니다. 단순하게 생각해서 파이에서 껐다 켤 수 있는 스위치와 전압이 0v인지 3.3v인지 판단하는 단자라고 생각하면 됩니다. 또한 다른 전자모듈이나 센서와 통신하기 위한 인터페이스를 지원합니다.

입력 Input 은 단자에 전압이 3.3v인지 판단하는 역할을 합니다. 스위치 혹은 센서에서 보내는 신호는 0v(Ground) 또는 3.3v입니다. 이를 읽어와 0v일 때는 LOW(False)로, 3.3v일 때는 HIGH(True)로 판단합니다. 출력 Output 은 단자에 전압을 LOW(0v) 혹은 HIGH(3.3v)로 설정할 수 있습니다. 이를 이용해 LED를 켜거나 다른 장치에 데이터를 보낼 수 있습니다. GPIO 단자는 Input과 Output 역할을 모두 수행할 수 있고, LOW와 HIGH 두 가지 상태만 읽어오거나 쓸 수 있기 때문에 디지털 입출력만 가능합니다. 만약 아날로그 입력과 출력을 하고 싶다면 Analog Digital Converter 마이크로 프로세서(대표적으로 MCP3008 칩)를 사용해서 아날로그 값을 디지털화 해서 읽어오거나 PWM 출력으로 아날로그 신호를 만들어서 출력해야 합니다.

Raspberry Pi2 GPIO Header

Pin#	NAME	NAME	Pin#
01	3.3v DC Power	DC Power 5v	02
03	GPIO02 (SDA1 , I²C)	DC Power 5v	04
05	GPIO03 (SCL1 , I²C)	Ground	06
07	GPIO04 (GPIO_GCLK)	(TXD0) GPIO14	08
09	Ground	(RXD0) GPIO15	10
11	GPIO17 (GPIO_GEN0)	(GPIO_GEN1) GPIO18	12
13	GPIO27 (GPIO_GEN2)	Ground	14
15	GPIO22 (GPIO_GEN3)	(GPIO_GEN4) GPIO23	16
17	3.3v DC Power	(GPIO_GEN5) GPIO24	18
19	GPIO10 (SPI_MOSI)	Ground	20
21	GPIO09 (SPI_MISO)	(GPIO_GEN6) GPIO25	22
23	GPIO11 (SPI_CLK)	(SPI_CE0_N) GPIO08	24
25	Ground	(SPI_CE1_N) GPIO07	26
27	ID_SD (I²C ID EEPROM)	(I²C ID EEPROM) ID_SC	28
29	GPIO05	Ground	30
31	GPIO06	GPIO12	32
33	GPIO13	Ground	34
35	GPIO19	GPIO16	36
37	GPIO26	GPIO20	38
39	Ground	GPIO21	40

Rev. 1
26/01/2014

http://www.element14.com

그림 26-10 GPIO 와 GPIO 기능 표

그리고 GPIO를 제어할 수 있는 대표적인 파이썬 모듈이 Rpi.GPIO입니다. Rpi.GPIO는 라즈베리 파이에 기본으로 설치돼 있고 사람들이 가장 많이 사용하는 모듈입니다. 프로그래밍으로 각 GPIO 핀을 켜거나 끌 수 있으며, 이때 핀은 HIGH 상태 혹은 LOW 상태가 됩니다. HIGH 상태일 때는 핀에 3.3v가 흐르고 LOW 상태일 때는 핀이 0v^{Ground} 가 됩니다.

Rpi.GPIO의 API를 간단히 살펴보겠습니다. 모듈은 다음과 같이 임포트합니다.

```
Import Rpi.GPIO as GPIO
```

Rpi.GPIO에는 핀 번호를 지정하는 2가지 방식이 있습니다. GPIO.BCM은 라즈베리 파이의 CPU를 만든 Broadcom에서 지정한 방식이고, GPIO.BOARD는 라즈베리 파이의 보드에 핀 순서대로 지정한 방식입니다. 그림 26-10을 보면 GPIO.BCM 방식의 핀 번호 5번은 GPIO.BOARD 방식으로는 29번입니다. setmode 함수는 두 가지 방식 중 어떤 방식을 사용할지 결정합니다. GPIO의 다른 API를 호출하기 전에 호출해야 합니다.

```
GPIO.setmode(GPIO.BCM or GPIO.BOARD)
```

각 핀이 어떤 역할을 할지 설정하는 함수가 setup 함수입니다. direction은 핀이 입력인지 출력인지 정하며, Input일 때는 GPIO.IN, Output일 때는 GPIO.OUT입니다. State에는 핀의 초기 조건을 설정합니다. GPIO.HIGH면 핀에 3.3v가 흐르고, GPIO.LOW면 0v^{Ground} 상태가 됩니다.

```
GPIO.setup(pin_number, direction [, init=state])
```

output 함수는 핀에 디지털 출력을 합니다. State를 1(혹은 true는 GPIO.HIGH와 동일합니다)로 지정하면 칩 내부의 스위치가 동작해 해당 핀에 3.3v가 흐르게 됩니다.

```
GPIO.output(pin_number, state)
```

디지털 입력은 핀의 전압이 3.3v이면 TRUE를 반환하고, 0v 또는 3.3v보다 낮은 전압이면 False를 반환합니다.

```
GPIO.input(pin_number)
```

GPIO 프로그램을 실행한 다음 제대로 초기화하지 않으면 전자 부품들이 계속 켜져 있거나 오작동할 수 있습니다. cleanup 함수를 사용하면 모든 자원을 반납하고 초기화합니다.

```
GPIO.cleanup()
```

GPIO가 사용하기 쉽지만 아쉽게 H/W PWM ^{Pulse Width Modulation} 대신 S/W PWM만 지원하고, 뒤에서 이야기할 SPI, I2C, UART 같은 하드웨어 통신 인터페이스도 지원하지 않습니다.

디지털 출력하기

그럼 LED를 켜고 끄는 간단한 예제를 수행해 보겠습니다. 스위치로 LED를 켜고 끄는 간단한 전자 회로를 생각해 보겠습니다.

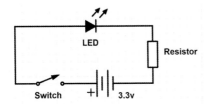

그림 26-11 LED를 ON/OFF 할 수 있는 간단한 전자 회로

GPIO의 핀은 위 그림에서 스위치와 배터리 역할을 하게 됩니다. GPIO 핀을 프로그램으로 HIGH 상태로 만들면 LED로 3.3v의 전류가 흘러서 불이 켜지고 LOW 상태로 만들면 더 이상 전류가 흐르지 않아서 불이 꺼지게 됩니다. 위 회로에서 저항은 한꺼번에 너무 많은 전류가 흐르지 않게 하는 역할을 합니다.

다음 그림은 위 회로를 라즈베리 파이와 브레드보드(breadboard)를 이용해서 똑같이 구현해 놓은 것입니다. GPIO의 5번 핀을 LED의 +에 해당하는 긴 다리에 연결하고 저항의 끝은 GPIO의 Ground에 연결했습니다.

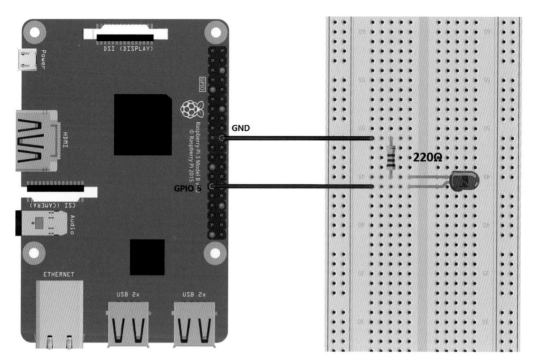

그림 26-12 LED를 라즈베리 파이와 연결

뱀잡기 🐍

브레드 보드

GPIO와 전자부품들을 물리적으로 연결하기 위해서 매번 납땜을 할 수는 없습니다. 이럴 때 사용하는 게 브레드 보드입니다. 이 장비는 전자 회로의 각 부품을 임시로 연결할 수 있는 장치입니다. 각 구멍은 다음과 같이 연결돼 있습니다.

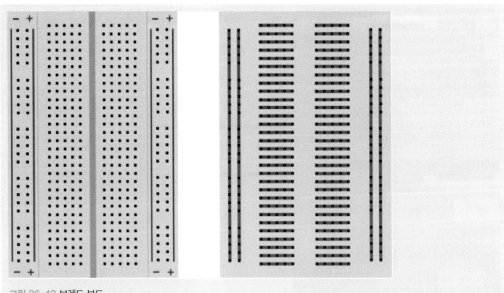

그림 26-13 브레드 보드

구멍에 전자부품들을 꼽는 것으로 서로를 연결할 수 있으며, 한국에서는 "빵판"이라는 귀여운 별명으로 불리고 있습니다.

회로는 준비됐으니 프로그램을 만들어 보겠습니다.

예제 led.py Rpi.GPIO를 이용한 디지털 출력 프로그램

```python
#!/usr/bin/python
# -*- coding: utf-8 -*-
import RPi.GPIO as GPIO  # GPIO 임포트
import time

pinNum = 5
GPIO.setmode(GPIO.BCM) # GPIO 핀 번호로 사용
GPIO.setup(pinNum, GPIO.OUT) #GPIO 5번 핀을 출력용으로 선언

cnt = 10
flag = True
while cnt > 0 :
    if flag :
        print ("LED is ON")
    else :
        print ("LED is OFF")
    GPIO.output(pinNum, flag) # flag가 True이면 LED가 켜지고 False이면 LED가 꺼짐
```

```
    cnt-=1
    flag = not flag
    time.sleep(0.5) # 0.5초 동안 sleep
GPIO.cleanup()
```

이를 라즈베리 파이와 연결된 putty의 콘솔에서 실행하면 5초 동안 LED가 깜빡이는 모습을 확인할 수 있습니다.

```
$ python led.py
```

디지털 입력

디지털 출력은 이해하기가 아주 쉬웠습니다. 하지만 디지털 입력은 약간 이해하기 어려운 부분이 있는 데 바로 풀업$^{Pull\ Up}$, 풀다운$^{Pull\ Down}$ 저항에 관한 개념입니다. 위에서 말한 것처럼 디지털 입력은 핀에 전압이 3.3v인지 읽어오는 기능입니다. 다음 그림과 같이 핀에 3.3v를 연결하면 그 핀은 HIGH 상태 즉, 전압이 3.3v인 상태가 되고 GND^{Ground}에 연결하면 핀의 전압은 0v가 되므로 LOW 상태가 됩니다.

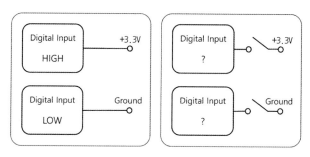

그림 26-14 플로팅 상태

이때 핀과 +3.3v 혹은 Ground와의 연결을 끊으면 핀의 상태가 HIGH인지 LOW인지 모르게 됩니다. 이때는 주변 핀의 전압, 정전기에 의해서 HIGH 혹은 LOW가 됩니다. 이런 상태를 플로팅^{Floating} 상태라고 하며 플로팅 상태가 되는 것을 방지하기 위해 다음 그림과 같이 핀이 연결되지 않는 동안 VCC(+3.3v) 또는 GND(Ground, 0v)에 연결합니다.

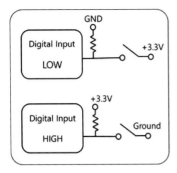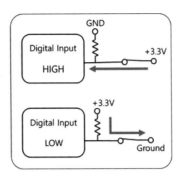

그림 26-15 위가 풀다운 저항, 아래는 풀업 저항. 화살표는 전류의 방향

그림 26-15의 왼쪽 위에 있는 회로처럼 GND를 핀과 연결하면 VCC와 연결이 끊어졌을 때 핀이 GND에 연결되므로 LOW 상태가 되고, 왼쪽 아래에 있는 회로처럼 핀을 VCC와 연결하면 GND와 연결이 끊어졌을 때 핀이 VCC와 연결되기 때문에 HIGH 상태가 됩니다. 반대로 스위치를 닫으면 오른쪽 위에 있는 회로에서는 VCC가 핀과 연결되므로 HIGH 상태가 되고, 오른쪽 아래에 있는 회로에서는 VCC의 전류 대부분이 GND 쪽으로 흐르기 때문에 LOW 상태가 됩니다. 위 회로들에서 저항을 사용했는데, VCC와 GND를 바로 연결하면 회로에 과전류가 흘러서 라즈베리 파이가 타버릴 수 있기 때문에 10kΩ의 저항을 연결하여 전류량을 조절합니다. VCC쪽에 있는 저항을 풀업 저항, GND쪽에 있는 저항을 풀다운 저항이라고 부르며, 디지털 입력을 하기 위해서는 이와 같은 풀업, 풀다운 회로를 구성해야 플로팅현상 때문에 잘못된 값이 입력되는 걸 막을 수 있습니다.

하지만 라즈베리 파이는 풀업, 풀다운 저항을 내부에 가지고 있습니다. GPIO.setup 함수를 이용해서 풀업 혹은 풀다운을 설정할 수 있습니다.

```
GPIO.setup(pin_number, GPIO.IN, pull_up_down=[GPIO.PUD_UP, GPIO.PUD_DOWN])
```

버튼과 연결할 때 저항 없이 다음 그림과 같이 라즈베리 파이에 연결하면 됩니다.

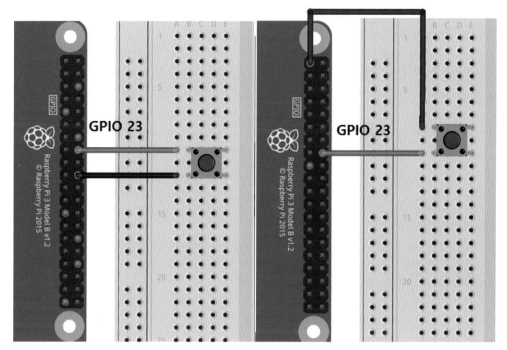

그림 26-16 내부 풀업, 풀다운 저항을 이용했을 때의 버튼 회로

그러면 버튼 입력을 받는 간단한 회로를 구성하겠습니다.

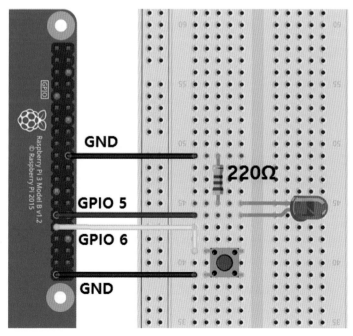

그림 26-17 버튼 입력 회로 풀업 방식

버튼을 누르면 라즈베리 파이의 6번 핀이 그라운드 ^{Ground} 에 연결되면서 LOW상태가 됩니다. 이를 응용해 버튼을 누르면 LED가 켜지는 프로그램을 만들어 보겠습니다.

예제 btn.py 버튼을 누르면 LED가 켜짐

```python
#!/usr/bin/python
# -*- coding: utf-8 -*-
import RPi.GPIO as GPIO
import time

LedPinNum = 5 # LED 제어 핀 번호
BtnPinNum = 6 # 버튼 입력 핀 번호
GPIO.setmode(GPIO.BCM)
GPIO.setup(LedPinNum, GPIO.OUT)
# 내부 풀업 저항을 이용
GPIO.setup(BtnPinNum, GPIO.IN, pull_up_down=GPIO.PUD_UP)

try:
    while True:
        #플업 회로에서는 버튼을 누르면 LOW 상태가 됨.
        if GPIO.input(BtnPinNum)==0:
            GPIO.output(LedPinNum, True)
        else:
            GPIO.output(LedPinNum, False)
        time.sleep(0.25)

finally:
    GPIO.cleanup()
```

03 시리얼 통신을 사용해 라즈베리 파이에 연결된 장치 제어하기

시리얼 통신이란?

시리얼 통신은 한 번에 하나의 비트를 보내는 데이터 전송 과정입니다. 라즈베리 파이와 다른 주변기기와의 연결은 시리얼 통신을 이용해서 데이터를 교환하는 게 기본입니다. 라즈베리 파이는 I2C ^{Inter-Integrated Circuit Interface}, SPI ^{Serial Peripheral Interface} 혹은 UART ^{Universal Asynchronous Receiver Transmitter} 인터페이스를 사용할 수 있으며, 이를 이용하면 여러 주변 장치들을 연결할 수 있습니다.

이어서 I2C를 이용해 온도, 습도, 기압 센서(BME280)로부터 정보를 읽어오고, SPI를 이용해 0.96인치 OLED에 온도, 습도, 기압 정보를 표시하며, UART로 미세먼지 센서와 통신하면서 주변기기와 시리얼 통신하는 방법을 살펴보겠습니다.

I²C

정식 명칭은 I²C ^{아이-스퀘어-씨} 이지만 I2C ^{아이-투-씨} 로 더 많이 불리고 있는 이 시리얼 프로토콜은 1982년 필립스에서 개발되어 지금까지 많은 곳에서 사용하고 있습니다. 그만큼 쉽고, 신뢰성이 높습니다. 풀업 저항이 연결된 직렬 데이터(SDA)와 직렬 클럭(SCL)을 사용해 마스터와 슬레이브 사이에 데이터 통신을 할 수 있습니다.

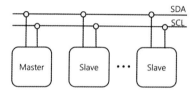

그림 26-18 I2C 블록 다이어그램

마스터는 1개지만 슬레이브는 주소가 충돌하지 않는다면 최대 112개의 외부 장치를 연결할 수 있습니다(주소는 7bit로 구성돼 있고 그중에 16개는 예약돼 있습니다). 각 장치는 주소 값을 가지고 있고, 데이터를 읽고 쓰는 걸 동시에 할 수 없습니다. I2C에 정보를 쓸 때 다른 장치가 I2C에 데이터를 쓰고 있는지 검사한 다음 데이터를 써야 합니다. 그래서 확장성은 제일 좋지만 다른 시리얼 통신과 비교했을 때 저속으로 동작합니다.

라즈베리 파이에서는 1개의 I2C 하드웨어 인터페이스를 제공합니다. 그림 26-10에서 핀 옆에 있는 설명을 보면 보드 핀 번호로 3, 5번, BCM 모드로 GPIO2, GPIO3번이 I2C를 지원하는 것을 확인할 수 있습니다.

BME280 소개

BME280은 보쉬 ^{bosch} 에서 개발한 온도, 습도, 대기압 센서입니다. 저렴한 가격에 정확도도 신뢰할 만합니다. BME280은 고도계로도 이용할 수 있는데 1m 정도의 고도 변화도 알 수 있습니다. 그리고 I2C, SPI 두 개의 인터페이스를 모두 지원합니다. BME280 크기는 가로, 세로 2.5mm, 2.5mm로 매우 작으므로 바로 사용할 수는 없고, 프로젝트에 사용하기 쉽게 I2C용 개발 보드로 제작된 것을 사용하겠습니다.

그림 26-19 I2C 통신을 하기 위한 SCL, SDA 단자가 있는 BME280 보드

일단 BME280 보드를 라즈베리 파이 보드의 핀 번호 기준으로 VIN은 1번, GND는 6번에 연결하고, SCL은 5번, SDA는 3번에 연결합니다.

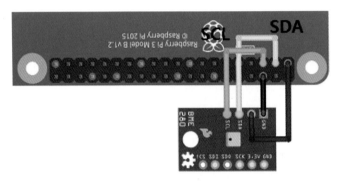

그림 26-20 BME280 연결 회로도

회로가 준비됐다면 라즈베리 파이에서 I2C 인터페이스를 활성화해야 합니다.

```
$ sudo raspi-config
```

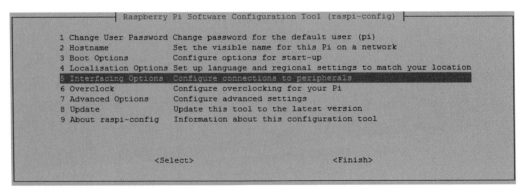

그림 26-21 Raspberry Pi Software Configuration Tool

설정 도구를 실행하고 5. Interfacing Options 메뉴에서 P5 I2C 선택한 다음 I2C를 활성화합니다. I2C가 활성화됐는지는 리눅스 디바이스 디렉터리(/dev)에서 해당 디바이스가 있는지 확인하면 됩니다.

```
$ ls -l /dev/i2c*
crw-rw---- 1 root i2c 89, 1 May  3 09:59 /dev/i2c-1
```

I2C tool을 이용해 라즈베리 파이에 어떤 장치가 붙어 있는지 볼 수 있습니다.

```
$ apt-get install i2c-tools     #라즈베리 파이에 이미 설치돼 있습니다.
$ i2cdetect -y 1     # 1은 I2C의 1번 버스(Bus)를 의미합니다.
```

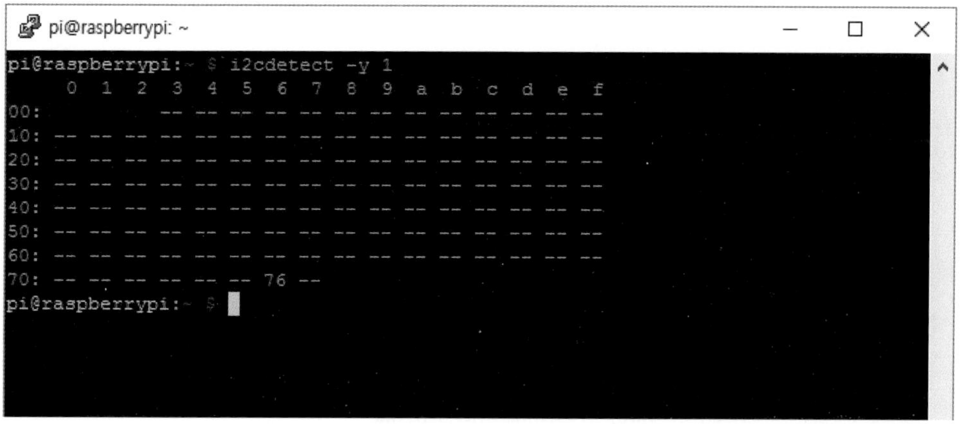

그림 26-23 i2c 장비 스캔 결과 76 주소의 장치가 보임

전자 부품 제조회사가 제품의 하드웨어, 소프트웨어의 특징과 사용 방법을 모아 놓은 문서를 데이터 시트 Data Sheet 라고 부릅니다. BME280의 데이터시트는 다음 주소에서 확인할 수 있습니다(https://cdn-shop.adafruit.com/datasheets/BST-BME280_DS001-10.pdf).

문서의 내용을 간단히 살펴보면 BME280는 측정한 데이터를 다음 그림과 같은 형태로 내부 레지스터에 저장하고 있습니다.

Register Name	Address	bit7	bit6	bit5	bit4	bit3	bit2	bit1	bit0	Reset state
hum_lsb	0xFE	colspan hum_lsb<7:0>								0x00
hum_msb	0xFD	hum_msb<7:0>								0x80
temp_xlsb	0xFC	temp_xlsb<7:4>				0	0	0	0	0x00
temp_lsb	0xFB	temp_lsb<7:0>								0x00
temp_msb	0xFA	temp_msb<7:0>								0x80
press_xlsb	0xF9	press_xlsb<7:4>				0	0	0	0	0x00
press_lsb	0xF8	press_lsb<7:0>								0x00
press_msb	0xF7	press_msb<7:0>								0x80
config	0xF5	t_sb[2:0]			filter[2:0]				spi3w_en[0]	0x00
ctrl_meas	0xF4	osrs_t[2:0]			osrs_p[2:0]			mode[1:0]		0x00
status	0xF3					measuring[0]		im_update[0]		0x00
ctrl_hum	0xF2							osrs_h[2:0]		0x00
calib26..calib41	0xE1...0xF0	calibration data								individual
reset	0xE0	reset[7:0]								0x00
id	0xD0	chip_id[7:0]								0x60
calib00..calib25	0x88...0xA1	calibration data								individual

Registers:	Reserved registers	Calibration data	Control registers	Data registers	Status registers	Chip ID	Reset
Type:	do not change	read only	read / write	read only	read only	read only	write only

그림 26-24 BME280의 메모리 맵

데이터시트에 의하면 BME280의 메모리 맵의 데이터를 읽으려면 I2C 버스 Slave Address를 1110110(연결되어 있는 장치의 주소, 여기서는 0x76)으로 세팅하고, RW를 0으로 설정한 다음 이를 버스에 씁니다. 그리고 I2C로 데이터를 읽겠다는 정보를 BME280에 알려줘야 합니다. Control Register(Address F6)에 '11110110'을 쓰면 BME280는 레지스터 데이터를 I2C 버스에 저장합니다. BME280이 데이터를 저장하는데 시간이 걸리기 때문에 30ms 정도 기다렸다가 Slave Address의 RW을 1로 설정해 데이터를 읽어오겠다고 설정하고 I2C 버스에서 데이터 값을 읽어 옵니다.

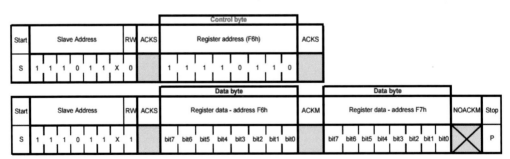

Figure 10: I²C multiple byte read

그림 26-25 BME280의 데이터를 I2C를 이용해 읽어오는 과정

읽어온 데이터는 Byte 타입으로 기록돼 있고 이를 비트 연산을 통해서 정수형으로 변환하면 원본 값^{raw data} 이 나옵니다. 하지만 이를 바로 사용하면 오차가 많이 발생하기 때문에 칩을 만들 때 칩에 넣어준 calibration 값을 읽어와서 보정을 해야 합니다.

이 과정을 직접 개발하려면 많은 시간과 노력이 들 것입니다. 하지만 사람들이 많이 사용하는 부품들은 제조사에서 샘플을 제공하거나 다른 개발자가 이미 만들어 놓은 경우가 많습니다. BME280도 유명한 칩이기 때문에 각종 언어로 S/W가 만들어져 있습니다.

여기서는 매트 홉킨스^{Matt Hawkin}가 만든 코드를 사용하겠습니다. 아래 주소에서 소스 코드를 내려받고 (https://bitbucket.org/MattHawkinsUK/rpispy-misc/raw/master/python/bme280.py) 실행 해 보겠습니다.

```
$ python bme280.py
Chip ID   : 96
Version   : 0
Temperature :  24.58 C
Pressure :  1005.2179304 hPa
Humidity :  18.5104524077 %
```

Bme280.py 소스 코드를 모두 분석하기에는 지면이 한정돼 있으므로 중요한 부분만 살펴보겠습니다.

```
import smbus
…
DEVICE = 0x76 # Default device I2C address

bus = smbus.SMBus(1)
```

smbus는 I2C 버스에 접근할 수 있는 모듈입니다. DEVICE 주소가 0x76으로 되어 있는데, 앞서 ic2tool로 76번 디바이스가 스캔 됐던 것을 기억할 것입니다. Smbus.SMBus(1)는 I2C 1번 버스를 사용하는 인스턴스를 만들겠다는 의미입니다.

```
bus.write_byte_data(addr, REG_CONTROL, control)

# Read blocks of calibration data from EEPROM
# See Page 22 data sheet
```

```
cal1 = bus.read_i2c_block_data(addr, 0x88, 24)
cal2 = bus.read_i2c_block_data(addr, 0xA1, 1)
cal3 = bus.read_i2c_block_data(addr, 0xE1, 7)
```

데이터를 읽어오기 위해 Control 레지스터에 read를 위한 값을 쓰고 calibration 값들을 읽어 옵니다.

```
wait_time = 1.25 + (2.3 * OVERSAMPLE_TEMP) + ((2.3 * OVERSAMPLE_PRES) + 0.575) + ((2.3 * OVERSAMPLE_
HUM)+0.575)
time.sleep(wait_time/1000)  # Wait the required time

# Read temperature/pressure/humidity
data = bus.read_i2c_block_data(addr, REG_DATA, 8)
```

센서가 동작해서 측정값을 내부 메모리에 저장하는 시간만큼 sleep 상태에 있다가 I2C 버스로부터 데이터를 읽어 옵니다.

```
#Refine temperature
var1 = ((((temp_raw>>3)-(dig_T1<<1)))*(dig_T2)) >> 11
var2 = (((((temp_raw>>4) - (dig_T1)) * ((temp_raw>>4) - (dig_T1))) >> 12) * (dig_T3)) >> 14
t_fine = var1+var2
```

raw 데이터에 보정^{Calibration} 값을 적용합니다.

SPI

모토로라가 전송 속도를 우선으로 만든 프로토콜로 I2C와 동일하게 동기식 직렬 데이터 링크입니다. I2C는 읽고 쓰기가 끝날 때까지 기다렸다가 통신을 하므로 속도가 느리지만, SPI는 동시에 읽고 쓰기가 가능합니다. 4개의 신호선을 사용하며 연결은 다음과 같습니다.

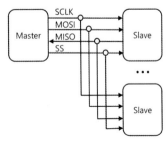

그림 26-26 SPI 블록 다이어그램

SCLK는 클럭, MOSI와 MISO는 데이터 입출력 선, SS ^{Slave Select} 는 어떤 슬레이브를 사용할지 정하는 신호선입니다. 데이터를 읽거나 명령을 내리려면 해당 슬레이브의 SS 신호를 HIGH로 하고, 나머지는 LOW로 세팅해야 합니다.

0.96 Inch OLED GLCD

그림 26-27 0.96 inch OLED with SPI

지금부터 SPI 통신을 지원하는 마이크로프로세서를 사용하는 연습을 해보겠습니다. 연습에 사용할 모듈은 0.96인치 OLED로 크기는 작지만 128x64의 해상도를 가지고 있으며 예전 노키아 핸드폰에 사용했을 만큼 소비 전력도 적고 일반 GLCD ^{Graphic LCD} 보다 선명하게 보입니다. OLED를 제어하는 마이크로 프로세서는 SSD1306으로 이 칩 역시 I2C, SPI 모두 지원합니다. 여기서는 SPI를 위해 제작된 보드를 이용했습니다.

Adafruit라는 회사가 이 모듈을 만들었는데 인기가 많아서 금방 값싼 호환 모듈이 나오게 됐습니다. 예제에 사용한 0.96인치 OLED는 알리익스프레스에서 3달러에 판매하고 있는 제품입니다. 위 그림과 같이 PCB 각 단자에 기호가 프린트되어 있는데, MOSI, SCLK로 표시돼 있지는 않습니다. 이런 경우에는 일반적으로 판매 정보를 보면 각 단자의 역할이 설명돼 있습니다.

GND: Power ground

VCC: 3.3v or 5v power supply

D0: CLK Clock

D1: MOSI data

RST: Reset

DC: data / command

CS: Chip select signal, slave select

신호선이 4개나 되므로 I2C보다 선을 연결하기가 어렵습니다. 그리고 OLED LCD 보드 핀을 라즈베리 파이에서 역할에 맞는 GPIO 핀에 연결해야 하므로 세심한 주의가 필요합니다.

다음 표와 그림을 참고해서 OLED 보드를 라즈베리 파이와 연결해주세요.

SSD1306 0.96인치 OLED display	Board Pin Number	BCM Name
GND	06	Ground
VCC	01	DC Power
D0 (CLK Clock)	23	GPIO11 (SPI_CLK)
D1 (MOSI data)	19	GPIO10 (SPI_MOSI)
RES (RST, Reset)	18	GPIO24
DC (data/command)	16	GPIO23
CS (Chip select signal)	24	GPIO08 (SPI_CE_0_N)

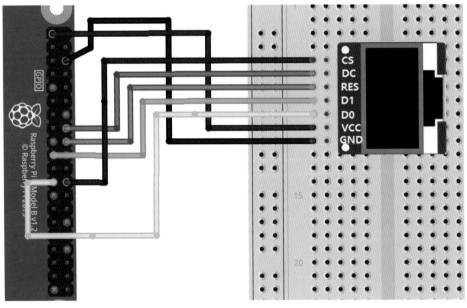

그림 26-28 OLED 회로도

회로 연결이 끝났으면 I2C와 마찬가지로 raspi-config 명령어로 SPI 인터페이스를 활성화해야 합니다. 정상적으로 활성화 됐는지는 리눅스 디바이스 디렉터리(/dev)에 spi 디바이스가 있는지 확인하면 됩니다.

```
$ ls -al /dev/spi*
crw-rw---- 1 root spi 153, 0 May  6 03:09 /dev/spidev0.0
crw-rw---- 1 root spi 153, 1 May  6 03:09 /dev/spidev0.1
```

OLED를 제어하는 SSD1306도 매우 널리 사용되는 마이크로프로세서라서 많은 사람들이 S/W를 제작하고 공개하고 있습니다. Adafruit에서 SSD1306을 사용한 개발용 보드를 여러 종류 판매하면서 S/W도 같이 공개했습니다. SSD1306을 사용하는 다른 호환 OLED 보드에서도 잘 동작하므로 Adafruit_Python_SSD1306 모듈을 사용하겠습니다.

해당 모듈의 코드 저장소를 복제한 다음 Adafruit_Python_SSD1306 모듈을 설치합니다.

```
$ git clone https://github.com/adafruit/Adafruit_Python_SSD1306.git
$ cd Adafruit_Python_SSD1306
$ sudo python setup.py install
```

또는 pip를 이용해서 설치할 수도 있습니다.

```
$ pip install adafruit-ssd1306
```

Adafruit_Python_SSD1306 모듈은 샘플 프로그램도 제공하고 있습니다. example 디렉터리의 animate.py 코드를 보면 Adafruit_SSD1306을 초기화하는 부분이 있습니다. 어떤 인터페이스와 연결했는지, 어느 핀을 사용했는지 초기화할 때 알려줘야 합니다. 예제는 I2C, SPI 두 경우 모두 사용할 수 있게 초기화하는 예제 코드가 들어 있습니다. 우리는 128x64 해상도를 가진 OLED를 SPI 인터페이스로 사용하므로 RST, DC를 설정하는 줄과 disp = Adafruit_SSD1306.SSD1306_128_32(rst=RST) 줄을 다음과 같이 수정해야 합니다.

```
RST = 9
# Note the following are only used with SPI:
DC = 6
...
disp = Adafruit_SSD1306.SSD1306_128_64(rst=RST, dc=DC, spi=SPI.SpiDev(SPI_PORT, SPI_DEVICE, max_
speed_hz=8000000))
```

animate.py 코드를 실행하면 OLED 디스플레이에서 문자열이 이동하는 모습을 볼 수 있습니다.

```
$ python animation.py
```

Adafruit_Python_SSD1306을 조금 분석해보겠습니다. SSD1306.py를 보면 Adafruit_GPIO.SPI를 임포트합니다. 이는 Adafruit에서 SPI를 쉽게 사용하기 위해 만든 모듈입니다. Adafruit_GPIO.SPI 에서는 SPI 버스를 제어하기 위한 파이썬 모듈인 spidev를 임포트하고 있습니다.

```
def image(self, image):
    if image.mode != '1':    #디스플레이가 흑백이기 때문에 모드가 1bit 여야 합니다.
            raise ValueError('Image must be in mode 1.')
    imwidth, imheight = image.size
    if imwidth != self.width or imheight != self.height:
        raise ValueError('Image must be same dimensions as display ({0}x{1}).' \
                .format(self.width, self.height))
    # 이미지의 가로세로 해상도와 디스플레이 장치의 해상도가 동일해야 합니다.
    # getpixel 함수를 사용하는 것보다 전체 데이터를 가지고 와서 비트맵으로 바꾸는 것이 훨씬 빠릅니다.
    pix = image.load()
    # Iterate through the memory pages
    index = 0
    for page in range(self._pages):
        for x in range(self.width):
            # Set the bits for the column of pixels at the current position.
            bits = 0
            for bit in [0, 1, 2, 3, 4, 5, 6, 7]:    # 성능을 위해 range 함수를 사용하지 않음
                bits = bits << 1
                # 비트 연산으로 픽셀값을 바이트에 저장합니다.
                bits |= 0 if pix[(x, page*8+7-bit)] == 0 else 1
            # 버퍼에 저장하고 인덱스 값을 하나 증가시킵니다.
            self._buffer[index] = bits
            index += 1
```

Adafruit _SSD1306 의 image 함수는 PIL ^{Python Image Library} 의 Image객체를 입력받아서 비트맵으로 변환하고 이를 버퍼에 저장합니다.

```
def command(self, c):
    """Send command byte to display."""
    if self._spi is not None:
        # SPI write.
        self._gpio.set_low(self._dc)
        self._spi.write([c])
```

SSD1306의 command 함수 부분을 보면 SPI에 연결된 슬레이브 장치에 어떻게 명령을 전달하는지 알 수 있습니다. 우선 명령을 받을 장치의 Data Control(DC) 선을 LOW(0v)로 세팅합니다. SPI에서는 명령을 받을 장치의 DC를 LOW로 세팅하고 나머지는 HIGH로 세팅해야 합니다. 그리고 SPI 버퍼에 명령어 데이터를 쓰면 됩니다.

```
def display(self):
    """Write display buffer to physical display."""
    self.command(SSD1306_COLUMNADDR)
    self.command(0)              # Column start address. (0 = reset)
    self.command(self.width-1)   # Column end address.
    self.command(SSD1306_PAGEADDR)
    self.command(0)              # Page start address. (0 = reset)
    self.command(self._pages-1)  # Page end address.
    # Write buffer data.
    if self._spi is not None:
        # Set DC high for data.
        self._gpio.set_high(self._dc)
        # Write buffer.
        self._spi.write(self._buffer)
```

display 함수는 OLED에 표시될 데이터를 SSD1306에 쓰는 역할을 합니다.

SSD1306 내부에는 디스플레이를 위한 RAM ^{GDDRAM, Graphic Display Data RAM} 영역이 있습니다. 이곳에 데이터를 쓰면 OLED에 도트로 표시되는 것입니다. SSD1306은 128x64 bit 용량의 GDDRAM이 있고, PAGE0부터 PAGE7까지 8개의 page로 구분돼 있습니다. 페이지 하나당 16바이트의 용량입니다.

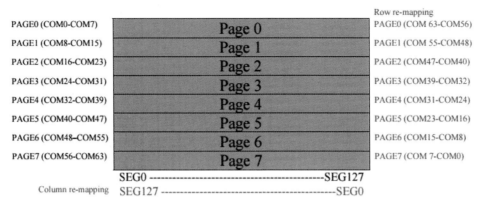

Figure 8-13 : GDDRAM pages structure of SSD1306

PAGE0 (COM0-COM7)

PAGE1 (COM8-COM15)

PAGE2 (COM16-COM23)

PAGE3 (COM24-COM31)

PAGE4 (COM32-COM39)

PAGE5 (COM40-COM47)

PAGE6 (COM48-COM55)

PAGE7 (COM56-COM63)

Column re-mapping

Row re-mapping

PAGE0 (COM 63-COM56)

PAGE1 (COM 55-COM48)

PAGE2 (COM47-COM40)

PAGE3 (COM39-COM32)

PAGE4 (COM31-COM24)

PAGE5 (COM23-COM16)

PAGE6 (COM15-COM8)

PAGE7 (COM 7-COM0)

Page 0 / Page 1 / Page 2 / Page 3 / Page 4 / Page 5 / Page 6 / Page 7

SEG0 --SEG127
SEG127 --SEG0

그림 26-29 SSD 1306의 GDDRAM map, 해상도가 128×32 인 경우는 page 3까지만 사용

command 함수를 이용해 GDDRAM 전체에 데이터를 쓰겠다는 명령을 보냅니다. 그리고 데이터를 쓰기 위해 DC를 HIGH로 세팅하고 데이터를 씁니다. 즉 display 함수는 매번 전체를 다시 업데이트 하는 방식으로 화면을 그립니다.

예제를 하나 더 살펴보겠습니다. BME280에서 읽어온 온도, 습도, 대기압 정보를 OLED에 출력하는 예제입니다. BME280을 임포트하고 데이터를 읽어와 Python Image Library의 Draw 인스턴스를 생성하고, rectangle 함수를 이용해 사각형 테두리를 그린 다음 text 함수로 텍스트를 출력합니다.

예제 oled.py BME280에서 측정한 온도, 습도, 기압 정보를 OLED에 출력

```
#!/usr/bin/python
# -*- coding: utf-8 -*-

import time
import bme280

import Adafruit_GPIO.SPI as SPI
import Adafruit_SSD1306

# Python Image Library를 임포트합니다.
from PIL import Image
from PIL import ImageDraw
from PIL import ImageFont
```

```
# 라즈베리 파이와 연결된 BCM 핀 번호를 선언합니다.
RST = 24
DC = 23
SPI_PORT = 0
SPI_DEVICE = 0

# SPI를 사용하는 128x64 해상도 디스플레이를 선언합니다.
disp = Adafruit_SSD1306.SSD1306_128_64(rst=RST, dc=DC, spi=SPI.SpiDev(SPI_PORT, SPI_DEVICE, max_
speed_hz=8000000))

# 라이브러리를 초기화
disp.begin()

# 디스플레이를 클리어합니다.
disp.clear()
disp.display()

width = disp.width
height = disp.height
# 디스플레이와 같은 사이즈(128x64)의 흑백(1bit) PIL Image 객체를 생성합니다.
image = Image.new('1', (width, height))

# 이미지를 그리기 위한 draw 객체를 가져옵니다. 일종의 캔버스라고 생각하면 됩니다.
draw = ImageDraw.Draw(image)

try:
    while True:
        # 캔버스에 1픽셀 두께의 사각형을 그리고 내부는 0 (검은색)으로 칠합니다.
        draw.rectangle((0,0,width-1,height-1), outline=1, fill=0)

        # 트루 타입 폰트를 로딩합니다. 폰트 사이즈는 15입니다.
        font = ImageFont.truetype('/usr/share/fonts/truetype/dejavu/DejaVuSansMono.ttf', 15)
        # 트루 타입 한글 폰트
        hanFont = ImageFont.truetype('/usr/share/fonts/truetype/unfonts-core/UnDinaru.ttf', 12)

        # 온도, 대기압, 습도를 BME280로부터 읽어 옵니다.
        temperature,pressure,humidity = bme280.readBME280All()
```

```
        top = 3
        labelX = 5
        dataX = 40

        # (labelX, top) 좌표를 기준으로 텍스트를 출력합니다.
        draw.text((labelX, top), u"온도", font=hanFont, fill=255)
        draw.text((labelX, top+20), u"습도", font=hanFont, fill=255)
        draw.text((labelX, top+40), u"대기압", font=hanFont, fill=255)

        draw.text((dataX, top), ":" + str(temperature) + "C", font=font, fill=255)
        draw.text((dataX, top+20), ":" + str(round(humidity,1)) + "%", font=font, fill=255)
        draw.text((dataX, top+40), ":" + str(round(pressure,2)), font=font, fill=255)

        # PIL Image 객체를 비트맵으로 변환합니다.
        disp.image(image)
        # 비트맵 버퍼를 디스플레이 장치로 전송합니다.
        disp.display()
        time.sleep(3)
finally:
    disp.clear()
    disp.display()
```

뱀잡기

예제 중간쯤에 한글 폰트를 로딩하는 부분이 있습니다. 라즈베리 파이에는 한글 폰트를 따로 설치해야 합니다.

```
sudo apt-get update
sudo apt-get install ibus
sudo apt-get install ibus-hangul
sudo apt-get install ttf-unfonts-core
```

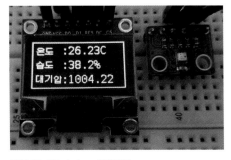

그림 26-30 oled.py 실행 결과

UART

UART^{Universal Asynchronous Receiver Transmitter} 는 I2C, SPI와 다르게 비동기^{asynchronous} 로 동작하는 시리얼 통신입니다. 동기를 맞출 필요가 없으므로 클럭을 위한 핀을 연결하지 않아도 됩니다. 다음 그림과 같이 2개의 핀을 사용하며 라즈베리 파이에서는 TXD0 핀을 통해서 데이터를 송신하고 RXD0 핀으로 데이터를 수신합니다. I2C, SPI와 다르게 여러 개의 주변장치를 붙일 수 없고 일대일 통신만 가능합니다. 양쪽 장치의 통신 속도가 맞지 않으면 데이터가 깨지는 현상이 일어나며, 주로 다른 장치와의 데이터 통신을 할 때 사용합니다.

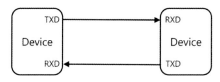

그림 26-31 UART 블록 다이어그램

UART도 활성화해야 사용할 수 있습니다. 다음 명령어로 UART를 활성화합니다.

```
$ sudo vi /boot/config.txt
enable_uart = 1      # 파일 맨 아래에 추가합니다.
$ sudo vi /boot/cmdline.txt
console=serial0,115200 # 파일 내용 중 옆의 내용을 삭제합니다.
$ sudo reboot  # 라즈베리 파이를 재부팅합니다.
```

라즈베리 파이가 재부팅되면 리눅스 디바이스 디렉터리(/dev)에 UART 장치가 추가된 것을 확인할 수 있습니다.

```
$ ls - al /dev/serial*
lrwxrwxrwx 1 root root 5 May  7 00:47 /dev/serial0 -> ttyS0   # UART
lrwxrwxrwx 1 root root 7 May  7 00:47 /dev/serial1 -> ttyAMA0 # Bluetooth
```

미세먼지 측정센서 SDS011

그림 26-32 좌측 하단에 Vcc, RX, TX, Ground 단자가 있는 미세먼지 센서(SDS011)

sds011 센서는 inovafit 사가 만든 미세먼지 측정 센서입니다. 공기에 레이저를 쏜 뒤 미세먼지에 의해 산란되는 빛을 다이오드로 읽는 방식으로 신뢰도가 높은 것이 특징입니다. 미세먼지와 초미세 먼지(PM10, PM2.5) 모두 측정할 수 있으며 측정 소요 시간은 1초입니다. 데이터 통신은 5v 9600bps의 UART 를 사용합니다. 한가지 단점은 습도가 70% 이상일 때 정확도가 많이 떨어진다고 합니다.

라즈베리 파이와 미세먼지 센서를 연결해보겠습니다. SDS011은 5V로 동작하므로 라즈베리 파이 보드의 핀 번호 기준으로 4번에 SDS011의 전원을 연결해야 합니다. 센서의 TX 단자는 라즈베리 파이 10번(GPIO 15번)에 연결하고, 센서의 RX 단자는 라즈베리 파이 8번 TX 단자(GPIO14번)에 연결해야 합니다. 한가지 주의할 점이 라즈베리 파이 동작 볼트는 3.3v인데 SDS011은 5v에서 동작하므로 데이터가 깨질 수 있습니다. 그래서 다음과 같이 저항을 이용해 Level Converter 회로를 만들어 줘야 합니다. SDS011에서 오는 5v 신호를 3.3v로 낮춰주는 역할을 합니다.

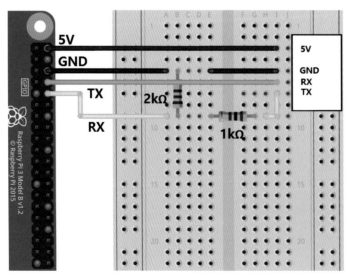

그림 26-33 SDS 011 회로도

회로를 연결하면 SDS011의 조그만 팬이 동작하면서 미세먼지를 측정하기 시작합니다. 측정 주기는 1초이고 측정한 결과는 UART로 전달되는데, serial 모듈을 이용하면 다음과 같이 데이터가 오는 것을 확인할 수 있습니다.

```
$ python3
Python 3.4.2 (default, Oct 19 2014, 13:31:11)
[GCC 4.9.1] on linux
Type "help", "copyright", "credits" or "license" for more information.
>>> import serial
>>> se = serial.Serial('/dev/serial0', 9600) # 시리얼 포트 , 통신 속도를 지정합니다.
>>> se.flushInput()
>>> while True:
...     print (ser.read(1))
b'\xaa'
b'\xc0'
b'L'
b'\x00'
b'\xb6'
b'\x00'
b'\xcc'
b'\x16'
b'\xe4'
b'\xab'
```

SDS011의 데이터가 UART를 통해 라즈베리 파이로 전달되는 것을 확인했으면 이 데이터로부터 어떻게 미세먼지 값을 구할 수 있는지 알아보겠습니다. BME280, SSD1306와 동일하게 제조사에서 데이터를 어떤 형식으로 보낼지 데이터 시트에 정의하고 있습니다.

SDS011데이터 시트를 살펴보면 미세먼지 데이터의 프로토콜은 다음과 같습니다(SDS011 데이터 시트는 예제 코드 저장소에 올려놓았습니다).

Byte number	Name	Data
0	Message Header	0xAA
1	Command ID	0xC0
2	DATA 1	PM2.5 Low byte
3	DATA 2	PM2.5 High byte

Byte number	Name	Data
4	DATA 3	PM10 Low byte
5	DATA 4	PM10 High byte
6	DATA 5	0
7	DATA 6	0
8	Check-sum	Check-sum
9	Mssage tail	0xAB

PM2.5 (ug/m3) = ((PM2.5 High byte *256) + PM2.5 low byte)/10

PM10 (ug/m3) = ((PM10 high byte*256) + PM10 low byte)/10

8번 체크섬은 송신한 데이터를 검사하는 역할을 합니다. DATA1부터 DATA6까지 더한 값의 low byte 가 체크섬입니다. 즉 Check-sum = (DATA 1 + ⋯ + DATA6) % 256이어야 합니다. 이제 프로토콜 을 알았으니 SDS011로부터 미세먼지를 가져오는 코드를 작성하겠습니다.

예제 sds011.py 미세먼지 센서로부터 미세먼지 데이터를 구하는 프로그램

```python
#!/usr/bin/python
# -*- coding: utf-8 -*-
import serial
se = serial.Serial()
se.port = "/dev/serial0"  # 포트
se.baudrate = 9600  # 통신 속도

def start():
    se.open()
    se.flushInput()

def end():
    se.close()

def getParticle():
    byte = 0
    # Message Header (0xAA)를 만날 때까지 시리얼 버퍼에서 1바이트씩 읽어 옵니다.
    while byte != '\xaa':
        byte = se.read(size=1)
```

```
        data = se.read(size=9) # 패킷 사이즈 (9바이트)만큼 데이터를 가져옵니다.
        # Command ID가 0xC0, Message Tail이 0xAB인지 확인합니다.
        if data[0] == '\xc0' and data[8] == '\xab' :
            # ord 함수를 이용해 data를 ascii (int)로 변환합니다.
            # DATA 1부터 DATA 6을 더한 값의 low byte가 체크섬 데이터입니다.
            # DATA 1부터 DATA 6 더한 값의 low byte만 사용합니다.
            checkSum = (ord(data[1]) + ord(data[2]) + ord(data[3]) + ord(data[4]) + ord(data[5]) +ord(data[6]))%256

            if checkSum == ord(data[7]) :
                pm25 = float(ord(data[2])*256 + ord(data[1]))/10
                pm10 = float(ord(data[4])*256 + ord(data[3]))/10
                return (pm25, pm10)
            else :
                return None
        else :
            return None


if __name__=="__main__":
    start()
    import time
    time.sleep(3)
    cnt = 10
    while cnt:
        particle = getParticle()
        if particle :
            pm25, pm10 = particle
            print ("PM2.5 :" + str(pm25))
            print ("PM10 :" + str(pm10))
        time.sleep(5)
        cnt -= 1
    end()
```

출력 결과

```
$ python sds011.py
PM2.5 :7.2
PM10 :16.0
PM2.5 :7.1
PM10 :15.8
```

SDS011에 추가해야 할 기능이 하나 더 있습니다. SDS011 레이저 부품의 수명이 연속으로 사용할 경우 대략 8,000시간 정도라고 합니다. 미세먼지 수치가 짧은 시간에 큰 변화가 일어나지는 않으니 항상 미세먼지를 측정하는 것은 비효율적입니다. 그래서 측정을 할 때만 sds011을 동작시키고 측정이 필요 없을 때는 sleep 상태로 바꾸는 기능이 필요합니다. 데이터 시트에는 sleep mode에 대해 적혀 있지만, 센서로 sleep 명령을 보내도 여전히 소모 전류의 변화가 없었고 측정 데이터도 계속 변경되는 거로 봐서 sleep 명령이 제대로 동작하지 않는 것 같습니다. 그래서 트랜지스터를 이용해 SDS011의 전원을 연결했다 끊는 회로를 추가하고 GPIO로 제어하는 부분을 추가하겠습니다.

트랜지스터는 가장 대표적인 반도체 소재입니다. 트랜지스터에는 Collector, Base, Emitter 3개의 단자가 있으며 Base 단자의 전압에 따라 내부 저항이 변화해 Collector와 Emitter 사이에 전류의 흐름을 조절할 수 있습니다. 트랜지스터는 증폭 회로, 스위칭 회로 등에 활용됩니다.

통상적으로 트랜지스터라고 불리는 것은 양극성 접합 트랜지스터 [bipolar junction transistor, BJT] 를 일컫는 것으로 NPN형, PNP형으로 나눌 수 있습니다.

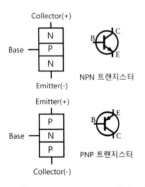

그림 26-34 NPN, PNP 트랜지스터

NPN 트랜지스터는 Base의 전압이 Emitter보다 높으면(0.7V) 전류가 Collector에서 Emitter 쪽으로 흐르게 됩니다. PNP 트랜지스터는 Base의 전압이 Emitter보다 낮으면(0.7V) 전류가 Emitter에서 Collector로 흐릅니다.

아래 회로에서는 2n2222 트랜지스터를 사용했습니다. 2n2222 트랜지스터는 가장 많이 사용하는 NPN 트랜지스터 중에 하나로 라즈베리 파이와 연결할 때는 저항을 이용해 Base로 들어가는 전압을 낮춰서 트랜지스터를 보호해야 합니다.

작은 전압, 전류를 사용하는 기기를 제어할 때는 트랜지스터로 가능하지만, 전열 기구, 전동 기구 같은 주변기기를 제어할 때는 릴레이라는 부품을 사용해야 합니다.

릴레이는 물리적으로 스위치를 여닫을 수 있는 부품입니다. 릴레이를 제어할 때도 트랜지스터와 동일하게 GPIO 핀 하나로 할 수 있습니다.

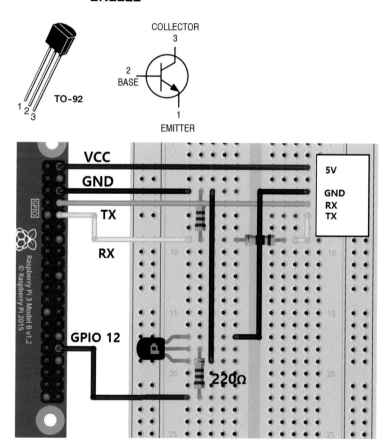

그림 26-35 2N2222 트랜지스터를 적용한 회로도

라즈베리 파이의 GPIO 12번 핀을 2n2222 Base 단자에 연결합니다. Emitter 단자는 SDS011의 GND에 연결하고 Collector 단자는 라즈베리 파이의 GND에 연결합니다. 12번 핀이 LOW일 때는 Emitter와 Collector 사이가 부도체라서 전류가 흐를 수 없다가 12번 핀을 HIGH로 바꿔주면 Base 핀에 1V의 전압이 걸리면서 Emitter와 Collector 사이에 전류가 흐를 수 있게 됩니다.

다음은 앞서 살펴본 sds011.py 예제에 sleep과 work 기능을 추가한 예제입니다. 측정을 시작하기 전에 setWork 함수로 SDS011에 전원을 공급하고, 측정을 마치면 setSleep 함수로 전원을 끊도록 수정했습니다.

예제 sds011.py 미세먼지 센서를 켜고 끌 수 있는 회로를 제어하는 부분을 추가

```
….
GPIO.setmode(GPIO.BCM) #GPIO num으로 사용
GPIO.setup(bjtNum, GPIO.OUT) #GPIO 12번 핀을 출력용으로 선언

def setSleep():
    GPIO.output(bjtNum, GPIO.LOW)    # 트랜지스터 Base의 전압을 0v로 설정

def setWork():
    # 220옴 저항 때문에 트랜지스터 Base핀의 전압이 1v가 된다.
    GPIO.output(bjtNum, GPIO.HIGH)

…

if __name__=="__main__":
    start()
    setWork() # 측정 전 SDS011에 전원을 공급합니다.
    time.sleep(10)
    cnt = 10
    while cnt:
        particle = getParticle()
        if particle :
            pm25, pm10 = particle
            print ("PM2.5 :" + str(pm25))
            print ("PM10 :" + str(pm10))
            print ("")
        time.sleep(5)
        cnt -= 1
    setSleep() # 측정 후 SDS011와 전원의 연결을 끊어 버립니다.
    time.sleep(1)
    end()
```

05 미세먼지 측정기 만들기

마지막으로 앞에서 이야기했던 공기 측정기를 만들어 보겠습니다. 센서로부터 값을 읽어와 온도 → 습도 → 대기압 → 미세먼지 → 초미세먼지 순서로 0.96인치 OLED 디스플레이에 표시하고, 미세먼지 수치가 일정한 값보다 크면 경고의 의미로 LED가 켜지는 기능을 추가하겠습니다. 그리고 현재 공기의 상태와 최근 공기의 변화를 볼 수 있는 웹 애플리케이션을 만들어 라즈베리 파이와 연결하겠습니다.

앞의 회로도를 참고해 라즈베리 파이에 0.96 인치 OLED, BME290, SDS011, LED를 연결합니다. 전체 코드는 크기가 조금 크기 때문에 중요한 부분만 분석하겠습니다. 전체 코드는 소스코드 저장소에서 myAir.py 파일을 참고하세요.

우선 필요한 파이썬 모듈을 임포트합니다.

```
import time
from datetime import datetime, timedelta
import bme280
import sds011 # 미세먼지 측정 모듈 임포트

import Adafruit_GPIO.SPI as SPI
import Adafruit_SSD1306
import RPi.GPIO as GPIO  # GPIO 임포트

# Python Image Library를 임포트합니다.
from PIL import Image
from PIL import ImageDraw
from PIL import ImageFont

import urllib # 데이터를 외부에 전달하기 위해 urllib을 사용하겠습니다.
```

프로그램 동작에 필요한 변수를 선언합니다. 주변 장치와 통신하기 위한 핀 번호, 라즈베리 파이에서 생성한 정보를 전달할 곳의 웹 서비스 주소, 측정한 정보를 저장하는 변수, 그리고 임포트한 모듈을 사용하기 위한 초기화를 진행합니다.

```
# 라즈베리 파이와 연결된 BCM 핀 번호를 선언합니다.
RST = 24
```

```
DC = 23
SPI_PORT = 0
SPI_DEVICE = 0
btnPinNum = 6 # 버튼 입력 핀 번호
ledPinNum = 5 #LED 버튼 입력 번호

# SPI를 사용하는 128x64 해상도 디스플레이를 선언합니다.
disp = Adafruit_SSD1306.SSD1306_128_64(rst=RST, dc=DC, spi=SPI.SpiDev(SPI_PORT, SPI_DEVICE, max_
speed_hz=8000000))

width = disp.width
height = disp.height
image = Image.new('1', (width, height))

draw = ImageDraw.Draw(image)
server_address = "http://fastpy003.appspot.com" # 측정 데이터를 저장할 곳의 웹 서비스 주소
airInfo = {'temp': 0.0, 'hum': 0.0, 'press':0.0, 'pm25':0.0, 'pm10': 0.0} # 측정 데이터 저장소

pm10WarnVal = 81 # 미세 먼지 경고 기준값
cancelHumVal = 80 # 습도가 80%가 넘어가면 미세먼지 측정 값을 무시합니다.

# 화면에 어떤 데이터를 그릴지 정합니다.
displayMode = 1 # 1: 온도, 2: 습도, 3 대기압, 4:미세먼지, 5: 초미세먼지,

# 라이브러리를 초기화
disp.begin()

# 디스플레이를 클리어합니다.
disp.clear()
disp.display()

# sds011을 초기화합니다.
sds011.start()

#LED 핀 초기화
GPIO.setmode(GPIO.BCM) #GPIO num으로 사용
GPIO.setup(ledPinNum, GPIO.OUT) #GPIO 5번 핀을 출력용으로 선언
```

앞서 이야기했듯이 공기의 데이터는 짧은 시간에 큰 변화가 일어나는 정보가 아니므로 반복문을 돌면서 반복해서 계속 정보를 읽어오는 것은 비효율적입니다. 따라서 예제에서는 타임스탬프를 이용해 일정 시간 동안 동작을 하지 않다가, 정해진 시간이 지나면 측정하도록 구현했습니다. 측정 간격은 timedelta로 설정합니다. 예제에서는 BME280이 1분에 한 번씩 동작할 수 있게 timedelta(seconds=60)으로 설정했습니다. while 반복문에서 현재 시각과 앞서 측정한 시각을 뺀 값이 미리 정의해 놓은 timedelta보다 크면 공기를 측정합니다.

미세먼지를 측정하는 센서는 9분 동안 멈춰 있다가 1분 동안 동작하고 데이터를 읽어옵니다. 1분 동안 동작시킨 이유는 미세먼지 센서를 동작시키고 30초 정도 지나야 안정된 데이터가 들어오기 때문입니다. 중간에 습도가 80%보다 크면 측정값을 0으로 설정하는 이유는 SDS011을 설명할 때 이야기했듯이 습도가 높으면 정확도가 떨어지기 때문입니다.

```
# 타임스탬프를 이용해 일정 시간마다 측정하고 데이터를 처리할 수 있도록 구현
displayInterval = timedelta(seconds=5)  # 5초마다 1번씩 화면을 업데이트한다.
checkBME280Interval = timedelta(seconds=60) # 60초마다 온도, 습도, 대기압 측정
checkSDS011Interval = timedelta(minutes=9)  # 9분 동안 sleep 상태 1분 동안 미세먼지 측정
sendDataInterval = timedelta(minutes=3)  # 3분에 한 번 데이터를 서버로 전송한다.
saveDataInterval = timedelta(minutes=12)  # 12분에 한 번 데이터를 서버에 저장한다. 1시간에 5번

# 처음 시작할 때 바로 데이터를 읽어 올 수 있도록 기준값을 현재 시각보다 하루 빠르게 한다.
prevDisplayTValue = datetime.now() - timedelta(days=1)
prevBME280TValue = datetime.now() - timedelta(days=1)
prevSDS011TValue = datetime.now() - timedelta(days=1)
SDS011WorkingTValue = datetime.now() # 미세먼지 센서는 1분간 동작시킨다.
prevSendDataTValue = datetime.now()
prevSaveDataTValue = datetime.now()

try:
    drawTop = 3
    drawSubLabelX = 5
    font = ImageFont.truetype('/usr/share/fonts/truetype/dejavu/DejaVuSansMono.ttf', 27)
    hanFont = ImageFont.truetype('/usr/share/fonts/truetype/unfonts-core/UnDinaru.ttf', 15)
    midHanFont = ImageFont.truetype('/usr/share/fonts/truetype/unfonts-core/UnDinaru.ttf', 12)

    while True:
        currentDateTime = datetime.now()
```

```python
    if currentDateTime - prevBME280TValue > checkBME280Interval :
        # 온도, 습도, 기압 정보를 가져온다.
        prevBME280TValue = datetime.now() # 현재 시각 저장
        print("read BME280")
        airInfo['temp'], airInfo['press'], airInfo['hum'] = bme280.readBME280All()
        airInfo['temp'] = round(airInfo['temp'],1)
        airInfo['press'] = round(airInfo['press'],1)
        airInfo['hum'] = round(airInfo['hum'],1)


    if currentDateTime - prevSDS011TValue > checkSDS011Interval :
        #미세먼지 측정을 위해 sds011을 켠다.
        prevSDS011TValue = datetime.now() # 현재 시각 저장
        print("turn on SDS011")
        if not sds011.isWorkingMode() :
            SDS011WorkingTValue = currentDateTime + timedelta(minutes=1)
            sds011.setWork()


    if currentDateTime > SDS011WorkingTValue :
        #미세먼지 측정 후 60초가 지나면 데이터를 읽고 센서 전원을 끊는다.
        if sds011.isWorkingMode() : # 센서가 동작하고 있으면 미세먼지 정보를 읽어온다.
            print("get on particle info")
            particle = sds011.getParticle()
            if particle :
                # 습도가 cancelHumVal 이상 넘어가면 정확도가 떨어지기 때문에 측정값을 무시한다.
                if airInfo['hum'] < cancelHumVal :
                    airInfo['pm25'], airInfo['pm10'] = particle
                    airInfo['pm25'] = round(airInfo['pm25'],1)
                    airInfo['pm10'] = round(airInfo['pm10'],1)

                    if airInfo['pm10'] > pm10WarnVal:
                        GPIO.output(ledPinNum, True)
                    else:
                        GPIO.output(ledPinNum, False)
                else :
                    airInfo['pm25'] = 0.0
                    airInfo['pm10'] = 0.0
                    GPIO.output(ledPinNum, False)

            sds011.setSleep() # SDS011을 sleep 상태로 바꿔준다.
            print("turn off SDS011")
```

측정한 데이터는 OLED 디스플레이 장치에 온도, 습도, 기압, 미세, 초미세먼지를 5초 간격으로 돌아가며 보여 줍니다.

```python
if currentDateTime - prevDisplayTValue > displayInterval :
    prevDisplayTValue = datetime.now()

    print ("draw display :" + str(displayMode))
    draw.rectangle((0,0,width-1,height-1), outline=1, fill=0) # 테두리 그리기

    if displayMode == 1:
        draw.text((drawSubLabelX, drawTop), \
      u"온도 ( ℃ )", font=hanFont, fill=255)
        draw.text((drawSubLabelX + 25, drawTop+25), \
      str(airInfo['temp']), font=font, fill=255)
    elif displayMode == 2:
        draw.text((drawSubLabelX, drawTop), \
      u"습도 ( % )", font=hanFont, fill=255)
        draw.text((drawSubLabelX + 25, drawTop+25), \
            str(airInfo['hum']), font=font, fill=255)
    elif displayMode == 3:
        draw.text((drawSubLabelX, drawTop), \
      u"대기압 ( hPa )", font=hanFont, fill=255)
        draw.text((drawSubLabelX + 12, drawTop+25),
      str(airInfo['press']), font=font, fill=255)
    elif displayMode == 4:
        draw.text((drawSubLabelX, drawTop), \
      u"미세먼지 (ug/m^3)", font=midHanFont, fill=255)
        draw.text((drawSubLabelX + 25, drawTop+25), \
      str(airInfo['pm10']), font=font, fill=255)
    elif displayMode == 5:
        draw.text((drawSubLabelX, drawTop), \
      u"초미세먼지 (ug/m^3)",font=midHanFont, fill=255)
        draw.text((drawSubLabelX + 25, drawTop+25),\
            str(airInfo['pm25']), font=font, fill=255)
        displayMode = 0 # 처음으로 돌아간다.

    displayMode += 1
```

```
#draw display
disp.image(image)
disp.display()
```

라즈베리 파이에서 웹 애플리케이션으로 데이터를 전달하는 방법은 여러 가지가 있지만 여기서는 간단하게 데이터를 URL에 실어서 보내는 방법을 선택했습니다. urlencode 함수를 이용하면 사전 형식의 데이터를 쉽게 파라미터 방식의 스트링(percent-encoded)으로 변환할 수 있습니다(예를 들면 ?key=value). 온도, 습도, 대기압, 미세먼지, 초미세먼지는 다음과 같이 변환되어 서버에 전달될 것입니다.

```
/setAirInfo?temp=0.0&hum=0.0&press=0.0&pm10=0.0&pm25=0.0
```

"/setAirInfo"는 현재 공기 정보를 전달하고, "/saveAirInfo"는 공기 정보를 서버 DB에 저장하는 API 입니다. 이 둘은 뒤에서 앱 엔진으로 구현할 것입니다.

데이터를 받을 서버가 준비돼 있지 않다면 connection fail이 일어나 이 부분에서 한참 멈춰있을 수도 있으니 주석 처리하고 테스트하는 것을 추천합니다.

```
if currentDateTime - prevSendDataTValue > sendDataInterval :
    prevSendDataTValue = datetime.now()
    print ("send data")
    params = urllib.urlencode(airInfo) #URL에 데이터를 실어서 서버로 데이터를 전달.
    conn = urllib.urlopen( server_address + "/setAirInfo?%s" % params)
    print (conn.read().decode("utf-8") )

if currentDateTime - prevSaveDataTValue > saveDataInterval :
    prevSaveDataTValue = datetime.now()
    print ("save data")
    params = urllib.urlencode(airInfo) #URL에 데이터를 실어서 서버로 데이터를 전달.
    conn = urllib.urlopen( server_address + "/saveAirInfo?%s" % params)
    print (conn.read().decode("utf-8") )
```

라즈베리 파이에서 myAir.py를 실행하면 OLED 디스플레이에서 측정한 정보를 순서대로 볼 수 있습니다.

그림 26-36 미세먼지 측정기가 동작하면서 온도, 습도, 기압, 미세먼지, 초미세 먼지가 표시됩니다.

라즈베리 파이를 껐다 켤 때마다 터미널에 접속해 myAir.py를 실행하지 않아도 라즈베리 파이가 부팅 될 때 myAir.py가 자동으로 실행될 수 있게 /etc/rc.local에 myAir.py를 등록하겠습니다. exit 0을 만나면 rc.local 스크립트가 끝나므로 exit 0 위에 다음 내용을 추가합니다. 한 가지 주의할 점은 우리 가 만든 프로그램은 무한루프를 돌면서 동작하므로 &을 붙여서 백그라운드에서 동작하게 해야 합니다.

```
$ sudo vi /etc/rc.local

if test -x /home/pi/work/source/myAir.py; then
    /home/pi/work/source/myAir.py &
fi
exit 0
```

06 미세먼지 웹 애플리케이션 만들기

측정한 데이터를 라즈베리 파이에 연결된 OLED를 통해서만 보는 것으로 그치지 않고 휴대폰 브라우 저에서 확인할 수 있게 웹 애플리케이션을 만들겠습니다. 웹 애플리케이션에서 확인하려면 데이터를 저장하는 기능과 저장된 데이터를 조회(query)하는 기능이 있어야 하며, 이를 사용자에게 보여주는 UI 가 필요합니다. 데이터를 저장하고 조회하는 기능은 이전 장에서 살펴본 구글 클라우드 데이터스토어 와 구글 앱 엔진을 이용해 구현하고, UI는 구글 차트를 이용해 차트 형태로 보여주겠습니다.

구글 차트는 브라우저 또는 모바일을 위한 차트 라이브러리입니다. 라인, 바^{bar}, 파이^{Pie} 같은 전통적인 모양부터 지오^{Geo}, 스케터^{Scatter} 같은 최신 차트도 쉽게 사용할 수 있습니다(https://developers.google.com/chart/).

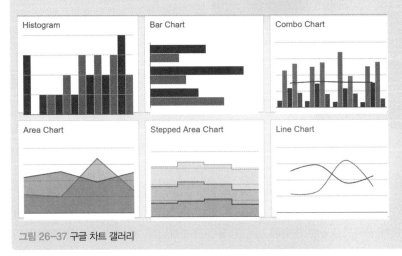

그림 26-37 구글 차트 갤러리

구글 클라우드 플랫폼 콘솔에서 프로젝트를 생성합니다. 프로젝트 이름은 fastpy003으로 하겠습니다. standard 환경에서 개발한 애플리케이션의 유지비가 훨씬 저렴하므로 여기서는 standard 환경의 애플리케이션을 구현하겠습니다. 이번 예제도 코드가 꽤 길기 때문에 중요한 부분만 살펴보겠습니다. 전체 코드는 소스 저장소를 참고해주세요.

공기 측정 데이터의 저장은 구글 데이터스토어를 이용할 것입니다. standard 환경이므로 ndb 모듈을 사용하며, date, temp, press, hum, pm25, pm10 프로퍼티가 있는 모델 클래스를 만듭니다.

```
class airInfo(ndb.Model):
    date = ndb.DateTimeProperty(auto_now_add=True)
    temp = ndb.FloatProperty()
    press = ndb.FloatProperty()
    hum = ndb.FloatProperty()
    pm25 = ndb.FloatProperty()
    pm10 = ndb.FloatProperty()
```

위에서 선언한 airInfo 클래스의 생성자를 부르는 것만으로 항목(entity)이 생성됩니다 여기에 프로퍼티 값을 채워 넣고 put 메서드를 호출하면 데이터스토어에 저장됩니다.

```
def saveAirInfoList(data):
    airinfo = airInfo()
    airinfo.pm10 = float(data['pm10'])
    airinfo.pm25 = float(data['pm25'])
    airinfo.temp = float(data['temp'])
    airinfo.hum = float(data['hum'])
    airinfo.press = float(data['press'])

    airinfo_key = airinfo.put()
    return airinfo_key.id()
```

데이터스토어에 저장된 데이터를 가져오는 메서드는 query()입니다. airInfo.query()를 호출하면 지금까지 저장한 모든 데이터를 가져옵니다. 구글 차트에서 처리할 수 있는 최대 항목이 3,000개 정도이므로 일부 데이터만 가져와야 합니다. 이때 사용하는 메서드가 filter입니다. 필터를 사용하면 원하는 조건에 맞는 데이터만 가져올 수 있습니다. 관계형 데이터베이스의 SQL 언어 중 where와 비슷한 의미입니다. 그리고 차트에서 사용되는 데이터는 특정 값을 기준으로 정렬돼 있어야 합니다. 대기 측정 정보는 시간 순서대로 정렬해야 하므로 order 메서드를 사용해서 시간을 기준으로 데이터를 정렬하겠습니다.

다음은 airInfo에서 특정 시각 이후의 데이터를 airInfo.date에 오름차순으로 가져오는 구문입니다.

```
dt = datetime.today()
td = timedelta(days=period)
airInfos = airInfo.query().order(airInfo.date).filter(airInfo.date > (dt-td)).fetch()
```

구글 차트는 자바스크립트 라이브러리이므로 airInfo의 데이터를 바로 전달할 수 없습니다. 따라서 getAirInfoList 요청이 있을 때 구글 차트에서 쉽게 airInfo 데이터를 사용할 수 있게 JSON으로 변환해 전달하겠습니다. JSON 변환은 파이썬 json 모듈의 encode 메서드를 이용했는데 ndb에서 가져온 airInfo 데이터를 바로 JSON으로 변환할 때 에러가 발생합니다. 그 이유는 json 모듈은 datetime형태를 변환 할 수 없습니다. 그래서 datetime을 2017-05-10 11:15 같은 형태의 문자열로 바꿔줍니다. datetime을 문자열로 바꿔주기 전에 timedelta로 9시간을 더했는데, 이는 ndb에 저장된 데이트정보는 UTC 타임존을 기준으로 하므로 우리나라 타임존에 맞춰서 9시간을 더해준 것입니다. 그리고 미세먼지 수치의 값이 1.1일 때 JSON으로 변환되면 1.100000000000000001 처럼 표현되는 문제가 있습니다. 이는 float 타입의 값을 JSON으로 바꿀때 발생하는 오류로 standard 환경의 python 버전이 낮기 때문에 발생하는 문제입니다. 그래서 나머지 값도 모두 문자열로 바꾸겠습니다.

```
def toDictFromNDB(p) :
    return { 'temp': str(p['temp']), 'pm10' : str(p['pm10']),\
        'pm25': str(p['pm25']), 'hum':str(p['hum']), 'press':str(p['press']),\
        'date':(p['date']+timedelta(hours=9)).strftime("%Y-%m-%d %H:%M %Z") }

def getAirInfoList(period):
    dt = datetime.now()
    td = timedelta(days=period)
    airInfos = airInfo.query().order(airInfo.date).filter(airInfo.date > (dt-td)).fetch()
    return json.JSONEncoder().encode([toDictFromNDB(p.to_dict()) for p in airInfos])
```

이제 앞에서 사용했던 플라스크[Flask]를 이용해 웹 애플리케이션을 만들겠습니다.

예제 앞부분에 latestAirInfo 변수를 선언했는데, latestAirInfo는 라즈베리 파이에서 보내온 값을 저장하는 변수입니다. setAirInfo 함수는 URL을 통해 전달된 정보를 latestAirInfo에 저장하며, 라즈베리 파이에서 3분마다 "/setAirInfo" URL로 HTTP GET 요청을 하므로 latestAirInfo는 3분마다 라즈베리 파이에서 보낸 정보로 덮어쓰기를 합니다. saveAirInfo는 라즈베리 파이에서 보낸 값을 구글 데이터스토어에 저장하는 역할을 합니다.

home() 함수는 URL이 "/"일 때 호출되며, getAirInfoList 함수를 사용해 최근 7일 동안의 데이터를 JSON 형태로 받아와서 home.html 템플릿 파일에 적용합니다.

예제 main.py 공기 측정 데이터를 보여줄 웹 애플리케이션

```
# [START app]
from flask import redirect, render_template, request, url_for, Flask, current_app
from air import getAirInfoList, saveAirInfoList, clearAirInfoList
import json

#테스트
app = Flask(__name__)
app.debug = True      #debug mode

latestAirInfo = {'pm25': 0.0, 'pm10': 0.0, 'temp': 0.0, 'hum':0, 'press':0}
@app.route('/')
```

```python
def home():
    # 최근 7일간의 데이터를 가져와 템플릿 파일이 렌더링 될 때 JS 오브젝트 형태로 삽입함.
    return render_template("home.html",
        jsonAirInfoList = getAirInfoList(7))


@app.route('/getLatestAirInfo', methods=['GET'])
def getLatestAirInfo():
    #현재 서버에 저장된 미세먼지, 초미세먼지, 온도, 습도, 기압 정보를 JSON형태로 출력함.
    if request.method == 'GET':
        return json.dumps(latestAirInfo)
    return "error"


@app.route('/setAirInfo', methods=['GET'])
def setAirInfo():
    # 공기 측정 결과를 서버에 저장 - 라즈베리 파이에서 요청
    if request.method == 'GET':
        data = request.args.to_dict(flat=True)
        latestAirInfo['pm25'] = data['pm25']
        latestAirInfo['pm10'] = data['pm10']
        latestAirInfo['temp'] = data['temp']
        latestAirInfo['hum'] = data['hum']
        latestAirInfo['press'] = data['press']
    return "success"


@app.route('/saveAirInfo', methods=['GET'])
def saveAirInfo():
    # 공기 측정 결과를 Google Cloud Datasotre에 저장
    if request.method == 'GET':
        data = request.args.to_dict(flat=True)
        return str(saveAirInfoList(data))


if __name__ == '__main__':
    app.run(host='127.0.0.1', port=8080)
# [END app]
```

템플릿 파일 home.html은 구글 차트를 로딩하고 차트에 데이터를 입력하며 화면을 갱신합니다. 우선 구글 차트를 사용하기 위한 구글 차트 자바스크립트 Google Chart JavaScript 라이브러리를 로딩합니다. 차트는 크게 세 부분으로 나눌 건데, 실시간 데이터를 보여주는 게이지 ^{Gauge}, 테이블 ^{Table} 차트와 7일 동안의 온도 변화를 보여줄 라인 ^{Line} 차트입니다. 따라서 gauge, table, corechart를 사용하겠다고 선언합니다.

```
<script type="text/javascript" src="https://www.gstatic.com/charts/loader.js"></script>
...
google.charts.load('current', { 'packages': ['gauge', 'table','corechart'] });
```

"/" URL이 호출되면 render_template 함수에 의해 구글 데이터스토어에서 가져온 데이터가 JSON 오브젝트 형태로 allData에 저장됩니다. {{ }} 치환문은 자동으로 이스케이프 문자가 적용돼 데이터가 깨질 수 있으니 |safe 필터를 적용해 자동 이스케이프 변환 기능을 껐습니다.

```
var allData = {{jsonAirInfoList|safe}} // 'no escape by safe filter'
```

render 함수가 정상적으로 동작하면 윗부분은 다음과 같이 변경됩니다.

```
var allData = [
{"temp": "22.6", "pm10": "111.0", "hum": "55.7", "press": "995.6", "date": "2017-05-13 10:32 ",
"pm25": "50.1"},
{"temp": "22.4", "pm10": "111.0", "hum": "57.2", "press": "995.7", "date": "2017-05-13 10:35 ",
"pm25": "50.1"},
….]
```

이제 구글 차트를 그려보겠습니다. 차트가 동작하려면 데이터를 입력해야 합니다. 아쉽지만 JSON을 바로 입력할 수는 없고 다음 예제처럼 google.visualization.DataTable() 인스턴스를 만든 다음 addColumn을 이용해 어떤 데이터가 입력될지 정의합니다. 그리고 allData 변수에 저장된 JSON에서 데이터를 하나씩 꺼내서 addRow 함수를 통해 데이터를 차트에 입력합니다. JSON 안의 date는 문자열이기 때문에 datetime으로 변경해야 합니다. 여기서는 getDatetimeFromString을 직접 구현해서 사용했습니다. 그리고 나머지 값들의 타입이 문자열이기 때문에 Number 함수를 사용해 넘버타입으로 변환합니다.

```
//문자열로부터 datetime을 구하는 함수.
function getDatetimeFromString(str) {
var d = str.split(' ');
```

```
        var t = d[1].split(':');
        d = d[0].split('-');
        return new Date(d[0], parseInt(d[1], 10) - 1, d[2], t[0], t[1]);
    }


    /* line Chart */
    // 차트를 그리기 위한 Data Table을 만든다.
        var pm_data = new google.visualization.DataTable();
        pm_data.addColumn('datetime', 'Date');
        pm_data.addColumn('number', '미세먼지');
        pm_data.addColumn('number', '초미세먼지');

        var temp_data = new google.visualization.DataTable();
        temp_data.addColumn('datetime', 'Date');
        temp_data.addColumn('number', '온도');

        var hum_data = new google.visualization.DataTable();
        hum_data.addColumn('datetime', 'Date');
        hum_data.addColumn('number', '습도');

        var press_data = new google.visualization.DataTable();
        press_data.addColumn('datetime', 'Date');
        press_data.addColumn('number', '대기압');

        //서버로부터 가져온 데이터(allData)를 구글 차트에서 사용할 수 있도록 DataTable에 넣어줍니다.
        var vDataConvertor = function(value, index) {
            pm_data.addRow([getDatetimeFromString(value['date']), Number(value['pm10']), Number(val-
    ue['pm25'])]);
            temp_data.addRow([getDatetimeFromString(value['date']), Number(value['temp'])]);
            hum_data.addRow([getDatetimeFromString(value['date']), Number(value['hum'])]);
            press_data.addRow([getDatetimeFromString(value['date']), Number(value['press'])]);
        }

        allData.forEach(vDataConvertor);
```

마지막으로 차트를 어떤 색이나 모양으로 그릴지 옵션으로 정하고, LineChart 객체를 생성해서 draw 메서드를 호출하면 입력받은 데이터를 자동으로 분석해서 차트로 그려 줍니다.

```
//차트 옵션
var chart_options = {
    legend: {
    position: 'top'
    },
    chartArea: {
        left: 35,
        top: 20,
        width: '75%',
        height: '70%'
    },
    width: '400',
    height: '200',
};

var pm_chart = new google.visualization.LineChart(document.getElementById('pmLineChart'));
pm_chart.draw(pm_data, chart_options);

var temp_chart = new google.visualization.LineChart(document.getElementById('tempLineChart'));
chart_options['colors'] = ['#FF8200']; //set line color
temp_chart.draw(temp_data, chart_options);

var hum_chart = new google.visualization.LineChart(document.getElementById('humLineChart'));
chart_options['colors'] = ['#A05C37']; // set line color
hum_chart.draw(hum_data, chart_options);

var press_chart = new google.visualization.LineChart(document.getElementById('pressLineChart'));
chart_options['colors'] = ['#0064CD']; //set line color
press_chart.draw(press_data, chart_options);
```

위 코드는 7일간의 공기의 변화를 차트로 그리는 부분입니다.

현재 공기 정보를 보여주는 차트는 3분마다 라즈베리 파이에서 보내주는 데이터가 달라지기 때문에 라인 차트보다는 실시간 데이터를 잘 보여줄 수 있는 차트인 게이지, 테이블 차트로 보여줘야 합니다.

역시 데이터를 입력받을 인스턴스를 만들고 초기 데이터를 입력합니다. 그리고 게이지 차트와 테이블 차트를 그립니다.

```
/* Gauge */
var pm10_data = google.visualization.arrayToDataTable([
    ['Label', 'Value'],
    ['PM 10', 0]
]);

var pm25_data = google.visualization.arrayToDataTable([
    ['Label', 'Value'],
    ['PM 2.5', 0]
]);


/* Table */
var THPdata = new google.visualization.DataTable();
THPdata.addColumn('string', 'Name');
THPdata.addColumn('number', 'Data');
THPdata.addRows([
    ['온도', {
        v: 0,
        f: '0 ℃'
    }],
    ['습도', {
        v: 0,
        f: '0 %'
    }],
    ['대기압', {
        v: 1000,
        f: '1000 hPa'
    }],
]);


    //미세먼지, 초미세먼지 데이터를 보여주기 위한 차트
var pm10_chart =
            new google.visualization.Gauge(document.getElementById('pm10_chart_div'));
pm10_chart.draw(pm10_data, pm10_options);
var pm25_chart =
            new google.visualization.Gauge(document.getElementById('pm25_chart_div'));
pm25_chart.draw(pm25_data, pm25_options);

var THPtable =
```

```
            new google.visualization.Table(document.getElementById('TPHDiv'));

    THPtable.draw(THPdata, { showRowNumber: false, width: '125', height: '120' });
```

서버로부터 데이터를 가져올 때는 setInterval 함수를 이용해 15초마다 XMLHttpRequest를 이용해
GET 메서드로 "/getLatestAirInfo"를 호출하도록 했습니다.

getLatestAirInfo 함수는 현재 공기 정보를 JSON 형태의 문자열로 전달하고, 이 JSON 값을 받아 게
이지 차트와 테이블 차트의 정보를 업데이트합니다.

```
var xhttp = new XMLHttpRequest();
        xhttp.onreadystatechange = function() {
            if (this.readyState == 4 && this.status == 200) {
                try {
                    console.log(xhttp.responseText);
                    //서버에서 주는 데이터는 JSON 형식의 문자열이므로 parse 함수를 이용해
                    //JSON 오브젝트로 변환한다.
                    var airData = JSON.parse(xhttp.responseText);

                    //서버에서 가져온 데이터를 현재 gause, table에 반영한다.
                    pm10_data.setValue(0, 1, airData['pm10']);
                    pm10_chart.draw(pm10_data, pm10_options);

                    pm25_data.setValue(0, 1, airData['pm25']);
                    pm25_chart.draw(pm25_data, pm25_options);

                    THPdata.setCell(0, 1, Number(airData['temp']), airData['temp'] + ' ℃');
                    THPdata.setCell(1, 1, Number(airData['hum']), airData['hum'] + ' %');
                    THPdata.setCell(2, 1, Number(airData['press']), airData['press'] + ' hPa');
                    THPtable.draw(THPdata, {
                        showRowNumber: false,
                        width: '125',
                        height: '120'
                    });

                } catch (err) {
                    console.log("error:" + err);
                }
            }
```

```
    };
    xhttp.open("GET", "/getLatestAirInfo", true);
    xhttp.send();

    setInterval(function() {
        xhttp.open("GET", "/getLatestAirInfo", true);
        xhttp.send();
    }, 15000); //15초마다 서버에서 데이터를 읽어옴
```

이제 지금까지 구현한 웹 애플리케이션을 배포하고 휴대폰에 있는 브라우저에서 http://fastpy003. appspot.com로 접근하면 다음 그림과 같은 차트를 볼 수 있습니다.

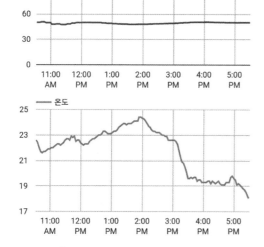

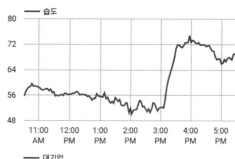

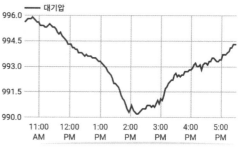

그림 26-38 온도, 습도, 대기압, 미세먼지의 변화를 차트로 표현

지금까지 라즈베리 파이와 구글 앱 엔진을 이용해 미세먼지 측정 기기와 웹 애플리케이션을 만들었습니다. 하드웨어를 제어하는 것부터 웹을 이용한 애플리케이션까지 파이썬을 이용하면 쉽고 빠르게 여러분이 원하는 프로젝트를 진행할 수 있습니다.

Pydev 설치와 사용법

01 Pydev 설치 방법

지금까지는 IDLE이나 일반 편집기에서 파이썬 코드 작성 작업을 했습니다. 하지만 비주얼 스튜디오와 같은 통합개발환경[IDE, Integrated Development Environment]을 경험하셨던 분들은 콘텐트 어시스트[content assist], 코드 템플릿[Code Templates]과 같은 기능이 많이 아쉬우셨을 겁니다. 이번 장에서는 이러한 기능이 사용 가능하도록 이클립스에서 Pydev를 설치하고 사용하는 법을 설명하겠습니다. 상용으로 좋은 IDE도 있지만, 무료로 이용할 수 있으면서도 상용 프로그램 못지않은 풍부한 기능을 사용할 수 있기에 이클립스를 설명하겠습니다.

> **뱀잡기** 🐍
>
> 아래 주소는 파이썬 통합 개발환경에 대해서 비교한 글입니다. 각 개발툴의 버전이 최신의 것과 차이가 나지만, 파이썬 개발 시 활용할 수 있는 주요 IDE와 그 특징에 대해 비교할수 있습니다.
>
> http://spyced.blogspot.com/2006/02/pycon-python-ide-review.html

이클립스 설치

http://www.eclipse.org/downloads/를 방문해 운영체제에 맞는 이클립스를 설치합니다. 이클립스는 특별한 설치 과정이 없기 때문에 원하는 곳에 압축만 풀면 설치가 완료됩니다.

그림 A-1 이클립스 다운로드 사이트

Pydev 다운로드 및 설치

http://pydev.sourceforge.net/download.html을 방문해 Pydev를 내려받습니다. 웹 페이지 중간에 있는 'Get zip releases'의 링크를 클릭해 Pydev 패키지 zip 파일을 내려받습니다.

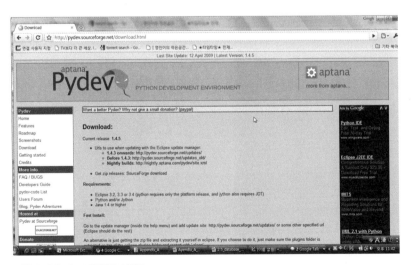

그림 A-2 Pydev 다운로드 사이트

해당 압축파일에는 'features'와 'plugins'라는 2개의 디렉터리가 존재합니다. 압축을 풀 때 압축 파일을 풀 디렉터리를 이클립스가 설치된 디렉터리로 지정해 해당 파일이 이클립스 디렉터리에 추가되게 합니다.

그림 A-3 이클립스가 설치된 디렉터리로 압축 풀기

뱀잡기 🐍

이클립스의 소프트웨어 업데이트 기능을 이용해서도 설치할 수 있습니다. 이클립스 메뉴의 'Help→Software Updates'를 선택해 'Available Software' 탭을 선택합니다. 'Add Site' 버튼을 누르고, Location에 'http://pydev.sourceforge.net/updates'라고 입력합니다.

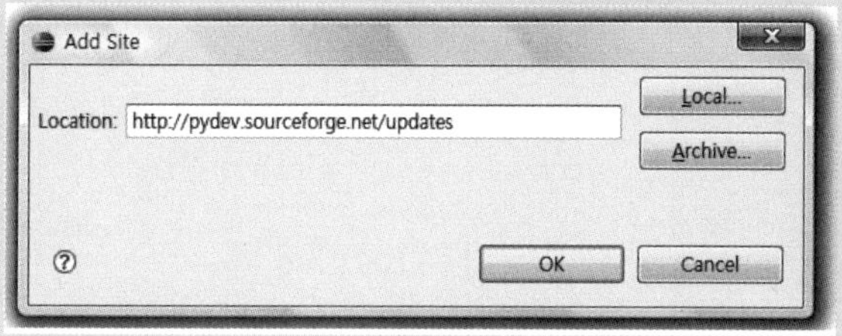

그림 A-4 Pydev update 사이트 등록

아래의 그림과 같이 PyDev 항목에 체크한 후, 오른편의 'Install' 버튼을 누르면 Pydev를 자동으로 내려받아 설치하는 것을 확인할 수 있습니다.

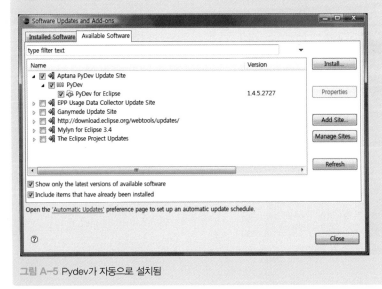

그림 A-5 Pydev가 자동으로 설치됨

파이썬 인터프리터 설정

설치된 파이썬의 버전에 맞는 인터프리터를 설정해야 합니다. 메뉴의 'Window → Preferences'를 선택한 후, 'Pydev → Interpreter-Python'에서 'New' 버튼을 클릭합니다.

그림 A-6 실행할 파이썬 인터프리터를 선택

파이썬이 설치된 디렉터리의 'python.exe' 파일을 선택합니다.

그림 A-7 실행할 파이썬 인터프리터를 선택 2

다음과 같은 창이 나타나면 파이썬이 실행 시 참조할 모듈을 확인한 후 'OK' 버튼을 누르면 설치가 완료됩니다.

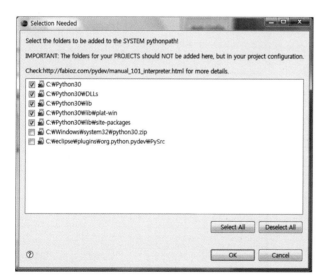

그림 A-8 실행시 참조할 모듈 확인

다음과 같이 'File-New-Project' 항목을 선택
하면 파이썬 프로젝트를 생성할 수 있습니다.

그림 A-9 파이썬 프로젝트 선택

'Next' 버튼을 누르면 다음과 같이 프로젝트의
세부사항을 설정할 수 있습니다. 여기서 중요한
것은 'Grammar Version'입니다. 이클립스는
코드를 작성할 때 실시간으로 구문 에러를 검
사하는 기능이 있습니다. 이러한 기능을 사용
하려면 해당 파이썬 버전에 맞게 설정해야 합
니다. 'Interpreter'도 앞에서 등록한 것으로 선
택합니다.

그림 A-10 파이썬 프로젝트 세부 설정

이클립스 왼쪽의 Pydev Package Explorer에서 'src → New → Pydev Module'을 선택해 새로운 모듈을 추가합니다. 이때에 필요로 하는 템플릿을 선택할 수 있으며, 필요한 경우 직접 템플릿을 작성해서 추가할 수도 있습니다.

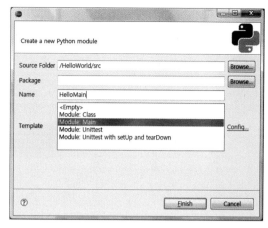

그림 A-11 모듈 생성 설정

Module: Main을 선택한 경우, 다음 페이지의 그림처럼 주석과 main으로 모듈이 시작됐는지 확인하는 코드가 자동 생성됩니다. 이제 'print("Hello World!")'라는 구문을 작성합니다.

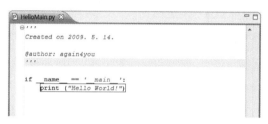

그림 A-12 Main Module의 템플릿

메뉴의 'Run-Run'을 실행하거나, 'Ctrl + F11'을 눌러서 작성한 코드를 실행합니다. 이때 어떠한 방법으로 실행할지 선택해야 합니다. 일반적으로 작성한 코드를 실행할 때 'Python Run'으로 선택하면 됩니다.

그림 A-13 Main Module의 템플릿

아래와 같이 'Console' 창에 'Hello World!'란 메시지가 정상적으로 출력된 것을 확인할 수 있습니다.

그림 A-14 코드 수행 결과

작성한 코드가 프로젝트 생성 시 설정한 버전의 문법에 부합하지 않는다면 아래 그림과 같이 해당 줄에는 붉은 ⓧ 표시가, 해당 코드에는 붉은 줄이 생깁니다. 프로젝트를 생성할 때 예제에서는 파이썬 3 버전으로 설정했기 때문에 반드시 print에는 함수와 동일하게 괄호가 필요합니다.

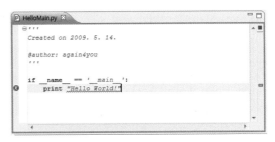

그림 A-15 코드에 에러가 있는 경우

또한 모듈이나 클래스의 속성(멤버 함수나 멤버 변수)에 대해 자동으로 리스트와 작성된 주석을 보여주는 콘텐트 어시스트 기능을 지원합니다. 일반적으로 객체명을 입력하고 속성 연산자('.')을 입력하면 아래의 그림처럼 해당 객체가 가지고 있는 속성과 주석이 나타나고, 이를 선택할 수 있습니다.

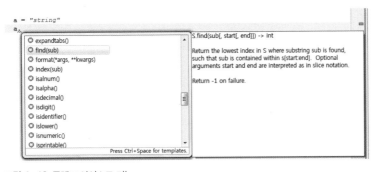

그림 A-16 콘텐트 어시스트 기능

pdb 모듈을 이용한 디버깅

프로그래밍할 때 가장 많은 시간을 소비하는 것이 바로 디버깅입니다. 코드 어디인가에 숨어있는 버그를 잡는 일이 TV, 영화에서는 어려운 문제를 해결하는 해커같이 멋있게 묘사되곤 하지만 실제로는 촉박한 일정 속에 피를 말리는 업무가 다반입니다. 그래서 디버깅은 수단과 방법을 가리지 않고 빠르게 원인을 파악해 해결하는 것이 최선입니다.

디버깅하는 방법은 원인만큼이나 다양하게 존재합니다. 어느 순간 잘못된 값을 갖는 변수를 확인하기 위해 연습장에 각 상태의 변수값을 손으로 직접 적어가며 확인할 수도 있고, 코드 곳곳에 print() 함수를 넣어서 화면에 출력되는 값을 확인하며 디버깅할 수도 있습니다. 하지만 이렇게 print() 함수를 작성하면, 디버깅을 위하여 로직과는 상관없는 코드가 스며들게 되며, 이것이 더욱 디버깅을 복잡하게 만드는 원인이 되곤 합니다.

이번에 소개할 pdb 모듈은 상호 대화식 interactive 의 소스코드 디버거로 브레이크 포인트 설정, 단계별로 코드 수행, 스택 프레임 Stack frame 조사, 변수 값의 확인이 가능합니다. 물론 비주얼 스튜디오나 다른

상용 툴과 같이 멋진 IDLE 환경은 아니지만, gdb와 동일한 인터페이스와 명령어를 사용하기에 기존
gdb에 익숙하신 분은 별도로 학습하지 않고도 사용할 수 있습니다. 이번 예제에서는 pdb 사용의 모든
것을 설명하기보다는 실제 사용되는 예제를 중심으로 설명하겠습니다.

01 디버깅용 코드 작성

pdb 모듈을 이용하기에 앞서 아래와 같이 실습을 위한 코드를 작성하겠습니다. 스택 프레임의 변화와
각 단계의 변수 값을 확인하기 위해 이번 코드의 동작은 간단하지만 여러 함수와 for 문으로 작성했습
니다.

예제 pdbtest.py

```python
def internalPrint(count, msg):
    print("Count: {0}, Message: {1}".format(count, msg))

def printRecursively(count, msg):
    i = 0
    while count > i:
        internalPrint(i, msg)
        i += 1

def ExternalPrint():
    msgs = ("Apple", "Banana", "Orange")
    printCount = 5
    for msg in msgs:
        printRecursively(printCount, msg)
        printCount -= 1

if __name__ == '__main__':
    ExternalPrint()
```

02 pdb 실행과 종료

디버깅 모드로 코드를 수행하기 위해 다음의 함수를 사용할 수 있습니다.

함수	설명
pdb.run(statement[, globals[, locals]])	디버깅 모드로 해당 구문을 수행합니다. 호출 직후 코드를 실행하지 않은 채로 디버그 프롬프트가 나타납니다.
pdb.runeval(expression[, globals[, locals]])	기본적으로 pdb.run() 함수와 동일하지만 runeval() 함수가 반환할 때 해당 구문의 결과를 반환하는 차이점이 있습니다.
pdb.runcall(function[, argument, ...])	디버깅 모드로 해당 함수를 호출합니다. 함수로 진입한 직후 디버그 프롬프트가 나타납니다.

그럼 디버깅 모드로 직접 진입해 코드를 수행해보겠습니다. IDLE이나 Command의 python.exe를 수행하고 아래와 같이 입력합니다.

```
>>> import pdb              ◀──── pdb 모듈
>>> import pdbtest          ◀──── 디버깅의 대상이 되는 모듈
>>> pdb.run("pdbtest.ExternalPrint()")   ◀──── 수행할 구문을 문자열 입력
> <string>(1)<module>()
(Pdb)
```

(Pdb)라는 프롬프트가 뜬다면 디버깅 모드로 들어온 것입니다. 디버깅 모드에서는 지정된 명령어로 코드를 수행하고, 변수의 값을 확인하는 일을 할 수 있습니다.

지정된 명령어는 아래와 같습니다.

명령어	설명
q(quit)	디버거를 종료합니다.
l(list) [시작값[, 끝값]]	현재 파일의 소스코드 라인을 보여줍니다. 특별한 인자가 주어지지 않으면 현재 실행 중인 코드를 바탕으로 11줄 정도를 보여줍니다.
b(break) [[파일이름:]라인|함수[, 조건]]	인자로 전달된 '라인'/'함수'에 브레이크 포인트를 설정합니다. '조건'이 입력된 경우에는 해당 조건을 만족하는 경우에만 코드 실행이 멈춥니다. 아무런 인자 없이 'b' 명령어가 입력된 경우, 모든 브레이크 포인트 리스트와 상태, 히트된 횟수가 출력됩니다.

명령어	설명
cl(clear) [브레이크_포인트_숫자, ...]	브레이크 포인트를 삭제합니다.
enable [브레이크_포인트_숫자, ...]	인자로 전달된 브레이크 포인트를 활성화합니다.
disable [브레이크_포인트_숫자, ...]	인자로 전달된 브레이크 포인트를 비활성화합니다.
condition 브레이크_포인트_숫자 [조건]	해당 브레이크 포인트가 조건이 참인 경우에만 활성화됩니다. 만약 조건이 없는 경우, 해당 브레이크 포인트에 존재하던 조건이 삭제됩니다.
p(print) '표현식'	표현식의 값을 출력합니다.
s(step)	현재 행을 수행하고 다음 행에서 멈춥니다. 만약 현재 행이 함수 호출인 경우, 함수 내부로 들어가서 수행합니다.
n(next)	현재 행을 수행하고 다음 행에서 멈춥니다. step과 다른 것은 현재 행이 함수 호출인 경우, 함수 내부로 들어가지 않고 함수를 한 번에 완료하고 다음 행으로 이동한다는 것입니다.
r(return)	현재 함수가 반환될 때까지 연속적으로 코드를 수행합니다
c(continue)	다음 브레이크 포인트를 만날 때까지 연속적으로 코드를 수행합니다.
명령어	설명
w(where)	현재 스택 프레임을 출력합니다. 가장 최근의 스택 프레임이 하위에 위치합니다.
a(args)	현재 함수의 전달된 인자를 출력합니다.
u(up)	상위 스택 프레임으로 이동합니다.
d(down)	하위 스택 프레임으로 이동합니다.
h(help)	명령어 도움말을 확인합니다.

위의 명령어는 축약어(r, q 형태)로 사용하거나, 전체 이름을(return, quit 형태) 모두 입력할 수 있습니다. r을 입력해 ExternalPrint() 종료될 때까지 수행해 보겠습니다.

```
(Pdb) r
Count: 0, Message: Apple
Count: 1, Message: Apple
Count: 2, Message: Apple
Count: 3, Message: Apple
Count: 4, Message: Apple
Count: 0, Message: Banana
Count: 1, Message: Banana
Count: 2, Message: Banana
```

```
Count: 3, Message: Banana
Count: 0, Message: Orange
Count: 1, Message: Orange
Count: 2, Message: Orange
--Return--
> <string>(1)<module>()->None
(Pdb) q
>>>
```

이번 예제에서는 브레이크 포인트를 설정하지 않았기 때문에 화면에 메시지를 출력하고 정상적으로 종료됩니다. 함수에 반환값이 없었기 때문에 None이 반환되는 것을 확인할 수 있습니다. q를 눌러 디버거를 종료합니다.

03 소스코드와 실행 위치 보기

이번에는 특정 함수를 지정해 수행해보겠습니다. 이때 디버깅할 함수의 이름을 인자로 전달하며, 함수를 호출할 때 전달할 인자는 없기 때문에 아래와 같이 입력합니다. 그 결과 ExternalPrint() 함수의 첫라인에서 코드 수행이 멈추고 디버거 프롬프트가 나타납니다.

```
>>> pdb.runcall(pdbtest.ExternalPrint)          ◀━━━ 함수의 이름만 명시
> c:\Python36\pdbtest.py(11)ExternalPrint()
-> msgs = ("Apple", "Banana", "Orange")
(Pdb)
```

이제 아래와 같이 디버깅 중인 코드를 확인해보겠습니다.

```
(Pdb) l          ◀━━━ 현재 수행 중인 코드를 출력
  6             while count > i:
  7                 internalPrint(i, msg)
  8                 i += 1
  9
 10         def ExternalPrint():
 11 ->          msgs = ("Apple", "Banana", "Orange")
 12             printCount = 5
 13             for msg in msgs:
```

```
14              printRecursively(printCount, msg)
15              printCount -= 1
16
(Pdb) l 4, 15        ◄─── 출력할 라인을 지정
   4    def printRecursively(count, msg):
   5        i = 0
   6        while count > i:
   7            internalPrint(i, msg)
   8            i += 1
   9
  10    def ExternalPrint():
  11 ->     msgs = ("Apple", "Banana", "Orange")
  12        printCount = 5
  13        for msg in msgs:
  14            printRecursively(printCount, msg)
  15            printCount -= 1
```

l(list) 명령어를 이용해 위와 같이 코드를 출력할 수 있습니다. 이때 ->가 가리키는 곳이 다음에 코드가 수행할 곳입니다. l 명령어에 인자로 코드의 시작 라인과 끝 라인을 입력해 출력할 코드를 지정할 수 있습니다.

04 브레이크 포인트 설정하기

이제 확인이 필요한 부분에 브레이크 포인트를 설정하겠습니다. 설정할 때는 직접 '파일명:행' 형식으로 지정하거나, '함수명'으로 지정할 수 있습니다. 또한 설정된 브레이크 포인트는 인자 없이 b만 입력해서 확인할 수 있으며, 현재 상태, 히트된 횟수 등의 부가정보가 출력됩니다.

```
(Pdb) b pdbtest.py:6        ◄─── 파일명:라인 형식으로 설정
Breakpoint 1 at c:\Python36\pdbtest.py:6
(Pdb) b internalPrint       ◄─── 함수명으로 설정
Breakpoint 2 at c:\Python36\pdbtest.py:1
(Pdb) b       ◄─── 현재 브레이크 포인트를 출력
Num Type         Disp Enb   Where
1   breakpoint   keep yes   at c:\Python36\pdbtest.py:6
2   breakpoint   keep yes   at c:\Python36\pdbtest.py:1
```

그 외 enable(활성화), disable(비활성화) 명령어를 이용해 설정된 브레이크 포인트 상태를 변경할 수 있으며, clear 명령어를 이용해 삭제할 수 있습니다. 변경된 브레이크 포인트 상태는 인자 없이 break 명령어로 확인할 수 있습니다.

```
(Pdb) b 2        ◀──── 현재 수행 중인 파일의 라인으로 설정
Breakpoint 3 at c:\Python36\pdbtest.py:2
(Pdb) b
Num Type         Disp Enb   Where
1   breakpoint   keep yes   at c:\Python36\pdbtest.py:6
2   breakpoint   keep yes   at c:\Python36\pdbtest.py:1
3   breakpoint   keep yes   at c:\Python36\pdbtest.py:2
(Pdb) disable 3
(Pdb) b
Num Type         Disp Enb   Where
1   breakpoint   keep yes   at c:\Python36\pdbtest.py:6
2   breakpoint   keep yes   at c:\Python36\pdbtest.py:1
3   breakpoint   keep no    at c:\Python36\pdbtest.py:2   ◀──── 비활성화된 상태
(Pdb) enable 3
(Pdb) b
Num Type         Disp Enb   Where
1   breakpoint   keep yes   at c:\Python36\pdbtest.py:6
2   breakpoint   keep yes   at c:\Python36\pdbtest.py:1
3   breakpoint   keep yes   at c:\Python36\pdbtest.py:2   ◀──── 활성화된 상태
(Pdb) cl 3     ◀──── 3번 브레이크 포인트를 삭제
Deleted breakpoint 3
(Pdb) b
Num Type         Disp Enb   Where
1   breakpoint   keep yes   at c:\Python36\pdbtest.py:6
2   breakpoint   keep yes   at c:\Python36\pdbtest.py:1
```

05 코드를 수행하며 변수값 확인하기

이제 코드를 행 단위로 수행하면서 변수의 값, 스택 프레임의 변화를 확인해보겠습니다. 현재 위치의 코드를 수행하기 위해 next 명령어를 수행합니다. next 명령어는 현재 명령어를 수행하고 현재 함수 안에서 다음 행으로 이동합니다.

```
(Pdb) n
> c:\Python36\pdbtest.py(12)ExternalPrint()
-> printCount = 5      ←――――  다음에 수행할 코드로 이동
(Pdb) l
  7                 internalPrint(i, msg)
  8                 i += 1
  9
 10     def ExternalPrint():
 11         msgs = ("Apple", "Banana", "Orange")
 12  ->     printCount = 5    ←――――  리스트에도 다음에 수행할 코드를 가리킴
 13         for msg in msgs:
 14             printRecursively(printCount, msg)
 15             printCount -= 1
 16
 17     if __name__ == '__main__':
```

수행 도중 변수의 값을 확인하기 위해 print 명령어를 사용할 수 있습니다.

```
(Pdb) n
> c:\Python36\pdbtest.py(13)ExternalPrint()
-> for msg in msgs:
(Pdb) p printCount    ←――――  printCount 변수의 값을 확인
5
```

앞에서 설정한 브레이크 포인트 지점까지 코드를 일괄 수행하기 위해 continue 명령어를 사용할 수 있습니다. 브레이크 포인트에 도달하면 아래와 같이 해당 행의 코드를 출력하고 그 지점에서 수행이 멈춥니다. 그리고 브레이크 포인트의 상태를 확인하면 1번 히트(hit)된 것을 알 수 있습니다.

```
(Pdb) c
> c:\Python36\pdbtest.py(6)printRecursively()
-> while count > i:
(Pdb) b
Num Type         Disp Enb   Where
1   breakpoint   keep yes   at c:\Python36\pdbtest.py:6
    breakpoint already hit 1 time
2   breakpoint   keep yes   at c:\Python36\pdbtest.py:1
```

이제는 스택 프레임을 이동하며 각 변수의 값을 확인해 보겠습니다. where 명령어를 입력해 현재 스택 프레임을 확인하면 아래와 같이 ExternalPrint() 함수의 14번째 라인에서 printRecursively() 함수가 호출됐으며, 현재 printRecursively() 함수 내에 6번째 행에 멈춰있는 것을 알 수 있습니다.

```
Pdb) w
  c:\Python36.lib\bdb.py(403)runcall()
-> res = func(*args, **kwds)
  c:\Python36\pdbtest.py(14)ExternalPrint()
-> printRecursively(printCount, msg)
> c:\Python36\pdbtest.py(6)printRecursively()
-> while count > i:
```

테스트 코드에서 printRecursively() 함수는 호출 시 인자로 count와 msg를 전달받습니다. 이 값을 확인할 때는 print 명령어로 개별 확인도 가능하지만, args 명령어로 전달된 모든 인자를 확인할 수도 있습니다.

```
(Pdb) p count     ◀──── print 명령어로 개별 확인
5
(Pdb) p msg
'Apple'
(Pdb) a           ◀──── args 명령어로 일괄 확인
count = 5
msg = Apple
```

그럼 printRecursively() 함수가 호출될 시점의 ExternalPrint() 함수의 내부 변수 값을 확인하기 위해 up 명령어를 이용해 스택 프레임을 위로 이동하겠습니다. 이동한 곳의 코드가 출력되고, 현재 스택 프레임을 확인해보면 아래와 같이 ExternalPrint() 함수 내에 14행에 위치한 것을 알 수 있습니다. 이 상태에서 msg 변수의 값을 확인하면 'Apple'인 것을 확인할 수 있지만 하위 스택의 값인 'count'를 확인하면 변수명을 찾을 수 없어서 NameError가 발생합니다.

```
(Pdb) up          ◀──── 상위 프레임으로 이동
> c:\Python36\pdbtest.py(14)ExternalPrint()
-> printRecursively(printCount, msg)
(Pdb) w
  c:\Python36.lib\bdb.py(403)runcall()
```

```
-> res = func(*args, **kwds)
> c:\Python36\pdbtest.py(14)ExternalPrint()
-> printRecursively(printCount, msg)
  c:\Python36\pdbtest.py(6)printRecursively()
-> while count > i:
(Pdb) p msg
'Apple'
(Pdb) p count          ◀──── 하위 프레임의 변수인 count는 확인 불가능
*** NameError: NameError("name 'count' is not defined",)
```

이제 다시 코드를 실행하겠습니다. 다음 브레이크 포인트의 위치까지 이동하기 위해 continue 명령어를 실행하면 internalPrint() 함수의 2행에서 멈추는 것을 알 수 있습니다. 특정 조건을 만족할 경우에만 브레이크 포인트를 활성화하기 위해 브레이크 포인트를 생성할 때 조건을 설정할 수 있습니다. 이미 생성된 브레이크 포인트에 조건을 추가할 때는 condition 명령어를 사용하면 됩니다.

```
(Pdb) condition 2 count>3      ◀──── 2번 브레이크 포인트에 조건 설정
(Pdb) b
Num Type         Disp Enb   Where
1   breakpoint   keep yes   at c:\Python36\pdbtest.py:6
    breakpoint already hit 1 time
2   breakpoint   keep yes   at c:\Python36\pdbtest.py:1
    stop only if count>3
    breakpoint already hit 1 time
```

이제 1번 브레이크 포인트를 비활성화하고 continue 명령어로 설정한 조건을 만족하면 해당 브레이크 포인트가 활성화되는지 확인해 보겠습니다.

```
(Pdb) disable 1
(Pdb) c
Count: 1, Message: Apple
Count: 2, Message: Apple
Count: 3, Message: Apple
> c:\Python36\pdbtest.py(2)internalPrint()
-> print("Count: {0}, Message: {1}".format(count, msg))
(Pdb) a          ◀──── 확인 결과 count값이 4일 때 브레이크 포인트가 활성화됨
count = 4
msg = Apple
```

step 명령어를 알아보기 위해 clear 명령어로 모든 브레이크 포인트를 삭제하고, 아래와 같이 새로운 브레이크 포인트를 설정한 후, continue 명령어로 코드 수행을 그 지점으로 이동합니다.

```
(Pdb) cl
Deleted breakpoint 1
Deleted breakpoint 2
(Pdb) b pdbtest.py:14
Breakpoint 4 at c:\Python36\pdbtest.py:14
(Pdb) c
Count: 4, Message: Apple
Count: 0, Message: Banana
Count: 1, Message: Banana
Count: 2, Message: Banana
Count: 3, Message: Banana
> c:\Python36\pdbtest.py(14)ExternalPrint()
-> printRecursively(printCount, msg)
```

next와 다르게 step 명령어는 수행할 행이 함수 호출인 경우, 그 함수 안으로 들어가서 다음 명령어를 수행합니다. 그 결과 printRecursively() 함수의 4행에 위치한 것을 알 수 있습니다. 또한 해당 함수만 종료하려면 return 명령어를 사용하면 됩니다.

```
(Pdb) s
--Call--
> c:\Python36\pdbtest.py(4)printRecursively()
-> def printRecursively(count, msg):
(Pdb) r
Count: 0, Message: Orange
Count: 1, Message: Orange
Count: 2, Message: Orange
```

좀 더 다양한 기능을 알기 위해 각 명령어를 설명하는 help 명령어를 지원합니다. 세부 내용이 궁금하다면 인자로 명령어를 전달해 확인할 수 있습니다.

```
(Pdb) help

Documented commands (type help <topic>):
========================================
EOF    bt        cont       enable exit jump pp    run     unt
a      c         continue   exit   l    q    s     until
alias  cl        d          h      list quit step  up
args   clear     debug      help   n    r    tbreak w
b      commands  disable    ignore next restart u   whatis
break  condition down       j      p    return unalias where

Miscellaneous help topics:
==========================
exec  pdb

Undocumented commands:
======================
print retval rv

(Pdb) help return          ◀── return 명령어의 세부 내용
r(eturn)
Continue execution until the current function returns.
```

지금까지 나온 내용만 가지고도 디버깅 작업을 하는 데 충분할 것입니다. 그러나 디버깅에 대한 좀 더 자세한 내용이나 성능 측정을 위한 프로파일링[Profiling], 실행 시간 측정, 코드 추적[trace] 과 같은 내용이 필요하다면 파이썬 표준 라이브러리 문서의 'Debugging and Profiling' 장을 참고하기 바랍니다.

pip를 이용한 패키지 관리와 virtualenv

파이썬에서는 내장 라이브러리 이외에도 웹, 데이터 마이닝, 머신 러닝 등의 다양한 분야에서 활용할 수 있는 수많은 패키지가 배포되고 있습니다. 예전에는 이러한 모듈들을 각 개발자의 사이트에서 직접 내려받고, 모듈에서 제공하는 setup.py 파일을 이용해 직접 빌드하고 설치해야 했으며, 업그레이드된 버전이 나온 경우에도 별도로 관리해야 했습니다.

이러한 문제점을 해결하고자 파이썬 언어에서 지원하는 다양한 패키지 배포판을 파이썬 패키지 인덱스 Python Package Index 라는 저장소에서 통합 관리하고, 개발자는 필요한 패키지의 검색/설치/삭제/버전 관리 등을 pip 명령어로 손쉽게 할 수 있게 됐습니다. 예를 들어, matplotlib 패키지를 사용하려면 numpy, pytz, cycler 등의 패키지가 필요한데, numpy는 1.7.1 버전 이상과 같이 최소 요구사항도 있습니다. 이러한 다양한 패키지 사이의 의존 관계를 파악해서 개별 설치하는 복잡한 과정 대신에 pip 명령어를 이용해 손쉽게 원하는 패키지를 설치할 수 있으며, 의존 관계가 있는 패키지는 자동으로 설치됩니다. 또한 배포 시에도 개발 환경과 동일한 패키지 설치 환경을 별도의 파일로 제공하여 일괄 설치되게 할 수 있습니다.

이번 장에서는 pip를 이용해 파이썬 패키지를 검색/설치/삭제/버전 관리하는 방법과, 동일한 패키지의 서로 다른 버전을 동시에 다뤄야 하는 경우에 virtualenv를 이용해 독립된 가상의 개발 환경을 구축하여 활용하는 방법을 알아보겠습니다.

01 pip 설치

python.org에서 python 3.4 버전 이상을 설치하는 경우에는 기본적으로 pip, setuptools 등이 같이 설치됩니다. 최신 버전으로 업그레이드하려면 다음과 같이 수행합니다. 윈도우 환경이라면 파이썬이 설치된 경로의 Scripts를 보면 pip가 설치된 것을 확인할 수 있습니다.

```
# pip install -U pip setuptools
```

뱀잡기 🐍

파이썬 2.X 버전과 3.X 버전을 동시에 사용하는 경우

개발 환경에서 파이썬 2.X 버전과 3.X 버전을 동시에 사용하는 경우, 단순히 pip 명령어를 수행하면 다음과 같이 2.X 버전이 수행되며, 명시적으로 pip3라는 명령어를 이용해야 3.X 버전이 사용됩니다.

```
$ pip -V
pip 9.0.1 from /Library/Python/2.7/site-packages (python 2.7)
$ pip3 -V
pip 9.0.1 from /Library/Frameworks/Python.framework/Versions/3.6/lib/python3.6/site-packages
(python 3.6)
```

이러한 불편함을 해결하고자, 리눅스나 맥에서는 다음과 같이 환경 변수에 별칭(Alias)을 만들어서 pip 명령어로 pip3 명령어가 수행되게 할 수 있습니다.

```
alias python=/Library/Frameworks/Python.framework/Versions/3.6/bin/python3
alias pip=/Library/Frameworks/Python.framework/Versions/3.6/bin/pip3
```

이 책에서 나오는 모든 예제에서 pip 명령어는 3.X 버전의 pip3 명령어가 실행되는 것임을 기억하기 바랍니다.

---

pip list 명령어를 이용해 설치된 패키지 목록과 세부 버전 정보를 가져올 수 있습니다.

```
$ pip list —format=columns
Package     Version
----------  -------
appdirs     1.4.3
packaging   16.8
pip         9.0.1
pyparsing   2.2.0
setuptools  35.0.1
six         1.10.0
```

뱀잡기

pip list 명령어 수행 시 경고가 발생하는 경우

pip list 명령어 수행 시 '—format' 옵션을 명시적으로 지정하지 않으면 다음과 같이 기존 레거시 형태의 출력
형식으로 화면에 보이며 DEPRECATION 경고가 발생합니다.

```
$ pip list
DEPRECATION: The default format will switch to columns in the future. You can use —for-
mat=(legacy|columns) (or define a format=(legacy|columns) in your pip.conf under the [list]
section) to disable this warning.
appdirs (1.4.3)
packaging (16.8)
pip (9.0.1)
pyparsing (2.2.0)
setuptools (35.0.1)
six (1.10.0)
```

03 패키지 검색

pip search 명령어를 이용해 개발자가 원하는 패키지를 검색할 수 있습니다. 다음은 수학 연산에 사용되는 numpy 패키지를 검색한 예제로 이름이 유사한 다양한 패키지가 같이 검색되는 모습을 볼 수 있습니다. 출력 결과에서는 해당 모듈의 상세 버전과 설명을 확인할 수 있습니다.

```
$ pip search numpy
...
numpy-sugar (1.0.35)          - Missing NumPy functionalities.
numpy (1.12.1)                - NumPy: array processing for numbers, strings,
                                records, and objects.
numpy_display (1.2.0)         - Formats numpy matrices in an IPython Notebook
...
```

04 패키지 설치

pip install 명령어를 이용해 지정된 패키지를 설치할 수 있습니다. 이때 특정한 버전을 지정하지 않으면 가장 최신 버전으로 설치됩니다.

```
$ pip install numpy
Collecting numpy
  Downloading numpy-1.12.1-cp36-cp36m-macosx_10_6_intel.macosx_10_9_intel.macosx_10_9_x86_64.
macosx_10_10_intel.macosx_10_10_x86_64.whl (4.4MB)
    100% |                              | 4.4MB 237kB/s
Installing collected packages: numpy
Successfully installed numpy-1.12.1
```

만약 최신 버전이 아닌 해당 패키지의 특정 버전을 사용하려면 해당 버전을 명시적으로 지정해 설치할 수 있습니다. 다음은 numpy 패키지를 1.12.0 버전으로 지정해 설치한 예제입니다.

```
$ pip install numpy==1.12.0
Collecting numpy==1.12.0
  Downloading numpy-1.12.0-cp36-cp36m-macosx_10_6_intel.macosx_10_9_intel.macosx_10_9_x86_64.
```

```
macosx_10_10_intel.macosx_10_10_x86_64.whl (4.4MB)
    100% |                                   | 4.4MB 206kB/s
Installing collected packages: numpy
Successfully installed numpy-1.12.0
```

또한 호환성 문제로 특정 버전 이하의 하위 버전을 사용하고 싶을 때나, 최소 요구 사항으로 특정 버전 이상을 사용하고 싶을 때는 다음과 같이 버전을 명시해 특정 버전을 설치할 수 있습니다.

```
$ pip install numpy>=1.11.0        # 1.11.0 버전 이상을 설치
$ pip install numpy<1.12.0         # 1.12.0 버전보다 하위 버전을 설치
```

05 패키지 업그레이드

pip list 명령어에 --outdated 옵션을 추가하면 최신 버전과 비교하여 업그레이드가 가능한 패키지 목록을 보여줍니다. 다음은 현재 설치된 numpy 패키지의 버전이 1.12.0인데, 상위 버전인 1.12.1로 업그레이드 가능한 것을 확인하는 예제입니다.

```
$ pip list --outdated --format=columns
Package                      Version  Latest  Type
---------------------------  -------  ------  -----

numpy                        1.12.0   1.12.1  wheel
```

pip install 명령어에 --upgrade 옵션을 추가하면 업그레이드 가능한 최신 버전으로 설치합니다. 다음은 numpy 패키지를 최신 버전인 1.12.1로 업그레이드하는 예제입니다.

```
$ pip install numpy --upgrade
Collecting numpy
  Using cached numpy-1.12.1-cp36-cp36m-macosx_10_6_intel.macosx_10_9_intel.macosx_10_9_x86_64.
macosx_10_10_intel.macosx_10_10_x86_64.whl
Installing collected packages: numpy
  Found existing installation: numpy 1.12.0
    Uninstalling numpy-1.12.0:
      Successfully uninstalled numpy-1.12.0
Successfully installed numpy-1.12.1
```

06 패키지 삭제

pip uninstall 명령어를 이용해 지정된 패키지를 가상 환경에서 삭제할 수 있습니다. 다음은 numpy 패키지를 삭제하는 예제로, '-y' 옵션을 사용하지 않으면 삭제 과정에서 명시적으로 y를 입력해야 합니다.

```
$ pip uninstall numpy -y
Uninstalling numpy-1.12.0:
  Successfully uninstalled numpy-1.12.0
```

07 가상 환경의 패키지 설정 저장 및 복원

프로젝트의 개발 단계에서는 개발자 환경에서 정상적으로 잘 동작하는 프로그램이 다른 사람의 자리나 실제 운영 환경에서 다양한 문제가 발생하는 경우를 볼 수 있습니다. 이 중 많은 경우가 필요한 패키지의 누락이나 버전이 일치하지 않는 등의 환경적인 요인으로 발생합니다.

pip freeze 명령어를 이용해 개발 중에 사용되는 패키지와 그 세부 버전까지 동일하게 파일로 관리할 수 있으며, 이를 사용해 개발 환경을 그대로 복원할 수 있습니다. 다음은 설치된 패키지와 세부 정보를 pkg_list.txt 파일에 저장하는 예제입니다.

```
$ pip freeze > pkg_list.txt
$ cat pkg_list.txt
appdirs==1.4.3
cycler==0.10.0
matplotlib==1.5.3
numpy==1.12.0
packaging==16.8
pyparsing==2.2.0
python-dateutil==2.6.0
pytz==2017.2
six==1.10.0
```

이렇게 저장된 파일을 이용해 pip freeze 명령어를 수행한 환경과 동일한 패키지와 버전이 설치된 환경으로 복원할 수 있습니다. 이러한 방법으로 개발된 모듈을 배포할 때, 동일한 실행 환경도 제공할 수 있으며, 뒤에서 설명할 virtualenv 패키지를 활용해 다양한 실행 환경을 손쉽게 구축할 수 있습니다.

```
$ pip install -r pkg_list.txt
```

08 virtualenv를 활용한 파이썬 가상 개발 환경 구축

개발 업무를 진행하다 보면 동일한 파이썬 패키지를 서로 다른 버전으로 동시에 다뤄야 하는 경우가 있습니다. 예를 들어, 현재 개발이 진행 중인 프로젝트는 Django 1.11 버전을 이용하고, 지금 운영 중인 프로젝트에서는 1.8 버전을 사용하는데, 운영 중인 프로젝트에서 발생한 이슈를 처리해야 하는 경우입니다. 이와 같은 상황에서 매번 pip로 패키지를 삭제하고, 재설치하는 일을 반복하는 것은 매우 성가신 일입니다.

virtualenv 패키지를 이용하면 지정된 공간에 파이썬을 실행할 수 있는 별도의 가상 환경을 호스트 환경과 별도로 구성할 수 있습니다. 따라서 가상 환경마다 서로 다른 버전의 파이썬 실행 환경, 패키지 목록과 버전 등을 독립적으로 설정해 개발에 활용할 수 있습니다.

virtualenv를 사용하려면 pip를 이용해 다음과 같이 설치합니다.

```
$ pip install virtualenv
Collecting virtualenv
  Downloading virtualenv-15.1.0-py2.py3-none-any.whl (1.8MB)
    100% |                              | 1.8MB 611kB/s
Installing collected packages: virtualenv
Successfully installed virtualenv-15.1.0

$ virtualenv --version
15.1.0
```

이제 개발을 위해 가상 환경을 구축할 디렉터리를 생성하고, virtualenv 명령어로 해당 경로를 초기화합니다. 다음은 dev_space 디렉터리에 가상 환경을 구축하는 예제로 파이썬 실행 파일과 패키지를 독립적으로 관리할 수 있는 pip 라이브러리를 모두 dev_space 디렉터리에 복사하게 됩니다.

```
$ mkdir dev_space
$ virtualenv dev_space
Using base prefix '/Library/Frameworks/Python.framework/Versions/3.6'
New python executable in /Users/sangjungwoo/Documents/sj_work/dev_space/bin/python3.6
Also creating executable in /Users/sangjungwoo/Documents/sj_work/dev_space/bin/python
Installing setuptools, pip, wheel...done.
```

이렇게 구축된 가상 환경을 사용하려면 다음과 같이 활성화해야 합니다. 해당 가상화 환경이 활성화되면 프롬프트의 가장 왼쪽에 가상 환경의 이름이 출력되고, 현재 지정된 가상화 환경에서 작업 중임을 알 수 있습니다.

```
$ source dev_space/bin/activate
(dev_space) Sangjungui-MacBook-Pro:sj_work sangjungwoo$
```

생성된 가상 공간은 독립적인 패키지 관리 공간을 파이썬 실행 환경의 초기화된 상태로 가지고 있으므로 호스트 환경에서 설치된 파이썬 패키지와 상관없이 원하는 패키지를 자유롭게 설치하여 개발 환경을 구축할 수 있습니다. 다음은 가상 공간에 기본적으로 설치된 패키지를 확인하고, django를 1.8 버전으로 설치하는 예제입니다.

```
(dev_space) Sangjungui-MacBook-Pro:sj_work sangjungwoo$ pip list —format=columns
Package    Version
---------- -------
appdirs    1.4.3
packaging  16.8
pip        9.0.1
pyparsing  2.2.0
setuptools 35.0.1
six        1.10.0
wheel      0.29.0
(dev_space) Sangjungui-MacBook-Pro:sj_work sangjungwoo$ pip install django=1.8
Collecting django=1.8
  Downloading Django-1.8-py2.py3-none-any.whl (6.2MB)
    100% |                                | 6.2MB 214kB/s
Installing collected packages: django
Successfully installed django-1.8
```

또한 앞서 설명한 'pip freeze' 명령어를 이용해 생성된 패키지 목록 파일을 이용하면 동일한 개발 환경을 가상 환경에서도 손쉽게 구축할 수 있습니다.

```
(dev_space) Sangjungui-MacBook-Pro:sj_work sangjungwoo$ pip install -r pkg_list.txt
```

deactivate 명령어를 수행하면 호스트 환경으로 복귀하고, 프롬프트 역시 원래대로 변경됩니다.

```
(dev_space) Sangjungui-MacBook-Pro:dev_space sangjungwoo$ deactivate
Sangjungui-MacBook-Pro:dev_space sangjungwoo$
```

사용 중이던 가상 공간이 더이상 필요하지 않을 때는 단순히 해당 경로를 삭제하는 것만으로 가상 공간을 제거할 수 있습니다.

```
$ rm -rf dev_space
```